COLOMBO

COLOMBO
AS QUATRO VIAGENS

LAURENCE BERGREEN

Tradução
Débora Landsberg e Michel Teixeira

OBJETIVA

Copyright © Laurence Bergreen, 2011

Todos os direitos reservados, incluindo o direito de reprodução integral ou parcial em qualquer formato. Esta edição foi publicada mediante acordo com Viking, um membro da Penguin Group (USA) Inc.

Todos os direitos desta edição reservados à
EDITORA OBJETIVA LTDA.
Rua Cosme Velho, 103
Rio de Janeiro – RJ – Cep: 22241-090
Tel.: (21) 2199-7824 – Fax: (21) 2199-7825
www.objetiva.com.br

Título original
Columbus

Capa
Adaptação de Marcos Davi sobre design original de Albert Tang

Imagens de capa
Art Resource (Cristóvão Colombo)
Mary Evans Picture Library (brasão de Colombo)
cortesia da John Carter Brown Library Brown University (mapa)

Preparação de originais
Diogo Henriques

Revisão
Raquel Correa
Fatima Fadel
Joana Milli

Editoração eletrônica
Abreu's System Ltda.

CIP-BRASIL. CATALOGAÇÃO NA PUBLICAÇÃO
SINDICATO NACIONAL DOS EDITORES DE LIVROS, RJ

B434c

Bergreen, Laurence
    Colombo: as quatro viagens / Laurence Bergreen; tradução Débora Landsberg e Michel Teixeira. – [1. ed.] – Rio de Janeiro: Objetiva, 2013.

    Tradução de: *Columbus*
    549 p.   ISBN 978-85-390-0527-7

    1. Colombo, Cristóvão, 1451-1506. 2. Exploradores – Biografia. 3. América – Descobertas e explorações. I. Título.

13-05697   CDD: 923.9
                                        CDU: 929:910.2

PARA A MINHA MÃE

e

EM MEMÓRIA DE MEU PAI E MEU IRMÃO

Velho homem batido e naufragado,
Atirado nesta praia selvagem, longe, longe de casa,
Enclausurado pelo mar e por escuros rostos rebelados, ao longo de 12
  lúgubres meses,
Dolorido, cansado de muitas labutas, doente e perto da morte,
Sigo meu caminho junto à borda da ilha,
Desabafando um coração pesado. [...]

Meu término está próximo,
As nuvens já se fecham sobre mim,
A viagem frustrada, o curso disputado, perdido,
Entrego-Te meus navios.
Minhas mãos, meus membros cada vez mais flácidos,
Sinto meu cérebro atormentado, desnorteado,
Os velhos costados dos navios se vão, eu permaneço,
Agarrar-me-ei rapidamente em Ti, ó Deus, apesar do açoite das ondas sobre
  mim,
Tu, Tu, ao menos, eu conheço.

O que falo é o pensamento do profeta ou estarei delirando?
O que sei sobre a vida? O que sei de mim mesmo?
Não conheço nem mesmo minhas obras do passado e do presente,
Obscuras e sempre instáveis adivinhações acerca delas se espalham diante de
  mim,
De mundos mais novos e melhores, seus partos poderosos,
Escarnecendo de mim, fazendo-me perplexo.

E essas coisas vejo repentinamente, o que elas significam?
Como se algum milagre, alguma mão divina desvendasse meus olhos,
Vastas formas sombrias sorriem através do ar e do céu,
E nas ondas distantes navegam navios incontáveis,
E hinos em novas línguas, saudando-me, ouço.

— Extraído de "Prece de Colombo" [Prayer of Columbus], Walt Whitman, 1871*

---

* Tradução de Luciano Alves Meira. *Folhas de Relva*. São Paulo: Martin Claret, 2005.

❧ SUMÁRIO ❧

Dramatis personae • 11

Lista de mapas • 13

Prólogo: Outubro de 1492 • 15

PARTE UM: DESCOBRIMENTO

1. Trinta e três dias • 27

2. Nativo de Gênova • 66

3. Naufrágio • 102

4. "Povo vindo do céu" • 125

PARTE DOIS: CONQUISTA

5. Rio de sangue • 151

6. Rebelião • 200

7. Entre os tainos • 234

INTERLÚDIO

O Intercâmbio Colombiano • 273

PARTE TRÊS: DECADÊNCIA

8. "Um enorme estrondo" • 279

9. A revolta de Roldán • 307

10. "Mandem-me de volta a ferros" • 336

PARTE QUATRO: RECUPERAÇÃO

11. *El Alto Viaje* • 357

12. Náufragos no paraíso • 391

13. 29 de fevereiro de 1504 • 413

Epílogo: Dia de Colombo • 445

Agradecimentos • 450

Notas sobre as fontes • 455

Créditos das ilustrações • 474

Bibliografia selecionada • 477

Índice • 489

❧ DRAMATIS PERSONAE ❧

Cristóvão Colombo, Almirante do Mar Oceano
Bartolomeu Colombo, o Adelantado, irmão de Colombo
Diogo Colombo, irmão de Colombo
Filipa Moniz, mulher de Colombo

Diogo Colombo, filho de Colombo com Filipa Moniz
Fernando Colombo, filho de Colombo com Beatriz de Arana

Fernando II de Aragão, rei de Castela
Isabel I de Castela
Juan Rodríguez de Fonseca, bispo e capelão real de Isabel

João II de Portugal, o "Príncipe Perfeito"
Manuel I de Portugal

Vicente Yáñez Pinzón, navegador de Palos, Espanha
Martín Alonso Pinzón, irmão de Vicente
Francisco Martín Pinzón, irmão de Vicente
Diego Álvarez Chanca, médico, amigo de Colombo
Juan de la Cosa, cartógrafo
Frei Ramon Pané, sacerdote, catequizador dos tainos
Antonio de Torres, sócio de Colombo

Luis de Torres, tradutor da primeira viagem
Guacanagarí, cacique taino
Guarionex, cacique

Caonabó, cacique caraíba
Anacaona, mulher de Caonabó, executada pelos espanhóis
Quibian, cacique

Alonso de Ojeda, tenente e rival de Colombo
Américo Vespúcio, burocrata e explorador florentino
Francisco Roldán, amotinado da terceira viagem
Francisco de Bobadilla, interventor
Nicolau de Ovando, governador de Hispaniola
Francisco Porras, amotinado da quarta viagem
Diego Méndez, líder da missão de resgate da quarta viagem

Bartolomeu de Las Casas, soldado, frei, cronista

LISTA DE MAPAS

As quatro viagens de Colombo • 18-19

Rota da primeira viagem, *1492-1493* • 30-31

Rota da segunda viagem, *1493-1496* • 156-157

Hispaniola e Cuba • 181

Rota da terceira viagem, *1498* • 282-283

Trinidad e o golfo de Pária • 292

Rota da quarta viagem, *1502-1503* • 360-361

PRÓLOGO

Outubro de 1492

"Naveguei a oés-sudoeste, e entrou mais água a bordo do que em qualquer outro momento da viagem", escreveu Cristóvão Colombo em seu diário de bordo na quinta-feira, 11 de outubro de 1492, às portas do momento decisivo do descobrimento, que não ocorrera antes porque as tripulações temerosas e indomáveis de seus três navios estavam prestes a iniciar um motim. Mesmo imerso em dúvidas, Colombo tentou lembrar aos rebeldes o dever que juraram cumprir, "dizendo-lhes que, acontecesse o que acontecesse, teriam de terminar o empreendimento incumbido a eles pelos Reis Católicos" — Isabel de Castela e Fernando de Aragão, que governavam juntos a Espanha. Ele não poderia correr o risco de ofender seus financiadores reais, que vinha persuadindo havia dez anos para obter a missão, por isso insistiu: "Parti no intuito de achar as Índias e seguirei adiante até cumprir esta missão, com a ajuda de Nosso Senhor." Era melhor que lhe obedecessem ou estariam sujeitos a uma punição cruel.

De repente, pareceu que suas preces foram atendidas: "Vi inúmeras coisas que indicavam a existência de terra." Em primeiro lugar, "uma revoada de aves marinhas passou pelo céu". Em segundo lugar, um junco fino passou junto à sua nau, *Santa María*, e era verde, sinal de que crescera ali perto. A tripulação da *Pinta* notou esses mesmos sinais, bem como uma tábua "feita pelo homem", entalhada por uma mão desconhecida, quiçá com um "instrumento de ferro". Os homens a bordo da *Niña* vislumbraram um graveto, outra indicação de que se aproximavam de terra firme. Colombo incentivou a tripulação a agradecer em vez de amotinar-se neste momento crucial, duplicou o número de sentinelas e prometeu uma recompensa generosa ao primeiro marinheiro que visse terra firme.

E então, por horas, nada.

Por volta das dez horas da noite, Colombo patrulhou com ansiedade do convés mais alto, o castelo de popa. Em meio às trevas, imaginou ter visto algo semelhante "a uma pequena vela de cera subindo e descendo". Talvez fosse a tocha de pescadores que se lançavam ao mar durante a noite, ou talvez estivesse com alguém em terra, "indo de casa em casa". Talvez não passasse de uma ilusão de ótica, algo comum no mar, mesmo para olhos experientes. Colombo chamou dois comandantes: um concordou com ele, outro fez troça. Ninguém viu mais nada, e Colombo não confiava no próprio instinto. Como aprendera com a experiência, a vida ao mar muitas vezes era feita de duras escolhas. Caso tivesse êxito na jornada para descobrir a base de um império espanhol a milhares de quilômetros de casa, estaria perto de cumprir a promessa que fizera aos financiadores reais e conquistar prestígio de herói e riqueza inimaginável. Depois de todas as dúvidas e provações que suportara, a realização seria um desagravo do tipo mais inebriante. Porém, se fracassasse, teria de enfrentar um motim por parte da tripulação desregrada e correria o risco de cair em desgraça para sempre e morrer longe de casa, em meio ao oceano.

No decorrer da primeira viagem, Colombo manteve um registro minucioso de seus pensamentos e ações, no qual buscava se justificar para os reis, o Senhor e a si mesmo. Colombo acreditava que a história o ouviria. Em seu registro, começou explicando a premissa da jornada sob o termo Reconquista, a reclamação da península Ibérica aos muçulmanos, que a ocupavam havia séculos. Para Colombo, o sucesso da campanha militar tornava sua viagem possível e, dadas suas tendências místicas, inevitável.

Dirigindo-se aos "mais Cristãos e Nobilíssimos, Excelentíssimos e poderosos Soberanos, Rei e Rainha da Espanha e das Ilhas do Mar, nosso Senhor e Senhora, no presente ano de 1492" — em outras palavras, os Reis Católicos, Fernando e Isabel —, ele tece reminiscências a respeito da guerra que travaram contra os mouros (muçulmanos), principalmente a memorável retomada da "grandiosa cidade de Granada", antigo bastião mouro. Colombo estava lá, ou ao menos alegava estar. Ele "vira o Brasão Real de Vossas Majestades" surgir nas "torres de Alhambra", antiga sede do governo mouro. Vira até "o Rei Mouro se aproximar dos portões da cidade e beijar as Mãos Reais de Vossas Majestades". Mesmo naquele momento, conforme relembrou aos reis, Colombo estava pensando no majestoso projeto de estabelecer o comércio com o lendário "Grande Khan" do Oriente, o "Rei dos Reis". E foi então, de acordo com sua narrativa épica dos acontecimentos, que os reis, inimigos declarados de "todas as idolatrias e heresias", resolveram mandá-lo — Cristóvão Colombo — às Índias, a fim de converter os povos de terras distantes à "nossa Santa Fé", a *única* fé. Remodelando um pouco os fatos para bajular Fernando e Isabel, afirmou que eles "ordenaram que eu não seguisse por terra" — por que, como navegador, ele o faria? —, mas "pela rota do Ocidente", ou seja, pelo mar.

Ao recitar essa história tão recente, Colombo fez questão de incorporar a expulsão dos judeus da Espanha, sacramentada por decreto real datado de 31 de março de 1492, que percebeu como o último estímulo à sua jornada. "Afinal todos os judeus foram exilados de seus reinos e domínios no mesmo mês de janeiro em que Vossas Majestades me ordenaram a seguir para a Índia, com frota suficiente, e para tal me outorgaram muitas graças." E que graças. Eles "me nobilitaram para que eu pudesse doravante chamar-me 'Dom' e fosse o 'Almirante-Mor do Mar Oceano e Vice-Rei e Governador Perpétuo' de todas as ilhas e continentes que viesse a descobrir e conquistar". Não só isso, "meu primogênito me sucederá, e assim será de geração em geração para sempre". Sua vaidade revelava que os títulos hereditários e as riquezas o inspiravam na mesma medida que tudo o mais.

Depois, assumiu um tom mais prático e objetivo.

"Parti da cidade de Granada no 12º dia do mês de maio do mesmo ano de 1492, um sábado, e cheguei à cidade de Palos, um porto marítimo, onde equipei para o mar três embarcações" — *Niña*, *Pinta* e a nau capitânia *Santa María* — "bem adequadas a tal empresa, e parti bem

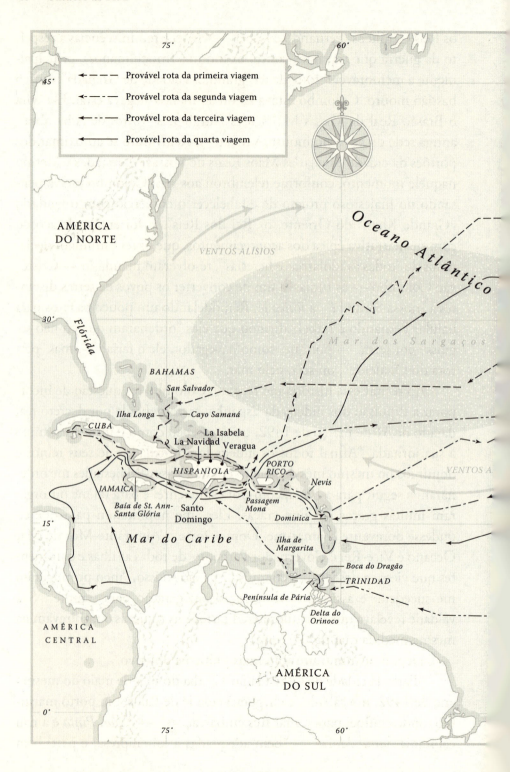

COLOMBO 19

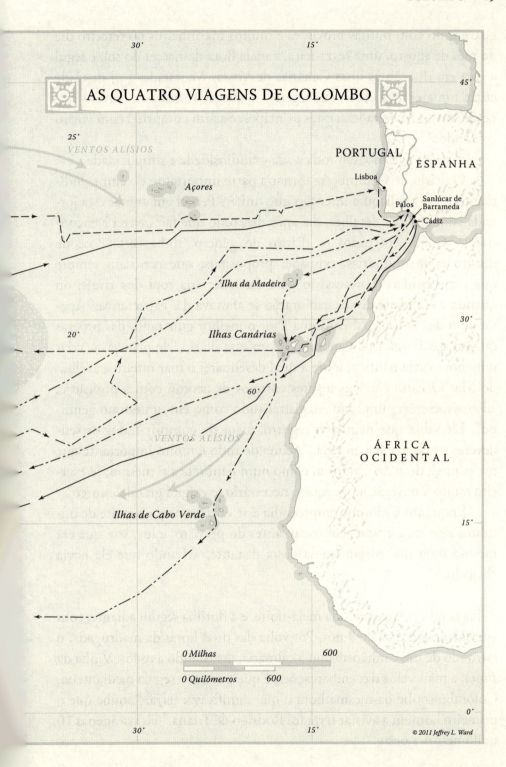

guarnecido com muitas provisões e muitos marinheiros no terceiro dia do mês de agosto, uma sexta-feira, a meia hora do nascer do sol, e segui a rota em direção às ilhas Canárias de Vossas Majestades [...] de onde então tomarei meu curso e navegarei até chegar às Índias, e darei as cartas de Vossas Majestades a estes príncipes, e assim cumprirei com vossos comandos".

Esse era o plano, em toda a sua grandiosidade e simplicidade.

O diário de Colombo se tornaria parte importante do empreendimento, e ele explicou a intenção que tinha: "Pensei em anotar esta jornada com grandes detalhes, dia após dia, tudo que farei, verei e encontrarei." Como em todos os diários do gênero, tinha certa dose de distorções involuntárias, omissões propositais, que ocorriam sempre que ele considerava necessário para esconder sua rota dos rivais, ou quando a realidade de sua exploração se afastava das expectativas. Apesar de todas as lacunas, continua a ser o melhor guia tanto das proezas quanto das fraudes de Colombo. Com esse diário, ele planejava "criar uma nova carta náutica, sobre a qual desenharei o mar inteiro e as ilhas do Mar Oceano em seus lugares corretos de acordo com a posição e, ademais, escrever um livro e registrar tudo como em um retrato genuíno". Ele sabia que manter o registro, além de cumprir todos os seus deveres, esgotaria sua energia. "Acima de tudo é muito importante que me esqueça do sono", anotou, como num lembrete a si mesmo, "e exercite muito a navegação, porque é necessário, e exigirá grande esforço".

Enquanto Colombo empreendia esse esforço naquela noite de outubro, algo inesperado aconteceu: antes do previsto, a luz, se é que era mesmo uma luz, surgiu numa costa distante, avisando que ele havia chegado.

A lua surgiu pouco antes da meia-noite, e a flotilha seguiu adiante, com velocidade de cerca de 9 nós. Por volta das duas horas da madrugada, o estrondo de um canhão abalou a calmaria, assustando a todos. Vinha da *Pinta*, a mais veloz das embarcações, e que portanto seguia na dianteira. Colombo soube na mesma hora o que significava: terra. "Soube que o primeiro homem a avistar terra foi Rodrigo de Triana." Ficava apenas 10 quilômetros a oeste.

Enquanto Colombo passava a noite em claro, a flotilha se aproximou de tal modo da costa que seus homens insatisfeitos avistaram "pessoas nuas" em vez dos chineses sofisticados e elegantemente vestidos que ele esperava encontrar. Com base na leitura ingênua que fizera de *As viagens de Marco Polo*, o navegador acreditava ter chegado à costa oriental da China, como prometera a Fernando e Isabel.

Ele passaria o resto da vida — e três expedições subsequentes — tentando cumprir essa promessa. Muitos europeus desdenhavam dos relatos de Marco Polo, que se alternavam entre o fantástico e o comercial, considerando-os uma fantasia encantadora, enquanto outros, principalmente Colombo, os viam como o guia de viagem pragmático que Polo almejara escrever. A tentativa de achar um equivalente marítimo à jornada de Polo à Ásia fazia a conexão entre o mundo medieval de força e magia e o universo desolador de predadores e presas do Renascimento. Embora Marco Polo tivesse completado sua viagem duzentos anos antes, Colombo ainda esperava encontrar o império mongol intacto e Kublai Khan, ou outro Grande Khan como ele, vivo, saudável e pronto para tratar de negócios. Kublai morrera havia tempos, e seu império jazia em ruínas.

Escudado pela ilusão, Colombo concluiu convenientemente que havia chegado a uma ilha ou península nos arredores da China, um salto possível apenas pela exclusão das Américas e do oceano Pacífico de sua geografia distorcida. Quanto à recompensa prometida, que deveria ter sido concedida a um marinheiro humilde, Rodrigo de Triana, o primeiro a avistar terra, Colombo resolveu que sua própria visão da vela incandescente tinha precedência, e assim tomou os lucros para si.

Isso ainda tem alguma relevância? Como explorador, o Almirante do Mar Oceano é geralmente visto como um oportunista que fez sua grande descoberta sem jamais reconhecê-la pelo que era de fato, e em seguida escravizou o populacho que encontrou, incentivou o genocídio e manchou as relações entre povos que até então não se conheciam. Presume-se até que levou de volta à Europa a sífilis, que dali em diante atormentaria o continente por séculos. Justificou seu comportamento e seu legado declarando que agia como instrumento de Deus, ainda que suplicasse a seus reis, Fernando e Isabel da Espanha, que concedessem riqueza a ele e sua família. Historiadores argumentam há tempos que Colombo apenas redescobriu as Américas, e que os vikings, os celtas e os ameríndios chegaram ao "Novo Mundo" muito antes de seu desembarque cauteloso. Mas as viagens de Colombo ao Novo Mundo difeririam de todos os acontecimentos anteriores no âmbito do drama humano e do impacto ecológico. Antes dele, o Velho e o Novo Mundo eram continentes, ecossistemas e sociedades isolados e distintos; a partir de então, seus destinos estariam amarrados, para o bem ou para o mal.

Até o fim da vida, Colombo teve certeza de que havia rumado para a Ásia e efetivamente alcançado esse continente. Sua inabalável ilusão chinesa foi o motor de toda a sua carreira como explorador. Nenhum outro protagonista da era dos descobrimentos se enganou tanto a respeito do próprio paradeiro. Se Colombo tivesse dado nome à terra que descobriu, teria sido bem capaz de chamá-la de "Ásia" em vez de "América".

Obcecado com a missão divina de chegar à Ásia, Colombo fez quatro expedições no período de uma década, todas elas bem diferentes, todas com o intuito de demonstrar que era capaz de navegar até a China em questão de semanas e converter quem encontrasse por lá ao cristianismo. Porém, à medida que as viagens cresciam em complexidade e sofisticação e Colombo se mostrava incapaz de conciliar as experiências muitas vezes violentas como capitão e governador provincial com as demandas de sua fé, ele ia se tornando cada vez menos racional e mais extremista, até chegar a um ponto em que parecia viver de ilusões gloriosas, em vez de fincar pé na dura realidade de suas jornadas. Se a primeira viagem ilustra as recompensas da exploração, as três seguintes ilustram os custos — políticos, morais e econômicos.

A celebrada primeira expedição (1492-1493) revelou um Novo Mundo e todo o seu potencial, mas também pressagiou os muitos problemas que estavam por vir. Depois do triunfo, a situação adquiriu contornos bastante sombrios durante a segunda viagem (1493-1496), organizada às pressas. A intenção de Colombo era solidificar as façanhas náuticas do ano anterior, colonizar o Novo Mundo e localizar a China de uma vez por todas. Porém, devido à incompetência para controlar os homens de sua frota enormemente expandida e à inaptidão para resolver o enigma da China, Colombo quase botou a perder tudo o que havia conquistado.

A macabra terceira expedição (1498-1500) foi de natureza completamente diferente, levando Colombo mais ao sul do que nunca. Apesar da renitente fantasia de ter alcançado a China, ele foi obrigado a admitir que talvez tivesse chegado a outro "novo mundo", bastante diferente. Enquanto isso, a atuação de Colombo como administrador do nascente império espanhol e sua busca por ouro se degeneraram no tratamento cruel a que os índios foram sujeitados. O mestre de navegação se tornou, em terra firme, vítima da própria falta de competência administrativa.

À medida que seguia viagem, Colombo se tornava mais alheio à realidade e se perdia em longas quimeras místicas. A certa altura, se convenceu de que havia descoberto o portal do paraíso. Ao longo de sua jornada, a razão, sob a forma de perícia marítima, e a faceta mística às vezes se misturavam em atos harmoniosos, mas em geral entravam em conflito, resultando em embates que se estendiam do mundo natural ao sobrenatural. Embora envolto em uma rede de ilusões, Colombo descobriu tantas terras que, se tivesse conseguido manter o controle sobre tudo o que explorara, com o direito de passar seus títulos aos herdeiros — como Fernando e Isabel prometeram um dia —, ele e sua nova dinastia teriam governado um reino maior e mais poderoso do que a própria Espanha. Assim, Fernando e Isabel decidiram substituí-lo por um dignitário de menor envergadura, mas, saciando sua vaidade, permitiram que mantivesse títulos vazios como os de almirante e vice-rei.

Sempre tenaz, Colombo rogou aos reis que lhe concedessem meios para fazer mais uma viagem ao Novo Mundo. Seu desejo logo foi atendido; por que não? Era mais conveniente mandar Colombo para longe do que tê-lo por perto.

A movimentada quarta expedição (1502-1504), muitas vezes chamada de Grande Viagem, foi um empreendimento familiar; Colombo incluiu nela o filho caçula Fernando, para ajudar a garantir o legado da família. O relato de Fernando sobre a vida de Colombo é um tesouro frequentemente subestimado de informações e observações a respeito do Almirante, não como julgado pela história, mas na visão dos mais íntimos — a história de um pai e um filho sob as garras da ambição imperial. O que começara como uma defesa pessoal da honra terminou como uma aventura ao estilo de Robinson Crusoé, que envolveu naufrágio e resgate e colocou em risco a vida de todos os participantes. Não é surpresa que essa tenha sido a viagem preferida de Colombo.

Vistas de perto, as façanhas de Colombo estão longe de serem predestinadas ou bem definidas. Paira sobre a vida e as aventuras do Almirante uma aura de caos, contra a qual ele tenta impor sua serena determinação. Porém, como Fernando deixa claro, o pai está sempre à mercê — dos caprichos dos monarcas, de marés e tempestades, do temperamento dos marinheiros a seu serviço. Ele emerge como um refém da sorte no jogo de alto risco da expansão europeia; em muitas ocasiões, se não fosse por sua visão singular, suas expedições poderiam ter dado errado.

UMA OBSERVAÇÃO SOBRE DISTÂNCIAS E DATAS

Milha náutica: equivalente a 1.852 metros
Braça: tradicionalmente, a distância entre as pontas dos dedos dos braços esticados de uma pessoa, ou 1,83 metro
Légua: aproximadamente 3 milhas náuticas

Com pequenas exceções, as datas seguem o calendário juliano, que vigorava desde 45 a.C. e foi o calendário utilizado por Colombo.

Em 1582, o papa Gregório XIII começou um novo calendário, ainda em uso hoje em dia, a fim de compensar os erros acumulados no calendário juliano. Dez dias foram suprimidos, portanto 5 de outubro de 1582 virou 15 de outubro.

Sendo assim, o eclipse que Colombo presenciou na Jamaica em 29 de fevereiro de 1504 ocorreu, segundo o calendário gregoriano, no dia 10 de março de 1504.

PARTE UM

Descobrimento

CAPÍTULO 1

Trinta e três dias

Na manhã de 12 de outubro, sexta-feira, Colombo se aventurou em terra firme, seguido pelos irmãos Pinzón: Martín Alonso, piloto da *Pinta*, e Vicente Yáñez, piloto da *Niña*. Horas antes, os briguentos irmãos estiveram prestes a se amotinarem contra Colombo, por acreditar que ele os levaria à ruína; naquele momento, caminhavam pela terra habitada por um povo bem-intencionado. Era o momento do primeiro contato.

Logo os dois grupos de hemisférios distintos estavam concentrados no mais básico dos ritos, o escambo. Os nativos de pele morena ofereceram papagaios estridentes e novelos de fio de algodão e em troca receberam sinetas, usadas para rastrear pássaros na falcoaria, e contas de vidro dos pálidos visitantes. Os oficiais desfraldaram a bandeira real, enquanto Colombo, tentando legitimar o descobrimento, convocou o escrivão e o inspetor da frota para "testemunhar que eu tomava posse desta ilha em nome do Rei e da Rainha". Ao fazê-lo, reclamou um modesto atol nas Bahamas, presumivelmente a atual San Salvador.

Os habitantes da ilha visitada por Colombo eram os tainos, um grupo étnico bem distribuído geograficamente, habilidoso no cultivo de milho e inhame e na manufatura de cerâmicas. Apesar do jeito pacífico, podiam se transformar em cruéis guerreiros; no entanto, haviam encontrado seus algozes. A chegada dos espanhóis ao Novo Mundo prenunciava a extinção da cultura dos tainos, mas, naquele momento, a tribo mostrava uma combinação de sofisticação e inocência que Colombo tentou exprimir em seu diário:

> E todos os que vi eram muito jovens, nenhum com mais de 30 anos de idade, de bela compleição, com corpos muito bonitos e rostos muito harmoniosos; os cabelos são grossos, quase como os pelos da crina de um cavalo, e curtos; usam os cabelos caídos sobre as sobrancelhas, exceto pela madeixa atrás, que usam comprida e nunca cortam. Alguns se pintam de preto e são da cor do povo das ilhas Canárias, nem negros nem brancos, e outros se pintam de branco, e alguns de vermelho, e outros com o que encontram. E alguns pintam o rosto, outros o corpo, alguns somente os olhos, outros somente o nariz. Não carregam armas, nem as conhecem, pois mostrei-lhes espadas e as pegaram pela lâmina e se cortaram por ignorância. Não possuem ferro. Suas lanças são uma espécie de vara sem ferro, e algumas levam na ponta um dente de peixe ou outras coisas.

Os espanhóis haviam percorrido aquela rota inteira, atravessando o Mar Oceano, na expectativa de se deparar com uma civilização superior. Era desconcertante que se vissem diante de "pessoas nuas" e "pobres de tudo". Colombo e seus homens precisariam tomar cuidado para não machucá-las, e não o contrário. "Vi alguns com marcas de feridas no corpo, e gesticulei para lhes perguntar o que eram, e com sinais eles explicaram que pessoas de outras ilhas dos arredores iam até ali e tentavam capturá-los, e eles se defendiam. E creio que as pessoas de fato vêm do continente até aqui para tomá-los como escravos."

Escravos. A ideia imediatamente pareceu plausível a Colombo, e até desejável. "Devem ser bons criados", continuou, "e bastante habilidosos, pois vi que repetiram rápido tudo o que lhes foi dito". E, no mesmo fôlego, avaliou que "facilmente se tornariam cristãos, pois não me pareceram ter religião". Planejou apresentar seis desses indivíduos anônimos, nus, aos seus financiadores reais, Fernando e Isabel, "para que aprendam a falar".

* * *

De manhã, multidões de índios se aglomeraram na praia para admirar de longe os três navios. Chegaram pirogas ("moldadas como um barco comprido a partir de um tronco de árvore") transportando quarenta ou cinquenta homens e impulsionadas por um objeto curioso que os marinheiros europeus, apesar de profundos conhecedores do mar, nunca tinham visto. Sem saber que nome dar ao artefato, Colombo disse que era "parecido com uma pá de padeiro", uma pá ampla, quase lisa, presa a um cabo comprido, hoje conhecida pelo nome de remo.

Levaram outros presentes para Colombo, que desdenhou deles como "miudezas que seria um tédio descrever". O que ele e a Espanha queriam era ouro, e não bugigangas ou papagaios. Colombo vislumbrou pequenas quantidades nas joias que os tainos usavam nos narizes e imediatamente começou a perguntar sobre a fonte do metal precioso. Caso seus instintos estivessem corretos, o ouro vinha de Cipango — o Japão. "Pretendo ver se consigo encontrar a ilha de Cipango", deixou claro. Ele tinha certeza de que as pessoas afáveis que haviam chegado nas pirogas lhe indicariam o caminho até lá.

Após esse primeiro encontro, a frota de Colombo margeou a costa de San Salvador. Por onde passavam, a empolgação irrompia em terra. Alguns dos perplexos nativos ofereciam comidas e bebidas; outros, homens e mulheres, corriam até os barcos e gritavam: "Venham ver os homens que vieram do céu!" Colombo teve a impressão de que, ao se jogarem no chão, os habitantes daquela terra agradeciam a Deus.

O Almirante teria parado em outras terras, mas seu instinto náutico o avisava para ficar longe de um "grande recife de rochedos que circundava a ilha por completo". Irritado, ele observou que "dentro do recife existem alguns baixios, mas o mar não vai além de um poço", e então seguiu navegando, estupefato com o esplendor do Caribe, suas águas de cobalto, nuvens de algodão e céus de hortênsia. Para bajular Fernando e Isabel, Colombo comparou o espetáculo à paisagem rural dos arredores de Sevilha nos meses de abril e maio, mas, na verdade, o oceano translúcido em que ele estava era ainda mais belo e encantador. "Vi tantas ilhas que não conseguia decidir aonde ir primeiro; e os homens que capturei me fizeram gestos sinalizando que eram tantas que não dava para contá-las, e chamaram pelo nome mais de uma centena",

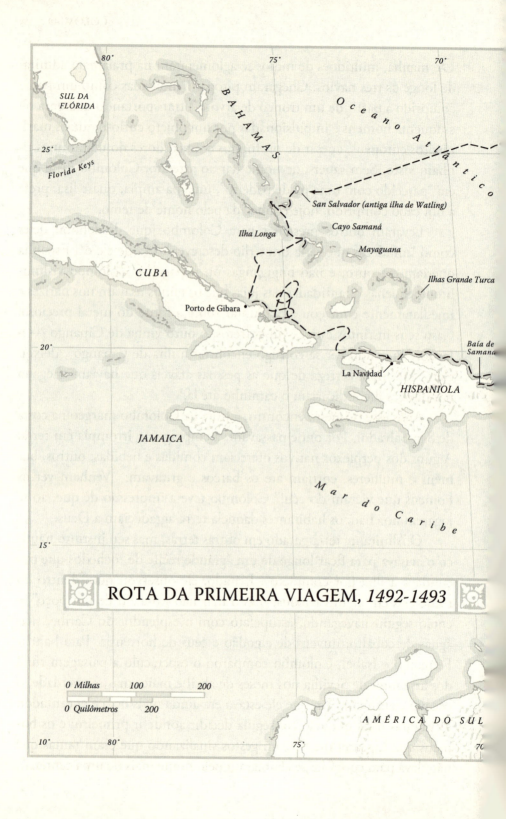

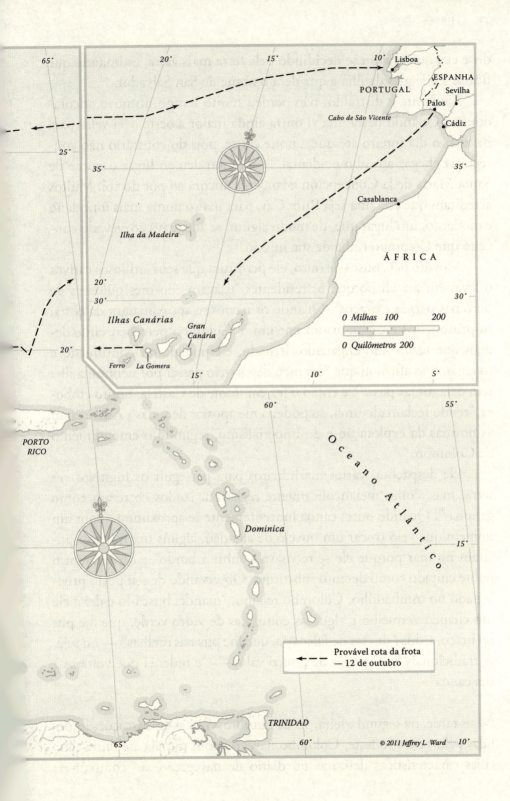

disse ele, que acabou se decidindo pela terra mais vasta, estimando que ficasse a 5 léguas da ilha a que dera o nome de San Salvador.

Exultante e distraído, não perdeu muito tempo no novo ancoradouro. "Quando desta ilha vi outra ainda maior a oeste, icei velas para navegar o dia inteiro até que a noite caísse, pois do contrário não conseguiria chegar ao cabo ocidental." Colombo deu ao lugar o nome de Santa María de la Concepción e lançou a âncora ao pôr do sol. Muitos acreditam que esta ilha seja Rum Cay, para usar o nome mais mundano e moderno, um lugar que, de modo algum, se adequava ao elevado conceito que Colombo tinha de sua missão.

Movido pela busca de ouro, ele permitira que seus ardilosos cativos o levassem até ali porque os residentes "usavam enormes pulseiras de ouro nas pernas e braços". Quando os navios se aproximaram da costa, os prisioneiros escaparam um por um, e Colombo percebeu tarde demais que havia sido enganado. Irritado, ele poderia ter continuado a navegar, mas afirmou que "era meu desejo não passar por nenhuma ilha sem dela tomar posse", e então o fez em nome de Castela, muito embora, "tendo reclamado uma, eu poderia me apossar de todas". Assim eram as normas da exploração e do imperialismo, segundo o entendimento de Colombo.

Ele despachou vários marinheiros para perseguir os fugitivos em terra, mas, como melancolicamente registrou, "todos correram como galinhas". Quando outra canoa inocentemente se aproximou, "com um homem que veio trocar um novelo de algodão, alguns marinheiros pularam no mar porque ele se recusava a subir a bordo" e capturaram o pobre coitado como detento substituto. Observando de seu posto privilegiado no tombadilho, Colombo relatou, "mandei buscá-lo e dei a ele um chapéu vermelho e algumas continhas de vidro verde, que lhe pus no braço, e duas sinetas de falcoaria, que lhe pus nas orelhas" — ou seja, as tradicionais bugigangas de pouco valor — "e ordenei que voltasse à sua canoa".

Mais tarde, na segunda-feira, 15 de outubro, com as embarcações impelidas pelo vento sudeste, Colombo navegou com cautela até outra ilha, cujas características descritas no diário de navegação são compatíveis com a ilha Longa, nas Bahamas. A ilha tem 130 quilômetros de comprimento e apenas 6 de largura, e parece ser um monte de areia e rochas que se ergue sobre a superfície do mar e cujos tons variam entre o violeta exuberante e o branco reluzente circundado por uma coroa azul-clara.

Colombo manteve a cabeça no lugar ao admirar o espetáculo e foi diligente ao anotar instruções para futuros navegadores: "É preciso ficar de olhos atentos quando desejar lançar âncora e não ancorar perto da costa, embora a água esteja sempre muito cristalina e seja possível ver o fundo. E entre todas essas ilhas à distância de dois tiros de bombarda — tipo primitivo de canhão — da costa há tanta profundidade que não se acha o fundo." Esse conselho para a navegação da ilha Longa é tão válido hoje em dia quanto era cinco séculos atrás.

A essa altura, Colombo estava quase no ponto mais ao norte que alcançaria durante a viagem, e de novo seus pensamentos se voltaram para as Índias. Ele teria continuado ali para admirar a paisagem — "muito verde e fértil e o ar bastante aprazível, e talvez houvesse muitas coisas que eu não soubesse" —, mas tinha como missão "encontrar ouro" e o Grande Khan.

Para complicar a tarefa, entrou em um dos labirintos de ilhas e istmos mais confusos do planeta. Do ponto de vista privilegiado da termosfera, centenas de quilômetros acima, as ilhas parecem folhas espalhadas, luzidias, salpicadas de ouro e boiando em safira líquida, remexendo-se com vagar, brotando e reluzindo. Do nível do mar, como vistas por Colombo e seus homens, não eram menos impressionantes, pois a impressão era de que se erguiam acima a superfície da água como aparições ou fragmentos de estrelas ou asteroides caídos na terra.

Os povos da região pareciam participar de um cortejo atemporal, e Colombo, sempre curioso, anotou suas impressões. No canal entre Santa María e a ilha Longa, Colombo se deparou com um homem sozinho em uma canoa, remando de uma ilha à outra. "Ele levava um pedaço de pão que seria do tamanho de vosso punho, uma cabaça de água, uma porção de terra vermelha polvilhada e depois misturada, e umas folhas secas que devem ser algo de grande valor entre eles, já que me ofereceram algumas [...] como presente." As folhas secas estão entre os cultivos mais antigos da humanidade, mas eram praticamente desconhecidas na Europa. Ao que tudo indica, haviam sido curadas, e o cheiro pungente que exalavam permanecia no ar e se embrenhava nos poros de todos que as manuseassem e inalassem seu vapor. As folhas pertenciam ao gênero *Nicotiana*, a planta do tabaco.

O homem se aproximou da *Santa María* e, com gestos, indicou que gostaria de subir a bordo. Colombo atendeu ao pedido — "icei a canoa até o convés, guardei tudo o que ele havia trazido e ordenei que lhe dessem pão e mel e bebida — e prometeu "devolver todos os pertences, para que assim fizesse um bom relato de nós" e declarasse ter recebido tudo de que precisava do emissário dos caridosos reis de Espanha.

Em 16 de outubro, o modesto gesto altruísta de Colombo foi recompensado com dividendos generosos. A frota estava à procura de ancoradouro, frustrada pela impossibilidade de, diante da agitação do mar, usar os maleáveis recifes de corais como porto seguro. O homem a quem Colombo dera água, alimento e transporte percebeu a situação. "Ele falara tão bem a nosso respeito que durante toda aquela noite não faltaram canoas a bordo, que nos trouxeram água e o que mais tivessem. Ordenei que cada um recebesse algo, ainda que umas poucas contas, dez ou 12 de vidro em um fio, e uns guizos de latão, dos que custam, em Castela, um morabitino" (antiga moeda espanhola de baixo valor).

Superando a relutância em desembarcar, Colombo pisou a terra da ilha Longa e teve uma boa surpresa ao conhecer seus habitantes, "um povo um pouco mais doméstico e tratável e mais sutil, pois observo que, ao trazer algodão ao navio e outras coisas, sabem melhor que os outros como negociar". Para alívio do Almirante, os ilhéus usavam roupas, o que parecia refletir a sofisticação e civilidade que tinham. "Vi trajes de algodão feitos como mantos curtos, e as pessoas são mais dispostas, e as mulheres vestem na frente dos corpos um pedaço pequeno de algodão que mal lhes cobre a genitália."

Uma vegetação escura e exuberante cobria a ilha. Manguezais impenetráveis pendiam sobre camadas de rochedos, lançando sombras lúgubres. Ameixeiras espinhosas obstruíam a entrada para o interior da ilha. Quem fosse capaz de cortar caminho pelo mato poderia se deparar com uma enseada de água lamacenta oscilando em um profundo buraco azul. Em outra parte da ilha, os mais valentes ou imprudentes eram tentados a explorar os recônditos de cavernas. Era uma situação estranha e diferente de tudo que aqueles homens já tinham visto na vida. "Vi muitas árvores bem diferentes das nossas", Colombo admirou-se, "e muitas têm galhos de vários tipos, e todos no mesmo tronco, e um ramo é de um jeito e outro de outro, e tão diversos que é a maior maravilha do mundo. Como é grande a diferença entre um tipo e outro!". Ele havia se deparado com uma flora que seguia um caminho evolucionário diferente de suas contrapartes europeias. Tomando fôlego, Colombo prosseguiu: "Por exemplo, um ramo tem folhas semelhantes às do caniço, outro, semelhantes às do lentisco, e assim em uma só árvore existem cinco ou seis tipos, e todos muito diferentes." Como era possível? Não eram enxertados por mãos humanas, "porque se pode dizer que o enxerto é espontâneo". Não importa qual fosse a planta que Colombo descrevia, o embevecimento era evidente. A mesma diversidade podia ser vista entre os peixes — "tão diferentes dos nossos que é maravilhoso; há alguns parecidos com alfaquins, das cores mais vivas do mundo, azul, amarelo, vermelho e todas as cores, e outros pintados de milhares de formas; e as cores são tão vivas que não existe homem que não ficaria maravilhado e não se deleitaria ao vê-los; há também baleias". A surpresa e o encantamento genuínos acabaram pondo de lado os planos grandiosos de Colombo. Estariam as armadilhas desse mundo levando o Almirante a um descaminho fatal?

Colombo, normalmente tão objetivo, vagou pelas Bahamas uma semana inteira, como se vivesse um sonho. "Descobri um porto muito maravilhoso com um estuário, ou, melhor dizendo, dois estuários, pois tem uma ilha no meio, e ambos são bastante estreitos, e por dentro é tão amplo que nele caberiam cem navios, se tivesse águas profundas e límpidas", registrou no dia 17 de outubro, ao se aproximar do cabo Santa María. "Durante esse tempo andei em meio a árvores que foram as coisas mais lindas que já vi, presenciando tanto verdor em desenvolvimento avançado como no mês de maio na Andaluzia, e todas as árvores são diferentes das nossas como a noite do dia." Colombo ficou encantado e desconcertado com o espetáculo. "Ninguém saberia dizer o que eram, nem compará-las a outras de Castela." A visão de tantas árvores e plantas e flores impossíveis de identificar lhe causou uma "imensa aflição", como se fosse cego ou incapaz de falar.

Somente o ouro interrompia seus devaneios. No instante em que viu um homem "que tinha no nariz um pino de ouro" entalhado com letras, tentou fazer negócio, "e me responderam que jamais tinham ousado pedir aquilo em troca". Caso sua intuição estivesse certa, as inscrições no pino de ouro seriam chinesas ou talvez japonesas, mas ele não conseguiu examiná-la.

No dia seguinte, "senti um aroma muitíssimo agradável e doce das flores e árvores da ilha, que foi a coisa mais doce do mundo". Mais adiante, uma ilha menor, e outra, eram tantas que ele desistiu de explorar todas, "porque nem em cinquenta anos conseguiria, pois desejo ver e descobrir o máximo que posso antes de regressar a Vossas Majestades (Nosso Senhor permitindo) em abril". *Cinquenta anos*: ele estava apenas começando a perceber a enormidade e insondabilidade das ilhas que encontrara. Tudo era estranho e diferente — a vegetação, a população, o aroma almiscarado de flores que emanava de uma ilha próxima. Ainda era outubro, o Novo Mundo existia para ele havia apenas uma semana. Restavam mais de seis meses até a data marcada para chegar à Espanha, e qualquer coisa poderia acontecer nesse mundo inexplorado.

As entradas no diário aumentavam e ele relatava suas experiências ao mar com confiança e eloquência. À primeira vista, o diário tinha como objetivo transmitir toda a dramaticidade e originalidade de uma expedição em que tudo era descoberta, registrando, pela primeira vez, cada experiência e sensação sob a ótica e a sensibilidade europeias — mais especificamente, a régia percepção castelhana que Colombo tanto desejava imitar. O Almirante tentava misturar imperiosidade e inteligência, como se observasse o mundo a certa distância para poder estudá-lo. Para Colombo, expatriado de Gênova, marinheiro mercante e navegador autodidata, o tom aristocrático era uma representação construída com cuidado, notável tanto pelo que omitia ou trivializava ou entendia errado quanto pelas descobertas espantosas que registrava.

Com o avanço da jornada, o diário sofria uma transformação sutil, tornando-se um manifesto do descobrimento e, além disso, um espelho para o qual o Almirante não conseguia parar de olhar, já que refletia sua visão, sua ambição, seu desejo de grandeza, e ele próprio. Em sua cabeça, as vivências e observações eram tão persuasivas que chegavam a interferir em sua capacidade de reagir à realidade da exploração, sempre cambiante. Por outro lado, Colombo estava confinado a rígidas expectativas.

Para complicar a situação, estudiosos de seu notável diário precisam se fiar numa transcrição do relato da primeira expedição, que se perdeu, e cujas principais fontes são apenas duas. A primeira é o filho bastardo, ou ilegítimo, Fernando Colombo, um marinheiro que virou historiador; a segunda é Bartolomeu de Las Casas, frei e cronista. Naturalmente, Fernando queria limpar a reputação manchada do pai, ao passo que Las Casas buscava atirar o explorador no mais profundo círculo do inferno. No entanto, a atitude de Las Casas em relação a Colombo tem mais nuanças, não se restringe à crítica por si só. O frei tinha noção da complexidade do empreendimento, do qual participou como testemunha ocular, mas também enxergava os acontecimentos dentro de um contexto histórico mais amplo, vivendo tanto no presente quanto fora dele. Las Casas não tinha o hológrafo — a versão escrita à mão — do diário, por isso foi obrigado a usar uma versão imperfeita, sobre a qual ocasionalmente registrava reclamações de cunho acadêmico. Além de erros de transcrição recorrentes, o copista desconhecido no qual Las Casas se fiava tinha a tendência preocupante de confundir "milhas" com "léguas" e até "leste" com "oeste". Tais enganos tornavam difícil reconstituir com precisão a rota de Colombo.

Como era defensor da dignidade e dos direitos humanos dos indígenas, Las Casas incluiu diversas passagens em que Colombo admirava os anfitriões. O frei se alterna frequentemente entre citações diretas da cópia que estava diante dele, em que Colombo falava em primeira pessoa, e resumos detalhados nos quais se refere ao Almirante em terceira pessoa, dando a impressão de que Colombo, assim como César, aludia a si mesmo dessa forma. (O escrupuloso Las Casas distingue entre os dois usando aspas para o discurso direto.)

Os relatos vagos e às vezes falaciosos de Colombo acerca de marés, portos, bancos de areia e táticas de navegação complicavam ainda mais a situação, e estavam destinados a causar suspiros de frustração em cronistas e exploradores aspirantes por séculos a fio, devido à ausência de informações náuticas precisas e úteis — o que era, ao fim e ao cabo, a intenção do Almirante. Divulgar teorias e práticas náuticas ia contra seus arraigados instintos de piloto e marinheiro genovês. Era mais arriscado revelar do que esconder; se não fosse cuidadoso, Colombo poderia terminar isolado em Sevilha ou Lisboa, vendo missões de imitadores explorando suas descobertas. Portanto, o Almirante recorria a descrições genéricas de praias, portos, marés e bancos de areia na tentativa de ocultar seu rastro, muito embora escrevesse com um olho na posteridade.

Alternando momentos de confusão e de excesso de autoconfiança, ele lutava contra o problema mais básico da exploração — a localização. O objetivo era descobrir as "Índias", mas a principal preocupação de Colombo continuava a ser ele mesmo, suas tribulações e seu espírito heroico. Sempre que o Almirante se desviava dos acontecimentos monumentais das explorações e retomava os relatos com tranquilidade, o desvelamento da vontade de Deus se tornava um assunto importante. Quando estava a serviço do Senhor, não havia incidente, somente graus de devoção. A serviço do Senhor, ele se via como um sacerdote da exploração.

Entretanto, quando suas convicções se sobrepunham à realidade ou quando era tomado pela vaidade e a ansiedade, Colombo sucumbia aos impulsos mais tenebrosos, parecendo ignorar o bem-estar dos outros e estar sempre pronto para sacrificar todo mundo em nome de um objetivo glorificado, inatingível, fosse o descobrimento do império do Grande Khan ou a libertação de Jerusalém. Nessas peças teatrais que elaborava, Colombo se via como uma figura heroica e atormentada. Quanto maiores as fantasias, mais desumano ele se tornava. O diário de Colombo, em certa medida um registro de sua arrebatada instabilidade, testemunha o sofrimento acarretado por uma sensação de pavor e abatimento, aliviado principalmente por insinuações de glória e onipotência. Ele era mais do que um descobridor, era um amplificador tanto de suas expedições quanto de suas batalhas internas. Essa propensão ao exagero é uma das razões para as façanhas de Colombo serem memoráveis; ele insistia em mostrá-las assim.

À medida que o diário tomava corpo, virava um registro importante da expedição, o leme da mente do Almirante, um esteio contra tempestades reais e psíquicas. Não era, contudo, uma fonte de conforto para Colombo. Em vez de assumir o esperado tom de desagravo, o Almirante muitas vezes soa ainda mais desvairado e conflituoso por conta das descobertas e dos desafios que elas impunham. Colombo demonstra consciência de que está entrando em uma batalha duradoura em que cada triunfo parece ser acompanhado de um passo em falso, de consequências inesperadas ou mesmo de crimes. Paradoxalmente, à medida que cresciam o poder e a autoridade (na cabeça de Colombo), aumentava também a vulnerabilidade do Almirante — aos indígenas, a rivais como os irmãos Pinzón e a uma sensação, levemente pressentida, de que os riscos da viagem eram maiores e mais ambíguos do que os imaginados de início. Em vez de encontrar um análogo náutico às viagens de Marco Polo e um caminho para a riqueza pessoal, Colombo acabou por tropeçar num *otro mundo* — como passou a chamar a nova terra —, em que não existiam mapas para guiá-lo. Para todos os efeitos, o Almirante estava perdido e desorientado, mas não poderia admitir essa possibilidade para si e para os outros da expedição; era bem melhor insistir que ainda não havia encontrado o que estavam procurando, mas esta única convicção não lhe trazia muito conforto. Quanto mais encontrava, mais desesperado ficava, pois o império que buscava se revelou maior e mais variado do que imaginara.

Enquanto procurava por ouro, pulando de ilha em ilha e admirando o "cantar dos passarinhos" e a "grama como a de abril na Andaluzia", Colombo soube por um cacique que havia "uma ilha grande" e automaticamente concluiu que "deve ser o Japão". Ao visitar esta nação insular, estava "determinado a ir ao continente", ou seja, à China "e à cidade de Quinsai", termo antigo que Marco Polo usava para a capital da dinastia Song, a maior e mais rica cidade do mundo medieval, hoje conhecida como Hangzhou. Em cenário tão suntuoso, Colombo se imaginou apresentando "as cartas de Vossas Majestades ao Grande Khan, rogando por uma resposta e regressando com ela".

40 *Trinta e três dias*

Embora situado no meio das Bahamas, Colombo permanecia convicto de que estava às portas da Ásia. Na realidade, Quinsai estava a oeste, a cerca de 13 mil quilômetros daquele ponto do Caribe, mas tais dimensões contradiziam as crenças enraizadas que tinha a respeito do tamanho do globo e da localização dos continentes — não que outros navegadores ou cosmógrafos da Europa tivessem uma noção mais precisa. Não se sabe ao certo quais globos terrestres Colombo estudou, mas uma das representações mais influentes da época, feita por Martin Behaim, um cartógrafo alemão a serviço de Portugal, de fato indicava que Cipango estava perto. Colombo não conseguia admitir a possibilidade de que os globos terrestres e todas as suas hipóteses pudessem estar completamente errados.

Quando não estava absorto em seu delírio com a China, Colombo voltava à sua antiga quimera, o ouro.

O Almirante passou aquela noite e todo o dia seguinte, 22 de outubro, "aguardando para ver se o rei daqui ou outras pessoas trariam ouro ou outra coisa substancial". Muitos vieram observar, alguns nus, outros pintados de preto, vermelho ou branco, oferecendo algodão e outros artigos em troca de simples utensílios europeus. O único ouro que se via assumia a forma das joias que certos índios usavam "penduradas no nariz". Os nativos estavam dispostos a trocar esses itens por sinetas de falcoaria, mas, ao examinar o espólio, Colombo reclamou: "É tão pouco que não é nada."

Do ouro, a mente do Almirante voltou à Ásia. Colombo calculou que em um dia de navegação poderia chegar ao Japão, ou Cipango, e não que estava a 13 mil quilômetros de distância de seu improvável destino. Em 23 de outubro, escreveu sobre a alegre partida em direção a Cuba, "que acredito ser Cipango", em busca de ouro. "Nos globos terrestres que vi", recordou, "fica nesta região". Era o que Martin Behaim afirmava.

À meia-noite, Colombo levantou âncora e planejou o trajeto até Cuba, mas quando a noite caiu não havia ganhado nada por seu bravo empenho, enquanto o vento "soprava com força e eu não sabia quão distante estava da ilha de Cuba". Como era praxe, ele abaixou as velas, à exceção da traquete, até que a chuva o obrigou a colher esta vela também. E assim foi por quatro dias, "e como choveu!".

No domingo, 28 de outubro, Colombo entrou em um rio profundo e desobstruído — talvez a baía de Bariay, em Cuba — e ancorou em seu refúgio protetor, onde contemplou "árvores à margem do rio, belas e verdes, e diferentes das nossas". O Almirante burilava as descrições da flora e da fauna com esmero, como se a dádiva natural pudesse desviar a atenção ou tomar o lugar das maravilhas que não conseguira achar até então — ouro, especiarias e indícios palpáveis do Grande Khan, que Colombo atravessara o mar para encontrar, sem se dar conta de que dois oceanos e dois séculos os separavam.

E assim falou de flores e pássaros cantarolantes e de um cão que não latia, provavelmente domesticado por "pescadores que fugiram de medo". Nas cabanas desses pescadores locais, descobriu um ambiente assustador: "redes de fibra de palmeiras e cordas e anzóis de chifre, e arpões de osso, e outros equipamentos de pescaria, e muitas lareiras". Mas onde estavam os habitantes daquela Arcádia? Com a respiração abafada e passos hesitantes, os homens do Almirante averiguaram, atentos, o vilarejo atemporal.

Ordenando que não mexessem em nada, Colombo voltou ao navio e seguiu viagem rio acima, à procura de superlativos para descrever Cuba: "A ilha mais linda que os olhos já viram: cheia de portos excelentes e rios profundos." Os índios, quando encontrados, falaram de dez grandes rios e o Almirante escreveu, "é impossível circunavegar [a ilha] de canoa em vinte dias". Colombo, entretanto, recusou-se a cogitar a hipótese de que Cuba fosse uma ilha. Se ele não estava às portas da Ásia, onde estaria? Era essa a questão que assombrava toda a premissa da expedição.

Colombo se convencera de que os habitantes, ou índios, tinham mencionado "minas de ouro e pérolas", e alegava ter vislumbrado "conchas de mexilhão" que poderiam conter pérolas, e com base nesse mal-entendido concluiu que fora precedido pelos "navios do Grande Khan, navios grandiosos".

Confuso, curioso, predatório, o Almirante seguiu para o interior da ilha, admirando moradas formidáveis, que lutava para descrever no idioma que entendia: "Eram feitas à maneira das tendas mouras, bem grandes, e parecidas com tendas em um acampamento, sem ruas regu-

42   *Trinta e três dias*

lares, mas uma aqui e outra ali; e por dentro bem varridas e limpas, e com mobílias bem-feitas [...] de galhos de palmeiras muito claros." Havia máscaras dispersas, umas masculinas, outras femininas, enfeitando as paredes, mas ele não sabia dizer "se são por ornamento ou para serem veneradas". De novo, enfatizou, "eles não tocaram em nada".

Na terça-feira, 30 de outubro, a frota estava mais uma vez em movimento, a *Pinta* levando guias indígenas e Colombo ainda planejando se deparar com o Grande Khan. No dia 1º de novembro, Colombo pisou a terra firme próxima ao porto de Gibara, na costa nordeste de Cuba, empregando os passageiros indígenas como batedores e emissários. Estavam todos empenhados, como antes, em uma busca infrutífera por ouro. Nessa ocasião, o Almirante observou "uma peça de prata entalhada que pendia do nariz" de um índio, um detalhe que despertou sua curiosidade. Seus homens entabularam uma conversa com os nativos por meio de sinais, entendendo que um conflito tribal era uma guerra total entre os ilhéus e o Grande Khan. "É certo", proclamou Colombo, "que este é o continente", e que Quinsai ficava a meras 100 léguas de distância. Era hora de preparar um grupo de exploradores para chegar à lendária capital chinesa.

Colombo despachou "dois homens espanhóis: um chamado Rodrigo de Xerez, que vivia em Ayamonte, e o outro era Luis de Torres [...] de Múrcia e nascido judeu, que sabia, dizem, hebraico e aramaico, e também um pouco de árabe". Dois índios acompanharam os batedores, e levaram "fios de contas para comprar comida". Receberam ordens de achar o rei da ilha, apresentar suas credenciais, trocar presentes e descobrir sua verdadeira localização. Tinham seis dias para completar a missão.

Como Colombo se esforçou para explicar, Luis de Torres era um recente *converso*, ou convertido, ao cristianismo, e provavelmente a contragosto. Acredita-se que seu nome original fosse Yosef Ben Ha Levy Haivri, "José, filho de Levi, o Hebreu", e ele se tornaria a primeira pessoa de origem judaica a colonizar o Novo Mundo. Colombo incluíra Torres na expedição tanto pelas habilidades políticas como pela aptidão linguística. Talvez fosse preciso negociar com comerciantes árabes, e

caso encontrassem descendentes das Tribos Perdidas de Israel, esperava-
-se que Torres se comunicasse com eles. Colombo estava, na verdade,
totalmente despreparado para falar com os "índios" na língua deles e
recorria a uma língua de sinais improvisada, um modo de agir que gerou ambiguidade e confusões que ele imaginou serem confirmações de
suas ideias fantásticas a respeito do Grande Khan.

Na manhã de 3 de novembro, Colombo subiu a bordo do navio para
esperar o grupo de batedores e inspecionar um "porto extraordinário,
bastante profundo e livre de rochas", com uma praia apropriada para
querenagem, ou seja, para o conserto dos cascos de navios.

Em 4 de novembro, Martín Alonso Pinzón, que se considerava
praticamente o colíder da expedição, desembarcou e fez uma descoberta
bastante promissora, "dois pedaços de canela", na verdade *Canella win-
terana*, ou flores de canela selvagem, que exalavam seu aroma doce e
defumado. Ele ficou louco para trocar esse artigo cobiçado, e o teria
feito não fosse a "pena imposta pelo Almirante". Havia até bosques de
canela ali por perto, segundo o contramestre da *Pinta*, mas, na inspeção, Colombo decidiu que não era o caso. Os exploradores espanhóis
escutaram com atenção as histórias sobre ouro e pérolas "em quantidades infinitas". Quanto mais ouviam, mais crédulos ficavam, até que Colombo começou a registrar relatos de homens com cabeças de cães "que
comiam homens e que ao matar alguém decapitavam-no e bebiam seu
sangue e cortavam seus genitais". Histórias grotescas como essa pareciam com aquelas narradas por sir John Mandeville, cujas narrativas
fantásticas eram, no mínimo, tão populares quanto as de Marco Polo na
Europa ocidental. Coisas assim não poderiam acontecer ali — ou
poderiam?

Os batedores, Rodrigo de Xerez e Luis de Torres, retornaram para descrever o reconhecimento na terça-feira, 6 de novembro. Depois de quase 60 quilômetros, declararam, haviam encontrado um "vilarejo" com
cinquenta tendas e milhares de habitantes, que recebia os visitantes
"com grande solenidade". Relataram com satisfação que os habitantes
os "tocaram e beijaram seus pés e mãos, admirados e crentes de que eles

vinham do céu". Ofereceram-lhes cadeiras, enquanto os anfitriões ficavam agachados diante de seus pés, já que um dos acompanhantes indígenas explicou à multidão que, sendo cristãos, os visitantes "eram pessoas de bem". Um respeitoso frenesi se sucedeu. "Os homens saíram e as mulheres entraram, e também se agacharam em torno deles, beijando-lhes os pés e as mãos, tocando neles para se certificarem de que eram de carne e osso como elas mesmas; rogando-lhes que permanecessem ali ao menos cinco dias." Os visitantes tiveram uma reação calculada, que demonstrava sua veia comercial, exibindo amostras das especiarias que procuravam, como canela, pimenta e afins, e perguntando onde poderiam encontrá-las. Como resposta, receberam apenas indicações vagas ("por ali, a sudeste"). Não acharam nenhum chinês, nenhum árabe, nenhum descendente das Tribos Perdidas de Israel, e nenhum rastro do Grande Khan, mas fizeram amizades e conquistaram possíveis aliados. Quinhentos homens e mulheres desejavam acompanhá-los no retorno "ao céu", como imaginavam, mas eles deram a poucos o privilégio de sua companhia.

Ao voltar para os navios, "os dois cristãos conheceram no caminho muitas pessoas que estavam indo para suas cidades, mulheres e homens, com um tição na mão, [e] ervas para beber a fumaça dele". Essa breve observação se refere ao tabaco, uma prática nova e estranha para os espanhóis, que viam os índios fazendo charutos de folhas secas e aspirando sua fumaça com força. Mas foram as especiarias que se mantiveram como o cultivo mais valioso para Colombo, que, até aquele momento, ainda ignorava o valor comercial e a natureza viciante daquela folha aromática.

Após ouvir o relato, o Almirante, em vez de tentar entender o porquê de a expedição não ter atingido seus objetivos, ofereceu a Fernando e Isabel uma avaliação ponderada e nuançada dos "índios" que o cercavam, enquanto tentava se conformar com a óbvia humanidade e o potencial de conversão ao cristianismo daquele povo:

> São um povo muito ingênuo e nada belicoso [...] mas muito modesto, e não muito escuro, menos que os ilhéus das Canárias. Mantenho, Príncipes Sereníssimos, que se eles tiverem acesso a religiosos devotos e conhecedores da língua, todos se converteriam ao cristia-

nismo, e portanto espero em nome do Nosso Senhor que Vossas Majestades os [...] convertam, assim como destruíram aqueles que não quiseram se confessar ao Pai, ao Filho e ao Espírito Santo.

Depois de expressar seu desejo sincero, Colombo previu que, se Fernando e Isabel seguissem seu caminho, seriam "bem recebidos perante o Criador eterno" quando chegasse a hora de "partir de seus reinos". Após esse floreio inspirador, preparou a frota para a partida. Em um dia, uma ventania forte levaria os navios embora.

Nas duas semanas seguintes, Colombo foi ficando cada vez mais exasperado com as falhas em suas técnicas de navegação e em seus mapas, e teimava em procurar a magnificência civilizada do Oriente, apesar do fascínio que o Caribe exercia sobre ele. No final das contas, regressou a Cuba para retomar a perseverante exploração, rio a rio, sonhando com "as cidades do Grande Khan, que indubitavelmente serão descobertas".

Ele perdeu a conta dos portos que visitou, das palmeiras e de todas as outras árvores e arbustos e fauna que não reconhecia ou desconhecia, e montanhas tão altas que achava que não existiam maiores no mundo, "nem mais belas e nítidas, sem nuvens ou neve". As ilhas, tantas que era impossível contá-las, ele imaginava que fossem "aquelas mostradas nos mapas mundiais nas fronteiras do Extremo Oriente". Especulou que havia "imensas riquezas e pedras preciosas e especiarias nelas, e que elas se estendiam ainda mais ao sul e se espalhavam por todas as direções". Diante de tudo isso, Colombo "se admirava enormemente".

O Almirante adotou a prática de erigir uma cruz onde quer que fosse, "ilhas e terras", um projeto árduo. Ele escreveu sobre a feitura de cruzes a partir de árvores, proclamando: "Diz-se que um carpinteiro não poderia tê-la construído de forma mais proporcional." Quando a cruz era instalada, ele e seus homens oravam solenemente diante dela, peregrinos em busca de uma Jerusalém fugidia.

Cuba, concluiu o Almirante, tinha uma população numerosíssima de índios sociáveis. No domingo, 10 de novembro, uma canoa chegou com seis homens e cinco mulheres para lhes prestar as honras. Colombo retribuiu a hospitalidade "detendo-os", na expectativa de voltar à Espanha com eles, e ainda reforçou o contingente com mais sete mulheres e três garotos. O Almirante explicou seu raciocínio desta forma: "Agi assim pois os homens se comportariam melhor na Espanha com mulheres do próprio país do que sem elas."

A decisão, declarou, era baseada em suas experiências "detendo" os habitantes da costa oeste da África para Portugal. "Muitas vezes peguei homens da Guiné para que aprendessem a língua de Portugal, e depois que regressassem esperava-se que fossem úteis no próprio país, graças à boa companhia que haviam tido e aos presentes que haviam ganhado", mas a situação nunca se desenrolava como esperado. O problema, ele concluiu, era que, sem suas mulheres, os homens não cooperariam. Desta vez, o resultado seria diferente. Seus cativos mais recentes, "tendo suas mulheres, acharão um bom negócio fazer o que é mandado, e essas mulheres ensinarão ao nosso povo a língua deles", que, ele presumiu, "é a mesma em todas as ilhas das Índias".

Como se para provar o que dizia, registrou uma passagem que permanecera fresca em sua memória: "Esta noite veio a bordo em uma piroga o marido de [...] duas mulheres e pai de três filhos, um menino e duas meninas, e disse que desejava vir com eles, e me implorou com veemência." Colombo permitiu que o suplicante se juntasse à expedição. "Todos ficaram aliviados com sua presença", o Almirante observou, mas relatou com ares de decepção que seu mais novo aliado tinha "mais de 45 anos de idade", velho demais para trabalhos vigorosos.

Colombo anotou em 11 de novembro que os habitantes de Cuba não pareciam seguir "nenhuma religião", mas ao menos não eram "idólatras", e concluiu que eram "muito dóceis e sem conhecimento do que é o mal, nem assassinato, nem roubo; e não portam armas e são tão acanhados que uma centena foge ao ver um dos nossos, embora possam estar se fazendo de bobos". O Almirante recomendou: "Vossas Majestades precisam de determinação para torná-los cristãos, pois creio que, se começarem, em pouco tempo conseguirão a conversão de um bando à nossa santa fé, e conquistarão grande domínio e riquezas e todos os habitantes para a Espanha." E por quê? "Porque sem dúvida há nesses países uma quantidade tremenda de ouro." Os índios, destacou, se ocupavam da mineração de ouro "e o usavam no pescoço, na orelha, nos braços e pernas, e os braceletes são bem grandes". Deus e ouro: haveria razões melhores para fundar um império do outro lado do oceano?

Pouco antes do pôr do sol daquele dia, Colombo içou velas e seguiu em direção ao leste pelo sul, rumo ao promontório que batizou de cabo de Cuba.

De todos os dias que havia suportado em alto-mar até ali, 21 de novembro, uma quarta-feira, foi o mais traiçoeiro, e não só porque ele cometeu uma série de enganos náuticos cada vez mais graves. De acordo com os comentários apressados, elípticos, que fez no diário, parece que Colombo tentava usar o quadrante para corrigir sua localização. As leituras dos quadrantes o colocavam numa latitude de 42 graus, mas "lhe parecia que não poderia estar tão distante [do equador]". Ele tinha razão. O paralelo 42 atravessa a fronteira entre Nova York e Pensilvânia. Colombo estava, na verdade, a 21 graus de latitude. Pelo menos o Almirante sabia que havia algo bastante errado, já que "é evidente que na latitude de 42 graus em nenhuma parte da Terra se acredita que exista calor, a não ser por alguma razão acidental". Furioso, reclamou que o quadrante devia estar com defeito, precisando de reparos.

Se tivesse confiado apenas na navegação celestial, Colombo teria se desviado da rota, mas o Almirante tinha outro trunfo, que fez toda a diferença: uma noção inata do mar, do vento e do clima. Assim como outros navegadores da época, Colombo não se referia ao "norte verdadeiro" (o polo norte geográfico) ou ao "polo magnético norte" (onde o campo magnético da Terra subitamente aponta para baixo). Ao contrário, ele estabelecia sua rota ou direção tomando como referência os ventos, oito ao todo, cada um deles com um nome tradicional em italiano. Tramontana indicava o norte; greco, o nordeste; levante, o leste; siroco, o sudeste; ostro, o sul; libeccio, o sudoeste; ponente, o oeste; e maestro, o noroeste. Como esses nomes aludiam à geografia conhecida do Mediterrâneo, Colombo e outros navegadores simplificaram o sistema em oito pontos cardeais: N, NE, E, SE, S, SO, O e NO. Para refinar ainda mais, incluiu oito pontos intermediários, os ventos médios: NNE, ENE, ESE, SSE, SSO, OSO, ONO e NNO. Havia outras subdivisões, cada ponto equivalente a 11,25 graus, ou um ponto da bússola.

Colombo calou-se a respeito de seu dom realmente extraordinário, a navegação estimada, ou seja, navegar por instinto, calculando o tempo e as distâncias com instrumentos simples como uma corda ou boia ou ponto de referência. Era um mestre intuitivo no modo mais antigo de navegação. Todos os mapas e gráficos, além da instrução formal adquirida a duras penas — tão impressionante, porém tão enganosa —, tinham pouca utilidade para ele. Colombo se fiava no instinto e na experiência no que dizia respeito a marés e ventos. Para o Almirante, a cor do mar e a constituição das nuvens importavam mais do que os cálculos matemáticos dos cosmógrafos mais proeminentes da época. Ao contrário do Almirante, eles nunca tinham saído ao mar. A navegação estimada de Colombo era tão precisa que, já na primeira vez, ele navegara da Espanha ao Novo Mundo sem incidentes e, ainda mais incrível, sem que nenhuma vida fosse perdida. Daí em diante, ele só fez aprimorar sua rota com base na experiência e não na teoria.

O espanto causado pelo início de uma crise no dia 22 de novembro o tirou da barafunda matemática na qual se enterrara: "Neste dia, Martín Alonso Pinzón" — seu principal rival pela glória da expedição — "partiu com a caravela *Pinta* sem permissão ou vontade do Almirante". Colombo não fazia ideia do motivo, pois o clima estava bom. Talvez Pinzón tivesse encontrado uma fonte de ouro e quisesse guardar segredo. Em nota ameaçadora, Colombo acrescentou que já estava reunindo provas contra o rebelde piloto, em que fala de "muitas outras coisas que ele me fez e disse".

A fuga sem autorização de Martín Alonso Pinzón era preocupante porque a expedição se beneficiara da colaboração profissional entre os dois capitães. Um retrato do piloto da *Pinta* (em exposição no Museu Naval de Madri) mostra um rapaz estudado, que parece mais um acadêmico ou um ajudante de ordens do que um lobo do mar ou amotinado. Seu olhar melancólico insinua que está perdido em contemplação ou olhando um objeto distante. Nascido em Palos, ou seja, nascido para o mar, em 1441, o experiente Pinzón já passava dos 50 anos àquela altura, idade avançada para um piloto.

Até 25 de setembro, Colombo escrevera com ares de aprovação em seu diário de bordo sobre um mapa "em que parece que o Almirante retratou certas ilhas desse mar". Colombo concordara com a opinião de Martín Alonso de que as ilhas estavam perto, e a incapacidade da frota de localizá-las podia ser atribuída às "correntezas que levam os navios o tempo todo para o NE". Presumindo que fosse o caso, o Almirante pediu a Pinzón que retornasse ao mapa para mais estudos "com o piloto e os marinheiros".

Ao pôr do sol, "Martín Alonso subiu à popa de seu navio e com grande alegria gritou para o Almirante, reivindicando benesse" — uma recompensa — "por avistar terra". Que terra? Colombo fez questão de ser vago quanto ao nome e localização da ilha para que os rivais não conseguissem tirar proveito do descobrimento.

Antes de pagar, ele "se pôs de joelhos para dar graças ao Nosso Senhor, e Martín Alonso recitou a *Gloria in excelsis Deo* com sua gente". Logo depois o cordame da *Niña* gemeu sob o peso dos marinheiros que o escalaram para vislumbrar a terra, que estava a apenas 25 léguas de distância, segundo o cálculo de Colombo. O Almirante estava enganado. A frota navegou naquele dia e no seguinte, e uma semana depois os navios continuavam em busca de terra firme. No diário, Colombo revelou que tinha revisado as distâncias para que a tripulação acreditasse que a meta seria atingida lenta mas certamente, porém talvez tenha fabricado essa desculpa a fim de esconder seus erros de cálculo.

Se Martín Alonso fazia objeções a essa estratégia ou tinha dúvidas sobre a sagacidade das opções náuticas que ele e Colombo haviam feito, o Almirante não as registrou. A provocação trazia uma dose extra de dramaticidade a uma expedição que estava em vias de perder sua razão de ser, e oferecia a Colombo uma oportunidade para provar sua determinação. O Almirante se sentia atraído por crises, como se elas fossem manifestações da vontade divina. Até aquele momento, Colombo construíra sua carreira provando que os outros estavam errados, não porque tivesse hipóteses ou respostas melhores, mas porque era mais flexível. Ele tinha certeza de que poderia pôr o piloto desertor em seu devido lugar. Mas, primeiro, teria de alcançá-lo.

Aliás, todos os três irmãos Pinzón causaram problemas a Colombo.

O primeiro era Vicente Yáñez Pinzón, coproprietário das caravelas *Niña* e *Pinta* — navios que combinavam cordames ocidentais com velas orientais ou triangulares para melhorar a capacidade de manobra. A nau capitânia de Colombo, *Santa María*, era conhecida apenas pelo nome genérico em espanhol, *nao*; era arredondada, estável, de boca larga e provavelmente construída segundo os métodos dos construtores navais bascos, consagrados pelo tempo. Juan de la Cosa, que também era piloto de navio, era o proprietário. O segundo irmão era Francisco Martín Pinzón, piloto da *Niña*.

Portanto, Colombo estava cercado pelos irmãos Pinzón, cujo apoio fora crucial para que o Almirante superasse o ceticismo dos marinheiros de Palos, de onde a frota partira, e de Huelva e Moguer, que ficavam ali perto, com relação à expedição. Aos olhos dos práticos marinheiros, Colombo parecia um sonhador iludido e um estrangeiro que falava em cruzar um mar que ninguém que conheciam havia cruzado com êxito — o Mar Tenebroso, basicamente sinônimo de morte — para chegar a reinos fantásticos como a China e o Japão, que talvez não existissem fora das mentes de sonhadores e acadêmicos, e naquele momento o Almirante pedia a eles que confiassem suas vidas nessa busca improvável. Colombo enfrentou grande resistência até que Martín Alonso Pinzón instou os marinheiros a participar com as seguintes palavras: "Amigos, venham conosco nesta viagem. Vocês estão vivendo na miséria. Venham conosco nesta viagem, e tenho plena confiança de que encontraremos casas com telhados de ouro e todos vocês regressarão prósperos e felizes." O discurso, a reputação e o exemplo de Pinzón trouxeram os marinheiros para o lado de Colombo. "Foi devido à garantia de prosperidade e à confiança geral que têm nele que tantos concordaram em acompanhá-lo", declarou um dos ouvintes.

Na verdade, não foi só isso que Martín Alonso fez por Colombo. Segundo Arias Pérez Pinzón, filho de Martín Alonso, o pai tinha um amigo, um cosmógrafo ou cartógrafo celestial, que trabalhava na Biblioteca do Vaticano e lhe passara uma cópia de um mapa que mostrava que era preciso navegar na direção oeste para cruzar o Atlântico e chegar ao Japão. (Sem conhecimento do Novo Mundo e do oceano Pacífico, tal especulação prevalecia.) Martín Alonso, afirmou o filho, resolveu organizar a própria expedição, mas foi rejeitado em Portugal e na Espanha. Em busca de um porto seguro, de apoio espiritual e assistência especializada, Colombo se isolou no Mosteiro de Santa María de la Rábida, pertencente à ordem franciscana e dramaticamente situado na cidade de Palos de la Frontera. Ali encontrou Martín Alonso Pinzón, que lhe mostrou uma cópia do mapa. Colombo estava prestes a trocar a Espanha pela França à procura de endosso, mas agora, equipado com esse documento crucial, enfim conseguia conquistar o apoio dos reis espanhóis.

Portanto, o desaparecimento repentino e sem explicações de Martín Alonso Pinzón em 22 de novembro não era um simples ato de insubordinação. Como Pinzón era coproprietário da frota, Colombo não podia tratá-lo como um marinheiro comum e puni-lo por deslealdade; o máximo que poderia fazer era passar a perna nele, provando que ele estava errado. No entanto, não havia razão para nutrir esperança. Era de se imaginar que os outros Pinzón seguissem o exemplo de Martín Alonso, mas eles se mantiveram leais a Colombo. O Almirante não saberia dizer o que a conduta de ambos insinuava sobre a aptidão de Martín Alonso, mas ficou animado com a demonstração de lealdade; na verdade, não esperava menos que isso.

No que lhe dizia respeito, Martín Alonso Pinzón acreditava-se tão responsável pela expedição quanto Colombo. No entanto foi Colombo, e não Pinzón, quem negociou os termos da viagem com Fernando e Isabel, inclusive as séries minuciosas e explícitas de capitulações, ou acordos, referentes às suas obrigações e direitos. Sem credenciais comparáveis, Pinzón se comportava como se tivesse sido forçado a aceitar uma parceria com um místico genovês de pavio curto chamado Cristóvão Colombo, cuja intenção era reclamar toda a glória para si, isso se não matasse a todos em pelejas contra tempestades, monstros marinhos, recifes ou a fome.

Até então, o Almirante havia conseguido uma proeza inédita na história da exploração, cruzando o Atlântico sem baixas. Por sua vez, Pinzón se tornou mais instável que nunca.

"Esta noite Martín Alonso seguiu o rumo do Oriente", anotou Colombo em 22 de novembro, enquanto seguia para uma ilha chamada Vaneque, seduzido pela promessa de ouro, segundo disseram os indígenas. O Almirante passou a noite navegando até a ilha, e então, para seu espanto, teve a impressão de que Pinzón mudara de rumo e "vinha ao encontro dele; e a noite estava clara e o vento fraco favorável à sua aproximação, caso ele assim quisesse". Olhos fatigados, o Almirante aos poucos entendeu que se enganara; talvez Pinzón houvesse manobrado em direção à nau capitânia, mas havia mudado de ideia. O enigma das motivações e planos de Pinzón atormentava Colombo no momento em que ele traçava a rota até a ilha que chamava de Bohío, sobre a qual os indígenas propagavam uma série familiar de boatos relacionados a "pessoas que tinham um olho na testa" e temíveis canibais. Segundo Colombo, quando perceberam que a rota escolhida os levaria a Bohío, os índios "ficaram emudecidos". O Almirante não desdenhou completamente dos boatos da existência de canibais, comentando que acreditava "haver um fundo de verdade nisso". Bohío teria de esperar.

Na escuridão antes da aurora do domingo, 25 de novembro, Colombo desembarcou em Cayo Moa Grande, na costa nordeste de Cuba. Era incomum começar uma expedição no dia do Senhor, mas ele estava agindo sob o instinto "de que devia haver ali um bom rio". Seu palpite rendeu frutos quando "foi ao rio e viu pedras reluzindo nele, com alguns veios da cor de ouro" — na verdade, eram piritas de ferro, ou ouro de tolo —, mas Colombo se convenceu de que havia descoberto o artigo genuíno. "Ele ordenou que algumas das pedras fossem recolhidas para levá-las aos reis."

A investigação logo revelou algo menos precioso que ouro, mas com maior valor prático: madeira para consertar e reforçar os navios. "Estando ali, os grumetes gritaram ter visto pinheiros; ele olhou para a serra e viu várias dessas árvores, imensas e tão maravilhosas que não poderia exagerar sua altura e retidão, como pilastras, grossas e compridas, e percebeu que delas seria possível fazer navios, e havia uma infinidade de tábuas e mastros para as melhores embarcações da Espanha. Viu carvalhos e medronheiros", ou, melhor dizendo, árvores bastante parecidas com essas, "e um ótimo rio, e meios para construir serrarias. Viu na praia muitas outras pedras da cor de ferro, e outras que alguns disseram ser de minas de prata; todas trazidas pelo rio. Ali ele cortou uma vela latina e mastro para a mezena da caravela *Niña*". O cabo vizinho era tão espaçoso que "cem naus poderiam ser postas ali sem qualquer corda ou âncora". Colombo imaginou um estaleiro grande e produtivo, ativamente empenhado na derrubada de pinheiros robustos para construir "quantos navios quisessem", todos vedados com piche prontamente disponível. A possibilidade de fazer daquela terra recém-descoberta um posto avançado causou em Colombo acessos de arrebatamento e exageros. Parecia que as perspectivas de colonização melhoravam cada vez que pisava em terra firme; em Cuba, o ar era mais puro e a paisagem era um deleite ainda maior para os olhos. Qualquer um que visse aquela terra, insistia o Almirante, ficaria "totalmente maravilhado", sem contar que, obviamente, a China estava logo além do horizonte.

Colombo continuou a elogiar a terra que acabara de descobrir, evocando "nove portos extraordinários que todos os marinheiros consideraram maravilhas, e cinco ótimos rios [...] montanhas bem altas e belas [...] os vales mais lindos [...] árvores grossas, altas e frondosas, gloriosas de se ver". A única preocupação que os atormentava naquele paraíso era o "medo terrível" de canibais, que, segundo se dizia, lançavam ataques de surpresa para capturar os acanhados habitantes da terra. Os índios mantidos como cativos a bordo ficaram apavorados ao perceber que Colombo se dirigia aos domínios das tribos antropófagas, e "temendo que fizessem deles uma refeição, nem conseguiam esconder o temor que sentiam". Muito pelo contrário, só faziam balbuciar sobre o único olho e o "rosto canino" dos canibais. Assim Colombo optou por lidar com os rumores: "O Almirante acreditou que estavam mentindo, e pensou que seus capturadores deviam estar sob a soberania do Grande Khan."

Em 27 de novembro, de Baracoa, no extremo leste de Cuba, Colombo redigiu seu resumo mais abrangente até então. Corrigiu a avaliação de suas descobertas para melhor, sempre para melhor, em parte porque estava certo do valor estratégico da região, mesmo que não fosse a China, em parte para distrair os reis do fato constrangedor de que não havia cumprido suas promessas. "Mil línguas não bastariam, nem sua mão para escrever, pois parecia que estava encantado", escreveu sobre Cuba e as cercanias. Será que alguém duvidou da veracidade das observações?

"É certo, Senhores Príncipes, que onde existem tais terras deve haver infinitas coisas proveitosas; mas eu não me detive em nenhum porto." Sua justificativa para navegar pelo Atlântico apesar dos riscos e custos, e acabar ignorando precisamente o que buscava, não foi muito convincente: "Porque queria ver todas as terras que pudesse, para fazer o relato delas a Vossas Majestades", acrescentando, como quem não quer nada, "e também não sei a língua, e os povos dessas terras não me entendem, e nem eu nem ninguém a bordo os entendemos".

Essa observação não era compatível com as muitas conversas que Colombo já havia registrado no diário, em que descrevia como os índios haviam falado sobre ouro, árvores ou portos. Mesmo considerando a possibilidade de grandes mal-entendidos, alguns inevitáveis, outros deliberados, entre os dois grupos, não havia dúvida de que o Almirante e seus homens entabularam várias conversas com os anfitriões indígenas a respeito de trocas, religião, cristianismo e a geografia local desde a primeira chegada da frota em terra firme, no dia 12 de outubro. Um grupo confirmou as fantasias e profecias místico-religiosas do outro. Os índios pensaram que a frota de Colombo cumpria a antiga e bem difundida crença de que criaturas divinas ou de inspiração divina semelhantes a eles visitariam as ilhas, e o Almirante acreditava que qualquer coisa que encontrasse era por vontade de Deus, embora os tainos não fossem exatamente o que ele tinha em mente. O reconhecimento mútuo rivalizava com a confusão mútua. No entanto, o potencial implícito do descobrimento era muito diferente para cada grupo. Para os índios, era uma visita oriunda do céu, que significava elevação, não degradação. Para Colombo, era a possibilidade da exploração e escravização, além da conquista de uma imensurável fortuna pessoal.

Para se comunicar com os índios, o Almirante contava com seu tradutor, mas em pouco tempo ficou claro que Luis de Torres não sabia as línguas necessárias para se comunicar naquelas ilhas. Para melhorar a comunicação, Colombo atraiu índios a bordo para atuar como guias e intérpretes, e só então percebeu que "esses índios que trago muitas vezes dizem uma coisa e entendo o contrário, e não confio muito neles" — não por falta de compreensão, mas porque "tentaram fugir". Logo adiante, o Almirante se contradisse mais uma vez, ao escrever que estava, no final das contas, aprendendo a língua indígena "pouco a pouco" e "farei ensinar esta língua às pessoas da minha casa", e então revelou, "vejo que por enquanto todos falam a mesma língua", deixando implícita certa familiaridade com o idioma.

A "mesma língua" à qual se referia era o aruaque, hoje incluída na família linguística maipureana, muito falada no Caribe e na América da Sul. Em sua exploração aleatória, porém meticulosa, da bacia do Caribe, Colombo provavelmente encontrou dois dialetos regionais do aruaque, o de Cuba e o das Bahamas.

A cultura indígena, até mesmo a agricultura, pouco interessava a Colombo. Na carta a Fernando e Isabel, ele falava das terras que havia explorado como *tabula rasa* espiritual e econômica, na qual os reis deixariam a marca duradoura do império. "Vossas Majestades mandarão fazer nestas partes uma cidade e uma fortaleza", previu o Almirante, "e estas terras serão convertidas". "E certifico" — um termo com validade de juramento — "a Vossas Majestades que sob o sol não me parece que poderiam existir [terras] melhores em fertilidade, em brandura de frio e calor, em abundância de águas boas e puras, e não são como os rios da Guiné, que são todos pestilentos", complementou. Como todos da corte sabiam, a Guiné estava sob a esfera de influência de Portugal.

A fim de evitar que portugueses ou outros intrusos impertinentes, como piratas árabes ou franceses, invadissem aquele paraíso recém-descoberto, Colombo instou Fernando e Isabel a "não consentir que nenhum estrangeiro tenha negócios ou pise aqui, à exceção de cristãos católicos, já que este é o fim e o começo da empresa", uma opinião solenemente compartilhada pelos reis e por várias gerações de clérigos. Esta seria não só sua última chance, mas também seu argumento mais persuasivo: o que quer que desse errado ou a expedição não conseguisse realizar, o Almirante estava levando o cristianismo aos indígenas antes de todo mundo.

Ao avaliarmos as conquistas de Colombo até então, os melhores resultados do Almirante diziam respeito à saúde de seus homens. Ele se gabou de que "ninguém teve sequer uma dor de cabeça ou ficou acamado por náusea; exceto um idoso com dor de pedras, da qual sofreu a vida inteira, e ele ficou bem depois de dois dias". A feliz condição "se aplicava a todos os três navios". Era uma sorte extraordinária, tendo em vista o ineditismo da viagem, a visão distorcida que Colombo tinha da geografia e sua navegação celeste pouco confiável, bem como os navios primitivos e insalubres que foram usados na empresa.

Logo depois de informar aos reis seus planos grandiosos, Colombo ouviu um relato assustador de parte da tripulação. Enquanto faziam o reconhecimento da área, segundo relataram, "encontraram em uma casa um bolo de cera", um fetiche tão intrigante que Colombo decidiu levá-lo consigo para a Espanha, a fim de exibi-lo aos monarcas. Além disso, "os marinheiros encontraram numa casa a cabeça de um homem dentro de uma cesta, coberta com outra cesta e pendurada em uma estaca". Segundo a descrição, as cabeças desidratadas enfeitavam o povoado inteiro, formando um quadro repulsivo. Colombo presumiu que o objeto "devia ser de antepassados da linhagem; pois as casas são do tipo que abriga muitas pessoas, e devem ser parentes descendentes de apenas um".

Apesar de parecer inabalável, Colombo ficou ansioso pela relativa segurança do mar aberto, mas naquele momento a chuva forte, as nuvens escuras e o vento sudoeste que soprava diretamente para a popa tornavam a navegação quase impossível. A chuva era tão intensa que os homens praticamente inalavam a água, e ela formava círculos, substituída por véus cambiantes de neblina. Uma hora depois, a chuva cairia reta e varreria aquele mesmo cenário encharcado. No dia seguinte, 30 de novembro, o vento úmido foi para leste, na direção contrária ao rumo do Almirante.

Sem poder navegar, Colombo despachou um grupo de batedores composto por oito marinheiros e dois índios (como tradutores e guias) para avaliar a região e seus povoados. "Foram a muitas casas e não acharam nada nem ninguém, pois todos haviam fugido"; um Novo Mundo assustadoramente destituído de gente. Por fim, avistaram "quatro rapazes que cavavam a terra", mas no instante em que viram os intrusos, os indígenas "fugiram, [e] não foi possível alcançá-los". Os apreensivos habitantes deixaram para trás sinais impressionantes de civilização, "muitos vilarejos e terras muito férteis, todas cultivadas, e grandes rios d'água, e perto de um viram uma piroga ou canoa de 95 palmos, feita de um único tronco, muito bonita, na qual cabiam e podiam navegar 150 pessoas", isto é, se houvesse alguém, mas não havia.

Os navios se moveram sobre as âncoras, agitados, prontos para se lançarem ao mar. Com a chuva ficando mais forte a cada dia, os marinheiros se martirizavam com a possibilidade de uma grande tempestade que destruísse os navios, mas Colombo acreditava que uma rocha grande na boca do porto os protegeria da pior parte da tempestade, ou pelo menos foi o que disse. A situação, no entanto, era ainda mais precária do que o Almirante imaginava, ou admitia para os outros. Se o vento mudasse, a rocha não ajudaria em nada.

Por fim, Colombo viu alguns índios, mas todos fugiram. Era segunda-feira, 3 de dezembro, e o Almirante, que se aventurava em terra firme, seguindo um riacho sinuoso, se deparou com "cinco ótimas pirogas, [...] muito bonitas e bem trabalhadas". Avaliando as canoas com olhar de navegador, Colombo considerou-as uma bela combinação de forma e funcionalidade. Andou mais e achou uma "casa de barcos muito bem organizada e coberta, para que nem o sol nem a água pudessem causar danos [às pirogas]". Lá dentro, abrigada pela construção, ele examinou uma "canoa feita de um único tronco, como as outras", comparável a um barco a remo ou barcaça "de 16 bancos". O talento artístico aplicado à embarcação o impressionou bastante. "Foi um prazer ver o acabamento que tinha e sua formosura." Um deleite para ele, é claro, mas não para os burocratas espanhóis, que despacharam Colombo para salvar almas, estabelecer o comércio com o Grande Khan e, nesse ínterim, deixar para trás os astutos portugueses. Os exemplos de artesanato indígena pouco interessavam às autoridades espanholas; era ouro o que desejavam, ouro e poder.

Ao deixar a casa de barcos, Colombo "subiu uma montanha" e do pico analisou os vastos campos "plantados com muitas coisas da terra". Por ser um lobo do mar, ele não sabia os nomes das frutas, verduras e legumes que encontrou; imaginou que alguns fossem abóboras, ou *calabazas*, uma das primeiras espécies vegetais cultivadas.

De repente, "as pessoas do povoado" apareceram. No momento em que viram aquela estranha figura na montanha, saíram correndo.

58 *Trinta e três dias*

Colombo mandou os guias indígenas para tranquilizá-los e dar como presentes guizos, anéis de latão e contas de vidro verdes e azuis. Em relação aos ariscos índios, Colombo "garantiu aos Reis que dez homens poderiam espantar 10 mil, de tão covardes e medrosos que são". Era verdade que estavam armados com lanças simples, mas estas, quando examinadas, mostraram ser apenas juncos com pontas endurecidas no fogo. Querendo-as para si, Colombo usou de "um belo ardil, barganhando de tal maneira que me deram todas", e assim os tímidos índios foram privados de suas armas rudimentares pelo astucioso Almirante, a quem passaram a temer e venerar.

Logo que Colombo acreditou ter seduzido e desarmado o populacho, os índios ergueram os braços para os céus e berraram. De repente, Colombo viu o rosto de um índio "ficar amarelo como cera" enquanto gesticulava freneticamente para dizer a ele que o povo — os caraíbas, muito provavelmente — estava chegando. O índio apontou para uma besta carregada na mão de um dos espanhóis, indicando que "seriam todos mortos" por aquela ameaça invisível. Para enfatizar o que dizia, o índio agarrou uma bainha e puxou a espada, brandindo-a.

Os índios fugiram e Colombo os seguiu sem exaltação. Quando os alcançou, já estavam se preparando para a batalha. "Havia inúmeros, todos pintados de vermelho e nus como paridos pelas mães, e alguns deles com penachos na cabeça e outras plumas, todos com feixes de lanças." Colombo usou de suborno e distração para desarmar os indígenas. "Fui até eles e lhes dei um pedaço de pão e pedi suas lanças, pelas quais lhes dei um guizo, a outros um anel de latão, a outros contas, de maneira que todos se acalmaram." Os índios ofereceram em troca suas preciosas lanças, porque "acreditavam que vínhamos do céu". Se tivessem o ouro e as especiarias que o Almirante procurava, seria fácil adquirir esses itens valiosos.

O dia terminou com Colombo entrando "em uma bela casa" com "obras maravilhosas" pendendo do teto. O Almirante não sabia como descrever o que via, mas provavelmente eram esteiras de trançado complexo adornadas com conchas, tão extraordinárias que ele imaginou ter adentrado um templo. Usando a linguagem de sinais, perguntou se os indígenas rezavam ali, e "eles disseram que não; e um deles subiu [até o teto] e me deu tudo o que havia ali".

A manhã de 4 de dezembro trouxe um vento fraco, e Colombo enfim pôde deixar o porto que passou a chamar de Puerto Santo. Ao navegar ao longo da costa, passou por um ponto de referência que batizou de cabo Lindo, geralmente identificado como Punta Fraile, em Cuba.

Espreitou uma "grande baía", que poderia ser um estreito ou uma passagem que levaria ao império do Grande Khan, e navegou a noite inteira "a fim de ver a terra que se estendia a leste", mas acabou abrindo mão desse propósito por conta das recomendações dos guias indígenas. A costa que Colombo então explorava, com seus indícios do reino oriental, era, na verdade, parte de Cuba, "que até então ele havia considerado continente devido à sua extensão, pois tinha percorrido pelo menos 120 léguas ao longo dela".

Ao considerar a possibilidade de que Cuba fosse uma ilha — e não um promontório do continente asiático —, Colombo aparentemente abandonou uma das expectativas que mais acalentava para a viagem. Não havia, até então, achado a Ásia, nem o Grande Khan, mas ainda não conseguia admitir que encontrara outra terra. Incapaz de resolver esse enigma geográfico, Colombo se concentrou na navegação, voltando mais uma vez à ilha de Hispaniola, numa exploração incessante em busca de algo que não saberia dizer o que era.

Uma vez que a noite se aproximava, Colombo mandou a *Niña* na frente para "ver o porto ainda de dia, porque a embarcação era veloz; e ao chegar à boca do porto" — na costa do atual Haiti — "que era parecida com a baía de Cádiz, e porque já era noite, enviou uma barcaça para sondar o porto, equipada com uma luz de vela" para mostrar o caminho. Colombo se aproximou, "esperando que a barcaça sinalizasse para entrar no porto", mas naquele instante "a luz da barcaça se apagou". Por conta disso, a *Niña* "correu ao largo do porto e mostrou uma luz ao Almirante, e, ao chegar perto dela, contaram a ele o que havia ocorrido. Neste momento, os homens da barcaça mostraram outra luz; a caravela foi na direção dela, e o Almirante não pôde fazê-lo, e passou a noite inteira navegando contra o vento".

Após essa dança complicada envolvendo vento, correnteza e luz bruxuleante, o novo dia, 6 de dezembro, nasceu, e Colombo "se viu a 4 léguas do porto". O Almirante vislumbrou fogueiras na costa, suas colunas de fumaça "como faróis", quiçá um aviso de guerra tribal em terra firme, da qual, como de hábito, ele se sentia isento.

"Na hora das vésperas, adentrou o porto e deu-lhe o nome de Puerto de San Nicolas, já que era dia de São Nicolau, em sua homenagem", escreveu Colombo, exaltando sua "beleza e graciosidade". Colombo considerava seu direito e responsabilidade dar nome a qualquer lugar que fosse, independentemente da designação tradicional do local, e em muitos casos o nome ficou, apagando a história. Havia um poder no ato de nomear, quase como se assim ele convertesse o ambiente à cristandade; dar nome era tomar posse.

Por considerar aquele porto superior a todos os outros que visitara durante a viagem, Colombo explorou o perímetro, sondou a profundidade, procurou ameaças e teve a satisfação de declarar: "Não parece haver sequer um banco de areia." O comprimento permitia acomodar sem aperto "mil carracas", mostrando ao reis, de maneira inequívoca, o potencial da região. "O porto inteiro é ventilado e desabitado, e não tem árvores", comentou o Almirante. A majestosa terra se espalhava a perder de vista, um cenário esmeralda incrustado numa cintilante safira. "A terra é muito alta, toda plana ou sem desníveis." Em outra direção, viu "uma linda planície", grandes povoados e canoas de 15 bancos que, ao ver os navios, fugiam em vez de se aproximar. Os índios que o acompanhavam de repente anunciaram que tinham "um enorme desejo de ter o próprio país", mas Colombo suspeitou de suas motivações, e os índios, sem dúvida, das dele.

Às sete horas da manhã seguinte, no início da vigilância da aurora, Colombo pôs-se a navegar, deixando o Puerto de San Nicolas para trás.

A chuva que se aproximava já permitia antever os três dias de aguaceiros e chuvaradas que se seguiram. "Forte vento nordeste", Colombo anotou, lacônico. De fato, o vento foi forte o bastante para obrigar os navios a arrastar âncoras, "o que surpreendeu o Almirante". De novo, os batedores viram sinais de ocupação humana, mas, quando pisaram em terra firme, os habitantes já tinham desaparecido na floresta tropical. A imagem de um Colombo perplexo, ao mesmo tempo suplicante e ameaçador aos olhos dos povos indígenas do Caribe, é incompatível com as tão disseminadas imagens heroicas do Almirante, apresentado como um homem de inspiração divina, extremamente autoconfiante, que levava o cristianismo e o governo espanhol a povos incultos, bem como é incompatível com o argumento de que ele queria explorar, escravizar, rebaixar ou massacrar os indígenas medrosos, geralmente desarmados, cuja língua tentou aprender e cuja arte náutica admirava. Nesta conjuntura, Colombo não trazia leis nem espalhava doenças, como séculos de comentaristas e retratistas o representariam, mas era um navegador sério, destemido e desorientado (e cronista que advogava em causa própria), com dificuldade para impor seu espírito missionário e sua presunção aos outros, a começar por sua tripulação. Só os indígenas que nunca tinham visto ninguém parecido ficavam impressionados, e por isso fugiam. Quanto mais se familiarizavam com o Almirante e seus homens, mais os indígenas se aproximavam de Colombo, em parte porque ele levava jeito para suborná-los com bugigangas, em parte pela impressão tácita de que aqueles dois grupos tão distintos partilhavam o mesmo destino. O comportamento deles, a forma como se agarravam a Colombo, como limalhas de ferro a um ímã, sugere que, apesar da indecisão e da confusão a respeito de onde estaria, a aura heroica do Almirante atingia em cheio seus anfitriões. Ao mesmo tempo, Colombo continuava a ser um astucioso mercador genovês em busca de recursos para negociar e explorar.

Explorações adicionais de Hispaniola e das ilhas vizinhas — não se sabe ao certo quais, dada a sintaxe muitas vezes desconexa do diário — levaram Colombo a estabelecer contato com mais tainos e com a preocupação que estes tinham quanto aos caraíbas, propensos a saques e ao canibalismo. "Todas essas ilhas vivem com medo desses *Caniba*", lamentou. "E torno a dizer, como em outras vezes, que *Caniba* nada mais é que o povo do Grande Khan, que deve estar bastante próximo e possuir navios, e vem para capturá-los, e como não regressam eles imaginam que tenham sido comidos." Sem perceber a ironia do comentário, Colombo observou: "A cada dia entendemos melhor esses índios, e eles a nós, embora muitas vezes tenham confundido uma coisa com outra." Quem era mais equivocado, os indígenas ou o próprio Colombo, que se apegava à crença de que chegara à Ásia e estava às portas do Grande Khan?

O dia seguinte, 12 de dezembro, forneceu mais provas dos impulsos contraditórios de Colombo, ao começar com os marinheiros levantando "uma grande cruz na entrada do porto". Depois de executada essa façanha, três marinheiros entraram no mato, ao que consta para "ver as árvores e plantas", e acabaram se deparando com "uma multidão de gente", todos nus, e todos fugiram assim que perceberam os intrusos. Dessa vez, sob ordens de Colombo, capturaram uma mulher, que por acaso era "jovem e bela", e levaram-na, com toda a sua inocência e nudez, para o Almirante, que "lhe deu roupas para vestir e contas de vidro e guizos e anéis de latão; e ele a mandou à praia muito honradamente, segundo o costume".

Colombo alegou que a jovem preferiu ficar com as outras moças detidas, que ele planejava entregar a Fernando e Isabel como presentes exóticos. De interesse ainda maior: "A mulher trazia um pedacinho de ouro no nariz, sinal de que havia ouro naquela ilha." Para Colombo, esse sinal, por mais insignificante que fosse, era mais do que mero indício ou pista, era uma demonstração do poder e riqueza latente das ilhas, e portanto bastava para inspirá-lo a continuar a busca.

Colombo despachou outro grupo, que descobriu uma grande aldeia com "mil casas e mais de 3 mil homens", que fugiram com a aproximação dos cristãos e do índio que os guiava, que gritou que não precisavam temer, "que os cristãos não eram de *Caniba* e sim do céu, e que davam muitas coisas a todos que conheciam". A maioria dos fugitivos deu ouvidos ao índio e se virou, e "foram até os cristãos e puseram as mãos em suas cabeças, um sinal de grande respeito e amizade". Apesar das garantias, "todos tremiam".

Quando o medo foi aplacado, os tainos convidaram os cristãos às suas casas e lhes ofereceram "raízes" — tubérculos, especificamente — "parecidas com cenouras grandes, que cultivam e plantam em todas as suas terras". Existiam tubérculos de dois tipos: caulinares, como batatas, e radiculares. O alimento básico da dieta indígena era um tubérculo radicular rústico, de cor marrom, com poucos brotos avermelhados e nodosos, porém robusto e rico em amido — a mandioca. Os homens de Colombo descobriram que a agricultura dos tainos já havia superado as técnicas de queimada de outras sociedades tropicais. Para cultivar a mandioca, os tainos diligentemente modelaram fileiras de montículos de terra, de cerca de um metro por 3, chamadas *conucos*, concebidas para resistir à erosão, facilitar a drenagem na época de chuvas e armazenar o tubérculo por até três anos e se prevenir contra períodos de escassez de alimentos. Com a mandioca, "faziam pão e cozinhavam e torravam, e tem o gosto característico das castanhas". Com o tempo, os espanhóis passaram a chamar esse rústico tubérculo marrom de "pão das Índias".

A mandioca é rica em calorias e quase nada mais; até ser cozida, praticamente não tem gosto. Além disso, a mandioca crua requer um preparo cuidadoso, pois contém quantidades residuais de cianeto (um glicosídeo cianogênico) que devem ser eliminadas através de raspagem e fermentação; ingerir mandioca não processada causa a dolorosa pancreatite crônica, ou inflamação do pâncreas. Quarenta miligramas de cianeto de mandioca bastam para matar uma vaca. Para tornar a mandioca própria para consumo, as mulheres indígenas grelhavam os tubérculos e misturavam farinha seca com água para formar uma pasta, que espalhavam em fina camada sobre uma cesta. O processo, que durava cinco horas, quebrava boa parte dos glicosídeos cianogênicos da mandioca, e o cianeto de hidrogênio resultante, também extremamente tóxico, se dissipava no ar. Só então a farinha de mandioca se tornava própria para consumo.

A mandioca era mais uma das inúmeras plantas que Colombo e seus homens nunca tinham visto — na verdade, era desconhecida em toda a Europa. O Almirante, o médico da frota, dr. Chanca, e os outros tripulantes ficaram maravilhados ao ver os feijões, pimentas, amendoins e batatas-doces que cresciam no fértil solo caribenho. Ainda mais atraentes eram as dezenas de espécies de frutas novas e incomuns para o paladar europeu. Os visitantes espanhóis viram e provaram pela primeira vez mamão, manga, goiaba, caimito, abricó-do-pará e maracujá. Havia também *piñas* (abacaxis), "geradas por plantas com espinhos à maneira da babosa com várias folhas carnudas", observou um visitante fascinado, tentando comparar a fruta a outras plantas europeias, mais familiares. Além disso, tinha escamas e uma casca "mais ou menos da grossura da de um melão", e demorava cerca de um ano para amadurecer. Disseram que cheirava "melhor que pêssego", e um ou dois dos índios costumavam esguichar o suco no interior das moradias, por causa do aroma doce.

E não era só isso. Quando os índios descobriram que Colombo desejava ter um papagaio, levaram todas as aves tropicais que ele e seus homens quiseram, sem pedir nada em troca. Eram criaturas lindas, multicoloridas, com penas tons de escarlate, cobalto e amarelo, marcadas por desenhos pretos e brancos na cabeça, tão compridas quanto um braço masculino, atentas e vivazes. Quando não estavam quebrando sementes com mandíbulas vigorosas, imitavam a fala humana e pareciam até compreendê-la. De todas as criaturas que os homens de Colombo conheceram na ilha, eram as mais inteligentes e sociáveis.

Os papagaios não distraíram Colombo da beleza singular das mulheres que circulavam diante deles. No início, ficou boquiaberto com a nudez quase total e a falta de recato das moças, mas depois contou de "duas moças tão brancas como são na Espanha", que habitavam a região cujas "terras estavam cultivadas e [...] no meio daquele vale passava um rio grande e amplo que poderia irrigar todas as terras. Todas as árvores estavam verdes e cheias de frutos, e as plantas todas floridas e muito altas, as trilhas largas e boas". Deste ponto em diante, Colombo rompeu os limites do diário de bordo convencional, abandonando por um tempo todas as menções a marés e ventos e navegação em favor de descrições entusiasmadas e fantasiosas. "O ar", escreveu, "era como o de abril em Castela" e ecoava sons inebriantes que eram "o maior deleite do mundo", com toda a natureza em harmonia. "De noite alguns pássaros cantavam suavemente, ouviam-se muitos grilos e sapos, os peixes eram como na Espanha; dizem haver muito lentisco, muita babosa e muitos algodoeiros" — porém, teve de acrescentar, arrancado de sua quimera, "ouro não encontraram". Feitiço quebrado, Colombo se ocupou da tentativa de medir a extensão da noite e do dia com ampulhetas, mas não obteve o resultado esperado, e foi obrigado a admitir, "pode haver algum erro, pois ou não os viraram com rapidez ou a areia não caiu". A insatisfação com o impasse é palpável. Estava claro que sua imaginação e instinto continuavam mais afinados e grandiosos do que seu desastrado uso de instrumentos falhos.

No dia seguinte, o Almirante partiu de Puerto de la Concepción — atual Mustique, no Haiti — e rumou para uma ilha montanhosa e íngreme que à tripulação pareceu a corcova de uma tartaruga, e que por isso passou a ser chamada de ilha de Tortuga (tartaruga, em espanhol). Colombo deparou-se com "uma terra muito alta, mas não montanhosa, e é muito bela e populosa". O Almirante decidiu voltar a Tortuga no dia seguinte, 15 de dezembro, dessa vez ancorando "meia légua a sota-vento de uma praia, um surgidouro bom e limpo".

Colombo fez abundantes alusões ao fato de que estava se tornando melancólico e desorientado no paraíso. Havia chegado e continuava perdido. Estava ávido por achar o ouro que prometera aos reis e a si mesmo, além de querer encontrar um propósito maior. Em seu diário paira a impressão de que, não tendo conseguido até então fazer contato com o Grande Khan ou outros governantes poderosos e abastados, faltava à ambiciosa expedição um objetivo redentor. Colombo testemunhara o que aconteceu a Bartolomeu Dias, o explorador português, ao regressar a Lisboa do cabo da Boa Esperança, quatro anos antes. Dias enfrentara dois anos de batalhas e privações para alcançar sua meta, arriscando a própria vida e a vida de seus tripulantes, e acabou tendo uma recepção morna por parte do vaidoso e volúvel rei de Portugal. Dois anos antes, em 1490, ainda tentando conquistar o apoio do soberano e seu quinhão de glória, Dias embarcara em outra expedição e falecera.

A carreira trágica desse nobre marinheiro era uma lição de moral, uma lição que Colombo não pretendia repetir no fértil paraíso que havia descoberto. Sua psique exigia um destino melhor.

CAPÍTULO 2

Nativo de Gênova

Independentemente de onde fosse e de quem se tornasse, Colombo continuava a ser um nativo de Gênova, o porto marítimo da Ligúria onde as ousadas explorações navais eram um estilo de vida.

Em 1291, os irmãos Ugolino e Vadino Vivaldi, de Gênova, planejaram em detalhes e obtiveram muitos recursos para uma viagem oceânica à Índia. Fiando-se na noção extremamente simplificada da geografia e dimensão da Terra, eles acreditaram que chegariam ao destino navegando rumo ao oeste, ou talvez circum-navegando a África. Os irmãos tiveram acesso a mapas e portulanos que mostravam a costa em detalhes, e navegaram em galés semelhantes às utilizadas por marinheiros genoveses desde a década de 1270. Caso tivessem chegado a seu destino, a história talvez celebrasse o Dia de Vivaldi em vez de o Dia de Colombo, mas as pesadas galés dos irmãos não estavam à altura do mar alto, e a valente frota desapareceu sem deixar rastro.

Em 1336, Lanzarotto Malocello navegou até as ilhas Canárias, legando o nome Lanzarote a uma delas. Meros cinco anos depois, Nicoloso da Recco chegou aos Açores. Jornadas ainda mais ambiciosas por mar passaram a ser vistas como inevitáveis. Muitos viajantes genoveses audaciosos estabeleciam sociedades com o reino de Portugal, e em 1317 um genovês liderou a emergente marinha portuguesa. A peste e a instabilidade política desaceleraram o ritmo das descobertas, mas não o interromperam; em 1441, quando António de Noli chegou às ilhas de Cabo Verde, a ideia de que outras ilhas acenavam do outro lado do

Atlântico, a sul e a oeste, virou objeto de grande fascínio para Colombo e outros ambiciosos navegadores italianos.

Acontecimentos trágicos no mar eram parte essencial da cultura de Gênova e da região vizinha da Ligúria, cenário de alguns dos assentamentos mais antigos da Europa. O solo da costa íngreme e rochosa da Ligúria era rico e fértil, mas escasso. A falta de terra arável obrigava os agricultores a criar terraços estreitos nas encostas das montanhas. O cultivo mais confiável era o de videiras, em Savona, a oeste de Gênova. Tais restrições impeliram os ligurianos a buscar no mar seu sustento e sobrevivência. Por necessidade, navegadores, pilotos, remadores e armadores emergiram como os melhores e mais corajosos da Itália, ou quiçá os mais temerários. Um provérbio liguriano admoestava: "*O mare o l'é male*" — O mar é mau.

Um mal necessário, contudo.

Por toda a sua extensão, a região, conhecida como Riviera Liguriana, abrigava portos e cais para marinheiros que se lançavam ao mar para ganhar a vida. O porto de Gênova, com seu generoso ancoradouro, era a joia da coroa, um semicírculo que se estendia desde as colinas de Sarzana até a costa, onde o píer se destacava. Navios procuravam o *mandraccio*, ou abrigo, do porto. "A enseada se curva em arco aqui e, para evitar que a fúria do mar danifique os navios, é protegida por um quebra-mar, que, dizem, teria custado pouco mais se feito de prata", escreveu Enea Silvio Piccolomini (que se tornaria o papa Pio II) sobre o porto natal de Colombo, em 1423.

Foi ali que o Almirante nasceu, em 1451. Questionamentos e teorias alternativas acerca da origem de Colombo há muito localizaram seu nascimento e criação em lugares diversos, como Portugal, Espanha e norte da África, mas as provas, que abrangem 453 documentos judiciais e comerciais, o estabelecem, sem sombra de dúvida, em Gênova, como filho de Domenico Colombo, tecelão, taberneiro e político.

Bartolomeu de Las Casas, mais tarde um crítico impiedoso do explorador, declara sem rodeios que "Cristóvão era reconhecido por todos como genovês de nascimento". Histórias sobre os ancestrais de Colombo insistem que "seus antepassados eram gente de classe, outrora abastada", como que para sugerir que o Almirante buscava recuperar a posição social da família, que "parece ter perdido a fortuna durante guerras e disputas intestinas passíveis de serem encontradas a cada página da história da Lombardia", a região dominante do norte da Itália.

A respeito do nome Colombo, Las Casas relata que antigamente era "Colonus", mas ele "escolhera chamar a si mesmo de Colón", mudança que o frei atribuía à "vontade do Senhor, que o escolhera para realizar a tarefa expressa pelo nome Cristóvão Colón". Seguindo a interpretação que seu objeto de estudo fazia do próprio nome, "ele foi nomeado Cristóvão, isto é, *Christum ferens*, que em latim significa portador ou mensageiro de Cristo".

Colombo passou a assinar seu nome com floreios esmerados para salientar sua reputação de homem "decretado mais merecedor que todos os outros de levar a incontáveis povos que por tantos séculos viveram apartados do conhecimento de Cristo e da devoção a Ele". Las Casas explicou que Colón significava "colonizador", o que julgava ser um "título adequado para um homem cujo labor e empenho o levaram à descoberta de incontáveis almas".

O Colombo adulto apareceu nos registros genoveses em outubro de 1470, em documento referente a uma transação comercial. "Em nome de nosso Senhor", começa, "Cristóvão Colombo, filho de Domenico, mais de 19 anos de idade, e na presença de, e com autorização, recomendação e consentimento de Domenico, seu pai, presente e autorizador, voluntariamente [...] confessou e em fé pública reconheceu ter o dever de dar e pagar a Pietro Belesio de Porto Maurizio, filho de Francesco, presente, 48 liras, 13 soldos e 6 *denari di genovini*, e este é o montante residual devido pelo vinho vendido e consignado aos supracitados Cristóvão e Domenico por Pietro". Domenico prometeu garantir a obrigação do filho na presença de várias testemunhas como, por exemplo, Raffaele de Bisagno, um padeiro.

O negócio de Domenico como cardador e tecelão de lã indicava a seus conterrâneos genoveses que, dado o prestígio da lã, ele era importante no meio comercial da cidade. Os tecelões de lã mantinham uma guilda própria. À época, as guildas eram mais do que um sindicato; ofereciam a seus membros um estilo de vida. Havia mais de oitenta durante a infância de Colombo em La Superba, como Gênova se autodenominava. As guildas resolviam contendas comerciais, representavam seus membros perante o doge, aplicavam provas para quem quisesse se associar e organizavam casamentos e enterros para os membros, o que incluía dar presentes e cuidar dos pormenores religiosos, além de fornecer ensino para os filhos dos membros.

Foi sob os auspícios da guilda que Cristóvão estudou aritmética, geografia e navegação. As escolas ofereciam dois currículos. Os que estudavam latim, os latinantes, pagavam dez soldos pelo privilégio; todos os outros pagavam cinco. O latim era usado em documentos, artigos científicos e outras declarações formais; de resto, prevalecia o dialeto genovês com sua melíflua inflexão francesa. "*Son zeneize, rizo ræo, strenzo i denti e parlo ciæo*" é um dito regional bastante popular. "Sou genovês, rio raramente, trinco os dentes e falo claramente" — atitudes personificadas em Colombo. Quando saiu de Gênova, o explorador sabia ao menos duas línguas, genovês e latim, e mais tarde aprendeu português e espanhol.

A mãe de Colombo, Susanna Fontanarossa, era de uma próspera família proprietária de terras em Quezzi, povoado do vale de Bisagno, próximo a Gênova. O pai dela era Jacobi di Fontanarubea, ou, como passaria a ser conhecido, Giacomo Fontanarossa. Susanna era um nome comum na região, associado à igreja de Santa Susanna, em Roma. A mãe de Colombo nasceu por volta de 1425, e os dotes que recebeu ao se casar foram uma casa e um terreno, vendidos posteriormente. Ela e o marido Domenico tiveram pelo menos cinco filhos: Giovanni Pelegrino, Bartolomeu, Diogo, Bianchinetta e o menino que viria a se chamar Cristóvão Colombo. Susanna morreu por volta de 1480, pouco conhecida pelo mundo sobre o qual os filhos exerceriam tanta influência.

O comércio marítimo era vital para a existência de Gênova, e as autoridades locais o administravam com muito cuidado. No topo da pirâmide legislativa, o Departamento Marítimo tinha a palavra final sobre o porto e a costa, e o Departamento dos Pais da Comunidade (Padri del Comune) supervisionava as docas e píeres, bem como a escavação do porto, necessária à segurança dos navios. Igualmente essencial, o Departamento de Saúde trabalhava com afinco para evitar que navios regressassem contaminados com a peste ou doenças semelhantes. Ninguém a bordo podia pisar em terra firme sem autorização, que o agente do Departamento de Saúde, localizado na Ponte Spinola, entregava mediante o pagamento de uma taxa. Caso houvesse a possibilidade de exposição à peste durante a viagem, a tripulação era submetida a uma rígida quarentena. Pedintes, se flagrados, recebiam três chibatadas como castigo; leprosos eram proibidos de entrar na cidade, e a população não tinha permissão para alimentá-los ou abrigá-los. Apesar das normas, a peste era uma visita frequente e temida em Gênova, pior no verão, mais branda no inverno. Para se proteger, famílias queimavam roupas e outros itens que acreditavam estar contaminados.

A burocracia genovesa se estendia para além da entrada do porto, mantendo registros dos navios que partiam e chegavam de todo o Mediterrâneo. De modo geral, as embarcações que saíam da cidade eram observadas por sentinelas postadas na Lanterna de Gênova e outros vigias posicionados ao longo da costa. Caso percebessem algo anormal — uma embarcação que parecesse perigosa ou um acidente no mar —, relatavam as suspeitas à Lanterna por meio de sinais de fumaça, durante o dia, e fogueiras, à noite.

Em 1490, sinais de fumaça alertaram Gênova para um ataque de corsários de Nice. A cidade foi ágil ao organizar a retaliação e pegou os agressores de surpresa, resgatando seus próprios homens e, com isso, defendendo a imagem aguerrida da cidade-Estado, que punia os inimigos e cuidava dos seus. Gênova mantinha cônsules em cidades importantes do ponto de vista estratégico, e se comunicava regularmente com elas através de correspondências enviadas por navio ou, em caso de urgência, sinais de fumaça. Essa rede de inteligência dava a Gênova vantagem militar e tática sobre os rivais, que descarregavam as frustrações e mágoas em represálias e, quando possível, capturavam galés genovesas e aprisionavam quem estivesse a bordo. A cidade reagiu às ameaças crescentes ordenando que os navios viajassem em comboios, com armamentos pesados, e estivessem preparados para enfrentar ataques. Piratas genoveses ganharam fama pela selvageria, bem como pelo comércio de escravos, e travavam batalhas constantes contra catalães e franceses, que conseguiram, aos poucos, dominar a república genovesa por meio da força e de casamentos. A república foi perdendo seu poder de influência face ao surgimento de potências mais novas e vastas. As especiarias, em especial a pimenta, e as pedras preciosas que antes chegavam de navio a Gênova passaram a desembarcar em Lisboa e, mais tarde, em Madri, à medida que o centro de gravidade comercial mudava do Mediterrâneo para a península Ibérica. Nesse microcosmo, Gênova se concentrou nos negócios com os portos do norte da África, que eram tão lucrativos quanto perigosos, e com o câmbio de moedas, uma esfera em que os seus banqueiros ganharam reputação de negociadores espertos e implacáveis.

Foi nessa época tumultuada que Cristóvão Colombo nasceu e atingiu a maioridade.

No ano de seu nascimento, 1451, a Europa ocidental avançava devagar, inspirada pela arte e pelas ideias que a Itália disseminava; Gênova, no entanto, sucumbiu às ondas de instabilidade política. Dois anos depois, a cidade sofreu um duro golpe com a queda de Constantinopla, que gradualmente levou o comércio mediterrâneo ao declínio. Na primeira infância de Colombo, as fortunas francesas se restabeleceram, e em 1458, quando ele tinha 7 anos, o doge genovês cedeu Gênova ao rei Carlos VII da França, amealhando grande fortuna com a venda de seu reino aos inimigos. Essa ultrajante reviravolta ocorreu porque facções genovesas rivais preferiram entregar o poder a uma autoridade estrangeira — os franceses — a optar por um partido ou outro. Pelo menos desta vez, parecia que Gênova estava às portas da paz.

Entretanto, depois da vitória francesa, que poderia ter levado à unificação política, as duas principais facções genovesas, Fregoso e Adorno, voltaram a se digladiar. Houve revoltas e assassinatos, e um conflito civil que se realimentava chegaria às portas da casa da família Colombo.

No outono de 1459, quando estava para completar 8 anos, Colombo vivia a cerca de 50 metros da Porta di Sant'Andrea, em Gênova, cenário de um violento confronto. Naquele momento, o doge Pietro Fregoso, após perder séries e mais séries de batalhas contra os franceses, e solapado ainda pelos rivais, os Adorno, se viu encurralado dentro das muralhas da cidade, protegido apenas por três cavaleiros, remanescentes de um exército outrora formidável. Galopando de um portão a outro em busca de liberdade, foi confrontado por seus perseguidores. Um deles, Giovanni Cosa, alcançou Pietro e o atingiu na cabeça com dois golpes de um bastão de ferro. O doge conseguiu sobreviver ao ataque, mas enfrentou um bombardeio de pedras atiradas dos telhados. Sem conseguir fugir da cidade, o líder ferido cavalgou até seu palácio, onde desfaleceu e morreu em poucas horas. Logo depois, o corpo foi levado de volta às ruas, e seus inimigos políticos se reuniram para desmembrá-lo. Nesse ínterim, as tropas do doge, bem como Massimo, seu irmão, também tentaram escapar, sendo todos vítimas de execuções igualmente aterradoras.

A família Colombo morava em uma casa pertencente a Domenico, distante 90 metros do local onde o cadáver de Pietro foi mutilado, em Vico Dritto di Ponticello. É possível que o menino tenha testemunhado o horripilante acontecimento — apedrejamento, mutilação — e escutado os gritos dos vitoriosos, sedentos de sangue. Se tivesse alguma noção da revolta, Cristóvão teria razão para tremer de medo, pois seu pai, Domenico, era aliado da facção dos Fregoso, e sua sorte estava atrelada à deles.

Foi então que um caminho para fugir daquela mortífera rivalidade se apresentou.

O governante de Milão, Francesco Sforza, conquistou, com o apoio de cidadãos genoveses que já não aguentavam a guerra política intestina, o cargo de lorde da cidade em 1463. Quando comparado à guerra incessante que o precedera, o regime de Sforza foi um grande sucesso, um período de relativa paz e prosperidade. Entretanto, o clã Sforza demonstrou pouco apreço pela característica especial de Gênova: o comércio marítimo. Negligenciada, a frota mercante genovesa definhou e a cidade perdeu as poucas colônias que conquistara; o império genovês, sempre titubeante e frágil, decaiu a tal ponto que até a Córsega o ultrapassou. Desapareceram, assim, todas as perspectivas para navegadores e exploradores ambiciosos como Cristóvão Colombo.

Ao atingir a maioridade como um excluído em sua cidade natal, Colombo, que desde menino se apaixonara pelo mar, dedicou o resto da vida à luta para restabelecer esse império perdido. A princípio pessoal, a busca tornou-se política, e levou-o mais longe do que poderia imaginar, para além da Itália e da Europa, além do Mediterrâneo, da Inglaterra e da Islândia, além das Canárias, até chegar ao Novo Mundo. Somente uma jornada épica estaria à altura de sua ambição; Colombo não se contentaria com menos. O que começou como recuperação acabaria em descoberta.

Na juventude de Colombo, Gênova vivia a agonia de uma rápida transformação. Lojas, armazéns, estábulos e mercados se empilhavam numa barafunda ruidosa e fétida. As casas de madeira típicas da época medieval deram lugar a residências de pedra com assoalhos ladrilhados e lareiras grandes, e balcões se enfileiravam pelas ruelas estreitas e sinuosas chamadas *carrugi*. As casas mais novas tinham banheiros com lavatórios, vasos, cântaros com água e sabonetes em caixas de marfim oriundas de Savona. Na época de Colombo, marinheiros embarcados contemplavam do *mandraccio*, a oeste, os lúgubres palácios de pedras cinza encimados por torres de tom marrom-avermelhado e ameias vertiginosas.

Era uma das maiores cidades da Europa ocidental, com uma população de aproximadamente 75 mil habitantes, equiparável a Londres, Paris ou Veneza. Em épocas de prosperidade, o porto fervia com navios e viajantes provenientes dos destinos mais populares de Gênova, imediatamente discerníveis pelas vestimentas e pelo dialeto. Lombardos se distinguiam de toscanos e levantinos por seus culotes ondulados. Turcos de turbantes se aglomeravam em grupos pequenos, assim como os gregos, reconhecíveis pelas túnicas curtas e pregueadas chamadas *fustanellas*. Catalães eram prontamente identificados pelas barretinas que usavam na cabeça; os sardos, com seus capuzes, culotes pretos e camisas brancas largas, se destacavam facilmente.

Os genoveses seguiam normas rígidas de vestimenta, impostas pelo Departamento da Virtude a partir de 1439. O Departamento aplicava uma série de leis suntuárias para regulamentar a moral, cujo objetivo era restringir o luxo e os excessos, bem como a prostituição, e que ditavam as quantias máximas que os genoveses podiam gastar em artigos de luxo e até mesmo em casamentos, limitados a cinquenta convidados. As leis também controlavam os dias em que as prostitutas, essenciais à vida noturna de Gênova, podiam circular pelas ruas, e mediam o tempo passado com os clientes em meia hora, calculada por uma vela bruxuleante. "Moças com velas", como as prostitutas eram conhecidas, eram proibidas de entrar em cemitérios e se aproximar de igrejas, e tinham de usar insígnias indicando sua profissão. Se flagradas fora dos limites, eram punidas com a amputação do nariz, o que arruinava a sua subsistência.

O mesmo Departamento da Virtude que regia questões de vestimenta e prostituição também regulava transações matrimoniais; o romantismo raramente fazia parte da equação. Mulheres casadas tinham de manter o lar e precisavam ser tão sóbrias quanto os maridos. Na primeira oportunidade que aparecia, os genoveses aproveitavam para esbanjar, especialmente no que dizia respeito a casamentos, mas, ao fim e ao cabo, as normas e regras prevaleciam até nos menores detalhes.

Leis suntuárias ditavam que os homens usassem sóbrios trajes cinza. Vermelho e roxo estavam fora de questão. O valor das joias e vestidos das mulheres era bastante limitado, e, caso ultrapassasse o limite determinado, as donas eram multadas. Também havia multas para a conduta pessoal. A mulher que cometesse adultério era multada em 30 liras; se não pagasse, era decapitada. O marido que pusesse a esposa na rua para abrir espaço para uma amante era multado em 25 liras. Os casamentos aconteciam quando as mulheres — meninas, na verdade — completavam 15 anos, o contrato era fechado com um aperto de mãos e sem a presença da noiva; apenas representantes da família, o tabelião e o casamenteiro tomavam parte. Em Gênova, negócios eram negócios, fosse por amor ou por dinheiro.

A escravidão estava profundamente entrelaçada na malha da economia genovesa, principalmente o tráfico de meninas de apenas 13 ou 14 anos. Todas as casas genovesas, mesmo as mais pobres, tinham uma ou duas escravas. Embora o cristianismo proibisse a servidão, abria-se exceção para essas escravas não cristãs; eram russas, árabes, mongóis, búlgaras, bósnias, albanesas e chinesas. Piratas e comerciantes de escravos as vendiam com frequência para Gênova; de vez em quando incluíam na vasta rede uma moça cristã, que raptavam e devolviam em troca de caros resgates. As transações eram formais, reconhecidas em tabelionato e escrituradas. Em sua maioria, as escravas eram vendidas "no estado em que se encontravam". Se aquelas cuja saúde estivesse em garantia contraíssem epilepsia ou outras doenças, o dono exigia a anulação do contrato. Compradores cautelosos mantinham a moça escolhida por um período de teste a fim de avaliar se continuaria amável e se adaptaria à vida de escrava em Gênova. Depois de adquiridas por um senhor genovês, as meninas se tornavam mera propriedade, obrigadas a satisfazer não só os desejos sexuais do dono, mas também dos amigos dele. O comerciante que tivesse condições de comprar uma concubina — e eram muitos numa cidade tão próspera — mantinha a garota em uma casa separada, longe do lar familiar. O senhor da casa especificava os termos do acordo com o tabelião da cidade, principalmente no que tangia aos direitos sobre a herança por parte dos filhos nascidos fora do casamento.

Nem todas as escravas eram obedientes, e de vez em quando alguma tentava fugir ou mesmo envenenar o dono. Se pega em flagrante, era longamente torturada até confessar seus crimes e, além disso, admitir que praticava bruxaria e heresia. Era então submetida à "penitência do fogo", ou seja, queimada na fogueira. As infrações menos sérias eram punidas dentro de casa com açoitamentos frequentes. Era essa a escravidão que Cristóvão Colombo conhecia.

Mercadores tomavam a Piazza Banchi, o centro comercial de Gênova, salpicado de *scagni* (tendas) de banqueiros, cambistas e agiotas, que faziam negócios com a clientela num balcão e usavam balanças para pesar ouro e prata. Mulas com cargas pesadas se arrastavam pelas ruelas estreitas e sinuosas, levando enormes fardos amarrados às costas. Algumas carregavam em ambos os flancos sacos de juta trançada — *zerbini* —, semelhantes a alforjes, e passavam por entre prédios de altura colossal, o tom monótono rompido vez por outra pelo sol que se derramava de um jardim ou terraço enfeitado com flores. No calor e no frio, as ruas apertadas emanavam um fedor composto de esterco, especiarias, alcatrão usado para calafetar as fendas das embarcações e a banha que curtidores utilizavam para conservar e amaciar peles duras. Em meio ao mau cheiro, os *bastagi* (estivadores) carregavam e descarregavam os artigos que as mulas levavam e traziam. A barulheira reverberava nas pedras de Gênova, uma cacofonia feita de martelos golpeando ferro quente em bigornas frias, do baque surdo de maços em arcos de barril, de ordens cortantes dadas aos tripulantes dos navios e de marinheiros cantarolando enquanto remavam ou enrolavam cordas. Mascates entoavam elogios a seus peixes, tecidos, frutas, qualquer coisa que queriam transformar em dinheiro, e, atrás deles, lojistas aguardavam pacientemente os fregueses vindos do mar. Guildas de veleiros, calafates, tanoeiros, fabricantes de lampiões, soldadores de âncoras e canhões, bem como de outros ofícios ligados à construção e manutenção de navios, se aglomeravam na base das docas.

A cabeça e o coração da cidade, assim como a economia, concentravam-se no mar. "O genovês, embora amasse a família acima de tudo, estava sempre pronto a deixá-la para trás a fim de cruzar os mares em direção a países estrangeiros", escreveu Emilio Pandiani, historiador nascido em Gênova. "[O genovês] era, acima de tudo, comerciante e navegador."

No porto abarrotado, as embarcações, orgulho e motor do comércio de Gênova, se espremiam em busca de espaço e atenção. Eram, em sua maioria, as tradicionais galés, caracterizadas pelas fileiras de remos em ambos os lados, cada um deles movido por cinco ou seis remadores. Mais de uma centena de remadores ficava de prontidão para o caso de o vento esmorecer, sob o comando do piloto, ou *comito*. Quando necessário, se apinhavam no convés e sustentavam escudos de corpo inteiro com brasões brilhantes, formando uma muralha humana contra ataques. Outros portavam arco e flecha, e havia catapultas que arremessavam "fogo grego" — provavelmente petróleo em chamas —, além de dispositivos para atracar e abordar outras embarcações durante as batalhas. No castelo de proa, instrumentos de guerra chamados manganelas estavam sempre a postos. Eram catapultas gigantescas capazes de bombardear o inimigo com uma série de objetos letais, como pedras e bombas incendiárias.

As galés tinham mais de 30 metros de comprimento e, na parte mais larga, entre 3,5 e 4,5 metros. A quilha e o convés eram geralmente feitos de carvalho, e as embarcações ostentavam dois mastros longos e finos, de 23 metros de altura, ambos guarnecidos com velas triangulares oblíquas ao mastro. Acredita-se que a inconfundível vela latina, facilmente manobrável, tenha sua origem em embarcações romanas do século III, apesar de estar associada desde sempre aos audaciosos marinheiros árabes, especialmente os piratas que saqueavam os vulneráveis litorais europeus e africanos. Os principais tipos de embarcações com que Colombo tinha familiaridade eram a galé estreita e manobrável chamada *zenzil* e a galé bastarda, caracterizada pela popa arredondada e pela grande largura. A primeira, via de regra, era usada em batalhas e a segunda, como meio de transporte e comércio.

A tripulação abrangia o capitão, ou *patrono*; o piloto; um escrivão; um armeiro, ou *insegnator*; carpinteiros e calafates para a manutenção do barco; um barbeiro que fazia as vezes de cirurgião; um tanoeiro, responsável pelos preciosos depósitos de água; um copeiro e vários outros serviçais; um cozinheiro; vinte marinheiros polivalentes; especialistas em armamentos; e diversos grumetes. Na juventude de Colombo, os remadores, em sua maioria, eram homens livres, mas depois foram substituídos por escravos e prisioneiros condenados a trabalhos forçados. Sob esse regime macabro, escravos remadores eram acorrentados a bancos de remo e torturados pelo chicote cortante do capataz enquanto um apito marcava o ritmo. Foi a bordo de navios assim que navegadores genoveses como Colombo aprenderam seu duro ofício.

Como aprendiz de marinheiro, é provável que Colombo tenha participado de expedições marítimas ao longo da Riviera Liguriana, que se estende pelo Mediterrâneo, com seu mar de azul-cobalto cintilante, desde Nice, a oeste, até a cidade de Porto Venere, na província de La Spezia, a leste, e ao sul até a Córsega, quarta maior ilha do Mediterrâneo e louvada colônia de Gênova.

Mais tarde, Colombo percorreu 1.600 quilômetros até a ilha grega de Quios, no mar Egeu. Apesar de distante da Ligúria, Quios vivia sob o controle estrito dos genoveses. Embora houvesse dez nativos para cada genovês, os invasores comerciais mantinham o domínio permitindo a liberdade religiosa dos habitantes locais enquanto exploravam o potencial econômico da ilha por meio de uma organização financeira chamada *maona*, supervisionada por um magistrado supremo, ou *podestá*, nomeado por Gênova. Com esse sistema, os genoveses estabeleceram entrepostos comerciais e armazéns para produtos lucrativos como sal e piche. Também negociavam "lágrimas de Quios", a resina cor de marfim que pingava dos lentisqueiros (*Pistacia lentiscus*) que pontilhavam as encostas. (Com seu gosto defumado e adstringente, o lentisco ainda é usado em gomas de mascar.)

Quando Colombo regressou de Quios, seu pai já havia mudado a família de Vico Dritto di Ponticello para as colinas vizinhas de Savona, talvez porque fosse aliado da facção derrotada na guerra política de Gênova, ou, numa hipótese igualmente plausível, para viver num ambiente mais seguro.

Pouco depois, Colombo estava a bordo do navio *Bechalla*, transportando um carregamento de lentisco de Quios com destino a Portugal, Flandres e Inglaterra. Era maio de 1476 e o jovem Cristóvão tinha quase 25 anos. Conflitos militares perturbavam muitos dos Estados mediterrâneos; por isso, Gênova despachava navios em comboios. O de Colombo incluía três barcos a remo, um encouraçado e o *Bechalla*, com tripulantes da Ligúria. Apesar da idade, o futuro Almirante provavelmente serviu como marinheiro comum.

Em 13 de agosto, o comboio estava próximo da costa de Portugal quando uma frota imponente de navios franceses e portugueses, sob o comando de Guillaume de Casenove, um audacioso corsário (ou mercenário naval), o atacou de repente. Em tese, Gênova e França estavam em paz, e não havia razão para o ataque, mas Casenove sempre encontrava uma tecnicalidade para justificar uma agressão. Apesar da inferioridade numérica, os genoveses tiveram a valentia de lutar contra os inimigos, ou seja, aproximaram-se da frota dos agressores e tentaram vencê-los no combate corpo a corpo. No final do dia, três navios genoveses e quatro navios inimigos haviam afundado, com centenas de vidas perdidas. As embarcações sobreviventes fugiram para um porto seguro. A *Bechalla* não estava entre elas.

Quando o navio de Colombo afundou, ele pulou no mar. Poucos marinheiros podiam se orgulhar da habilidade como nadadores naquela época, e a melhor opção que lhes restava era o resgate ou, na falta dele, se agarrar a um destroço flutuante do naufrágio. Foi o que Colombo fez, empurrando o destroço enquanto nadava em direção à costa, ou deitando sobre ele quando estava muito cansado. Estava ferido, exatamente como e onde não se sabe, e o ferimento aumentava a exaustão e o desespero. Acabou percorrendo 10 quilômetros, quiçá os mais difíceis de sua vida, e chegou à costa da antiga cidade de Lagos, na extremidade sudeste de Portugal, não muito distante de Sagres, originalmente "Sacrum Promontorium", em latim, ou Sagrado Promontório, que dava abrigo a marinheiros prestes a contornar o cabo de São Vicente, no extremo oeste da península Ibérica. Era ali, em Sagres, que o príncipe Henrique, o Navegador, havia reunido um grupo eclético de seguidores — marinheiros, cosmólogos e construtores navais — uma geração antes. É difícil imaginar que o náufrago Colombo, agarrado à madeira de um navio afundado, pudesse ser levado a um lugar mais adequado do que este planalto estreito e exposto ao vento que chegava até o Atlântico. Habituados a estudar fenômenos naturais à procura de sinais e premonições, marinheiros são supersticiosos por natureza, e Colombo não era exceção. Parecia que o destino, sob a forma de um naufrágio, estava tirando o jovem marinheiro ambicioso de Gênova e o colocando à beira do desconhecido.

Os moradores de Lagos tratavam náufragos com complacência, e, quando se recuperou do calvário que viveu, Colombo viajou a Lisboa, onde encontrou refúgio na colônia genovesa da cidade.

No ano seguinte, ele empreendeu uma viagem ainda mais arriscada, dessa vez ao norte. "Naveguei no ano de 1477, no mês de fevereiro, uma centena de léguas além da ilha de Tile" — muito provavelmente "Thule", ou Islândia, que tinha comércio estabelecido com Lisboa — "e a esta ilha, que é tão extensa quanto a Inglaterra, vão ingleses com seus artigos, principalmente os de Bristol. E na época em que por lá estive, o mar não estava congelado, mas as marés eram tão altas que em certos pontos subiam a 26 *braccia*" — cerca de 15 metros, na estimativa dele — "e desciam o mesmo tanto". É pouco plausível que Colombo tenha enfrentado algo como uma maré de 15 metros, a menos que tivesse se deparado com um tsunami gigantesco provocado por uma das frequentes erupções vulcânicas nos arredores da Islândia. Nessa ou em outra viagem ele foi à Irlanda, onde encontrou "homens de Catai", isto é, da China. Em Galway, Colombo relatou ter visto "um homem e uma mulher de aparência extraordinária em dois barcos à deriva". Quem eram? De onde vinham? Eram asiáticos ou representantes de outro povo desconhecido?

Na primavera de 1477, Portugal estava muito comprometido com a exploração e, com a grande escassez de mão de obra, desesperado por novos mundos e habitantes para conquistar e explorar. Expedições portuguesas haviam colonizado os Açores, na costa oeste da África, em 1439, e estavam rumando para o sul. A era dos descobrimentos estava em andamento.

A capital do país e principal cidade portuária de Portugal se aproximava de seu apogeu. Afonso V havia cedido o poder ao filho, dom João II, em 1476, e a transição inaugurou uma era de expansão sem precedentes na história do país. Na suntuosa Lisboa, Colombo observou as inconfundíveis caravelas que se tornaram as principais embarcações de exploração, um navio híbrido com velas redondas e latinas, desenvolvido décadas antes com o financiamento do príncipe Henrique, o Navegador. Resistentes e manobráveis, as caravelas podiam navegar na direção do vento, e portanto aguentar tempestades e marés, e com isso levaram os portugueses para todos os cantos. Perto das docas, Colombo entreouviu vários idiomas familiares, como islandês, inglês, espanhol, genovês e flamengo, bem como dialetos africanos que nunca havia escutado. A qualquer instante, embarcações de dezenas de lugares despejavam cargas de especiarias perfumadas e pegavam provisões para a viagem seguinte. Nos bastidores, financistas italianos, portugueses e judeus davam apoio monetário às iniciativas, enquanto dom João II, instalado em seu palácio ali perto, observava com olhar de aprovação, ainda que cobiçoso.

Acostumado aos rigores de Gênova e aos perigos do Mediterrâneo, Colombo não pode ser culpado por acreditar que havia chegado a uma espécie de paraíso da exploração. Ao contrário dos portos relativamente confinados a que se habituara, Lisboa estava localizada na foz do rio Tejo, que desaguava no Atlântico. O vento favorável empurrava os navios para além de um banco de areia, rumo à vastidão do mar aberto. Ao norte, Islândia e Inglaterra; ao sul, os Açores e a África. Ninguém sabia o que existia a oeste, mas, por toda a Europa, teorias fomentadas por reis, clérigos e cosmólogos defendiam que uma frota que rumasse para oeste acabaria nas terras remotas visitadas por Marco Polo dois séculos antes: China, Ásia, Índia. A primeira nação europeia a fazê-lo teria uma imensa vantagem estratégica e econômica sobre as rivais.

Quando ascendeu ao trono português, em 1481, dom João tinha 26 anos (quatro anos mais novo que Colombo) e preparo para governar. Seu pai lhe deixara um Estado consolidado, mas praticamente falido, que o jovem rei propôs expandir e transformar em império. Mesmo antes de tomar o poder, dom João havia trabalhado ao lado do pai, se familiarizando com os crescentes interesses da coroa na África e liderando o rápido crescimento da Junta dos Matemáticos, incumbida de coordenar as explorações portuguesas por terra e mar. O novo rei reformou o sistema de tributação, restaurou a solvência da coroa portuguesa e, imitando seu tio-avô Henrique, o Navegador, ressuscitou a expansão do império português.

Ele é considerado o "Príncipe Perfeito" por historiadores e estudiosos da monarquia portuguesa, segundo os duros preceitos de Nicolau Maquiavel para o exercício do poder. Mais revelador ainda é o fato de que dom João II ganhou o epíteto "o Tirano", um déspota violento que era desprezado e invejado por seus nobres. Para citar alguns exemplos de seu exercício arbitrário do poder, ele ordenou que todos os donos de castelos submetessem seus títulos à coroa para confirmação, que poderia ser concedida ou negada, mandou representantes da coroa para supervisionar como os nobres administravam suas posses e comandou a extinção de repartições burocráticas que davam à nobreza jurisdição sobre os assuntos jurídicos de suas comarcas. Foi apenas o começo. O rei devastou duas das dinastias portuguesas mais poderosas, as casas de Viseu e Bragança. Os Bragança eram os maiores proprietários de terras de Portugal, e Fernando II, duque de Bragança, controlava um exército particular de 10 mil homens e 3 mil cavalos. O duque de Viseu era, entre seus inúmeros títulos, bens e cargos, o senhor dos recém-estabelecidos postos avançados de Portugal na ilha da Madeira e nos Açores, e como tal era um obstáculo às aspirações imperiais da coroa.

Em primeiro lugar, dom João II abalou o reino ao executar Fernando II de Bragança, possível rival ao trono. Nesse caso, vieram à luz cartas que mostravam uma ligação subversiva entre Fernando II e os reis de Espanha, Fernando e Isabel. O duque de Bragança foi rapidamente capturado, processado por traição e, após o inevitável veredito de que era culpado, decapitado. Mais tarde, as terras dos Bragança foram confiscadas e, por segurança, os membros sobreviventes da dinastia fugiram para o reino de Castela. Logo depois, João II voltou sua atenção para outro inimigo em potencial, ao concluir que seu primo, o infante Diogo, duque de Viseu, planejava derrubá-lo do trono. Nesse caso, o rei dispensou o julgamento e apunhalou o duque com as próprias mãos. O que tornou a morte ainda mais chocante foi a proximidade das famílias de ambos; a mulher de dom João II era Leonor de Viseu.

Foi nesse ambiente belicoso que Colombo veio parar. Embora estivesse começando a dominar o mar e provar seu destemor no comando de um navio, o futuro Almirante ainda tinha muito a aprender sobre as pessoas, o poder e a política. Ele tinha facilidade para planejar uma rota, mas não sabia como adular um rei. O título de um capítulo da biografia que Fernando Colombo escreveu reflete a postura egocêntrica do pai: "Como o Almirante se enraiveceu com o rei de Portugal, a quem se oferecera para descobrir as Índias." Qualquer pessoa familiarizada com a corte portuguesa, para não falar de navegação, consideraria essa declaração ultrajante. Ninguém se atreveria e demonstrar raiva do rei português, dado a rompantes de violência, nem se ofereceria para "descobrir as Índias", como se fosse uma proposta objetiva. No máximo, alguém humildemente solicitaria apoio para se aventurar numa viagem de exploração em nome do rei, e, como se sabe, Colombo jamais cumpriu a meta a que se propusera. Tão hábil e resoluto na água quanto desajeitado e atrapalhado em terra firme, Colombo insistia que o rei concordasse com seu ponto de vista e aprovasse uma rota marítima para a Ásia, mas dom João não abriu mão de procurar por outros exploradores e mirar o leste em vez do oeste. Diogo Cão ganhou o apoio real para explorar a África central em 1482, e, cinco anos depois, Bartolomeu Dias cruzou o cabo da Boa Esperança em nome de Portugal.

Colombo passou oito anos em Lisboa tentando transformar seus objetivos exploratórios em realidade, mas os registros que restaram desse período são escassos e incompletos. O terremoto de Lisboa, ocorrido em 1º de novembro de 1755, destruiu inestimáveis registros e instrumentos que dizem respeito não só a Colombo, mas também à história da cidade. Felizmente, alguns detalhes sobreviveram. O primeiro foi a menção — nas páginas do diário da primeira expedição — à participação de Colombo no próspero comércio escravagista de Portugal. Os portugueses foram os primeiros europeus a chegar à costa oeste da África, na Guiné, e o explorador Antão Gonçalves foi o primeiro a comprar escravos por lá. Os portugueses julgavam ter direito à posse de escravos por decreto papal. Em 1452, o papa Nicolau V autorizou o rei português, Afonso V, a escravizar "sarracenos" — ou seja, muçulmanos —, "pagãos e quaisquer outros incrédulos", um direito confirmado em bula papal três anos depois, caso ainda houvesse qualquer dúvida quanto às suas intenções.

O comércio de escravos inicial tomou diversas formas, da escravidão herdada à servidão por contrato — trabalho forçado por um período definido, às vezes com salários módicos. Era esse o tipo de escravidão que Colombo conhecia. Ele comentou de maneira resumida sua experiência com a importação de famílias inteiras da Guiné para Portugal, não somente homens, e falou de sua decepção porque a experiência não trouxe mais lealdade ou cooperação entre os escravos. O problema, da perspectiva de Colombo, era a babel de línguas faladas na Guiné. A experiência com o tráfico escravagista português preparou o genovês para avaliar a possibilidade de escravizar os indígenas que encontrou. Eram vigorosos? Colaboravam? Eram fortes o bastante para aguentar a travessia do Atlântico e temperaturas mais frias? Teriam mais valor como escravos ou como convertidos ao cristianismo?

Durante os anos em Lisboa, Colombo teve a companhia do irmão, Bartolomeu, dez anos mais novo. Um conhecido, Andrés Bernáldez, que antes vivera em Sevilha, descreveu Bartolomeu como um "mascate de livros impressos, que continuou seus negócios nesta terra de Andaluzia", bem como um "homem de grande inteligência apesar das poucas leituras, deveras habilidoso na arte da cosmografia e no mapeamento do mundo".

Negociante versado em mapas, Bartolomeu instalou seu comércio em Lisboa e fez de Cristóvão seu sócio. É provável que as conversas entre os dois o tenham ajudado a refinar suas teorias acerca da navegação até a China, sem elucidar os erros básicos legados à Europa renascentista por Paolo dal Pozzo Toscanelli, cujo mapa, que não exibia nem o oceano Pacífico nem as Américas, adquirira credibilidade por retratar o mundo da forma como os europeus da época — não só Colombo — queriam vê-lo: menor e mais administrável do que era de fato, com a Índia, suas especiarias e o Grande Khan ao alcance das mãos. Se Colombo conhecesse, além do restante da Europa ocidental, as verdadeiras dimensões do globo, é improvável que se propusesse a atravessar meio mundo em direção à Índia ou conseguisse o apoio de algum monarca para o empreendimento.

Em parceria com Bartolomeu, Cristóvão percorria a pequena mas influente colônia genovesa em Lisboa, considerada tenaz e habilidosa nos negócios. Fazia tempo que oportunistas e expatriados genoveses buscavam entrar em outras sociedades. Casavam-se, mudavam de nome, aprendiam o idioma, serviam a autoridades locais — o que fosse necessário para ganhar status e respeito.

Certo domingo, Colombo foi à missa no Convento dos Santos, em Lisboa, onde notou uma jovem de cerca de 19 anos — ou, como está registrado em narrativas de cunho mais sentimental, ela notou a devoção dele. Seu nome era Filipa Moniz, filha de Bartolomeu Perestrello, um italiano bem-nascido que tivera participação ativa na colonização da ilha da Madeira, e Caterina Visconti. As circunstâncias sugerem que na época Colombo estava à procura de uma esposa bem-nascida. O Convento dos Santos era mantido por freiras incumbidas de cuidar das esposas e filhas daqueles que lutavam em terras distantes. Ali haveria a oportunidade de encontrar uma mulher que correspondesse à sua ambição em um dos poucos lugares aceitáveis para que solteiros conhecessem moças disponíveis. Parcos detalhes do galanteio sobreviveram, e Fernando fez apenas declarações convencionais sobre a conduta do pai: "Visto que se portava de modo bastante honrado, e era um homem de ótima aparência, e ademais muito honesto, ela mantinha conversas e desfrutava de tal amizade com ele que se tornou sua esposa."

Filipa tinha diante de si, segundo a descrição dada muitos anos depois pelo filho, um "homem bem-proporcionado, acima da estatura média, de rosto comprido com maçãs um pouco salientes, mas nem gordo nem magro. Tinha nariz aquilino e olhos claros de cor; a tez também era clara, porém afogueada por um vermelho vivaz. Na juventude, o cabelo era louro" — ou, de acordo com alguns relatos, avermelhado —, "mas, ao completar 30 anos de idade, todos os fios ficaram brancos. No que tange à comida e bebida e ao trajar, era sempre contido e modesto. Entre estranhos suas conversas eram afáveis, e com os membros da família, muito agradáveis, porém modestas e dignas".

Colombo era, como o filho fez questão de mencionar, extremamente devoto. "No que dizia respeito à religião, era tão rígido que por jejuar e dizer todos os ofícios canônicos poderia ter sido tomado por membro de alguma ordem religiosa. E era tão grande inimigo de praguejamentos e blasfêmias que jamais o ouvi proferir imprecação maior do que 'Por São Fernando!'." Se isso era verdade, a aversão de Colombo a palavras de baixo calão o tornava uma raridade entre os homens do mar. "Quando sentia raiva de alguém, sua reprimenda era dizer: 'Que Deus o leve!', por seus atos ou palavras. E quando tinha que escrever alguma coisa, tentava não redigir sem antes escrever as palavras *Jesus cum Maria sit nobis in via*, e em letras tão belas que já bastariam para que ganhasse o pão." Essa é uma das descrições físicas de Colombo mais minuciosas e precisas que restaram; idealizada pela devoção filial, mas ainda assim observadora.

O casamento era, para Colombo, incrivelmente vantajoso. De repente, o filho de um tecelão, taberneiro e político aliado à facção derrotada da política genovesa gozava de contatos promissores e prestígio no mundo restrito da nobreza e da exploração portuguesa. Embora Gênova fosse conhecida pelo antimonarquismo, Colombo deixou que acreditassem na impressão errônea de que era de algum modo aliado da nobreza de sua cidade natal. (Com o tempo, seu ar misterioso provocaria fantasias especulativas acerca de suas origens: português, judeu ou catalão. Sobraria para o filho — seu primeiro biógrafo — fazer as correções, mais tarde ratificadas por historiadores.)

Filipa tinha conexões mais genuínas com a nobreza. Do lado materno, estava relacionada à família real portuguesa do século XII. O avô, Gil Ayres Moniz, governara uma propriedade rural abastada no Algarve, um prêmio arrebatado com dificuldade das mãos dos árabes que controlavam a região, e lutara ao lado do príncipe Henrique, o Navegador, na conquista de Ceuta, em 1415. O audaz navegador genovês de cabelo louro ou ruivo parecia capaz de fazer parte da família e trazer para os seus novas riquezas de algum lugar — Grécia, Ásia, África —, conquistando assim um lugar ao lado dos distintos ancestrais da mulher. Depois de garantir o patrocínio real graças ao casamento com uma moça da elite portuguesa, não se pode culpar Colombo por considerar que seu destino estava traçado: tornar-se um descobridor, adquirir terras distantes e títulos gloriosos e zelosamente constituir uma numerosa família, que herdasse suas riquezas e perpetuasse seu nome.

Por parte de pai, Filipa trazia credenciais ainda mais interessantes, embora complicadas. Os Perestrello eram conhecidos tanto pelas indiscrições e filhos ilegítimos quanto pelas ligações políticas e eclesiásticas. Bartolomeu se casara várias vezes, e Filipa era fruto de sua segunda ou, de acordo com certos relatos, terceira união. Filipa tinha como irmãos Bartolomeu filho e Violante, com quem se dizia que Colombo mantinha uma relação cordial. Segundo a lenda consagrada, o sogro de Colombo recebera do príncipe Henrique, o Navegador, direitos sobre o minúsculo Porto Santo, 50 quilômetros a nordeste da ilha da Madeira. Bartolomeu de Las Casas, que conhecia pessoalmente — e mantinha opiniões ambivalentes sobre — o objeto de suas investigações acadêmicas, considerava que Perestrello possuía instrumentos, mapas e cartas de navegação relacionados aos seus domínios, e que estes acabaram nas mãos de Colombo, que, "ao vê-los e examiná-los, usufruiu de muito prazer". Perestrello não era conhecido pela experiência ou habilidade em navegação, e ainda que o relato seja bastante floreado, parece que de fato o príncipe Henrique concedeu ao italiano o controle hereditário sobre o minúsculo Porto Santo como resultado de manipulação e não de alguma exploração audaciosa. É possível que Colombo tenha considerado Porto Santo um ponto de partida, de onde lançaria sua própria expedição quando chegasse a hora. Tratava-se de um paradigma em miniatura de suas ambições mais grandiosas: achar uma ilha, tomar posse dela pelo rei e pela nação e explorá-la em busca de benefícios pessoais e dinásticos.

Após as núpcias, Colombo e Filipa foram morar na casa dos proeminentes sogros do noivo. Filipa se tornou quase invisível para a posteridade, e não há indícios de que entre os dois houvesse uma relação de amor. Ainda assim, outros membros da família Perestrello garantiam ao rústico marinheiro de Gênova um novo contexto no qual exercer sua carreira, graças à sogra, que, segundo Las Casas, "percebeu que Colombo nutria paixão pelo mar e por cosmografia, já que homens possuídos por uma paixão falam dela noite e dia". Então ela contou ao genovês que "seu marido Perestrello tinha grande paixão pelos assuntos do mar e tinha viajado, a pedido do príncipe Henrique [o Navegador] e na companhia de dois outros cavaleiros, para colonizar a ilha de Porto Santo, descoberta alguns dias antes". Porto Santo se tornou a base da fortuna e do renome de Perestrello; uma lição prática para o recém-casado Colombo.

A sogra deu "instrumentos, documentos e cartas de navegação" do finado marido ao genro, como se passasse o cetro de uma geração para a seguinte, e depois de um tempo Colombo estava vivendo na propriedade do sogro em Porto Santo, onde Filipa deu à luz o filho primogênito do casal, Diogo.

Em Porto Santo e na recém-descoberta ilha vizinha, a Madeira, "havia um grande número de embarcações trazendo colonos e muita conversa sobre novas descobertas que eram feitas todos os dias". Las Casas relata que Colombo conversou com marinheiros que haviam voltado dos "mares ocidentais" e "visitado os Açores, a Madeira e outras ilhas". Em especial, um homem chamado Martin, "um piloto a serviço da coroa portuguesa", contou uma história intrigante. Quando estava 450 léguas a oeste do cabo de São Vicente, "ele avistou um pedaço de madeira boiando junto a seu navio e, ao pescá-lo do mar, observou que tinha entalhes engenhosos, mas não, pelo que podia perceber, peças de ferro. Como o vento soprava do oeste fazia alguns dias, ele supôs que a madeira fosse oriunda de uma ilha ou arquipélago a oeste".

Visões tentadoras de terras exóticas eram abundantes. Um "marinheiro caolho" alegou ter visto, durante uma viagem à Irlanda, um pedacinho da "Tartária", ou Ásia central, "num ponto em que fazia uma curva a oeste, mas o tempo ruim os impedira de chegar até lá". Seja o que for que o marinheiro caolho pensou ter visto, não devia ser a Ásia central, mas algo que de qualquer forma ainda não existia nos mapas europeus. Havia também o "marujo da Galícia chamado Pedro de Velasco, que, em uma conversa com Cristóvão Colombo em Múrcia" — cidade no sul da Espanha — "mencionou uma expedição à Irlanda que navegara em direção ao noroeste, indo tão longe que se deparou com uma terra a oeste daquele país". Talvez fosse a Islândia, a Nova Escócia ou um continente imaginário que existia em um ponto entre a geografia e a mitologia. Só uma expedição poderia confirmar o que era. Colombo soube de um comerciante rico de Gênova, Luca di Cazana, que, diante da insistência de Vicente Dias, um piloto português, acabara financiando três ou quatro expedições em busca da ilha misteriosa, que "percorreram mais de uma centena de léguas e não acharam nada". Depois de tais fracassos, tanto o piloto quanto o patrono perderam as esperanças de "encontrar a terra em questão". Duas outras expedições com o mesmo objetivo haviam desaparecido "sem deixar nenhum rastro".

Outro marinheiro, Pedro Correa, casado com a irmã da mulher de Colombo, corroborou a história do piloto Martin. Ele jurou, segundo Las Casas, que "também deu com um pedaço de madeira levado até aquele lugar pelos ventos da mesma região e que havia sido entalhado da mesma forma". Além disso, também vira "colmos tão grossos que um entrenó deles poderia armazenar mais de 6 litros de água ou vinho". Colombo afirmou ter ouvido a mesma história da boca do rei de Portugal. Ele tinha a impressão de que dom João "estava convicto de que os colmos tinham vindo de uma ilha ou arquipélago a oeste, não muito distante, ou que foram soprados pelo vento e a correnteza desde a Índia, pois eram muito diferentes de tudo que existia na Europa". Também ouviu falar de pinheiros lançados às praias das ilhas do Atlântico, "embora [...] não cresçam mais nos Açores". Ainda mais fascinante era a história sobre dois cadáveres que deram na costa dos Açores e tinham "rostos bem largos e feições em nada semelhantes às dos cristãos".

Acrescente-se a esses relatos sedutores as notícias de jangadas, descritas como "canoas índias com casas a bordo", e o mundo inteiro parecia ser um convite à descoberta e à especulação. Esses objetos flutuantes ocasionais eram tão estranhos e enigmáticos quanto os meteoritos de universos distantes que atingem a Terra. Havia algo esquisito lá fora. "Tais histórias certamente instigavam as chamas do interesse de Cristóvão Colombo pelo negócio como um todo", observou Las Casas, "e mostravam Deus o levando na mesma direção". Foi preciso um incidente específico, uma "causa determinante", nas palavras de Las Casas — e a partir de então um eterno tema de controvérsia —, se consolidar na mente de Colombo. Começou com uma embarcação da Espanha que rumava para Flandres ou talvez para a Inglaterra sendo soprada para longe de sua rota, como num conto de fadas ou pesadelo, e descobrindo uma ilha.

A tripulação sobreviveu às provações que enfrentou a duras penas, mas pereceu no caminho de volta para a Espanha. "A maioria morreu de fome e de doenças causadas pelo excesso de trabalho; os poucos que conseguiram chegar vivos à ilha da Madeira estavam tão doentes que faleceram pouco depois." Colombo "inteirou-se do incidente por meio dos pobres coitados que regressaram à Madeira ou do próprio piloto". De acordo com os rumores, Colombo ofereceu-se para abrigar o piloto e perguntou sobre o acontecido; por fim, o homem acabou morrendo na residência do genovês. Acredita-se que, antes de expirar, o piloto tenha feito ao anfitrião "um relato minucioso de tudo o que acontecera e deixado um registro por escrito sobre os rumos que a embarcação tomara, a rota que seguira, as distâncias que percorrera, os graus de longitude e latitude em questão e o local exato onde haviam achado a ilha". Dada a impossibilidade de determinar longitudes na época, o "local exato" da ilha era muito questionável.

Um dos relatos mais atraentes sobre terras distantes veio da caneta do "mestre Paulo", um médico florentino que mantinha uma ampla rede de contatos por correspondência com fontes bem-informadas sobre a corte portuguesa. Ao saber desses comunicados, Colombo procurou a amizade do médico, mandando-lhe um globo através de um intermediário florentino, Lorenzo Girardi, que vivia em Lisboa. Depois de passar adiante um símbolo tão tangível de seu ímpeto exploratório, Colombo anunciou um grandioso plano para exploração e comércio de artigos valiosos como especiarias. Impressionado, mestre Paulo respondeu em latim com um resumo dos dados que tinha acerca da China e suas riquezas, o que aprimorou o entendimento de Colombo a respeito daquela terra lendária por meio de uma nascente perspectiva global. "Não se admire porque caracterizo a região como 'Poente'", recomendou a Colombo, "quando essas terras são geralmente conhecidas como 'Levante', pois qualquer homem que navegue rumo ao levante [a oeste] sempre achará essas terras a levante, bem como quem parte por terra em direção ao poente [ao leste] as encontrará no poente". E incluiu um mapa para ilustrar o que queria dizer.

Além disso, discorreu sobre a China e seus inúmeros mercadores. "Há tantos navios, marinheiros e mercadores na área quanto em qualquer outra parte do mundo." Na cidade de "Zaiton", provavelmente Hangzhou, a abastada capital do sul da China, "todos os anos uma centena de navios enormes carregam e descarregam cargas de pimenta, para não mencionar os muitos outros que trazem especiarias de outras terras". Paulo também informou a Colombo sobre a existência de um "monarca conhecido como Grande Khan, nome que na nossa língua" — italiano — "significa Rei dos Reis". Os ancestrais desse Khan, observou o médico, "tinham grande desejo de contato e comércio com cristãos e, cerca de dois séculos atrás, mandaram uma missão ao Sumo Pontífice pedindo que ele lhes enviasse um grande número de homens educados e sábios que poderiam instruí-los na nossa fé, mas os enviados foram obrigados a regressar devido às dificuldades enfrentadas pelo caminho". À medida que prosseguia com a história, mais evidente era o fato de que Paulo se fiava bastante no relato popular de Marco Polo, que descrevia as aventuras do veneziano pela Ásia entre 1279 e 1295, e nas narrativas de um emissário chinês. No relato do médico, os acontecimentos de dois séculos antes pareciam estar ocorrendo no presente por causa da maneira como entrelaçava as duas épocas em uma malha de palácios reais, rios de grande comprimento e largura, "um vasto número de cidades" ao longo das margens (em um caso, duzentas cidades ao longo de um único rio), "pontes amplas feitas de mármore e adornadas com pilares de mármore" sobre as quais passavam carregamentos de especiarias, pedras preciosas, ouro, prata e muitas outras "coisas de grande valor".

Como chegar lá? Era simples, de acordo com Paulo: "A partir da cidade, em uma linha reta para o oeste, há 26 espaços assinalados no mapa, cada um deles representando 400 quilômetros, antes que se chegue à nobilíssima cidade de Quinsai" — o nome singular que Marco Polo dera à capital Hangzhou, e uma clara alusão à fonte do médico — "que tem 160 quilômetros de circunferência". "Esta ilha é riquíssima em ouro, pérolas e pedras preciosas. Saiba que os templos e palácios reais são cobertos de ouro puro." Mais uma vez, chegar lá não era problema para os iniciados. "Como a rota é desconhecida, tudo isso é escondido de nós, muito embora seja possível viajar até lá sem perigo e dificuldade."

Colombo respondeu que poderia encontrar esse império extraordinário navegando pela rota indicada no mapa enviado pelo mestre Paulo, que, vale a pena repetir, não era navegador. Exultante com o aval, o florentino replicou: "Muito me agrada notar que meu mapa foi tão bem compreendido e saber que tal expedição não é viável apenas na teoria, e sim que agora se tornará fato e será uma fonte de honra e ganhos estimáveis e a maior das famas dentre todos os cristãos." Como se despachasse Colombo pessoalmente, ele prometeu uma viagem de "reinos poderosos e cidades nobres e a mais rica das províncias abundante em todos os gêneros de artigos de grande necessidade", para não falar das especiarias e das gemas, de governantes ainda mais ávidos por travar contato com o Ocidente do que o contrário, e da troca de conhecimento, informação e religião. "Não me admiro por você, um homem de muita coragem", escreveu mestre Paulo, "ver seu coração inflamado pelo desejo de pôr essa empresa em prática".

Colombo aprofundou seu conhecimento sobre as pistas de ilhas ocidentais desconhecidas com os estudos que fez por conta própria, como a leitura da influente *Geografia* de Ptolomeu, que chegara à Europa via Constantinopla por volta de 1400. Entre 1406 e 1409, Jacopo Angeli da Scarperia traduziu o texto para o latim. Foi o primeiro livro a ser impresso com gravuras, na edição publicada em Bolonha com data de 1477, e subsequentemente foi traduzido para outras línguas europeias. A cartografia de Ptolomeu era ao mesmo tempo inspiradora e muito enganosa. O autor, que vivera no século II, subestimou o tamanho do mundo, imaginando-o seis vezes menor. Não sabia da existência do continente americano ou do oceano Pacífico, a maior extensão de água do planeta. O problema da determinação de longitude ainda não tinha solução, e só viria a ter no final do século XVIII. Por todos esses motivos, confiar na *Geografia* de Ptolomeu era tão enganoso como inspirador.

Em algum ponto da confluência entre a cartografia falha de Ptolomeu, as lendas da antiguidade, o relato de Marco Polo e as anedotas dos marinheiros, havia pistas de um grande prêmio esperando para ser descoberto. Colombo tinha um plano e agora precisava do aval e do investimento de um poderoso patrono real.

Morando em Portugal e casado com uma mulher portuguesa muito bem-relacionada, era natural que Colombo apresentasse sua proposta ao monarca daquele país. A essa altura, o genovês se considerava praticamente português, embora os próprios lusitanos preferissem vê-lo como um marinheiro arrivista que se acomodara em Lisboa, uma das maiores colônias de expatriados genoveses, e continuassem a olhar com desconfiança forasteiros como ele, que vicejavam em sua sociedade.

Sem dar atenção a tais opiniões e instigado pelos relatos que reunira, Colombo seguiu em frente e solicitou ao rei que equipasse três caravelas para a expedição, com direito a baús cheios de artigos de troca, como tecidos de Flandres, guizos, bacias e placas de latão, cordões de contas de vidro de cores variadas, espelhinhos, tesouras, facas, agulhas, alfinetes, camisas de aniagem, tecidos rústicos coloridos, chapéus vermelhos — ferramentas e bugigangas para conquistar as terras e povos escondidos a céu aberto em algum lugar do mar ocidental.

As questões práticas foram logo resolvidas. No entanto, os pedidos de cunho pessoal feitos a dom João eram onerosos e impraticáveis. Colombo queria um título, de preferência "Cavaleiro da Espora Dourada", que permitiria a ele e a seus descendentes se denominarem "Dom". Também queria o título mais imponente que conseguiu imaginar: Almirante do Mar Oceano, "com todos os privilégios hierárquicos, direitos, prerrogativas, rendas e imunidades concedidos aos almirantes de Castela".

Mesmo aos ouvidos portugueses, acostumados com exageros, a descrição parecia absurda. Incansável nas conversas e na autopromoção, Colombo nunca sabia a hora de parar, e exigiu ser nomeado "vice-rei e governador perpétuo de todas as ilhas e terras firmes descobertas por ele próprio ou como resultado de sua expedição". Planejava também receber um décimo de "todos os lucros obtidos para a Coroa em ouro, prata, pérolas, gemas, metais, especiarias, e todos os artigos de valor e mercadorias de qualquer espécie, natureza ou variedade que sejam compradas, trocadas, descobertas ou conquistadas em batalhas por todo o comprimento e a largura das terras sob sua jurisdição". Estava claro que Colombo se considerava sócio do programa de exploração da Coroa e possível governante de um reino que, além do mais, seria ainda maior e mais rico do que Portugal.

A megalomania do genovês não foi bem-vista na pequena corte portuguesa, dominada por boatarias. João de Barros, historiador da corte, retratou o pretenso Almirante do Mar Oceano "como um homem de palavrório e dado a jactâncias, cheio de fantasias e extravagâncias", e, portanto, "o rei deu pouco crédito ao que tinha a dizer". Ainda assim, dom João II consultou três especialistas a respeito das alegações de Colombo, o dr. Calzadilla e os mestres Rodrigo e Josepe, "sendo o último um judeu", nas palavras de Las Casas. "O rei tinha muita confiança nesses homens no que tangia a questões de exploração e cosmografia, e eles, de acordo com nosso escritor, viam as palavras de Colombo como pura vaidade." Uma recusa automática parecia inevitável. Contudo, o rei hesitava e fazia Colombo aguardar uma resposta.

Os três especialistas consultados pelo rei português passaram dias inquirindo o navegador sobre o plano. Louco para causar boa impressão, Colombo disse tudo, e, quando terminaram de questioná-lo, dom João II se revelou tão enganador quanto audaz, pois organizou uma expedição clandestina baseada nas informações arrancadas do marinheiro genovês.

A farsa continuou. Dom João II deu corda a Colombo enquanto despachava uma caravela de suprimentos que supostamente rumaria para Cabo Verde e outras ilhas, e nesse ínterim adiava a resposta oficial ao navegador. Quando a caravela voltou para Lisboa num estado estarrecedor — com velas rasgadas e mastros quebrados —, os residentes questionaram os tripulantes exauridos. Os sobreviventes reclamaram das tempestades que enfrentaram no mar e declararam ser impossível chegar a terra por via marítima. Quando o verdadeiro intuito da viagem foi exposto, o subterfúgio de dom João ficou claro para todo mundo.

Em meio a essa situação crítica, a jovem esposa de Colombo, Filipa, faleceu de causas desconhecidas ou sumiu para sempre. Uma tradição historiográfica mais cética sugere que Colombo abandonou Filipa em Portugal, onde as ligações de sua família eram de alguma valia, para tentar a sorte na Espanha, onde não lhe eram úteis. Embora as circunstâncias da morte de Filipa e até o ano de seu falecimento permaneçam obscuros, a partida abrupta de Colombo não prova o abandono: é possível que ele tivesse o plano de mandar alguém buscar a mulher caso obtivesse êxito em outro lugar. Mas é ainda mais plausível que ela não tenha sobrevivido, pois nunca mais foi mencionada.

Colombo dedicou oito anos a seu projeto grandioso, e os únicos resultados que obteve foram a rejeição e o constrangimento. A juventude escapara: estava completando 40 anos — idade avançada para um piloto de navio — e tinha pouco a mostrar de seus anos de perambulação além da ambição ainda não saciada. Era um viúvo em terra estrangeira com perspectivas deteriorantes e um filho pequeno sob seus cuidados. A cabeleira comprida e ondulada embranquecera, e Colombo parecia não ter muitos motivos para demonstrar gratidão. Ainda assim, dados os perigos da corte portuguesa e do oceano, tinha sorte de estar vivo.

Com relutância, o genovês voltou sua ambição para outros patronos da exploração, Fernando e Isabel da Espanha, embora tivesse certo desejo de um dia retornar triunfante para Portugal. Naquele momento, porém, ele resolvera tentar a sorte em Castela.

Humilhado, Colombo transferiu a responsabilidade pela expedição ao irmão, Bartolomeu, e, mostrando a própria malícia, despachou-o para a Inglaterra, para solicitar ao rei Henrique VII (pai de Henrique VIII) o aval negado pelo enigmático e recalcitrante monarca português.

Para quem conhecia os irmãos Colombo, a súbita transferência de poder tinha certa lógica. Bartolomeu tinha a reputação de ser "um homem muito arguto e corajoso, grande conhecedor do funcionamento do mundo, e mais astuto, mais cheio de malícia, do que o próprio Cristóvão Colombo", segundo Las Casas. Bartolomeu sabia latim e "era muito mais experiente no que tangia às relações humanas". Tinha fama de ser um navegador quase tão habilidoso quanto o irmão, e mais competente na feitura de mapas e de instrumentos náuticos.

Monarca eclipsado pela fama de Henrique VIII, seu filho e sucessor, Henrique VII, fundador da longeva dinastia Tudor, conquistou o trono ao derrotar Ricardo III no campo de batalha. Comparado aos reis daquela época, Henrique Tudor era um homem prudente e responsável. Bartolomeu Colombo usou de bajulação e persistência para conseguir uma entrevista com o rei, e para cair nas graças do monarca lhe deu de presente um *mapa-múndi*, que mostrava as terras que o irmão Cristóvão pretendia reclamar. O mapa continha uma breve indicação de seu portador em latim: "Ele, cuja terra natal é Gênova e cujo nome é Bartolome Colon de Terrarubia, completou este trabalho em Londres no 13º dia do mês de fevereiro do ano do nosso Senhor de 1488. Louvado seja o Senhor."

Neste ínterim, Cristóvão obteve uma cópia da carta redigida por Toscanelli, matemático e cartógrafo florentino, datada de 24 de junho de 1474. Toscanelli falava de um "caminho mais curto para chegar pelo mar às terras das especiarias do que a rota que vocês" — os portugueses — "estão fazendo para chegar à Guiné". Um navio que partisse de Lisboa em direção ao oeste, alegava o florentino, chegaria, após percorrer 5 mil milhas náuticas, a Quinsai, a abastada capital da China descrita por Marco Polo. E ainda havia mais. Outra rota marítima levaria o navio "à nobre ilha de Cipango", o Japão de Marco Polo, que, como sabiam os leitores do relato entusiástico do veneziano, era "mais fértil em ouro, pérolas e pedras preciosas, e [onde] templos e residências reais eram recobertos com ouro puro". Se fosse verdade, e tratava-se de um grande "se", Portugal poderia forjar uma aliança com um país de riqueza inimaginável. Melhor ainda, declarava Toscanelli, "pelas vias desconhecidas não há grandes extensões de água a serem atravessadas". Essa observação simples decorria de uma grande falha de entendimento do globo (e todos sabiam que era um globo: havia pouca controvérsia a respeito dessa questão); assim como Ptolomeu, Toscanelli ignorava o continente americano e o oceano Pacífico — o que tornava tal viagem à Ásia impossível.

Mais do que Ptolomeu, foi Toscanelli que levou Colombo a acreditar que o Caribe era uma porta de entrada para a China. Era questão de tempo até que alguma nação ou monarca sucumbisse ao canto da sereia imperial dos irmãos Colombo.

Enquanto Bartolomeu apelava ao rei Henrique, Cristóvão, renovado pelos estudos, tomava o caminho da Espanha para instigar o interesse de Fernando e Isabel pelo mesmo empreendimento. No entanto, a recepção inicial na Espanha foi tão decepcionante que, em fins de 1487, Colombo escreveu a dom João, que o desprezara e humilhara, pedindo permissão para voltar a Portugal.

Contra todas as expectativas, o monarca português respondeu em 20 de março de 1488, em tom conciliatório, agradecendo a Colombo pela "boa vontade e afeto", e dizendo, surpreendentemente, "precisaremos muito de sua habilidade e grande talento", palavras que certamente inflamaram a ambição do explorador. A oferta veio com a garantia de que "você não será preso, detido, acusado, intimado ou processado, por nenhum motivo, sob os códigos civil e criminal. Por conseguinte, rogamos que venha logo e não relute em fazê-lo por nenhuma razão".

Colombo chegou a Lisboa em 1488, na mesma época em que Bartolomeu Dias, o navegador preferido de dom João naquele momento, regressava da exploração da costa da África. Portanto, Colombo aguentou a humilhação de ver o rival ultrapassá-lo em façanhas e na afeição de dom João. Teria sido uma armação? Era mais provável que o rei o tivesse chamado como substituto para o caso de Dias jamais voltar da viagem, e Colombo, levado pela ambição, a ingenuidade e a vaidade, caíra na emboscada. O genovês deixou Portugal de novo em 1488, rumo à Espanha, onde não pouparia esforços para conseguir financiamento para sua expedição. Humilhado e decepcionado, esperava nunca mais voltar a Portugal.

Mais tarde, Colombo confessou ao monarca que o apoiou, o rei Fernando da Espanha: "Fui ao rei de Portugal, mais versado na questão de descobertas do que qualquer outro soberano, e o Senhor cegou-lhe os olhos e ensurdeceu-lhe os ouvidos de tal modo que durante 14 anos ele não foi capaz de compreender o que eu dizia." Mas Fernando ouviu e Isabel conseguiu compreender o que Colombo dizia. Para a rainha, Colombo dizia que poderia lhe dar meios de administrar um império transoceânico que sobrepujaria o de qualquer outra nação europeia.

Os primos Fernando de Aragão e Isabel de Castela se conheceram somente cinco dias antes de se casarem, em 19 de outubro de 1469, no Palacio de los Vivero, em Valladolid. Ele era quase um ano mais novo que ela, e no dia do casamento os dois contavam 17 e 18 anos de idade, respectivamente. Ela não era bonita; ele também não, mas ambos eram cristãos devotos. Os dois eram filhos de reis da dinastia de Trastâmara e figuras bem conhecidas. Aos 12 anos, Fernando liderara os soldados na vitória contra os catalães, e quando, em 1468, Juana Enríquez, sua ambiciosa mãe castelhana, morreu de câncer, ele proferiu o panegírico e assumiu a posição de próximo líder da dinastia. Meses depois, representantes de Isabel o procuraram e o escoltaram até Castela para o casamento.

Desde o começo, o acordo deles era incomum, pois dava a Isabel poderes iguais aos do jovem marido, e, em alguns casos, ela era ainda mais poderosa. Segundo os termos acordados por suas legiões de conse-

98 *Nativo de Gênova*

lheiros, ela governava sozinha o reino de Castela, na região centro-norte da Espanha. Fundamentada na complexa relação oficial, a união dos dois prosperou. Fernando tinha amantes e Isabel encontrava consolo na religião. Fossem quais fossem suas diferenças pessoais, demonstravam em público que se amavam e respeitavam, como era necessário para que mantivessem o governo conjunto.

Os primeiros anos do reinado foram uma época de testes para ambos. Confiavam em conselheiros mais experientes e intermediários para rebater contestações aos seus poderes e finanças. À beira da falência, implementaram novos métodos de tributação, principalmente sobre a venda de produtos agrícolas, para custear suas ambições. Um dos testes mais arriscados se materializou em 1476, quando dom Afonso, rei de Portugal, invadiu Castela com a ajuda de nobres castelhanos. Os reis não ficaram passivos diante de tal provocação. No dia 1º de março, o rei Fernando conquistou uma vitória decisiva sobre Afonso em Toro, uma cidade produtora de vinhos ao norte de Madri, e deu início à árdua tarefa de consolidar seu fragmentado império. Fernando e Isabel se tornaram conhecidos como os Reis Católicos, epíteto que os acompanharia no decorrer de seu longo reinado.

Em 1479, Fernando sucedeu o pai como rei de Aragão, unificando os territórios e reinos de ambos. Desde o século VIII não havia uma entidade política unificada que pudesse ser designada como Espanha. Os Reis Católicos, porém, não se contentaram com tal conquista e reclamaram o poder político tanto da burguesia como da nobreza, circunscrevendo a autoridade das Cortes Gerais e reduzindo-as a meras secretarias que auxiliariam os reis na busca por glórias maiores. Fernando e Isabel ganharam o apoio da população pelo empenho e consolidaram seus poderes. Com isso, os judeus e os muçulmanos, povos essenciais ao comércio, à vida intelectual e aos negócios da Espanha, se tornaram o alvo seguinte. Talvez seja digno de nota que o emblema real de Isabel fosse um arranjo de flechas, com pontas afiadas que serviam de aviso aos inimigos do trono, e que o emblema de Fernando exibisse uma canga para dois bois, indicando sua submissão à autoridade de Isabel.

Como a heresia grassava pelo reino, os representantes dos reis instituíram a Inquisição em 1480, para levar os acusados a julgamento.

Alguns escaparam sem perder nada além dos bens materiais; outros foram condenados à morte. O temor que os reis infligiam na população aumentou, e assim, graças às aguilhoadas de Fernando e Isabel, a Espanha pareceu recobrar, em parte, a arrogância e a piedade de outrora. Como símbolo maior, a cidade sagrada de Jerusalém continuava a ser o supremo espólio de guerra. Não demorariam a surgir conversas sobre a tomada da cidade para completar o objetivo que as Cruzadas deixaram pendente.

Em 1480, tropas cristãs empurraram os muçulmanos para fora da península Ibérica. Em dez anos, mais de cinquenta cidades conquistadas pelos muçulmanos voltariam a fazer parte da comunidade cristã. As mesquitas viravam igrejas e as conquistas continuavam, contando com artilharia e aríetes para sitiar uma cidade atrás da outra. Para financiar essa gigantesca operação militar, os Reis Católicos recorreram ao papa, que autorizou a cobrança de dízimo pela coroa a fim de que ela permanecesse solvente. Impostos e empréstimos compulsórios também ajudaram a reabastecer os cofres reais, mas o método mais comum era o confisco da riqueza de judeus e muçulmanos. A abastada Sevilha foi duramente atingida pelas demandas da Inquisição.

Colombo chegou em meio a essa longa batalha, no início de 1485, em busca do financiamento de Fernando e Isabel para um projeto totalmente novo: a descoberta de uma rota marítima até as Índias. O longo flerte do marinheiro genovês de 34 anos com dom João de Portugal não dera frutos, e suas tentativas de despertar o interesse da França e da Inglaterra em sua estratégia imperial também não deram em nada. Ele chegara a voltar a Gênova para tentar gerar interesse pela expedição, mas foi recebido com pouco entusiasmo na terra natal.

Desalentado, retornou à Espanha, onde seu plano grandioso causou faíscas quando exibiu um mapa do mundo mostrando a Índia e outras terras do Grande Khan. Segundo Andrés Bernáldez, confidente de Colombo, a apresentação "despertou neles [os reis] o desejo de conhecer aquelas terras". Fernando obteve a *Geografia* de Ptolomeu, para ver por conta própria do que Colombo estava falando.

A reconquista seguia em frente, de forma gradual e implacável. Algumas províncias se submeteram à tributação e ao governo castelhano sem protestar; outras teimaram em resistir. Em 1487, um dos últimos baluartes de resistência, a cidade portuária de Málaga, na costa sul da Espanha, caiu após um cerco de quatro meses, ao fim do qual os Reis Católicos escravizaram e venderam a maioria dos residentes, fazendo da situação uma advertência àqueles que desafiassem a sua vontade.

O maior prêmio de todos, Granada, aos poucos deixou de apoiar os muçulmanos em favor dos cristãos. Em novembro de 1491, o sultão de Granada, sem outra alternativa, alinhavou em segredo um tratado de rendição a Fernando e Isabel. No dia 2 de janeiro de 1492, tropas espanholas ocuparam Alhambra, a "fortaleza vermelha" do século XIV, que servira de residência para os últimos emires ou xeques muçulmanos do sul da Espanha; quatro dias depois, Fernando e Isabel fizeram uma entrada triunfal em Granada. Colombo disse que viu a história sendo escrita naquele dia. "Por força das armas vi as bandeiras reais de Vossas Majestades sendo postas nas torres de Alhambra", escreveria mais tarde, "e vi o Rei Mouro sair pelos portões da cidade e beijar as mãos reais de Vossas Majestades e de meu senhor, o Príncipe". É possível que Colombo tenha apenas ouvido falar da capitulação. Em todo caso, ele queria que os reis soubessem da profunda identificação que sentia em relação às metas imperiais.

Ao contrário dos judeus, que foram tratados com crueldade, os muçulmanos podiam ter bens, professar a fé de sua escolha e viver de acordo com as próprias leis. A boa vontade não duraria muito tempo. Passados dez anos, uma rebelião irrompeu e os reis ordenaram que os muçulmanos restantes se convertessem ao cristianismo ou abandonassem a Espanha. Um século depois, eles também seriam expulsos.

A conquista de Granada consolidou o reinado cada vez mais sanguinário dos Reis Católicos, que ganharam confiança e meios para levar adiante uma série de iniciativas destinadas ao fortalecimento do império cristão e à realização do objetivo máximo de retomar Jerusalém. Assim, os espanhóis marcharam África adentro tanto para disseminar o cristianismo quanto para se apropriar do ouro. Em 31 de março de 1492, Fernando e Isabel assinaram um decreto cujo intuito era expulsar os judeus da Espanha. Aqueles que não se convertessem ao cristianismo para preservar seu estilo de vida, suas famílias e suas fortunas seriam obrigados a deixar o país até 31 de julho. Anos antes, em 1477, uma Isabel mais inocente e idealista, que se considerava guardiã dos judeus, assinou um decreto oferecendo certa proteção a este povo. "Os judeus são meus e estão sob minha proteção e poder", declarou à época. Mais tarde a rainha viraria as costas para eles, e em 1489 os judeus que viviam na Espanha eram condenados à fogueira por sua suposta traição. Àquela altura, a opinião pública já se voltara contra eles, e com tanta força que a expulsão foi considerada muito tardia. Fernando e Isabel se viram tentando acompanhar o ritmo do turbilhão de ódio e guerra civil que tinham semeado.

Em 1492, Isabel convidou Colombo a voltar para a Espanha, onde os reis constantemente circulavam por vários castelos, palácios e mosteiros fiéis ao governo. A vida itinerante dos reis os mantinha em contato com o reino e seus súditos, mas também criava um vácuo burocrático em que era comum o extravio de documentos e ordens. Embora as transações de Colombo com os reis e as viagens feitas por ele tenham sido bem documentadas, há uma lacuna significativa, provocada até certo ponto por essa circunstância.

Quando Cristóvão Colombo reapareceu diante dos reis para pedir financiamento para a expedição, seus planos, mais absurdos do que nunca, foram uma ótima distração da labuta da Inquisição e significaram a possibilidade de cumprir uma parte da meta de estabelecer um império cristão. Colombo conversou longamente com Isabel, que aos poucos se convenceu de que a missão proposta seria útil. Como consistia em apenas três viagens, a expedição não custaria muito à Coroa, e os gastos seriam pagos com a coleta de impostos e a venda de indulgências. A fim de demonstrar sua boa-fé, a rainha ofereceu suas joias como garantia: um gesto comovente, mas não se esperava que alguém as reclamasse. Três semanas depois de expulsar os judeus da Espanha, os Reis Católicos assinaram o seguinte decreto:

> Enviamos Cristóbal Colón com três caravelas através do Mar Oceano até as Índias para tratar de negócios que concernem ao serviço de Deus e à expansão da fé católica, e ao nosso benefício e proveito.

CAPÍTULO 3

Naufrágio

"Naquela noite o vento soprava a nordeste com força, vindo do leste", Colombo comentou no ou sobre o dia 17 de dezembro de 1492, grato por Tortuga ter abrigado a pequena embarcação em que viajava. Pela manhã, mandou que a tripulação lançasse redes ao mar para pescar, e enquanto isso os nativos — agora invariavelmente chamados de "índios" — divertiam-se com eles e, ainda mais interessante, ofereciam flechas que diziam ter sido fabricadas pelos invisíveis mas onipresentes canibais. As armas eram "varas de bambu [compridas e finas], endurecidas no fogo e afiadas". Os índios apontaram para dois homens cujos corpos estavam dilacerados e "deram a entender que os canibais lhes haviam devorado aos bocados". Talvez os indígenas quisessem forjar uma aliança com os visitantes contra o terrível inimigo, mas Colombo, o cético marinheiro genovês, continuava hesitante, e retomou os escambos por ouro enquanto elogiava a inteligência dos indígenas que cooperavam.

No fim da tarde, registrou o Almirante, uma canoa grande, com quarenta homens, vinda de Tortuga, se aproximou. Quando os guerreiros trazidos pela canoa pisaram na praia, o cacique local deu ordens raivosas para que voltassem para o lugar de onde vinham, arremessando água do mar e pedras contra eles. Depois que a canoa se afastou, o cacique pegou um seixo e, em vez de atirá-lo nos espanhóis, botou-o na mão do oficial de Colombo, como um gesto de paz.

Assim que a canoa e a ameaça que impunha sumiu no horizonte, o cacique descreveu — por meio de intérpretes — como viviam em

Tortuga. Havia ouro? Mais em Tortuga do que em Hispaniola, mas quase não havia minas de ouro. Ainda assim, o "país era tão rico que não havia necessidade de trabalhar muito para se sustentar ou usar roupas, já que estão sempre nus". Sem se ater a esses detalhes, que indicavam a pecaminosa indolência dos indígenas, Colombo teimou em procurar ouro e soube que poderia encontrar uma fonte do metal fazendo uma viagem de quatro dias por terra, ou "em um dia, com tempo bom".

Assim, quando o vento cessou, Colombo e seus homens voltaram aos navios a fim de se prepararem para a observância de um dia de celebração, que ele chamou de Festa da Anunciação (hoje chamado de Dia de Nossa Senhora da Anunciação), em 18 de dezembro. Quando o Almirante estava jantando sob o castelo da popa (uma estrutura acima do convés principal), duzentos homens apareceram, carregando o jovem rei em uma liteira. E todos, o Almirante observou novamente, estavam nus ou seminus. Ao descer da liteira, "a passos rápidos ele veio se sentar a meu lado, sem permitir que eu me levantasse para ir ao seu encontro ou me afastasse da mesa, rogando que eu comesse". Enquanto o vigia dos indígenas os agrupava no convés "com todo o respeito e presteza deste mundo", Colombo convidou o jovem rei a participar da comemoração e ficou contente ao vê-lo comer todas as "iguarias", e quanto à bebida, "ele simplesmente [a] levava aos lábios e depois dava aos outros, e tudo isso com maravilhosa dignidade e poucas palavras".

Após a refeição, um cortesão indígena ofereceu um presente que agradou Colombo. Era um cinto "como os de Castela no formato, mas com acabamento diferente". O Almirante examinou o artigo com atenção, como se avaliasse quanto ganharia por ele na Espanha, e em troca deu ao cacique "contas de âmbar que usava no pescoço, e sapatos vermelhos, e uma garrafa de água de flor de laranjeira", que provocaram exclamações de aprovação no presenteado.

Tolhido pela falta de uma língua comum e intérpretes de confiança, Colombo presumiu que o rei dizia com seus gestos e palavras que a "ilha inteira estava sob meu comando", e esse problema de comunicação gerou a convicção, pelo menos na cabeça de Colombo, de que estava adquirindo seu próprio império. "Quando já estava tarde e quis ir embora, o Almirante se despediu do rei de forma muito honrada e disparou inúmeros tiros de bombarda; e, já na costa, [o rei] subiu na liteira e foi-se embora com mais de duzentos homens, e em seguida foi carregado nos ombros de um índio, homem muito honrado." Foi um dia de trabalho gratificante, cheio de esperanças, ilusões e enganos.

Depois de levantar âncora, Colombo navegou para o leste sob a lua cheia, provavelmente em direção à enseada de Lombardo Cove, na baía de Acul, no atual Haiti: um lugar protegido, idílico, mesmo para os padrões do Caribe. "Este porto é o mais belo", exultou.

No dia seguinte, o Almirante estava eufórico com a descoberta, alardeando no diário, e provavelmente para os companheiros de navegação, que jamais, em seus 23 anos de mar, tinha visto algo parecido, e que era "superior a tudo e abrigaria todos os navios do mundo" em seus 6,5 quilômetros de extensão.

Por volta das dez horas daquela noite, uma canoa abarrotada de indígenas atravessou a costa em direção à nau capitânia "para ver o Almirante e os cristãos e admirá-los". Uma animada sessão de escambo se seguiu, e Colombo enviou um grupo de batedores que voltou com relatos de um "grande vilarejo". Para o cronista da vida de Colombo, Bartolomeu de Las Casas, que viveu nas Índias durante anos, povoados assim eram comuns naquela parte do mundo. "Os habitantes", escreveu, "constroem suas casas com madeira e palha, em forma de sino. São bem altas e espaçosas, a ponto de abrigar dez ou mais pessoas. Trouxeram grandes estacas, grandes como uma perna ou até uma coxa, em círculo, da metade do tamanho de uma pessoa, e enfiaram na terra, unidas, todas unidas no alto, onde eram amarradas com cordas feitas de raízes outrora chamadas *bejucos*". Las Casas continuou a guiar os leitores num passeio maravilhado pelo povoado indígena. "Com essas raízes e a casca dos troncos de cor negra, e outras cascas arrancadas que permaneceram brancas, eles criam treliças com desenhos e folhagens que parecem pinturas do interior de um edifício. [...] Outras são enfeitadas com juncos descascados que parecem muito brancos. Eram colmos muito finos e delicados."

De início tímidos, os nativos aos poucos "perderam o medo", e "incontáveis homens, mulheres e crianças" foram correndo com pão, "muito branco e gostoso", escreveu Colombo, em tom de surpresa, "e nos trouxeram água em vasos e cântaros de barro do mesmo formato que os de Castela", ou pelo menos foi essa a impressão que teve. Um dos presentes recebidos foi ouro — ouro precioso! —, e, além disso, os indígenas desempenhavam o papel que lhes cabia com convicção. "É fácil perceber quando algo é dado de coração", concluiu o Almirante.

Com o impulso aquisitivo temporariamente saciado, o Almirante elogiou os generosos anfitriões, que não tinham "nem lanças nem flechas nem armas de tipo algum". Depois de sentenciar que não havia o que temer, Colombo mandou seis homens à aldeia com o intuito de explicar, mais uma vez, que não vinham do céu, como acreditavam os índios, e sim que haviam cruzado o mar a serviço de Fernando e Isabel, os Reis Católicos de Castela. Com enorme expectativa, Colombo enfim resolveu desembarcar e fazer uma visita. Assim que ele deixou claras suas intenções, "desceram à praia tantas pessoas que foi incrível, homens, mulheres e crianças, berrando que não fosse embora, que ficasse com eles". Colombo permaneceu na segurança do batel, recebendo ofertas de comida que acabaram por fazer um banquete portátil. Também ganhou papagaios e outros presentes, pelos quais deu "contas de vidro e anéis de latão e guizos — não que tenham lhe pedido alguma coisa, mas porque lhe pareceu correto", e também porque, em outra precipitação típica, "ele já os considerava cristãos".

Aonde quer que fosse, reagia com o mesmo maravilhamento e egocentrismo, como se aquelas paisagens espetaculares tivessem sido criadas para seu proveito, e, como se recordou depois, também o de seus patronos reais. Condicionado por concepções medievais, o Almirante precisava exercitar o intelecto e a imaginação para interpretar os incríveis cenários com que se deparava segundo categorias que compreendesse. O mundo para o qual Colombo olhava e de que dependia para sobreviver era ao mesmo tempo natural e sobrenatural; ele precisava apenas descobrir as intenções do Criador para explorá-lo por completo. Colombo acreditava que os indígenas eram exatamente aquilo que insistia em ver — criaturas avançadas, sedutoras e provavelmente úteis — e não o que eram de fato ou pudessem ser. E caso eles tivessem dúvidas, Colombo ficaria contente em esclarecê-las. Ele ficou mais perplexo do que irritado ao descobrir que os índios achavam que a frota tinha caído do céu, até porque o mal-entendido lhe dava oportunidade de consolidar suas credenciais. Multidões se aglomeravam para vê-lo; exibiam as mulheres para seu proveito. O Almirante, por sua vez, as admirava como alguém admiraria um corcel ou um cão de trabalho ainda selvagem, mas capaz, e até mesmo ávido, por ser domesticado, observando que "não falta nada além de saber a língua e lhes dar ordens, porque tudo que lhes ordena obedecem sem fazer oposição". Quem dera Colombo, com seu controvertido prestígio, conseguisse angariar o mesmo respeito na Espanha, ou em qualquer outro lugar da Europa.

Sob o abraço "protetor e profundo" da baía de Acul, cercado por um "povo muito bondoso e gentil e sem armas", o Almirante saboreava o paraíso dos exploradores. Até mesmo a foz da enseada era ampla o suficiente para que um navio passasse por outro sem incidentes. Além disso, "qualquer navio pode ancorar sem temer que outros navios cheguem durante a noite para pilhá-lo". Assim, Colombo resolveu batizar a baía de Puerto de la Mar de Santo Tomás, "pois hoje foi o dia dele".

No sábado, 22 de dezembro, Colombo sucumbiu à vontade de encontrar ouro, e, ao amanhecer, a frota se desvencilhou das amarras em meio ao mar ondulante. Em seu íntimo, o Almirante imaginava um lugar com mais ouro do que terra, ou foi levado a crer nisso pelos indígenas. As condições ruins — "o clima não permitiu" — logo obrigaram Colombo a retornar ao ancoradouro de Hispaniola, onde foi cortejado pelo chefe local, Guacanagarí, que seduziu o Almirante com presentes luxuosos, em especial um cinto adornado com "uma máscara que tinha duas orelhas grandes de ouro batido, bem como a língua e o nariz". Depois de examinar o presente com cuidado, Colombo descobriu que o "cinto era um belo trabalho de joalheria, como pérolas barrocas, feito de espinhas de peixe brancas e vermelhas entremeadas como bordados, costuradas com fios brancos de algodão e com tamanha habilidade que no lado do fio e no lado avesso do cinto parecia um belíssimo bordado, embora fosse todo branco, como uma malha em uma armação". Experimentou o cinto e o julgou "tão forte que creio que um arcabuz" —

uma arma portátil carregada pela boca, de precisão limitada, mas praticamente fatal à queima-roupa — "não seria capaz de atravessá-lo, ou o faria com dificuldade".

No domingo, Colombo zarpou de novo, após expressar as reservas que tinha a respeito de navegar no dia do Senhor — "somente pela misericórdia dele e não por superstição" —, mas o que estava em jogo era ouro.

Porém, antes que o Almirante chegasse até o ouro, o ouro veio até ele, trazido pelo governante local. Colombo, que estava preparado para uma difícil negociação, reagiu com perplexidade, "pois os índios eram tão desprendidos, e os espanhóis tão cobiçosos e desmedidos". Ele e seus homens tinham de dar apenas "um pedacinho de vidro e uma louça de barro ou outros artigos sem valor" para receber peças de ouro, e à medida que prosseguiam as transações, os espanhóis descobriram que não precisavam dar nada para conseguir o ouro precioso, prática proibida pelo Almirante depois de notar que os indígenas não economizavam no ouro em troca de apenas seis contas de vidro — "portanto foi ordenado que [os espanhóis] não tomassem nada deles sem que dessem algo como pagamento". Os objetos trocados incluíam contas de vidro, algodão, gansos e o que mais houvesse à mão. As fileiras de indígenas aumentaram com a inclusão de 120 canoas, "todas repletas de gente e todas transportando alguma coisa, principalmente pão e peixe e água em cântaros de barro, e sementes de diversos tipos que dão boas especiarias" que "eles mesmos carregam nas costas pelos rios e pântanos", tanto pela diversão quanto por qualquer outra razão, satisfeitos em prestar homenagens e regozijar-se com os homens e seus navios.

As festividades viraram um tumulto. Colombo estimou que mais de mil índios se aproximaram de seu pequeno barco, todos trazendo presentes, "e antes que chegassem à metade de um tiro de besta do navio, ficavam de pé em suas canoas com o que traziam nas mãos, dizendo: 'Pegue! Pegue!'". E assim faziam os espanhóis, enquanto mais quinhentos índios se agregavam em torno da *Santa María*, posicionada a cerca de uma légua de distância da costa, para prestar suas homenagens.

De noite, um comboio de barcaças indígenas adentrou o porto para visitar os espanhóis, afirmando que vinham de longe. A essa altura, Colombo e seus homens, acostumados a receber ouro sem ter que procurar por ele, contemplaram a possibilidade de passar o Natal naquele porto maravilhoso, que pertencia a uma ilha "maior que a Inglaterra", segundo descreveu o Almirante, com o objetivo de transmitir a ideia de que era realmente enorme e, portanto, condizente com a suposta proximidade da Ásia.

A visita oficial de um líder indígena incitou Colombo, cuidadoso com questões de prestígio, a refletir sobre o desconhecido termo *cacique*. "O Almirante não conseguiu entender se era usado no sentido de 'rei' ou 'governador'." Quanto à designação, Colombo "não sabia se era uma referência a 'fidalgo' ou 'governante' ou 'juiz'". Na prática, o cacique podia ser considerado um importante chefe tribal que respondia ao rei.

O cacique demonstrou sua relevância sendo acompanhado por uma comitiva de 2 mil homens, que "trataram com muita honradez as pessoas dos navios, o populacho, todo mundo", oferecendo comida, bebida, roupas de algodão e, como presente especial para o Almirante, papagaios coloridos. E, claro, mais ouro. Por fim, os indígenas se despediram, "carregando nas costas o que o cacique e os outros lhes deram até os barcos que permaneciam na entrada do rio".

Era segunda-feira, véspera de Natal, e assim que a promissora brisa que soprava da praia movimentou o cordame, Colombo deu ordens para que levantassem âncora, levando embora um índio "que parecia mais disposto e devoto ou que falava com ele com mais alegria" para localizar as fugidias minas de ouro procuradas pelo Almirante, porque havia mencionado a palavra "Cibao". Colombo imaginou ter ouvido o guia pronunciar um nome quase igual, Cipango, usado por Marco Polo para se referir ao Japão. O Cibao verdadeiro designava a região central da ilha de Hispaniola, e, com base nesse tênue ponto de partida, Colombo tirou a conclusão precipitada de que sua flotilha havia chegado à Ásia de Marco Polo, onde os telhados das casas eram de ouro.

Ao perceber a empolgação do Almirante, o cacique contribuiu para o mal-entendido falando de "uma grande quantidade de ouro ali" e apontando para os "pendões de ouro batido" que ostentava. Colombo ansiava por reclamar aquela reluzente opulência em nome de Fernando e Isabel.

* * *

Às 23 horas, na véspera do Natal, com os navios flutuando tranquilamente ao sabor da brisa leve, o Almirante "resolveu se esticar e dormir". Estava exausto devido aos rigores da jornada, assim como o resto da tripulação, e bebera para comemorar o dia santo. E foi então que os problemas começaram. "Como estava calmo, o marinheiro que conduzia o navio resolveu dormir e entregar o timão a um grumete, o que desde sempre o Almirante havia proibido em toda a viagem, fizesse vento ou calmaria; a saber, que não deixassem o camaroteiro pilotar." No entanto, naquele momento um menino de 14 ou 15 anos pilotava a *Santa María*.

"Quis Nosso Senhor que à meia-noite, depois de terem visto o Almirante se deitar e descansar, e percebendo a calmaria e o oceano como [água] em uma escudela" — uma tigela rasa, geralmente com uma asa —, "todos se deitaram para dormir, e o timão permaneceu nas mãos do garoto, e as correntes levaram a nau para um daqueles bancos que, embora fosse noite, gerou um som que podia ser ouvido e visto a uma légua de distância". Era o baque rangente da quilha se arrastando pela areia. A nau parou de repente, encalhada. A mais significativa viagem de descoberta, planejada durante anos e apoiada pelos governantes mais poderosos da Europa, corria o risco de ser encerrada em uma noite calma de mar tranquilo, nas mãos — só uma mão pequena, para ser exato — do jovem inocente que conduzia o navio.

"O menino, que sentiu o timão e escutou o som do mar, deu o alarme, no que o Almirante sobressaltou-se e foi tão rápido que ninguém ainda havia sentido que estavam encalhados." Invisível sob a superfície da água, não era apenas um, mas sim três recifes de coral que representavam uma barreira oculta e traiçoeira.

Colombo esbravejou com o piloto e dono da *Santa María*, Juan de la Cosa, e ordenou que içassem o batel rebocado na popa, pegassem uma âncora e a levassem à pequena embarcação. Cosa, acompanhado por outros tripulantes desesperados, pulou no batel, e o Almirante pensou que estivessem tomando medidas para salvar a *Santa María*, quando, na verdade, estavam fugindo para a *Niña*, "meia légua a barlavento".

No entanto, a tripulação da outra nau não permitiu que os fugitivos subissem, e estes, frustrados, não tiveram outra alternativa senão voltar à encalhada *Santa María*.

Alarmado, Colombo observava a cena: seus tripulantes abandonando o navio, a água ficando mais rasa à medida que o mar empurrava o casco para o alto do recife fatal, e a nau começando a adernar de forma precária, como que se contorcendo diante da morte iminente. O Almirante "mandou que o mastro principal fosse cortado e a nau fosse esvaziada ao máximo, para ver se conseguiam tirá-la [dali]", mas a *Santa María* insistia em subir o recife, até que "tombou de lado no mar (embora houvesse pouco ou nenhum mar correndo) e o tabuado se abriu".

Nessa situação desesperadora, Colombo, extenuado, deitou-se para esperar a luz do dia. Quando foi possível ver além da praia e perceber o matagal, ele despachou Diego de Arana, listado como "marechal da frota", e Pedro Gutiérrez, "mordomo da casa real", para que pedissem a ajuda de Guacanagarí, o líder indígena que vira os espanhóis como seres sobrenaturais.

O Almirante, nesse ínterim, declarou ter "chorado", uma confissão extraordinária. Oficiais normalmente comandam, disciplinam ou dão exemplo aos outros, mas o Almirante do Mar Oceano, desarmado, apavorado e provavelmente humilhado, derramou lágrimas. Era Cristóvão Colombo, o mensageiro de Cristo, de acordo com ele mesmo. Como era possível um desastre desses acontecer?

Os índios correram para resgatar os espanhóis, esvaziando a carga preciosa da *Santa María*. "Ele esvaziou os conveses em pouquíssimo tempo, tamanha a prestimosidade e a diligência daquele rei." Colombo notou, em meio às lágrimas, que os índios usavam do mesmo cuidado para que tudo que tirassem do navio ficasse seguro em terra. O esforço e a sensibilidade do rei em relação aos marinheiros aflitos não acabavam aí. "De vez em quando mandava um de seus parentes ao encontro do Almirante para que o consolassem, dizendo-lhe que não ficasse perturbado ou irritado; que ele lhe daria tudo o que tinha."

Quando o sol se ergueu sobre a cena do naufrágio e da recuperação, Colombo examinou suas posses e ponderou que nem na Espanha estariam mais seguros, ou receberiam tratamento melhor, do que ali. E continuou a chorar, talvez mais de gratidão e alívio do que de horror, registrando suas atitudes dramáticas no diário para a posteridade. "Ele e todos choraram", observou mais uma vez, acrescentando uma curiosa nota de rodapé, aberta a diversas interpretações: "Todos são pessoas de amor e sem ganância, e adequadas a qualquer propósito. Garanto a Vossas Majestades" — os distantes mas oniscientes Fernando e Isabel — "que em todo o mundo não há povo melhor nem nação melhor. Eles amam os próximos como a si mesmos, e falam com a maior docilidade do universo, e são gentis, e estão sempre sorridentes". Embora andassem nus "como haviam nascido", ponderou Colombo, tinham "excelentes modos". O rei mantinha um autocontrole tão admirável "que era um prazer ver tudo". Talvez fosse a brusquidão do naufrágio ou as consequências da bebedeira (se é que ela aconteceu) ou a conotação emocional do dia santo — independentemente da razão, o naufrágio da *Santa María*, aliado ao resgate da carga e da tripulação, tinha, na visão de Colombo, os ingredientes de um milagre de Natal. Por meio dessa guinada cognitiva, o Almirante maquinou um esquema ambicioso para salvar a expedição, sua dignidade e a honra da Espanha de um desastre.

No dia seguinte ao Natal, enquanto ainda enxugava as lágrimas e exprimia sua gratidão aos salvadores indígenas e aos reis espanhóis, o Almirante começava a planejar sua réplica aos instintos altruístas dos índios: um império espanhol que atravessasse o mar e escravos leais para mantê-lo. Colombo tinha a impressão de que os índios estavam prontos para desempenhar esse papel; de fato, com a demonstração de subserviência que davam, estavam praticamente fazendo um teste para interpretá-lo. Claro que essa era uma visão de Colombo, não dos indígenas, e a hipótese se baseava na longa experiência do Almirante com a escravidão, em especial a feminina, em Gênova, onde as escravas eram parte essencial e intrínseca da economia e dos lares. Para Colombo, os indígenas eram semelhantes a árabes, asiáticos e europeus do leste, povos não cristãos que forneciam escravos a Gênova.

Naquele momento, ele ainda guardava segredo do plano, e os gestos generosos foram retomados no dia seguinte, quando Guacanagarí

112 *Naufrágio*

verteu lágrimas ao prometer a Colombo e seus homens "duas casas enormes, e que daria mais se preciso fosse", além das canoas necessárias para transportar a carga do navio, e mão de obra suficiente, tudo "sem pedir uma migalha de pão ou qualquer outra coisa". Pela vontade de recompensar e corroborar a bondade deles com alguma coisa, qualquer coisa, o Almirante recorreu à oferta de mais guizos, e ao ver os badulaques tilintantes os índios bradaram "*chuque, chuque*" e pareceram "a ponto de ir à loucura com eles". Colombo ficou satisfeito em receber em troca quatro pedaços de ouro "grandes como a mão", e deleitou-se em observar, "por nada". O Almirante alegrou-se, "e o rei muito se regozijou ao ver o contentamento do Almirante". Naquela noite, os dois líderes jantaram duas vezes, primeiro a bordo da *Niña*, com o representante dos espanhóis celebrando o resgate e a satisfação de sua ganância, o indígena louvando a própria generosidade, e mais tarde em terra firme, onde devoraram "inhame, lagosta, caça e outras iguarias que tinham, e o pão que faziam", a mandioca. Os indígenas tinham bons modos à mesa, Colombo teve a satisfação de relatar, e depois limpou as mãos esfregando-as com ervas, como faziam os anfitriões.

Atravessando "alamedas de árvores próximas às casas", os espanhóis perceberam que eram escoltados até as casas de hóspedes por "um bom milhar de pessoas, todas nuas", exceto por Guacanagarí, que, por respeito aos convidados, "agora usava uma camisa e luvas que o Almirante lhe dera, e eram as luvas que mais o alegravam". Conversaram sobre questões estratégicas, os inimigos brutais dos índios, os caraíbas, que portavam arcos e flechas semelhantes às armas exóticas dos espanhóis, embora não fossem de ferro, e de como capturavam indígenas quando bem queriam. Imediatamente, "o Almirante disse por meio de gestos que os reis de Castela ordenariam a destruição dos caraíbas e mandariam que fossem todos levados de mãos atadas". Para reforçar sua demonstração de poder, Colombo ordenou que fossem dados tiros de bombarda e de mosquete. Os dois disparos, alimentados por pólvora, uma tecnologia ainda desconhecida para os indígenas, abalaram a tranquilidade dos caraíbas, e os índios caíram de joelhos. Pouco depois, levaram para Colombo, o protetor, uma "grande máscara, que tinha grandes pedaços de ouro nas orelhas e nos olhos e em outras partes", além de adornos de ouro, que num gesto cerimonioso puseram na cabeça e no pescoço do Almirante.

A partir de então, a ideia de uma fortaleza, antes no mundo dos sonhos, se tornou a missão e a obsessão de Colombo. Ao sentir a lufada do destino a empurrá-lo, o Almirante submeteu-se a ela como se fosse uma ventania. A "grande sorte" de encalhar em um recife e destruir a nau capitânia durante a farra da véspera de Natal virou "a vontade predestinada de Deus", complementada por um propósito que subitamente se revelara a Colombo: "que deixasse o povo ali" para dar início a uma colônia e para se tornar o catalisador de mais viagens à China.

Ruminando sobre o acidente, o Almirante fez uma revisão crítica de seu relato. O infortúnio não tinha mais sido provocado pela mão inexperiente de um grumete no timão justamente no momento errado, quando a *Santa María* colidiu com um recife quase invisível à noite enquanto Colombo dormia; agora, ele insistia que fora causado pela "deslealdade do piloto e dos homens [...] ao se recusar a lançar âncora da popa a fim de sirgar" — isto é, rebocar — "a nau, como ordenara o Almirante". Não havia mais menção ao garoto desventurado ao timão, ou à fadiga de Colombo, ou às comemorações do dia santo; a "deslealdade" tomara o lugar dos fatos.

Se as ordens do Almirante tivessem sido obedecidas, "o navio teria sido salvo". Ele pôs a culpa nos "homens de Palos", o porto espanhol onde a viagem começara e onde não recebera as "embarcações adequadas à expedição" de que se imaginara merecedor. A cidade de Palos, sob ordens de Fernando e Isabel, fornecera dois dos três navios de que constituíam sua frota, a minúscula *Niña*, como já indicava o nome, e a delicada *Pinta*. Tal explicação não justificava a perda da *Santa María*, da qual o próprio Colombo era sócio. A deslealdade e o acidente eram parte de um grande plano divino, "preordenado" para que, na opinião de Colombo, ele travasse contato com aquela terra e aquele povo. Antes do acontecido, Colombo escrevia, "ele sempre prosseguia com a intenção de descobrir e de não permanecer mais que um dia no mesmo lugar". Agora tudo mudava. A revelação em causa própria o dotara de outra meta, que superava bastante a bazófia de que era capaz de navegar da Espanha até a China.

"Já dei ordens de que sejam erigidos uma torre e uma fortaleza, que sejam muito bem-feitas, e um grande fosso, não que o imagine necessário para este povo, pois tomo como certo que com este povo eu poderia conquistar toda a ilha, que creio ser maior do que Portugal" — principal rival da Espanha na questão imperial — "e ter o dobro do número de habitantes". Nessa ordem mundial revista, Colombo enxergou os indígenas, seus gentis, generosos e engenhosos protetores, sob uma luz cruel, "nus e desarmados e muito covardes, sem esperança de cura". As lágrimas tinham secado e seu propósito era claro, os índios estavam prontos para serem explorados. As fraquezas se transformaram na força do Almirante, e ele se voltava para a missão divina de construir um império. "É certo que uma torre deve ser construída", insistiu Colombo, "e seja como deve ser, estando tão distante de Vossas Majestades, e de que devem reconhecer a engenhosidade dos súditos de Vossas Majestades, e o que são capazes de fazer, para que lhes obedeçam" — Colombo escolheu as palavras com cuidado — "com amor e temor".

O material para o forte vinha da *Santa María*, transmutada para um novo propósito, "tábuas com as quais construir a fortaleza inteira". Eles trabalharam com diligência, terminando a estrutura rudimentar em apenas dez dias, um microcosmo de confinamento e ordem em um mar de liberdade e momentos de caos. Indicando o avanço ligeiro de seus planos, Colombo mandou que providenciassem "suprimentos de pão e vinho para mais de um ano, e sementes para plantar, e a barcaça do navio, e um calafate, um carpinteiro, um atirador e um tanoeiro". Ele imaginava um fluxo de riqueza em forma de ouro e especiarias desde essa fortaleza até Castela, e a justificativa para uma nova Cruzada. Colombo ficou tão imbuído da sensação de missão divina que declarou que "todos os ganhos oriundos desta empresa devem ser gastos na conquista de Jerusalém", como já havia mencionado aos reis, que, segundo se lembrava, haviam lançado sorrisos indulgentes ao ouvir a ideia. Inconsistente, inspirado e interesseiro, Colombo se mostrava um explorador brilhante, porém caprichoso.

Amparada pelo idealismo espiritual e político, a construção súbita e sem autorização de um forte ocupado por gente servia acima de tudo aos interesses de Colombo. Até topar com esse projeto, seu contrato garantia uma única expedição. Agora teria de retornar em nome da Espanha, nem que fosse só para substituir a tripulação, que se tornara refém de sua ambição, abandonada na costa do Haiti, sem poder voltar para casa até que ele os liberasse. Apenas Colombo e alguns de seus oficiais e pilotos sabiam em que lugar do mundo ficava a fortaleza, e eles seriam os únicos capazes de encontrá-la de novo. Se Bartolomeu Dias tivesse tramado um plano semelhante, talvez não tivesse sido rejeitado por dom João II de Portugal. Colombo não daria a mesma alternativa a Fernando e Isabel; os reis seriam obrigados a mandá-lo em outra expedição. Apesar de toda a expectativa e da audácia de Colombo, a viagem ao Novo Mundo, em vez de encerrar-se em si mesma, se transformou no prólogo de uma aventura bem mais grandiosa, que envolvia um império, conquista e catequização, e também seria a oportunidade para o Almirante deixar sua marca na história.

Guacanagarí regressou ao amanhecer da quinta-feira, 27 de dezembro, querendo adiar a partida de Colombo com a promessa de mais ouro. O Almirante continuou a tentar cair em suas graças convidando Guacanagarí, o irmão do cacique e outro "parente muito próximo" para que jantassem com ele, e então eles de repente mudaram de tática e exprimiram o desejo de acompanhar Colombo até o maravilhoso reino de Castela. A premência deles só aumentou quando, no meio da refeição, outros índios chegaram com notícias da *Pinta*: estava ancorada "em um rio na ponta daquela ilha".

Colombo aproveitou a oportunidade para enviar uma carta de reconciliação ao instável e insubordinado Martín Alonso Pinzón. O Almirante precisava dele. O plano de erigir uma fortaleza no matagal da Índia não daria certo enquanto os homens de Pinzón ameaçassem um motim. Pior ainda, o retorno de Pinzón à Espanha para disseminar outra versão dos fatos, que mostraria Colombo como um aventureiro ingênuo e egoísta, e não um idealista a serviço de Castela, poderia desencadear uma cadeia de acontecimentos desastrosa. Caso a versão de Pinzón prevalecesse, os reis poderiam se dispor a perdoá-lo, em vez de puni-lo pelo quase motim.

Enquanto Colombo continuava entre os indígenas e comandava a construção da fortaleza e a alocação de pessoal para ocupá-la, os nativos pareciam competir pela estima do Almirante. Segundo Colombo, um líder lhe rogou que usasse um complexo "estrado de casca de palmeira" e outro começou fingindo ignorar sua presença e depois correu até ele e "pendurou-lhe em volta do pescoço uma grande placa de ouro que trazia na mão" a fim de sobrepujar o rival. A bajulação e a chantagem se estenderam até domingo, culminando em uma cerimônia de despedida, que Colombo achou cativante. O cacique recebeu o Almirante pessoalmente, com muita pompa e formalidade, e o levou pelo braço até uma espécie de plataforma com cadeira. O chefe pediu a Colombo que se sentasse, ao que pegou um enfeite de cabeça cheio de joias e colocou-o na cabeça do explorador. Retribuindo o gesto, Colombo pegou um colar incrustado com gemas multicoloridas e botou-o no pescoço do cacique. Também entregou o belo manto escarlate que usava naquele dia, e chegou a dar um par de botas vistosas ao indígena. Por fim, pôs no dedo do cacique um anel de prata usado por um marinheiro. Com essa cerimônia de troca de presentes e demonstração de boa vontade, o fim da viagem se aproximava, e Colombo queria encontrar os Reis Católicos antes de Pinzón. Era provável que o rival já estivesse a caminho, com más intenções.

Na segunda-feira, último dia do ano, Colombo se preparou para enfim zarpar para a Espanha, "levando consigo água e madeira" e planejando "contar logo as novidades aos reis, a fim de que mandassem navios para descobrir o que faltava ser descoberto". O Almirante poderia ter continuado a viagem de exploração, navegando para leste ao longo da costa, "até que tivesse visto a nação inteira", mas, ao ponderar com calma, se deu conta de que só lhe restava uma embarcação e "não parecia razoável se expor aos riscos que poderiam se apresentar na expedição", bem como a "toda a perversão e inconveniência" gerada pela "partida da caravela *Pinta*". Com esse comentário, Colombo insinuava que estava se preparando para reagir às mentiras maliciosas que Martín Alonso Pinzón poderia espalhar. A última coisa que o Almirante queria era que os reis ouvissem um relato não autorizado sobre a perda da *Santa María*, o misterioso sumiço da *Pinta*, a impossibilidade de encontrar o Grande Khan ou outros incidentes constrangedores. Era preferível se concentrar na fortaleza improvisada às pressas e nos planos para colonização da estranha terra que o Almirante tinha descoberto.

A protelada partida finalmente aconteceu no dia 2 de janeiro de 1493, depois que Colombo encarregou Diego de Arana, Pedro Gutiérrez e Rodrigo Escobedo da fortaleza e, em sua imaginação, dos índios. Com a ameaça imposta pelos brutais caraíbas sempre presente na mente dos índios, os espanhóis mostraram suas bombardas, destacando "como [elas] perfuravam a lateral do navio e como a bola chegava longe no mar". O Almirante encenou uma batalha entre seus homens e os índios para demonstrar "que [os nativos] não precisavam temer os caraíbas, mesmo que aparecessem". Ele apoiou suas promessas com recursos tangíveis, incumbindo 39 homens de permanecer na fortaleza, equipados com provisões suficientes. Entre eles, todos bons "homens do mar", estavam o tradutor Luis de Torres e até um médico.

Mesmo com essas promessas, os indígenas tinham medo e se empenharam para seduzir Colombo, seu protetor, com uma oferta irresistível. Um dos homens de Guacanagarí informou a Colombo que o rei "ordenara que fizessem uma estátua de ouro puro do tamanho do próprio Almirante". Poderia haver algo mais impressionante ou mais deliberado para atender à vaidade de Colombo que um monumento inestimável? O índios prometeram que a obra seria entregue em apenas dez dias.

A sexta-feira amanheceu com bom tempo e ventos fracos, e Colombo se mostrou determinado a partir, empregando a ágil *Niña* no reconhecimento de um canal para confirmar que não havia recifes ali. O Almirante avistou ilhotas e golfos no caminho, mas o vento fraco impediu seu avanço naquela manhã. Colombo continuava a professar, embora com menos convicção, que a esplêndida China descrita por Marco Polo devia estar por perto, mas o reino ainda era tão esquivo quanto a mitológica El Dorado.

No domingo, enquanto percorria a costa norte do local a que dera o nome de Hispaniola, o Almirante temia que recifes e bancos de areia estivessem à espreita por todos os lados, ou escondidos sob a água iridescente de todos os portos, como fazem tantos monstros marinhos, com os dentes arreganhados e prontos para transformar o casco do navio em lascas. Em meio a tantos perigos, a *Pinta*, supostamente perdida, surgiu no horizonte, correndo ao encontro da *Niña* e de Colombo. Os dois navios percorreram 10 léguas inteiras lado a lado até achar um porto seguro, e então Martín Alonso Pinzón subiu a bordo, dispensando as formalidades habituais, "para se desculpar, alegando que o deixara [Colombo] a contragosto".

Exasperado, o Almirante rejeitou a justificativa de Pinzón, declarando-a "completamente falsa". Pinzón desviara do caminho por "insolência e ganância demais". O comportamento dele era obra de Satanás. Os indígenas acreditavam que Pinzón abandonara a frota na vã tentativa de achar ouro, indo até a Jamaica — "Yamaye" para os espanhóis — numa jornada de dez dias em canoa. Colombo afirmou que a conduta rebelde de Pinzón se devia à "insolência e deslealdade".

A água é inimiga da madeira, e a *Niña* precisaria de reparos, bombeamento e calafetagem no dia seguinte, 8 de janeiro, antes que Colombo a considerasse apta à navegação. O Almirante aguardava notícias sobre a estátua de ouro em tamanho real que lhe fora prometida, mas os índios nada diziam. Na terça-feira, um vento forte de sudeste adiou novamente o êxodo de Colombo. O Almirante continuava aborrecido com as atitudes dos irmãos Pinzón, Martín Alonso e Vicente Yáñez, que o abandonaram no dia 22 de novembro. "Para se livrar de tão má companhia, na frente de quem precisara dissimular (pois eram homens indisciplinados), e embora tivesse consigo muitos homens de boa vontade (mas não era hora de distribuir punições), ele decidiu regressar e não mais protelar."

Como de hábito, a mínima menção de ouro teve sobre o Almirante o efeito de uma potente droga viciante e bastou para distraí-lo de outras preocupações e objetivos. Os marinheiros disseram a Colombo que haviam encontrado ouro na foz do rio — provavelmente o Yaque — quando recolhiam água para a *Niña*. Ele sonhou com um rio profundo e vasto "repleto de ouro, e de tamanha qualidade que é maravilhosa de tão boa". O Almirante ordenou que os marinheiros "subissem um pouco o rio" em busca do metal, e quando encheram os barris de água e voltaram à *Niña*, "acharam pedacinhos de ouro" — ouro! — grudados aos arcos dos barris. Ele chamou o lugar de Rio de Oro. Os pensamentos de Colombo novamente se desviaram da realidade e da necessidade de regressar à Espanha "a todo o vapor para levar notícias e se libertar das más companhias que tinha, e que ele sempre dizia se tratar de um grupo rebelde". A hostilidade era totalmente recíproca.

Após a última série de adiamentos e artifícios, Colombo calculou que os navios tinham percorrido apenas 70 quilômetros a partir da fortaleza, que passara a chamar de La Navidad, para relembrar a data do naufrágio e comemorar o início do império espanhol em Hispaniola. À meia-noite, 9 de janeiro, o Almirante zarpou de novo, e em pouco tempo já estava frustrado com os recifes e canais ocultos. Ele aproveitou para observar as belas paisagens, as tartarugas ("muito grandes, lembrando um enorme escudo de madeira") e "três sereias que emergiram acima do mar", mas, como se apressou em comentar, "não eram tão belas quanto se pinta, apesar de até certo ponto terem feições humanas". Na verdade, as criaturas eram peixes-boi, herbívoros que em geral pastam em águas rasas, animais de aspecto ameaçador que pesam mais de 450 quilos e têm quase 3 metros de comprimento, olhos espaçados e aparência melancólica.

A ancoragem do dia seguinte levou Colombo, ainda a bordo da *Niña*, à foz de um curso d'água que batizou de rio de Gracia. Um "excelente porto cercado de terra" acenava a distância, mas a presença de gusanos, vermes em forma de cobra, o levou a se afastar do lugar. Quando os gusanos entravam nas tábuas, não havia como se livrar deles, que destruíam o navio de dentro para fora. Colombo partiu daquele inquietante ancoradouro à meia-noite de sexta-feira e relatou com confiança que fizera "grande avanço, porque o vento e a correnteza estavam a seu favor. Não ousei atracar por temer bancos de areia, e por isso fiquei à capa noite adentro".

Ainda antes do amanhecer, a *Niña* levantou âncora e rumou para o leste, na maior parte do tempo. Colombo ficou tentado a explorar "uma bela e grandiosa abertura entre duas montanhas", que levava a um porto cativante, mas temia que o vento mudasse depois que o navio entrasse ali. Assim, preferiu circundar vários cabos rochosos, ousando ancorar no meio de uma "notabilíssima baía" que cercava uma "ilhota minúscula". Ele calculou 12 braças de profundidade ao lançar âncora e despachou uma barcaça à procura de água e gente, mas os habitantes da ilha, relatou, haviam fugido, e com eles a esperança de obter a estátua de ouro em tamanho real. O Almirante parou para admirar o formidável ambiente e a configuração da terra cujo litoral havia costeado. Será que ele havia chegado a outro golfo ou ilha? Ou será que aquela costa infindável e diversa ainda era "uma terra só com Hispaniola"? Se era esse o caso, ele "continuava incrédulo diante da amplitude da ilha de Hispaniola".

No domingo, o Almirante teve tempo e tranquilidade para fazer observações planetárias. Ele aguardou pacientemente "a conjunção da Lua com o Sol", que esperava para quatro dias depois, em 17 de janeiro, bem como o Sol em oposição a Júpiter, que declarava ser "a causa dos ventos fortes".

Enquanto Colombo estudava o céu, preocupado com os sinais celestiais que pressagiariam seu destino, marinheiros a bordo da barcaça da *Niña* desembarcaram na praia em busca de comida, "e encontraram uns homens com arco e flecha, com quem esperavam conversar".

Um guerreiro desejava embarcar na *Niña* para ver o Almirante em pessoa, e quando Colombo ficou cara a cara com o homem, o encontro foi perturbador. O rosto dele estava sujo com o que Colombo imaginara ser carvão vegetal, mas era mais provável que fosse uma tinta derivada de uma fruta local. "Tinha cabelos compridos e presos sobre a nuca, e reunidos em um ninho de plumas de papagaio, e estava nu como os outros." Colombo acreditava que era um caraíba, mas, na opinião de Las Casas, tratava-se de um emissário da tribo dos tainos que pegara emprestadas as armas dos caraíbas para se defender. Pouco importava para o Almirante, que só falava de ouro. Havia ouro naquela região? Muito, o índio respondeu, apontando para a popa avantajada da *Niña* a fim de aludir a uma enorme quantidade. A palavra que ele usou foi "*tuob*", um novo nome para o material precioso, e ele afirmou ainda que os europeus poderiam encontrá-lo na ilha de Borinquen, a Terra do Senhor Valente, como os tainos se referiam a Porto Rico.

Para retribuir as informações, Colombo ordenou que os tainos prestativos recebessem comida, "pedaços de tecidos verdes e vermelhos e continhas de vidro", e mandou um homem à costa com ordens de voltar com ouro. Colombo vira rastros de ouro costurados nas roupas dos tainos e achou que fosse fácil encontrar a pedra preciosa. Quando a barcaça que levava os nativos se aproximou da costa, nada menos que 55 homens, de "cabelos compridos, como os das mulheres de Castela", surgiram de trás das árvores, todos empunhando arcos. O taino que embarcara na *Niña* virou-se para o próprio povo e pediu que baixassem as armas, que os homens de Colombo se ofereceram para comprar, junto com as flechas. De repente, o clima se tornou hostil: "Após vender dois arcos, eles não quiseram vender mais, e se prepararam para atacar os cristãos e capturá-los."

Os índios correram até os europeus com cordas, prontos para amarrar suas vítimas antes de encarcerá-las, torturá-las e abatê-las. "Ao vê-los correndo em sua direção, os cristãos, preparados como o Almirante os aconselhara a sempre estar, caíram sobre eles e deram um tapa forte nas nádegas de um índio e feriram outro no peito com uma flecha." Depois disso, os outros tainos fugiram do campo de batalha.

O que deveria ter sido um encontro comercial pacato se tornara uma situação sangrenta e brutal, mas a reviravolta inesperada tranquilizou o Almirante em vez de consterná-lo. Ele confidenciou no diário que lastimava a inimizade gerada pelo conflito; ao mesmo tempo, não lastimava nada: os indígenas teriam de aprender a "temer os cristãos". Embora parecesse indiferente à reputação dos caraíbas, o Almirante concluiu que eles haviam derramado sangue não dos tainos, mas sim deles próprios, "más pessoas" que "comem gente".

Agora tinham sido subjugados; ao menos, era o que o Almirante pensava. Se encontrassem os marinheiros espanhóis na fortaleza La Navidad, os nativos "teriam medo de fazer-lhes algum mal". E mesmo que não fossem caraíbas, "deviam ter costumes iguais", e seriam dissuadidos da mesma maneira. Em todo caso, as relações agradáveis e o sentimento de solidariedade entre indígenas e espanhóis se dissiparam. Embora Colombo tentasse espantar os sinistros caraíbas de seus pensamentos, as frequentes menções àqueles cruéis guerreiros no diário de bordo deixam claro que o Almirante os tinha em mente. E, para os pacíficos tainos, os rivais eram uma ameaça onipresente.

Em 15 de janeiro, três semanas após o naufrágio, Colombo ainda não tinha reunido toda a determinação para deixar as Índias, cuja promessa de ouro ainda não fora cumprida, e partir para enfrentar as repercussões que o aguardavam na Espanha. Ele convidou alguns indígenas a embarcarem na *Niña* e mandou uma barcaça com espanhóis para explorar a costa. Colombo admitiu que seria impossível descobrir muito sobre um país em poucos dias, "tanto pela dificuldade imposta pela língua, que o Almirante só entendia por adivinhações, quanto por não saberem o que ele tentava dizer".

Para ajudar, Colombo deteve quatro jovens a bordo da *Niña*, comunicando-se com eles por sinais. Os garotos sinalizaram que conheciam bem as ilhas das redondezas e poderiam servir de guias e mediadores, se necessário. E assim se juntaram aos espanhóis na jornada até a Espanha, sem saber das intempéries a que estariam expostos em alto-mar, e, se sobrevivessem, na Europa. Por meio dos índios, Colombo também ouviu uma história relativa a outra ilha, Matinino, onde haveria cobre em abundância. A ilha, acrescentaram, era "habitada somente por mulheres". Colombo resolveu ir direto para lá, ver as mulheres e levar embora consigo alguns exemplares.

A história lembrava o relato de Marco Polo a respeito da ilha dos Homens e da ilha das Mulheres, que ficavam em algum ponto da "grande Índia". A lenda, narrada de forma encantadora pelo veneziano, era um fato para Colombo e os europeus. Talvez o Almirante tivesse finalmente se localizado no mundo do veneziano. "Garanto que na ilha os homens não vivem com as esposas nem com quaisquer outras mulheres; mas todas as mulheres vivem em outra ilha, que é chamada ilha das Mulheres." Segundo Marco Polo, os homens faziam visitas de três meses em busca de prazer e depois iam embora.

Tentando achar as palavras certas para se comunicar com os moradores da ilha, Colombo analisou seus arcos e flechas, feitos de "brotos de caniço" e com um dente de peixe na ponta, quase sempre coberto de veneno. Também percebeu a abundância de algodão e malagueta, "que é mais forte que pimenta", no entanto "as pessoas não comem sem usá--la, pois a acham muito salutar". A pimenta-do-reino tradicional da Europa é do gênero *Piper*, e as pimentas verde e vermelha são do gênero *Capsicum*, e havia tanta fartura de pimenta que ele calculou que poderia "carregar cinquenta caravelas com ela em Hispaniola". Mas será que a malagueta valia alguma coisa na Espanha?

Esteiras grossas de algas marinhas obstruíam o porto, notou o Almirante. Ele já vira aquilo antes, "no golfo, quando se depararam com a descoberta", e, pelo que percebera, cresciam somente nas águas rasas próximas da terra. "Se for este o caso", palpitou, "essas Índias estavam bem próximas das ilhas Canárias", seu ponto de partida antes de seguir pelo inexplorado Atlântico, que chamava de Mar Oceano, "e por esta razão acreditava que estavam a menos de 400 léguas de distância". Na verdade, o Almirante teria de percorrer mais que o dobro disso.

A onipresente alga marinha flutuante era a alga castanha, também chamada de sargaço, que dá nome ao mar de Sargaço. A frota de Colombo adentrara, sem estardalhaço ou conhecimento, um mar como nenhum outro, que se estendia por 3.200 quilômetros a leste das Bermudas. A água do mar de Sargaço era azulíssima, tão cristalina que se enxergava o que havia a 60 metros de profundidade. Da superfície até o fundo, o mar tem 15 mil pés, quase 5 quilômetros. Esse mar esquisito e sem praias é definido pela confluência de quatro correntes conhecidas pelo nome de Giro Subtropical do Atlântico Norte. (Na oceanografia, um giro designa um sistema de correntes marinhas rotativas geradas por ventos em grande escala.) Quando Colombo navegou pelo mar de Sargaço, vivenciou uma mistura singular de vento e água e flora na forma do sargaço.

Como muitos marinheiros, ele temeu que as esteiras grossas e flutuantes se emaranhassem nos navios e provocassem um desastre. Na realidade, o sargaço é frágil demais para ser uma barreira. Ele é constituído de bolhas em miniatura, que boiam porque contêm oxigênio, dióxido de carbono e nitrogênio, e seu nome deriva dessas minúsculas estruturas, que fizeram os marinheiros portugueses se lembrar de uma uva a que chamavam *salgazo*. A designação se transformou na palavra *sargaço*, e mais tarde as esteiras flutuantes foram classificadas como espécies do gênero *Sargassum*. (Há seis espécies de *Sargassum*, sendo que duas, *Sargassum natans* e *Sargassum fuitans*, são as mais comuns.) Colombo chamava simplesmente de "alga" o onipresente sargaço, que cobria 2,6 milhões de quilômetros quadrados, ou mais, do mar de Sargaço e do oceano Atlântico. De vez em quando tempestades o espalhavam pela bacia caribenha, pelo golfo do México e pela corrente do Golfo, que o carregava para o norte, ao longo do litoral do Atlântico. Com o tempo, a corrente do Golfo o empurrava para a costa ou o varria de volta para o vórtice do mar de Sargaço. Sendo assim, Colombo encontrava ramos felpudos aonde quer que fosse.

O regresso à Espanha começara três horas antes da aurora, no dia 16 de janeiro, contra uma leve brisa que soprava da praia. Confiando nos quatro guias indígenas, o Almirante seguiu em direção aos caraíbas, "o povo que todas essas ilhas tanto temem, pois dizem que com suas inúmeras canoas eles percorrem todos esses mares, e dizem que comem as pessoas que conseguem capturar".

Depois de viajarem 103 quilômetros, de acordo com a navegação estimada de Colombo, os guias indígenas indicaram que o destino deles "estaria a sudeste". Mas o Almirante optou por ajustar as velas e percorrer mais 2 léguas, e a *Niña* pegou um vento que Colombo imaginou ser capaz de levar o navio até a Espanha.

Sua autoconfiança só aumentava. Ele sobrevivera à viagem, a um motim parcial e descobrira uma região antes desconhecida. Tinha até estabelecido e ocupado um forte no posto avançado. E seus feitos não terminavam aí. O Almirante havia mostrado a si mesmo a solidez de seu "grande projeto", e em breve mostraria tudo a Fernando e Isabel. Nada poderia mudar essas façanhas, à possível exceção da malícia de Pinzón ou de uma intervenção divina.

Os dois navios restantes da flotilha (*Pinta* estava logo atrás) seguiam para alto-mar, com todos os seus perigos. O que aguardava Colombo na península Ibérica seria muito mais incerto e arriscado do que qualquer coisa que ele havia enfrentado nas águas calmas e nas praias de areia branca do Caribe.

CAPÍTULO 4

"Povo vindo do céu"

Os sintomas da prolongada falta de contato com mulheres se esgueiraram para dentro das páginas do diário de bordo de Colombo. Ele confessou a fixação com a "ilha de Matinino", que os indígenas diziam ser habitada por "mulheres sem homem", uma perspectiva que ia ao encontro das orações de muitos marinheiros e seduzia até o circunspecto Almirante. De acordo com os boatos da região, meninas recém-nascidas eram levadas a determinada ilha uma vez por ano, enquanto os bebês do sexo masculino eram levados a um refúgio semelhante.

Quanto mais perguntas o Almirante fazia aos índios sobre a localização exata da ilha, mais vagos eles se tornavam, e as respostas evasivas não teriam outro efeito senão aguçar o seu interesse no assunto. Nada despertava mais o empenho de Colombo que a busca de uma ilusão. O Almirante pensou em sinalizar suas intenções exploratórias, mas, como deixou registrado, "não se importava com a demora", sem contar que o relato de um desvio de rota com propósitos sexuais seria um prato cheio para seus inimigos e detratores na Espanha. O tempo bom e os ventos fortes dissiparam os pensamentos nas Sereias do Caribe e recolocaram o Almirante na busca pelas coordenadas que o levariam de volta à Espanha. Ao pôr do sol, relata o diário, a brisa começou a enfraquecer.

O sistema colombiano para marcação dos dias era excêntrico, mesmo para os padrões marítimos. No mar, os dias geralmente começam ao meio-dia e não à meia-noite, mas Colombo, ao contrário de seus pares, preferia marcar o começo ao amanhecer, pelo menos na viagem de ida.

Nesta viagem de volta, ele marcou os dias de poente em poente. Por conta dessas variações, os cálculos do progresso da frota dia após dia são irregulares e nem sempre coincidentes.

Discrepâncias e irregularidades semelhantes são a marca do registro do tempo nos navios de Colombo. Os pilotos controlavam o tempo por meio de uma grande ampulheta de mão, ou *ampolleta*. Em dias de tempo bom, Colombo conseguia corrigir erros na marcação de tempo ao observar o momento em que o sol atingia o zênite, ou seja, o ponto mais alto sobre a cabeça. Então, por algumas horas, tudo ficava regulado, mas, no mar, nada permanecia na mesma por muito tempo. No céu e na terra, tudo estava em movimento.

Colombo nunca foi capaz de se libertar completamente do pensamento medieval, por isso, mesmo no mar, ainda se guiava pela tradicional hora canônica. A prima, ou nascente, era às seis da manhã; a terça, às nove; a sexta, ao meio-dia; a nona, às três da tarde; as vésperas, às seis da tarde; e as completas, às nove da noite. As horas canônicas costumavam ser elásticas: a prima, que indica o amanhecer, era observada quando o sol efetivamente nascia, as vésperas ocorriam no fim da tarde ou início da noite, e as completas, quando os homens se recolhiam. Nas vésperas, quando as circunstâncias permitiam, Colombo chamava todos ao convés e os marinheiros liam as preces ou as acompanhavam em silêncio; em seguida, os homens da vigilância diurna davam lugar aos responsáveis pelo turno da noite.

Foi então que, no apagar das luzes do dia, o Almirante teve uma visão memorável, um atobá, a estranha ave marinha conhecida por marinheiros de todas as partes. Não tardou que outro aparecesse e, logo em seguida, surgiram algas, o que indicava a proximidade de terra.

Na sexta, 18 de janeiro, a vista do mar fervilhando de atuns, uma das poucas espécies de peixe que Colombo e sua tripulação reconheciam, trouxe um sinal animador de aproximação da Espanha. Repetindo a tradição marítima, Colombo expressou a confiança de que, acompanhados por uma fragata, eles levariam a caravela à vila costeira de Conil, próxima a Cádiz, onde a frota deveria se reunir. Os marinheiros, por sua vez, diriam que os atuns os rebocavam na direção das moças da cidade, famosas pela beleza e pela língua ferina. O dia seguinte trouxe mais atobás e outras aves marinhas, mas nenhum sinal de Cádiz ou de suas belas moças. No domingo, Colombo ansiava por voltar para casa, imaginando a brisa do oceano "muito suave e doce, como em Sevilha em abril ou maio" enquanto singrava águas calmas e tranquilas.

O rumo variou entre norte, nor-nordeste "e às vezes nordeste--quarta-a-norte", levando tanto tempo que a *Niña* não tardou a avançar em direção à *Pinta* "para falar com ela", ou seja, Colombo queria se inteirar das últimas intenções de Pinzón. De repente, o ar esfriou, e Colombo esperava que esfriasse mais à medida que rumasse para o norte, "e também as noites se tornaram muito mais longas por conta do estreitamento da esfera". Essa observação é apenas mais uma das muitas feitas pelo Almirante para demonstrar que compreendia e levava em consideração que a Terra era redonda, ou quase, e certamente não era plana.

Mais pássaros apareceram, inclusive petréis, e ainda mais algas, "mas não tantos peixes, porque a água estava mais fria". Ainda não havia sinal de terra, e Colombo fazia pouca ideia de seu paradeiro no Mar Oceano ou em relação ao destino da viagem de volta. Em meio à inquietação, o vento cessou no dia seguinte, e, sem nada melhor a fazer, os passageiros indígenas resolveram nadar nas profundezas salgadas, enquanto os europeus, mais cautelosos, observavam do convés da *Niña*.

Naquela noite, um vento redivivo, embora inconstante, trouxe a *Niña* de volta à vida, mas Colombo e a tripulação resistiram à tentação de continuar. Esperavam que a *Pinta* os alcançasse, mas a caravela parecia avariada. "[Ela] andava mal de bolina cochada", notou Colombo, "porque tinha pouca ajuda da mezena, uma vez que o mastro não estava bom". O Almirante culpou o subversivo rival pela falha. "O capitão Martín Alonso Pinzón teria feito bem se tivesse tomado o grande cuidado de providenciar um bom mastro nas Índias, onde havia tantos dessa qualidade, em vez de ser ganancioso e deixá-lo lá, pensando em encher o navio de ouro."

Colombo reconfortou-se com o fato de que o oceano permaneceu "sempre muito liso, como um rio", pelo que agradeceu a Deus, que ainda parecia dar o Seu favor ao Almirante, acima de todos os outros.

A situação permaneceu a mesma pelo resto do mês de janeiro e até meados de fevereiro de 1493. Um dia, os marinheiros "mataram um boto e um grandíssimo tubarão". Durante a noite, a água, "muito lisa", deslizava silenciosamente sob o casco do navio, estilhaçando a iluminação celeste em cintilantes fragmentos.

Na noite de domingo, 3 de fevereiro, Colombo tentou a sorte com o astrolábio e o quadrante, instrumentos usados durante séculos por navegadores de várias partes do mundo. Em sua forma mais simples, um astrolábio consiste em um disco graduado e uma haste móvel. É usado para fazer medições astronômicas, especialmente a altitude de corpos celestes, e para calcular a latitude. O instrumento de Colombo era rudimentar e ele estava longe de ser um especialista no manuseio. O quadrante, outro instrumento tradicional de navegação celeste, consistia num quarto de círculo graduado e um visor, e tinha a função de fazer medições angulares da altitude na astronomia. O quadrante geralmente era feito de madeira ou latão.

Colombo pretendia calcular a altitude da Estrela Polar para determinar sua localização, mas não conseguiu e culpou as águas revoltas, ou, como descreveu, "a onda não permitiu", embora a frase anterior dissesse que o mar estava "muito liso". É mais provável que o Almirante estivesse frustrado com a própria incapacidade de ler os instrumentos, mesmo com tempo bom. Ainda que fosse um mestre da navegação estimada, que lhe permitia ler as correntes, as nuvens e o vento com excepcional precisão, Colombo não dominava esses instrumentos. No momento certo, ele deixou de lado o quadrante e o astrolábio e voltou a confiar nos próprios sentidos, principalmente sua boa visão. Apesar de suas características visionárias, Colombo continuava a ser aquele pragmático capitão genovês, impaciente com a tecnologia de navegação mais avançada de seu tempo.

As mudanças rapidamente impulsionaram a *Niña* e a caravela cobriu 200 milhas náuticas no período de 24 horas iniciado em 6 de fevereiro. O piloto, Vicente Yáñez, ajudado por um marinheiro, Bartolomé Roldán, levou a tripulação e o capitão a acreditar que estavam se aproximando dos Açores, a projeção mais ocidental da influência europeia no Atlântico. Todos se convenceram de que haviam avistado a ilha das Flo-

Antes de conquistar o apoio da Espanha, Colombo ofereceu seus serviços ao rei dom João II, de Portugal. Aqui o explorador exibe uma carta náutica com a proposta de viagem ao ávido monarca, que rejeitou o plano e tentou organizar expedições semelhantes, embora não admitisse.

Fernando II de Aragão, c. 1495. O rei só conheceu Isabel de Castela cinco dias antes do casamento, em 19 de outubro de 1469. Durante o governo conjunto, os Reis Católicos enfrentaram vários desafios a seu complexo arranjo para compartilhamento de poder, apoiaram a Inquisição e financiaram as viagens de Colombo.

A rainha Isabel foi reverenciada pela devoção e dedicação à causa da unificação da Espanha. Colombo precisou insistir muito, durante vários anos, até conquistar o patrocínio da soberana. Quando conseguiu, Isabel o apoiou de maneira firme, embora crítica, até morrer em 26 de novembro de 1504, logo após o explorador regressar da quarta e última viagem.

Dom João II de Portugal. Dissimulado e propenso à violência, o rei chegou a apunhalar um rival até a morte. Durante os 14 anos de seu reinado, consolidou o poder português e fez renascer as ambições imperialistas do país. Acredita-se que dom João, chamado de "Príncipe Perfeito", encarna a noção de governante de Maquiavel. A rainha Isabel o chamava de nada menos que El Hombre, "O Homem".

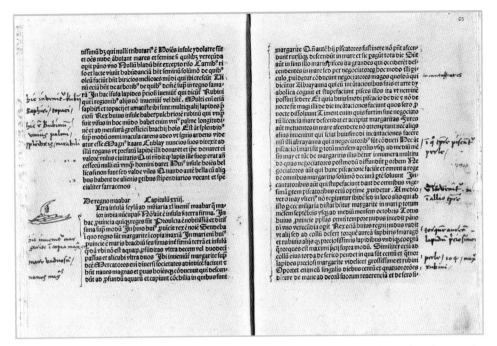

Como muitos de seus contemporâneos, Colombo estudou as *Viagens de Marco Polo*. O relato do mercador veneziano sobre o império mongol durante o reinado de Kublai Khan (1260-1294) inspirou o explorador a procurar uma rota oceânica para promover o comércio entre o Oriente e a Europa. As inúmeras anotações de Colombo nas margens das páginas marcavam os bens e produtos que ele pretendia comercializar.

Representação da vista do porto da "La Superba" (Gênova, a Soberba) em 1481. Com 75 mil habitantes à época, a cidade era uma das mais populosas da Europa. Foi aqui que Colombo nasceu, em 1451, e aprendeu seu ofício na extremamente competitiva cultura comercial da cidade. Segundo um provérbio fatalista da região, "*O mare o l'é male*": o mar é mau.

A adulação a Colombo teve seu auge no século XIX, quando o exemplo da coragem visionária do Almirante eclipsou a trágica realidade das viagens. Nesta pintura romântica de 1846, Fernando e Isabel recebem o reverente explorador, postado de joelhos diante dos monarcas, no regresso da primeira viagem.

Na capitulação de 17 de abril de 1492, Fernando e Isabel coroaram Colombo de títulos e privilégios que mais tarde seriam obrigados a restringir, sob pena de permitir que o Almirante administrasse um território maior e provavelmente mais rico que a Espanha. O documento fazia de Colombo vice-rei e governador perpétuo de todas as ilhas e do "continente" que porventura descobrisse ao longo da vida.

Representação da nau capitânia de Cristóvão Colombo, chamada *Santa María*, e os outros dois navios da primeira viagem, *Niña* e *Pinta*. Com cerca de 22 metros de comprimento, a *Santa María* era uma carraca, um navio de grande capacidade, com vários mastros e popa alta e arredondada. Os outros dois eram caravelas, menores e com maior capacidade de manobra. Com suas quilhas profundas, as embarcações se tornaram o burro de carga da Era dos Descobrimentos.

Esta xilogravura, datada de 1493, foi uma das primeiras representações da primeira viagem de Colombo. Nela, os habitantes de "Guanahani" — nome indígena da ilha do arquipélago de Lucayan, nas Bahamas, em que Colombo desembarcou, provavelmente San Salvador ou Cayo Samaná, embora outros locais tenham sido aventados — fogem, em pânico, dos recém-chegados espanhóis.

Antes de partir na primeira viagem, Colombo se despede de seus patrocinadores reais, Fernando e Isabel, nesta gravura de Theodor de Bry. O fundo mostra o porto de Cádiz e o brasão de armas da Espanha.

Nesta representação idealizada do desembarque de Colombo no Novo Mundo, um grupo de cristãos ergue uma cruz enquanto um grupo ávido e respeitoso de "índios", como o Almirante passou a chamar os habitantes, oferece presentes de valor.

Juan de la Cosa teve um papel primordial na exploração do Novo Mundo. Ele era não só dono e mestre da *Santa María*, mas também cartógrafo, e tomou parte em três das viagens de Colombo. No total, Cosa participou de sete travessias para a América.

Nesta xilogravura alegórica de 1493, o rei Fernando, sentado no trono espanhol, exibe um ar confiante ao estender o braço por sobre o mar em direção a Colombo, que estava a bordo da *Santa María* e se aproximava de terra — a ilha de "Guanahani" — acompanhado da *Pinta* e da *Niña*. Esta é considerada a primeira representação do explorador.

O fascínio da Europa com as descrições que Colombo fez dos costumes e da estrutura política dos americanos nativos permaneceu por muito tempo após esses povos terem desaparecido. Nesta gravura de 1725, índios — provavelmente tainos, com quem os europeus frequentemente se encontravam — carregam seu chefe, o cacique, numa grande procissão. As moradias no fundo mostram estruturas robustas que lembram construções europeias, em vez dos pátios, cabanas e moradias que os espanhóis realmente encontraram.

Martín Alonso Pinzón, marinheiro, construtor de navios e navegador, era o mais velho dos irmãos Pinzón, que participaram da primeira expedição. Instável e desafiador na viagem de volta, Martín se perdeu de Colombo durante uma tempestade, mas acabou conseguindo voltar a Palos de la Frontera, na Espanha, onde morreu, em 1493.

Esta xilogravura da obra *Historia del Mondo Nuovo*, de Girolamo Benzoni, publicada em 1563, em Veneza, mostra índios pescadores. As canoas e redes de pesca indígenas eram admiradas pelos europeus.

Esta xilogravura de 1493, que acompanhava a "Carta aos Reis Católicos" de Colombo, mostra a chegada do Almirante às Índias.

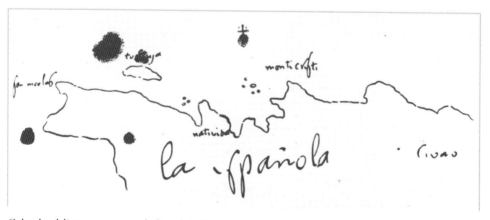

Colombo delineou este mapa do litoral de Hispaniola e da pequena ilha de Tortuga, que hoje pertencem ao Haiti.

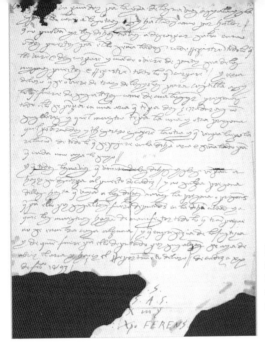

Neste manuscrito com data de 20 de novembro de 1493, Cristóvão Colombo descreve as novas terras que descobriu na primeira viagem. O documento ostenta a marcante assinatura do Almirante.

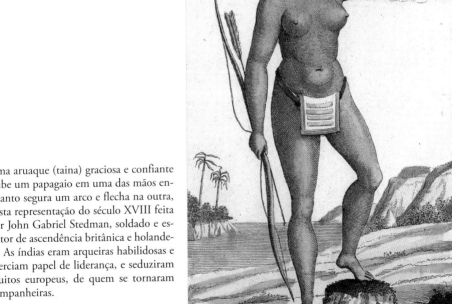

Uma aruaque (taina) graciosa e confiante exibe um papagaio em uma das mãos enquanto segura um arco e flecha na outra, nesta representação do século XVIII feita por John Gabriel Stedman, soldado e escritor de ascendência britânica e holandesa. As índias eram arqueiras habilidosas e exerciam papel de liderança, e seduziram muitos europeus, de quem se tornaram companheiras.

Casa de Colombo em Gênova, Itália.

Cristóvão Colombo, os filhos Diogo e Fernando, e uma mulher não identificada. A mãe de Fernando era Beatriz de Arana, companheira de Colombo de origem basca. A de Diogo era Filipa Moniz Perestrello, que morreu ainda jovem.

Astrolábio do tipo utilizado por Colombo. O instrumento era usado para determinar a latitude de um navio no mar. A maioria dos astrolábios era feita de latão para resistir às piores condições climáticas. Este e outros tipos de instrumentos de navegação frustravam Colombo, que era adepto da navegação estimada.

Nesta ilustração da *Historia general y natural de las Indias*, de Gonzalo Fernández de Oviedo y Valdés, os tainos garimpam ouro abundante. Mais tarde, os espanhóis baixaram uma regulamentação rigorosa para os suprimentos de ouro por conta do esgotamento das reservas do precioso metal. Oviedo chegou às Índias como inspetor de minas em 1514.

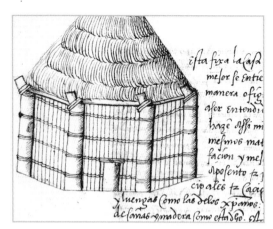

Moradia indígena, chamada de *bohio* pelos nativos, como retratada na *Historia general y natural de las Indias*, de Fernández de Oviedo.

Canibais como retratados na primeira edição em latim da "Carta aos Reis Católicos" de Colombo. Muitos dos que viajaram com o Almirante perceberam indícios de canibalismo nas Índias.

Gravura de Theodor de Bry que mostra os índios dançando com roupas elaboradas e instrumentos musicais, 1593. Imagens como esta fixaram a reputação dos índios no imaginário da Europa ocidental.

Imagem atraente de índia usando adereços de estilo taino e segurando um papagaio, produzida por volta de 1686. De início, os homens que serviam Colombo mantiveram uma distância respeitosa das mulheres do Novo Mundo, mas, por fim, os espanhóis acabaram tomando uma ou mais delas como companheiras.

"O povo desta ilha luta com varas afiadas", escreveu Diego Álvarez Chanca, médico de Colombo, "que atiram com fundas, como fazem os meninos de Castela". Nesta ilustração de 1686, um índio musculoso exibe suas armas.

O Intercâmbio Colombiano levou flora, fauna, tecnologia e doenças da Europa ocidental para as Américas e vice-versa. As complexas interações afetaram o curso da evolução e da história. Esta ilustração de cerca de 1700 mostra um índio contaminado com a varíola.

res, descoberta vinte anos antes, e depois a ilha da Madeira, mas, na ocasião, a navegação estimada de Colombo o levou a errar a posição das duas ilhas e também a da *Niña*. Ele acreditava estar 75 léguas ao sul da ilha das Flores, quando estava, de fato, 960 quilômetros a leste e 320 quilômetros ao sul da localização presumida, embora continuasse convencido de sua interpretação e buscasse confirmação na aparição de massas de algas que os marinheiros associaram aos Açores.

Quanto mais tempo Colombo permanecia no mar, maior a divergência entre a localização atual e a presumida, o que significava maior perigo. Com o desenrolar da jornada, viu-se que o maior desafio às habilidades de navegador de Colombo não estava na viagem de ida, que foi, em última instância, uma demonstração da visão do Almirante, tampouco em sua capacidade de navegação, pois qualquer pedaço de terra do Novo Mundo seria considerado uma "descoberta", mas sim na viagem de volta, quando a frota buscava um destino específico e não uma fantasia confeccionada por Marco Polo ou o resultado de cálculos baseados em medições incorretas. Sem ter noção de onde estava desde o começo da viagem de volta e agarrado à crença de que estava em algum lugar na costa da "Índia", Colombo se viu em enormes apuros ao tentar traçar novamente a rota, e o problema só piorava a cada légua percorrida. Sem se dar conta, o Almirante estava perdido, como perdido estivera desde o dia em que o suave contorno das Canárias desaparecera em meio à névoa.

Durante o período de relativa calmaria que viveu durante a viagem de volta, Colombo se preparou para os ataques que Pinzón, e outros rivais certamente iriam desferir contra ele, e redigiu um resumo de suas explorações a Luís de Santangel, Guardião do Tesouro da Rainha, que o passaria aos reis (é possível que o Almirante tenha redigido duas cartas de mesmo teor, uma para cada parte, mas só a de Luís de Santangel sobreviveu). Publicado poucas semanas depois, em abril de 1493, o relato é considerado o primeiro texto impresso sobre a América, e talvez o mais importante e valioso de todos.

A "Carta sobre a Primeira Viagem" tentava dar lustre aos eventos da primeira jornada. Se o diário de Colombo parece uma série de impressões confusas e frequentemente contraditórias feitas ao sabor dos acontecimentos, a carta revela reflexões mais profundas, aquelas que, esperava o Almirante, garantiriam sua posição no status quo. Do início ao fim, Colombo estava determinado a realçar os aspectos positivos da viagem e eliminar os negativos. "Porque sei que terão prazer na grande vitória com que Nosso Senhor coroou minha viagem", começou ele, "escrevo para informar-lhes como em 33 dias passei das ilhas Canárias às Índias com a armada que os ilustríssimos Rei e Rainha nossos senhores me concederam, onde encontrei muitas ilhas povoadas com gente sem número; e delas todas tomei posse por Vossas Majestades por proclamação e bandeira real estendida, e não me contradisseram".

Embora Colombo não fizesse ideia de onde estivera de fato, logo passou a explicar a taxonomia do descobrimento: "À primeira ilha que encontrei dei o nome de San Salvador, em honra a Vossa Alta Majestade, que maravilhosamente nos concedeu tudo isso; os índios a chamam Guanahani; à segunda dei o nome ilha de Santa María de la Concepción; à terceira, Fernandina; à quarta, Isabela; à quinta, Juana, e assim a cada uma dei um nome novo." Que esplêndido era conjurar e batizar um novo mundo.

Sobre um assunto mais conturbado, Colombo acrescentou: "Quando cheguei a Juana [Cuba], segui a costa norte em direção oeste, e achei-a tão grande que pensei ser terra firme, a província de Catai." Aqui o Almirante reescreveu a própria história. Como o diário de bordo indicava, a princípio ele acreditou que Cuba era uma ilha muito grande, e, se este fosse o caso, ela não podia estar relacionada a Catai, ou seja, à China, um fato que solaparia suas promessas aos reis, o propósito da expedição e a própria cosmografia de Colombo. O explorador não queria enfrentar as consequências do próprio descobrimento, e por isso lançou mão de uma conveniente ficção, explicando que, à medida que navegava ao longo da costa cubana, viu apenas "pequenos povoados cujos habitantes fugiam assim que nos aproximávamos" e manteve a rota, "pensando que sem dúvida avistaria grandes cidades". Ou, ainda pior, a "costa me levava em direção ao norte" e o inverno se aproximava; não que ele tivesse qualquer expectativa realista de encontrar gelo e neve naquele clima subtropical, em que o calor e a umidade persistentes atormentavam Colombo e toda a tripulação quando saíam em roupas de lã e linho, enquanto os indígenas apareciam quase nus. Com a desculpa de fugir do frio — e como os reis seriam capazes de saber a verdade sem ter viajado até lá? —, o Almirante decidiu seguir para o sul, mas também não pretendia continuar naquela direção, preferindo lançar âncora em um "porto notável que avistei". Ao final da pequena fábula colombiana sobre a fuga do rigoroso inverno cubano, os reis (e seus conselheiros) devem ter parado e se perguntado se Cuba era de fato uma ilha. Na verdade, a terra parecia ser uma parte da "Índia".

Fingindo curiosidade quando na verdade evitava descrever uma trajetória razoável para os navios, Colombo afirmou ter enviado dois homens a terra para procurar pelo "rei de grandes cidades". Ele despachou dois batedores para encontrar centros de comércio e civilização e, após três dias de exploração nas florestas, só foram encontradas "pequenas aldeias e um sem-número de pessoas, mas nada de importante". É bem provável que Colombo tenha deliberadamente alterado partes do diário para esconder sua localização exata de rivais, e é possível que também não tenha sido sincero sobre a exploração parcial de Cuba.

Em vez de procurar sua verdadeira localização geográfica, o Almirante imediatamente partiu para outra ilha, a que chamou Hispaniola. Os índios lhe contaram sobre o lugar, ou pelo menos foi o que ele disse. A história ficava melhor à medida que o relato avançava, e assim Colombo continuou os floreios, mesmo quando o diário, permeado de arrebatamento e ambiguidade, contradizia os mitos criados na carta.

Colombo retratou Hispaniola como uma oportunidade extraordinária para a construção de um império. "Nela existem muitos portos, sem comparação com outros que eu conheça em terras cristãs, e muitos rios grandes, e tudo é maravilhoso." De fato, tudo ali era "maravilhoso", as plantas, as árvores, as frutas, e Hispaniola, por si só, "é uma maravilha" repleta de muitos "portos sem comparação" e "rios grandes" contendo ouro (mentira), "muitas especiarias" (outra inverdade) e "grandes minas de ouro e outros metais" (um exagero flagrante).

Com relação ao medo do "inverno" cubano, só Colombo poderia atestar essa afirmação. Ele preferiu evocar terras "altas", serras e montanhas. "Todas belíssimas, de mil formas, e todas acessíveis, e cheias de árvores de mil tipos e altas, e parece que alcançam o céu." Algumas floresciam; outras davam frutos, "e cantavam o rouxinol e outros passarinhos de mil tipos durante o mês de novembro". Colombo continuou o relato, contando do rico solo vermelho (verdade), das praias de areia fina e quase transparente (verdade), do povo cooperativo, que se integrava à perfeição àquele ambiente tranquilo (dificilmente), e da água tão cristalina que ele jamais vira igual (dessa vez, a mais absoluta verdade). "Não dá para acreditar sem vê-la", exclamou. Nem mesmo Marco Polo, também dado a hipérboles, fez comentários sobre belezas naturais tão singelas e aparentes, e, para benefício dos reis, Colombo se perguntou se estavam às portas do paraíso. Em Hispaniola, "as serras e as montanhas e as planícies e as campinas e as terras são tão belas e ricas para plantar e semear, para criar gado de todos os tipos, e para construir cidades e vilas". E Colombo continuou, embalado pelo barulho do mar, encorajado pela perspectiva de um regresso glorioso à Espanha, deixando de lado tempestades e altercações enquanto evocava as ilhas mágicas da viagem.

Quando voltou a atenção aos habitantes "dessa ilha", Colombo se tornou mais franco, e para aqueles que não viram o que ele viu, completamente desconcertante. Os nativos das ilhas eram profundamente humanos e sensíveis, selvagens e perigosos, atiravam flechas contra ele, se ofereceram para construir uma estátua em ouro do Almirante, em tamanho real, consideraram que a frota significava o cumprimento de uma antiga profecia e o levaram até as terras deles. O comportamento variava de acordo com os portos que Colombo visitava. Era difícil, se não impossível, fazer generalizações sobre aquele povo, mas o Almirante iria tentar.

Para começar, "andavam nus, homens e mulheres, como suas mães os pariram, embora algumas mulheres cobrissem um único lugar com a folha de uma planta ou uma rede de algodão", alertou o Almirante, e avaliou-os como qualquer genovês cobiçoso faria. "Eles não têm ferro, nem aço, nem armas, nem são capazes de usá-las, não porque não sejam gente bem-disposta e de bela estatura, mas porque são incrivelmente tímidos." Quando Colombo aportou, "um sem-número de pessoas" foram avistadas, e fugiram em seguida. "Um pai não aguardava pelo filho, e isso não é porque se tenha feito mal a algum deles". Eram todos "tímidos sem remédio". E eram generosos, muito além do razoável. "Qualquer coisa que tenham, se alguém a pede, jamais dizem não; antes, convidam a pessoa a compartilhar, e mostram tanto amor que dariam os corações; fosse coisa de valor ou de baixo preço."

Colombo descreveu os esforços empreendidos para prepará-los para a conversão ao cristianismo: "Eu lhes dava mil coisas graciosas que levava, para conquistar seu amor e para que se tornassem cristãos. Esperava que se inclinassem ao amor e serviço de Vossas Majestades e de toda a nação espanhola, e persuadi-os a juntar e nos dar coisas que têm em abundância e que nos são necessárias" — como as jovens mulheres, o Almirante poderia acrescentar, se pretendesse ser fiel à verdade, o que não era o caso. Colombo se gabava que ele, Almirante do Mar Oceano, era bem recebido "em todos os lugares, depois que eles perdiam o medo [...] porque nunca haviam visto gente vestida nem navios como esses".

Colombo aprendeu a se comunicar com os nativos "por fala ou sinais", mas, o que quer que acontecesse, eles "acreditavam firmemente que eu, com estes navios e estas pessoas, vinha do céu". A convicção permaneceu inabalada e onipresente. Por onde o Almirante passasse, os alarmados habitantes "iam correndo de casa em casa e nas aldeias próximas aos gritos de 'Venham, venham ver o povo do céu!'".

Encantado com a adulação, Colombo retratou sua construção de um império em termos grandiosos, proclamando que havia descoberto as minas de ouro associadas ao Grande Khan, embora a afirmação tenha sido feita com base em raros vislumbres de parcas peças de ouro. Como se ouvisse trombetas soando em volta de si, Colombo anunciou que tinha "tomado posse de uma vila grande, à qual dei o nome de Villa de Navidad; e nela construí defesas e uma fortaleza, que neste momento já deve estar pronta".

Na verdade, não era nem cidade nem cidadela, como ele deixou implícito; era um forte modesto construído com madeira retirada dos destroços da *Santa María* e ocupado por 39 marinheiros mal equipados para sobreviver num ambiente estranho. Como primeiro assentamento

134 *"Povo vindo do céu"*

europeu no Novo Mundo, cumpria poderosamente a função de símbolo. Na imaginação dos reis, pareceria um castelo com estandartes e ameias, um mosteiro combativo em meio aos pagãos. Era, em outras palavras, uma excelente peça de propaganda da viagem, protegida pelos reféns que Colombo nela depositou. O Almirante insistiu que os homens não corriam perigo e gozavam da proteção do rei daquela região, que "tinha orgulho em me chamar de irmão e me ter como um deles". Mesmo que o rei mudasse de ideia, "nem ele nem seu povo sabem o que são armas", disse Colombo.

Além disso, Colombo assegurou aos Reis Católicos: "Não encontrei os monstros humanos que muitos esperavam. Ao contrário, toda a população é bem-educada." O Almirante admitiu ter ouvido relatos de "um povo considerado por todas as ilhas como muito feroz, e que come carne humana" — os terríveis caraíbas, que saqueavam regiões vulneráveis e faziam rituais de sacrifício humano. "Eles têm muitas canoas, com as quais correm todas as ilhas da Índia, e roubam e tomam o quanto podem", mas mesmo esses guerreiros "não são mais disformes que os outros, salvo pelo costume de trazer os cabelos longos, como mulheres". A ferocidade deles derivava da covardia de suas vítimas. Em outras palavras, não deviam ser levados a sério como combatentes.

Por fim, Colombo deu um nome ao povo que descobriu: eram índios, um termo derivado de um engano, a ideia de que habitavam a Índia. Não importava, eles tinham em abundância recursos de que a Espanha necessitava: não apenas ouro, mas lentisco, "o que, até hoje, só havia sido encontrado na Grécia, na ilha de Quios" — como Colombo descobrira por experiência própria durante o árduo aprendizado para se tornar marinheiro em Gênova —, e também babosa, ruibarbo, canela e "outras mil coisas de valor". Como um todo, os feitos de Colombo são impressionantes, mas um cético predisposto a desgostar do Almirante leria as entrelinhas e perceberia que faltavam muitas coisas, principalmente ouro, o item mais importante para os reis da Espanha. Se tivesse encontrado ouro em abundância, Colombo teria dado todo o destaque a este fato. E, apesar de todos os esforços para fazer crer que o império do Grande Khan estaria logo além do horizonte, é óbvio que o Almirante não o encontrou. Os habitantes, que hoje seriam chamados de indígenas, não eram a avançada civilização descrita por Marco Polo, pois não tinham a capacidade tecnológica, matemática, artística e militar catalogadas pelo veneziano. Colombo tentou usar a falta de conhecimento tecnológico em seu favor; se os povos não tinham armas sofisticadas, deviam ser dóceis. Por mais que Colombo floreasse a descrição dos indígenas, estava claro que eles não tinham potencial para se tornar parceiros comerciais relevantes. Pouco do que o Almirante relatou teria uso imediato para os reis e seus planos para o império. Ainda assim, a viagem deu vazão a um incontrolável impulso exploratório, que combinava a busca pela expansão do império e a cobiça.

Na época em que a carta foi escrita, nem Colombo nem ninguém poderia imaginar as consequências imediatas ou implicações de longo prazo da viagem. Para o explorador, era o cumprimento de uma profecia divina. Para os reis e os ministros, o objetivo era tomar posse de novas terras e pilhar ouro. Em vez disso, sua jornada se tornou, graças a forças que Colombo mal entendia e inadvertidamente pôs em movimento, a mais importante viagem exploratória jamais feita.

Colombo assinou o documento: "Feito a bordo da caravela", como ele chamava a pequena, porém resistente *Niña*, "sobre as ilhas Canárias, em 15 de fevereiro do ano de 1493. A seu serviço. O Almirante". Colombo sabia que, naquele dia, estava na costa da ilha de Santa María, nos Açores, e não nas Canárias, mas o hábito de esconder sua localização permaneceu tão arraigado que ele não conseguiu deixar de recorrer ao engodo mesmo ao se reportar para os reis.

Quando a tinta secou, o pequeno navio estava mergulhado em outra tormenta.

No domingo, 10 de fevereiro de 1493, o Almirante e sua tripulação se preparavam para partir. Mesmo com a ajuda de dois pilotos, Sancho Ruiz e Peralonso (ou Pedro Alonso) Niño, Colombo escreveu, "o Almirante estava muito desviado de sua rota, muito mais atrás" — ou seja, mais a oeste — "do que eles". Colombo imaginou que estavam se aproximando de Castela, e "quando, por meio da graça de Deus, eles virem terra, saber-se-á quem calculou mais certo".

Pássaros voavam em torno, levando o Almirante a acreditar que estavam próximos de terra firme. Em vez disso, na terça, houve "grande mar e tormenta, e se a caravela não fosse [...] muito sólida e bem preparada, eu teria medo de me perder". Nesse dia de navegação, Colombo enfrentou um dos tempos mais inclementes de toda a viagem, com vários raios cortando os céus. Ele caçou as escotas e "passou a maior parte da noite com velas arriadas", desenrolando apenas um "pouco de vela" em mares bravios. "O oceano ficou terrível e as ondas se cruzavam, atormentando as embarcações."

Na quinta-feira, estavam em algum ponto a oeste dos Açores, o arquipélago situado cerca de 1.500 quilômetros a oeste da costa portuguesa. Como a tormenta perdurou até este dia, 14 de fevereiro, a sorte da errante *Pinta* se tornou uma fonte de grande ansiedade, conforme Colombo relatou num dos trechos mais emotivos do diário: "Naquela noite o vento cresceu e as ondas eram assustadoras, jogando-se uma contra a outra, e cruzavam e embaraçavam o navio, que não conseguia passar adiante ou sair do meio delas, e elas quebravam sobre ele." Mesmo para um marinheiro experiente, poucos espetáculos são tão intimidadores ou causam tanto medo de afogamento como a visão de vagas quebrando sobre a cabeça, como se o mar turbulento quisesse engolir o navio. Em resposta à situação, Colombo ordenou que arriassem a verga da vela mestra o máximo possível, sem que a vela fosse rasgada ou levada pela água do mar que rugia de um lado para outro do convés. Quando essa estratégia fracassou e o mar se tornou ainda mais violento, Colombo "começou a navegar com o mar pela popa", ou seja, cruzar a tempestade praticamente sem velas, "porque não havia outro remédio. Depois a caravela *Pinta*, em que ia Martín Alonso [Pinzón], também começou a navegar com o mar pela popa, e desapareceu, embora durante toda a noite o Almirante tenha feito sinais e a outra embarcação tenha respondido, até que, ao que parece, não conseguiu mais, devido à força da tormenta e por estar muito distante do rumo do Almirante". Por vários dias Colombo não voltaria a ver a *Pinta*. Navios desapareciam todo o tempo em tempestades violentas como aquela, entre mares bravios e fortes chuvas, sendo adernados pelas altas ondas e desaparecendo em valas aquáticas.

Sem saber do destino da *Pinta*, a principal preocupação do Almirante era sobreviver àquela noite. "Ao sair do sol, o vento era maior e a travessia do mar foi ainda mais terrível", e continuou "apenas com a vela maior, e arriada, para que o navio saísse de entre as ondas que cruzavam, para que não o afundassem". Ele seguiu para nordeste-quarta-a-leste durante seis exaustivas horas, navegando 7,5 léguas, ou cerca de 50 quilômetros. Colombo prometeu que, se sobrevivessem àquela provação, fariam uma agradecida romaria a Santa María de Guadalupe, o renomado e inacessível santuário localizado em Extremadura, na Espanha, que guarda a imagem conhecida como Nossa Senhora do Silêncio, entalhada em madeira vinda da Ásia. Eles "levariam um círio de 5 libras de cera e [...] a promessa seria cumprida por aquele escolhido pela sorte para participar da romaria". Para eles, o ritual era uma questão de vida ou morte.

Em meio à interminável tormenta, o Almirante, tomado pela devoção, e talvez pela loucura, disse que "mandou trazer tantos grãos-de-bico quanto houvesse tripulantes no navio, e que um [grão-de-bico] deveria ser marcado a faca em forma de cruz e colocado num barrete, que deveria ser bem sacudido". Colombo, sempre o filho do destino, foi o primeiro a colocar a mão dentro do barrete, "tirou o grão-de-bico com a cruz e foi o escolhido pela sorte, e dali em diante passou a se considerar um peregrino destinado a cumprir a promessa". Os marinheiros, apavorados, divisaram outros esquemas para demonstrar sua devoção e, assim, aumentar as chances de sobrevivência ou de uma boa recepção no além, ou como uma maneira de se alhear da situação que se agravava a cada hora que passava.

"Depois disso, o Almirante e todos os homens fizeram voto de, ao chegar à primeira terra, irem todos em mangas de camisa cumprir procissão para fazer uma oração em igreja dedicada a Nossa Senhora. Além dos juramentos coletivos ou comuns, cada um fazia sua promessa especial, porque ninguém esperava escapar e todos se acreditavam perdidos por culpa da terrível tormenta que enfrentavam." Contrariando a si mesmo, Colombo desejou, tarde demais, ter armazenado mais provisões, mais água e vinho, pois a pequena *Niña* teria se beneficiado do peso extra naquele momento, mas se distraiu na busca pela ilha das

Mulheres, onde pretendia adquirir esses itens tão valiosos. "O remédio encontrado para essa necessidade foi, quando possível, encher as pipas vazias de água e vinho com água do mar; e com isso remediou-se a situação."

Colombo se convenceu de que "Nosso Senhor queria que ele perecesse". Ao mesmo tempo, o Almirante lembrou-se de sua missão e das novidades que levava a Fernando e Isabel. À medida que as notícias da exploração ganhavam importância na mente de Colombo, mais aumentava seu temor de não ser capaz de contar o que vivera, de que todas as suas descobertas e sacrifícios fossem em vão, "e de que cada mosquito poderia perturbar e impedir [que acontecesse]". O Almirante refletiu sobre sua falta de fé, e ainda assim ela foi suficiente para levá-lo à Espanha, conquistar o apoio real e superar todas as adversidades até aquele ponto, como a dificuldade de lidar com os marinheiros e de debelar o motim. Ele conseguira, com a ajuda de Deus, prevalecer. Bastava então sobreviver às adversidades um pouco mais.

Para deixar algum registro de suas conquistas, Colombo freneticamente pegou "um pergaminho e escreveu nele tudo o que podia sobre tudo que encontrara, rogando muito a quem o encontrasse que o levasse aos reis. Este pergaminho foi envolvido em um pano encerado, muito bem amarrado, e [o Almirante] mandou trazer um grande barril de madeira e colocou-o lá dentro, sem que ninguém soubesse o que era, mas que pensassem que fosse algum ato de devoção; e assim mandou que o lançassem ao mar", na versão colombiana para a mensagem na garrafa, seu testamento para a posteridade, que um dia chegaria às costas da história (o barril nunca foi encontrado).

Enquanto a *Niña* navegava com o mar pela popa, ao sabor dos ventos, ondeando e se inclinando em direção nordeste, as fervorosas orações do Almirante não foram capazes de lhe incutir a confiança de que sobreviveria à noite, muito menos de que conseguiria obter sucesso em sua missão ou, nas palavras dele, "a fraqueza e a ansiedade [...] não dariam sossego ao meu espírito".

E então, após o crepúsculo, "o céu começou a mostrar-se claro pelas bandas do oeste". A mudança na direção do vento ofereceu um sopro de esperança de que o Almirante, afinal, sobreviveria. "O mar estava altíssimo", observou, "mas baixando". Muitas horas depois, já com o sol nascido, a tripulação vislumbrou uma fantasmagórica aparição que gradualmente se concentrou para formar uma imagem de terra a distância. Finalmente apostando no que era correto, Colombo concluiu que haviam chegado à vizinhança dos Açores, enquanto "os pilotos e marinheiros já acreditavam estar nas terras de Castela".

"Toda a noite foi gasta bordejando para barlavento a fim de se aproximar da terra que já se reconhecia como ilha", escreveu Colombo em 16 de fevereiro, depois que o pior parecia ter passado. O Almirante bordejou para nordeste, e depois um pouco mais a norte para nor-nordeste, e ao nascer do sol bordejou para o sul para alcançar a ilha misteriosa, então encoberta por uma "grande cerração", e, depois, no que deve ter-lhe dado um alívio profundo, "avistou outra ilha" a cerca de 8 léguas, ou 80 quilômetros, de distância. Era, ao que tudo indicava, São Miguel, mas um forte vento contrário frustrava a aproximação do navio. Sem esmorecer, Colombo laboriosamente bordejou contra o vento por todo o dia, até que, ao cair da noite, "alguns viram luz a sota-vento". É provável que emanasse da primeira ilha que tinham avistado — o diário de Colombo não é claro sobre este ponto —, e a *Niña* passou a noite bordejando para barlavento. Neste momento, a força de Colombo se esvaiu. Ele não dormia há três ou quatro dias e estava vivendo sob terrível tensão, com pouca comida, "e estava muito enfraquecido das pernas por ficar sempre exposto ao frio e à água".

Na noite de domingo, quando os mares se acalmaram, Colombo reagrupou a tripulação e circum-navegou o santuário. A *Niña* lançou âncora e "prontamente perdeu" o equipamento enquanto o Almirante tentava encontrar alguém em terra. Colombo não tinha opção senão içar velas e permanecer no mar durante a noite. De manhã, ancorou na costa norte da ilha, "e souberam que era Santa María, uma das ilhas dos Açores". Todos estavam a salvo, pelo menos por enquanto.

Depois de atracar com segurança no porto e explicar como chegara ali, Colombo ouviu que "o povo da ilha dizia jamais ter visto tanta tormenta como a que ocorrera nos últimos 15 dias", e todos se perguntaram como o Almirante fora capaz de escapar da fúria da tempestade.

Essa pergunta aparentemente inocente levantou suspeitas. Será que Colombo estava dizendo a verdade?

Para impressionar a plateia, o Almirante revelou o maravilhoso descobrimento das Índias. Colombo começou a se gabar, dizendo que "sua navegação havia sido muito exata" — algo muito distante da verdade — "e que havia estabelecido bem sua rota", embora tenha exagerado na velocidade e, com isso, a distância que percorrera. Pelo menos o palpite de que tinha chegado aos Açores estava correto.

Para manter as aparências e não dar a impressão de que chegara a Santa María por acaso, Colombo "fingiu ter ido mais longe para desorientar os pilotos e marinheiros que carteavam", isto é, que marcavam com alfinetes "a carta náutica, para continuar sendo o senhor daquela rota para as Índias".

Seus anfitriões não estavam convencidos, mas esconderam o ceticismo sob o manto da hospitalidade. O capitão da ilha, João da Castanheira (ou talvez um substituto), enviou mensageiros com mantimentos para o navio. Em resposta, "o Almirante ordenou que se mostrasse muita cortesia com os mensageiros, e mandou que lhes dessem cama para dormir naquela noite, porque era tarde e a aldeia ficava longe". Em meio às manobras diplomáticas, Colombo lembrou-se da promessa feita na quinta-feira, "quando se viu na angústia da tormenta", e pediu ao padre de Nossa Senhora dos Anjos que rezasse uma missa. O cumprimento com a obrigação religiosa levou a um incidente diplomático. Enquanto os homens oravam, a cidade inteira "se lançou sobre eles e fê-los todos prisioneiros".

Sem saber do ultraje, Colombo esperou impacientemente pelo retorno de seus homens. Às 11 da manhã, como os marinheiros ainda não haviam retornado, Colombo suspeitou da detenção. Mandou que a *Niña* levantasse âncora e navegou na direção da capela, onde uma companhia de cavaleiros armados desmontou e se preparou para prendê-lo. Ao mesmo tempo, o capitão da ilha "se levantou na barcaça e pediu salvo-conduto ao Almirante [Colombo]", que concordou em recebê-lo a bordo da *Niña* "e faria tudo o que ele quisesse".

Exibindo paciência e presença de espírito incomuns depois de tudo o que enfrentara no mar, Colombo "tentou com boas palavras detê-lo, para recuperar seu povo, não acreditando que isso violaria a boa-fé ao dar-lhe salvo-conduto, pois ele [o capitão], tendo oferecido paz e segurança, havia descumprido a palavra".

Com o agravamento do impasse, Colombo quis saber por que seus homens tinham sido detidos em meio a nada mais nada menos que uma peregrinação. Colombo disse que o comportamento rude do capitão "ofenderia o rei de Portugal", dado que, na Espanha, os portugueses eram "recebidos com muita honra e entravam e estavam seguros como em Lisboa". O Almirante se dispôs a mostrar as cartas de recomendação de Fernando e Isabel, que o nomearam "seu Almirante do Mar Oceano e Vice-Rei das Índias, que agora eram de Suas Majestades". Colombo tinha as assinaturas, os selos, e para provar o que dizia agitou as cartas, exibindo-lhes o conteúdo a uma distância segura. Se João da Castanheira decidisse não libertar os marinheiros, argumentou Colombo, o navio seguiria para Sevilha, onde, o capitão ficasse certo, o ultraje seria relatado e os captores, punidos.

O capitão de Santa María respondeu que nada sabia dos reis de Castela, que não havia ficado impressionado com as cartas e que, no que lhe dizia respeito, Colombo deveria se considerar em Portugal. As maneiras do capitão, de acordo com o diário, eram "algo ameaçadoras", e Colombo especulava se o rompimento entre as duas nações havia ocorrido durante sua viagem. Os dois, capitão e Almirante, mantiveram a postura, e Colombo, a certa altura, ameaçou levar "uma centena de portugueses a Castela e despovoar a ilha inteira". Colombo retornou à nau capitânia sem os reféns para enfrentar outra tempestade.

O última tormenta foi tão violenta que chegou a partir os cabos do navio. Depois de fazer os consertos e encher barris com água do mar para usar como lastro, Colombo decidiu levantar âncora na primeira oportunidade. Não tardou para que a *Niña* se afastasse de Santa María e todos os seus problemas e fosse em direção a São Miguel. Se não encontrasse melhor ancoradouro — e uma recepção mais amistosa — na ilha vizinha, ele "não teria outro remédio senão fugir para o mar".

Se descobrir um Novo Mundo pareceu uma tarefa simples, a negociação com Açores se mostrou muito difícil. O Almirante queria apenas contar suas façanhas, mas não conseguia encontrar alguém que o ouvisse. Aos olhos dos habitantes portugueses dos Açores, Colombo era mais invasor que explorador. Só Fernando e Isabel, seus patrocinadores, saberiam apreciar e legitimar seus feitos, assim que ele conseguisse se livrar da hostil hospitalidade dos portugueses.

Na quinta-feira, 21 de fevereiro, Colombo estava novamente às voltas com mares revoltos e ventos fortes enquanto tentava, sem sucesso, localizar São Miguel, "por causa da grande cerração e escuridão que o vento e o mar causavam". A *Niña* quase foi a pique. A força da tormenta o "impressionou"; com toda a sua experiência navegando em torno dos Açores e das ilhas Canárias, ele nunca vira algo assim, e, nas Índias, navegou "por todo o inverno sem lançar âncora", ou pelo menos assim parecia em retrospecto (na verdade, as tempestades do Caribe o obrigaram a ficar ancorado até que arrefecessem).

O nascer do sol não trouxe qualquer indicação de São Miguel, por isso Colombo decidiu regressar a Santa María "para ver se podia recuperar sua gente e a barcaça e as âncoras e os cabos que lá deixara".

As pequenas humilhações recomeçaram no momento em que a caravela ancorou. Um funcionário da ilha, equilibrado nas rochas sobre o porto, disse-lhe que não partisse. Então uma barcaça que levava "cinco marinheiros e dois padres e um escriba" abordou o navio. Os marinheiros estavam armados. Sem escolha, Colombo permitiu que passassem a noite a bordo. De manhã, o grupo exigiu ver os sinais da autoridade conferida a Colombo pelos "Reis de Castela", dando início a uma discussão. Colombo disse que resolveu o impasse convencendo os intrusos de sua autoridade, e os portugueses finalmente libertaram os peregrinos presos.

No domingo, o tempo instável finalmente clareou, e depois de se abastecer com comida, água e o lastro necessário, Colombo seguiu para leste, em direção à Espanha e à aclamação que tanto esperava. No entanto, quanto mais perto de casa, maiores eram os perigos a enfrentar. As terríveis condições climáticas tiraram a *Niña* do rumo. "Era muito doloroso enfrentar tanta tormenta agora que estávamos às portas de casa", confidenciou o Almirante ao diário. Na manhã de 2 de março, "veio uma borrasca que rasgou todas as velas e ele se viu em grande perigo".

Como antes, os homens confinados no navio tiraram a sorte para escolher um peregrino para orar em Santa María de la Cinta, perto de Huelva, e novamente "a sorte caiu para o Almirante". Não havia tempo para discussão, pois a tempestade redobrou de intensidade, e eles se viram impelidos não para a Espanha, como pretendido, mas em direção ao único lugar para onde não desejavam ir: Lisboa.

E a tempestade ficou ainda mais violenta.

"Noite passada", escreveu Colombo sobre os acontecimentos de 4 de março, "eles padeceram uma terrível tormenta e pensaram ter se perdido por causa dos mares que vinham de duas direções e dos ventos, que pareciam levantar a caravela aos ares, e da água do céu e dos relâmpagos de várias direções". Colombo não teve tempo de pensar sobre a ironia da situação: ele fora até as Índias e voltara, só para enfrentar os piores perigos em águas europeias. Seus muitos detratores depois o acusaram de ter deliberadamente seguido para Lisboa sob o pretexto de fugir da tempestade, para tratar de interesses ocultos influenciados por Portugal. Tomando por base o relato de Colombo e de outros sobre a força da tempestade, o único interesse do Almirante era sobreviver.

Ele "conseguiu seguir um pouco, ainda que com grande perigo, lançando-se ao mar; e assim Deus os guardou até o dia", uma tarefa cumprida, segundo Colombo, com "infinito trabalho e espanto". Fazendo água, quase impossível de navegar e guiada por uma tripulação exausta, a *Niña* chegou a um ponto de referência que Colombo reconhecia: a Rocha de Sintra, uma península ao norte do rio Tejo, que corre até Lisboa. O Almirante tinha duas opções: tentar desviar para enfrentar a tempestade e uma morte quase certa, que poria fim à expedição às Índias, ou entrar no rio, que foi o que decidiu, "porque não podia fazer outra coisa". Ele seguiu para a vila pesqueira de Cascais, perto da foz do Tejo, e apesar da tempestade conseguiu encontrar ancoradouro.

Os curiosos se aglomeraram na praia, perguntando-se como a tripulação havia conseguido sobreviver à feroz tempestade e oferecendo orações. Colombo ouviu de outros marinheiros que "nunca houve um inverno com tantas tormentas e que 25 navios foram perdidos em Flandres", destino frequente das embarcações que deixavam Lisboa, "e outros estavam ali havia quatro meses sem conseguir sair". Neste cenário, a sobrevivência da *Niña* parecia um milagre.

Os primeiros pensamentos de Colombo recaíram sobre dom João, mas não havia satisfação em provar que o desdenhoso monarca português estava errado. Em vez disso, o Almirante invocou Fernando e Isabel, explicando que eles "ordenaram que não evitasse entrar nos portos de Sua Majestade para pedir o que precisasse, em troca de dinheiro". Quando o tempo abriu, Colombo estava ansioso por navegar até Lisboa, "porque alguns rufiões, pensando que trazia muito ouro, estavam planejando cometer alguma ruindade". Todo o tato e a diplomacia de Colombo se fizeram necessários para convencer os portugueses de que ele não invadira o protetorado português na costa da Guiné — que a Espanha prometera evitar —, mas de fato retornava das Índias. Qualquer explicação despertaria a ira de dom João.

O mais surpreendente, então, foi a aparição do "mestre da grande nau do rei de Portugal", ancorado nas proximidades: Bartolomeu Dias. Na última vez que Colombo o vira, em 1488, o corajoso navegante fazia seu retorno triunfante a Lisboa após a descoberta do cabo da Boa Esperança. Naquela época, Dias gozava do favor do rei que se recusara a financiar o projeto de Colombo de encontrar uma rota marítima para as Índias. No entanto, aquele período de quatro anos e meio trouxera muitas mudanças. Dias já não era capitão, mas o imediato, ou mestre, de um modesto navio a serviço do rei. E Colombo, o Almirante do Mar Oceano, acabara de concluir, com sucesso, sua visionária, embora incompreendida, missão, uma façanha que ainda poria em risco seu relacionamento com um rei profundamente desconfiado.

Um insolente Dias parou ao lado da *Niña* "e disse ao Almirante que entrasse na canoa para apresentar seu relato aos representantes do rei e ao capitão".

Colombo respondeu que não faria isso, a menos que fosse obrigado "pela incapacidade de resistir às armas". Dias propôs um acordo: Colombo poderia escolher enviar seu imediato, mas o teimoso genovês insistiu que só iria à força, e "que era costume dos almirantes dos reis de Castela morrer antes de se entregar ou entregar gente sua".

Em vista dessa bravata, Dias recuou um passo e pediu para ver as cartas de recomendação de Fernando e Isabel, que Colombo se oferecera para mostrar desde o início. Foi o que fez, e, após examiná-las, regressou a seu barco para explicar a situação a seu próprio capitão, que, "com tambores, trompetes e trombetas, fazendo grande festa, veio à caravela [*Niña*], falou com o Almirante e se ofereceu para fazer tudo o que ele lhe ordenasse".

No dia seguinte, 6 de março, as proezas de Colombo eram o assunto do dia em Lisboa, e o povo estava assombrado com tal triunfo. É claro que tanto eles quanto o próprio Almirante do Mar Oceano estavam mal informados sobre a real natureza do feito. Colombo não chegara à Ásia, como fizera todos acreditarem. Ainda assim, os feitos que o Almirante alcançou eram, na verdade, mais impressionantes, e, como se saberia depois, ainda mais traumáticos e transformadores do que as fantasias que alardeara. Em vez de estabelecer uma nova rota comercial, ele havia descoberto um novo mundo.

No entanto, Colombo se agarrou ao argumento de que viajara até a China ao exibir os passageiros índios que trouxera consigo, convencendo o público e a si próprio da veracidade do que dizia. O Almirante registrou: "Hoje veio tanta gente da cidade de Lisboa para vê-lo e ver os índios que era coisa de se admirar, e estavam todos maravilhados, dando graças a Nosso Senhor."

Por fim, chegou uma longa carta de dom João II, convidando Colombo para uma audiência real em um mosteiro. O descobridor sitiado preferia permanecer no navio em nome da formalidade e para garantir a própria segurança, mas não tinha outra escolha senão aceitar o convite, "para acabar com as suspeitas". Como estímulo, "o rei ordenou a seus representantes que tudo de que o Almirante e seus homens e a caravela necessitassem seria fornecido sem custos".

Colombo seguiu para o Mosteiro das Virtudes, mas a chuva só permitiu que chegasse lá à noite. A luxuosa recepção que o aguardava fora calculada para aliviar suas suspeitas, e ele assinalou, com orgulho, que o rei o "recebeu com muita honra e mostrou muito favor". Depois das

146 *"Povo vindo do céu"*

palavras açucaradas, veio a dura barganha. Era impressionante a descoberta de Colombo, e todos reconheciam isso, mas, ao longo deste processo, o Tratado de Alcáçovas tinha sido violado — ele não tinha consciência disso? Nesse acordo, assinado em 1479 com esta única possibilidade em mente, Portugal exercia seus direitos ao longo da costa oeste da África e das ilhas de Cabo Verde, enquanto a Espanha tinha hegemonia sobre as ilhas Canárias. E então as descobertas de Colombo pertenciam a dom João II e não a Fernando e Isabel, e certamente não ao Almirante, que subitamente se viu preso em negociações tão perigosas quanto a tempestade a que havia sobrevivido.

Colombo respondeu que nunca vira o tratado e nada sabia dos termos do documento. Assim, continuava submetido aos Reis Católicos, cujas ordens para evitar a Guiné ele seguira escrupulosamente. Talvez percebendo que seria impossível verificar onde Colombo fora ou não durante a viagem, e satisfeito em perceber que a resposta do Almirante era um reconhecimento do direito de Portugal, dom João aparentemente cedeu, e respondeu que tinha certeza de que não seria necessário usar de arbitragem para solucionar a questão. O rei português fez todo o possível para induzir Colombo a falar sobre a viagem. Que países ele visitara, quem eram os habitantes? Encontrara ouro, pérolas ou outras pedras preciosas? De acordo com Las Casas, o rei inquiria "sempre com uma expressão agradável, dissimulando o pesar que tinha no coração". Colombo gabava-se abertamente de suas conquistas, sem perceber o efeito que suas afirmações causavam no invejoso rei.

Rui da Pina, historiador da corte portuguesa que pode ter testemunhado a entrevista, observou que "o rei se acusava de negligência por tê-lo rejeitado em nome do próprio desejo de crédito e autoridade com relação a este descobrimento, sobre o qual [Colombo] viera falar com ele em primeiro lugar". Essa é a versão oficial. Sob a máscara de humildade, dom João meditava sobre uma solução arrepiante para o problema do explorador vira-casaca. Ele poderia executar Colombo; ou melhor, poderia fazer parecer que outros desejavam que o explorador fosse morto. E a missão poderia ser cumprida de maneira discreta, atribuindo a culpa a algum deslize cometido pelo explorador. Por fim, o rei preferiu tratar o Almirante de maneira honrada antes de chutá-lo para fora do país.

COLOMBO 147

* * *

Em 15 de março de 1493, a *Niña* retornou ao porto do qual partira em 3 de agosto de 1492, trazendo a *Pinta* logo atrás, impulsionada "por um vento leve".

Colombo havia completado sua missão como a compreendera, e esperava ser tratado com o maior respeito. Finalmente a jornada estava terminada e um futuro glorioso se abria diante dele e da Espanha. Depois de anos de espera, o descobrimento acontecera de maneira rápida, em pouco mais de sete meses, praticamente sem derramamento de sangue e sem vidas perdidas, em um feito quase inacreditável — os únicos senões foram o afundamento de um navio do qual todos foram resgatados e os sentimentos feridos do renegado Martín Alonso Pinzón. Mesmo a ameaça que Pinzón significava para Colombo se esvaneceu quando o capitão da *Pinta* chegou gravemente doente à sua cidade natal, Palos de la Frontera, para morrer poucos dias depois de regressar do mar. A causa, ao que se acredita, era sífilis, e neste caso Pinzón deve ter contraído a doença muito antes de navegar com Colombo. É bem provável que o mal tenha permanecido latente no sistema nervoso do capitão durante anos, até eclodir, durante a viagem, como sífilis terciária, o que tornara seu comportamento desafiador e irracional. Para resumir, Pinzón estava ficando louco e era um perigo maior para si mesmo do que para qualquer outra pessoa.

Por ora, Colombo saboreava suas conquistas. As terras descobertas ficavam mais próximas da Espanha e, a julgar pelo relato de Colombo, eram ainda mais agradáveis que as descritas por Marco Polo. O solo era fértil e a população estava longe de ser composta pelos monstros que o Almirante esperava encontrar. Só o destino dos homens que permaneceram na fortaleza de Hispaniola continuou desconhecido.

Colombo planejava seguir "por mar [para Barcelona], cidade na qual se dizia que Suas Majestades estavam, para fazer a elas o relato de toda a viagem que Nosso Senhor lhe havia permitido fazer". O Almirante fez uma breve reminiscência sobre a oposição que enfrentara ao planejar a viagem, e a "opinião de tantas pessoas importantes [...] que estavam todas contra mim, alegando que a expedição era uma insensatez". Talvez os críticos, como o rei de Portugal e seus conselheiros, conseguissem enxergar o quanto estavam enganados.

Colombo foi arguto, tenaz e perspicaz, mas, acima de tudo, foi incrivelmente sortudo. O Almirante errou pelo menos tantas vezes quanto acertou, principalmente no que diz respeito a seu destino, mas também foi ágil e capaz de se reinventar quando era necessário para atingir seus propósitos. Suas palavras, como registradas no diário, eram enfáticas, mas sua estratégia era flexível e oportunista.

"Porque sei que terão prazer na grande vitória com que Nosso Senhor coroou minha viagem", disse Colombo na famosa carta aos reis após a conclusão da primeira viagem, "escrevo para informar-lhes como em 33 dias passei das ilhas Canárias às Índias" — na verdade, uma ilha no Caribe — "com a armada que os ilustríssimos Rei e Rainha nossos senhores me concederam. Encontrei muitas ilhas povoadas com um sem-número de pessoas e delas todas tomei posse por Vossas Majestades, com proclamação e bandeira real estendida".

Os contatos iniciais com os habitantes do Novo Mundo foram hesitantes e respeitosos, até mesmo encorajadores, relatou. "Esperava que se inclinassem ao amor e serviço de Vossas Altezas e de toda a nação espanhola", escreveu. "Eles não têm religião e não são idólatras; mas todos acreditam que o poder e a bondade moram no céu e estão firmemente convencidos de que venho do céu com estes navios e estas pessoas [...]. E isso não é porque sejam estúpidos — longe disso, são homens de grande inteligência, pois dão conta de tudo maravilhosamente —, mas porque nunca haviam visto gente vestida nem navios como esses."

Ainda convencido de que tinha chegado à Índia, Colombo moldou o próprio entendimento de outra grande descoberta, a ilha de Cuba, para se adequar a seus propósitos. De início, ele corretamente denominou o lugar como ilha no diário; depois, ao perceber que deveria mostrar a Fernando e Isabel que havia chegado ao Oriente, mudou a denominação para "continente", ou seja, a China, e chamou os habitantes de súditos do Grande Khan. Fernando e Isabel nomearam Colombo vice-rei dessas terras, sem perceber que estavam criando um monarca potencialmente mais poderoso que qualquer outro da Europa.

PARTE DOIS

Conquista

CAPÍTULO 5

Rio de sangue

Para Colombo, uma questão se impôs ao regressar: o destino dos 39 homens deixados em La Navidad. Ele havia colocado a vida deles e a honra da Espanha em risco. E Colombo precisava voltar à "Índia" para resgatá-los ou descobrir o que ocorrera com aqueles reféns de sua ambição.

A primeira viagem fora um rematado sucesso. O fato de Colombo ter regressado intacto com sua frota e com os homens vivos e razoavelmente saudáveis era, por si só, um milagre. E o Almirante não se furtava a afirmar que essa era uma façanha abençoada por Deus. O que ele realmente descobriu ou explorou está sujeito à interpretação humana e é muito mais incerto. Colombo afirmava que as dezenas de ilhas que visitou eram parte de uma extensão ocidental da Índia ou da China, e que a figura do Grande Khan e as possibilidades de comércio estavam à espera em algum lugar a norte e a oeste das águas cor de turquesa pelas quais a pequena frota havia navegado. O explorador apresentou como prova o relato em seu diário, corroborado pelo testemunho de outros que o acompanharam, na esperança de reclamar as riquezas e os títulos e a glória a que acreditava ter direito, ainda que por decreto divino. Cuidadosamente floreado e editado para estar à altura das expectativas de Fernando e Isabel e de suas obrigações contratuais para com os reis, o diário pretendia demonstrar que Colombo cumprira e até extrapolara sua missão, a ponto de estabelecer um entreposto espanhol nas ilhas que descobrira a caminho da Índia. No entanto, não havia como saber o que

152   *Rio de sangue*

fora feito das vidas dos 39 espanhóis lá estabelecidos. Colombo havia criado uma situação em que podia assumir o papel de herói ou, se as coisas dessem errado, de bode expiatório.

O pequeno forte serviu de semente para a visão do império que Colombo imaginara desde a primeira viagem, e, naquele momento, já havia um plano firmemente estabelecido. O Almirante vislumbrava o assentamento de 2 mil colonos em Hispaniola. Construiriam "três ou quatro cidades"; recolheriam impostos em ouro, que seria vigiado de perto; e estabeleceriam igrejas com "abades ou freis para ministrar os sacramentos, realizar cultos religiosos e converter os índios". Colombo detalhou os planos para regulamentar o comércio marítimo, transportar cargas e proteger produtos de exportação valiosos, especialmente ouro, de forma a satisfazer os burocratas espanhóis que administravam as operações diárias do reino. O Almirante demonstrou impressionante familiaridade com as minúcias de seu plano administrativo, o que camuflava a dificuldade de levá-lo a cabo. No que dizia respeito à navegação, que ele dominava de modo inequívoco, não havia quase nada a acrescentar.

Nas entrelinhas de seu comunicado, Colombo instava Fernando e Isabel a agir rapidamente, antes que Portugal ou outra nação passasse à frente da Espanha. Em vez de se tornar um feito de navegação sem precedentes, a viagem seria a primeira de muitas que construiriam o maior, o mais rico e o mais amplo império comercial do mundo, assim esperava Colombo. Para sustentar os argumentos do Almirante, o documento simplificava a complexa realidade das "Índias". Não houve referência aos caraíbas, à dificuldade de reproduzir a travessia marítima, aos caprichos do clima e, é claro, ao enorme erro de localização das terras descobertas. Colombo foi seletivo até o ponto de se tornar uma fraude, mas não há dúvidas sobre o que ele queria dizer. A Espanha conquistaria um novo império e ele o administraria e ficaria rico ao longo do processo, fundando uma dinastia. O esquema tinha a virtude da familiaridade; ecoava a abordagem espanhola — e, consequentemente, portuguesa — no que dizia respeito à exploração e colonização da costa africana e das ilhas exóticas a sul e a oeste da península Ibérica — Madeira, La Gomera e Cabo Verde —, o que não era suficiente para constituir um império, mas significava uma esfera de influência que poderia ser o ponto de partida para a construção de um. A execução do plano de Colombo significava ampliar as fronteiras imperiais milhares de quilômetros a oeste.

O papa Alexandre VI acompanhou de perto as descobertas de Colombo e percebeu que elas poderiam aumentar exponencialmente o alcance da Igreja de Roma e seu poder pessoal, mas, para isso, era crucial que os espólios fossem divididos entre os Estados concorrentes, que administrariam e explorariam os recursos da região. Agindo como mediador, Alexandre expediu quatro bulas — proclamações formais — dividindo as terras recém-descobertas e suas riquezas entre os principais oponentes, Espanha e Portugal, aliados na fé, mas rivais em questões políticas e comerciais. A Itália, que fornecia grande parte da mão de obra para a exploração, vinha em terceiro, mas longe dos outros dois. As bulas se baseavam na concepção de que as nações cristãs poderiam, por direito divino, reclamar a posse das terras e dos povos não cristãos recém-descobertos.

Em cada bula, Alexandre VI dava à Espanha as recém-descobertas "Índias" (o papa, como todos na Europa, estava enganado sobre a localização das tentadoras descobertas de Colombo), e considerava-se que suas origens espanholas tinham influenciado na decisão. O esforço papal em esclarecer a conjuntura causou confusão em abril de 1493, quando foi estabelecida uma linha de demarcação que se estendia do polo norte ao polo sul, "100 léguas para oeste e sul de qualquer uma das ilhas comumente denominadas Açores e Cabo Verde". Qualquer coisa a oeste da linha — ou seja, tudo que importava — pertencia à Espanha, e se Colombo conseguisse empreender outra viagem, também pertenceria, em parte, a ele.

Fernando Colombo, filho do Almirante, explicou depois: "Como os Reis Católicos sabiam que, dos favores e concessões do papa, o Almirante era causa e princípio, e que com sua viagem e suas descobertas ele havia adquirido o direito e a posse de todas as terras, quiseram recompensá-lo por tudo."

Em 20 de maio de 1493, os reis o nomearam capitão geral de uma segunda viagem de descoberta, e oito dias depois, por meio de um do-

154 *Rio de sangue*

cumento elaborado e finamente polido, emitido em Barcelona, concederam direitos e privilégios a Colombo, outorgando-lhe o título de "vice-rei e Almirante do Mar Oceano e das Índias" ou "Almirante do Mar Oceano", como ele ficou conhecido. Então, Colombo foi afogado por ordens formais para empreender uma segunda viagem, que revelavam uma urgência que parece ainda mais notável após os anos de atrasos e evasivas que precederam a primeira jornada.

Embora conferisse poderes extraordinários a Colombo, o documento refletia a magnificente autoexaltação de Fernando e Isabel, determinados a transformar o renitente marinheiro num instrumento do império e da vontade dos reis. Os monarcas tratavam Colombo como Almirante e, ao mesmo tempo, como vassalo, revelando o apego à tradicional postura de reis medievais, apesar do turbilhão de mudanças que os rodeava. O documento estava coalhado de benefícios para o recém-empossado Almirante do Mar Oceano, a quem foi formalmente concedido o direito de denominar-se "Dom Cristóvão Colombo", estendido a seus filhos e sucessores, e ele era então almirante, vice-rei e governador da ilha e do continente "que vier a descobrir e obter", direito também estendido a filhos e sucessores. O status hereditário significava que Colombo poderia "ouvir e determinar todas as ações e causas, civis e criminais", "punir e castigar delinquentes" e "cobrar taxas e salários". Uma posição social bem distante daquela de um mero marinheiro mercante de Gênova.

Em 29 de maio de 1493, os Reis Católicos lançaram ainda mais honras e obrigações sobre os ombros de "Dom Cristóvão Colombo", que possuía então plenos poderes para reclamar e adquirir terras para Fernando e Isabel, que instavam e ordenavam o almirante, vice-rei e governador a "empreender todos os esforços para conquistar o apoio dos habitantes" das ilhas e terras firmes que ele reclamasse para a Espanha, significando que eles "seriam convertidos à nossa Sagrada Fé Católica". Para ajudar Colombo em sua principal missão e garantir que fosse devidamente cumprida, os reis designaram um religioso, o padre Buil (também citado como padre Boyle), e vários assistentes para a viagem, "para ver se os princípios da nossa Santa Fé seriam cuidadosamente ministrados a eles [os índios]". A identidade desse controverso clérigo foi posta em dúvida desde então, em parte por causa da confusão em torno de seu nome. Era, provavelmente, catalão, e fazia parte da ordem beneditina. Embora Colombo fosse profundamente religioso, os dois não se bicavam.

Deve-se registrar a insistência dos reis para que "o Almirante, após a chegada a salvo da frota [às Índias], forçasse e compelisse aqueles que navegaram até lá [...] a tratar os índios muito bem, de maneira amorosa, e evitassem causar qualquer dano a eles". Além disso, Colombo deveria "graciosamente presenteá-los com exemplares de mercadorias de Vossas Majestades que ele levava para escambo, e tratá-los com muita honradez". Na verdade, se algum membro da frota maltratasse os índios "seja de que maneira for", Colombo tinha ordens de "puni-lo severamente". A ordem, inequívoca por escrito, se mostrou totalmente inócua na prática.

Para conseguir cumprir objetivos tão elevados, Colombo reuniu uma frota digna de Fernando e Isabel. Naquele tempo, por determinação real, nada era bom demais para ele. Este conjunto de instruções cuidadosamente elaboradas marcou um gigantesco passo adiante no apreço dos Reis Católicos pela missão de Colombo, e refletia as recompensas que os soberanos esperavam que a exploração trouxesse para todos neste mundo e, em grande medida, no outro. O custo da frota ficou integralmente a cargo da Coroa. Na verdade, o duque de Medina-Sidonia emprestou 5 milhões de morabitinos para a empreitada, grande parte segurada por propriedades e joias confiscadas de judeus durante a Inquisição.

Todos os parceiros do Almirante na área operacional da viagem eram conhecidos da Coroa: Juan de Soria, representando os auditores reais, e dom Juan Rodríguez de Fonseca, representando a maior autoridade, a Igreja, primeiro como arquidiácono de Sevilha, depois como bispo de Burgos. Em diversas ocasiões, Fonseca supervisionou e contrariou os esforços de Colombo para equipar a frota; o Almirante, no entanto, preferia considerá-lo um aliado na causa da conquista.

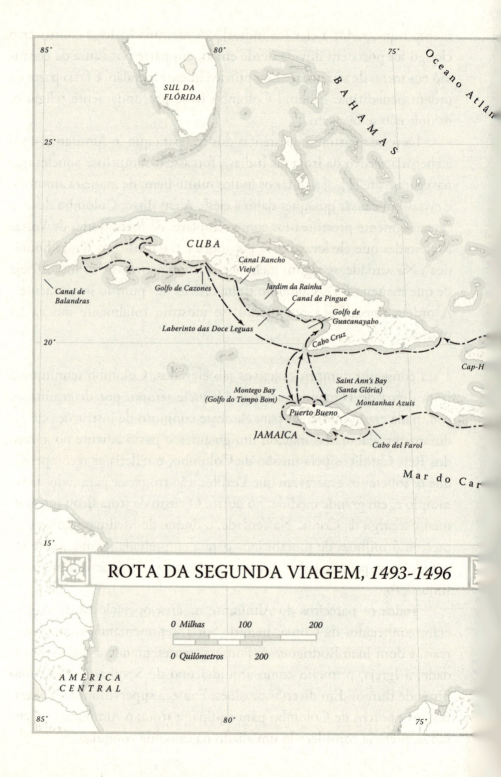

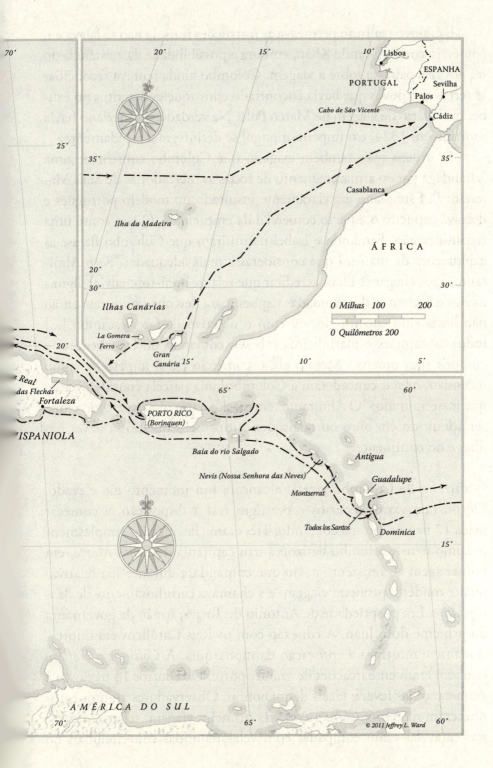

Um novo realismo permeava as instruções reais. Já não se falava em comércio com o Grande Khan, embora a possibilidade da existência do rei dos reis pairasse sobre a viagem. Colombo ainda tentava reconciliar as terras e os povos que havia encontrado com aqueles descritos no exuberante diário de viagem de Marco Polo. Na verdade, o veneziano havia morrido em 1324, e o império mongol se desintegrara rapidamente.

As ordens reais também exigiam que Colombo construísse uma "alfândega para o armazenamento de todas as mercadorias de Suas Majestades". Este plano era claramente inspirado no modelo português e deixava explícito o aspecto comercial da empreitada. Quase como uma reconsideração, Fernando e Isabel permitiram que Colombo fizesse as explorações da maneira que considerasse mais adequada: "Se o Almirante, após chegar às ilhas, acreditar que seja de bom-tom enviar alguns navios e homens a determinadas regiões, para descobrir o que até então não havia sido encontrado, ou com o objetivo de fazer escambo [...] todos os capitães e marinheiros sob seu comando devem obedecer e cumprir suas ordens." Mesmo ali, o comércio era o ímpeto, e, como incentivo, os reis concederam a Colombo uma parcela considerável do que fosse apurado: "O Almirante terá direito a um oitavo de tudo o que for adquirido em ouro ou quaisquer outros bens que possa haver nas ilhas e no continente."

A carreira de Colombo jamais alcançara um momento tão elevado. Ele possuía vastos recursos e prestígio real à disposição, a começar pelos 17 navios sob seu comando. Três eram classificados simplesmente como naus. Colombo batizou a nau capitânia de *Santa María*, em homenagem ao resistente navio que comandara durante sua relativamente modesta primeira viagem, e a chamava carinhosamente de *Marigalante*. Era propriedade de Antonio de Torres, irmão da governanta do príncipe dom Juan. A conexão com os Reis Católicos era impressionante e mostrava a aprovação da monarquia. A *Colina* e a *Gallega* também eram embarcações de grande porte. Dos outros 14 navios, 12 eram caravelas leves e fáceis de manobrar. Observadores argutos reconheceram na *Santa Clara* a *Niña* da primeira viagem, rebatizada. Várias caravelas eram equipadas com velas redondas convencionais no mastro grande e no mastro do traquete, e velas latinas na mezena, à popa do mastro grande. Demonstrando ter aprendido com os erros da primeira viagem, Colombo insistiu que pelo menos alguns navios na nova frota fossem de pequeno calado para explorar rios e bancos de areia sem encalhar.

Os navios, de acordo com Fernando Colombo, estavam "abastecidos com muitas provisões e todas as coisas e pessoas necessárias para povoar todas aquelas terras, a saber: artesãos de todos os ofícios, trabalhadores e lavradores para cultivar a terra". Quando estava se preparando para a primeira viagem, Colombo precisou batalhar para encontrar cada tripulante e, mesmo assim, não conseguiu todos os homens de que precisava, mas agora "tantos se ofereceram [...] que foi necessário diminuir o número [...] de pessoas que estava para entrar", mesmo considerando que a frota era quase seis vezes maior que a anterior. Os navios transportavam cavalos, desconhecidos no Caribe, e outros animais de carga que pudessem ser úteis para colonizar Hispaniola. A companhia de mais de mil fidalgos, plebeus e criminosos constituía um microcosmo da Espanha que esperava, dessa vez ansiosamente, para ser levado a um Novo Mundo de riquezas sob a liderança de Cristóvão Colombo.

Muitos retomaram as funções que tiveram na primeira viagem, o que mostra bem a reputação de Colombo como navegador e a esperança de encontrar riquezas facilmente. Havia genoveses e alguns bascos, nascidos para o mar, e ainda outros das cidades espanholas de Palos, Huelva e Moguer, onde os marinheiros residiam entre as viagens. A influente família Pinzón estava notavelmente ausente do rol. Muitos na Espanha acreditavam na afirmação de que eles eram os responsáveis por todos os êxitos de Colombo na primeira viagem. O Almirante estaria por sua própria conta dessa vez, com tempestades e marés expondo sem dó nem piedade suas falhas, e não haveria um Pinzón para resgatá-lo.

Entre os capitães havia burocratas e líderes políticos. Alonso Sánchez de Carvajal, por exemplo, era prefeito de Baeza, não um marinheiro experiente. Outro participante, Pedro de Las Casas, era pai de Bartolomeu de Las Casas, que acompanhou o retorno de Colombo a Sevilha após a primeira viagem. (Acredita-se que o avô de Bartolomeu, Diego

160 *Rio de sangue*

Calderón, era judeu e havia sido queimado na fogueira em Sevilha em 1491.) Três tios de Bartolomeu de Las Casas também estavam a bordo, mostrando os fortes laços familiares que os uniam a Colombo.

Embora o médico da frota, Diego Álvarez Chanca, tenha tratado a rainha Isabel, sua profissão era raramente reverenciada na Espanha. De qualquer forma, ele gozava da confiança de Colombo e era considerado um dos melhores do país. De todos os que embarcaram nos navios da frota, Chanca era um dos mais instruídos. Se não brilhante, ele se mostrou razoavelmente cuidadoso e talentoso no diário de viagem que mantinha.

Outros dois membros do rol de tripulantes alcançaram renome. O cartógrafo Juan de la Cosa, a bordo da *Marigalante*, participou da primeira viagem como dono e mestre da *Santa María*, a nau capitânia de Colombo, e ainda estaria com o Almirante na terceira viagem. Depois disso, voltaria ao mar com um rival de Colombo, Américo Vespúcio. Juan de la Cosa confeccionou o celebrado mapa-múndi de 1500, considerado a primeira representação cartográfica europeia do Novo Mundo e único mapa feito por um participante das viagens de Colombo que sobreviveu até os dias de hoje (o mapa está em exibição no Museu Naval de Madri).

Estava presente também o encantador e ambicioso mercenário Juan Ponce de León, que se tornaria o primeiro governador de Porto Rico, por ordem do governo espanhol. Onze anos depois de participar como passageiro na segunda viagem, ele financiou sua própria expedição, um feito que nem mesmo Colombo, do alto de sua influência, conseguiu alcançar. Em 2 de abril de 1513, Ponce de León encontrou uma massa de terra que acreditou ser uma ilha. Chamou-a de La Florida, por causa da vegetação exuberante, e também porque estava no Tempo Pascal, período de cinquenta dias entre a Páscoa e Pentecostes, que na Espanha tem o nome de Pascua Florida. Ponce de León aportou em algum lugar da América do Norte, e isso, por si só, é um feito significativo. Colombo, durante todas as suas viagens, jamais tocou e nem sequer ficou sabendo que existia uma massa de terra norte-americana.

Enquanto Colombo prosperava, dom João II de Portugal tentava febrilmente reverter o decreto papal, que ameaçava reduzir, ou mesmo dar fim, ao império lusitano. Uma Espanha unificada conseguiria sobreviver sem os recursos de um império ultramarino, mas o pequeno e pouco populoso Portugal precisava dos recursos das colônias para sobreviver. Sob permanente ameaça de embates navais e após um ano de pedidos de cooperação ibérica, dom João II conseguiu convencer Fernando e Isabel a enviar representantes a uma cúpula em Tordesilhas, na Espanha, em 7 de junho de 1494, na qual um tratado entre os dois poderes soberanos mudou a linha de demarcação para 370 léguas a oeste das ilhas de Cabo Verde, embora esse requinte de detalhes tenha aberto as portas para novas confusões. Onde estava exatamente a linha, no meio das ilhas ou na fronteira oeste? Ninguém sabia dizer ao certo. Além disso, e o tamanho do globo era então muito subestimado, mesmo que todos chegassem a um acordo sobre a hipotética localização da linha, ninguém seria capaz de encontrar essa Shangri-La.

O que parecia uma mera vitória técnica de Portugal acabou se tornando uma questão crítica. A alteração significava que navios envergando a bandeira portuguesa poderiam buscar rotas comerciais ao longo da costa oeste da África, e, o que era ainda mais importante e foi completamente subestimado, a nova linha de demarcação deu a Portugal as imensas, férteis e inexploradas terras do Brasil.

Por ora, entretanto, a nova ordem favorecia o emergente império espanhol. Dizia-se que Colombo influenciara pessoalmente o pensamento do papa, que era obrigado, por força do dever, a segui-lo. Colombo já tinha 43 anos, idade avançada para um marinheiro, e fazia bem em agir enquanto ainda gozava da simpatia real e era forte o suficiente para enfrentar uma travessia do Atlântico. Como o exemplo de seu pai demonstrava, a revogação de direitos políticos estava a apenas uma revolução de distância.

Reinava uma atmosfera festiva no dia da partida, 25 de setembro de 1493, no porto de Cádiz. "Trocaram-se os abraços de partida, os navios foram enfeitados com bandeiras, enquanto bandeirolas tremulavam sobre as velas e as cores dos reis adornavam a popa de todos os navios", rememorou um dos passageiros, Guillermo Coma, um "nobre da Espanha". Durante todo o tempo, músicos "tocando flautas e liras emudeciam até mesmo as nereidas, ninfas marinhas e sereias com suas melífluas tensões. As praias ecoavam com o som das trombetas e o toque das trompas, e o fundo do mar reecoava o rugido do canhão".

Uma brisa fresca empurrou os 17 navios para o seu destino. "Em 28 de setembro, estando a 100 léguas da Espanha, foram ao navio do Almirante muitos passarinhos de terra, pombas-rolas e outras espécies de pássaros pequenos, que pareciam estar de passagem para invernar na África." As aves tinham uma rota determinada, para o sul, e Colombo tinha a sua, para o sul e o leste. Mantendo o rumo, na quarta-feira, 2 de outubro, o Almirante chegou à ilha de Gran Canaria, uma verdejante massa de terra que se erguia do mar, e lançou âncora. Mas não por muito tempo. À meia-noite, já estava navegando rumo a La Gomera, e chegou à pequena e exuberante ilha três dias depois.

A colonização de La Gomera data do período romano, e os isolados habitantes da ilha se comunicavam uns com os outros por meio de uma peculiar língua assobiada, composta de sons crescentes e decrescentes, conhecida como silbo gomero. Colombo, entretanto, não tinha tempo para admirar aquela linguagem curiosa. Sua missão demandava toda a atenção, como, por exemplo, a obtenção dos suprimentos necessários, especialmente animais. O zoológico transatlântico exibia leitões e porcos, carneiros e cabritos, 24 garanhões, dez éguas e três mulas. Por não serem capazes de sobreviver durante as longas semanas no mar nos fétidos porões dos navios, os animais ocupavam lugares privilegiados nos passadiços. Vistos contra o céu, com as cabeças sacudindo de leve, davam aos navios uma inegável semelhança com a arca de Noé.

Havia outra distração na ilha de La Gomera: dona Beatriz de Bobadilla, ou, como era conhecida nas Canárias, "Bobadilla, a caçadora, uma mulher de rara distinção".

Na primeira viagem, no caminho de ida para as Índias, Colombo fez uma parada em San Sebastián de La Gomera entre os dias 3 e 6 de setembro de 1492, tempo suficiente para um encontro romântico com Beatriz de Bobadilla, governante da ilha. Uma *femme fatale* de 30 anos, ela se dizia descendente de uma nobre linhagem de Castela, e servira como dama de honra à rainha Isabel aos 17 anos; quando se encantou pelo rei Fernando (apesar de jurar fidelidade à mulher, Fernando teve uma série de envolvimentos clandestinos).

Por esse tempo, a corte recebeu a visita de Hernán de Peraza, que tinha a infeliz obrigação de explicar a morte de um comandante associado a ele. Peraza recebeu o perdão da rainha Isabel em troca da promessa de conquistar a ilha de Gran Canaria em nome da Espanha. E havia outra condição, "uma penitência menos onerosa", como é tradicionalmente descrita: casar-se com a jovem Beatriz de Bobadilla, e assim mantê-la longe de Fernando. Em um único lance, Isabel conquistou a lealdade de Peraza e afastou a jovem e atraente rival da afeição do marido. Beatriz de Bobadilla e Hernán de Peraza se casaram em pouco tempo e regressaram a La Gomera, onde ele foi morto pelos habitantes originais da ilha, conhecidos como guanches, em protesto contra sua tirânica administração.

Viúva, Beatriz de Peraza mostrou-se tão cruel quanto o falecido marido. Ela atraiu cavaleiros e figuras importantes da ilha até seu castelo. Alguns sobreviveram ao encontro; outros, não. Um dos visitantes, segundo se conta, espalhou boatos indiscretos sobre o comportamento escandaloso da *viuda*. Ela então o convidou ao castelo, os dois conversaram um pouco, e, depois, a anfitriã chamou os serviçais, que prenderam o visitante. O homem admitiu os malfeitos e pediu perdão, em vão. Bobadilla ordenou aos serviçais que colocassem um nó corrediço em torno do pescoço do infeliz e o enforcou numa das torres do castelo. Ela assistiu calmamente o corpo se contorcendo, e deixou-o pendurado numa palmeira, para mostrar a todo mundo o que acontecia com quem difamasse dona Beatriz.

Apesar de todo o alvoroço causado por seu comportamento, Beatriz de Bobadilla casou-se novamente, e em pouco tempo se viu envolvida numa disputa territorial com um rival político, Fernán Muñoz, que também foi enforcado. Ela acabou morta por envenenamento.

Estes terríveis eventos aconteceriam muitos anos depois de nossa história. Naquele momento, no início da segunda viagem, a caçadora queria que Colombo ficasse com ela em La Gomera. Colombo aceitou a acolhida e fez o possível para impressioná-la. Um dos mexeriqueiros amigos de Colombo, Michele de Cuneo, de Savona, que tomou parte na viagem, reparou no grande número de "festividades, salvas e saudações que tivemos naquele lugar [...] tudo em homenagem à dona do local, por quem, outrora, nosso Almirante foi tomado de amores". Um relato afirmou que Beatriz gostaria que Cristóvão ficasse em La Gomera para sempre, como marido dela, abrindo mão da vida de navegador e explorador. Isso Colombo jamais faria, nem por ela, nem por ninguém.

Na segunda-feira, 7 de outubro de 1494, depois de resolver negócios e amores em La Gomera, Colombo e a frota de 17 navios tomaram o rumo das Índias.

Na partida, o Almirante entregou a cada um dos capitães a respectiva carta de prego — um envelope fechado no qual se determina o que o comandante deve fazer —, que só deveria ser aberta se o tempo os obrigasse a uma mudança de rumo. Colombo insistiu em manter segredo porque não queria que outros, especialmente os portugueses, descobrissem sua rota.

Na quinta-feira, 24 de outubro de 1494, Colombo havia percorrido mais de 4 léguas a oeste, e estava preocupado com o fato de não ter encontrado algas, pois naquela altura da primeira viagem já as tinha visto em grandes quantidades. Então, "para a surpresa de todos", apareceu uma andorinha, que ainda voltaria outros dois dias. Na sexta-feira, "as ondas estavam altas, a escuridão prevalecia em toda parte, e a noite negra cobria o mar, exceto onde relâmpagos brilhavam e trovões ecoavam. Não há nada mais perigoso que um naufrágio nessas circunstâncias", relembrou Guillermo Coma. A chuva e o vento atingiam os navios em rajadas de tanta força que "as vergas se racharam, as velas foram feitas em pedaços e os cabos se partiram. As tábuas rangiam e os portalós estavam inundados, enquanto alguns [navios] se viram pendurados na crista das ondas e outros viram as águas se abrirem e revelarem o fundo do mar". Os navios corriam o risco de colidir uns com os outros, como brinquedos numa lagoa.

Em meio à confusão, o fogo de santelmo apareceu entre eles. Batizado em homenagem a Santo Erasmo de Formia, ou Santo Elmo, santo padroeiro dos marinheiros mediterrâneos, o fogo de santelmo exibe uma luminescência de cor azul ou violeta no ar ionizado ou eletrificado por uma tempestade de raios, e geralmente vem acompanhado de silvos ou zumbidos. Os supersticiosos marinheiros, dependentes de augúrios para guiar suas vidas no mar, consideram o fogo de santelmo um sinal de proteção divina.

Em 2 de novembro, Colombo estudava o céu, observando "nuvens escuras e ameaçadoras adiante, que o convenceram de que a terra estava próxima". Ele arriou as velas, manteve a vigia e, ao nascer do sol, em 3 de novembro, foi recompensado com a vista de uma ilha montanhosa chamada Charis por seus habitantes, isolados desde tempos imemoriais. Não mais. Por ter chegado num domingo, Colombo batizou-a de Dominica, como se convertesse a ilha ele próprio.

A notícia da chegada em terra correu rapidamente os navios.

¡Albricias!

¡Que tenemos tierra!

A recompensa! Temos terra!

Colombo avistou outra ilha, e mais uma, quatro no total, hoje conhecidas como ilhas de Sota-Vento — as mais setentrionais do arquipélago das Pequenas Antilhas, localizado na confluência entre o oceano Atlântico e o mar do Caribe ("Sota-Vento" se refere aos ventos predominantes na região; as ilhas estão a favor do vento, ou a sota-vento, das ilhas de Barlavento, posicionadas de acordo com os ventos alísios. Entre as ilhas de Sota-Vento estão as ilhas Virgens Americanas e Britânicas, São Cristóvão e Nevis, São Bartolomeu, Antígua e Guadalupe). A milagrosa aparição das ilhas deu uma injeção de ânimo nos homens, que subiram ao convés para entoar orações e hinos de gratidão e alívio. Com isso, os animais dos navios — galinhas, galos e especialmente cavalos — entoaram uma excitada cacofonia.

Colombo completou, com sucesso, a segunda travessia do Atlântico, dessa vez com 17 navios, sem que houvesse nenhum acidente grave, cobrindo uma distância de 800 léguas — quase 4 mil quilômetros —, desde a ilha de La Gomera, em apenas vinte dias. Confiando em seu julgamento, em seus instintos e nos ventos favoráveis, ele encontrou a melhor rota entre La Gomera e as ilhas de Sota-Vento, demonstrando ser capaz de liderar uma travessia transatlântica sem os Pinzón; de fato, ele os superara nessa área. É claro que o Almirante estava muito distante das terras onde antes aportara nas Índias, notadamente dos homens

166 *Rio de sangue*

abandonados em La Navidad. De qualquer forma, a salvo estavam os marinheiros da segunda viagem, que começara de forma auspiciosa.

Colombo tentou atracar na costa leste da Dominica, mas não encontrou ancoradouro. "O mar estava pesado e névoa e tempestade se aproximavam", ele explicaria depois a Fernando e Isabel. Os problemas estavam apenas começando. "Fiz a volta e fui em direção à frota, que estava bem dispersa, e a reuni. Então despachei a caravela mais bem equipada para o ponto no norte", relatou Colombo, ignorando o progresso do navio. "Eu estava preocupado por causa do tempo ruim, que estava ficando pior." Depois de rizar velas e convocar os demais navios, ele "seguiu para outra ilha a 10 léguas de distância da Dominica". Colombo engoliu o desapontamento sem perceber que tinha acabado de evitar um encontro com os canibais, que, segundo se diz, habitavam o local. Nos anos seguintes, conta a história, os europeus que chegaram àquela ilha passaram por maus bocados — isto é, até que os canibais ficaram tão doentes depois de devorar um frei que passaram a evitar qualquer um vestido em roupas de clérigo. Por causa disso, sempre que um navio espanhol que cruzava o Atlântico era obrigado a parar na Dominica a fim de procurar comida ou água, um frei, ou um marinheiro vestido como tal, era designado para a tarefa.

Incapaz de encontrar um ancoradouro, Colombo ordenou que a frota seguisse para uma ilha próxima, que os predadores caraíbas chamavam de Aichi, e os tainos, sua presa, conheciam como Touloukaera. Sem dar ouvidos à litigiosa história da ilha, Colombo batizou esse convidativo pedaço de terra de Marie Galante, em homenagem à sua nau capitânia. Ele lançou âncora, foi a terra e, nas palavras do filho, "com todas as solenidades necessárias, voltou a ratificar a posse que, em nome dos Reis Católicos, havia tomado de todas as ilhas e terras firmes das Índias na primeira viagem". Mais poderoso do que nunca, o Almirante do Mar Oceano voltou a seus domínios.

O médico da expedição, Diego Álvarez Chanca, escreveu, maravilhado, sobre a chegada a terra: "Nesta ilha havia madeiras tão densas que era maravilhoso olhar para elas, e especialmente espantosas eram as muitas espécies de árvores desconhecidas de todos — algumas com frutas, outras com flores, e tudo era verde", enquanto as árvores da Espanha exibiam apenas ramos cinzentos e pelados naquela época do ano. Ali, o próprio ar parecia vibrar de maneira mágica. "Encontramos uma árvore cujas folhas têm o mais agradável odor de cravo que já senti", maravilhou-se ele. Tentados, vários tripulantes provaram as frutas desconhecidas. Instantaneamente, "os rostos inchavam e eles sentiam um ardor e uma dor tão fortes que pareciam estar acometidos de raiva, e não podiam ser remediados nem com coisas frias". Duas horas depois, os visitantes da Espanha, com as línguas em fogo, partiram em seus navios.

Apenas 9 léguas ao norte, a frota chegou a uma ilha sublime. "Esta ilha", escreveu Colombo, "tem a forma da ponta de um diamante, tão alta que é uma maravilha, e de seus cumes jorra uma tremenda nascente que espalha água para todos os lados da montanha; de onde eu estava outros cursos d'água fluem para o outro lado, um deles é muito grande e muito vigoroso, e o grande volume fazia parecer água jorrando de um barril, toda branca, e não conseguíamos acreditar que era água e não um veio de rocha branca". Os marinheiros apostavam: rocha ou água? Quando lançaram âncora, já tinham a resposta: era água, uma ilha cortada por abundantes cursos d'água. "Ao chegar à ilha, dei-lhe o nome de Santa María de Guadalupe", escreveu Colombo, referindo-se ao mosteiro de Santa María de Guadalupe de Extremadura, na Espanha. Era 14 de novembro.

O vento mudou subitamente, trazendo períodos de neblina grossa e chuva torrencial. Colombo passou um dia extenuante, lutando contra ventos fortes e mares bravios. Quando o tempo melhorou um pouco, o Almirante lançou mão de sua luneta e vislumbrou um grupo de pessoas em uma clareira escondida pelas árvores. Ele deu a ordem de lançar âncora, mas os assustadiços moradores da ilha fugiram bem antes que os espanhóis conseguissem fazer contato. "Alcancei o lado norte", escreveu Colombo, "onde vive a maioria da população, e cheguei muito perto da terra e ancorei toda a frota".

Colombo enviou um capitão a terra, que lá "achou muito algodão, fiado e desfiado, e provisões", nas palavras de Chanca. Mas onde estava o povo?

"Nossos homens", escreveu Fernando Colombo, "encontraram apenas algumas crianças, nas mãos das quais puseram guizos, para tranquilizar os pais, quando estes retornassem". Os espanhóis inspecionaram as estruturas e perceberam "gansos semelhantes aos nossos" e papagaios tão grandes quanto galos, com penas vermelho brilhante, azul-celeste e brancas. Encorajados, experimentaram uma fruta parecida com o melão, porém de gosto e cheiro mais doce. Os homens viram arcos e flechas, redes e tiveram o cuidado de não tirar nada da aldeia abandonada, de forma que "os índios pudessem ter mais confiança nos cristãos".

Visto mais de perto, o pacífico cenário doméstico se transformou num pesadelo. "Nas casas", escreveu Colombo, "encontrei cestas pendentes e grandes arcos feitos de ossos, bem como cabeças pendentes em cada casa". Ele ficou alarmado ao se deparar com "um grande pedaço da popa de um navio espanhol; acredito que seja daquele que deixei em La Navidad no ano passado". Um silêncio aterrorizado pairou sobre os exploradores. Os homens concluíram que estavam sendo observados, mas por quem?

"Com relação ao povo", Colombo escreveu aos reis, "poucos foram pegos e poucos foram vistos; todos fugiram para a floresta, e porque as árvores eram densas não puderam ser capturados, exceto algumas mulheres, que estou enviando para Vossas Majestades". Eram refugiadas, vítimas de brutalidade e canibalismo. "Em minha opinião, foram capturadas como escravas ou concubinas." Por meio de gestos, indicaram que "os maridos tinham sido comidos e outras mulheres tiveram os filhos e irmãos comidos, e elas próprias foram obrigadas a comê-los". E ainda havia mais, infelizmente. "Também encontrei alguns rapazes que foram levados ali, e todos eles tiveram o pênis cortado." De início, Colombo pensou que tinham sido castrados "por suas mulheres, por ciúme", mas depois descobriu que "eles seguem aquela prática de engordá-los, como aos capões em Castela, para que sejam comidos durante festividades; as mulheres nunca são mortas".

Será que os homens em La Navidad tiveram o mesmo fim dos horripilantes restos humanos dos índios? Colombo permitiu que fossem sacrificados daquela maneira? Dilacerado pela culpa e pelo pânico, ele pretendia ir de uma ilha à outra, destruindo todas as canoas que encontrasse, como retaliação, "mas o desejo de ajudar àqueles que eu havia deixado aqui não dava tempo para buscas, e eu não teria paz de espírito".

A exploração de Guadalupe revelou uma rede de aldeias abandonadas, mas em uma aldeola os marinheiros encontraram um "bebê abandonado de um ano de idade, que ficou sozinho durante seis dias numa cabana". Todos os dias os homens passavam pela cabana "e sempre encontravam o pequeno perto de um feixe de flechas, e ele costumava ir ao rio próximo beber água e depois voltava para casa, e estava sempre alegre e contente". Consumido pela visão dessa pequena criança sozinha na selva, Colombo interveio e, depois de entregar o menino "a Deus e à fortuna", acrescentou, "confiei-o a uma mulher que veio para cá desde Castela". As referências a essa mulher e a outras como ela são muito raras para se conseguir formar uma ideia do papel que desempenhavam, se é que tinham algum. Assim, o índio abandonado cresceu sob os cuidados de sua ama-seca. "Agora ele se comporta muito bem", gabou-se Colombo para Fernando e Isabel, "e fala e entende nossa língua muito bem, e isso é maravilhoso". Se pudesse, Colombo o enviaria para a Espanha imediatamente, "mas temo que ele, sendo tão jovem, acabe morrendo".

Colombo, como outros exploradores da época, considerava sua rota e suas descobertas segredos comerciais em nome dos quais arriscava a vida todos os dias, e conscienciosamente guardava-os de oportunistas e rivais. Enquanto isso, seu cartógrafo de confiança, Juan de la Cosa, compilava dados para um guia oficial do arquipélago recém-descoberto, mas este documento não sobreviveu, e o famoso mapa de Cosa, datado de 1500, contém poucos detalhes sobre a região. Em algum ponto da segunda viagem, ele reuniu "desenhos de todas as ilhas descobertas até agora, junto com os daquelas descobertas no ano anterior, todos no mapa que fiz com muito labor", mas mesmo que esses mapas tivessem sobrevivido, é provável que não tivessem tanto valor.

Alguns nomes escolhidos por Colombo até aquele ponto da viagem permaneceram, de forma abreviada, para oferecer pistas sobre seus paradeiros. Santa María de Montserrat, nome dado em homenagem a um mosteiro próximo a Barcelona, se tornou Montserrat; Santa María de la Antigua, batizada em honra à celebrada Virgem da catedral de Sevilha, diante da qual se acredita que o Almirante orou, se tornou Antígua. No entanto, o nome San Martín, dado por Colombo a uma ilha a noroeste da região, deu lugar, no futuro, à denominação Nuestra Señora de las Nieves, ou Nossa Senhora das Neves. A designação faz menção a um milagre atribuído à Virgem Maria e não às neves da ilha, que, na verdade, nunca existiram.

À medida que batizava as ilhas, Colombo levava sua frota a um mundo que parecia ter-se formado naquele dia, em que montanhas emergiam da escuridão ao nascer do sol, alcançavam formações de cúmulos ao meio-dia e retrocediam no crepúsculo até desaparecerem na noite coalhada de estrelas. Viajando a leste, em busca da Índia, deslizando sobre a superfície mercurial do mar, cujos tons iam do cinza ao cobalto e depois ao índigo, os barcos pareciam brincar de pique-esconde, não só com as ilhas e as correntes, mas com a própria realidade.

De manhã, o Almirante despachou dois botes pequenos para capturar um índio que lhes mostrasse o caminho até Hispaniola e à ameaçada fortaleza de La Navidad. Os botes retornaram com dois meninos, que disseram ser de Borinquen, ou Porto Rico, e ter sido sequestrados pelos caraíbas. Em outra expedição, os botes retornaram com seis mulheres que buscavam refúgio dos caraíbas a bordo dos navios espanhóis. Colombo recusou, deu-lhes guizos e outros presentes, e mandou-as de volta à ilha, onde os caraíbas as agarraram e, sem demonstrar qualquer temor, roubaram-lhes as quinquilharias diante dos olhos dos espanhóis.

Quando os botes retornaram uma terceira vez para recolher madeira e água, as mulheres imploraram aos visitantes por abrigo. "Foram recebidas com gentileza e generosamente alimentadas. Elas pensavam que os deuses tinham vindo em seu auxílio", relatou Guillermo Coma. As mulheres se agarraram aos mastros, passando as pernas em torno deles, e suplicaram para continuar no barco e não serem mandadas de volta aos caraíbas, "como ovelhas para o matadouro".

As mulheres, agradecidas, contaram tudo o que sabiam sobre as ilhas da região e secretamente mostraram os caraíbas aos espanhóis. Os caraíbas engravidavam as mulheres e devoravam os filhos. Os homens atacados por eles não tinham melhor sorte. Se capturados vivos, eram imediatamente assassinados e comidos. Chanca escreveu que os caraíbas "diziam que a carne humana é muito saborosa e que não existia iguaria semelhante em todo o mundo". Uma pilha de ossos humanos dava testemunho da predileção deles: "Tudo o que podia ser mastigado era mastigado, o que sobrava era o que não podia ser comido, porque era impalatável." Chanca teve náuseas diante da visão e do cheiro de um "pescoço humano [...] cozido num caldeirão". Pior, "jovens garotos, depois de capturados, tinham seus membros arrancados e eram mantidos como serviçais até atingir a idade adulta; a partir desse momento, assim que os caraíbas quisessem festejar, seriam mortos e comidos". Para ilustrar esta afirmação, ainda que de maneira extrema, três garotos índios que haviam escapado dos caraíbas e procurado refúgio entre os espanhóis "tinham sido castrados".

Enquanto se preparava para seguir para a ilha de Hispaniola, Colombo foi avisado de que uma companhia de nove homens — oito soldados e o capitão — havia seguido para a costa e não retornara. Ninguém que estava nos barcos sabia o que havia sido feito deles. A densa vegetação rasteira ocultava o paradeiro da companhia. Dividido entre a possibilidade de abandonar parte de sua tripulação e a necessidade de chegar a La Navidad, Colombo despachou um grupo de resgate armado com arcabuzes, cujo estrondo ensurdecedor, esperavam todos, garantiria a segurança dos perdidos. Porém, depois de uma semana de espera, "foi preciso admitir que eles tinham sido comidos pelos nativos", confessou Chanca.

Durante a espera, Colombo, sem demonstrar medo dos caraíbas, ordenou aos homens que fossem a terra lavar roupas e procurar por mais madeira e água. Depois, enviou uma companhia de quarenta homens sob o comando de um vigoroso jovem capitão, Alonso de Ojeda, "para procurar pelos desaparecidos e aprender os segredos da região". Eles não encontraram os membros da tripulação, nem seus ossos, mas notaram naquela ilha atormentadora a abundância de milho, babosa, algodão, gengibre e aves que lembravam falcões, garças, corvos, pombas, perdizes, gansos, rouxinóis, além de 26 rios. "Várias vezes fomos a terra para explorar todas as moradias e aldeias que se estendiam pela costa", revelou Chanca, "onde encontramos alguns ossos e crânios humanos pendurados dentro das casas e usados como recipientes para guardar coisas". Apesar das sinistras descobertas, "essas pessoas nos pareciam mais civilizadas do que aquelas que viviam nas outras ilhas que encontramos". As cabanas de palha eram mais robustas; tinham estoques maiores de fio e algodão, tanto que "não deixavam nada a desejar àqueles do nosso país".

Outro testemunho sobre a viagem veio da pena de Pietro Martire d'Anghiera, um cronista que tinha, em suas palavras, "estreitos laços de amizade" com Colombo. Pietro Martire, como é conhecido, era italiano e residia na corte espanhola. Ele conhecera o explorador em abril de 1493, na conclusão da primeira viagem. Um mês depois, pleno de empolgação, Martire escreveu, às pressas, uma mensagem para um amigo. "Voltou das antípodas ocidentais", ou seja, da Índia, "um certo Christophorus Colonus de Gênova, que com dificuldade obteve dos meus soberanos três navios [para visitar] essa província, pois consideraram o que ele disse fabuloso. Ele regressou e trouxe provas de muitas coisas preciosas, especialmente ouro, que essas regiões produzem naturalmente".

Um dos primeiros a reconhecer a importância das descobertas de Colombo, Pietro Martire relatou as recentes descobertas do explorador para membros das mais altas esferas da Igreja. "Escolho estes relatos dos originais do próprio Almirante Colombo", disse ele, e explicou ao cardeal Ascanio Sforza a engenhosa construção das casas e dos móveis dos índios: "Primeiro, eles desenham uma circunferência da casa com madeiras de árvores muito altas, distribuídas no chão em pilhas; então, vigas mais curtas são colocadas do lado de dentro para evitar que as maiores caiam; finalmente, colocam as pontas dos postes mais altos de maneira bem semelhante à de uma tenda militar; assim, todas as casas têm telhados pontiagudos. A seguir, folhas de palmeiras e outras árvores semelhantes são engenhosamente entrelaçadas para protegê-los da chuva. Ao longo das tábuas mais curtas e dos postes internos são amarradas cordas de algodão ou de raízes entrelaçadas, semelhantes ao esparto" — uma fibra resistente comum no sul da Espanha —, "sobre as quais colocam cobertores de algodão. Como a ilha produz algodão espontaneamente, eles usam camas suspensas feitas de algodão bruto [...] ou de montes de folhas. O pátio cercado por estas habitações simples é usado para reuniões e jogos".

O pátio, ou *batey*, como os índios o chamavam, servia de arena para os jogos. Dez ou vinte atletas se agrupavam em lados opostos do *batey*, onde recebiam e passavam uma bola de um jogador para o outro. Homens e mulheres competiam em separado. As regras dos índios proibiam que os atletas usassem as mãos ou os pés para conduzir a bola, então eles a jogavam com os corpos, tomando cuidado para mantê-la dentro dos limites do campo. Durante as competições, os espectadores comuns ficavam no chão, enquanto a casta governante se sentava em bancos ou banquetas. Os jogos, bastante estridentes, continuavam por dias a fio, e tanto os caciques quanto os jogadores apostavam no resultado. Era comum que os times representassem clãs e assumissem uma conotação política, coincidindo com eventos cívicos importantes para os índios.

Os visitantes espanhóis nunca tinham visto jogos tão vigorosos quanto aqueles. Também era a primeira vez que viam uma bola de borracha, a borracha em si ou qualquer planta que a produzisse. Foi partir desses encontros inocentes e espontâneos entre culturas que os primeiros traços de um caráter americano começaram a se formar, embora isso tenha passado despercebido num tempo em que escravos, especiarias e ouro comandavam os interesses, junto com os não tão inocentes encontros sexuais.

Os homens de Colombo também nunca haviam presenciado algo semelhante aos fantásticos ritos religiosos dos indígenas. O mesmo pátio que abrigava os jogos de bola servia de cenário para as elaboradas cerimônias em honra às deidades dos tainos; ofícios de casamento e morte e batalhas; bem como reencenações de feitos dos ancestrais, tudo isso embalado por uma música hipnótica. Num dia de cerimônia, o ritmo pulsante de tambores e flautas dos tainos reverberava por todo o espaço público e também pela floresta atrás dele. O instrumento mais extravagante que Colombo e seus homens provavelmente ouviram foi o *mayohuacán*, ou *maguey*, um tambor entalhado em um grande tronco de árvore, com uma fenda oval ou em forma de H no topo. O *mayohuacán* produzia uma ressonância profunda e poderosa, que podia ser ouvida a quilômetros de distância quando o percussionista usava um ou dois bastões para percutir o instrumento, que ficava suspenso entre árvores.

Os tainos também faziam música com protomaracas, um par de enormes chocalhos contendo uma grande bola. As fendas nas laterais do instrumento permitiam que o som rítmico ecoasse. Geralmente usados em cerimônias, eram entalhados com representações e imagens dos *cemís*, pequenas mas poderosas figuras religiosas dos tainos. As maracas eram acompanhadas por *güiras*, instrumentos semelhantes a reco-recos produzidos a partir de cabaças escavadas e com fendas entalhadas nos lados. Hoje, *güiras* e maracas continuam fazendo parte da música da América Latina, bem como versões modernas das flautas e apitos tainos chamados de *guamós* ou *cobos*. E havia também os sons de sopro produzidos pelo trompete dos tainos, construído a partir de conchas de caracóis, cujas notas, quando ressoavam na floresta, funcionavam como avisos de perigo a distância para moradores da tribo.

Com esses instrumentos, os tainos faziam hinos e ritos chamados *areítos*, para celebrar eventos naturais como solstícios, plantios e colheitas. Os *areítos* comemoravam o casamento de um cacique, o nascimento de um importante *nitaino* (um taino da casta governante) ou uma vitória militar. "Desde tempos imemoriais, particularmente nas mansões de seus reis, eles ordenavam aos *behiques* ou sábios para ensinar aos filhos o conhecimento sobre tudo", escreveu Pietro Martire. "Com esses ensinamentos, eles atingem dois objetivos: um geral, tocar [músicas] sobre suas origens e seu desenvolvimento, e outro particular, louvar os notórios feitos de seus pais, avôs, bisavôs, tataravôs e outros ancestrais em tempos de paz e de guerra." Em todos os casos, a "melodia está perfeitamente de acordo com o tema".

Os tainos se preparavam com desvelo para os sagrados *areítos*. Os dançarinos jejuavam nos oito dias anteriores à cerimônia, bebendo apenas um chá de ervas, chamado *diga*. Antes de se apresentar, eles se banhavam no rio e em *charcos*, piscinas naturais sagradas, para purificar os corpos. Os europeus acreditavam que o banho tinha como objetivo aplacar Atabeyra, que algumas vezes era a divindade da água fresca e, em outras ocasiões, era a mãe de Yúcahu, o principal deus dos tainos. Depois de se purificar, os homens decoravam os corpos com imagens de seus *cemís*, feitas com tinta à base de plantas. Concluído o rito de purificação, inseriam varetas finamente decoradas na garganta, feitas de costela de peixe-boi, para induzir o vômito e esvaziar o estômago, preparando-se, dessa forma, para receber a inspiração divina.

No começo da cerimônia, o principal cacique tomava seu lugar no *dujo*, uma banqueta de quatro pernas, decorada com imagens coloridas de *cemís*. Ele inalava pó de *cohoba*, um alucinógeno poderoso, através das finas hastes de seu cachimbo, uma para cada narina. O *cohoba* era um derivado da semente de uma árvore esguia, o angico, que cresce em todo o hemisfério sul e é conhecida pelos botânicos como *Anadenanthera peregrina* e pelos índios como *yopo*. Depois de inalar o pó, o cacique caía em transe profundo, que durava três ou quatro horas. Quando voltava a si, anunciava aos seguidores as profecias que ouvira dos *cemís*, e eram essas afirmações divinas que determinavam a programação seguinte. Percussionistas e outros músicos tocavam seus instrumentos e a inebriante reverberação tomava a praça pública e flutuava até o céu, como se o pó de *cohoba* preenchesse as narinas dos índios e alterasse sua percepção de realidade. Trezentos dançarinos, dançando como se fossem um só, sacudiam as conchas de caracol que traziam presas aos braços, às panturrilhas, às coxas e até aos calcanhares. "Cheios dessas conchas, eles batiam os pés no chão, pulando, cantando e dançando, e saudavam o cacique, que, sentado na entrada, recebia os que vinham enquanto percutia seu tambor com uma vareta", escreveu Pietro Martire.

Os dançarinos se davam as mãos ou entrelaçavam os ombros enquanto dançavam, com os homens exibindo os desenhos corporais em vermelho vivo, preto e branco. "As mulheres, por sua vez, vinham sem qualquer corte de cabelo ou pintura especial, as virgens, completamente nuas", contou Martire.

> Com um sinal dos *behiques*, ou homens sábios, as mulheres, ataviadas, dançavam e entoavam hinos chamados *areítos* e ofereciam mandioca em cestas laboriosamente entrelaçadas. Na entrada, as mulheres começavam a circundar os que estavam sentados; estes, levantando-se em saltos repentinos, juntavam-se a elas e celebravam com admiráveis *areítos* de louvação ao *cemí*, narrando e cantando com os conhecidos gestos dos ancestrais, dando graças à divindade pelo bem-estar, rogando humildemente pela felicidade

futura. No fim, todos caíam de joelhos e ofereciam mandioca à divindade, ao que os sábios davam bênçãos, e depois o alimento era dividido entre os presentes.

Por fim, cada participante levava parte da mandioca para casa e a conservava durante todo o ano, como objeto sagrado de recordação.

Os nove desaparecidos subitamente surgiram diante de Colombo, em 8 de novembro, explicando que tinham se perdido na floresta. "Regozijamo-nos com o regresso como se eles tivessem voltado à vida", escreveu Chanca, com sensibilidade. O grupo estava acompanhado de dez mulheres e meninos, todos em fuga dos caraíbas. Para encontrar o caminho de volta aos navios, os homens sacudiam as copas das árvores "para tentar se orientar pelas estrelas, mas não conseguiam ter qualquer visão do céu". Perambulando à beira-mar, acabaram topando com a frota, que os esperava.

O Almirante estava mais irritado que feliz pelo inesperado retorno. O relato do calvário enfrentado pelo grupo não conseguiu amolecer o duro coração de Colombo, que os "puniu pela precipitação, mandando colocar o capitão a ferros e diminuir a ração dos outros", relatou Fernando.

Ao amanhecer do dia 10 de novembro, Colombo e sua frota partiram de Guadalupe em direção a noroeste, ao longo da costa da ilha de Montserrat. O punhado de índios a bordo da nau do Almirante explicou que a ilha havia sido tomada pelos caraíbas, que comeram "todos os habitantes". Colombo seguiu a toda vela para Santa María la Redonda — cujo nome se deve ao fato de ser circular — e, depois de passar por Santa María de la Antigua, tomou rumo a noroeste, vislumbrando mais ilhas, "todas muito altas e densamente florestadas" e potencialmente úteis, mas, como nos relata seu filho Fernando, o Almirante estava "tão ansioso por libertar os homens que deixara em Hispaniola que decidiu continuar" até 14 de novembro, quando uma tempestade obrigou a frota a procurar abrigo na baía do rio Salgado, a sota-vento da ilha hoje conhecida como Saint Croix.

Poucos homens desembarcaram "para saber que tipo de gente vivia ali", esclareceu Chanca, "e também porque precisávamos de informaçóes sobre que caminho seguir". Ali, como nas outras ilhas, "a maioria das mulheres [...] era prisioneira dos caraíbas", exatamente como esperado, "com base nas previsões das que estavam conosco".

Colombo novamente despachou batedores para capturar um guia índio, mas os homens só conseguiram voltar com várias mulheres e três crianças. Quando os batedores se aproximavam do navio, se viram em meio a uma luta encarniçada com quatro homens e uma mulher em uma canoa indígena. A mulher demonstrou ser uma excelente arqueira; uma de suas flechas cravou um escudo. Em retaliação, os espanhóis golpearam a canoa, jogando os índios na água salgada. Enquanto nadavam, os nativos continuaram a atirar flechas embebidas em veneno mortal, que, segundo se acredita, é derivado da mancenilha, fruto abundante da mancenilheira, uma árvore frondosa. Os frutos são tão venenosos, escreveu Fernández de Oviedo, que, "se um homem se deitar para dormir durante apenas uma hora sob a sombra da mancenilheira, ele acorda com a cabeça e os olhos inchados, e as sobrancelhas chegam a ficar do tamanho das maçãs do rosto". Os espanhóis chamam a mancenilha de *manzanilla de la muerte*, ou maçãzinha da morte. Os caraíbas misturavam as maçãs envenenadas com venenos de víbora e insetos peçonhentos para produzir uma mistura ainda mais letal. Até as folhas são perigosas, e os caraíbas as usavam para envenenar os suprimentos de água dos inimigos. Eles sabiam que o único antídoto é a água do mar. De cinquenta pessoas atingidas pelas flechas envenenadas, "nem três sobreviveram".

Em meio às batalhas, Pietro Martire relata, apareceu uma mulher a quem os índios respeitavam como rainha. Atrás dela estava o filho, "um jovem feroz e robusto, com um olhar furioso e a aparência de um leão". Eles pareciam preparados para dar cabo de todos os espanhóis, mesmo aqueles que agonizavam por conta das feridas causadas pelas flechas envenenadas. Depois de fazer um inventário de seus recursos, os espanhóis remaram em direção à canoa dos canibais, para virá-la. No entanto, mesmo depois de terem o barco virado, os guerreiros índios, homens e mulheres, continuavam a atirar flechas, uma após a outra. Os espanhóis só conseguiram capturar os inimigos quando os arqueiros buscaram refúgio num recife, e mesmo assim lutaram até o fim. Vários índios morreram na contenda, e os espanhóis se congratularam por terem "atingido o filho da rainha duas vezes".

Os sobreviventes, exaustos, foram levados prisioneiros e, "mesmo depois de terem sido levados ao navio do Almirante, os nativos não perderam a ferocidade e o olhar furioso, como acontece com os leões africanos quando são encurralados", nas palavras de Pietro Martire. Como muitos outros vindos da Espanha, Martire, um homem de formação clássica, tinha duas opiniões distintas sobre os índios. De uma distância segura, comparava-os, sob uma ótica favorável, aos "tiranos" do tempo "do mítico Eneias", herói de Troia, e chegou a retratar suas vidas com uma ponta de inveja. "Mas eu sinto que nossos nativos de Hispaniola", como chamava os índios, "são mais felizes que eles — ainda mais os que se converteram à verdadeira religião — porque nus, sem fardos, limites ou dinheiro que causa mortes, vivem uma era de ouro, livres, sem juízos fraudulentos, livros e satisfeitos com seu estado natural, sem preocupações com o futuro". No entanto, Colombo e seus homens perceberam que os índios das tribos que invariavelmente encontravam pelo caminho eram reféns de vidas desesperadas, marcadas pelo medo, pois caçavam uns aos outros numa luta sem fim por domínio e sobrevivência que espelhava as contendas das nações europeias. Até mesmo o melancólico Pietro Martire sabia que os caraíbas cobriam quilômetros e quilômetros de território para encontrar vítimas, e admitia que os índios, apesar da aparente liberdade e simplicidade, eram "perturbados pelo desejo de dominar e varrer uns aos outros do mapa por meio de guerras".

Ao contrário do exaltado e ocasionalmente desesperado senso de missão que movia Colombo, seu amigo de infância Michele de Cuneo, nobre de Gênova, não se atormentava com perguntas sobre a localização da frota ou seu papel nos desígnios de Deus. Mesmo a estarrecedora castração praticada pelos caraíbas mais intrigava que aterrorizava Cuneo. Sua determinação em viver o tempo presente, e as consequências que se danassem, prefigurava a chegada de bucaneiros ao Caribe.

Cuneo deixou observações cuidadosas sobre os índios, condizentes com a visão que os homens da segunda viagem tinham deles. Os indígenas pressionavam uma placa pesada contra a testa mole dos bebês para moldar um perfil que considerassem desejável, como Cuneo registrou: "Eles têm cabeças chatas e o rosto tatuado; são de baixa estatura; via de regra, têm pouca barba e pernas bem torneadas, e pele grossa. As mulheres têm os seios bem redondos e firmes e bem-feitos." Cuidavam de si com desvelo, raspando e suavizando a pele com varas afiadas, e "os pelos do nariz eram arrancados da raiz com os dedos".

Os europeus observavam, com espanto, a dieta dos nativos. "Comem toda sorte de animais selvagens e venenosos, como répteis de 15 a 20 libras [7 a 10 quilos]; e quando encontram os maiores, são por eles devorados." Cuneo provou um pedaço e achou "muito bom", mas os cachorros "não eram nada bons"; nem outros animais, como "cobras, lagartos e aranhas", que ele dizia atingirem o tamanho de galinhas. Os índios comiam até "insetos venenosos que cresciam nos pântanos e pesavam entre uma e 1,5 libra [de 450 a 680 gramas]". Esses, Cuneo não conseguiu engolir.

Para o nobre genovês, os índios agiam por impulso. Não viviam muito ("não vimos homem que, em nossa opinião, tivesse mais de 50 anos de idade"), dormiam "geralmente no chão, como animais", deixavam as mulheres fazerem a maior parte do trabalho e cobriam os corpos com tinta para afastar mosquitos, que eram "extremamente irritantes" (os europeus, por sua vez, não encontraram remédio melhor que permanecer na água). Os índios comiam quando tinham fome e faziam sexo quando tinham vontade, mas não eram "muito luxuriosos", o que Cuneo atribuía à dieta inadequada. "De acordo com o que vimos em todas as ilhas em que estivemos, ambos os índios", ou seja, os tainos "e os caraíbas, são altamente sodomitas, sem saber (creio eu) se estão agindo de maneira correta ou errada".

Cuneo relatou de maneira fria o brutal tratamento que os espanhóis dedicaram aos índios na canoa, que lutaram em condições extremamente desfavoráveis. "Um caraíba foi ferido por uma lança de maneira tão profunda que pensamos que ele estivesse morto", disse ele sobre o confronto, "mas instantaneamente o vimos nadar". Os espanhóis rapidamente o pegaram e o puxaram de volta para o navio, "onde cortamos sua cabeça com um machado". Os europeus tomaram outros caraíbas como prisioneiros e planejavam enviar todos à Espanha, como recordou Cuneo, quase casualmente, com uma única e contundente exceção. "Enquanto eu estava no navio", vangloriou-se o genovês, "capturei uma mulher muito bonita, que me foi dada pelo lorde Almirante. Quando a levei à minha cabine ela estava nua — como era seu costume. Eu estava possuído pelo desejo de ter prazer com ela e tentei satisfazer esse desejo. Ela não queria e me atacou com as unhas, de maneira que desejei nunca ter começado. Então peguei uma corda e a açoitei com vontade, e ela soltou gritos tão inacreditáveis que quem os escutasse chegaria a duvidar dos próprios ouvidos. Por fim, chegamos às vias de fato, e eu garanto que você teria pensado que ela tinha sido criada numa escola de prostitutas".

Começou assim o estupro europeu no Novo Mundo.

Se Fernando e Isabel soubessem dessas escapadas, os criminosos teriam enfrentado terríveis consequências. Se Colombo soube do comportamento escandaloso de seu camarada, guardou a história para si, e Cuneo teve o bom-senso de só confiar a um circunspecto amigo seus relatos da vida diária durante a segunda viagem.

Gonzalo Fernández de Oviedo, naturalista e acadêmico, preferiu enfatizar a lealdade e a sensualidade das tainas. "Elas gostam muito dos espanhóis e ficam muito honradas quando são amadas por eles. Muitas dessas mulheres, depois de conhecerem um cristão de maneira carnal, permanecem fiéis a ele a menos que sigam para muito longe e fiquem fora muito tempo, pois elas não têm nenhum desejo de ser viúvas ou freiras que protegem sua castidade." Para muitas, a castidade não era o que havia de mais importante, e aconteceram muitos, e inevitáveis, episódios de gravidez, para os quais havia um remédio. "Muitas índias comiam uma erva que move e expele a gravidez", escreveu Oviedo. "Elas dizem que são as mulheres velhas que devem ter filhos. As jovens não querem abrir mão dos prazeres ou engravidar, porque a maternidade deixa os seios flácidos. Elas têm belos seios, e muito orgulho deles." Se uma índia dá à luz uma criança, notou Fernández de Oviedo, "ela vai ao rio e se banha, e imediatamente o fluxo de sangue e purgação cessa, e durante alguns dias ela não trabalha. Os órgãos sexuais das índias então se contraem, de forma que os homens que têm relações sexuais com elas dizem que são tão apertadas que é só sentindo dor que um homem pode satisfazer sua paixão. As que não tiveram filhos parecem ser quase virgens". Esse comportamento tão resistente e flexível era bem diferente dos costumes espanhóis e cristãos, que consideravam a virgindade um bônus, abominavam o aborto e não raro oprimiam a inerente sensualidade feminina em nome da castidade.

Os índios valorizavam a exibição sexual audaciosa. Os caciques "vestiam um tubo de ouro, e os outros, grandes conchas de caracol em que inseriam o órgão masculino. O resto do corpo fica nu, porque os índios não consideram que o corpo humano seja algo que inspire vergonha", comentou Fernández de Oviedo, "e em muitas províncias nem homens nem mulheres cobrem os órgãos sexuais ou vestem qualquer coisa em qualquer parte do corpo". Descrições excitantes como essa causaram tanta impressão nos europeus a respeito dos índios quanto os alarmantes relatos de canibalismo e flechas envenenadas.

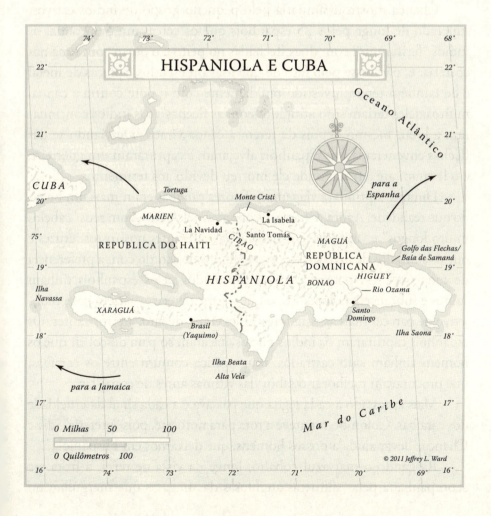

182 *Rio de sangue*

* * *

No relato de Chanca, a batalha entre espanhóis e índios não começou por provocação, como Cuneo deixa implícito, mas por acaso: a inesperada aparição de uma canoa com dois homens e um menino, que, de tão impressionados com a visão da enorme frota espanhola, "ficaram uma grande hora sem se mover do lugar". Os nativos foram lentamente cercados pelos espanhóis que se aproximavam em botes. "Enquanto se maravilhavam e tentavam entender que coisa seria aquilo, não perceberam que não poderiam fugir." Quando finalmente tentaram escapar, "os homens em nosso bote os dominaram rapidamente".

Chanca mostrou simpatia pelo pequeno grupo de índios cativos, superado de longe pelos 25 espanhóis que os cercavam. Sem saída, os índios "feriram um com duas flechadas no peito e o outro com uma nas costelas, e, não fosse pelo fato de que usavam escudos e placas de metal e de também terem investido rapidamente com o bote contra a canoa, muitos deles teriam sido atingidos com as flechas". Os índios continuaram a lutar, mesmo depois de terem a canoa virada. Desviando-se das flechas envenenadas, os espanhóis alvejaram e capturaram um guerreiro e o levaram até a frota, onde ele morreu devido aos ferimentos.

Durante a primeira viagem, os ferozes caraíbas eram mais um boato do que realidade. Agora, Chanca os observava de perto, com seus "cabelos muito longos" e "mil imagens decorativas diferentes nos rostos, cruzes e outros símbolos de diversos tipos, escolhidos de acordo com a preferência de cada um". Os poucos caraíbas capturados pelos espanhóis tinham "olhos e sobrancelhas pintados, o que — me parece — fazem com o objetivo de parecer mais assustadores". Eles eram, de fato, aterrorizantes. Os espanhóis capturaram os índios que os atacaram só para descobrir que os homens tinham sido castrados, uma prática comum entre os caraíbas, que procuravam melhorar o sabor das vítimas antes de comê-las.

Mais apressado a cada légua que passava e a cada sinal da crueldade dos caraíbas, Colombo manteve a rota para noroeste, pois "preferia", disse Chanca, "levar ajuda a nossos homens, que deixamos em Hispaniola".

Rasgando o mar azul-cobalto, longe da vista de terra, a frota era acompanhada pelas silhuetas angulosas das fragatas que mergulhavam no mar em busca de peixes. Chanca descreveu com precisão essas criaturas semelhantes a pelicanos, "aves marinhas predadoras que não pousam nem dormem na água". Dois dias depois, os homens da frota avistaram terra, provavelmente as ilhas Virgens, pescaram linguados, sardinhas, savelhas e até mesmo cavalos-marinhos, passaram pela costa sul de Porto Rico, avistaram uma torre de observação indígena "com espaço para dez ou 12 pessoas" e na sexta-feira, 22 de novembro, acompanharam com expectativa a tão esperada aproximação da costa norte da sólida, evidente e misteriosa Hispaniola.

Era a primeira visita de Chanca às Índias, e a extensão de Hispaniola o impressionou vivamente. "Um território muito extenso", observou, "a ponto de aqueles que viram sua costa dizerem que ela poderia ter 200 léguas de comprimento". Ele estava acostumado à escassa vegetação e ao solo árido do interior da Espanha, e, em novembro, à ensolarada porém fria Sevilha.

Ali, em Hispaniola, a profusão de estranhos exemplares da flora o deixou perplexo. "Uma terra muito singular", observou, "com infinitos rios grandes, serras grandes, vales grandes e sem árvores e grandes montanhas. Suspeito que a vegetação não seque durante o ano inteiro. Não creio que haja inverno neste território, pois no dia de Natal era possível ver muitos ninhos, alguns com pássaros, outros com ovos". Os pássaros o deixavam perplexo. A aparência das aves era fruto de uma linha evolucionária distinta; assim, eles eram o resultado de forças que Chanca ou qualquer outro àquela época desconhecia. À falta de uma taxonomia adequada para a formidável tarefa de classificar a fauna que o rodeava, ele registrou, com hesitação, referências a "alguns cachorros de todas as cores" e a um "animal de pelo semelhante a um coelho [...] com cauda longa e patas traseiras e dianteiras semelhantes às de ratos, e que sobe em árvores. Muitos que o comeram disseram que o sabor é ótimo". Em momentos como esse, parecia que Chanca estava num outro mundo, semelhante à Europa, porém sutil e enigmaticamente diferente, como uma língua estrangeira que ele conseguisse decifrar apenas em parte. Criaturas que Chanca acreditava serem cobras, por exemplo, o deixavam confuso; ele dizia que os indígenas "gostam muito deles, como

184 *Rio de sangue*

gostamos de faisões no nosso país. Têm forma diferente, mas o mesmo tamanho de nossos lagartos", com a exceção de uma estranha fera que ele calculava ser do tamanho de um bezerro "e ter a forma de uma lança". O animal causava uma aversão generalizada nos espanhóis, embora "muitas tentativas de matá-lo tenham sido frustradas pela densa vegetação, onde ele podia se esconder perto do mar e nunca ser pego".

No fim de novembro de 1493, a frota fez uma parada no porto de Monte Cristi, na inóspita costa norte do território hoje pertencente à República Dominicana, "para estudar a configuração do território", nas palavras de Chanca, "pois o Almirante considerava inadequado para assentamento o lugar onde havia deixado os homens". Olhando em retrospecto, Colombo percebeu que a escolha apressada do local na primeira viagem negligenciara fatores básicos como a disponibilidade de água e comida e a proximidade dos agressivos caraíbas, e concluiu que precisava conhecer melhor o território e seus perigos. Ele não tardaria a encontrá-los.

Uma patrulha se deparou com "dois homens mortos perto do rio, um com uma corda em volta do pescoço, o outro com uma corda em volta dos pés". No dia seguinte, escreveu Chanca, os batedores descobriram "mais dois mortos, e um deles estava numa posição que mostrava que tinha barbas longas". Quem eram eles? Com sangue-frio profissional, o médico observou que "alguns dos nossos suspeitaram do pior e não do melhor, e com razão, porque os índios são todos imberbes". Colombo não tinha nada a dizer sobre um assunto que só poderia infligir medo a seus homens. Eles estavam a cerca de 58 quilômetros de distância do forte.

Colombo seguiu para La Navidad dois dias depois, em 28 de novembro, com o objetivo de encontrar Guacanagarí, o chefe indígena a quem fora confiada a proteção das vidas do 39 espanhóis da primeira viagem. No trajeto, o navio do Almirante ficou preso em meio a águas rasas, em sombria reencenação do infortúnio ocorrido no Natal do ano anterior, quando a *Santa María* ficou presa num banco de areia. Desta vez, no entanto, a nau capitânia de Colombo conseguiu se libertar e chegar a seu destino ao anoitecer. "Não nos arriscamos a aportar perto da costa até a manhã seguinte, quando poderíamos saber com certeza a profundidade e se seria possível passar com segurança", relatou o Almirante. O navio ainda estava a 5 quilômetros de seu destino quando uma canoa com cinco ou seis índios começou uma perseguição, mas Colombo não tinha a menor intenção de esperar por eles, e deu dois tiros para anunciar sua chegada.

Depois que os avisos ecoaram e desvaneceram, Colombo esperou que os cristãos da fortaleza respondessem da mesma forma, mas só recebeu de volta o silêncio, que se tornava mais exasperador a cada minuto que passava, "pois eles suspeitavam que os camaradas deixados lá haviam sido totalmente dizimados", relembrou Guillermo Coma. Até mesmo o contido Chanca se rendeu à "grande preocupação" que assolava os membros da tripulação. "Uma enorme tristeza abalava a todos", lamentou. Quando os espanhóis desembarcaram, não encontraram nem armas nem moradias.

Quatro ou cinco horas depois, a canoa se aproximou de uma das caravelas; os índios gesticularam para dizer que procuravam por Colombo e subiram a bordo. Um dos índios se identificou como primo de Guacanagarí e, aproveitando-se da cobiça de Colombo por ouro, presenteou o Almirante com "máscaras douradas". Depois de horas de conversa, à medida que o sol se erguia atrás deles, Colombo demonstrou "muita satisfação". Talvez os cristãos estivessem a salvo, no fim das contas. O autointitulado primo de Guacanagarí garantiu ao Almirante que eles estavam bem, com exceção daqueles que pereceram por doença e de alguns outros, que morreram "por causa de altercações". E onde estava Guacanagarí? O "primo" disse que Guacanagarí estava ocupado, tratando de um ferimento na perna, mas que apareceria no dia seguinte. Houve problemas, explicaram os índios; dois outros chefes, Caonabó e Marieni, haviam atacado e ateado fogo à aldeia de Guacanagarí.

Os indígenas voltaram às canoas, prometendo retornar no dia seguinte com Guacanagarí, "deixando-nos para trás, menos preocupados durante aquela noite", rememorou Chanca. A manhã revelou que a aldeia "havia sido completamente incendiada e todos os pertences tinham sido queimados e destruídos, com exceção de algumas peças de pano e tecido que os índios trouxeram para jogar nas casas. Todos os índios que

186 *Rio de sangue*

puderam ser vistos ali pareciam muito suspeitos e não ousaram se aproximar de nós, e, na verdade, fugiram de início [...]. Não obstante, tentamos agradá-los, distribuindo guizos e pérolas pequenas".

Colombo desembarcou para inspecionar a destruição do primeiro forte europeu nas Índias, e no momento em que botou os pés no solo lavado em sangue e imaginou o sofrimento de seus homens, o sentido de sua missão mudou de maneira permanente. Ele sentiu "grande dor ao ver as casas e o forte incendiados", escreveu Fernando. "Só restavam das casas dos cristãos arcas destruídas e outras coisas semelhantes, qual terra devastada e pilhada." Colombo ordenou que o poço do forte fosse limpo, e que se desse destino ao ouro encontrado nas redondezas, mas não havia ouro e o poço estava seco.

Navegando rio acima em busca de alguém que pudesse explicar o que havia acontecido, Colombo encontrou os corpos de dez espanhóis, "miseravelmente deformados e corrompidos, sujos de terra e sangue seco, e horrivelmente desbotados", descreveu Coma. "Eles tinham sido deixados a céu aberto, abandonados e insepultos, durante quase três meses." O Almirante e seus homens oraram pelas almas dos mortos e prepararam um enterro cristão. "Senti muita dor", refletiu Colombo, "e embora saiba que isso tenha acontecido por culpa deles, há muito para se entristecer num acontecimento como este, e para mim esta é uma punição maior que qualquer uma que seus pares possam experimentar, porque eu queria que eles vencessem com grande honra e pouco risco". E teriam vencido, acreditava o Almirante, "se tivessem se governado de acordo com minhas instruções". Essas instruções eram claras: "Acima de tudo deveriam deixar em paz as mulheres de seus companheiros, bem como as dos índios." Em vez disso, os espanhóis, de maneira imprudente, "se entregaram à comida e ao prazer das mulheres, e assim chegaram à ruína e destruíram a si mesmos".

Pouco depois, a bordo, os indígenas contaram aos espanhóis que todos os homens de La Navidad haviam morrido. Quem — Colombo queria saber — os tinha matado?

O representante de Guacanagarí respondeu que o chefe Caonabó e o chefe Marieni eram os responsáveis por incendiar o forte e ferir os índios que estavam do lado dos espanhóis. Na verdade, o índio queria ir até Guacanagarí e voltar com ele para o navio de Colombo. Os confusos espanhóis o deixaram partir — outro erro. "Durante todo o dia esperamos por eles, e enfim percebemos que não retornariam." Os espanhóis suspeitavam que os índios estivessem bêbados por conta do vinho servido a bordo e, depois de terem embarcado em suas instáveis canoas, tivessem-nas deixado virar, morrendo afogados.

Parecia impossível que os desígnios de Deus fossem contrariados de maneira tão drástica. A fortaleza que servira de esteio para a empresa colonial de Colombo e sua posterior destruição colocaram em risco toda a frota e os 1.500 homens que a compunham. Colombo acreditava que uma combinação de forças divinas o ajudara em sua missão. Por que o favor divino se havia transformado em ira?

Colombo ordenou uma busca minuciosa da área devastada, que não deixasse de lado depósitos subterrâneos de ouro. Os homens chegaram a uma aldeola com sete ou oito cabanas, abandonadas pelos habitantes no exato momento em que perceberam a aproximação dos europeus, "depois de levarem tudo o que conseguiram carregar e deixar o que sobrou escondido em meio ao capim". Dentro das cabanas havia objetos que antes tinham pertencido aos homens de La Navidad, "com destaque para um manto tão elegante que ninguém conseguiria explicar por que fora trazido de Castela". Os espanhóis recuperaram calças, um pedaço de pano e até "uma âncora do navio" — *Santa María* — "que o Almirante perdera durante a expedição anterior". Todos aqueles artefatos causaram preocupação nos espanhóis, especialmente a pequena cesta cuidadosamente ornamentada que continha uma cabeça humana. "Deduzimos que era a cabeça de um pai, uma mãe ou alguém muito querido, e não tardou que descobríssemos muitas outras preservadas da mesma maneira."

O local que os índios fugitivos escolheram para viver desconcertou os espanhóis. "[São] um povo tão selvagem que não têm racionalidade para buscar um lugar para habitar", escreveu Chanca, exasperado, "é muito estranho ver como os que vivem à beira-mar edificam suas casas, que estão tão cobertas de ervas daninhas e umidade que estou espantado como conseguem viver". No entanto, eram as ervas daninhas e a umi-

188   *Rio de sangue*

dade, junto com os insetos venenosos, as serpentes e as febres, que formavam o ambiente dos índios desde que eles chegaram às ilhas.

O pequeno grupo de busca de Colombo chegou a uma aldeia indígena, recebeu um reconfortante tributo em ouro e descobriu mais informações sobre o assassinato dos cristãos por Caonabó e Marieni. Chanca relatou "sinais de brigas entre os cristãos, pois alguns deles tinham três mulheres e outros, quatro". A história poderia ser uma mentira com o intuito de justificar a matança. Os espanhóis a tomaram por verdadeira. "Sendo assim, acreditamos que a desdita deles havia sido causada por ciúmes", concluiu Fernando, resignado. Ele enfatizou que o pai ouvira história semelhante de índios que "sabiam dizer algumas palavras em espanhol e conheciam os nomes de todos os cristãos que haviam ficado" no forte. "Disseram eles que logo após a partida do Almirante começaram a acontecer discórdias entre os homens e cada um pegava as mulheres e o ouro que conseguia."

Reconstituída por Fernando, a violência de Caonabó atingiu um clímax horripilante. "Depois de chegar à cidade durante a noite, Caonabó ateou fogo às casas em que os cristãos moravam com suas mulheres, obrigando-os a fugir de medo para o mar, onde se afogaram oito, e três outros, a quem os índios não conseguiram reconhecer, pereceram em terra." Se pode haver algum elemento redentor em história tão pavorosa, foi o fato de Guacanagarí ter se ferido lutando contra Caonabó ao lado dos cristãos, exatamente como prometera a Colombo.

Se assim fosse, o Almirante tinha, de fato, um aliado entre os índios. "Acredito que este Guacanagarí realmente não seja responsável pela morte de nossa gente", concluiu Colombo. "Pelo contrário, sou eu que lhe devo satisfações." O pêndulo continuava a oscilar na cabeça de Colombo, e ele concluiu que os índios eram medrosos demais para assassinar os imprudentes espanhóis: "Isso também alimenta minhas suspeitas de que o desastre deve ter sido causado por brigas internas."

Na manhã seguinte, 7 de dezembro, Colombo enviou uma caravela para procurar por um lugar adequado à construção de uma nova cidade. Outro grupo, com Chanca, partiu com o mesmo objetivo. Por fim, chegaram a um "porto muito seguro", adequado para um assentamento, provavelmente na atual cidade de Cap-Haïtien, na costa norte do Haiti. Este porto convidativo teria sido o local do próximo acampamento, se Colombo não o considerasse muito distante das minas de ouro que esperava encontrar.

O grupo de busca acabou por encontrar Guacanagarí deitado "em sua cama com a postura de alguém que sofre com ferimentos", nas palavras cuidadosas de Chanca. Com profundas suspeitas sobre o chefe, os homens de Colombo o questionaram sobre o massacre em La Navidad, e Guacanagarí repetiu a história de que os responsáveis eram Caonabó e Marieni, que também o feriram na perna. O indígena exibiu as bandagens, temporariamente convencendo os céticos espanhóis e conquistando sua amizade ao dar-lhes uma "joia dourada" de ouro finamente trabalhado que os nativos "penduravam nas orelhas e narinas [...] não para mostrar riqueza, mas para ter boa aparência".

No dia seguinte, Guacanagarí enviou o irmão para convidar Colombo para uma visita. Nas palavras de Chanca, "o Almirante desembarcou junto com a maioria dos líderes, tão bem-vestidos que seriam elogiados mesmo em uma grande cidade". Colombo teve o cuidado de levar algumas bugigangas como retribuição pelo ouro que ele e seus homens haviam recebido. Os europeus encontraram Guacanagarí regiamente suspenso em sua rede, acompanhado da mulher, de 12 damas de companhia, nuas ou quase nuas, vários acompanhantes e guardas atentamente reclinados no chão: a corte real indígena. Eles haviam se preparado cuidadosamente para a chegada dos visitantes.

"Ele não se levantou", disse Chanca sobre o ardiloso líder indígena, mas "nos recebeu com o melhor semblante de cortesia que pôde oferecer e demonstrou profundo sentimento com lágrimas nos olhos pela morte dos cristãos e começou a falar da melhor maneira que conseguia como alguns haviam morrido de doença e como outros haviam ido ao território de Caonabó procurar a mina de ouro e que ali foram mortos, enquanto os outros haviam sido capturados e mortos em seu próprio acampamento". Como se quisesse pôr uma pedra sobre a tragédia, ou oferecer uma recompensa pelas vidas perdidas, Guacanagarí ofereceu mais presentes a Colombo, como ouro — sempre ouro —, cintos e um enfeite de cabeça adornado com pedras semipreciosas. As joias brilha-

190 *Rio de sangue*

vam, cintilavam, e a coroa era sólida e pesava nas mãos, dando uma ilusão de poder e domínio a seu grato e cobiçoso recebedor. Guacanagarí ainda tinha mais presentes a oferecer: "oito cintos trabalhados com pequenas contas feitas de pedras brancas, verdes e vermelhas, e outro cinto feito de ouro com uma coroa real, também de ouro, e três cabaças cheias de grãos de ouro", descreveu Fernando Colombo.

Naquele momento, o Almirante estava mais surpreso e lisonjeado do que empenhado em vingar a morte de seus homens, e parecia disposto até demais a cooperar com o anfitrião. O brilho do ouro lançava as vidas dos homens anônimos e mal pranteados que perderam a vida em La Navidad nas sombras da obscuridade. Um líder que punha o ouro acima da segurança dos membros de sua tripulação certamente aspiraria alcançar grandes feitos a um alto custo.

Colombo ofereceu a Guacanagarí os serviços de Chanca e do cirurgião da frota, ambos presentes. Chanca deu um passo à frente e indicou a necessidade de examinar a ferida sob a luz do dia, pois estava muito escuro na residência do chefe indígena. O ferido Guacanagarí concordou e, claudicante, se apoiou no ombro do médico. "Depois que ele se sentou, o cirurgião se aproximou e começou a remover as bandagens." Guacanagarí explicou que o ferimento fora causado por uma arma feita de pedra. "Removido o curativo, nós nos juntamos para examinar a perna. Estava claro que ele não sentia mais dor nesta do que na outra, embora espertamente mostrasse que sentia muita dor." Colombo e seus acompanhantes começaram a desconfiar que os homens não tinham perdido a vida por conta da própria imprudência, por doença ou mesmo inanição (algo muito improvável em terras tão férteis), mas haviam sido assassinados, um a um, pelos índios. Ainda assim, o Almirante concluiu que a melhor atitude era fingir que ainda acreditava na improvável história do chefe, e chegou a ponto de convidá-lo para jantar no navio aquela noite.

Guacanagarí foi tratado com toda a atenção. "Quando chegou ao navio do Almirante", contou Guillermo Coma, "foi recebido a bordo com grande pompa, recebendo as boas-vindas com rufar de tambores, batida de pratos e faíscas de bombardeios do canhão do navio". Guacanagarí tomou seu lugar no convés diante da mesa "suntuosamente" arrumada com bolos, confeitos e iguarias das cozinhas de Castela. Enquanto os outros membros da comitiva indígena "olhavam maravilhados para todas aquelas coisas", Guacanagarí "manteve o decoro e o ar grave condizentes com seu posto naquele momento de cerimônia", complementados pelos presentes de ouro trazidos para anfitriões que demonstravam tanto apreço. A ilusão se desfez quando o chefe percebeu a presença de mulheres índias a bordo. "Ao se voltar para as mulheres salvas dos canibais, vimos que ele observava com o canto de olho uma delas, chamada de Catalina por nossos homens", relatou Pietro Martire. Guacanagarí teria persistido no assédio se não tivesse ficado maravilhado com os cavalos, aqueles estranhos animais trazidos pelos espanhóis. "Eles traziam bridões gravados, caparazões [capas] em cores brilhantes e barrigueiras lindamente polidas", de acordo com Coma. "Sua aparência formidável aterrorizou os índios, pois eles suspeitavam que os cavalos eram alimentados com carne humana."

Por meio de intérpretes índios que milagrosamente sobreviveram a um período na Espanha após a primeira viagem e depois regressaram à terra natal, Colombo explicou os planos de construir outro assentamento, desta vez no território de Guacanagarí. O chefe disse apoiar o plano, "embora o lugar fosse insalubre, por ser muito úmido". Colombo então iniciou uma conversa séria com o alarmado chefe indígena sobre o cristianismo. No passado, o cacique se mostrara cético, mas naquele momento "consentira em usar em torno do pescoço uma imagem em prata da Virgem, algo que se recusara a fazer antes".

Com Guacanagarí a bordo, escreveu Pietro Martire, "houve aqueles que aconselhassem o Almirante a prender Guacanagarí, para puni-lo caso descobríssemos que nossos homens haviam sido atacados por ordens dele. Porém, ao perceber que não era hora de irritá-lo, o Almirante deixou-o ir". Colombo ainda se arrependeria dessa decisão.

O irmão do cacique voltou no dia seguinte trazendo ouro, sempre ouro, e acompanhado de mulheres de Borinquen, ou Porto Rico. Se os espanhóis pensassem que as mulheres eram destinadas a eles, o engano seria desfeito no momento em que o índio as violou "em seu próprio

192 *Rio de sangue*

nome e em nome do rei, seu irmão", relatou Pietro Martire. Depois do acontecido, os espanhóis e, muito provavelmente, o exausto índio dormiram a bordo, e foi nesse momento que as mulheres pularam na água e fugiram para terra. Os espanhóis demoraram a acordar para o que acontecera, e quando entenderam a situação, as nativas "já tinham coberto uma distância tão longa que nossos botes não conseguiram recapturar mais que quatro [...] quando estavam saindo da água". Pietro Martire relatou a corrida pela liberdade com simpatia. "Catalina e sete outras mulheres, confiando na força de seus braços, nadaram cerca de 5 quilômetros num mar não muito calmo: de fato, era essa a distância entre a frota e a costa." A tripulação iniciou uma perseguição em pequenos botes e capturou apenas três, mas não a líder Catalina, que, segundo acreditavam, conseguira fugir até Guacanagarí.

À luz do dia, Colombo exigiu indignado o retorno das mulheres e enviou um grupo de busca, que descobriu que o próprio Guacanagarí fugira com todas as suas posses na companhia das mulheres. Colombo designou um subordinado para liderar uma companhia de centenas de espanhóis na busca dos fugitivos, mas os europeus só conseguiram perambular por "gargantas tortuosas, com encostas íngremes em ambos os lados". Depois de avistar uma grande cabana a distância, a companhia se aproximou, pensando que Guacanagarí poderia estar escondido ali, e logo confrontou um índio de "testa enrugada e sobrancelhas grossas, acompanhado por uma centena de homens [...] armados com arcos e flechas, lanças e varas pintadas". Os nativos correram em direção aos europeus "com olhar ameaçador, gritando que eram tainos, ou seja, 'gente nobre', e não canibais". Embora não houvesse renunciado à violência, essa "gente nobre" era menos beligerante, e a companhia de marinheiros, suspirando de alívio em uníssono, fez um "sinal de paz", diante do qual os índios "abandonaram suas armas e sua ferocidade". Os espanhóis demonstraram amizade oferecendo guizos, que os índios valorizavam por causa do latão. Apesar da reconciliação em meio à selva, os nativos não faziam ideia do paradeiro de Guacanagarí, e os homens de Colombo regressaram aos navios para refletir sobre as maneiras enigmáticas dos indígenas.

* * *

O Almirante levou a frota para o leste e ancorou perto de Monte Cristi, na costa noroeste da República Dominicana. A areia dos altos penhascos, misturada à vegetação, era gentilmente movida pelo poder do vento e da chuva e formava plataformas que se estendiam para dentro das águas azul-turquesa, revelando peixes, crustáceos e corais que vivem sob a superfície cristalina. Desse ponto de vista, a terra parecia ser das mais abertas e convidativas, mas Colombo, preocupado com a impenetrável vegetação da ilha — Fernando falou de "flores e ninhos de pássaros, alguns com ovos e outros com filhotes, e todas as outras coisas que são próprias do verão", embora o calendário indicasse o mês de dezembro, em pleno inverno europeu —, considerou o local desencorajador para a construção de uma fortaleza ou mesmo para um assentamento temporário.

A frota progredia muito lentamente contra os constantes ventos alísios. "O tempo está tão contrário que nos deu mais trabalho navegar 30 léguas a favor do vento que chegar aqui desde Castela", reclamou Chanca. Foram necessários 25 dias para cobrir aquela curta distância.

Por fim, Colombo divisou uma aldeia indígena em meio às árvores próximas ao litoral. Vista como um "local adequado para uma fortaleza", nas palavras de Fernando, a região englobava uma planície, uma ravina e paliçadas que desciam até o limite do mar. "A planície tem terras maravilhosas que superam todas as de Castela", alardeou Colombo numa carta aos Reis Católicos. "Está coberta de capim verde e alto, melhor que um campo de cevada da Espanha, na melhor estação." Colombo estimava que a planície, conhecida como Vega Real, "tinha espaço suficiente para 20 mil habitantes plantarem grãos, legumes e verduras e construir edifícios". Ali o Almirante desembarcou com toda a tripulação, comida e os equipamentos necessários para uma colônia destinada a deixar para trás a triste memória do pequeno entreposto construído durante a primeira viagem. Colombo e seus homens "acreditavam que era um lugar excelente para uma cidade, porque tinha um porto amplo, embora não aberto para o noroeste, e um ótimo rio com largura de um arremesso de flecha". Ele estava localizado num promontório de solo aluvial ou silte, aninhado entre o berço do oceano e uma serra de baixa elevação, dividida por um grande rio que deságua na baía e coalhada de lagoas.

Havia mais alívio escondido nas demonstrações de alegria que se seguiram. "O clima é tão ameno que é difícil de acreditar", exultou Colombo. "É tão agradável e brando; árvores, montanhas, e todas as ervas estão florescendo e são tão frescas quanto na Andaluzia em abril ou maio." Mesmo a vida selvagem confirmava a visão do Almirante: "Pardais e outros pássaros são muito agradáveis, e o rouxinol está sempre cantando." Havia ninhos por toda parte, "e bandos de patos estão em todo lugar, e no rio se encontram mais gansos do que em qualquer outro lugar, e todas as aves são muito grandes: pombos, garças e 10 mil outras espécies" — perdizes, rolinhas e outras cujos nomes ele não sabia. "Os papagaios são incontáveis" e, alguém poderia acrescentar, palram incessantemente.

As possibilidades marítimas o deixaram exultante. "Duas léguas grandes a oeste da cidade" — que, naquele momento, só existia na cabeça de Colombo —, "esta terra forma uma praia excelente, ao fim da qual está um dos melhores portos do mundo, grande o suficiente para receber todos os navios que existem". O atracadouro oferecia uma ampla vista do oceano, de forma que qualquer navio que se aproximasse poderia ser visto e identificado a uma distância segura. O solo era rico e vermelho e o ar estava cheio de pólen. Vívidos flamboyants lançavam salpicos escarlate, enquanto a vegetação rasteira, de cor esmeralda, parecia ter luz própria. Ao olhar de um leigo, o lugar parecia ideal para o primeiro assentamento espanhol de fato nas Índias, mas a beleza da região se mostrou enganadora. Embora tenham sido relativamente fáceis de descobrir, as Índias eram muito mais difíceis de colonizar — impossíveis, na verdade.

Mais para dentro do continente, uma planície viçosa, convidativa e tranquila encantou Colombo. De acordo com os indígenas, o lugar ficava próximo a minas de ouro. Ele observou, com satisfação, uma pedreira de calcário que, com o habitual exagero, disse ser melhor que "aquela sobre a qual a igreja de Santa María de Sevilha foi construída", e um "rio caudaloso, melhor que o Guadalquivir". Colombo provavelmente se referia ao rio Ozama, nome de origem taína. Na verdade, o curso d'água, com menos de 160 quilômetros de extensão, não era rival para o longo e poderoso Guadalquivir, segundo maior rio da Espanha, mas, como este, era profundo e largo o suficiente para acomodar os navios espanhóis e desaguava no Atlântico.

A cidade foi batizada de La Isabela, em homenagem à rainha que conferiu legitimidade aos esforços de Colombo. Guillermo Coma previu que, "superando todos os outros lugares graças à sua posição estratégica e clima benfazejo, em poucos anos [a cidade] será muito populosa, habitada e frequentada por colonos". Além disso, com ainda menos explicação, acrescentou: "Ela vai competir com qualquer uma das cidades da Espanha quando seus edifícios estiverem prontos e suas muralhas, magnificamente erguidas. As casas estão prontas e os muros de proteção, que adornam a cidade e dão segurança e refúgio a seus habitantes, estão sendo construídos." Coma descreveu como uma "rua ampla" dividiria a cidade, cortada por muitas outras ruas, e como uma fortaleza se ergueria sobre a praia.

O cronista contou em detalhes suas ambições extravagantes para o pequeno assentamento. "A residência do Almirante é chamada de palácio real, pois, em algum momento no futuro, se Deus, o criador e concessor de inúmeras bênçãos, assim quiser, os reis poderão sair de Cádiz para visitar esta abençoada terra e contemplar as ilhas conquistadas para eles tão longe de casa." Eles navegariam rio Ozama acima para sacramentar a posse das novas terras que Colombo havia descoberto. Uma vez lá, descobririam, entre outras coisas, "uma nobre igreja [...] toda decorada com a mobília enviada da Espanha pela rainha Isabel para glorificar a Deus". Embora a imagem dos Reis Católicos participando de um culto nas novas terras parecesse absurda, Colombo relatou que o cristianismo estava tomando posse do lugar. Os índios, dizia ele, olhavam com devoção e respeito enquanto se ajoelhavam em contemplação. Era uma bela fantasia, pronta para exportação.

Imbuído desse espírito, Coma acreditava que La Isabela não era apenas mais um entreposto comercial temporário ou uma fortaleza sob ataque, mas sim a primeira manifestação de uma nova civilização transplantada da Espanha. Ele passou adiante a inebriante, porém irreal convicção de que La Isabela e outras novas cidades em pouco tempo rivalizariam com as capitais da Espanha. Se Coma deu voz a um sentimento compartilhado entre os homens de Colombo, suas palavras indicaram uma mudança crucial na motivação da viagem: o Almirante não mais buscava a Índia antiga. Ao contrário, havia encontrado as matérias-primas, os trabalhadores e o cenário para um reino novo e inesperado, algo implicitamente maior e melhor que a Espanha, porque mais puro, situado a pouco mais de três semanas de viagem (se o tempo permitisse) das ilhas Canárias. Até mesmo Las Casas, que não hesitava em condenar Colombo, reconheceu a importância da nova colônia. "Quando fui designado prior da casa dominicana no porto de La Plata, peguei uma grande pedra dela [La Isabela] e a coloquei como pedra fundamental do mosteiro que comecei a construir ali. Para registro", observou ele, "esta pedra fica no canto leste do chão e foi a primeira a ser assentada, ao lado da entrada principal e da igreja". Dessa maneira, o frei preservou o legado de Colombo em Hispaniola.

A ambiciosa tarefa de erguer um novo forte consumiu Colombo, que estava determinado a aprender as lições de La Navidad e construir um refúgio mais seguro para seus homens.

Fernando Colombo relatou que o pai ficou tão assoberbado que mal teve tempo de atualizar o diário entre os dias 11 de dezembro de 1493 e 12 de março do ano seguinte. "Subitamente, enquanto dormia, senti dor em todo o meu lado direito, desde a sola do pé até a cabeça, como se afligido por uma paralisia, que não causa pouco sofrimento", relatou depois o Almirante. "Agora estou melhor, e não me rendi a ela, porque preciso fazer o máximo para me concentrar e com contentamento. Desde então, noite e dia, não uso menos roupas do que usaria em Sevilha." Nesse ínterim, Colombo enfrentou tempo frio e rigoroso, que comparou a um "típico inverno de Castela". O Almirante pareceu recuperar a saúde, mas os problemas médicos voltariam a aparecer, de maneira cada vez mais grave.

Bruta, incompleta e insalubre, La Isabela foi fundada em 6 de janeiro de 1494, uma das datas mais importantes do calendário cristão, a Epifania do Senhor, ou seja, o dia em que Deus se revelou em forma humana na pessoa de Jesus Cristo. Uma dúzia de padres consagrou o assentamento numa igreja improvisada na terra. Foi a primeira missa celebrada no Novo Mundo, mas, sob a pressão dos acontecimentos, não houve tempo para refletir sobre esse marco.

Dois ajudantes de ordens, Alonso de Ojeda e Ginés de Gorbalán, foram imediatamente enviados desde La Isabela até a região de minas de Cibao com cerca de duas dúzias de batedores espanhóis e um punhado de guias índios. Colombo permaneceu na nova cidade, cuidando da saúde.

Tempestades, desabamentos de terra e inundações assolaram o grupo de Ojeda; os homens buscaram refúgio numa aldeia indígena, onde ouviram relatos de grande quantidade de ouro nas colinas escondidas sob a neblina e a cerração. Para provar o que diziam, os indígenas exibiram três grandes pepitas. Ojeda ficou tão empolgado com a descoberta que decidiu contá-la a Colombo na primeira oportunidade, e em 20 de janeiro estava de volta a La Isabela, com ouro, presentes e mais alguns serviçais indígenas na garupa. Um subordinado, Gorbalán, levou mais um dia buscando outros depósitos de ouro, e chegou à fortaleza 24 horas depois. Colombo, novamente com saúde, regozijou-se com a descoberta e preparou uma expedição mineradora para Cibao com o objetivo de trazer de volta uma carga muito maior, o que causou grande frustração em seus homens, saudosos do conforto e da segurança da Espanha.

Sem aviso, a doença se abateu sobre os homens. O dr. Chanca, diligente a ponto de insistir em obter amostras de todos os novos tipos de peixe com medo de que os homens se envenenassem, viu-se obrigado a tratar de trezentos ou quatrocentos exploradores caídos, e com isso chegou à beira da exaustão. De início, Colombo culpou o clima pela epidemia, mas depois de pensar mais no assunto, escreveu, "em grande parte a culpa é a busca incessante por mulheres, que é muito difundida, então se eles são imodestos e irreprimidos, não é de se admirar que sofram as consequências", ou seja, sífilis. A doença se apresenta de várias formas, e a cura costuma ser espontânea, a doença simplesmente desaparece após uma erupção. Colombo observava os afetados: "Graças a Deus, eles melhoram: quatro ou cinco dias e a doença segue seu rumo." Não era sempre o caso; às vezes, a sífilis se esconde durante anos no sistema nervoso, até explodir como uma bomba-relógio biológica.

A sífilis era o flagelo de ambos os continentes, e o consenso científico sobre o padrão de transmissão variou de tempos em tempos. Repetindo a visão corrente naquela época, Fernández de Oviedo, naturalista autodidata, escreveu que "a sífilis apareceu primeiro na Espanha, depois que o Almirante Cristóvão Colombo descobriu as Índias e voltou para casa. Alguns cristãos que acompanharam Colombo na viagem de descobrimento", como Oviedo se referiu à primeira viagem, "e outros que estiveram na segunda viagem trouxeram esta peste à Espanha, e, a partir deles, outras pessoas foram contaminadas". Soldados espanhóis levaram a sífilis à Itália durante uma campanha militar, e "a partir daí ela se espalhou por toda a cristandade, carregada por homens e mulheres que desenvolveram a doença". Era tão fácil transmitir a sífilis, acreditava Fernández de Oviedo, que o mero compartilhamento de pratos, copos e roupas de cama causaria o mal. "Pouquíssimos cristãos que se uniram a mulheres índias e se deitaram com elas escaparam da enfermidade", advertiu. "Esta terrível doença veio das Índias", onde era "bastante comum entre os nativos", mas "não tão perigosa lá quanto aqui na Europa". A razão para a disparidade, segundo acreditava Fernández de Oviedo, era que os índios se curavam da sífilis bebendo doses de água fervida com lascas de cascas ou madeiras — e não podiam ser de qualquer árvore, mas da árvore frutífera chamada *guayacán*, de Hispaniola, ou, mais precisamente, da ilha Beata, que fica bem próxima. "Sem dúvida, muitos são curados da sífilis graças a esse tratamento."

Para superar a miríade de dificuldades que os assentamentos enfrentavam, Colombo resolveu fazer um rodízio de seus homens; alguns navegariam de volta à Espanha e seriam substituídos por um novo contingente de marinheiros-soldados prontos para encarar o duro trabalho que havia pela frente. Os que voltassem podiam se vangloriar das enormes pepitas de ouro esperando para ser exploradas em Cibao. A decisão mudaria o caráter da viagem, dividindo-a ainda mais, o que depois viria a enfraquecer o instável comando de Colombo.

No segundo dia de fevereiro de 1494, Antonio de Torres, a quem Fernando Colombo descreveria como "homem de grande prudência e nobreza, em quem os Reis Católicos e o Almirante confiavam muito", partiu de La Isabela com uma grande frota — 12 navios no total — em direção a Cádiz, na Espanha. Torres planejava fornecer um relatório completo da viagem às autoridades e pedir mais suprimentos para manter a presença espanhola nas ilhas descobertas por Colombo. Ele também seria obrigado a dar a péssima notícia do massacre em La Navidad e contar sobre as possibilidades incertas das novas colonizações.

Num contexto mais amplo, a promessa de ouro superava a perda de vidas.

CAPÍTULO 6

Rebelião

Era uma visão impressionante: uma fortuna em pepitas de ouro vinda diretamente das Índias, no valor de 30 mil ducados. Fernando e Isabel observavam um sortimento de blocos disformes dotados de poderes mágicos. Segurá-los e possuí-los era sentir o peso e o poder da riqueza. Este esplêndido produto de pilhagem era o mais poderoso incentivo para que os reis continuassem a apoiar Colombo e sua missão. Os erros cometidos não importavam, pois o Almirante honrara o compromisso assumido com a Coroa.

Para trazer as pepitas desde as Índias, Antonio de Torres refez a rota de Colombo, chegando a Cádiz em 25 dias, em 7 de março de 1494. Além do ouro, Torres trouxe amostras de especiarias e 26 índios, entre eles três que se acreditava serem canibais, embora todos fossem considerados mera curiosidade. Toda a empolgação tinha origem na fortuna em pepitas de ouro.

Torres trazia uma longa e emotiva carta de Colombo para os soberanos, na qual o explorador tentava pintar o melhor quadro possível da complicada situação em Hispaniola. O Almirante explicou que teria enviado mais ouro com a frota, "se a maior parte dos homens não tivesse caído doente". Colombo pensara em usar os poucos homens ainda saudáveis, mas temia as "muitas dificuldades e os muitos perigos" que teriam de enfrentar. Ele seria obrigado a caminhar por um terreno muito acidentado até chegar à região de mineração, a "23 ou 24 léguas de distância", e "cruzar vaus de enseadas e rios, numa longa jornada".

Não era aconselhável deixar homens doentes, sozinhos e desprotegidos à mercê dos índios. Mesmo que Colombo levasse exploradores saudáveis às minas de ouro, eles teriam enfrentado "um cacique chamado Caonabó, um homem que, na opinião de todos, era muito cruel e ainda mais audacioso", o que exporia todos a um grande perigo. E se os espanhóis chegassem ao ouro, como conseguiriam transportá-lo até os navios? "Teríamos que carregar pequenas quantidades, dia após dia, trazendo [o ouro] conosco e correndo o risco de adoecer, ou seríamos obrigados a enviá-lo com alguns dos homens, correndo o risco de perdê-lo."

Tão urgente quanto a doença generalizada era a "grande escassez de todas as coisas que são particularmente eficazes no combate a doenças, como uvas-passas, açúcar, amêndoas, mel e arroz, que deveriam ter chegado em grandes quantidades, mas tínhamos pouco". E tudo já tinha sido consumido, "inclusive os remédios". A situação piorava a cada dia.

Colombo enviou várias listas à Espanha com Torres. Uma pedia suprimentos básicos "para o povo":

Trigo
Cevada
Biscoito
Vinho (cerca de 60 mil litros)
Vinagre em barris
Potes de óleo
Feijões
Grão-de-bico
Lentilhas
Toucinho de fumeiro
Carne bovina
Uvas-passas
Figos
Amêndoas, avelãs, nozes
Peixe salgado (300 barris)
Cebolas
Alho (5 mil réstias)

Açúcar
Mostarda
Mel (135 litros)
Melado (10 potes)
Sementes
Carneiros e cabritos
Bezerros (20)
Galinhas (400)
Garrafas de vinho
Barris de água
Peneiras, escorredores, coadores

Outra lista trazia pedidos expressos "para o Almirante e familiares", que, tomando por base as necessidades apresentadas, suplicavam por doces e outras guloseimas para adoçar a dura vida nas Índias:

Cidra cristalizada (20)
Balas (22 quilos)
Geleias diversas (12 potes)
Tâmaras
Marmelada (12 caixas)
Açúcar rosa (12 potes)
Açúcar branco
Água de flor de laranjeira (15 litros)
Açafrão (meio quilo)
Arroz (50 quilos)
Passas de Almuñécar (costa sul da Espanha)
Amêndoas
Mel puro (57 litros)
Óleo refinado
Banha de porco fresca (45 litros)
Presunto (50 quilos)
Galinhas (100)
Galos (6)

O Almirante catalogou outras pequenas benesses para facilitar a estadia nas ilhas: toalhas de mesa de 4,5 metros, 72 lenços pequenos, seis toalhas, seis pares de toalhas de mesa para a tripulação, talheres de peltre, duas taças de prata, duas jarras, um saleiro, 12 colheres, dois pares de castiçais de latão, seis jarros de cobre, quatro potes, dois caldeirões, quatro frigideiras, duas caçarolas, duas panelas de cobre com asas, um pilão de latão, duas colheres de ferro, raladores, dois garfos, uma peneira, uma bacia grande, velas grossas e finas e uma "grelha de peixe". Colombo não explicou como esses itens ajudariam a converter os índios, localizar o Grande Khan ou encontrar ouro, mas não se furtou a dar uma sugestão com relação aos canibais das ilhas. Ele instou os reis a considerar a possibilidade de "enviar alguns deles a Castela [...] para que finalmente abandonassem o cruel costume de comer carne humana. Uma vez em Castela, depois de aprender a língua, poderiam rapidamente receber o batismo e salvar suas almas". Os tainos, em quem Colombo passou a confiar, dariam "grande crédito ao ver que levamos prisioneiros aqueles que os atormentam e a quem tanto temem, a ponto de tremerem à simples menção do nome deles". Colombo propôs transportes regulares de canibais entre as ilhas e a Espanha. "Quanto mais deles levarmos para lá, melhor."

Mas os reis, percebendo o número de mortos entre os índios que seguiram para a Espanha, responderam nas margens da carta: "Você deve contar a ele o que aconteceu com os canibais que vieram." A possibilidade de ter caravelas repletas de canibais moribundos atravancando as docas de Sevilha não repercutiu bem entre Fernando e Isabel; os monarcas preferiam que Colombo "se ocupasse disso por lá, caso fosse possível, para ver se eles aceitariam nossa sagrada fé católica, e da mesma forma tentasse fazer isso com todos os habitantes nas próprias ilhas". Em outras palavras, era melhor que Colombo convertesse os índios onde eles moravam.

Como se já não bastassem a navegação, a exploração, a manutenção dos navios, a busca de ouro e a conversão para ocupá-lo, o Almirante do Mar Oceano também resolveu se interessar pelo delicado assunto das finanças. Ele tinha convicção de que os principais participantes da segunda viagem, Ojeda, Chanca e outros, mereciam reconhecimento na forma de melhores pagamentos, bem como em mel de qualidade, óleo refinado e açúcar rosa.

Colombo mostrou ressentimento com "aqueles *caballeros*" que trocaram cavalos por outros, inferiores, na última hora. ("Animais tão velhos e cansados que o melhor deles não vale nem duzentos morabitinos.") O Almirante afirmou que "essas substituições foram feitas com grande malícia" e passou a descrever o esquema desonesto armado por alguns homens que estavam nos navios. "Esses *caballeros*, além do que receberam como pagamento, também tiveram as despesas de viagem pagas até agora, incluindo as relativas aos cavalos, e continuam recebendo pagamento, mesmo sendo o tipo de gente que, quando não se *sente* bem ou não se *sente* com vontade de fazer alguma coisa, afirma que os cavalos não devem ser usados sem eles; além disso, esperam não fazer nenhum trabalho exceto aqueles em montaria." Os reis decretaram que os *caballeros* deveriam permanecer, mas exigiram que deixassem os cavalos à disposição sempre que "o Almirante assim ordenasse".

Com relação a voluntários insubordinados, que tinham por hábito fazer o que bem quisessem, Colombo recomendou que eles, todos os duzentos, recebessem pagamentos como forma de disciplinar suas condutas (os reis concordaram neste ponto). E, aproveitando o ensejo, pediu itens essenciais, tais como roupas, sapatos, mulas, arcabuzes e bestas para renovar o minguado estoque de suprimentos da frota.

Em meio a tantas atribulações, Colombo despachou o incansável Alonso de Ojeda com cinquenta homens para procurar as minas de Cibao.

Após dias na mata, Ojeda retornou com o grupo, explicando que, depois de subirem um duro desfiladeiro, foram recebidos pelo chefe de uma aldeia próxima e chegaram a Cibao em apenas seis dias. Chegando lá, ele observou os índios bateando um córrego em busca de ouro. Depois de ouvir dos nativos que muitos córregos traziam pepitas, Ojeda concluiu que a região devia ser "muito rica em ouro", um exagero digno de Colombo. Ainda se recuperando da doença, porém "eufórico", segundo o filho, Colombo decidiu ver o ouro por si mesmo.

Antes de sair, o Almirante delegou ao irmão, dom Diogo, a tarefa de proteger La Isabela e supervisionar a construção da cidade. Também ordenou que todas as armas fossem armazenadas na nau capitânia durante sua ausência, "para que ninguém as usasse num motim, como alguns tentaram fazer enquanto estava doente", escreveu Fernando. Motivos para isso não faltavam. Os fidalgos e outros exploradores amadores da viagem acreditavam que "assim que desembarcassem poderiam se encher de ouro e voltar para casa ricos", relatou Fernando, sem perceber que o pai era tão suscetível à magia do ouro quanto qualquer outro na tripulação, e até estimulava a ilusão. Infelizmente, "eles não sabiam que o ouro não pode ser obtido sem sacrifício, seja em tempo, em trabalho árduo e em privações". Assim que foram confrontados com a realidade de que o ouro era pouco e difícil de minerar, e que o transporte do metal precioso à Espanha seria longo e perigoso, a desilusão e o ressentimento não tardaram a aparecer. O palco para um motim estava armado.

Colombo intimidava potenciais antagonistas — espanhóis e índios — com demonstrações de força. Liderando o avanço dos homens em colunas militares, enquanto bandeiras ostentando a insígnia real tremulavam em meio ao calor úmido e a densa vegetação abafava o som das trombetas, Colombo partiu de La Isabela na quarta-feira, 12 de março, acompanhado de todos os homens em forma que a expedição pudesse usar, com exceção daqueles "necessários para guardar os dois navios e as três caravelas que restavam da frota", nas palavras de Fernando. Pietro Martire, citando o próprio Colombo como fonte, estima que a força abrangesse "todos os homens da cavalaria e quatrocentos soldados de infantaria", que rumaram para Cibao em busca de ouro.

Liderada pelo Almirante anfíbio, a força terrestre embarcou numa jornada através de uma paisagem "de grande perfeição, graça e beleza", descreveu Las Casas, "tão viva, tão verde, tão ampla, de tanta cor e, como um todo, tão cheia de beleza, que logo que a viram eles se sentiram como se tivessem chegado a alguma parte do Paraíso".

Nesse cenário, Colombo relatou a Fernando e Isabel que "*Cibao* é o nome indígena, que na nossa língua significa 'pedreira'. É uma região imensa, de terreno muito acidentado, com montanhas e picos bem altos, e todos ou quase todos são pouco escarpados. Não tem árvores, mas não é sem vegetação, por causa de sua fertilidade excepcional; aqui a relva cresce como erva daninha, mais abundante e mais alta que um campo de cevada na melhor época do ano, e em quarenta dias cresce até a altura de uma sela de cavalo, e está sempre abundante e verde, se não estiver queimada. O terreno no sopé dessas montanhas e picos é cheio de pedras tão grandes e redondas quanto às de margens de rio ou de uma praia, e todas ou quase todas são azuladas". A água pura de Cibao foi um deleite para o Almirante; era "límpida, deliciosa, fria e não era áspera como as águas que fazem mal e deixam as pessoas doentes; ela dissolve pedras nos rins, e muitos foram curados". E, o que era ainda melhor, "todos os córregos e riachos, grandes e pequenos, têm pepitas de ouro, seja na água ou por perto, onde a água as tenha jogado. Eu acredito, ou melhor, tenho certeza de que esse ouro vem das minas nos picos e montanhas, e durante a estação das chuvas a água o carreia até os riachos".

O ouro e os homens que o minerariam precisavam de proteção. Colombo concluiu que estava na hora de erguer outro forte, no coração de Cibao. No topo de uma colina, foi erguido um pequeno assentamento com o nome intimidador de Fortaleza, mas esse não era o destino final. "Depois de avançar quase 120 quilômetros desde a cidade até a região do ouro", contou Pietro Martire, "Colombo decidiu construir uma fortaleza às margens de um grande rio, numa colina alta, de forma que pudessem explorar os lugares escondidos da região aos poucos e com segurança. Este forte foi batizado Santo Tomás", nome em espanhol de Tomé, o apóstolo, que não acreditou na Ressurreição até tocar nas feridas de Jesus. O nome talvez fosse a maneira encontrada por Colombo para desafiar todos os céticos que não acreditavam que o vale produzisse ouro.

Atraídos pelos laboriosos espanhóis, os índios se reuniram em Cibao em busca de guizos e outras bugigangas, da mesma forma como os homens brancos buscavam ouro. O Almirante concordou em dar os presentes, desde que os indígenas trouxessem ouro. Algumas pepitas eram tão grandes que Colombo concluiu que os índios tinham derretido peças menores para formar grandes blocos. O Almirante admirava as pepitas quando um velho índio disse que havia outras "grandes como nozes", ou ainda maiores. "Quando recebi as duas pepitas do velho", escreveu Colombo, "fiquei muito feliz e mostrei que eles eram muito gentis e dei-lhe um guizo. Ele o recebeu com um suspiro de satisfação, que expressava contentamento maior que o de alguém que tivesse recebido uma bela cidade". Essas duas pepitas, disse o velho, não eram nada "comparadas às que existiam na terra dele". O índio se inclinou e pegou várias pedras, afirmando que tinha pepitas de ouro ainda maiores. "O tamanho delas variava entre uma noz e uma laranja", exclamou Colombo, maravilhado. Mas as coisas não eram assim tão simples.

Por acreditar que estava perto de encontrar grandes quantidades de ouro, o Almirante "enviou um jovem nobre com alguns soldados armados para explorar a região [do Cibao]", escreveu Fernando. O espanhol voltou contando histórias fantásticas de "pepitas de ouro do tamanho de uma cabeça [...] encontradas às margens de um rio". Curiosamente, Colombo nunca voltou lá, preferindo aguçar o apetite dos reis por mais viagens. O Almirante tinha desculpas preparadas — a distância entre Cibao e os navios era muito grande, não havia equipamento adequado para mineração, o ouro estaria lá quando ele voltasse —, mas, dada a extrema importância do metal precioso para si próprio e para a Espanha, o relato é extremamente suspeito. Colombo realmente encontrou ouro, mas não as incríveis quantidades de que se vangloriara.

Ao regressar a La Isabela em 1º de abril, pouco antes da Páscoa, Colombo descobriu que um grupo de espanhóis descontentes havia se juntado em torno da improvável figura de Bernal Díaz de Pisa, o inspetor da frota. Na corte real espanhola, ele era condestável. Ali, era um rebelde, e foi preso imediatamente.

Enquanto Díaz de Pisa estava confinado a bordo, descobriu-se que ele havia fabricado um rol de acusações ultrajantes contra o Almirante e escondera o documento numa boia que marcava uma âncora. No entanto, até o crítico mais duro de Colombo, Bartolomeu de Las Casas, demonstrou consternação com a traição do inspetor: "Não consigo imaginar como o Almirante possa ter cometido todos os crimes e injúrias de que fora acusado no curto espaço de dois meses em que esteve lá." Apesar da intervenção de Colombo, os rumores sobre sua crueldade contra os homens da tripulação se espalharam por toda Castela. "Li as cartas que ele enviou ao rei e à rainha, em que explica ser obrigado por lei a dar as punições que deu", observou Las Casas, "em uma indicação de que alguns deles foram realmente punidos". Mas o clérigo desta vez ficou ao lado de Colombo. "Criminosos sempre pedem para não serem punidos", escreveu, "e sempre dizem que suas ações são justificadas e que são eles as vítimas".

Naquele momento, a outrora unificada expedição estava dividida em três partes. A primeira era a pequena delegação de espanhóis que construiu a duras penas a fortaleza conhecida como La Isabela, na costa norte da atual República Dominicana. A segunda era formada por Colombo e homens leais a ele, que faziam buscas nas minas de ouro de Cibao. No caminho, enfrentaram índios não alinhados com Guacanagarí e potenciais amotinados entre a tripulação. Enquanto isso, o terceiro e maior contingente retornara a Cádiz sob o comando de Antonio de Torres.

Giambattista Strozzi catalogou, de Cádiz, as riquezas subtraídas das Índias, tais como ouro, especiarias, papagaios e outras aves. Strozzi também escreveu, prenhe de excitação, sobre "muitos homens de pele marrom e de rostos largos como os dos tártaros, com cabelo até o meio dos ombros, fortes e muito rápidos e ferozes, e comem carne humana e crianças e castram homens que mantêm cativos e são engordados como capões, e depois os comem. São chamados de canibais".

Guillermo Coma, o nobre que viajava com Colombo, destacou que aqueles índios eram exímios marinheiros e viajavam de ilha em ilha em canoas, "por vezes mais de 1.500 quilômetros, em busca de saques". E eram ferozes. "Tomavam as cativas como escravas de suas mulheres ou as usavam para satisfazer a própria luxúria. As crianças nascidas de prisioneiros eram comidas como eles." Devia ser essa a razão por que as índias não hesitavam em se autoinfligir abortos.

Apesar de práticas tão repugnantes, Guillermo Coma considerava os caraíbas "inteligentes, astutos e argutos", qualidades que lhe davam esperança de que "pudessem ser facilmente convencidos a adotar nossas

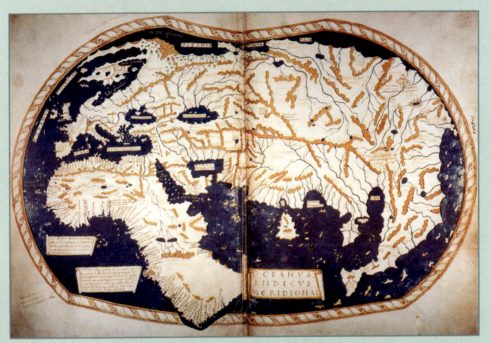

Mapa-múndi de Henricus Martellus Germanus (Heinrich Hammer), c. 1489. Acredita-se que um mapa semelhante tenha influenciado as ideias de Colombo sobre a viagem. É possível que este mapa tenha se baseado em outros descobertos por seu irmão Bartolomeu muitos anos antes, em 1485. Esta visão truncada levou Colombo a acreditar que estava próximo à Ásia, quando, na verdade, havia chegado ao Caribe. Por confiar em mapas como este, bem como em fontes clássicas, o Almirante equivocadamente sustentava que a distância entre a Europa e a Ásia não era grande.

Virgem dos Marinheiros, de Alejo Fernández, 1530. Nesta que é uma das primeiras pinturas inspiradas pelas descobertas de Colombo, o explorador aparece ajoelhado à esquerda de Nossa Senhora em um robe dourado, enquanto os três irmãos Pinzón estão à direita. O quadro evoca a mística que envolve as jornadas do Almirante, refletindo a maneira exaltada com que Colombo enxergava as viagens que fez e a si próprio.

O celebrado *Mappa Mundi* de Juan de la Cosa, produzido em 1500, é considerado a primeira representação cartográfica europeia do Novo Mundo. Como cartógrafo de Colombo, Cosa foi obrigado a assinar um juramento afirmando que Cuba não era uma ilha, embora suspeitasse que a afirmação fosse falsa.

Cartas Previleg Cedulas y otras Escrituras de Dō Xpoual Colon Almirante Mayor dl Mar Oceano Visorey y Gouernador de las Islas y Tierra firme

O frontispício do resplandecente *Livro de privilégios* mostra a insígnia de Colombo. Esta coleção de documentos reais, reunidos entre 1492 e 1502, lista títulos, direitos, prêmios e cargos que, na visão do Almirante, Fernando e Isabel lhe deviam. Na época da terceira viagem os Reis Católicos já não pretendiam concordar com todos os extravagantes pedidos de Colombo.

Mapa de São Jorge da Mina. Acredita-se que Colombo tenha visitado este forte português na costa oeste da África quando ainda era um jovem navegador.

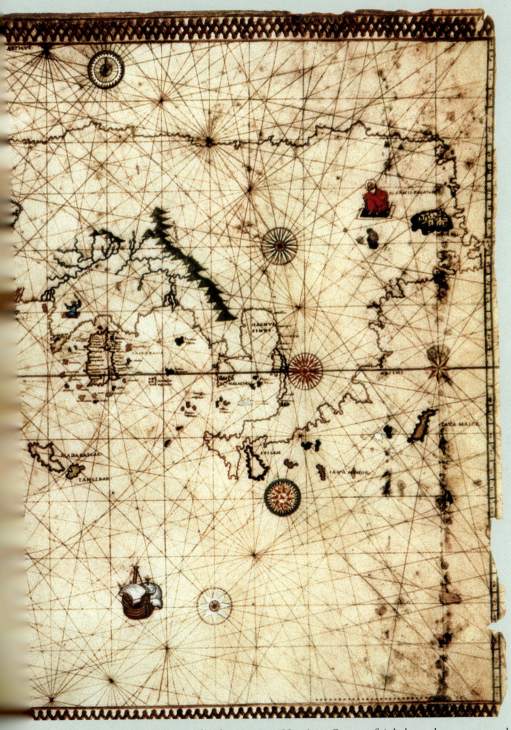

Carta King-Hamy, 1502, atribuída a Américo Vespúcio. O nome foi dado em homenagem a dois colecionadores que posteriormente a adquiriram.

Mapa-múndi de Cantino, de 1502, o mais antigo mapa das descobertas portuguesas, que mostra a África e parte do litoral do Brasil. A linha à esquerda mostra a demarcação papal de território (Espanha a oeste, Portugal a leste) definida pelo Tratado de Tordesilhas.

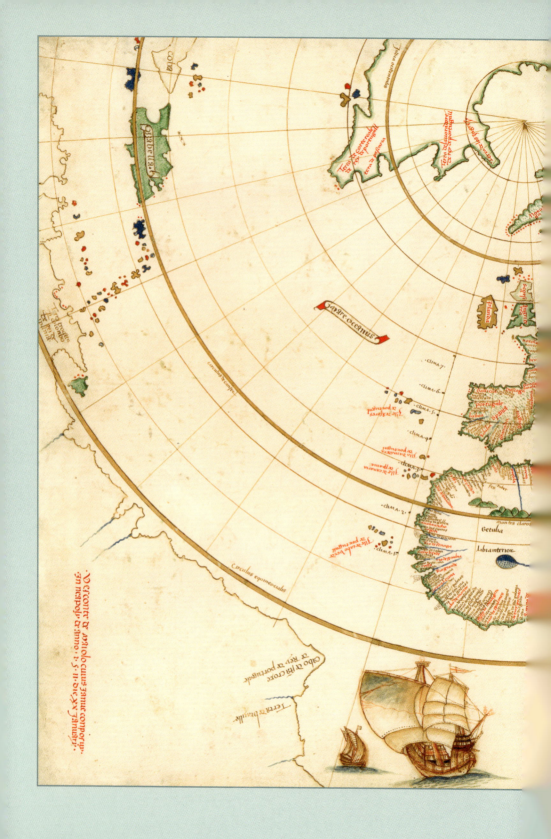

Mapa-múndi de Maggiolo, c. 1511, que mostra (extrema esquerda) partes do Brasil e as terras descobertas por Colombo, inclusive Cuba.

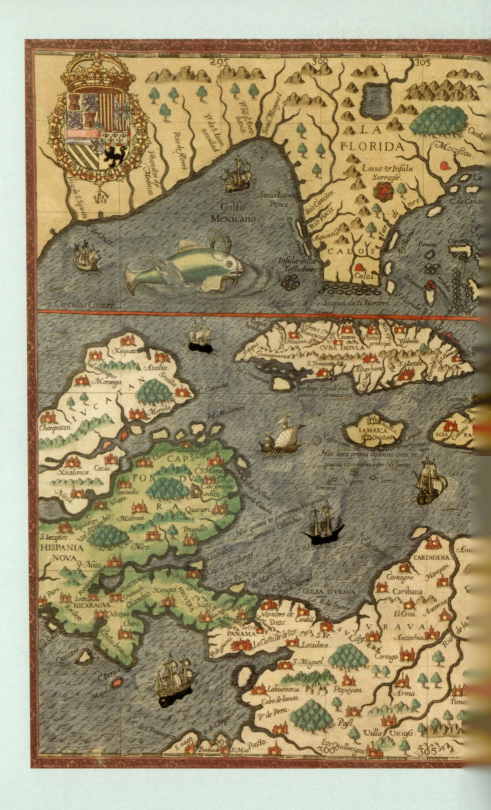

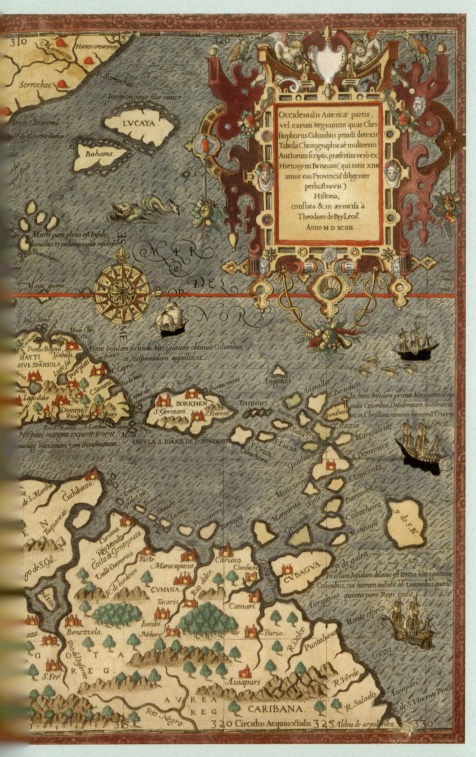

Mapa do Caribe de Theodor de Bry, c. 1594, que mostra partes da América do Norte, da península de Iucatã, do Panamá e da América do Sul, com graus variáveis de precisão.

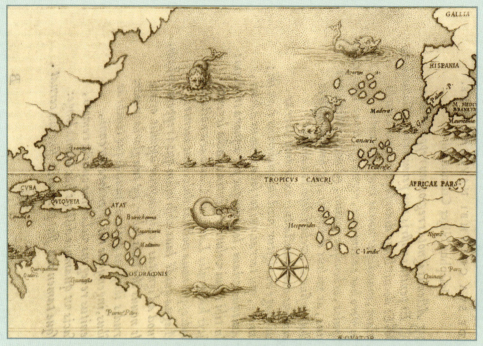

Este mapa de 1583 mostra as terras visitadas por Colombo. Entende-se nesse momento que o oceano Atlântico está limitado pela Europa, a África e as Américas do Norte e do Sul.

As interpretações religiosas das viagens de Colombo legaram um caráter atemporal às jornadas do Almirante. Esta alegoria do descobrimento do Novo Mundo foi gravada em 1594 por Theodor de Bry, artista belga cujas detalhadas interpretações da exploração europeia se tornaram muito populares, embora ele nunca tenha visitado a região.

leis e nosso estilo de vida, quando percebessem que somos mais educados e civilizados que eles. Espera-se, assim, que em pouco tempo abandonem o caráter selvagem como resultado não só da educação que lhes daremos, mas também de ameaças pontuais para lhes mostrar que, se não abrirem mão da carne humana, serão reduzidos à escravidão e levados em grilhões para a Espanha", uma sociedade "civilizada" dotada de seus próprios terrores, e que praticamente exterminaria os caraíbas em poucos anos.

O Almirante marcou o aniversário de três meses da chegada da frota nas ilhas numa carta em que contava sobre a tensa reconciliação com os índios, que eram observados de perto. "Todos eles", contou Chanca, "andam nus como nasceram, com exceção das mulheres desta ilha, que trazem as cinturas cobertas por um tecido de algodão amarrado aos quadris, ou por ervas e folhas. Para embelezar-se, homens e mulheres se pintam, alguns de preto, outros de branco e vermelho, de maneira tão imaginativa que a visão deles é de causar risos; as cabeças são raspadas em certos pontos, e os cabelos são amarrados de tantas maneiras diferentes que é impossível descrever. Em resumo, tudo o que na Espanha se quer fazer na cabeça de um louco, aqui [...] seria algo de grande honra".

Naquele momento, os homens de Colombo já se sentiam seguros para dormir em terra firme, em vez de enfrentar as péssimas condições dos úmidos e abarrotados navios. Embora os espanhóis temessem outro massacre, os encontros com os habitantes foram pacíficos, até mesmo agradáveis. "Vimos coisas de se maravilhar: árvores que produzem lã" — algodoeiros — "e de grande qualidade, também, tal que os que conhecem a arte afirmam que se podem fazer boas roupas delas", relatou Chanca, satisfeito. O médico também encontrou "lentisqueiros com muito bom lentisco", a resina que Colombo conhecia desde o período de aprendizado no mar Egeu.

Com relação à dieta dos índios, Chanca mencionou, com ar de aprovação, um "pão feito de raízes" (mandioca) e inhame, que considerava uma fonte de "excelente sustento". Guillermo Coma adorou as

raízes: "Quando comidas cruas, como em saladas, têm gosto de pastina-
ca; quando assadas, parecem castanhas. Quando cozidas com porco,
parece que se comeu abobrinha. Não existe nada mais delicioso." Michele de Cuneo, por sua vez, preferia os papagaios. "A carne tem gosto
de estorninho. Também havia pombos selvagens, alguns de crista branca, que são deliciosos para comer." No entanto, nem tudo que crescia na
ilha atingia altos padrões culinários. Chanca percebeu que os nativos
consumiam "cobras, lagartos, aranhas e vermes encontrados por todas
as partes", um regime de revirar o estômago que os fazia "tão animales-
cos quanto qualquer outro animal, em minha opinião".

No fim de março, La Isabela parecia à beira do colapso. O esforço físico
imposto por Colombo levou os indisciplinados e sobrecarregados homens às raias da exaustão. Praticamente todos os habitantes do assentamento estavam famintos ou gravemente doentes. A pouca comida que
tinham apodrecera por causa do calor e da umidade. Colombo culpou
os capitães dos navios, que, segundo ele, não tomaram as devidas pre-
cauções. O Almirante obrigou os desmoralizados sobreviventes, de fidalgos a serviçais, passando por clérigos, a trabalhar na construção de
um canal e um moinho d'água para moer trigo. Sob este rigoroso regime, os fidalgos eram obrigados a cozinhar a própria comida, se conseguissem encontrar algo comestível. Os doentes recebiam um único ovo,
e uma panela de grão-de-bico cozido, uma ração escassa, era considerada suficiente para sustentar cinco pacientes. A morte espreitava todos os
homens da colônia, até mesmo nobres que jamais haviam conhecido a
carestia.

Para fazer valer sua vontade, Colombo frequentemente recorria a
ameaças de violência. Ele sofria ao tentar encontrar uma maneira de
relatar seus inglórios esforços à corte de Castela, onde ciumentos burocratas esperavam uma chance para desacreditá-lo. Para Colombo, o
sucesso significava, acima de tudo, a identificação com os desígnios
de Deus, mas, naquele momento, ele corria sério risco de fracassar. As
denúncias de crueldade e de "ódio aos espanhóis", nas palavras de Las
Casas, começaram a ganhar crédito na corte real, "acusações que gradualmente minaram suas forças e não lhe permitiram um único dia

de alegria pelo resto de sua vida, lançando as sementes de sua futura queda".

Colombo e seus patronos começaram a acordar para a dura realidade do preço a pagar pelo descobrimento. Apesar dos denodados esforços do Almirante em atribuir suas ações e motivações a um poder maior, a busca continuava sendo intensamente pessoal, especialmente quando ele se viu obrigado a enfrentar doenças, sofrimentos e a possibilidade de perder a vida. Em tempos como esses, o Almirante parecia perseguir a glória à custa do sofrimento de sua tripulação. O inesperado sucesso da primeira viagem permitiu a Colombo ter a ousadia de acreditar que o estabelecimento do comércio com a China seria ágil e indolor, mas tal feito já não parecia possível. O Almirante percebeu que uma coisa era visitar um porto estranho, lançar âncora, pedir aos padres a bordo que abençoassem a causa e içar velas quando o vento e a maré permitissem; outra era estabelecer uma colônia permanente e autossustentável. Era essa a diferença entre descobrir e manter um império. A construção de um império exigia um novo e inovador conjunto de habilidades, tão essencial quanto os instintos e a maestria de navegador que Colombo adquirira ao longo de toda a vida, e significava estar habilitado a assumir os papéis de comandante militar, comerciante, político e até mesmo líder espiritual, para os quais o Almirante estava longe de ser apto. No entanto, por mais que resmungassem, ameaçassem motins e jurassem vingança por supostas ofensas, não havia, entre as centenas de embarcados, um único homem com envergadura ou disposição para assumir os riscos de tamanha empreitada.

O pior, no entanto, ainda estava por vir.

"Com o Almirante imerso em tribulações e angústias", um mensageiro do forte Santo Tomás trouxe novidades alarmantes. Os índios em quem os espanhóis confiavam estavam abandonando os assentamentos. Um guerreiro chamado Caonabó havia jurado matar todos os cristãos. Despertado de seu torpor, Colombo imediatamente reuniu setenta de seus homens mais capazes para proteger o forte. Ele delegou o comando de outro grupo a Alonso de Ojeda, com ordens de prosseguir até Santo Tomás, que serviria de posto de concentração de homens para ajudar os

212   *Rebelião*

assentamentos vizinhos "numa demonstração da força e do poderio dos cristãos, para tentar intimidar os índios e obrigá-los a obedecer".

Ágil e enérgico, Ojeda não tardou a cair nas graças de Colombo e seus ajudantes de ordens, mas a decisão de delegar o comando a um jovem temerário não tardou a se mostrar questionável. Las Casas reconheceu o carisma e também o grande defeito de Ojeda. "Ele era delgado de corpo, mas muito bem-proporcionado e gracioso, belo de porte, com rosto bonito e olhos muito grandes, um dos homens mais ágeis", suspirou o historiador. "Todas as perfeições corporais que um homem pode ter pareciam reunir-se nele." Também era "muito devotado a Nossa Senhora", mas mesmo assim "era sempre o primeiro a derramar sangue sempre que estivesse em guerra ou em uma discussão". O jovem de temperamento irascível logo traria problemas para Colombo.

Em 9 de abril de 1494, Ojeda liderou quatrocentos homens de La Isabela em uma missão de pacificação. Eles tinham, na melhor das hipóteses, um conhecimento apenas parcial dos territórios indígenas em Hispaniola, e eram incapazes de diferenciar amigos de inimigos. Muitas vezes, os índios eram ambos.

Os nativos dividiram a ilha em cinco reinos. O mais próximo era Maguá, que abrangia La Isabela e a voluptuosa Vega Real, governada por Guarionex. A nordeste, Guacanagarí dominava Marien. A leste, Guayacoa era o senhor de Higuey, conhecida pela ferocidade de seus guerreiros, capazes de rechaçar várias invasões dos caraíbas. Xaraguá, o maior reino da ilha, ficava ao sul e pertencia a Behechio, cuja irmã, Anacaona, era mulher de Caonabó. Por causa da aliança, Caonabó reclamou a posse de uma cadeia de montanhas na região central de Hispaniola.

Ao enfrentar essa rede de alianças indígenas, o pequeno exército de Ojeda encarou uma intimidadora demonstração de força. O relato é de Colombo:

> Havia mais de 2 mil índios, todos armados com lanças, que arremessam com fundas muito mais rápido que com arcos, e todos estavam pintados de preto e outras cores, com belas contas de vidro, espelhos, máscaras e espelhos de cobre e ouro nas cabeças,

emitindo gritos assustadores, como costumam fazer em determinados momentos. Um grupo planejava esperar no campo pelos cavalos e derrubá-los, pulando sobre eles [...]. Eles tentaram levar o plano a cabo. Mas foram os cavalos que passaram por sobre eles enquanto se postaram diante dos animais. E os cavalos colidiram com eles e os mataram.

Ao rememorar a inesperada batalha, Colombo considerou "um milagre de não pouca monta que poucos cristãos tenham conseguido escapar de uma multidão que os havia jurado de morte".

Ojeda capturou três líderes índios, um chefe com o irmão e o sobrinho, e os passou a ferros para apresentá-los a Colombo, que esperava impacientemente em La Isabela. Para fazer mais vista, Ojeda ordenou que seus homens levassem outro índio até o meio da aldeia em que morasse e "cortassem-lhe as orelhas" em retaliação, porque os índios não ajudaram os espanhóis quando estes cruzavam um rio. Quando os outros prisioneiros chegaram a La Isabela, Colombo foi ainda mais longe: ordenou que fossem "levados à praça principal e decapitados diante de todos".

O comportamento de Colombo não causou menos preocupação aos espanhóis do que às vítimas. "Que maravilhosas notícias correrão toda a terra sobre a grandeza e a bondade desses cristãos", exclamou Las Casas, pensando no grande erro estratégico cometido por Colombo, bem como no julgamento que a história faria do explorador, certamente implacável.

Para Las Casas, a desprezível tática adotada pelos exploradores significava que os índios "tinham todo o direito a considerar" o uso de violência contra Ojeda, que cortara as orelhas de um nativo para causar terror, "e os cristãos que iam com ele". Colombo deveria saber que usar de violência seria um erro. Deveria ter avisado aos índios que estava chegando, enviado mensageiros para "informar a todos os reis e lordes de sua chegada", para fazê-los saber que vinha "para trazer benefícios" e pedir permissão. E deveria ter apresentado "provas, como tinha sido formalmente instruído a fazer nas ordens dadas por escrito pelo rei e pela Rainha". Ele deveria ter "apresentado [...] todas as cortesias e adotado todas as [...] medidas, conforme prescrito nos pios ensinamentos do evangelho do qual era ministro e mensageiro, para garantir que vinha em paz e amor e evitar cometer qualquer ato ou ultraje que pudesse causar angústia ou preocupação aos gentis e inocentes".

A bula diplomática era muito sensata, mas o massacre em La Navidad continuava vívido na mente de Colombo e de outros membros do grupo, para quem o tempo de enviar convites ou pedir permissão expirara havia muito.

Colombo permaneceu em La Isabela com o objetivo de planejar mais explorações náuticas, e passou a administração de Hispaniola a um conselho composto por dom Diogo, seu irmão, padre Buil, Pedro Fernández Coronel, Alonso Sánchez de Carvajal e Juan de Luxan, um "fidalgo de Madri da casa dos Reis Católicos", enquanto ele, o Almirante, procurava por um ilusório continente. Estabelecido o conselho, Colombo estava finalmente pronto para explorar a costa de Cuba, ainda sem ter certeza se "era uma ilha ou um continente". Seus instintos diziam que era uma península que se estendia para o leste do continente, mas a exploração da costa e os relatos dos índios sugeriam que era de fato uma ilha de grandes dimensões. Para testar sua hipótese, Colombo saiu de La Isabela rumo à costa de Cuba e, ao chegar lá, perguntou aos índios se era uma ilha ou um continente — não que os nativos entendessem o que o Almirante queria dizer. Eles pareciam mais interessados em comida e mulheres do que em explorar a região ou mesmo se comunicar com estranhos. Era bem possível que não soubessem distinguir uma ilha de um continente. O mundo deles era composto de ilhas, e Cuba, reconheciam, era uma delas, embora fosse muito vasta e os navios levassem mais de "quarenta luas" para navegar de uma ponta à outra — ou seria esse o tempo necessário para a circum-navegação? Era impossível decifrar o sentido exato.

A imprecisão deu vazão às mais disparatadas fantasias geográficas de Colombo. Ele acreditava que Cuba ficava próxima ao Quersoneso Áureo, como a península da Malásia era conhecida desde a era ptolemaica. Na realidade, a distância entre Cuba e a península superava os 17 mil quilômetros, cruzando terras e mares. Na cabeça de Colombo, porém, o destino não estava distante. "Continuei seguindo a mesma rota de descoberta e cheguei à ilha da Jamaica em poucos dias com vento muito favorável, pelo qual dou infinitas graças a Deus, e de lá dei meia-volta em direção ao continente e segui a costa oeste durante setenta dias." Ao se aproximar do que era, para ele, o Quersoneso Áureo, Colombo deu meia-volta, "temendo a mudança dos ventos e as duras condições de navegação que eu enfrentava, porque o mar era raso e os navios eram grandes. É muito perigoso navegar por entre tantos canais; muitas vezes cheguei a um beco sem saída, com todos os três navios encalhados, de forma que nenhum deles podia ajudar os outros". O Almirante rumou para o norte, até Cuba, percorrendo uma distância de centenas de quilômetros, porque, segundo suas próprias palavras, "queria me certificar de que Juana" — o nome que dera a Cuba — "não era uma ilha".

Preso num autoengano geográfico, Colombo perdeu "a maioria das provisões, ensopadas pela água do mar quando os navios encalharam e, por muitas vezes, estiveram a ponto de se partirem ao meio, mas eu tinha comigo mestres carpinteiros e todas as ferramentas para consertá-los e deixá-los como novos, se necessário". Deve ter sido nesse ponto — Colombo era avaro em detalhes — que a frota entrou num porto convidativo em Cuba, inclusive com comida à disposição. "Desembarquei e vi mais de 4 quintais (100 quilos) de peixe em espetos no fogo, coelhos e duas 'cobras'." Amarrados às árvores, estavam animais que eram "a visão mais nauseabunda que um homem jamais viu, pois todos tinham as bocas costuradas, com exceção de alguns que não tinham dentes; tinham a cor de madeira seca e a pele que cobria todo o corpo [era] bem rugosa, especialmente em torno da parte da cabeça acima dos olhos, o que lhes dava uma aparência venenosa e assustadora. Como peixes, eram todos cobertos de escamas, mas escamas duras, e até o meio do corpo, da cabeça à ponta do rabo, tinham protuberâncias altas e feias, afiadas como pontas de diamantes".

Os tainos chamavam essas feras de *iwana*, e o termo acabou sendo incorporado ao espanhol como *iguana*, um tipo de lagarto encontrado por todo o território da América Central e da América do Sul. Para es-

216 *Rebelião*

panto dos espanhóis, os índios consideravam iguanas uma iguaria. "Nossos homens não ousaram experimentá-las", escreveu Pietro Martire, "porque sua aparência nojenta parecia causar apenas náusea e horror". O irmão de Colombo, Bartolomeu, encontrou coragem e "decidiu cravar os dentes numa iguana", seguindo o exemplo da irmã de um cacique. Para sua surpresa, "depois que a saborosa carne alcançou o palato e a garganta, ele pareceu atacá-la com gula". Os outros espanhóis não tardaram a imitá-lo, primeiro comendo pequenos pedaços do animal, para depois "se transformarem em glutões" que "não falavam de nada além daquela iguaria, dizendo que os banquetes preparados com ela eram mais suntuosos que os nossos, à base de pavão, faisão e codorna".

Para ele, como para os outros europeus, comer iguana significava mais um passo rumo a uma nova civilização, meio selvagem, meio sofisticada. Bartolomeu usufruiu dos prazeres imediatos oferecidos por Hispaniola, dos quais Colombo habitualmente desdenhava. O irmão do Almirante se divertia com as virgens nuas, ou quase nuas, de pele surpreendentemente clara, e tentou, como outros homens de seu grupo, dormir em "camas pendentes", ou seja, redes. Também se tornou um espectador entusiasmado das danças e músicas indígenas, inclusive uma encenação de guerra que desandou num combate mano a mano que custou a vida de quatro índios.

Pouco depois, o próprio Bartolomeu lutou para subjugar índios rebeldes e trazer o líder Guarionex para o lado cristão. Foi com satisfação que o irmão do Almirante viu o indígena se tornar um defensor dos europeus, tecendo loas à compaixão e generosidade dos exploradores. Quando o cacique terminou o discurso, seus seguidores o ergueram sobre os ombros e o carregaram em júbilo. O armistício, porém, trouxe apenas alguns dias de paz ao embate entre espanhóis e nativos.

Enquanto isso, o Almirante patrulhava os canais entre Hispaniola e Cuba em busca do continente, mas só encontrou ilhas. Naquele momento, ele já havia contado cerca de setecentas. O número pode ser exagerado pelo fato de Colombo ter passado várias vezes pela mesma ilha, em direções diferentes.

Desorientado como de hábito, o Almirante expressou o desejo de retornar à Espanha, não pelo Mar Oceano, mas "pelo oeste, passando pelo Ganges, o golfo da Arábia e a Etiópia". Colombo era um homem de crenças inabaláveis, e, em seu pensamento, o leste era o oeste, e o oeste era o leste.

As fantasias geográficas de Colombo encontraram um seguidor receptivo e acrítico em Pietro Martire, que não hesitou em escrever ao conde Giovanni Borremeo contando que "todo dia, mais e mais maravilhas do Novo Mundo" — novamente o controvertido termo — "são relatadas por aquele genovês, o Almirante Colombo". Desta vez, "ele afirmou ter percorrido uma distância tão grande desde Hispaniola em direção ao oeste que alcançou o Quersoneso Áureo, que é o ponto mais distante do globo conhecido a leste". Martire estava tão convencido da importância dessa falsa descoberta que planejava escrever livros inteiros sobre ela.

A impossibilidade geográfica de dezenas de caravelas espanholas atingirem reinos asiáticos e africanos cercados por terra parecia muito plausível para outro acadêmico, Andrés Bernáldez, que teorizou que Colombo "poderia chegar por terra a Jerusalém e Jaffa e, ali, tripular um navio, cruzar o Mediterrâneo e finalmente chegar a Cádiz". Marco Polo cumprira jornada semelhante. Por que não Colombo? Pode ser uma passagem perigosa, concedeu Bernáldez, "pois todos os povos desde a Etiópia até Jerusalém são mouros", mas o Almirante estava "convencido" de que podia sair de Cuba "em busca da região e da cidade de Catai, governada pelo Grande Khan". Como precedente, Bernáldez citou John Mandeville, que "esteve lá e viu e viveu certo período de tempo com o Grande Khan". Na verdade, Mandeville concebeu uma divertida farsa baseada em relatos fantásticos que remontavam à Antiguidade.

Colombo pode ter agido de maneira tola, mas nunca foi tolo. Em algum recôndito de sua mente, ele percebia os desdobramentos que o fato de Cuba ser uma ilha e não uma parte do continente asiático traria. Neste caso, a premissa geográfica de suas viagens estaria fatalmente comprometida, e ele não estaria perto da Índia, mas teria chegado, por engano, a uma região inesperada e inexplorada que então chamava de

Caribe. O erro, em todas as suas dimensões conceituais, políticas e de navegação, era grande demais para ser confessado aos poderosos reis, a seus homens ou até a si mesmo. Era muito reconfortante assumir que a célere travessia do Atlântico, realizada duas vezes, em vez de comprovar, desmentia a teoria da chegada à Índia. Embora tenha feito as perguntas certas, as respostas que recebeu significavam que Colombo seria obrigado a admitir que o mundo era muito maior do que ele e praticamente todos os europeus de seu tempo acreditavam, e que havia um oceano e um continente que a Europa desconhecia. A realidade parecia ainda mais fantástica do que a imaginação do Almirante, e por isso ele se afastou dela.

Colombo não era o único explorador a vislumbrar uma verdade muito maior e, até então, inimaginável, para logo depois retornar à segurança de uma sabedoria convencional. Meia dúzia de anos antes, Bartolomeu Dias instou seus homens a jurar que estavam explorando a costa africana. Colombo testemunhou o retorno de Dias a Lisboa e pode ter tomado conhecimento do pacto, usando-o naquele momento para proteger a integridade da viagem como concebida originalmente. O mundo era o que Colombo dizia ser.

Para reforçar seu ponto de vista, ele instruiu Fernán Pérez de Luna, o oficial de bordo responsável pela certificação de documentos, a colher depoimentos de todos os homens da tripulação dos navios. Colocando a lealdade acima da verdade, todos juraram que Cuba era maior do que todas as ilhas que conheciam, então só poderia ter a extensão de um continente. Assim, não era preciso explorar mais. Os que ousassem violar o juramento estavam sujeitos a penalidades: uma multa que podia chegar a milhares de morabitinos, bem como ter a língua cortada. O assunto era tão delicado para Colombo que ele exigiu que os meninos da tripulação assinassem o juramento. Qualquer um que se rebelasse receberia cem chibatadas, uma punição provavelmente fatal. Até mesmo o experiente cartógrafo Juan de la Cosa assinou, embora seu mapa de 1500 mostrasse que Cuba era, de fato, uma ilha.

Se acreditasse que o juramento daria um fim à discussão sobre Cuba, que tanto o preocupava, Colombo ficaria desapontado. Ao chegar a Hispaniola, vários meses depois, o culto abade de Lucerna declarou que, como todos sabiam, Cuba "era apenas uma ilha muito grande, uma avaliação com a qual, dado o caráter da nossa navegação, a maioria de nós concorda". Colombo não conseguira enganar ninguém, a não ser, talvez, a si próprio. Pior, semeou suspeitas de que estaria manipulando os dados para sustentar promessas que não conseguiria cumprir.

Na quinta, 24 de abril, Colombo "zarpou com três navios" para Monte Cristi, em Hispaniola. No dia seguinte, entrou no porto em que esperava encontrar seu aliado indígena, Guacanagarí.

Quando as três caravelas negras apareceram, Guacanagarí, volúvel como sempre, fugiu, "embora seu povo fingisse que ele retornaria em breve". Colombo esperou, mas, no sábado, percebeu que o chefe não iria aparecer e tomou rumo oeste, em direção à ilha vizinha de Tortuga. A jornada trouxe uma noite em claro por culpa da instabilidade do mar e de uma frustrante falta de vento. De manhã, o Almirante levou os navios na direção oposta, para o leste, e lançou âncora perto da entrada do rio que chamava de Guadalquivir, "para esperar por um vento que permitisse abrir caminho contra a corrente". Por fim, o vento soprou, e na quinta-feira, 29 de abril, as três caravelas estavam se aproximando da costa sul de Cuba, onde Colombo localizou uma baía "com uma foz de grande profundidade e largura de 45 metros". O Almirante batizou o local de Puerto Grande e atracou. À noite, ele e seus homens devoraram peixes frescos assados e experimentaram a carne de um roedor de 50 centímetros conhecido em espanhol por *hutia* (*Isolobodon portoricencis*), hoje extinto, mas que, à época, "os índios tinham em abundância".

Em 1º de maio, Colombo navegava em águas coalhadas de algas, "encontrando portos adequados, rios adoráveis e montanhas muito altas" e acenando para os nativos que acreditavam que os navios negros tinham descido dos céus. Os simpatizantes ofereciam tributos em peixe e pães de mandioca, sem pedir nada em troca. Como antes, Colombo oferecia guizos e contas de vidro aos suplicantes, "desejando que fossem embora felizes". E, com gesto tão altruísta, retomou a imprescindível busca por ouro. Na versão reverente de Fernando, a rápida partida demonstrava a resolução do pai, mas o próprio Colombo mostrou uma visão mais pragmática. "O vento estava fresco e me vali disso, porque as coisas nunca são certas no mar, e muitas vezes uma viagem inteira é perdida por causa de um único dia."

Depois de dois dias e duas noites de "tempo excelente", Colombo viu o interior intocado da ilha. A luz e a atmosfera faziam com que a vista parecesse estar ao alcance das mãos, como se fosse possível tocar o alto das montanhas com a ponta dos dedos. Deve ter sido por isso que Colombo, que nunca foi um esteta, se emocionou com a vista. "É a mais bonita que os olhos podem ver", exultou. "Não é montanhosa, embora a terra pareça encontrar o céu, e é enorme, maior que a Sicília, com um perímetro de 1.300 quilômetros. É muito fértil e densamente povoada, tanto na costa quanto no interior."

Mais uma vez o Almirante rumava para a Jamaica, em busca de ouro.

A frota permaneceu no mar até o dia seguinte, quando "o Almirante navegou pela costa para explorar o porto da ilha". Tudo estava em paz até o momento em que "vieram da praia tantas canoas armadas que os botes se viram obrigados a retornar aos navios, menos por medo dos índios do que para evitar hostilidades", disse Fernando. Para evitar confrontos, Colombo entrou em outro porto e logo percebeu que havia caído numa emboscada. Ou não? Naquelas ilhas, era comum que ele fosse obrigado a adivinhar se os índios queriam lutar, comerciar ou simplesmente fazer barulho, pois muitas vezes esses desejos se sobrepunham. Mas a ambivalência também era uma marca do Almirante; no intervalo de poucos dias, o genovês era capaz de considerar os nativos aliados políticos, parceiros comerciais, convertidos, escravos ou inimigos mortais. Nas páginas do diário ou nas cartas que escreveu, os indígenas apareciam como sábios ou primitivos, indolentes ou engenhosos, conforme variavam as opiniões e os caprichos do Almirante.

Colombo regressou a Cuba e retomou o curso para oeste, refletindo sobre uma questão já familiar: aquela terra era parte de um continente, hipótese consistente com a reiterada afirmação de que havia chegado às Índias, ou era uma ilha? Se assim fosse, ele ainda não havia chegado às Índias. Em meio aos devaneios do Almirante, "sobreveio uma terrível tempestade com raios e trovoadas que, somada aos numerosos baixios e canais, o expôs a grande perigo e o obrigou a trabalhar arduamente".

Sob tormenta, Colombo normalmente amainaria as velas, mas a frota corria risco de colidir com pequenas ilhas, cujas árvores e praias mal se viam em meio à névoa e à obscuridade. À medida que o tempo melhorava, reluziam as palmeiras e a vegetação cerrada. Colombo batizou as ilhotas de Jardim da Rainha, em honra a Isabel. "Quanto mais longe navegava, mais ilhas ele descobria, e num dia contou 164 delas. Deus sempre lhe enviou tempo bom e navegou entre eles, e os navios singraram aquelas águas como se estivessem voando", contou Bernáldez.

Em terra, todos se maravilharam com a riqueza da vida selvagem, "grous com o mesmo tamanho e a mesma forma daqueles de Castela, mas de cor vermelho vivo". Perto dali, "encontraram tartarugas e muitos ovos, que lembram os de galinha, mas têm a casca muito dura".

Ao retornar aos navios, os homens de Colombo notaram que os índios praticavam uma estranha pescaria de canoa. Ao se aproximarem, relatou Fernando, os indígenas "fizeram sinais para não nos aproximarmos até que tivessem acabado de pescar", ou seja, amarrar "fios delgados ao rabo de alguns peixes que chamamos *revesos* (rêmoras), que perseguem outros peixes, aos quais se agarram". Apesar do entusiasmo de Fernando pela técnica, os colonizadores espanhóis não se deram ao trabalho de aprender aquele método de pescaria por conta própria, preferindo confiar na generosidade dos índios.

A costa jamaicana emergiu da névoa e tomou forma diante de Colombo em 5 de maio. Ele chegou ao local hoje chamado Saint Ann's Bay, que batizou de Santa Glória, um paraíso atemporal com praias de areias brancas e mar calmo. Para onde olhasse, o Almirante via "aldeias muito grandes e próximas das outras, a cerca de 4 léguas de distância. Eles têm mais canoas que em qualquer outro lugar dessa região, e as maiores já vistas, todas feitas de um único tronco de árvore". As aldeias eram tão prósperas que "cada cacique tinha uma grande canoa só para si, da qual se orgulha como qualquer fidalgo castelhano" — uma honraria a que Colombo aspirava — "se orgulha de possuir um grande e belo navio". As canoas eram finamente trabalhadas, e pelo menos uma parecia ser espantosamente comprida. Colombo a mediu para ter certeza de que seus olhos não estavam lhe pregando uma peça. Tinha "30 metros de comprimento [com] uma viga de 2,5 metros", relatou ele, impressionado. As canoas eram construídas a partir de troncos esculpidos por artesãos, que os queimavam e depois os raspavam com afiados machados de pedra. Os indígenas usavam remos para propulsão e nunca tinham visto velas até Colombo aparecer no horizonte.

Depois de metodicamente perscrutar o porto, Colombo e seus homens ficaram alarmados com a visão de 27 canoas gigantes, remos cortando o mar e índios gritando, prontos para o ataque. "Depois de ancorar, eles vieram à praia e formaram uma multidão que cobriria a terra, todos pintados de mil cores, principalmente marrom, e todos estavam nus; cobriam a cabeça com vários tipos de penas e o peito e a barriga com folhas de palmeira, e gritavam a plenos pulmões e atiravam flechas, embora não nos acertassem." Colombo fingia indiferença, ocupando-se do abastecimento de água e comida e com o reparo dos barcos danificados, indiretamente mostrando aos índios que os gestos belicosos não dariam em nada. A frota só encorajava os índios, que, segundo Colombo dizia a si mesmo, eram tão inexperientes que segurariam uma espada espanhola pela lâmina, "sem pensar que iriam se ferir".

De acordo com Fernando, Colombo resolveu "assustá-los logo de início", enviando uma pequena embarcação coalhada de besteiros, que feriram pelo menos seis ou sete índios, numa estimativa conservadora. O combate resolveu a questão naquele momento.

O intérprete indígena de Colombo foi à praia num batel para iniciar conversas diplomáticas com os habitantes, e assim que conseguiu acalmar a ansiedade dos nativos, selou um acordo cujo escopo ficou claro desde o início. "Uma multidão de canoas veio pacificamente das aldeias vizinhas para trocar suas coisas e provisões por nossas bugigangas." O Almirante conseguiu tudo o que queria, com exceção do ouro que, para ele, estava apenas esperando para ser descoberto.

Depois de consertar os danos infligidos à nau capitânia durante a batalha, Colombo planejava voltar a Cuba, mas a partida foi atrasada por uma surpreendente deserção. "Um jovem índio veio a bordo dizer que gostaria de ir a Castela" e foi seguido por canoas que traziam parentes e amigos suplicando para que voltasse, mas que não conseguiram persuadi-lo. "Para fugir das lágrimas e lamentações das irmãs, ele se escondeu onde não podiam vê-lo", escreveu Fernando sobre o episódio. O índio estava decidido e permaneceu a bordo. A deserção estava consumada. "O Almirante ficou maravilhado com a firme resolução do índio e ordenou que fosse bem tratado."

Naquela noite, a frota ficou ancorada no idílico porto de Santa Glória, e, pela manhã, no dia 6 de maio, o Almirante içou velas e navegou 24 quilômetros em direção oeste ao longo da costa jamaicana, lançando âncora em um refúgio em formato de ferradura, que foi imediatamente batizado de Puerto Bueno.

Em terra, índios vestidos com máscaras e enfeites de cabeça de cores brilhantes atiraram flechas envenenadas contra os navios de Colombo. Sem se amedrontar com o que considerava mais um ritual de demonstração de força, o Almirante enviou à praia um batel com vários homens para procurar por água, madeira e pela oportunidade de consertar os botes que estavam fazendo água, mas o grupo foi recebido com uma chuva de pedras. Para ensinar uma lição aos nativos, rememorou Bernáldez, os espanhóis soltaram um cão feroz que "mordeu todos e machucou-os muito, porque um cachorro vale o mesmo que dez homens contra os índios".

No dia seguinte, meia dúzia de índios apareceu na praia com ofertas de pão de mandioca, frutas e peixes para selar a paz com os invasores espanhóis. Colombo e seus homens se serviram das ofertas indígenas, que eram tudo o que poderiam querer, com exceção de ouro. Em 9 de maio, os navios recém-consertados levantaram âncora e zarparam de Puerto Bueno rumo a oeste, para um grande ancoradouro que Colombo batizou de El Golfo de Buen Tiempo (Golfo do Tempo Bom), hoje conhecido como Montego Bay. Inevitavelmente, uma tempestade irrompeu. Sem dar explicações e lançando-se cegamente na busca por ouro e pelo Grande Khan, Colombo deixou a costa jamaicana em direção à misteriosa terra de Cuba — Juana —, aportando no cabo Cruz em 14 de maio.

O Almirante ficou surpreso ao ouvir rumores sobre si próprio. Os indígenas aguardavam o retorno do homem com os grandes navios negros.

Na aldeia indígena situada na região do cabo Cruz, Colombo teve um encontro com o cacique, que contou, por meio de um intérprete, do encontro que havia tido com outros líderes nativos que se lembravam da viagem anterior do Almirante. Os índios haviam reunido uma quantidade surpreendente de informações sobre a frota. Sabiam que o intérprete era um convertido ao cristianismo e da necessidade que Colombo tinha de provisões, especialmente água, bem como das barulhentas, porém ineficazes, armas de fogo, e da obsessão dos europeus por ouro.

Depois de reafirmar suas boas intenções às sentinelas indígenas de cabo Cruz, Colombo zarpou em direção a nordeste, levando a frota ao que hoje é o canal de Balandras, no golfo de Guacanayabo. Embora pareça ter se reorientado depois de voltar a Cuba, o Almirante permaneceu perplexo com relação a seu paradeiro em escala global e, como antes, continuou a confiar em fontes equivocadas, especialmente sir John Mandeville.

O bom tempo perdurou, revelando uma luminosa natureza banhada pelo orvalho. "No dia seguinte, ao amanhecer", escreveu Bernáldez, os marinheiros "observaram do alto do mastro e viram o mar cheio de ilhas em todos os quadrantes, e tudo estava verde e cheio de árvores, a vista mais bela que já se viu". Colombo queria passar ao sul das ilhas, mas se lembrou de Mandeville, que dissera haver mais de 5 mil nas Índias, e assim preferiu navegar ao longo da costa de "Juana, para ver se era uma ilha ou não". Colombo apostava que Cuba era parte do continente.

Os navios zarparam com Colombo ansioso por evitar qualquer contato com recifes de coral afiados como faca e perigosos bancos de areia. O Almirante saiu do golfo de Guacanayabo em 15 de maio e seguiu cautelosamente para oeste, provavelmente passando por um arquipélago na costa de Santa Cruz do Sul, pelo canal de Rancho Viejo (como é hoje conhecido) e o canal de Pingue, para dentro de um golfo guardado por uma barreira de ilhas com o nome assustador de Laberinto de las

Doce Leguas (Labirinto das Doze Léguas). Era apenas mais uma das barafundas em que Colombo havia se metido, algumas geográficas, outras conceituais, que se combinavam para levá-lo a caminhos sem saída e conclusões equivocadas. Colombo foi salvo de tragédias e da própria insensatez graças à sua notável intuição de navegador e ao seu instinto de autopreservação enquanto tempestades castigavam os navios presos e vulneráveis nos canais. As tormentas diárias o levaram a dilemas de navegação insolúveis em espaços apertados, como içar ou amainar velas, lançar âncora ou não, e por várias vezes ele foi obrigado a violar sua própria cláusula pétrea, arrastando a quilha dos navios no fundo dos canais que explorou. A pior transgressão ocorreu quando a *Santa Clara* encalhou e durante várias horas de ansiedade foi impossível deslocá-la. Por fim, Colombo e sua tripulação conseguiram libertar a embarcação e lançá-la de volta ao mar aberto.

Ao retomar a exploração da costa sul de Cuba, Colombo chegou à maciça incursão conhecida como baía de Cochinos (baía dos Porcos). Sempre convencido de que estava perto de chegar à Índia, ele acreditou ter encontrado, por fim, a passagem entre Juana e o continente. O navegador que existia dentro do Almirante acabou percebendo que estava explorando um grande golfo, como depois ele próprio descreveria a Bernáldez, "à beira do mar, fechado por um grande grupo de palmeiras que pareciam alcançar o céu" e protegiam dois riachos caudalosos. "A água era tão fria e tão boa e tão doce que não se pode encontrar melhor no mundo." Ele nunca se mostrou tão encantado por um ambiente. Desta vez, o Almirante se permitiu o deleite de contemplar a vista que se abria diante de si.

Ao sair da baía, Colombo passou por Cayo Piedras e o golfo de Cazones. Simultaneamente, disse a Bernáldez, os navios "entraram num mar branco, tão branco quanto leite, e tão denso quanto a água em que os curtidores tratam o couro". Então eles se viram "em duas braças de profundidade e o vento os impulsionou com força para diante, e por estarem em um canal muito perigoso, não dava para ancorar os navios". As caravelas se esgueiraram entre os canais por 50 quilômetros até alcançar uma ilha com apenas "duas braças e meia" de profundidade, onde ancoraram, "num estado de completa aflição". Colombo inadvertidamente navegara para uma área em meio às ilhas diminutas próximas à península de Zapata, onde cada ondulação do mar escondia um perigo.

Não havia outra escolha senão buscar uma saída. Desta vez, porém, a habilidade para navegação estimada do Almirante o abandonou. Colombo jamais vira águas tão instáveis: brancas, negras, leitosas e de um azul profundo, como se todas as formações e correntes com as quais ele se familiarizara durante toda uma vida de navegação tivessem perdido o sentido. Colombo passou vários dias seguindo cautelosamente a abafada costa sul de Cuba, sempre perto da praia, para o caso de acontecer algum desastre. Uma caravela ágil foi mandada para dentro de um canal em busca de água ou sinais de habitação humana, mas o navio não tardou a regressar e a tripulação relatou que a vegetação era tão densa que fora impossível desembarcar. Colombo tentou rasgar a grossa camada de mangue, mas também foi obrigado a admitir que a terra era "coberta por uma vegetação tão densa no litoral que parecia haver muros" que impediam a frota de chegar ao ouro, à glória e cumprir o destino de descobrimento e conquista.

Enquanto o Almirante navegava ao longo de uma formação irrelevante batizada de Punta de Serafín, o vento soprou e o emaranhado de ilhas abriu caminho para o mar aberto, fazendo com que uma cadeia de montanhas se delineasse ao longe. E assim, relatou Bernáldez, "o Almirante decidiu seguir em direção àquelas montanhas, aonde chegou no dia seguinte, e ancoraram diante de um palmeiral muito belo e muito grande" — ressalte-se que qualquer aglomerado de árvores seria um bálsamo depois da opressiva parede de mangue que a frota enfrentou —, "onde existem riachos, doces e muito bons, e sinais de que existem pessoas nas proximidades". Coisas estranhas começariam a acontecer.

Quando o Jardim da Rainha desapareceu no horizonte, Colombo tombou exausto. O estresse da exploração, a dieta incomum, o clima hostil e, acima de tudo, a falta de sono cobraram o seu preço. Segundo o filho, ele estava "esgotado" e "não se havia despido nem dormido em cama desde o dia em que saiu da Espanha até o dia 19 de maio, quando fez esta anotação no diário". Outra das preocupações foi a dificuldade de achar o caminho entre as "inumeráveis ilhas pelas quais navegaram" ou, mais especificamente, entre os perigos que surgiram: recifes de coral capazes de destroçar o casco dos navios, bancos de areia que poderiam agarrar uma caravela como uma rêmora se agarra a um hospedeiro, ventos imprevisíveis e tribos indígenas mais imprevisíveis ainda, que poderiam atacar a qualquer momento.

No dia seguinte, 20 de maio, Colombo ziguezagueou por 71 ilhas, "sem contar as muitas avistadas ao pôr do sol na direção oés-sudoeste". A vista era tudo, menos tranquilizadora: "A visão dessas ilhas ou baixios já era assustadora por si só, mas o pior era que todas as tardes uma névoa densa descia sobre elas no céu a oeste, com tantos trovões e raios que parecia que um dilúvio estava prestes a cair; quando a lua saiu, tudo desapareceu, dissolvendo-se em chuva e, parcialmente, em vento." Era um fenômeno atmosférico tão comum, disse ele, "que acontecia todas as tardes".

Em 22 de maio a frota se aproximou de uma ilha que pareceu ligeiramente maior do que as outras pelas quais haviam passado recentemente. Colombo deu-lhe o nome de Santa Marta ao desembarcar em desesperada busca por água e comida. Os índios tinham abandonado a aldeia e, nas cabanas, os marinheiros famintos só encontraram peixe. Atrás deles, cães de grande porte, "como mastins", cavavam a terra e rosnavam. Insatisfeitos e desnorteados, os espanhóis retornaram aos navios e zarparam em direção "noroeste, por entre as ilhas", passando por majestosos grous e vistosos papagaios, vagando sem destino num "labirinto de baixios e ilhas" que "deu muito trabalho ao Almirante, pois era preciso seguir primeiro para o oeste, depois para o norte, então para o sul, de acordo com a posição dos canais". Confinados, os navios não conseguiam bordejar e manobrar. Pietro Martire contou que "a água dos canais era leitosa e espessa ao longo de 65 quilômetros, como se tivessem polvilhado farinha por todo o mar". Mesmo com Colombo e seus homens freneticamente perscrutando a profundidade e mantendo guarda, as quilhas muitas vezes raspavam o fundo. Não obstante, a frota conseguiu vencer as dificuldades e chegar a mar aberto, onde, a 130 quilômetros de distância, se viam altas montanhas pendendo do céu. Cuba se aproximava, e, com ela, aparentemente, a segurança.

228 *Rebelião*

A frota entrou no porto e um solitário batedor espanhol, armado com uma besta, desembarcou em desesperada busca por água. Enquanto vasculhava, foi surpreendido pela aparição de um homem vestindo uma túnica branca. De início, o batedor pensou estar observando um frei que o Almirante trouxera na tripulação. "De repente, saiu da floresta um grupo de trinta homens vestidos da mesma forma", contou Pietro Martire. "Ele se virou e saiu gritando, correndo o mais rápido que podia na direção dos barcos. Os homens de túnica bateram palmas e tentaram de todas as formas convencê-lo a não ter medo, mas ele continuou correndo." Ainda mais estranho era o fato de que os homens pareciam ter compleição física tão leve quanto a dos espanhóis. De que tribo vinham? Eram os europeus perdidos? Emissários do lendário Preste João? Se assim fosse, será que a frota tinha finalmente chegado às Índias?

Desconcertado pela aparição, Colombo enviou uma delegação "para ver se conseguiam conversar com essa gente, pois, de acordo com o besteiro, eles não pareciam ter qualquer intenção de machucar-nos, pelo contrário, pareciam querer falar conosco". Ninguém foi encontrado, "o que me deixou muito contrariado, porque eu queria falar com eles depois de ter atravessado tantas terras sem ver gente ou aldeias". Tentando encontrar uma trilha que o levasse ao encontro dos homens, os espanhóis "enfrentaram tantas dificuldades que mal conseguiram avançar um quilômetro", quanto mais 60. E então se viram obrigados a voltar ao navio, exaustos e de mãos vazias.

Novamente em movimento, a frota avançou 10 léguas em direção oeste, por entre "pântanos e lodaçais", como descreveu Fernando, à vista das cabanas em terra. Várias canoas se aproximaram dos navios de Colombo, e os índios traziam água e comida, que os marinheiros não poderiam recusar. O pagamento foi feito em bugigangas, sob protestos dos benfeitores nativos, que nada queriam em troca.

Colombo capturou um dos nativos, "dizendo a ele e aos outros por meio de um intérprete que ele" — o refém — "seria liberado assim que lhe mostrasse o caminho e lhe desse outras informações sobre aquela região". A informação recebida foi exatamente o que Colombo não queria ouvir: Cuba, disse o nativo, era uma ilha, o que significava que a

COLOMBO 229

frota não havia chegado aos arredores das Índias. Fernando se calou sobre a reação do pai à notícia, mas pode-se imaginar a sensação de perplexidade do Almirante ao que era uma enorme decepção, ainda mais depois de a frota ter sido obrigada a vaguear por um canal perigosamente raso.

À noite, o navio alcançou um mar cujas águas pareciam estar repletas de tartarugas de uma ponta à outra (Pietro Martire disse que os navios "foram forçados a diminuir a marcha" para passar por todas elas). Ao amanhecer, surgiram biguás "em número tão grande que esconderam o sol". No dia seguinte, "havia tantas borboletas voando em torno dos navios que elas escureceram o ar até a tarde, quando a chuva pesada e os ventos as levaram embora".

Exausto e desnutrido, Colombo voltou à segurança de La Isabela depois de três meses de ausência. A promessa de segurança se transformou em perigo quando a frota entrou num canal que se estreitou rapidamente. Antes que fosse possível reagir, os navios ficaram presos num ponto de estrangulamento. Enquanto os homens lutavam para não entrar em pânico, Colombo, reunindo todos os recursos internos de que dispunha, nunca se mostrou tão confiante quanto naquele momento. "Com toda a argúcia, ele demonstrou uma coragem inspiradora", notou Fernando. Na verdade, Colombo rogou a Deus em voz alta para que o levasse de volta ao rumo; se tivessem seguido outro caminho, "estariam inevitavelmente presos ou perdidos, e sem navios e provisões com as quais retornar". O Almirante procurou acalmar os homens, lembrando-os de que poderiam fazer o retorno a qualquer momento, e durante os últimos dias de junho acabou sendo forçado a refazer o caminho ao longo do canal, para depois navegar, apreensivo, por um "mar verde e branco", que parecia esconder um enorme e perigoso baixio, antes de alcançar "outro mar tão branco quanto o leite", aparentemente outro baixio, mas que na verdade tinha apenas 3 braças de profundidade.

"Todas as mudanças e a aparência do mar causaram muita apreensão aos marinheiros, pois eles nunca tinham enfrentado nada igual e, sendo assim, acreditavam estar irremediavelmente condenados", disse Las Casas. Os navios cruzaram aquele mar ansiosamente e logo encontraram outro, negro como tinta e com 5 braças de profundidade. Depois, para grande alívio de Colombo, a frota chegou a Cuba, onde virou para o leste, enfrentando ventos contrários em busca de água fresca, um porto seguro e um breve alívio do árduo esforço do descobrimento.

Os navios sofreram um massacre. As quilhas estavam danificadas e rompidas por causa do atrito constante com o fundo do mar. Os cabos e velas estavam em farrapos. A comida, encharcada pela água do mar e infestada por ratos e insetos, tinha estragado. E, como se não fosse o suficiente, enquanto escrevia o diário do dia 30 de junho, Colombo sentiu o navio encalhar "com tanta força que, não sendo possível tirá-lo nem com as âncoras nem com outros meios, quis Deus que fosse retirado pela proa, embora com bastantes danos por conta do choque com o solo". Colombo encontrou vento para sair navegando do quase desastre com tanta velocidade quanto possível "por um mar que estava sempre branco e tinha sempre 2 braças de profundidade" e seguiu em frente, enfrentando todos os dias, ao pôr do sol, "tempestades violentas que esgotaram os homens", disse Las Casas, concluindo: "o Almirante estava em um estado de ansiedade extrema".

Até Las Casas teve pena de Colombo naquele momento, evocando "o sofrimento sem precedentes do Almirante nessas viagens de descobrimento". Ao passar em revista os infortúnios do Almirante do Mar Oceano, o cronista adotou um tom histriônico ao declarar: "Sua vida foi um longo martírio, algo que vai levar outros [...] a concluir que há pouco a ganhar e pouco a aproveitar neste mundo para aqueles que não estão sempre em contato com Deus." Las Casas era o único a considerar Colombo ímpio. Por outra perspectiva, as desventuras que o Almirante viveu e as que causou a outrem estavam ligadas às suas firmes convicções espirituais, que eram, ao mesmo tempo, sua inspiração e sua ruína.

Como se fossem pragas bíblicas, Las Casas listou as aflições: a "súbita borrasca que o colocou em risco fatal e iminente" ao "lançar o navio sob as ondas de forma que pareceu ter sido apenas pela graça de Deus que ele foi capaz de recolher as velas e manter firmemente a posição usando a âncora mais pesada". À tempestade se somaram a "grande quantidade de água que entrou a bordo do navio", a tripulação exausta e a falta de comida, suprida apenas pelos "peixes estranhos que conseguiam pescar". O tormento de Colombo era ainda maior por conta de seu opressivo senso de responsabilidade pelos outros e por si mesmo. Não é de se espantar que ele tenha se sentido compelido a confessar a Fernando e Isabel: "Não passa um dia em que eu não enfrente a possibilidade de morte certa de todos nós."

Por fim, o Almirante regressou — disse Fernando Colombo, como se sussurrasse — à "ilha de Cuba". Ilha ou península, "o ar estava tomado pelo doce perfume das flores". Os espanhóis devoraram aves que, para eles, lembravam pombos, mas eram maiores e mais gostosas e exalavam um odor aromático. Quando abriram o ventre dos pássaros, descobriram buquês de flores parcialmente digeridos.

Enquanto descansava e supervisionava os consertos dos navios, Colombo desembarcou para assistir a uma missa na praia. Era 7 de julho. Lá ele foi abordado por um "homem de 80 anos", contou Pietro Martire, citando o Almirante, "um líder muito respeitado, mesmo nu, com muitos seguidores. Durante o sermão, o homem permaneceu imóvel, com ar de surpresa, rosto e olhos impassíveis. Então, deu ao Almirante uma cesta cheia de frutas que trazia consigo. Comunicando-se por meio de gestos, os dois trocaram afirmações religiosas". Com a ajuda de Diego Colombo, um índio convertido que adotou o sobrenome do Almirante, o ancião "fez um discurso" muito surpreendente sobre a moral e a vida após a morte. De acordo com a versão de Fernando Colombo, o homem disse que estivera em Hispaniola; de fato, ele conhecia bem seus pares de lá, e também estivera na Jamaica, e tinha "viajado muitas vezes ao oeste de Cuba". Se assim fosse, este era um personagem que poderia fornecer a Colombo informações confiáveis sobre as ilhas, inclusive uma explicação para a aparição que o batedor vira semanas antes: "O cacique daquela região vestido como um padre." Um padre. Novamente parecia possível que o Preste João tivesse chegado antes dos espanhóis naquela terra parcialmente cristã, e, se isso aconteceu, o Grande Khan também pode ter estado lá, como Marco Polo descreveu. Se Colombo interpretou corretamente a linguagem de sinais do cacique, era possível que os espanhóis tivessem chegado às Índias, afinal. A ilusão permanecia intacta, convincente como sempre. Colombo pode-

232 *Rebelião*

ria navegar indefinidamente, sem sossego, em busca dessas Índias tão fugidias, e também de ouro, é claro, sem falar dos incontáveis édens feitos de tartarugas em desova e tempestades de borboletas.

No entanto, o cacique tinha mais a dizer. Falou de almas humanas escolhendo entre dois caminhos, um sombrio, outro agradável, e aconselhou Colombo a decidir que direção pretendia tomar e qual seria a recompensa ou a punição que receberia, no além, por suas ações. Pelo menos foi assim que as palavras traduzidas do cacique, parcialmente compreendidas, soaram ao Almirante, que demonstrou surpresa com a sabedoria do ancião. Colombo explicou que conhecia o conceito de punição ou recompensa no pós-vida, embora se perguntasse como o cacique, familiar com o estado de natureza, partilhava da mesma filosofia.

Colombo explicou que o rei e a rainha da Espanha o enviaram para "trazer paz a todas as regiões inexploradas do mundo", o que, na sua maneira de pensar, significava sobrepujar os canibais e punir criminosos onde quer que fossem encontrados. Homens de boa vontade não teriam nada a temer do Almirante do Mar Oceano. Colombo considerou que suas palavras agradaram tão profundamente o cacique que ele teria se juntado aos espanhóis se sua mulher e seus filhos não tivessem feito objeção. No entanto, o índio filósofo estava intrigado: como é que o Almirante, que parecia ter o poder supremo, se curvava diante da autoridade de outrem? Ainda mais inacreditáveis para seus velhos ouvidos eram as descrições da "pompa, do poder e do esplendor dos reis e de suas guerras, do tamanho de suas cidades e do poder de suas fortalezas", nas palavras de Pietro Martire. Tal magnificência era avassaladora, e a mulher e os filhos do cacique choraram aos pés do Almirante.

Mantendo a compostura, o chefe indígena "perguntou muitas vezes se o país que deu à luz tais homens não era de fato o paraíso", segundo a transcrição de Pietro Martire. Entre os índios, Colombo acrescentou, "a terra era um bem compartilhado, como o sol e a água, e [...] os conceitos de 'meu e seu', que são a semente de todos os males, não faziam sentido". O cacique explicou que seu povo ficava "satisfeito com pouco, e naquela terra havia mais campos cultiváveis do que era necessário". Os índios viviam uma era de ouro, afirmou Colombo. "Eles não

COLOMBO 233

cercam suas propriedades com fossos, muros ou sebes; vivem em campos abertos, sem leis, livros ou juízes; seu comportamento é naturalmente justo. Consideram mau e cruel qualquer um que tenha prazer em fazer mal aos outros."

As ideias do ancião desafiavam as concepções que o explorador tinha do mundo além da Espanha. Talvez a Igreja não tivesse o monopólio da vida eterna, por mais blasfemo que esse pensamento pudesse parecer. Talvez a Espanha não tivesse o monopólio do império. Talvez Colombo estivesse numa viagem de redenção. Ou danação. No futuro, ele iria descobrir.

CAPÍTULO 7

Entre os tainos

Tudo começou com uma trovoada no momento em que a tripulação levantou âncora e deixou o cabo Cruz, em Cuba, no dia 16 de julho. "Tão repentina, violenta, e trazendo uma chuva tão forte, que o convés ficou debaixo d'água", comentou Colombo. Velas foram arriadas e as âncoras mais pesadas foram lançadas ao mar para garantir a atracação em meio aos raios. Terminada a tarefa, tanta água havia escorrido pelas "madeiras do piso que os marinheiros não conseguiram drená-la com as bombas, especialmente porque estavam muito cansados e fracos por terem comido tão pouco". Para se sustentar durante trabalhos tão extenuantes, "tudo o que tinham para comer por dia eram 450 gramas de biscoitos podres e uma caneca de vinho". Valendo-se das últimas reservas de energia, os homens lutaram para evitar que o navio afundasse.

Enfraquecido, Colombo se encolheu diante da fúria dos elementos e confidenciou em seu diário: "Estou comendo a mesma ração que os outros. Deus permita que seja assim para servi-Lo, assim como a Suas Majestades. Se dependesse apenas de mim, eu já não enfrentaria tantas dores e perigos, pois não passa um dia sem que olhemos na face do perigo." E ainda assim o Almirante persistiu; não havia outra escolha.

A tempestade, por fim, amainou, e dois dias depois, em 18 de julho, o maltratado navio regressou ao cabo Cruz, ao norte da Jamaica. Uma delegação de prestimosos índios trouxe pão de mandioca, peixe e muitas frutas para os fracos e famintos espanhóis. Colombo pretendia zarpar para Hispaniola quando os homens se recuperassem, mas, com o vento contrário, decidiu-se pela Jamaica.

Quatro dias depois, a frota singrou as águas translúcidas que circundavam a Jamaica, onde ainda mais índios continuavam a seduzir os marinheiros com saudações efusivas e provisões suculentas, "que eles apreciavam muito mais do que as que receberam nas outras ilhas".

Certa manhã, uma canoa se aproximou, trazendo um índio que deu pequenos presentes a todos os espanhóis que viu, com exceção de Colombo. "Eu estava recolhido, fazendo orações que poderiam ajudar", escreveu o Almirante, e "não vi imediatamente os presentes ou a determinada abordagem desse homem". Por fim, Colombo tomou conhecimento da entrada teatral do cacique. "Ele veio em pessoa, na maior canoa, com a mulher e as duas filhas, uma delas com cerca de 18 anos, muito bela, completamente nua como eles costumam estar, e muito modesta; a outra era mais nova, e dois filhos robustos e cinco irmãos e outros dependentes; e todos os outros deviam ser seus vassalos", relataria Colombo a seu amigo Bernáldez. Dois ou três homens traziam os rostos pintados com o mesmo padrão de cores e usavam na cabeça um grande adorno de penas, e na testa um disco redondo tão grande quanto um prato. Levavam na mão um artefato que tilintava. O cacique, por sua vez, usava ornamentos feitos de *guanín*, uma liga de ouro, ao redor do pescoço. Para Colombo, as joias pareciam ter "8 quilates de ouro". Algumas eram tão grandes quanto pratos, segundo o Almirante, e tinham a forma de uma flor-de-lis. Com exceção de um cinturão finamente trabalhado em torno da cintura, o chefe tinha o resto do corpo exposto. E sua mulher estava nua, "com exceção de um ponto na genitália, que estava coberto por um pequeno enfeite de algodão do tamanho de uma casca de laranja". A filha mais velha usava em torno da cintura um único cordão feito de pequenas pedras, muito pretas, do qual pendia algo feito de "pedras verdes e vermelhas presas a um tecido".

O cacique e seu entourage subiram a bordo da caravela de Colombo e saudaram o Almirante do Mar Oceano. Entre torrentes de louvor à Espanha, o chefe indígena declarou: "Decidi ir a Castela com você e obedecer ao rei e à rainha deste mundo."

Colombo avaliou aquelas palavras com cuidado. "Ele disse tudo de maneira tão razoável que fiquei extremamente impressionado." Ao perceber um vento perturbador soprando de um lado para outro, o Almirante convidou o cacique e seu séquito a ficar a bordo aquele dia, "permanecendo em mar aberto até que as ondas ficaram enormes". O navio oscilou e rangeu em meio ao tempo ruim. "Naquela hora as mulheres eram as mais assustadas, e choravam e pediam ao pai e marido para voltar para casa", observou Colombo. "Naquele momento, eles conheceram o mar e o que significava encarar o mar." Para Colombo, era uma oportunidade para dominar os elementos e, por extensão, confrontar o próprio destino; para os aterrorizados indígenas, significava conhecer o horror diante do poder inerente ao universo. "E queriam que ele [o cacique] tomasse ciência de como aquilo seria doloroso para eles, porque eram os que mais queriam ir a Castela." Pensando na mulher, nas filhas e no filho pequeno, que mal tinha 6 ou 7 anos, "que sempre carregava nos braços", o cacique engoliu o orgulho e reconheceu que a melhor alternativa seria regressar à segurança da terra firme. Para honrar a decisão, Colombo e o cacique trocaram presentes, e o Almirante, para não ser superado em magnanimidade, disse que também tinha presentes para os irmãos do chefe e o resto do cortejo.

Voltando-se para os filhos do cacique, nus como os pais, Colombo quis "que a filha mais velha se vestisse, mas a mãe disse não, porque não estavam acostumados com isso". Na verdade, a jovem estava escondida atrás dos pais, "abraçada a si mesma, cobrindo o peito e o rosto", e só o descobria "para expressar admiração". Ela falou durante todo o longo dia no mar, "mas sempre se comportou de maneira honesta e casta". Quando estavam ancorados e em segurança, Colombo relutantemente se despediu de seus distintos hóspedes indígenas, que estavam "muito tristes em partir, assim como eu, porque gostariam muito de levá-lo até Suas Majestades, pois ele era a pessoa certa para desvendar todos os segredos da ilha". Os nativos foram poupados de uma cansativa viagem através do Atlântico e de um futuro incerto na Espanha.

Em poucos dias, Colombo tomou para si a tarefa de explorar a parte sul da ilha da Jamaica. Talvez lá ele encontrasse ouro suficiente para satisfazer sua cobiça.

* * *

Elas surgiram por trás da névoa como um gigantesco dragão turquesa. Eram as Montanhas Azuis da Jamaica, uma das maiores cadeias de montanhas do Caribe, que alcançam 2.256 metros de altitude no ponto mais alto e cuja vegetação exuberante abriga quinhentas espécies de plantas floríferas, metade delas existente somente ali. Mariposas esvoaçantes passeavam por entre as árvores, entre elas o estupendo rabo de andorinha (*Papilio homerus*), a maior borboleta do hemisfério ocidental, cujas belíssimas asas em preto e dourado têm envergadura de 15 centímetros. Centenas de espécies de aves observavam o cenário, em busca da próxima refeição. A riqueza e a diversidade da vida na região eram iguais às de qualquer um dos extravagantes lugares descritos em *As viagens de Marco Polo*.

Com as Montanhas Azuis da Jamaica despontando no horizonte, em 19 de agosto, Colombo levou a frota até um ponto que batizou de cabo del Farol, depois de avistar uma fogueira indígena. Os navios fizeram uma passagem a barlavento para a ilha de Hispaniola.

A frota passou mais três dias em meio àquele esplendor natural, até que uma canoa com índios apareceu.

"Almirante!", gritaram, reconhecendo Colombo.

Colombo já havia se tornado uma presença lendária na região, não só bem-vinda, mas também temida.

O Almirante navegou ao longo daquela costa sufocante e completamente recoberta de vegetação, enfrentando assustadoras borrascas vespertinas e a ameaça de trovões distantes, até que "perdeu a vista da ilha e voltou direto para Hispaniola", deixando para trás a Jamaica e a promessa de recompensa fácil. Tudo o que Colombo descobrira até aquele ponto da viagem era que seria muito difícil, se não impossível, alcançar seu objetivo sem a ajuda de Deus.

Um ou dois dias depois, Colombo se refugiou numa pequena ilha, Alta Vela, e não tardou a descobrir que havia se separado dos outros dois navios da frota. Não era a primeira vez que ele perdia contato com seus navios. O Almirante parecia estar perdendo o controle da viagem e de si mesmo. Colombo ordenou que os homens fossem até o ponto mais alto

238 *Entre os tainos*

da ilha, mas nada se viu além do mar sem fim. Famintos e cansados, os homens abateram, a porretadas, as focas que dormiam na praia.

Seis dias depois, os dois navios reapareceram, e a frota reunida zarpou para a ilha que Colombo chamou de Beata, a 12 léguas de distância. Esperando a hospitalidade com a qual se acostumara, Colombo ficou assustado ao ver indígenas "armados com arcos e flechas envenenadas e carregando cordas que traziam da aldeia, e sinalizavam que aquelas cordas amarrariam os cristãos que capturassem". Sem recuar, os três botes chegaram a terra, e, depois de uma rápida troca, os índios "puseram as armas de lado e se ofereceram para trazer pão, água e o que mais tivessem aos cristãos". E, o que foi ainda mais agradável, já haviam ouvido falar de Cristóvão Colombo e desejavam conhecê-lo. Foi o que aconteceu, e depois disso a frota zarpou.

Ao passar por uma ilha, Colombo decidiu batizá-la em homenagem ao companheiro Michele de Cuneo, da cidade de Savona, que explicou: "Por amor a mim, o Lorde Almirante chamou-a de La Bella Saonese. Foi um presente e tomei posse dela [...] por meio de um documento assinado por um tabelião." Graças a esses dispositivos, terras antigas passaram a mãos contemporâneas. Cuneo inspecionou seu novo reino, onde "arrancou a grama, cortou árvores e erigiu a cruz e também ergueu uma forca". Cuneo estava muito satisfeito; o lugar era lindo, concluiu, e contava 37 aldeias com "pelo menos 30 mil almas".

Na noite de 14 de setembro, Colombo "observou um eclipse da Lua e conseguiu determinar que a diferença de horário entre aquele lugar e Cádiz era de cerca de cinco horas e 23 minutos", disse Fernando.

Essa afirmação gerou séculos de debates sobre a localização precisa de Colombo naquele momento (incerta), sua habilidade em navegação celeste (limitada) e até mesmo sua honestidade no relato das descobertas (aberta a discussão). Os enganos e lapsos, porém, revelam os limites da capacidade do Almirante como navegador e seu desejo instintivo de tornar sua localização obscura quando ela parecia colocá-lo além dos limites da "Índia". Na "Índia", ele reinava supremo, graças às proclamações de Fernando e Isabel, e fazia jus a grande riqueza e prestígio. Se inadvertidamente ele chegasse a alguma parte inexplorada do mundo, suas descobertas e reivindicações estariam abertas a oposição e provavelmente não teriam valor algum. Para o Almirante, era melhor ter esperança de que tudo desse certo no fim do que tentar compreender onde de fato ele estava em escala global. Um dos grandes paradoxos dos hábitos mentais do explorador era a relutância em analisar outras respostas possíveis para as perguntas relacionadas à navegação. Colombo não queria "descobrir" o "desconhecido". Para ele, que acreditava que tudo havia sido previsto e regido pela vontade de Deus, não havia desconhecido.

Para os que compartilhavam do misticismo de Colombo, um eclipse lunar era prenhe de significado. O fenômeno ocorre quando a Lua passa por trás da Terra, de forma que o planeta evita que os raios do sol atinjam o satélite. O Sol, a Terra e a Lua ficam alinhados, com o planeta no meio. O eclipse lunar anterior, em 22 de maio de 1453, coincidira com a queda de Constantinopla, e agora acontecia novamente, trazendo um significado cósmico à viagem do explorador.

Colombo estava planejando regressar a La Isabela quando o caráter da viagem mudou abruptamente, e começaram a aparecer perturbadoras lacunas no relato. Depois de cinco dias enfrentando uma tempestade, a frota se separou mais uma vez. As duas caravelas perdidas acabaram reaparecendo, e, em 24 de setembro, a frota reintegrada partiu do extremo leste de Hispaniola para outra ilha, chamada de Amona pelos índios. Em vez de retornar ao que se tornara seu porto-base nas Índias, Colombo "consertou os navios com o claro objetivo de pilhar as ilhas dos canibais e botar fogo nas canoas deles, de forma que esses lobos predadores nunca mais ferissem ovelhas". Mas a campanha contra os caraíbas nunca se concretizou.

"Daquele ponto em diante o Almirante parou de escrever o diário de navegação", relatou Fernando, "e não contou como regressou a La Isabela". O excesso de trabalho e um colapso nervoso acabaram com a saúde de Colombo. "Ele às vezes passava oito dias com menos de três horas de sono", explicou o filho. "Isso pareceria impossível se ele próprio não tivesse contado tudo em seus escritos." A recente provação em La Isabela tinha cobrado seu preço. Depois de "grandes esforços, fraqueza e uma dieta limitada", Colombo "caiu doente durante a travessia entre Amona e San Juan".

Na verdade, ele estava em coma. O Almirante "tinha febre alta e torpor, de forma que perdeu a visão, a memória e todos os outros sentidos". Estava lutando pela vida, "mais morto do que vivo", disse Pietro Martire. "Atribuo minha doença às fadigas excessivas e aos perigos dessa viagem: mais de 27 anos consecutivos no mar cobraram seu preço", Colombo escreveria depois aos Reis Católicos. "Minha única preocupação era de que mesmo a pessoa mais corajosa pode morrer, e além disso eu estava preocupado em trazer os navios e as tripulações de volta em segurança." Durante os últimos trinta dias, "não dormi mais do que cinco horas; nos últimos oito, apenas uma hora e meia, ficando parcialmente cego, e completamente em certas horas do dia". O Almirante terminou o lamento com uma oração: "Que Deus em Sua misericórdia restaure minha saúde."

Os marinheiros perceberam que não havia um imediato para assumir o lugar do Almirante. Assustada e desorientada, a tripulação acéfala decidiu voltar a La Isabela, chegando à fortaleza sitiada em 29 de setembro de 1494. A frota ancorou e a *Santa Clara* recebeu outro Colombo, o errante Bartolomeu, que vivia à sombra do irmão. Naquele momento, ele teria a chance de brilhar.

Durante anos, Bartolomeu Colombo tentara imitar as explorações marítimas do irmão. Na Inglaterra, sem sucesso, havia requisitado o patrocínio de Henrique VII para uma viagem às Índias, e, na França, abordara Carlos VIII com o mesmo plano, recebendo a mesma resposta desalentadora. Suas habilidades de cartógrafo lhe permitiram prestar bons serviços, e ele se tornou um homem do mar competente e confiável, embora não tivesse o carisma ou o contagiante misticismo do irmão famoso. Las Casas comenta: "Minha impressão, depois de falar com ele algumas vezes, foi que o comandante era um homem seco e duro, com quase nada da doçura de caráter e a gentileza de disposição que caracterizavam o Almirante." Por outro lado, ele tinha "um semblante agradável, ainda que um pouco amedrontador, com grande força física e um caráter forte", segundo o cronista, e era "ilustrado, prudente e circuns-

COLOMBO   241

pecto", e experiente "no mundo dos negócios". Durante os anos de exílio na Espanha, Bartolomeu fora um "grande apoio para o Almirante, que recorria a ele em busca de conselhos sempre que se propunha a fazer algo".

Em matéria de erudição, Las Casas considerava que Bartolomeu estava no mesmo nível do irmão, ou acima: "Era um marinheiro notável, e, a julgar pelos livros e cartas náuticas que pertenciam tanto ao Almirante quanto a ele e cobertas por notas de pé de página e observações de próprio punho, ele era, em minha opinião, tão versado em assuntos marítimos que haveria pouco que o irmão poderia lhe ensinar." De fato, Bartolomeu "tinha uma escrita mais clara, melhor que a do Almirante, pois tenho muitos escritos dos dois comigo".

No limbo, Bartolomeu teve a oportunidade de estudar a caligrafia do irmão. Logo após a triunfante primeira viagem, Colombo escreveu a Bartolomeu, implorando ao irmão que viesse à Espanha. Se tivesse chegado a Sevilha em tempo, os irmãos Colombo teriam navegado juntos como irmãos de guerra, mas a frota se formara tão rapidamente que Cristóvão liderou a segunda viagem a partir de Cádiz muito antes da chegada de Bartolomeu.

Ilhado em Sevilha, Bartolomeu recebeu uma comunicação de Colombo, que prometia dar ao irmão o prestígio necessário. Bartolomeu deveria escoltar os dois filhos de Colombo, Diogo e Fernando, à corte de Valladolid para servirem como pajens do único filho homem do rei Fernando e da rainha Isabel, o infante João, de 16 anos. No começo de 1494, Bartolomeu apresentou os sobrinhos aos reis, que, por sua vez, o elevaram à posição de dom Bartolomeu e o incumbiram da cobiçada missão de comandar uma frota de três navios com destino a La Isabela, onde havia uma desesperada necessidade de suprimentos. Apesar de ter sido assentado numa terra de incrível fertilidade, o posto avançado continuava a depender de ajuda da Espanha para sobreviver.

No segundo trimestre de 1494, Bartolomeu, agora conhecido como El Adelantado, título militar espanhol que significa "o adiantado", guiava a frota rumo a La Isabela, aonde chegou ao final de junho para unir forças ao Almirante do Mar Oceano. Por mais que tentasse, no entanto, Bartolomeu jamais inspirou a confiança e o medo associados ao irmão. "Desde que Gênova é Gênova, nunca houve um homem tão corajoso e astuto no ofício da navegação quanto o Lorde Almirante, que, ao navegar, simplesmente observava uma nuvem ou estrela à noite e analisava o que vinha à frente, se haveria tempo ruim. Ele mesmo comandava e ficava no timão. Quando a tempestade passava, ele içava as velas enquanto os outros dormiam", maravilhou-se o amigo Michele de Cuneo, que, ao contrário de Las Casas, duvidava da capacidade do Adelantado de liderar uma pequena frota, que dirá uma colônia espanhola. Mas nepotismo era nepotismo, e não havia nada que Cuneo ou qualquer outro participante da viagem pudesse fazer sobre o assunto.

Na tentativa de trazer ordem ao confuso posto avançado do império, Fernando e Isabel despacharam outra frota com suprimentos, com quatro navios no total, e instruções para Colombo datadas de 16 de agosto de 1494. Embora compreensivo no tom, o comunicado revelava fissuras cada vez maiores na fachada de confiança real. Eles desejavam que o Almirante fosse mais preciso sobre o que realmente havia descoberto. "Lemos tudo que foi dito, e embora vós forneçais detalhes consideráveis, e ler o que foi escrito seja uma fonte de grande alegria para nós, gostaríamos de saber ainda mais sobre, por exemplo, quantas ilhas foram descobertas até agora, e batizadas", admoestaram os reis, acrescentando que também desejavam saber "qual a distância entre uma ilha e a seguinte, e tudo o que foi descoberto em cada uma delas". Além disso, "vós já deveis ter colhido o que plantastes, e assim gostaríamos de saber mais sobre as estações desse lugar, e como é o tempo em todos os meses do ano, pois parece, por vosso relato, que são muito diferentes daqui". E pediram, "se nos amais, por favor, escrevais detalhadamente".

Todas exigências razoáveis, com um tema em comum: conte-nos sobre nosso novo império.

Exibindo mais do que sensibilidade protocolar pela preocupação de Colombo com La Isabela, os reis reconheceram que a responsabilidade era dele: "No que diz respeito ao assentamento que vós estais construindo, é impossível que alguém daqui vos aconselhe ou recomende qualquer mudança em vossos planos, e a deixamos totalmente sob vossa responsabilidade; mesmo que estivéssemos no local, ouviríamos vossa opinião e aceitaríamos vossos conselhos."

Para consternação de Colombo, os Reis Católicos polidamente ameaçaram delegar a ele uma nova missão. Em vez de colonizar as Índias, onde a situação se deteriorava rapidamente, o Almirante poderia regressar à Espanha para ajudar a resolver, com os rivais portugueses, as questões relativas a rotas de comércio e ao Tratado de Tordesilhas, cuja aplicação ainda motivava discussões acaloradas. "Se for difícil voltar", escreveu Isabel, "por favor enviai seu irmão ou alguma pessoa daí que saiba" sobre o assunto "prontamente, nas primeiras caravelas que estiverem voltando para casa". Dada a suma importância de se delimitar o nascente império, cujas fronteiras eram postas à prova todos os dias, ela precisava ouvir todas as opiniões do Almirante, "para que possamos voltar à questão sobre onde a linha de demarcação deve ficar exatamente dentro do período estipulado no acordo com o rei de Portugal".

Sem dar atenção às exigências reais, Colombo permaneceu em La Isabela, tentando levar a cabo os planos grandiosos que tinha para sua missão, mas seus objetivos tardavam a ser alcançados. "A cada dia que passava", explicou Las Casas, "o Almirante tomava mais consciência de que toda a terra havia pegado em armas — embora as armas envolvidas fossem uma piada — e que o ódio aos cristãos estava crescendo". Converter os índios ao cristianismo se mostrava um objetivo difícil de alcançar, e muitas vezes transitório. "Com relação a nossa fé sagrada", escreveu Colombo sobre os crescentes esforços na catequização dos índios, "creio que, se os caciques e os povos dessa ilha fossem chamados ao batismo hoje, todos viriam correndo, mas não acredito que conseguiriam entender ou compreender tudo o que está associado ao mistério divino". Era comum que os índios concordassem em ser batizados — e rebatizados — apenas para ganhar os presentes dados aos convertidos.

O valor limitado do algodão e das especiarias a enviar para Castela mal justificava o custo e o risco de manter um entreposto distante. Acima de tudo, o ouro que parecia cintilar em cada leito de rio e aos pés de cada colina no Cibao estava esgotado. Colombo e seus homens esquadrinharam todas as minas e cursos d'água, recolhendo tudo o que fora possível. O Almirante pensou que houvesse um suprimento inesgotável de ouro em Hispaniola, mas a verdade é que o modesto estoque da ilha fora rapidamente exaurido. Para justificar sua contínua presença e seus valiosos títulos, Colombo se valeu de um último recurso: escravos.

Desde fevereiro, Colombo tinha em mente o plano de iniciar um comércio regular de escravos entre as Índias e a Espanha. O principal alvo seriam os ameaçadores caraíbas, o que permitiria que os pacíficos tainos continuassem no local, um arranjo que permaneceria enquanto as minas de ouro funcionassem. Com o baixo suprimento do metal precioso, o comércio de escravos se tornou cada vez mais urgente. Se Colombo tinha dúvidas sobre a decisão, guardou-as para si. Se Portugal e Gênova comercializavam escravos, por que não a Espanha? Os reis, embora não desconhecessem a crueldade, mantiveram distância da ideia, que certamente ofenderia a Igreja, rivais políticos e o próprio senso de moralidade de Fernando e Isabel. "Este assunto está suspenso de agora até que ocorra outra viagem àquele lugar, e que o Almirante escreva o que pensa sobre o assunto." Ignorando o sentimento que sua resposta expressava, Colombo começou a estabelecer um comércio escravagista que abarcava não só caraíbas, mas também tainos. Apesar da intermitente consideração pela tribo mais pacífica, o Almirante enviaria a todos para o movimentado e lucrativo mercado de escravos de Sevilha.

De acordo com Michele de Cuneo, Colombo ordenou a captura de 1.500 homens e mulheres em Hispaniola. Quinhentos deles, considerados os mais desejáveis para o comércio escravagista, foram confinados em uma das quatro caravelas que partiriam para a Espanha. Colombo pediu a seus homens que escolhessem entre os que tinham permanecido em terra; cerca de seiscentos índios desapareceram na escravidão dessa maneira. Os quatrocentos remanescentes conseguiram escapar com vida, entre eles as mulheres que amamentavam. Ao descrever o aterrorizante espetáculo, Cuneo escreveu: "Para conseguir se esconder de nós, pois tinham medo que voltássemos novamente para capturá-los, deixaram as crianças em qualquer lugar e começaram a correr feito desesperados; e alguns foram tão longe que chegaram a estar a sete ou oito dias de distância de nosso assentamento em La Isabela, além das montanhas e passando por rios enormes."

Em desforra, os espanhóis capturaram Guatiguaná, um cacique suspeito da morte de invasores espanhóis, junto com dois de seus chefes, e os encarceraram. Porém, antes que pudessem ser executados por seus malfeitos, os índios mastigaram as cordas que os prendiam e fugiram.

Em 24 de fevereiro de 1495, os irmãos e irmãs menos afortunados dos nativos zarparam com a frota, acompanhados por Michele de Cuneo, que finalmente se fartara do Novo Mundo, e por Diogo Colombo, encarregado da tarefa de defender o Almirante contra as acusações feitas na Espanha pelos detratores do irmão, comandados pelo padre Buil e Pedro Margarit. Naquele momento, Colombo ruminava amargamente as acusações fabricadas e as rematadas "falsidades relatadas a Suas Majestades por alguns infelizes que vieram aqui e por aqueles com quem conversam". O Almirante se revoltou contra seus acusadores, um bando indigno de confiança, ignorante e corrompido que não tinha condições de tomar parte nesta nobre empreitada: "Nos dados e em outros vícios perniciosos e infames eles perderam heranças, e como não conseguiam mais encontrar uma terra que os sustentasse, tomaram parte nessa viagem por meio de mentiras e enganos, pensando em enriquecer rapidamente na costa sem trabalho ou esforço, para que pudessem voltar ao velho modo de vida. Isso não acontecia menos entre os religiosos que entre os laicos; estavam tão cegos pela cobiça cruel que não acreditaram em mim em Castela, quando previ que teriam de trabalhar por tudo. Eram tão gananciosos que pensaram que eu estava mentindo."

Baixeza de caráter e relatos maliciosos à parte, o comportamento de Colombo na viagem foi, às vezes, até mais vergonhoso, mas permaneceu oculto e incontestado na Espanha.

Antonio de Torres, que então havia se especializado em liderar as travessias transatlânticas, se mostrou menos capaz do que Colombo para levar a frota para casa rapidamente. O Almirante esqueceu-se de mostrar a ele qual a melhor rota, que consistia em navegar rumo ao norte até uma latitude próxima à das Bermudas antes de tomar a direção leste, rumo às Canárias ou o cabo de São Vicente, na costa portuguesa. Com a trágica carga de cativos, Torres foi levado pela corrente até as Pequenas Antilhas por várias semanas antes de conseguir alcançar o ponto mais ao norte e ser impulsionado pelos ventos alísios; depois disso, chegou à ilha da Madeira em pouco mais de três semanas.

Foi uma travessia infernal. "Cerca de duzentos índios morreram, creio que por falta de costume com o ar, mais frio que o deles", escreveu Michele de Cuneo. "Nós os lançamos ao mar." Dos índios sobreviventes, metade estava gravemente doente no desembarque em Cádiz. "Para sua informação", Cuneo relatou às autoridades, "eles não são um povo de trabalho e se ressentem muito do frio, e não vivem muito".

Desesperado para mostrar o valor da vulnerável carga humana enviada à Espanha, Colombo, a uma distância segura, deixou de lado as reservas sobre os índios para louvar suas qualidades a Fernando e Isabel. "Acredito que não haja nada igual no mundo entre os negros ou em qualquer outro lugar", declarou. "São muito engenhosos, especialmente quando jovens", acrescentou. "Por favor, considerem a possibilidade de pegar seis ou oito meninos, separá-los, ensiná-los a escrever e estudar, porque acredito que vão se destacar em pouco tempo; na Espanha, vão aprender perfeitamente." O programa educacional nunca foi à frente. Em vez disso, o gerente-geral da frota, Juan de Fonseca, enviou os sobreviventes a leilão em Sevilha. O confidente de Colombo, Bernáldez, testemunhou a degradação final dos indígenas nas mãos dos espanhóis. Estavam "nus como no dia em que nasceram, sem demonstrar maior embaraço que bestas selvagens". Como se preparando uma observação ainda mais insensível, reclamou: "Eles não são muito lucrativos, já que quase todos morreram, pois o país não se entendeu com eles."

Com a autodestruição do plano de estabelecer um comércio de escravos com a Espanha, os índios de Hispaniola lutaram contra as forças espanholas, especialmente nos arredores de La Isabela. O fugitivo Guatiguaná, que roeu as cordas para escapar da prisão, reuniu seus guerreiros e começou a matar os invasores ou obrigá-los a voltar aos navios. Os nativos tinham enorme vantagem numérica e se valiam do conhecimento de sua terra natal, mas Guatiguaná não conseguiu unir as diferentes tribos em torno de seu objetivo. Por segurança, alguns líderes preferiram se manter à parte, enquanto outros, com destaque para Guacanagarí, mantiveram a lealdade às forças espanholas.

Colombo ainda sofria com a exaustão; estava tão fraco que a tripulação o carregou da nau capitânia a terra. O Almirante passou o verão do Caribe em terra, se recuperando, até o final de fevereiro de 1495. Ele sofria com sintomas de várias doenças, alguns mais aparentes que outros. Las Casas, uma fonte confiável, mencionou artrite, referindo-se, provavelmente, à dolorosa e debilitante artrite reumatoide. Aparentemente não foi apenas a condição física de Colombo que se deteriorou, mas também a mental. O Almirante ficou particularmente angustiado ao saber que os índios se revoltaram contra Pedro Margarit, que ele apontara como supervisor das minas de Cibao. Com seus modos autoritários e mesquinhos, Margarit criou um pandemônio, pois "não dava atenção aos desejos do Almirante", disse Fernando, e parecia determinado a fazer de si mesmo o novo líder da expedição.

Logo após Colombo ter zarpado com os três navios, Margarit ignorou as ordens de ocupar largas faixas da ilha e, em vez disso, levou seus homens, quase quatrocentos no total, a Vega Real, a 10 léguas de distância, onde empregou todas as energias "conspirando e tramando para que os membros do conselho estabelecido pelo Almirante obedecessem às ordens dele [Margarit], enviando-lhes cartas insolentes". Frustrado o plano para usurpar o poder de Colombo, "a quem ele deveria prestar contas de suas atitudes", Margarit pegou o primeiro navio rumo à Espanha, sem dar qualquer explicação ou deixar alguém a cargo dos 376 homens deixados para trás, que rapidamente se tornaram predadores. "Cada um ia aonde queria nas terras dos índios, roubando as propriedades e as mulheres deles, e deixando tantos feridos para trás que os nativos resolveram se vingar em qualquer um que fosse encontrado sozinho ou em grupos pequenos." Assim, "o Almirante encontrou a ilha em petição de miséria, com a maioria dos cristãos cometendo incontáveis ultrajes, pelos quais infundiram um ódio mortal nos indígenas, que se recusaram a obedecer-lhes". Ainda revoltado, Guatiguaná massacrou dez guardas espanhóis e furtivamente ateou fogo a um abrigo com outros quarenta, todos doentes. Pietro Martire escreveu, angustiado, sobre as "injustiças" cometidas pelos espanhóis na ausência de Colombo: "Sequestrar mulheres da ilha diante das vistas de pais, irmãos e maridos [...] estupros e roubos."

Sem Margarit, Colombo não teve outra escolha senão tentar capturar Guatiguaná. Não tendo êxito na tarefa, prendeu alguns de seus seguidores e os enviou como prisioneiros para a Espanha a bordo da frota comandada por Antonio de Torres. Os quatro navios zarparam em 24 de fevereiro de 1495.

Os problemas com os índios, no entanto, estavam apenas começando.

Em La Isabela, Colombo descobriu tardiamente que os índios serviam a quatro chefes, Caonabó, Higuanamá, Behechio e Guarionex, e cada um deles comandava "setenta ou oitenta caciques que não pagavam nenhum tributo, mas eram obrigados a comparecer quando convocados a tomar parte nas guerras e ajudar na semeadura dos campos".

Um desses muitos caciques se destacou: Guacanagarí, aliado ocasional de Colombo e supervisor da região de Hispaniola onde ficava La Isabela. Ao saber que o Almirante estava de volta após longa ausência, Guacanagarí imediatamente o visitou para declarar inocência, pois não havia ajudado ou encorajado os índios que massacraram os espanhóis, e, para demonstrar que sempre tivera boa-fé, relembrou a boa vontade e a hospitalidade que sempre dedicara aos cristãos. O chefe acreditava que sua antiga generosidade para com os visitantes tinha provocado a ira de outros caciques, especialmente o notório Behechio, que matara uma das mulheres de Guacanagarí, e o ladrão Caonabó, que lhe roubara outra.

As lágrimas de Guacanagarí comoveram Colombo, restaurando a ligação entre o Almirante e o cacique.

Ao analisar a situação, Colombo percebeu que o emotivo cacique lhe fornecera muitas informações importantes sobre os conflitos entre os índios, conflitos que o Almirante poderia explorar para punir inimigos em comum. Uma aliança com Guacanagarí lhe permitiria resolver todas as pendências.

* * *

Recuperado do colapso, Colombo "saiu de La Isabela pronto para a guerra junto com seu camarada Guacanagarí, muito desejoso de oprimir seus inimigos", escreveu Fernando. Era 24 de março de 1495, quase seis meses após a chegada do Almirante. A tarefa militar que se apresentava trazia um desafio hercúleo. Juntos, Colombo e Guacanagarí comandavam um regimento de duzentos soldados espanhóis, reforçados por vinte cavalos e vinte cães de caça, animais que causavam muito mais terror ao inimigo que qualquer bípede europeu. Mas eles estavam diante de uma força imensa, "mais de 100 mil índios" defendendo o próprio território contra um pequeno grupo de invasores. Dada a crescente revolta dos nativos contra os espanhóis, parecia que a batalha seria a última de Colombo, de sua missão, de seus homens e navios. Prenúncio de um massacre, o plano tinha algo de fatídico, como se Colombo, um navegador habilidoso demais para perecer no mar, tivesse deliberadamente escolhido o próprio martírio — e de seus homens — em terra.

Por acreditar que, naquele momento, entendia "o caráter dos índios e seus hábitos", Colombo começou a campanha liderando sua pequena tropa numa marcha de dez dias a partir de La Isabela. O Almirante dividiu os homens em dois grupos, um sob seu comando, outro sob o de Bartolomeu. Confiando na capacidade dos corcéis em infligir absoluto terror ao inimigo, os irmãos tentariam encurralar as enormes forças indígenas em um movimento de pinça. Colombo "acreditava que os índios, assustados ao sentir o estrondo vindo de vários lados, entrariam em pânico e fugiriam imediatamente".

De início, os "esquadrões de soldados", como Fernando grandiosamente os chamou, atacaram os índios, fazendo-os recuar à força das bestas e dos arcabuzes. Naquele ponto, "os cavalos e os sabujos" intercederam para semear o pânico entre o inimigo, perseguindo os índios até a selva e caçando-os aonde quer que fossem, "matando muitos", de acordo com Fernando, "e capturando outros, que também foram mortos".

Os soldados espanhóis perseguiram os índios por entre os bosques subtropicais, e quando já não conseguiam mais avançar, soltaram vinte galgos. Os cães ferozes, escreveu Las Casas, "caíram sobre os índios sob gritos de *tómalo*". Peguem-no! "Em uma hora já haviam capturado cem deles. Como os índios andavam completamente nus, é fácil imaginar o estrago causado pelos galgos, atiçados para morder corpos nus e peles muito mais delicadas que o couro dos javalis que costumavam perseguir."

As forças espanholas conseguiram capturar Caonabó vivo, junto com suas mulheres e filhos. Fernando exagerou o número de guerreiros indígenas que participaram da batalha, embora houvesse muito mais nativos que espanhóis, cuja vitória, conseguida com a ajuda de cavalos e armas superiores, trouxe de volta a confiança perdida na primeira vez que Colombo chegou às Índias. "Não houve uma de nossas armas que não tenha se mostrado altamente danosa quando usada contra os índios", Las Casas relatou da frente de batalha, enquanto as armas dos nativos eram "pouco mais que brinquedos".

Depois da batalha, Caonabó "confessou ter matado vinte dos espanhóis que permaneceram sob as ordens de Arana em La Navidad, quando o Almirante regressou à Espanha após a descoberta das Índias". Então era ele o grande malfeitor desde o início. E, a dar-se crédito pela confissão, havia coisas ainda piores. Posteriormente, Caonabó visitou os espanhóis em La Isabela "fingindo amizade", mas com "a verdadeira intenção (da qual nossos homens suspeitaram) de ver qual seria a melhor maneira de atacar e destruir [a fortaleza], como ele já fizera à cidadela de La Navidad". Alonso de Ojeda, o obstinado ajudante de ordens de Colombo, tentou romper um "pacto de amizade" entre Caonabó e o Almirante, contou Pietro Martire, e, irritado, ameaçou o chefe "com o massacre e a ruína de seu povo se ele escolhesse a guerra em vez da paz com os cristãos".

O cronista italiano analisou com argúcia como os dilemas políticos e as pretensões do chefe indígena seriam interpretados na visão de Colombo. "Compreensivelmente, Caonabó era como um recife em meio ao mar, jogado de um lado para outro por correntes opositoras e também angustiado pela lembrança dos crimes que cometera, pois havia assassinado à traição vinte de nossos homens, indefesos; embora parecesse desejar a paz, apesar de tudo ele não teve medo de ir ao Almirante. Finalmente, depois de elaborar um plano com a intenção de assassinar Colombo e outros quando a oportunidade se apresentasse e fingir que queria a paz, ele foi encontrar o Almirante com todo o seu séquito e muitos outros, armados como era o costume deles." Com esforço, Ojeda convenceu o exausto Caonabó a aparecer diante de Colombo e selar a paz. Como recompensa, o chefe receberia um cobiçado sino de bronze da igreja.

Ojeda brandia algemas e grilhões de aço, explicando que ninguém menos que o rei Fernando usava esses itens decorativos quando cavalgava. Como ato de grande consideração, Caonabó poderia experimentar os artefatos e ver como um rei se sente. Ojeda organizou tudo para que Caonabó viesse atrás dele no cavalo, enquanto os espanhóis apertaram os grilhões para que o chefe índio permanecesse montado com segurança. Naquele momento, os soldados espanhóis assustaram guardas de Ojeda, e este esporeou o cavalo, que cruzou um rio levando o espanhol e o índio. Caonabó tinha sido sequestrado.

Ojeda continuou a cavalgada, só parando para apertar os grilhões do chefe índio, até chegar a La Isabela, onde Caonabó, agora prisioneiro, passava o tempo, nas palavras de Pietro Martire, "resmungando e rangendo os dentes, como se fosse um leão da Líbia".

Continuando a pacificação do Cibao, Ojeda capturou outros chefes revoltosos, embora o último deles, Behechio, cunhado de Caonabó, tivesse conseguido escapar. Quando a campanha terminou, Colombo acompanhou a marcha da vitória até a região subjugada.

Essa foi a versão espanhola da história, legada à posteridade pelos cronistas Fernando Colombo, Pietro Martire e Gonzalo Fernández de Oviedo. Entretanto, existe a outra perspectiva, mais inquietante, dos índios, que enfatiza os estupros cometidos pelos europeus e o sequestro dos crédulos tainos. Até mesmo a simpatia de Colombo se dividia às vezes entre os homens que liderava e aqueles que pretendia conquistar, mas assim que o Almirante se livrou de qualquer sentimento de compaixão, sua atenção se voltou à obsessão por ouro, glória e conquista.

Para ilustrar as contradições morais do conflito, Las Casas declarou: "Uma vitória tão execrável certamente não contribui para a glória de Deus." Para tentar oferecer alguma compensação para tantos pecados, o frei daria testemunho do sofrimento dos índios, e serviria como seu defensor para a posteridade.

* * *

Colombo pretendia despachar Caonabó e o irmão para a Espanha, "pois não desejava ordenar a morte de um personagem tão grande sem que os Reis Católicos soubessem", segundo Fernando. Ele julgou suficiente punir muitos outros. Era uma decisão curiosa para um homem tão vingativo, e resulta do fato de que Colombo e Caonabó construíram uma ligação de líder para líder, apesar do vasto oceano de diferenças políticas e linguísticas que os separava. Ambos compartilhavam o interesse nos mistérios eternos da vida e da morte, ilustrado pelo fato de Colombo ter tentado conquistar o firme reino espiritual dos indígenas com o mesmo vigor dedicado a conquistar suas frágeis existências temporais, com o mesmo desconcertante resultado.

"Eu tentei muito aprender em que eles acreditavam e saber para onde vão os mortos, principalmente com Caonabó", escreveu Colombo, em uma notável reavaliação do antigo antagonista. "Ele é um homem maduro, muito sábio e inteligente", e deu a Colombo a primeira ideia convincente sobre como era a vida de um cacique: privilegiada, indulgente e paradisíaca. "Eles comem, têm mulheres, desfrutam de prazeres e confortos", maravilhou-se o Almirante. Entre idas e vindas nas hostilidades, os espanhóis aprenderam mais sobre as vidas e os recursos de seus anfitriões, registrou Fernando, sobre suas minas de "cobre, safira e âmbar; pau-brasil, ébano, incenso, cedro, muitas fibras refinadas e diferentes tipos de especiarias selvagens", inclusive canela ("embora de gosto amargo"), gengibre, pimenta; tudo menos o ouro que Colombo tão ardentemente buscava. Também havia "amoreiras para produzir seda que ostentam folhas o ano inteiro, e muitas outras plantas e árvores úteis das quais nada se sabe em nossos países".

O que soa como um idílio, ao menos nas palavras de Colombo, era tudo menos isso. Com seus dois irmãos, o Almirante ergueu mais três fortalezas, que usou para reforçar um sistema de tributação que arruinou a antes saudável economia da ilha.

Daquele momento em diante, todos os índios com mais de 14 anos eram obrigados a pagar o equivalente ao tamanho de um guizo em ouro. Os caciques tinham que entregar ainda mais aos conquistadores espanhóis. Os nativos que viviam em regiões onde o ouro era escasso podiam substituir o metal por algodão — em fio ou tecido, não cru —, mas todos eram obrigados a pagar impostos: a alternativa era a morte. Os que conseguiam cumprir as obrigações recebiam uma placa de cobre ou latão para usar no pescoço, que se tornou um símbolo de vergonha insuportável. (Ao escrever sobre o sistema, Las Casas atacou: "Mesmo o mais cruel dos turcos ou mouros, hunos ou vândalos que devastou nossos reinos e terras e destruiu nossas vidas consideraria tal obrigação onerosa demais, além de irracional e abominável.")

Em pouco tempo, os indígenas esgotaram o limitado suprimento de ouro da ilha, e o que parecia uma quantidade modesta se tornou cada vez mais difícil de conseguir, mesmo com todo o esforço de procurar o metal entre a areia ou arbustos. O sistema era, de certa forma, pior do que a escravidão, e destruiu qualquer possibilidade de ajuda ou cooperação dos índios em outros empreendimentos além dos inúteis tributos em ouro. Ao impor a cobrança, Colombo assegurou para si um modesto suprimento em ouro, à custa de tudo o mais que precisasse ou pudesse desejar. Guarionex, o influente cacique, por exemplo, argumentou que a terra usada para fornecer um mínimo de ouro poderia fornecer trigo suficiente para alimentar toda a Espanha, não uma, mas dez vezes, mas Colombo nem levou a ideia em consideração, decidindo reduzir o imposto à metade e perpetuar a ofensa.

Ao comentar essa política, Las Casas espumava de indignação. "Alguns conseguiam pagar", relatou, "mas, para outros, era impossível, e assim, vítimas da mais miserável forma de vida, alguns buscaram refúgio nas montanhas, enquanto outros, como a violência e a provocação e os ataques nunca cessaram, mataram alguns cristãos por causa dos danos e das torturas exageradas que sofreram". Os cristãos, em resposta, torturavam e matavam seus antagonistas, "sem qualquer respeito à justiça humana ou divina e à lei natural sob cuja autoridade o fizeram". Não se pode negar a força da indignação de Las Casas, mas os índios não eram os inocentes que ele imaginava. Os nativos eram escravagistas desde muito antes da chegada dos europeus. Fernández de Oviedo registrou que, durante guerras, as tribos indígenas inimigas "faziam prisioneiros a que marcavam e mantinham como escravos. Cada senhor

254 *Entre os tainos*

tinha sua própria marca e alguns deles arrancavam um dos dentes da frente dos cativos como marca de propriedade".

Desmoralizados pelo sistema tributário espanhol e feitos vítimas de suas próprias profecias, muitos índios recorreram à última forma de fuga que lhes restava. Colombo tomou consciência da dimensão da tragédia que dizimava os índios quando "chamaram sua atenção para o fato de que os nativos foram assolados por uma fome tão endêmica que mais de 50 mil homens haviam morrido, e todos os dias outros vários tombavam como rebanhos doentes", nas palavras de Pietro Martire.

A realidade era muito mais terrível, pois a fome era autoinfligida. Os índios haviam destruído os estoques de pão, de forma que nem eles nem os invasores teriam como comer. Muitos se jogavam de penhascos, se envenenavam com raízes e se deixavam morrer de inanição. Oprimidos pela infactível obrigação de pagar tributos em ouro, os índios já não conseguiam cultivar os campos, cuidar dos doentes, das crianças e dos anciãos. Desistiram de tudo e cometeram suicídio em massa para não serem mortos ou capturados pelos cristãos e não serem obrigados a dividir com eles suas terras, campos, pomares, praias, florestas e mulheres, o futuro de seu povo. Era um ato supremo de desespero e autodestruição, tão avassalador que estava além da capacidade de compreensão dos espanhóis.

Todos eles, 50 mil índios, mortos pelas próprias mãos.

Os espanhóis se recusaram a assumir a culpa. O suicídio em massa era o resultado da "teimosia" dos nativos, disse Pietro Martire. "Os índios destruíram de propósito todos os campos de pão [mandioca]", Colombo disse aos reis em outubro de 1495. "Para evitar a busca por ouro, os índios puseram tantos obstáculos quanto lhes foi possível." Ao mesmo tempo, o Almirante reconheceu que "nada mais os deixa tão tristes e preocupados quanto o fato de que estamos entrando em seu território". Na realidade, os índios tinham pouco interesse em ouro, especialmente quando comparados a Colombo. Na versão do Almirante, os nativos, depois de perceber que não seriam capazes de demovê-lo da busca por ouro, tardiamente "retomaram o cultivo e o plantio da terra, porque estavam morrendo de fome, mas desta vez o céu não lhes enviou a chuva e ficaram arruinados e morreram e estão morrendo em um ritmo inacreditável". Colombo atribuiu as mortes à "fome".

Os sobreviventes, em número cada vez menor, se viam presos na última etapa do jogo pela vida. Alguns se refugiaram nas montanhas, com os cachorros em seu encalço. Os que conseguiam escapar dos animais sucumbiam à fome e à doença. Embora as estimativas de população sejam inexatas, a tendência é incontestável. Dos cerca de 300 mil indígenas que viviam em Hispaniola na época da primeira viagem de Colombo, em 1492, cerca de 100 mil morreram entre 1494 e 1496, metade deles durante o suicídio em massa. Las Casas estimava que a população indígena em 1496 correspondesse a apenas metade do que era em 1494. ("Que esplêndido cultivo e que rápida colheita!", escreveu, acerbamente.) Doze anos depois, em 1508, um censo contou 60 mil índios, um quinto da população original, e em 1548 Fernández de Oviedo encontrou apenas quinhentos índios, únicos sobreviventes entre centenas de milhares que habitavam a ilha quando Colombo chegou e que enxergaram no Almirante o cumprimento de uma antiga profecia. Mas foi só então que o significado do vaticínio ficou claro: a presença do Almirante significava sua extinção.

Com o passar do tempo, os tainos selaram a paz com seus adversários. Uma tribo que combinava caraíbas e tainos emergiu, e parecia apontar o caminho para a coexistência. A chegada das frotas de Colombo, uma após a outra, estremeceu o acordo espontâneo e trouxe um novo nível de estresse e conflito a uma sociedade já volátil. A figura de proa era o adversário de Colombo, Caonabó, o cacique caraíba que se casou com uma mulher da tribo dos tainos, Anacaona, irmã de Behechio. Pouco antes da chegada de Colombo, outros tainos já tinham se casado com caraíbas que renunciaram ao canibalismo; nisso, Caonabó e Anacaona não estavam sozinhos. Uma terceira tribo, os ciguaios, parecia ser um híbrido dos antigos oponentes. Las Casas contou que os indígenas se esqueceram do idioma nativo e, em vez disso, "começaram a falar um dialeto estranho, quase bárbaro", que devia ser a combinação entre a língua original desse povo e a dos tainos. Como os caraíbas, deixavam o cabelo crescer e usavam pinturas de guerra em vermelho e preto, mas, ao contrário desses, os ciguaios não envenenavam as flechas.

256 *Entre os tainos*

Foram eles que atiraram setas contra Colombo quando a frota chegou à República Dominicana pela primeira vez. Para relembrar o ataque, o Almirante batizou o local da batalha de golfo das Flechas.

Quando Colombo entrou em cena, as três tribos — tainos, caraíbas e ciguaios — tentavam manter a paz e evitar a destruição mútua com casamentos intertribais, estratégia semelhante às muitas ligações amorosas entre membros das famílias reais de Espanha e Portugal. A presença espanhola, porém, desfez as alianças entre os nativos e semeou o caos entre as nações indígenas.

Os pecados de Colombo, pelo menos aqueles contra os espanhóis, voltaram para assombrá-lo. Em 5 de agosto de 1495, uma frota com quatro caravelas zarpou da Espanha sob a liderança de Juan de Aguado, um homem severo que estava entre a tripulação original da segunda viagem de Colombo e que havia regressado à Espanha com homens doentes e outros pretensos conquistadores desafetos do Almirante, sob o comando de Torres. Graças aos esforços do padre Buil, disseminou-se na Espanha uma visão negativa do Almirante, e Aguado e seus ajudantes de ordens voltaram a Hispaniola com ordens de investigar Colombo. Ao mesmo tempo, levavam suprimentos e, como o ouro continuava a ser o objetivo maior, um metalúrgico.

Ao chegar, em outubro de 1495, Aguado fez uma entrada triunfal, ao som de trombetas, e assumiu o comando de um pequeno entreposto em uma região selvagem da ilha. Bartolomeu, presente em La Isabela durante o humilhante espetáculo, enviou uma carta para alertar Colombo, que estava no interior, nas minas de Cibao. Ao regressar ao forte, o Almirante surpreendeu a todos ao ouvir respeitosamente as novas ordens que Aguado trouxera dos reis.

Colombo deveria reduzir para quinhentos a quantidade de homens na folha de pagamento real, e fazer com que todos recebessem uma porção justa das provisões. As reclamações de que Colombo tinha seus favoritos reverberou do outro lado do Atlântico. Pior, todos que estavam em La Isabela subsistiam com rações curtas, apesar da inacreditável fertilidade da terra. "O solo é muito preto e bom", observou Cuneo. "Trouxemos da Espanha todos os tipos de sementes, e experimentamos para ver as que se adaptariam bem". Entre os legumes e verduras que vingaram estavam o rabanete, a abóbora, a cebola, a alface, a salsa, o melão e o pepino. O grão-de-bico e o feijão cresciam em questão de dias, "para logo depois murcharem e morrer". Ninguém sabia a razão. Por fim, os espanhóis perderam o interesse em cultivar seus próprios alimentos, "pela simples razão de que ninguém quer viver permanentemente nesses países". Contaminados pela febre do ouro, preferiam consumir alimentos provenientes da Espanha e pão de mandioca.

Ao ouvir a chuva de reclamações contra Colombo, Aguado percebeu que os europeus em melhores condições de saúde começaram a praticar atividades perigosas: pequenos furtos, garimpo de ouro para si mesmos e caça a escravos. Ele pintou um triste retrato da incapacidade da colônia espanhola de se manter em meio a tanta fartura.

> Todos os que estiveram nessa ilha estão incrivelmente descontentes, especialmente os que estavam em La Isabela, sobretudo por causa da força, da fome e das doenças que enfrentaram, e não juraram em vão como "se Deus me levasse de volta para Castela"; não tinham nada para comer além das rações que recebiam do armazém do rei, composta de uma *escudilla* [cerca de uma xícara] de trigo que precisavam moer em pequenos moinhos manuais (e muitos comiam cozido) e um pedaço de bacon rançoso ou queijo podre, e não sei mais quantos grãos-de-bico; vinho, era como se não existisse no mundo, e era cota da Coroa. E o Almirante, por sua vez, os obriga a trabalhar famintos, fracos e alguns até doentes (na construção do forte, da casa do Almirante e de outros prédios), de maneira que estão todos angustiados e aflitos e desesperados, razão pela qual reclamaram com Juan Aguado e aproveitaram a ocasião para falar sobre o Almirante e denunciá-lo aos [monarcas].

Ao ficar ciente de testemunhos tão duros e constatar a degradação que assolava La Isabela, Colombo percebeu que não tinha outra escolha senão suspender a exploração de Hispaniola e regressar à Espanha para se defender. As portas do apoio e do patrocínio real estavam se fechando devagar, porém inequivocamente, e o Almirante temia ser descartado.

Outros marinheiros estavam prontos para tomar seu lugar. Bastava a bênção dos monarcas para pôr fim ao monopólio de Colombo nos descobrimentos em nome da Espanha e, com isso, lançar por terra o prestígio e a riqueza prometidos ao Almirante.

Enquanto ponderava sobre seu destino, Colombo, autodidata como sempre, começou a estudar os tainos com a mesma profundidade que dedicava a seus outros empreendimentos, especialmente a espiritualidade dos nativos, que, como percebera, era muito mais intricada e cheia de nuances do que a vida simples que levavam, com seus pequenos campos de cultivo, suas cabanas primitivas e longas canoas, poderia fazer parecer. O Almirante percebeu que os numerosos chefes mantinham altares particulares numa "casa distante do centro em que havia apenas imagens esculpidas em madeira". Ao ver os europeus chegando, relatou Colombo, os índios as esconderam "nos bosques, por medo de que fossem tiradas deles; e, o que é ainda mais risível, têm o costume de roubar os *cemís* uns dos outros". E havia mais: as estátuas eram o cerne de um ritual particular, misterioso e transformador. As imagens, concluiu, vinham sempre em "uma mesa bem-feita, redonda como um prato de madeira, na qual era guardado um pó que colocam na cabeça do *cemí* com certa cerimônia. Depois, por meio de um bastão com dois ramos que são colocados no nariz, eles aspiram esse pó. As palavras que dizem nenhum de nossos homens conseguiu entender. Esse pó faz com que percam os sentidos e vibrem como bêbados".

Os tainos usavam os pequenos *cemís* para comungar com o mundo espiritual e — como observou Colombo, achando graça, mas horrorizado — manipular membros da tribo que ainda não tenham sido iniciados nos mistérios do ídolo. O Almirante soube de um *cemí* que "dava um grito alto e falava na língua deles". Examinando mais de perto, Colombo descobriu que a "estátua era engenhosamente construída", com a base conectada por um tubo ou "zarabatana" a uma "parte escura da casa, coberta de galhos e folhas, onde uma pessoa escondida dizia o que o cacique lhe mandasse dizer (assim como alguém pode falar através de uma zarabatana)".

COLOMBO 259

Para desmascarar o ardil, vários espanhóis derrubaram o *cemí* falante, e o cacique, profundamente envergonhado, suplicava que não dissessem nada aos outros da tribo "porque era por meio dessa farsa que mantinha a obediência de todos. [...] Só o cacique sabe da fraude e é cúmplice dela, pois assim consegue receber todos os tributos que deseja de seu povo". (É claro que a cínica combinação de superstição e engodo para controlar os de boa-fé jamais aconteceria na Espanha ou em qualquer outro lugar da Europa.)

Caonabó esclareceu outros ritos funerais para o cacique dos tainos, segundo registrou Colombo: "Eles abrem o cacique e o secam diante de uma fogueira para que ele se mantenha inteiro. No caso de outros, preservam apenas a cabeça." Essa jornada do tainos pelo além levou o Almirante, já propenso a pensamentos mórbidos, a refletir sobre a mortalidade. "Eu me esforcei para entender no que eles acreditam", escreveu, "e saber para onde vão os mortos, especialmente aprender com Canaobó", que contou ao explorador que os índios vão "para um vale, para se juntar aos antepassados".

Foi o mais longe que Colombo ousou se aventurar nas sombras das crenças e práticas espirituais dos tainos. O Almirante designou Ramon Pané, um dos seis clérigos da expedição, a ir ainda mais longe, "para descrever todos os rituais deles". Foi o que o padre Pané fez, compilando um relatório com base nos quatro anos em que viveu próximo aos tainos. As revelações sobre as práticas religiosas dos índios e a interferência espanhola nesses rituais traziam tantas verdades desagradáveis que Colombo as tomou por ficção e considerou que "a única coisa certa a ser aprendida é que os índios têm certa reverência natural ao pós-vida e acreditam na imortalidade da alma". Ainda assim, o Almirante incluiu o controverso documento em suas crônicas, que o filho reproduziu mais ou menos fielmente, percebendo, talvez, que o texto oferecia a melhor explicação para a deterioração das relações entre os espanhóis e os índios.

De acordo com o padre Pané, um catalão que se autodenominava um "pobre anacoreta" — um estudioso ermitão — "da ordem de São Jerônimo", o problema estava no cerne das crenças espirituais conflitantes entre ambos os povos. As reflexões impiedosas do clérigo são consi-

260 *Entre os tainos*

deradas o primeiro estudo antropológico dos índios ou, indo além, de qualquer povo. De todos os relatos que as viagens de Colombo geraram, esse é certamente o mais estranho e perspicaz.

"Eles acreditam que existe um ser imortal no céu que ninguém consegue ver e que tem uma mãe, mas não tem começo", escreveu o clérigo, registrando os mitos básicos de uma maneira compreensível para cristãos como ele. O padre Pané disse que "escreveu com pressa e não tinha papel suficiente" para registrar mitos que passaram de uma geração a outra: como o mar foi criado (uma cabaça gigante esvaziou seu conteúdo, água e peixes), a origem do Sol e da Lua (emergiram de uma caverna habitada por dois *cemís* de pedra que começaram a suar) e a vida após a morte (escondidos durante o dia, emergem durante a noite para se divertir e comer uma fruta especial do tamanho de um pêssego). O padre também observou que os índios tinham um método para identificar os mortos: "Tocam o ventre com as mãos e, se não encontrarem um umbigo, dizem que a pessoa está 'operito', que significa morto." E se um homem enamorado se deita com uma mulher sem tomar o cuidado de verificar se ela realmente tem um umbigo, "ela desaparece subitamente e os braços dele ficam vazios".

Permeando todas as crenças estava o *cohoba*, o pó alucinógeno que os índios cheiravam com canudos especiais de duas hastes. Os objetos de estudo do padre Pané passavam grande parte do tempo em estados alterados de consciência, efeito da inalação do pó. "O *cohoba* é a forma de orar a um ídolo e também de pedir por riquezas", escreveu o clérigo. O chefe dava início à cerimônia tocando um instrumento. "Depois de acabar a oração, ele permanece durante um tempo com a cabeça abaixada, depois olha para o céu e fala. Todos lhe respondem em voz alta e, depois que ele termina de falar, dão graças. Então ele relata a visão que teve enquanto entorpecido com o *cohoba* que inalou pelo nariz e seguiu para a cabeça." Durante a sessão, ele fala da conversa com os *cemís*, da fuga dos inimigos e da vitória que virá. Ou avisa sobre períodos de fome ou massacres, "o que vier à sua cabeça lerda". Horrorizado, mas ainda achando graça, o padre Pané conta que "dizem que a casa aparece de cabeça para baixo para ele, com as pessoas andando com os pés no ar". O clérigo estava falando de projeção astral, experiências fora do corpo ativadas pelo *cohoba*.

O padre Pané acreditava que a conversão ao cristianismo poderia romper os antigos padrões, e abraçou os índios que trocaram suas vidas de pecado pela Igreja. Ainda assim, o relatório detalhado de clérigo mostrou a Colombo como seria difícil conquistar e administrar aquela parte do mundo, tentando trazer ideias europeias de ordem a um povo que vivia em outros reinos espirituais e obedecia a outras vozes.

O padre Pané ouviu do próprio Colombo o relato sobre uma comunidade indígena com uma língua própria, diferente dos outros idiomas nativos. O Almirante então delegou ao clérigo a tarefa de viver com esse povo e seu cacique, Guarionex. Consternado, o padre Pané questionou a exequibilidade da ordem: "Senhor, como Vossa Senhoria pode me pedir para ficar com Guarionex, quando a única língua que conheço é a de Macorix?" E suplicou a Colombo que providenciasse um acompanhante índio.

"Ele acedeu a meu pedido", relatou satisfeito o padre Pané ao unir forças com um índio bilíngue chamado Guaicavanu, que depois se converteu ao cristianismo e adotou o nome de Juan. "De fato, eu cuidava dele como se fosse meu próprio filho ou irmão." O clérigo e Juan assumiram o novo posto e ficaram com Guarionex por quase dois anos, um período "durante o qual o instruímos sobre nossa divina fé e os costumes dos cristãos". Não era fácil, entretanto: "De início ele mostrou boa vontade, levando-nos a acreditar que faria tudo o que desejávamos e que queria se tornar um cristão, pois nos pediu que o ensinássemos o padre-nosso, a ave-maria, o credo e todas as outras orações e coisas que um cristão deve saber." Mais tarde, "ele começou a ficar com raiva de nós e retrocedeu em seus bons propósitos por causa dos principais homens daquele país, que o censuravam por obedecer às leis cristãs". E assim abandonaram Guarionex e o trocaram por outro cacique, "que parecia bem-intencionado e nos disse que queria se tornar um cristão". Seu nome era Maviatué.

"Um dia depois de trocarmos a aldeia e a casa de Guarionex pelas terras e o povo de Maviatué, a tribo do primeiro ergueu uma cabana perto da capela onde havíamos deixado algumas imagens diante das quais os neófitos podiam se ajoelhar e rezar e encontrar conforto." A capela e os objetos que continha logo se tornaram uma fonte de irritação para os que não se tornaram cristãos. Dois dias depois da partida do padre Pané, "por ordem de Guarionex, seis homens foram à capela e disseram aos sete neófitos [...] encarregados de cuidar das imagens sagradas que deveriam destruí-las porque padre Ramón [Pané] e seus acompanhantes tinham ido embora e não saberiam quem tinha feito". Os seis seguidores de Guarionex empurraram os guardas, "forçaram a entrada, pegaram as imagens sagradas e as levaram embora".

Como se não fosse o suficiente, os invasores arremessaram as imagens contra o chão, enterraram-nas e urinaram no lugar, dizendo: "Agora vocês vão fazer crescer frutas boas e abundantes?"

Quando soube do incidente, Bartolomeu Colombo se sentiu compelido a demonstrar que poderia ser tão decisivo ao lidar com os índios quanto o ilustre irmão havia sido hesitante. "Ele levou aqueles homens cruéis a julgamento e, depois que o crime ficou configurado, fez com que fossem queimados na fogueira em praça pública." Se acreditava que a sentença serviria como punição exemplar para os índios, Bartolomeu foi rapidamente forçado a perceber o erro que cometera. "Guarionex e seu povo persistiram no plano diabólico de matar todos os cristãos no dia em que deveriam pagar o tributo em ouro." Os espanhóis descobriram a trama antes que fosse levada a cabo e aprisionaram os conspiradores, "embora alguns tenham insistido em levar adiante o planejado, matando quatro homens, Juan Mateo, o escrivão-chefe, e seu irmão Antonio, que haviam sido batizados".

O estado de violência só fez aumentar e, aos olhos cristãos, trouxe consigo um milagre em meio ao caos. "Os rebeldes correram até o lugar onde as imagens estavam escondidas e as quebraram em pedaços. Muitos dias depois o dono do campo foi desenterrar alguns inhames e, no local onde as imagens estavam enterradas, duas ou três das raízes cresceram juntas no formato de uma cruz." E, ainda mais inacreditável, "a cruz foi encontrada pela mãe de Guarionex, a pior mulher que havia naquele lugar", mas "ela considerou o achado um milagre, dizendo ao governador do forte de Concepción que 'foi Deus que fez essa maravilha aparecer no lugar onde as imagens foram encontradas, por razões que só Ele conhece'". Ou, pelo menos, era reconfortante pensar que ela tivesse dito isso.

O padre Pané deu um conselho sensato a Colombo: "Esta ilha precisa muito de homens que punam os chefes indígenas que proibirem seu povo de receber orientação da Sagrada Fé Católica, pois essas pessoas não podem ir contra seus chefes." Endurecido e incomodado pela própria experiência, o clérigo deixou de lado a humildade e insistiu: "Falo com autoridade, pois fui à exaustão procurando a verdade sobre esse assunto."

Naquele momento, porém, Colombo parecia ter sido bem-sucedido em sua missão, a despeito de todas as dificuldades, se essa missão se limitasse à conquista. Fernando afirmou que o pai "reduziu os índios a tal obediência e tranquilidade que todos prometeram pagar tributo aos Reis Católicos a cada três meses, como segue: em Cibao, onde estavam as minas de ouro, toda pessoa com 14 anos de idade ou mais deveria pagar o equivalente a um guizo em pó de ouro; todos os outros deveriam pagar 12 quilos de algodão".

Eram esses os termos da Pax Columbiana.

Ainda em greve de fome, os índios continuavam a morrer. "Se sobreviverem à escassez", escreveu Colombo eufemisticamente em outubro de 1495, "espero em Deus conseguir manter o acordo com eles e obter lucros consideráveis". O Almirante ordenou que seus homens fizessem um censo de "cacique por cacique" e reclamou: "Não mais que um quarto deles pôde ser encontrado, porque todos se dispersaram nas montanhas, em área sem população, em busca de raízes para alimentar o povo." Cada índio sobrevivente que pagou o tributo às autoridades espanholas recebeu uma "placa de cobre ou latão para usar no pescoço, como prova de que fez o pagamento. O índio que fosse encontrado sem a placa seria punido".

Enquanto isso, os espanhóis espumavam de ressentimento. Alguns já tinham regressado à Espanha com Antonio de Torres para espalhar histórias sobre o insensível Almirante do Mar Oceano, cujos dois irmãos, andando ombro a ombro com ele, só conseguiram deixar as coisas ainda piores pela forma brutal com que abordaram as relações com os índios. Colombo temia que quanto mais tempo ficasse longe da corte, mais os seus rivais envenenariam os monarcas contra ele. Na primei-

264 *Entre os tainos*

ra viagem, o Almirante partira em relativa obscuridade e regressara como herói; nessa segunda viagem, zarpara como um herói, mas tinha todas as razões para imaginar que retornaria em desgraça a menos que se defendesse perante os reis.

A situação estava tão caótica em La Isabela que foi necessário muito tempo, quase seis meses, para preparar o navio que levaria o Almirante do Mar Oceano a Castela. Convenientemente chamada de *Índia*, a caravela foi feita a partir de três outros navios destruídos por um violento furacão do Caribe, ocorrido, segundo Pietro Martire, em junho de 1495. Para os índios, a culpa da tempestade era dos espanhóis, que enfureceram os elementos. A única outra embarcação no pequeno comboio era a *Santa Clara*, da qual Colombo possuía metade.

As duas caravelas foram construídas para levar cerca de 25 tripulantes cada uma; agora transportavam, em conjunto, 235 europeus e trinta índios, inclusive o perigoso Caonabó, ainda prisioneiro, junto com o irmão e o sobrinho. Colombo recomendou os antigos inimigos aos patronos reais com grande otimismo: "Envio a Vossas Majestades Caonabó e o irmão. Ele é o cacique mais importante da ilha, o mais corajoso e inteligente. Se começar a falar, ele vai-lhes contar tudo sobre a terra melhor do que qualquer um, porque não existe assunto que ele desconheça." A chegada de Caonabó a Sevilha em segurança e sua aparição diante dos monarcas prometia ser um grande evento.

A frota zarpou na manhã de 26 de março de 1496, com Bartolomeu a bordo, mas ele desembarcou, como planejado, quando os navios chegaram a Puerto Plata, não muito longe de La Isabela, na costa norte de Hispaniola. Bartolomeu regressou à fortaleza por terra, e a frota seguiu sem ele, sob o comando de Colombo.

A viagem foi insuportavelmente lenta. Doze dias depois, Colombo deixou a extremidade leste de Hispaniola pela popa, navegando "direto para o leste tão rápido quanto o vento permitia". As provisões eram poucas e os homens estavam cansados e de mau humor. Em 6 de abril, o Almirante mudou o curso e seguiu para o sul. Em três dias lançou âncora na costa da ilha Marie Galante, que jubilosamente reclamara para a Espanha no início da viagem. O alívio foi curto. No dia seguinte,

COLOMBO 265

um domingo, o Almirante içou velas, ao contrário de seu costume, com as orelhas ardendo por conta das reclamações dos homens contra navegar no Dia do Senhor.

Na costa de Guadalupe, Colombo enviou pequenos botes a terra, com o cuidado de armar os homens, e "antes que eles chegassem à praia, uma multidão de mulheres armadas com arcos e flechas e penas na cabeça saiu correndo dos bosques e assumiu uma atitude ameaçadora". Os que estavam nos botes enviaram os dois índios que havia entre eles para negociar com as guerreiras, e quando elas perceberam que os homens vinham em busca de comida e não de conquista, mandaram-nos seguir para "a costa norte da ilha, onde seus maridos forneceriam a eles o que precisassem". Os inexperientes espanhóis vasculharam o litoral, voltaram de mãos vazias e, cambaleantes de fome e exaustão, regressaram às caravelas e zarparam rumo ao norte. Quando os navios se aproximavam da praia, os índios se reuniam à beira-mar, onde "davam altos brados" e atiravam uma flecha envenenada após a outra contra a embarcação.

Sem recuar, Colombo mandou os homens à praia, preparados para enfrentar um duro ataque. Os índios se reagruparam e tentaram preparar outra emboscada, mas bateram em retirada assim que os espanhóis dispararam suas desajeitadas, porém barulhentas, armas. Na pressa, os nativos abandonaram os alimentos nas casas, "que os cristãos invadiram, saqueando e destruindo tudo o que encontraram", escreveu Fernando. Acima de tudo, os europeus precisavam de comida. "Por conhecer o método indígena para fazer pão, pegaram a massa de mandioca e fizeram pão suficiente para satisfazer suas necessidades."

Os espanhóis vasculharam as habitações e encontraram "grandes papagaios, mel, cera e um ferro que os índios usam para fazer machadinhas, e havia teares como os nossos, de tapeçaria, nos quais fazem tecidos". Os exploradores encontraram mais uma coisa: "uma mão humana assando em um espeto". Os homens recuaram, horrorizados.

Em pouco tempo estavam espionando o entorno de Guadalupe, e talvez tenham entrado na angra conhecida como Anse à la Barque, caracterizada por plácidas cabanas, entre outros sinais de habitantes pacíficos.

266 *Entre os tainos*

Colombo enviou um bote com tripulação armada, que foi recebida por incontáveis flechas. Bastaram alguns tiros para desbaratar os arqueiros, e o grupo que desembarcou em busca de comida e suprimentos encontrou apenas enormes araras. Frustrado, um pequeno grupo de saqueadores perseguiu os índios e capturou três meninos e dez mulheres, mantidos como reféns até serem trocados por mandioca.

Os navios permaneceram ancorados em Guadalupe durante nove dias, enquanto os homens se ocupavam em fazer pães de mandioca em frigideiras quentes, cortar lenha e armazenar água. Os horários de lazer indicam que a tripulação também se aproveitou da "hospitalidade" das mulheres capturadas, soltando-as pouco antes de zarpar, com exceção de uma que parecia ser a mulher de um cacique e da filha dela, mantidas reféns nos navios já lotados.

Em 20 de abril de 1496, a frota finalmente zarpou para a Espanha. Em espaço tão apertado, doenças se disseminaram rapidamente, e os índios se mostraram os mais vulneráveis. Caonabó, que sobrevivera a tantos desafios em sua terra pátria, morreu no mar. A corte de Fernando e Isabel, da qual o chefe tanto ouvira falar e que aguçara tanto sua imaginação com grandezas impossíveis, jamais teve a chance de cumprimentá-lo ou fazê-lo escravo.

"Com vento de proa e muito calmo", escreveu Fernando, Colombo navegou "tão perto dos 22º de latitude quanto o vento permitiu, pois àquela altura os homens ainda não tinham aprendido o truque de ir bem ao norte para aproveitar os ventos de sudoeste". Essas condições só permitiram um progresso lento, e, em 20 de maio, os homens "começaram a sentir uma grande escassez de suprimentos, reduzidos a uma ração diária de 200 gramas de pão e meio litro de água".

Para aumentar a ansiedade, nenhum dos pilotos das caravelas tinha a mínima ideia de onde estavam. Colombo acreditava que estavam se aproximando dos Açores, a confiar na argumentação do diário de bordo. A bússola genovesa e a bússola holandesa, então chamadas de "agulhas", não estavam sincronizadas: "Nesta manhã as agulhas holandesas variaram um ponto para noroeste, como de hábito; e as agulhas genovesas, que geralmente coincidem com elas, variaram ligeiramente para noroeste; depois oscilaram entre posições a leste e a oeste, um sinal de que nossa posição estava um pouco além de 100 léguas a oeste dos Açores." Os cálculos de Colombo mostraram que a frota se aproximava de casa a cada ondulação que passava, e ele esperava ver "alguns ramos de sargaço espalhados no mar" a qualquer momento. Dois dias depois, em 22 de maio, um domingo, o Almirante afirmou que estavam a 100 léguas dos Açores.

As agulhas das bússolas contavam uma história diferente: os navios estavam fora da rota e flertavam ostensivamente com o perigo. Colombo "atribuiu a diferença ao ímã com que as agulhas são magnetizadas". Enquanto os protestos se tornavam mais veementes e o temor de um desastre aumentava, o Almirante insistia em seu curso, confiando na navegação estimada, ou seja, em calcular a posição a partir da velocidade em que o navio viajava e da distância percorrida desde a partida da ilha de Guadalupe, em 20 de abril.

Na noite de 7 de junho, terça-feira, os pilotos estimaram estar ainda a "'vários dias' de chegar em terra", mas Colombo alarmou a todos ao baixar as velas "por medo de atingir algum ponto de terra". A frota estava se aproximando do cabo de São Vicente, no litoral de Portugal, insistiu o Almirante, enquanto os pilotos, oito ou dez no total, faziam troça de Colombo. Alguns diziam que chegariam à costa da Inglaterra, outros afirmavam que não estavam distantes da Galícia, no norte da Espanha, e, nesse caso, Colombo deveria içar todas as velas, "pois era melhor morrer batendo na costa rochosa do que perecer miseravelmente de fome no mar". Mas Colombo não fez nada disso. Velas amainadas, os navios navegaram a esmo em meio ao mar escuro e gelatinoso.

Famintos, os homens falavam abertamente em tomar medidas desesperadas. Os caraíbas propuseram comer os outros índios a bordo, enquanto os espanhóis queriam manter o que restava de comida lançando os indígenas ao mar. Os europeus estavam preparados para executar esse plano, mas, no último minuto, o Almirante os proibiu, lembrando que todos os índios, como cristãos e seres humanos, mereciam ser tratados da mesma forma que os outros.

Colombo manteve o rumo durante a noite, até que, na quarta-feira, 8 de junho de 1496, "enquanto todos os pilotos iam como cegos

268 *Entre os tainos*

e perdidos, avistaram Odemira, entre Lisboa e o cabo de Santo Vicente". A pequena cidade brilhou ao longe, e ficava exatamente na costa portuguesa, onde a navegação estimada de Colombo dissera que estariam. Pobres pilotos e suas previsões.

"Daquele momento em diante", assinalou Fernando, "os marinheiros passaram a considerar o Almirante como o mais qualificado e admirável em questões de navegação". Colombo os trouxera para casa vivos, e bastava isso para conquistar a gratidão de todos. O Almirante havia sobrevido a tempestades, a incontáveis ataques de índios com flechas envenenadas, a motins, à possibilidade de morrer de fome e a uma doença grave.

Agora Colombo estava diante da Espanha e seus desafios, e a urgência em enaltecer o que ele havia alcançado e justificar as ações que havia tomado o revigorava. O Almirante zarpara de Hispaniola como o orgulhoso Almirante do Mar Oceano. Preparando-se para desembarcar, ele cuidadosamente mudou de aparência, vestindo um hábito simples de monge, num misto de piedade, penitência e astúcia. As autoridades poderiam prender um capitão, mas como tratariam um homem pio egresso do mar que se abria diante deles?

Colombo não via a Espanha desde 25 de setembro de 1494, quase dois anos antes, e grandes acontecimentos se passaram durante sua ausência. Os Reis Católicos que ele desejava ardentemente encontrar estavam em Burgos, no norte do país, preparando o casamento do único filho, o sereníssimo dom João, príncipe das Astúrias, com a arquiduquesa Margarida, filha do imperador Maximiliano da Áustria. Em toda parte, a "solene pompa" da nobreza espanhola estava em evidência, contou Fernando Colombo, privilegiado por ser pajem do príncipe, que tinha apenas 18 anos de idade e era conhecido pela fragilidade física.

Em Burgos, Colombo mostrou suvenires de sua última viagem às Índias, plantas, árvores, pássaros e outros animais. Exibiu utensílios usados pelos índios, máscaras, cintos enfeitados com ouro e punhados de pó de ouro "em estado natural, finos e grandes como feijões ou grãos-de-bico, e alguns do tamanho de ovos de pombo". Tais quantidades não satisfaziam a cobiça de Colombo, nem cumpriam a promessa de voltar com os braços cheios de brilhantes pepitas de ouro. Num raro momento de ambivalência, ele "concordou que, até agora, o que ganhamos mal deu para cobrir os custos". Apesar das reservas do próprio Colombo, os troféus encantaram muitos dos que os viram. Colombo e seus homens pareciam novas versões de Jasão e dos Argonautas voltando para casa após a busca por espécimes raros do Velocino de Ouro.

"Enviei-lhe amostras de sementes de todos os tipos", gabou-se Pietro Martire ao cardeal Sforza em 29 de abril de 1494, "cascas e resinas de árvores que acreditam ser de canela". Martire aconselhou o cardeal a "mal tocá-las quando levá-las perto dos lábios: embora não sejam nocivas, produzem um calor excessivo que pode irritar e causar picadas na língua, se ficarem em contato por muito tempo". E se o cardeal sentisse a língua queimar depois de provar, "a sensação de calor é rapidamente eliminada ao se beber água". Um "pedaço de madeira", por outro lado, lembrava o aloé. "Se quebrá-lo, você vai sentir o delicado perfume que ele exala."

Deixando outras dúvidas de lado, os Reis Católicos prepararam um anúncio empolgante em que a Espanha reclamara um novo domínio, com a bênção do papa. Em 15 de outubro de 1495, cerca de três anos após o primeiro desembarque na região, Colombo informou a Fernando e Isabel: "Toda a ilha está completamente subjugada e seu povo sabe e aceita que deve pagar tributo a Vossas Majestades, cada um paga uma determinada quantia de tantas em tantas luas." Foi essa a versão oficial da recém-completada segunda viagem, em que o Almirante do Mar Oceano consolidou seu controle, e o da Espanha, sobre o comércio internacional. Que Portugal tomasse nota: o Tratado de Tordesilhas legitimara o apossamento de mares e terras.

Como se para confirmar a dominância espanhola, dom João II de Portugal morreu dez dias depois. O rei tinha apenas 40 anos e houve fortes suspeitas de envenenamento. Com o monarca português fora do caminho, Fernando e Isabel pareciam ter uma considerável fração do globo para si. Haviam reconquistado a Ibéria e, com a ajuda de Colombo, estavam prontos para reclamar ainda mais possessões.

No entanto, a manutenção de um império ultramarino ensejava mais perguntas do que respostas, e ainda havia dúvidas preocupantes e persistentes. Em primeiro lugar, onde estava, precisamente, esse império recém-conquistado? Colombo insistiu que havia chegado novamente aos arredores da Índia distante, mas céticos e rivais acreditavam que o Almirante tinha apenas uma vaga ideia de onde estavam aquelas terras. Depois, o que fazer com os vários povos encontrados nas ilhas, os ditos índios? Houve aqueles que foram prestativos e ofereceram socorro, e aqueles que vieram correndo para a linha d'água a fim de atirar lanças contra os navios. E houve aqueles que cometeram suicídio para não conviver com os espanhóis. Houve sinais alarmantes de canibalismo entre esses "índios", embora nenhum espanhol parecesse ter tido semelhante destino. Colombo tentou fazer alianças estratégicas com líderes indígenas que encontrou, mas seu suposto aliado Guacanagarí massacrou dezenas de batedores espanhóis, isolados e vulneráveis. Por fim, a conversão dos índios ao cristianismo se mostrou difícil, demorada e frustrante. Até mesmo o padre Pané admitiu que "força e habilidade" eram às vezes necessárias para levar as conversões a efeito, e não havia nenhuma garantia de que os índios batizados seguiriam a fé cristã depois da partida dos sacerdotes. Na realidade, muitos se afastaram da fé tão rapidamente quanto a abraçaram.

E assim as perguntas permaneciam, por ora, sem resposta.

Como ocorrera no final da primeira jornada, Colombo garantiu para si uma viagem de retorno usando o simples expediente de deixar para trás homens que deveriam se manter por conta própria, e assim prontamente deu início à montagem de uma terceira expedição para resgatá-los ou dar-lhes apoio. Pietro Martire, amigo do Almirante, escreveu que ele estava "bastante triste com o assassinato de nossos homens, mas era da opinião de que não se poderia adiar mais", e imediatamente começou a trabalhar para convencer os Reis Católicos a enviar uma dúzia de navios àquelas ilhas turbulentas, e parecia que teria seu desejo realizado. Tanto o Almirante quanto seus patronos reais pareciam determinados a repetir os erros em vez de aprender as dolorosas lições das duas primeiras viagens. O Almirante do Mar Oceano ainda estava convencido de que a riqueza da Índia e do Grande Khan estavam a uma curta distância das ilhas que ele já havia explorado. A era da exploração continuava a ser guiada por essa ilusão.

Colombo queria retornar imediatamente para trazer de volta os homens isolados e suas armas. "Porém, por mais que o Almirante insistisse", criticou Fernando, "os negócios da corte costumam ser conduzidos com atraso, e dez ou 12 meses se passaram até que se obtivesse a autorização de envio de dois navios com socorros, dos quais foi capitão Pedro Fernández Coronel".

Os navios tão necessários finalmente zarparam da Espanha para as Índias em fevereiro de 1497, sem Colombo, que "ficou para cuidar da renovação do resto da frota necessária para sua viagem de retorno às Índias". Com poucos homens e suprimentos, a tarefa consumiria mais um ano.

Durante este intervalo, uma mudança ocorreu no Almirante. "Por ser um grande devoto de São Francisco, ele também passou a vestir roupas de cor marrom", escreveu Las Casas, com simpatia, "e eu o vi em Sevilha, quando voltou daqui, vestido quase como um frade franciscano". Usar a sombria vestimenta de uma ordem religiosa sinalizava que Colombo se entregara a seu destino com vigor renovado.

Depois que o Almirante deixou Hispaniola, La Isabela tornou-se uma cidade-fantasma. O emotivo Las Casas, que mais tarde visitou o assentamento e lamentou as esperanças perdidas, observou que "foi aconselhado por muitos que ninguém ousaria passar pela desabitada La Isabela sem ficar exposto a grande medo e perigo", causado por "muitas vozes assustadoras e horríveis fantasmas". E contou uma história fantástica:

> Um dia, em certos edifícios de La Isabela, [alguns visitantes] viram duas filas de homens em formação, todos eles aparentemente nobres e membros da corte, bem-vestidos, com espadas a seus lados e todos usando mantos do tipo envergado por viajantes daquele período na Espanha: aqueles que tiveram tal visão ficaram impressionados — como estranhos tão elegantes vieram parar aqui sem que ninguém soubesse? Cumprimentaram-nos e perguntaram-lhes de onde vinham. Quando os viajantes tiraram o chapéu, as cabeças desapareceram, deixando-os decapitados, e então eles desaparece-

ram. Os que testemunharam o espetáculo quase morreram de medo e ficaram atordoados durante muitos dias.

Na verdade, a última ação de Colombo antes de deixar Hispaniola fora instruir seu irmão Bartolomeu a estabelecer uma nova cidade na foz do rio Ozama. A cidade foi batizada de Santo Domingo porque Bartolomeu chegou lá nesse dia. O local parecia promissor: "um rio de boas águas, muito rico em excelentes variedades de peixes, que corre para o porto ao longo de margens encantadoras", observou Pietro Martire. "Palmeiras nativas e árvores frutíferas de todas as espécies passavam por sobre as cabeças de nossos marinheiros, carregadas de flores e frutas." O solo parecia ser ainda mais fértil que o de La Isabela. O trabalho na fortaleza de Santo Domingo começou naquele ano ou no ano seguinte, 1497, e em pouco tempo vinte homens residiam na futura capital do império espanhol das Índias. Santo Domingo é hoje o mais antigo assentamento europeu continuamente habitado do hemisfério ocidental.

A ascensão de Santo Domingo significou o fim de La Isabela. O malfadado assentamento tornou-se o lugar de descanso final dos corpos de colonos espanhóis e índios, finalmente em paz na morte. Em suas covas rasas, os cadáveres indígenas repousavam de lado, seguindo o costume dos nativos, e os espanhóis deitados de frente, braços cruzados sobre as costelas e olhos mirando a eternidade.

A abundante mandioca, cultivada pelos índios, fornecia o amido necessário à dieta dos nativos, mas precisava ser preparada com cuidado, a fim de ter seus ácidos nocivos removidos antes de ser assada e transformada em pão. As raízes não eram consumidas cruas por conterem uma substância semelhante ao cianeto.

A cana-de-açúcar (*Saccharum officinarum*) foi um dos cultivos mais significativos que Colombo trouxe do Novo Mundo. As plantações de cana das Américas eram mantidas à custa de trabalho escravo, o que acabou causando rebeliões por todo o Caribe e no sudeste dos Estados Unidos.

Imagem impressa mais antiga da planta do tabaco de que se tem notícia, 1574. Logo após o desembarque da primeira viagem, os homens de Colombo viram índios fumando uma "erva", provavelmente tabaco (*Nicotiana tabacum*) ou alguma variante muito mais forte do gênero *Nicotiana*. O tabaco também é uma das descobertas mais influentes que Colombo fez no Novo Mundo.

Primeira página do *Livro de privilégios*. Embora tenha gerado numerosas questões legais à medida que se desenvolvia ao longo das viagens de Colombo, esta compilação serviu como base oficial para a colonização do Novo Mundo.

Nesta gravura de 1594, Colombo e Bartolomeu, seu irmão, são aprisionados na ilha de Hispaniola por ordem de Francisco de Bobadilla, o interventor enviado pela Espanha para investigar a administração do explorador.

O fantasma do canibalismo voltou a assombrar os soldados da fortuna que seguiram com Colombo na terceira viagem. Os tainos eram as maiores vítimas.

Os primeiros relatos sobre as "Índias" misturavam fantasias grotescas e realidade. Nesta gravura, c. 1527, canibais com cabeças de cachorro retalham homens e preparam a carne humana para consumo.

Quanto mais tempo os europeus permaneciam em Hispaniola e em outras ilhas do Caribe, mais complexos se tornavam seus conflitos e alianças. Aqui, soldados da Europa ocidental lutam uns contra os outros enquanto três índios com ar de preocupação — dois homens e uma mulher — oferecem resgate numa canoa.

Estima-se que 50 mil índios tenham cometido suicídio para protestar contra a ocupação europeia de sua terra natal. Alguns se enforcaram, enquanto outros pularam de despenhadeiros, como mostra esta gravura de 1565. Outros nativos simplesmente se recusaram a comer e morreram de fome.

Colombo ordena o enforcamento de amotinados espanhóis, ignorando as súplicas de um padre que corre para ajudá-los. Esta gravura de Theodor de Bry mostra que o artista condenava a crueldade do explorador — neste caso, contra seus próprios homens.

Num protesto visual ainda mais contundente, Bry mostra espanhóis ateando fogo a uma moradia repleta de índios, enquanto o corpo de uma índia, provavelmente a líder da tribo, pende do galho de uma árvore próxima, c. 1598. Imagens chocantes como esta contribuíram para a imagem negativa de Colombo na Europa.

Na sua terceira viagem, Cristóvão Colombo descobriu pescadores de pérolas, como mostra esta gravura feita por Bry em 1594. Com base na *Naturalis historia* de Plínio, Colombo acreditava que as pérolas eram geradas a partir de gotas de orvalho formadas dentro de ostras enquanto as conchas estavam abertas.

Itália contra Espanha no Novo Mundo: Colombo arregimenta legalistas para luta contra a revolta liderada por Francisco Porras na ilha da Jamaica, durante um dos momentos mais desesperadores da quarta viagem. Gravura de 1594 de Theodor de Bry.

Espanhóis torturam suas vítimas no Novo Mundo.

Uma terra de riquezas e promessas: depois da morte de Colombo, em 1506, a figura do Almirante cresceu em importância e a discussão sobre seu legado se intensificou. Esta imagem alegórica de 1750 retrata a América como uma índia sentada num crocodilo. Ela segura uma cornucópia e um papagaio, ladeada por quatro figuras que representam diferentes povos americanos. No fundo, europeus erguem uma cruz enquanto nativos brincam numa praia.

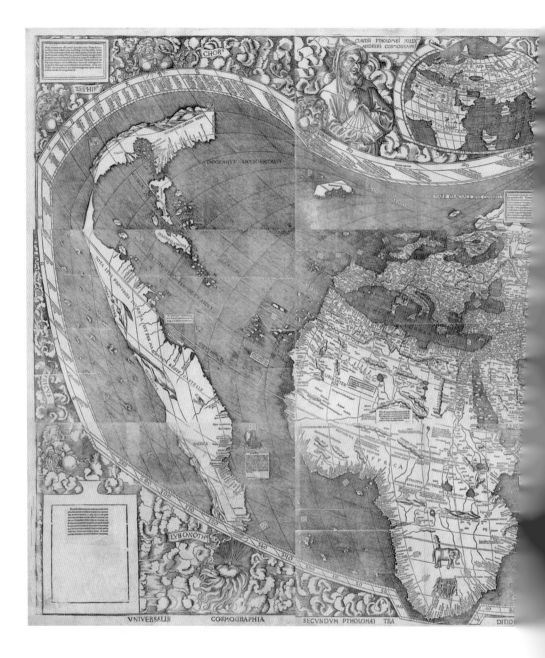

O espetacular mapa-múndi de Martin Waldseemüller, de 1507, foi o primeiro em que aparece o nome "América", e o primeiro a exibir todo o hemisfério ocidental e o oceano Pacífico. A única cópia da "Certidão de Nascimento da América", como também é conhecido, está em exibição na Biblioteca do Congresso em Washington, D.C., nos Estados Unidos.

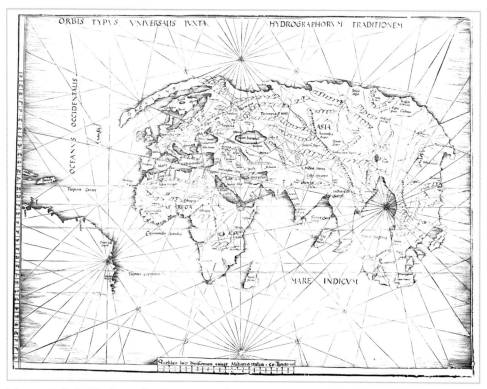

Mapa-múndi de Waldseemüller. Esta versão de 1513 incorpora terras descobertas por Colombo e costuma ser chamada de "Mapa do Almirante", embora o título não se refira a Colombo, e sim a outro indivíduo com a mesma patente.

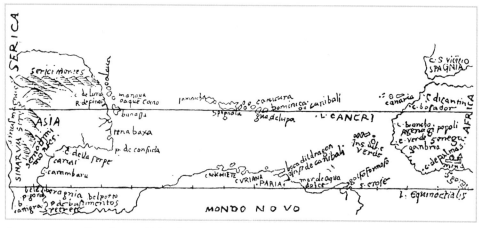

O mapa em que Bartolomeu Colombo tenta retratar o Novo Mundo foi incluído numa correspondência de Cristóvão Colombo com data de 7 de julho de 1503. "Não consigo me lembrar de Hispaniola, de Pária e das outras terras sem chorar", escreveu o Almirante. Este desenho incorpora as descobertas de várias viagens; o explorador lutou, até o fim de seus dias, para encaixar as terras que visitou em sua antiquada cosmografia.

Fernando Colombo retratado em pintura a óleo espanhola do século XVI. O filho mais novo do explorador acompanhou o pai na quarta viagem.

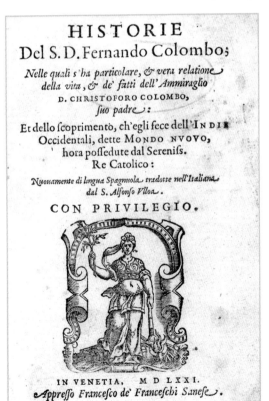

Página de abertura da biografia que Fernando Colombo publicou para defender a reputação do pai ilustre.

Um colono a serviço de Colombo que se tornou monge e historiador no fim da vida, Bartolomeu de Las Casas ficou conhecido como o "Apóstolo dos Índios". As críticas que fez ao Almirante eram cáusticas e implacáveis.

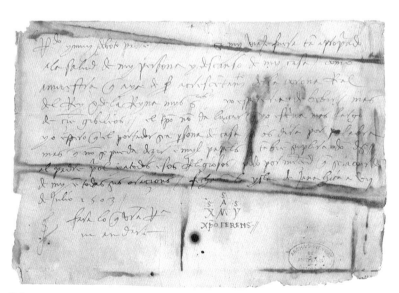

"Vim para servir, com a idade de 28 anos, e agora não tenho um único fio de cabelo que não seja branco, e meu corpo está enfermo e alquebrado, tudo o que me pertencia foi levado e vendido — e também o que pertencia a meus irmãos, até mesmo suas roupas [...]. Um homem tem que confiar que essas coisas não foram feitas por vossa ordem real." Trecho da carta de Colombo aos Reis Católicos datada de 7 de julho de 1503 e escrita na Jamaica.

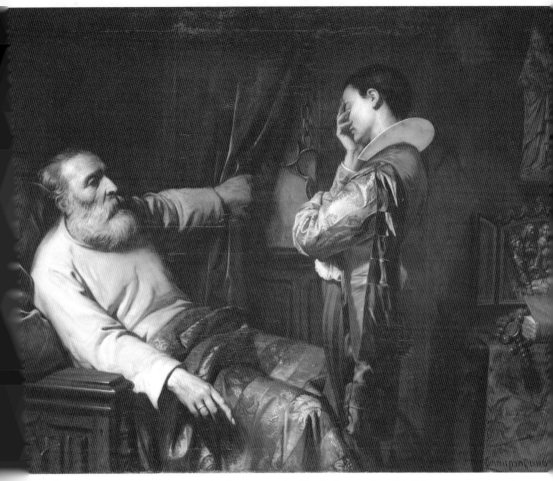

Últimos momentos de Cristóvão Colombo, pintura de Claude Jacquand, 1870. Neste retrato romantizado, Colombo pede ao filho enlutado que coloque no caixão as correntes que fora obrigado a usar. Por toda a vida, Colombo mostrou propensão à piedade e autocomiseração.

Cristóvão Colombo por Jean de Bry.

Este retrato de Cristóvão Colombo enfatiza a austeridade do explorador.

Cristóvão Colombo na visão do pintor florentino Ridolfo Ghirlandaio.

INTERLÚDIO

O Intercâmbio Colombiano

Milhões de anos atrás, o Velho e o Novo Mundo pertenciam a uma única e gigantesca massa de terra, a Pangeia, que significa "toda a terra". O fenômeno geológico chamado de deriva continental, apresentado pelo cartógrafo flamengo Abraham Ortelius em 1596, lentamente afastou os continentes até ficarem a milhares de quilômetros de distância um do outro.

Há meros (em termos geológicos) 125 milhões de anos, quando os dinossauros ainda habitavam a Terra, grandes porções da América do Norte se juntaram à massa de terra da Eurásia. Um oceano gigante e informe e suas correntes circulavam livremente pelo globo. Foi há apenas 30 milhões de anos que os oceanos começaram a assumir a configuração atual, mas, mesmo naquela época, o oceano Atlântico já se estendia desde os polos até os trópicos. Um novo fenômeno, a corrente do Golfo, uma fração da antiga corrente transglobal, distribuiu e redistribuiu a vida ao longo de toda a sua extensão. Com a lenta fragmentação da Pangeia, os continentes resultantes abrigaram distintas linhas evolutivas, ou seja, as formas de vida de cada um evoluíram separadamente, às vezes em caminhos paralelos, às vezes de formas bastante diferentes.

Parecia que tudo continuaria assim indefinidamente, apesar das efêmeras instâncias do contato natural transoceânico. Em 1492, porém, as viagens de Colombo e seus sucessores alteraram súbita e permanentemente o padrão dessa era de ouro, rompendo as bolhas evolutivas de regiões antes independentes. É difícil imaginar que uma frota, comandada pela visão e pela determinação de um único indivíduo, deu início aos eventos que trouxeram mudanças permanentes em escala global, mas foi isso que ocorreu.

274 *O Intercâmbio Colombiano*

Não que Colombo o tenha percebido na época. Ao chegar às Américas, o Almirante ficou atônito com a profusão de espécimes desconhecidos da flora e da fauna. Às vezes, ele ficava profundamente frustrado com sua incapacidade de dar um nome às plantas e animais que via. Os poucos homens letrados que estavam nos navios, como o dr. Chanca, médico do Almirante, ficaram igualmente perplexos.

O mundo era um lugar muito diferente em 1492. Quando Colombo viajava pelo Atlântico, o tomate e o molho de tomate eram desconhecidos na Itália e em qualquer outro lugar da Europa. A mesma situação ocorria com o cacau, que, embora disseminado nas Américas 3 mil anos antes de Colombo, permanecia desconhecido aos paladares europeus. O tabaco, embora profundamente enraizado na vida e nos ritos dos indígenas, jamais fora visto por um europeu até então. Quando Colombo e seus homens encontraram tais matérias-primas, não sabiam o que fazer com elas. Ainda assim, como resultado da importação desses produtos para a Europa, e do transplante de exemplares da flora e da fauna levados pelos europeus em seus navios, alguns grandes como cavalos, outros pequenos como microrganismos, o Velho e o Novo Mundo se interligaram de forma que ninguém, muito menos Colombo, poderia antecipar.

Nada jamais seria o mesmo. Colombo nunca poderia adivinhar que os efeitos duradouros e irreversíveis de suas viagens transcenderiam sua busca por inaugurar rotas de comércio e construir um império. Em vez disso, o Almirante inadvertidamente transformou o mundo como um todo. Mais do que o cristianismo, a escravidão, o ouro ou qualquer uma das forças por que Colombo e a Espanha lutavam, a comunicação bidirecional entre o Velho e o Novo Mundo trouxe mudanças maiores do que se poderia imaginar. A transformação foi ampla, cataclísmica e permanente. E os efeitos dessa comunicação bilateral ainda levariam anos, décadas e séculos para se revelar.

Esse longo espetáculo é conhecido como Intercâmbio Colombiano, e foi identificado por Alfred Crosby, professor da Universidade do Texas, em Austin, em 1972. Em um par de décadas, as visões de Crosby deram origem a uma nova maneira de interpretar o legado de Colombo. "Quando os primeiros europeus chegaram às praias das Américas", escreveu ele, "as culturas do Velho Mundo, como trigo, cevada, arroz e nabo, não viajaram para o oeste através do Atlântico, e culturas do Novo Mundo, tais como milho, batata, batata-doce e mandioca, não tinham viajado para o leste, rumo à

Europa". Essas enormes diferenças também se estendiam à vida animal. "Nas Américas, não havia cavalos, bovinos, ovinos e caprinos." Eram todos "animais originários do Velho Mundo". De fato, com poucas exceções, o Novo Mundo não tinha animais domesticados, galinhas ou gado até a chegada de Colombo. E quando estes chegaram, sua presença mudou a caça, a alimentação e, por fim, os hábitos migratórios e as estruturas tribais dos índios, que os usaram como alimento, para o trabalho e como companhia.

Os efeitos da presença dos animais se infiltraram na cultura de uma forma que os espanhóis não poderiam imaginar. Tome-se como exemplo os cavalos que Colombo trouxe consigo. No início, eles aterrorizaram os índios, que nunca tinham visto animais como aqueles. Com o tempo, os cavalos seguiram para o norte e se disseminaram pela região, transformando a vida dos nativos. "O cavalo deu ao índio a velocidade e a resistência necessárias para que se aproveitasse a imensa quantidade de alimento fornecida pelas manadas de búfalos da América do Norte e as manadas de gado selvagem que se propagaram tão rapidamente nos campos de ambas as Américas", observou Crosby. Houve consequências ainda mais inesperadas. "Os índios abandonaram a agricultura. O trabalho era duro, maçante e ingrato quando comparado à vida nômade." Dessa forma, os indígenas montaram em seus cavalos e percorreram os pampas, matando mais animais do que nunca em seu caminho, mais animais do que precisavam para si e para suas famílias. O índio a cavalo crescia e se multiplicava. O número cada vez maior de índios levou a uma crescente divisão entre ricos e pobres, à estratificação social e à escravidão. Na opinião de Crosby, "o igualitarismo da pobreza começou a desaparecer".

Assim, os animais trazidos pelos europeus não significavam apenas uma bênção imaculada. Junto com eles — os ratos-pretos e os sinistros mosquitos Aedes aegypti *— vieram doenças fatais: varíola, sarampo, catapora, gripe, febre amarela e dengue. Os patógenos infiltrados no Novo Mundo deixaram um rastro de destruição e sofrimento. O animal humano também trouxe seus patógenos, entre eles a sífilis.*

A sífilis é o exemplo mais comumente citado de transmissão de doença entre o Velho e o Novo Mundo causada pelas viagens de Colombo, mas não há muito consenso sobre o caminho trilhado pelas doenças venéreas. Foram os índios que infectaram os espanhóis ou o contrário? Relatos de sífilis surgidos espontaneamente em ambos os continentes tornaram a questão da pro-

pagação da doença ainda mais complicada. Alguns membros da tripulação de Colombo claramente apresentaram sintomas semelhantes aos da sífilis, como observou o dr. Chanca, mas será que contraíram a doença após terem relações com as índias ou já trouxeram a doença com eles e a transmitiram às suas vítimas inocentes? Ou diferentes cepas foram sendo passadas adiante por um lado e por outro? Este aspecto notório do Intercâmbio Colombiano permanece sem resposta.

Por um prisma mais positivo, o Intercâmbio Colombiano levou alimentos básicos como batata, batata-doce, milho e mandioca para a Europa, e trouxe trigo, cevada, nabo, maçã e arroz do continente europeu para as Américas. Nos dois sentidos do Intercâmbio Colombiano, um colorido e perfumado fluxo de lilases, margaridas e narcisos, juntamente com limões, laranjas, alfaces, repolhos, peras, pêssegos, bananas e café viajaram do Velho Mundo para o Novo. Enquanto isso, abóboras, abobrinhas, feijões-de-lima e pimentões viajaram do Novo Mundo para o Velho, bem como amendoins, cacaus e batatas-doces. As abelhas chegaram às Américas; os perus, ao Velho Mundo.

O plantio de tantos produtos foi associado ao crescimento populacional e econômico. Em certa medida, é um acontecimento positivo, mas os europeus também trouxeram consigo o álcool e o alcoolismo, outro flagelo que dizimou populações até então inocentes. Os efeitos devastadores da agricultura e dos patógenos europeus sobre os índios americanos e suas terras não significam que os povos e os ecossistemas do Novo Mundo fossem inferiores, pois são o resultado do ineditismo da invasão. Com o tempo, as plantas, os animais e os povos se adaptaram aos invasores, mas muito após a devastação trazida pelo contato inicial.

Uma vez iniciado, o Intercâmbio Colombiano jamais cessou, e continua em ritmo cada vez mais acelerado. Crosby chamou o fenômeno de "oscilação selvagem da natureza", que ocorre quando uma região isolada entra em contato com um ambiente maior. "É possível que esse fenômeno nunca seja repetido na escala espetacular observada nas Américas durante o primeiro século pós-colombiano, a menos que, um dia, seja possível a troca de formas de vida entre os planetas."

Para o bem ou para o mal, ou, melhor dizendo, para o bem e para o mal, é esse o legado permanente, implacável, inescapável e universal de Colombo.

PARTE TRÊS

Decadência

CAPÍTULO 8

"Um enorme estrondo"

Colombo pelejava sobre o lombo de uma mula, cambaleando por entre as planícies poeirentas e as trilhas pedregosas que levavam a Valladolid, na região central do norte da Espanha. Fernando e Isabel haviam se casado ali em 1469, 28 anos antes. De tempos em tempos, voltavam à vila, de onde exerciam seu reinado sobre o crescente império. Entre os membros da comitiva havia dois parentes de Caonabó, o ardiloso cacique a quem Colombo havia se aliado. A intenção do Almirante do Mar Oceano era oferecê-lo como presente aos reis, mas o caraíba havia morrido após adoecer ainda em alto-mar. Restaram apenas os familiares.

O Almirante retornara de sua segunda viagem há poucas semanas e planejou aquela jornada em terra como uma extensão da empreitada marítima. O grupo seguia aos solavancos, embalado pelos gritos de alarme dos papagaios trazidos como suvenires de Hispaniola. Quase tão chamativo quanto as aves, o irmão de Caonabó, que havia se convertido ao cristianismo e assumido o nome de dom Diego, destacava-se pelo vistoso peitoral de ouro e pela coroa, descrita como "grande e alta, com asas laterais fazendo as vezes de escudo e olhos dourados do tamanho de copas de prata".

Colombo aparentava uma década a mais do que seus 46 anos, o corpo devastado por doenças que drenaram o vigor que o impulsionara enquanto jovem navegante. A bela cabeleira tornara-se branca, e a visão o incomodava sem parar, as retinas queimadas pelas longas horas a observar o oceano irradiado pelo sol. Os ossos doíam a cada sacudida da mula. O Almirante sabia que seu tempo chegava ao fim, dado que sofria de artrite e outras moléstias. No entanto, em vez de deitar nos louros e abrir espaço para que outros conquistassem glória e riquezas a partir das descobertas que ele fizera nos cinco anos anteriores, estava determinado a explorar todo o possível no pouco tempo que lhe restava.

De vez em quando, o Almirante remoía a falta de reconhecimento pela espantosa exploração das Índias. "Descobri para Vossas Majestades", lembrava a Fernando e Isabel nos intervalos entre viagens, "333 léguas de terras continentais nas fronteiras do Oriente, e batizei setecentas ilhas além das descobertas na primeira viagem, e pacifiquei em nome da Coroa a ilha de Hispaniola, cuja extensão é maior que a das terras de Espanha, e cujos habitantes são incontáveis". Colombo deveria ter pensado duas vezes antes de se vangloriar dessa forma. Os reis espanhóis o haviam projetado, e poderiam com a mesma facilidade destruí-lo, confiscar suas descobertas e retomar seus títulos, comendas e riquezas.

Contudo, o explorador achava que fora penalizado injustamente pela construção do império, em vez de recompensado com generosidade, como merecia. Reclamava a quem quisesse ouvir sobre "a difamação e o desdém contra a expedição" pela qual arriscara a vida, e tudo por "não haver enviado de volta imediatamente navios carregados de ouro". Ninguém sequer considerava as "enormes dificuldades" enfrentadas. "Pelos meus pecados, ou melhor, pela minha salvação, fui objeto de ódio, e não importava o que eu falasse, obstáculos me eram impostos." Ele lembrou aos reis que havia, no passado, "trazido a Vossas Majestades amostras de ouro suficientes e lhes relatado a existência de minas de ouro e pepitas e também cobre, e lhes entregado tantas variedades de especiarias que, de tão numerosas, seria impossível listá-las". No entanto, continuou, amargurado, "nada disso importou para algumas pessoas" — seus críticos e rivais na corte — "que começaram muito intencionalmente a maldizer a expedição". Ele havia executado as tarefas que exploradores há eras cumpriam em nome de governantes e da realeza: "servir a Deus e expandir os domínios". Ainda assim, queixou-se o Almirante, "quanto mais eu defendia [a expedição], mais os detratores redobravam as piadas sobre o assunto". Ele havia implorado que Fernando e Isabel dessem ouvidos aos seus apelos, mas "Suas Majestades me responderam com um sorriso, dizendo que eu não deveria me incomodar com tudo aquilo, pois ninguém vira os maledicentes receberem qualquer autoridade ou crédito". Entretanto, o Almirante temia que os reis estivessem à beira de trair a causa sagrada partilhada com ele.

As muitas descobertas atiçaram o apetite de Colombo, em parte motivado pela ganância e autoexaltação, em parte pela necessidade de se desculpar, para provar aos reis que havia guardado as promessas sagradas que lhes fizera, apesar de suas jornadas se mostrarem provas incompletas e muitas vezes contraditórias desse compromisso. Para piorar, ele se recusava a lidar com seus erros monumentais: o juramento impingido à tripulação, sob pena de morte, de que Cuba pertencia ao continente da Índia; os 50 mil índios que se suicidaram em protesto à ocupação das terras; e o fracasso em localizar o Grande Khan.

Para manifestar sua humildade e piedade, e talvez para, inconscientemente, expiar os desdobramentos fatais de sua administração, Colombo passou a vestir o rústico hábito de tecido castanho dos monges franciscanos. Seguidores dos preceitos de São Francisco de Assis, os membros dessa ordem mendicante enfatizavam a penitência. Presume-se que o navegador pertencesse à Ordem Terceira, a subdivisão secular que não exigia de seus membros a vida em comunidades franciscanas, mas que se dedicassem com empenho a elevar suas existências. Naquele momento, Colombo mal lembrava o altivo Almirante do Mar Oceano, celebrado descobridor de um império e súdito íntimo dos reis. Ele havia ocultado cuidadosamente quaisquer sinais da ambição mundana e da vaidade em favor da devoção e da humildade.

Trajando essas vestes simples, Colombo visitou Andrés Bernáldez, padre que o estimava sem desafiá-lo, para confiar-lhe o diário da segunda viagem. Bernáldez estava compilando um ambicioso relato do reinado de Fernando e Isabela, os Reis Católicos que haviam expulsado os infiéis de solo espanhol, e Colombo reivindicava uma pequena mas significativa parcela dessa história, que se referia mais à descoberta de ouro do que à de novos povos e territórios. Um ourives de nome Fermín Zedo afirmava que as pepitas do tamanho de nozes levadas por Colombo para a Espanha não eram de ouro puro. Mas não, o navegador insistia, o metal era puro, e apresentava amostras para provar a afirmação e justificar-se perante Bernáldez.

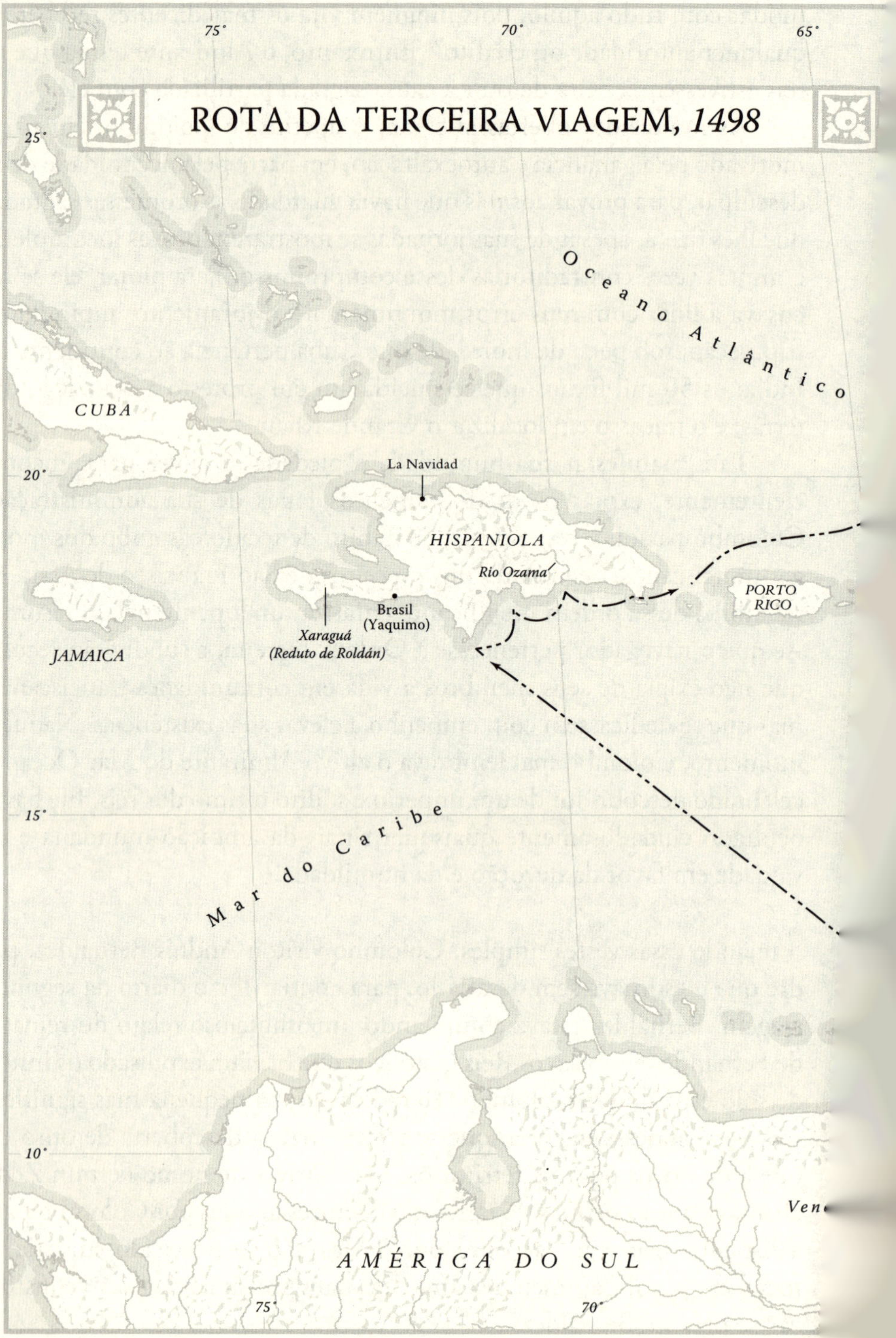

282   *"Um enorme estrondo"*

ROTA DA TERCEIRA VIAGEM, *1498*

CUBA

La Navidad

HISPANIOLA

Rio Ozama

Brasil
(Yaquimo)

Xaraguá
(Reduto de Roldán)

JAMAICA

PORTO
RICO

Oceano Atlântico

Mar do Caribe

AMÉRICA DO SUL

Ven

COLOMBO 283

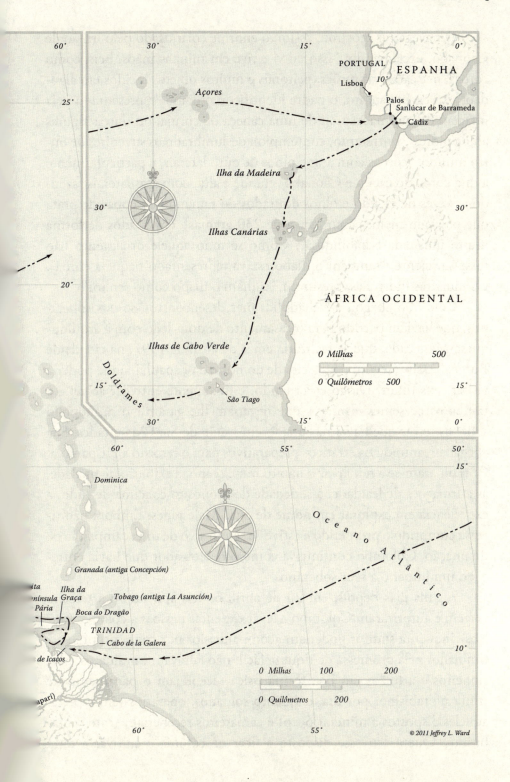

O navegador mostrou, assim, o enorme colar usado pelo irmão de Caonabó, exclamando: "Isso eu vi e tive em minhas mãos, bem como coroas, máscaras, cinturões, peitorais e muitos objetos tecidos em algodão." Ao exame atento, o padre identificou o diabo "representado pela imagem de um macaco ou de uma cabeça de coruja, ou outras figuras ainda piores". Entretanto, contemplou deslumbrado os suvenires de outro mundo, "coroas com asas e olhos de ouro laterais, e particularmente a dita coroa do cacique Caonabó, grande e alta, com asas laterais fazendo as vezes de escudo e olhos dourados do tamanho de copas de prata que pesavam meio marco [cerca de 230 gramas], engastados de forma muito inusitada e habilidosa". Como se todo aquele ornamento não fosse suficiente, "também o diabo estava representado naquela coroa". Os idólatras indígenas, presumiu, "tinham o diabo como senhor".

Colombo chegou a Valladolid, mas desencontrou-se dos soberanos, que haviam partido para o casamento de dom João com a arquiduquesa Margarida, que se realizaria em 3 de abril de 1497, na cidade de Burgos. Assim, seguiu para a cidade do norte da Espanha, onde poderia visitar seus filhos, Diogo e Fernando, e finalmente entregar ao rei e à rainha os presentes e mimos que deveriam lhe garantir o monopólio sobre as terras que havia reclamado em nome de Suas Majestades. Sua chegada reanimou os erráticos preparativos para o retorno a Hispaniola. Combinaram-se a seu favor o hábito franciscano, a exibição de piedade, as afirmações de lealdade, a seriedade de propósito e, acima de tudo, a experiência em explorar em nome de Suas Majestades. Embora não tivesse cumprido o prometido e estivesse sendo alvo de uma campanha de difamação, Colombo continuava como o descobridor que havia entregado um império a seus soberanos.

Alguns dias depois, em 20 de abril, os reis aprovaram a terceira viagem e autorizaram Colombo a levar trezentas pessoas à colônia. Outros cinquenta súditos poderiam acompanhá-los por conta própria: estimulados pela promessa de riqueza fácil, não faltavam candidatos. Marinheiros e artesãos em boa forma física receberiam o pagamento de trinta morabitinos por dia, enquanto soldados, operários (em especial aqueles dispostos a minerar ouro) e camareiros receberiam vinte morabitinos. Quem estivesse disposto a ficar na colônia e cultivar a terra ganharia 6 mil morabitinos anuais. Aparentemente a contragosto, foi permitido que mulheres embarcassem na empreitada. Pouco se sabe sobre elas, mas presume-se que fosse esperado que trabalhassem, principalmente em tarefas domésticas.

Para completar a tripulação, os reis ofereceram perdão a prisioneiros que aceitassem navegar com Colombo. Esta política não se aplicava a condenados por assassinato, traição, sodomia, incêndio ou falsificação, mas os demais condenados, se dispostos a ir para "Hispaniola, as ilhas e o continente das Índias" por um ano ou mais, seriam contemplados com redução de sentença — e ali seriam livres. Esse tipo de estímulo não deu ao Almirante do Mar Oceano a força de trabalho experiente e disciplinada exigida para uma viagem de exploração. Em vez de dedicados súditos da Coroa, Colombo viu-se rodeado de mercenários, garimpeiros amadores e criminosos que, à menor chance, promoveriam o caos.

O financiamento da viagem demorou mais tempo para se materializar, mas os reis acabaram autorizando 2.824.326 morabitinos. Em 17 de fevereiro de 1498, Colombo tinha em mãos apenas 350.094 morabitinos para providenciar todas as custosas provisões para a expedição, como velas para as caravelas e demais suprimentos. O aporte de recursos adicional não veio da Espanha, mas da sucursal sevilhana do Banco de Gênova, que já financiara suas antigas viagens mercantis à ilha grega de Quios. Embora os reis houvessem separado recursos para a viagem, Colombo teve que lidar com o administrador da corte, o bispo Fonseca, um notório rabugento que odiava o navegador e, assim, bloqueava e atrasava as transferências. Quando um carregamento de trigo para a viagem chegou de Gênova, Colombo não pôde pagá-lo.

Após semanas, e depois meses de frustração, o irritadiço Almirante acabou agredindo a socos um dos representantes de Fonseca, Jimeno Breviesca, que estivera ridicularizando a expedição às Índias. Cansado das críticas, Colombo nocauteou o burocrata e o chutou. O Almirante acabou arranhando sua reputação, particularmente aos olhos dos reis, pois Breviesca era um oficial da Coroa.

Na verdade, os problemas se estendiam muito além daquela briga inesperada. Colombo estava perdendo o monopólio do império transoceânico da Espanha, que já contava seis anos. Embora as fronteiras do Tratado de Tordesilhas permanecessem como antes, contestadores surgiam aqui e ali, e alguns obtinham o apoio de Fernando e Isabel. Colombo não mais tinha as Índias para si.

A esquadra sob seu comando era composta por três navios: A nau *Santa María*; *El Correo* ("o mensageiro"), uma caravela pertencente a Colombo e aos reis; e *La Vaqueños*, supostamente cedida à expedição por uma viúva que morava em Palos, na Espanha. O Almirante planejava navegar por uma rota meridional até Cabo Verde, um conjunto de pequenas ilhas ao largo da costa ocidental da África. Conhecido desde a Antiguidade, o arquipélago havia sido redescoberto por António de Noli, de Gênova, a mando do infante dom Henrique, o Navegador. Dom Afonso V de Portugal posteriormente designou Antônio de Noli como o primeiro governador das ilhas.

Cabo Verde era pouco atraente, destituída da vegetação luxuriante de outras terras. Colombo afirmou que o nome era "absolutamente falso [...] pois as terras são tão áridas que não avistei nada de verde nelas".

Navegando em águas inexploradas, ele planejava descer mais ao sul do que antes, na esperança de que, quanto mais próximo da linha do equador, mais valiosas seriam as descobertas. Esta concepção era comum entre cosmógrafos como Jaime Ferrer, que alertara a Colombo que, naquela região, haveria "achados grandiosos e raros como pedras preciosas e ouro e especiarias e drogas". Segundo Ferrer, indianos, árabes e etíopes concordavam que "a maioria das coisas preciosas vem de uma região muito quente, cujos habitantes são negros ou morenos". Portanto, onde quer que Colombo se deparasse com essas pessoas, ali encontraria os bens valiosos tão procurados.

A esquadra zarpou em pleno solstício de verão do hemisfério norte, a 21 de junho, com destino a Hierro, no extremo oeste das ilhas Canárias. Ali, coberto pelas breves horas de escuridão, Colombo, acompanhado de mais dois navios, despediu-se da frota de abastecimento destinada a Hispaniola, e largou âncora em uma baía próxima à estéril Boa Vista — nome que evocava a expressão "terra à vista!" —, ilha conhecida por abrigar uma colônia de leprosos. O tabelião oficial, Rodrigo Alonso, contou ao Almirante que os primeiros leprosos chegaram ali movidos pela crença de que a doença poderia ser curada através da ingestão de carne de tartaruga e de lavagens com o sangue dos quelônios. Caçavam-se tartarugas à noite, quando estavam adormecidas. Os ilhéus seguiam o rastro das criaturas com a ajuda de lamparinas e, ao encontrá-las, viravam-nas de costas, deixando-as indefesas, e assim passavam para a próxima, e para outra, matando o grupo inteiro.

No dia 30 de junho de 1498, um sábado, Colombo zarpou para a ilha de São Tiago, a maior do arquipélago de Cabo Verde, próximo a Boa Vista. Havia muita neblina mesmo com o intenso calor, encobrindo o sol durante o dia e as estrelas, à noite. Apesar do obstáculo, a flotilha partiu rumo ao sul em 4 de julho, com um Almirante determinado a testar os limites do recém-modificado Tratado de Tordesilhas. Colombo finalmente seguia em direção às Índias.

Em busca de um atalho, como sempre, o genovês navegou para sul até o limite da ousadia, chegando à latitude de Serra Leoa, 8°30' a norte da linha do equador, e em seguida rumou em direção a oeste, para a ilha de Hispaniola. Na sexta-feira, dia 13 de julho, a flotilha entrou em uma zona de convergência, onde as correntes de ar dos hemisférios norte e sul se encontram. O vento cessou, a superfície do oceano ficou ameaçadoramente calma, a temperatura disparou: Colombo havia chegado aos Doldrames, região que poucos europeus, inclusive o Almirante, haviam explorado — e a que poucos haviam sobrevivido.

"Adentrei uma zona de calor tão intenso que achei que os navios e a tripulação entrariam em combustão", confessou Colombo. "A quentura chegou de forma tão inesperada e desmesurada que nenhum homem ousava descer aos porões para resgatar barris de bebida e alimentos." Em meio à calmaria e melancólico, Colombo deixou-se abalar pelo medo. Com o "forte calor", relatou Las Casas, "ele temia que os navios se incendiassem e que a tripulação perecesse". As altas temperaturas já estavam cobrando seu preço sobre o equipamento dos navios. Barris de água e de vinho rebentavam devido ao rompimento dos aros de sustentação. Feixes de trigo murchavam. Peças de toucinho de fumeiro e carne-seca apodreciam a olhos vistos. Apenas algumas nuvens e chuvas ocasionais o poupavam da morte por exposição ao sol inclemente.

288 *"Um enorme estrondo"*

Sofrendo as dores da gota e desorientado pela insolação, insone e mal conseguindo respirar, Colombo teve que apelar a uma rota com clima mais brando. Tomou coragem de alterar os planos ao avistar gralhas, aves que, segundo ele acreditava, não se afastavam muito da terra firme. Em 19 de julho, quinta-feira, o calor estava ainda mais intenso, e o sofrimento aumentara na mesma proporção. No entanto, o zéfiro inflou as velas dos navios, de início timidamente, depois com rajadas mais convincentes, até que os panos se enfunaram e o vento pulsou com vigor outra vez. "Foi a vontade de Nosso Senhor conceder-me ao final desses oito dias um bom vento de leste", escreveu Colombo, "e assim rumei a oeste [...] sempre a oeste do paralelo de Serra Leoa, com a intenção de não mudar de curso até que chegássemos onde eu achava que haveria terra e onde eu repararia os navios e, se possível, reabasteceria nossas provisões e pegaria toda a água de que precisássemos". O Almirante seguiu o curso por 17 dias, acreditando que em algum momento aportaria em algum ponto ao sul de Hispaniola.

Mas antes ele havia de encontrar terra. O velame estava se desfazendo e precisava de reparos urgentes, e os mantimentos requeriam atenção imediata. O domingo trouxe pássaros voando de oés-sudoeste para nordeste... e mais animais cruzaram os céus na segunda-feira... até que um pelicano se empoleirou orgulhosamente sobre a nau capitânia, sugerindo terras próximas e água potável, mas onde?

Cambando para norte, a flotilha rumou para a Dominica, cuja costa Colombo havia margeado na segunda viagem. Como a ilha carregava a reputação de abrigar canibais, o Almirante decidira evitá-la naquela ocasião. No entanto, agora o desespero por água e por uma trégua das tormentas era tamanho que ele estava disposto a arriscar uma aproximação. Antes disso, mandou seu serviçal, Alonso Pérez, subir ao mastro principal. Do alto, "ele viu a terra a oeste, a 15 léguas", observou Colombo. "O que apareceu foram três colinas ou montanhas", que formavam uma inesperada salvação contra os antropófagos. O Almirante batizou os afloramentos de Trinidad, por sua natureza tripartida. Quando o navio se aproximou, a cadeia pareceu a Colombo "três montanhas em uma, num único ponto de vista". O explorador não se sentia tão aliviado desde a primeira vez que avistara terra, durante a primeira viagem. "Sem dúvida, encontrar essa terra nesse lugar foi um grande milagre", rememorou o Almirante. Ele tinha acabado de avistar uma das duas ilhas que hoje fazem parte de Trinidad, a massa de terra mais meridional do Caribe, situada a menos de 12 quilômetros da costa da Venezuela e da América do Sul. Os espanhóis a bordo se regozijaram e entoaram a salve-rainha, enquanto os outros assentiam com a cabeça, em fervorosa concordância.

O Almirante chegou a um cabo que lhe chamou a atenção. Lembrava uma galé a vela, e por isso ele o batizou de cabo de la Galera, ao qual, de acordo com seu relato, ele chegara na hora das completas, no fim do dia. Em busca de um porto seguro, Colombo costeou vários quilômetros de litoral encoberto por florestas que "chegavam até o mar". Finalmente, ele avistou uma canoa: seu primeiro contato com o povo de Trinidad. Em vez de expressar alívio ou curiosidade, Colombo ignorou as tentativas de contato de uma pequena tribo que se aproximou dos navios em canoas. Tenso com a viagem, sofrendo com muitas dores, quase cego e desconcertado porque as pequenas embarcações não traziam chineses, como esperado, o Almirante evitou tanto os gestos amistosos quanto as flechas hostis dos nativos. Na verdade, ele estava tão longe da Índia quanto antes, e topara com uma pequena comunidade relacionada com as tribos dos tainos e dos caraíbas.

Na manhã seguinte, a frota, carregando um único barril de água, seguiu em direção ao sul até lançar âncora na ponta de Erin, onde, aliviados, os homens reabasteceram o suprimento de água potável e aproveitaram para tomar banho e lavar as roupas, num sincero ritual de renovação.

Novamente a bordo, os homens observaram cabanas feitas de palha em terra firme, deixaram-nas para trás e passaram pela ponta de Icacos, que marca o ponto mais ao sul de Trinidad. O *icaco* ou guajuru, que emprestou seu nome à região, tem folhas firmes e esverdeadas e produz frutas aveludadas, geralmente de tom púrpura. Resistente ao sal, o guajuru é uma barreira natural contra a erosão marinha.

A frota ancorou novamente quando Colombo avistou uma massa de terra que acreditou ser uma ilha. Porém, uma exploração mais detida da extensa costa — com mais de 20 léguas — pôs em dúvida a opinião inicial.

Numa quarta-feira, dia 1º de agosto, o Almirante chegou à larga foz do Orinoco, um dos rios mais extensos da América do Sul, localizado na fronteira entre a Venezuela e o Brasil. A topografia convenceu o Almirante de que ele havia chegado ao continente, marcando a descoberta mais notável desta ou de qualquer outra de suas viagens, a primeira visão do continente cujo tamanho e localização nem ele nem ninguém da tripulação seria capaz de reconhecer ou compreender plenamente. O místico que Colombo trazia dentro de si preferiu acreditar que a Divina Providência o aproximara da entrada para o paraíso. O Almirante não fez o rigoroso ajuste geográfico necessário para o cálculo de posição, nem soube o que fazer com a flora costeira além de registrar que parecia exuberante e tranquilizadora. "As árvores tocavam o mar", escreveu Colombo, parafraseando Las Casas, num sinal de que o mar era calmo, "pois quando ele é agitado não existem árvores próximas, apenas areia". No entanto, uma "corrente contrária" parecia emanar "de cima", e uma "corrente a favor", de baixo.

Colombo levou os navios a uma massa de água rasa e salobra a oeste de Trinidad, hoje conhecida como golfo de Pária. Depois de tudo que havia enfrentado, aquele extenso litoral parecia um paraíso, à altura dos melhores portos da costa leste do continente. "Este golfo é uma coisa maravilhosa", afirmou Las Casas, "e é muito perigoso por causa do grande rio que nele deságua". O Almirante o batizou de Yuyapari, hoje rio Orinoco. "Creio que este rio percorra mais de 300 ou 400 léguas", afirmou, descrevendo o delta do Orinoco, uma gigantesca rede de rios em forma de leque. Entre o mar e a terra, o perigo espreitava, conforme explicou Las Casas: "Pois o golfo é rodeado por terra firme, de um lado, e, do outro, pela ilha de Trinidad, e por isso é muito estreito para a violenta força das águas em rumos contrários, que se entrechocam em confronto terrível, numa batalha muito perigosa."

Depois de lançar âncora na quinta-feira, 2 de agosto, Colombo permitiu que os homens, exaustos, se aventurassem por uma praia lamacenta perto da ponta de Icacos, "para que pudessem descansar e se divertir" depois da tensa travessia. Embora relaxante, o ambiente tinha algo de isolado e melancólico, como se o tempo estivesse escorrendo pelas mãos, como a maré escorre para longe da praia.

Mais tarde, naquele mesmo dia, uma grande canoa com 24 índios apareceu, parando a uma distância segura. Os índios gritaram da água, mas os homens de Colombo não responderam com palavras, e sim exibindo objetos como "vasos de latão e outras coisas brilhantes", para encorajar a embarcação a se aproximar e promover um escambo amistoso. Os índios chegaram mais perto, mas ainda mantiveram distância, mesmo depois de Colombo ter improvisado uma dança de boas-vindas. "Eu gostaria muito de falar com eles, e sem ter nada mais adequado a mostrar e encorajá-los a se aproximar, meu último recurso foi mandar trazer um tamborim para o tombadilho para tocar e fazer alguns meninos dançarem, por acreditar que, dessa maneira, eles chegariam mais perto para ver a celebração."

Os índios interpretaram a alegria como uma dança de guerra e "pegaram e armaram os arcos, ergueram os escudos e começaram a atirar flechas". Os alvos correram para debaixo do convés. Colombo "deu a ordem para acabar com a festa de percussão e dança" e ordenou aos homens que trouxessem as bestas e atirassem vários projéteis de alerta contra os índios, que já estavam sem flechas e se posicionaram diante da popa de uma das caravelas, como se preparassem uma invasão. Naquele momento, o piloto do navio adquiriu a confiança necessária para se pendurar na popa e descer até a canoa, armado apenas com presentes, como um "manto" e um "barrete", prontamente aceitos pelos índios, que gesticularam para dizer que o piloto espanhol deveria ir a terra para receber as ofertas dos nativos. Ele concordou e pediu para ser levado para a nau capitânia, a fim de pedir permissão ao Almirante. Antes que o piloto tivesse a chance de cumprir o protocolo, os índios desistiram e partiram.

Colombo pensou que não voltaria a encontrar aqueles nativos, até que um dos caciques veio à nau capitânia. A coroa de ouro do índio chamou a atenção de todos os espanhóis, bem como o capuz carmesim e a maneira distinta com a qual ele prestou suas homenagens ao Almirante. O nativo colocou a coroa na cabeça de Colombo, selando o súbito vínculo. O gesto generoso não foi o bastante para Colombo, que esperava uma oferenda em seda ou brocado, como se reencenasse uma passagem de *As viagens de Marco Polo*. Em vez disso, o Almirante encontrou o olhar firme de índios curiosos. "Não são tão vermelhos quanto os outros", disse Las Casas, com base nos relatos de Colombo e de outros participantes, "um pouco mais brancos do que os outros que vimos nas Índias, de boa aparência e belos corpos. Os cabelos eram longos e retos, cortados no estilo castelhano". As cabeças estavam enroladas em tecido de algodão, que Colombo, sempre à procura de sinais de que havia alcançado o Oriente, acreditou serem turbantes. Outros europeus observaram as armas dos índios, especialmente seus arcos e as flechas de penas, que traziam nas pontas um osso pontudo e farpado "como um anzol".

Ao negociar a passagem com os índios, Colombo e seus homens mergulharam ainda mais fundo naquele *paraíso* turbulento abundante em sucuris, pítons, bugios (os animais terrestres mais barulhentos do Novo Mundo), macacos-capuchinhos (cuja aparência monástica evocou aos primeiros visitantes europeus os hábitos e capuzes da Ordem dos Frades Menores Capuchinhos), araras, tucanos, papagaios, cegonhas, martins--pescadores e pica-paus. Ágeis onças-pintadas e pumas abriam caminho entre a vegetação impenetrável. Na busca por pérolas, Colombo, perplexo, falou de "ostras muito grandes", para logo voltar a atenção à enorme quantidade de peixes e papagaios que observavam os invasores de seu habitat. Os papagaios eram "verdes, de cor muito brilhante tendendo para o branco, enquanto os das ilhas eram mais verdes e de cor mais escura. Todos os da terra firme têm o pescoço amarelo, como se fosse pintado, e os pontos sobre as asas têm manchas coloridas, e existem algumas penas amarelas nas asas", de acordo com Las Casas.

Analisando a topografia da região a partir de Punta del Arenal, Colombo estudou as ilhas ao norte e as montanhas ao sul com vívida curiosidade. Os homens encontraram pegadas de animais — cabras, imaginaram; na realidade, cervos —, mas só encontraram o corpo de um deles. Como de resto acontecia com quase tudo o que encontravam no "outro mundo", não sabiam o que fazer com o achado.

Colombo retomou a procura por um intérprete índio e por água. Seus homens estavam a ponto de cavar poços na areia quando se depararam com vários poços que pescadores aparentemente haviam abandonado. O Almirante chegou a um canal a que deu o nome Boca del Dragón, ou "Boca do Dragão", situado entre as extensões de terra em formato de pinça de Trinidad e da ilha da Graça. Revigorado, o Almirante pretendia navegar para o norte em direção à já conhecida região de Hispaniola, mas, como relatou, alarmado, "havia grandes correntes contrárias ao longo da entrada que fizeram um enorme estrondo [...] como ondas que se quebravam contra as rochas". A questão era como contornar as águas agitadas. Colombo ancorou um pouco além da abertura do canal e "descobriu que a água entrava, noite e dia, de leste a oeste, com uma fúria como a do Guadalquivir quando está alto, e fluía tão continuamente que eu temia não conseguir voltar, por causa da corrente, nem seguir adiante, por causa de águas rasas". O Almirante estava preso.

* * *

294 *"Um enorme estrondo"*

Nas primeiras horas de 4 de agosto, a Boca do Dragão mordeu.

"Com a noite bem avançada", relembrou Colombo, "ouvi, enquanto estava no convés, um rugido terrível vindo do sul em direção à nau; corri para olhar e vi uma onda enorme vindo do oeste para o leste como um monte tão alto quanto a nau vindo em minha direção, pouco a pouco, e na sua crista era visível uma linha de avanço, rugindo com grande estrondo, com a mesma fúria e rugido das contracorrentes mencionadas antes e que pareciam ondas quebrando contra as rochas". O Almirante, porém, foi poupado da destruição tão súbita e inexplicavelmente quanto se vira diante dela. "No entanto, ela passou e chegou à entrada, onde parou por um tempo considerável."

O deslocamento maciço de água rompeu o cabo da âncora que prendia a *Vaqueños*, erguendo a embarcação a enorme altura. Navegando "sobre as ondas", Colombo ficou estupefato, pois jamais passara por situação tão dramática e potencialmente desastrosa. De acordo com Las Casas, o Almirante declarou que "se conseguirem sair daqui, poderão contar histórias sobre como escaparam da Boca do Dragão. E por causa disso, o nome ficou, e com razão". Foi um dos poucos nomes que permaneceu. Las Casas, que sobreviveu a Colombo, observou que o Almirante costumava escrever a bordo. "De todos os nomes que ele deu para ilhas e cabos da terra firme que ele conhecia como ilha da Graça, nenhum permaneceu ou é conhecido hoje, com exceção da ilha de Trinidad, da Boca do Dragão, das [ilhas de los] Testigos e [de] Margarida."

Quando a onda passou, o navio mergulhou em direção ao fundo do oceano, chegando tão perto que os homens puderam vislumbrá-lo. E então a turbulência cessou. Colombo havia sobrevivido ao encontro com a Boca do Dragão. Meses depois, a lembrança do traumático evento ainda o chocava. "Mesmo hoje", contou o Almirante a Fernando e Isabel, "ainda tenho medo em meu corpo, pois [a onda] poderia ter virado o navio quando passou por baixo dele".

A vaga monstruosa era provavelmente um tsunami, causado por um grande terremoto submarino de no mínimo 7,5 graus de magnitude. Um tsunami ocorre quando a crosta terrestre, ou placa tectônica abaixo do oceano, se move de maneira abrupta, deslocando a água verticalmente. A mudança súbita gera ondas gigantes, que se movem a grande velocidade em todas as direções.

Depois de escapar por pouco de uma tragédia, Colombo seguiu navegando até desembarcar na península de Pária, na Venezuela, em 5 de agosto de 1498. O Almirante enviou alguns homens em busca de água potável, que foi logo encontrada. "Como era uma área montanhosa", argumentou o Almirante, "imaginei que mais adiante, em direção oeste, a terra seria mais plana e, por essa mesma razão, possivelmente mais populosa". Ou, pelo menos, era o que ele esperava. O navio levantou âncora e margeou o litoral "até o ponto mais baixo da montanha e ancorou em um rio".

De uma só vez, "vieram muitas pessoas e me disseram que chamavam essa terra de Pária, e mais a oeste havia ainda mais gente". Existem dúvidas se Colombo realmente desembarcou. Seu jovem pajem, Andrés de Corral, testemunhou depois que o Almirante estava com os olhos inflamados e foi obrigado a permanecer no navio. Nessa versão, um dos capitães da frota, Pedro de Terreros, tomou posse em nome de Colombo, e ergueu uma grande cruz para marcar a ocasião. Outro capitão, Hernán Pérez, disse que ele próprio foi o primeiro a chegar em terra. Outras fontes concordam que Colombo não desembarcou daquela vez.

Mais tarde, disse Pérez, "o Almirante desembarcou com cerca de cinquenta homens na região de Pária e, com uma espada numa das mãos e um estandarte na outra, disse que, em nome de Suas Majestades, tomava posse da província". Uma vez em terra, ele observou cuidadosamente os habitantes que o saudaram. "Eles têm a cor de todos os outros nas Índias; alguns usam o cabelo muito longo, outros como o nosso, mas ninguém os corta como na Espanha e nos outros países. Têm estatura muito boa, e são todos bem crescidos." E, completou o capitão, "trazem o membro genital amarrado e coberto, e as mulheres andam todas nuas como suas mães as trouxeram ao mundo".

Depois de tomar quatro índios como reféns para servir de guias, Colombo seguiu 8 léguas para o oeste, passando por um lugar a que deu o nome de Punta de la Aguja, cujo cativante panorama ("o mais bonito do mundo", descreveu o Almirante, entusiasmado) o convenceu a lançar âncora mais uma vez e ir à praia para "ver essa gente". Assim que viram Colombo se aproximar, os nativos pularam nas canoas e remaram furiosamente na direção do navio, e, segundo a lembrança de Colombo, "me imploraram, em nome de seu rei, que desembarcasse".

Por um instante, Colombo pareceu um homem mudado. Nas páginas de suas cartas aos soberanos, mostrou vontade de estar na companhia dos índios, em vez de analisar o potencial dos nativos como escravos ou convertidos ao cristianismo. Coberto de bolhas devido aos Doldrames, abalado e abatido pelo maremoto, o Almirante parecia feliz por estar vivo, e deliciado por inalar profundamente ar fresco e mergulhar a cabeça em água doce e fresca. Durante um breve período de encantamento, ele se viu como um afortunado sobrevivente, parte de uma realidade maior que liga a divindade à humanidade, e não um mestre e conquistador determinado. Nem mesmo a visão do ouro e das pérolas que adornavam os índios o fez salivar de cobiça, como fizera nas viagens anteriores: "Muitos usavam peças de ouro em torno do pescoço e algumas pérolas nos braços. Fiquei muito feliz em ver essas pérolas e tentei perguntar onde poderia encontrá-las, e as pessoas responderam que tinham sido extraídas ali, ao norte daquela terra." Colombo, entretanto, deixou de lado a obsessão por riquezas em favor "do trigo, do vinho e da carne" que estavam a ponto de estragar nos porões dos navios, "e como o meu único objetivo era não deixá-los estragar, eu não podia deixar que nada no mundo me atrasasse", nem mesmo o ouro. As prioridades haviam mudado. Pela primeira vez, Colombo estava mais preocupado com o próprio bem-estar que em cumprir tarefas sobre-humanas. A sensação de tranquilidade não tardou a se dissipar. Pensando bem, "eu realmente tentei conseguir algumas pérolas e trouxe os barcos para terra".

O grupo que desembarcou encontrou um povo "bonito", "gentil" e "dócil", que de bom grado os levou a uma "casa grande com telhado de duas águas", em vez da esperada tenda, com lugares para todos se sentarem. Um magnânimo Colombo elogiou os anfitriões pelas boas maneiras e pelos "belos corpos, altos e elegantemente graciosos, os cabelos muito longos e lisos e amarrados nas cabeças por um pano bordado [...]

que a distância parecia ser feito de seda e gaze". O Almirante admirou as canoas bem-construídas ("vi que no centro de cada uma delas havia uma cabine com uma cama ocupada pelo chefe e suas mulheres") e o ambiente, que chamou de jardins "porque esse nome é adequado". Absolutamente fascinado pelas vistosas joias de ouro dos índios, Colombo encheu-os de perguntas sobre onde haviam encontrado o metal e como poderia consegui-lo, mas os nativos o desencorajaram com histórias sobre canibais ou animais ferozes — o Almirante não soube dizer qual deles. Colombo pensou em pérolas como um substituto para o ouro, mas "não continuou com a busca por causa dos víveres e dos problemas com os olhos, e porque eu tenho uma nau muito grande, inadequada para a busca de pérolas".

Um banquete composto de pães, frutas e "vinho" tinto e branco os aguardava. As bebidas alcoólicas deixaram Colombo intrigado. Não eram um fermentado de uvas, mas de alguma outra fruta que o Almirante não reconheceu, e de milho, que ele definiu como "um grão cuja espiga tem o formato de fuso". *Maize* era o nome que os tainos davam ao milho. As amostras seriam enviadas para Castela na primeira oportunidade.

Homens e mulheres permaneceram separados durante a festa, e silêncios constrangedores arrefeceram o humor. "Ambos os grupos ficaram muito tristes, porque não conseguiam se entender. Eles queriam fazer perguntas sobre a nossa pátria, e nós queríamos saber sobre a deles", relatou Colombo, com louvável equanimidade. O Almirante estava tentado a ficar, mas "estava muito ansioso para levar com segurança os alimentos que poderiam se estragar e conseguir algum remédio para mim, pois me sentia mal por causa da falta de sono". Ele calculou que "durante esta viagem em que descobri a terra firme, fiquei 33 dias sem dormir", e afirmou que estava "sem enxergar" durante o período. No mínimo, o Almirante sofria de problemas de visão, e reclamou: "meus olhos nunca doeram tanto, nem ficaram tão vermelhos e doloridos quanto neste momento".

Ainda sem aceitar as inegáveis evidências de que havia chegado a um continente, Colombo se agarrou ao pensamento de que o litoral delineava o contorno de uma ilha e pensou em seguir para o norte, na direção de Hispaniola. Os homens ficaram espantados e confusos quando o Almirante despachou "uma caravela ligeira para ver se havia uma saída ou uma possível passagem". Em vez disso, a embarcação encontrou um "extenso golfo", um "rio maravilhoso" e "a água mais abundante e fresca que já bebi". Ainda assim, o Almirante ficou "muito desapontado" quando percebeu que estava encurralado, sem poder navegar em direção norte, sul ou oeste. Ele não tinha alternativa senão voltar, mas quando tentou encontrar pontos de referência familiares em terra, "as correntes me levaram embora". Por toda parte, "águas frescas e cristalinas me levavam em direção leste, com muita força". E, a distância, o rugido havia voltado. O Almirante concluiu que os "volumes de água que fluem para dentro e para fora do estreito [...] são nada menos que o violento encontro entre a água doce e a salgada: a doce nos empurrava adiante, lutando para abrir caminho até o oceano, e a água salgada resistia".

No mar, mais uma vez, o Almirante ficou excepcionalmente contemplativo. "Navegando da Espanha às Índias encontrei, 100 léguas a oeste dos Açores, a maior mudança no céu e nas estrelas e na qualidade do ar e nas águas do mar", refletiu, "e valorizo muito essa experiência". Colombo se deu conta de fenômenos que, no frenesi exploratório, passaram despercebidos, a maneira como "o mar aqui fica cheio de um tipo de alga semelhante a pequenos ramos de pinheiro e que dá frutos semelhantes aos da árvore de lentisco, e essa erva é tão espessa que, na primeira viagem, pensei que o mar fosse um baixio e que eu acabaria encalhando os navios". Agora, maravilhado, Colombo escreveu: "Ninguém encontra um único ramo." O ambiente em torno dele o acalmou: "o mar está muito calmo e tranquilo, e mesmo quando sopra um vento forte, a superfície do mar não ondula, nem se agita". O próprio céu parecia "muito leve" e propício para admirar as estrelas: "Vejo que a Estrela Polar descreve um círculo com um diâmetro de 5 graus, e as Guardas estão à mão direita; naquele momento, a estrela está em seu ponto mais baixo, a partir do qual ela sobe até atingir o lado esquerdo."

Com a melhora na visão, Colombo passava as noites observando corpos celestes, mas a segurança que as observações lhe transmitiam era ilusória. Um excelente navegador por cálculo de posição, o Almirante não era adepto dos conceitos e ferramentas de navegação de sua época e, naquela ocasião, fez uma excêntrica descoberta. "Observei diligentemente com o quadrante", disse Colombo, "e vi o fio de prumo apontar regularmente para o mesmo ponto", enquanto era de se esperar que mudasse um pouco à medida que o navio deslizava pelo mar liso. Algo estava errado. "Sustento que este é um fenômeno desconhecido", declarou Colombo, e isso o levou, em sua enganosa reflexão, à hipótese mais radical que poderia conceber — ainda mais disparatada do que a crença de haver chegado à Índia. O Almirante acreditou ter descoberto a entrada para o paraíso.

Agarrado a essa ideia, Colombo interpretou que o movimento das agulhas da bússola do navio apontava o caminho para o Éden. Quando mais para oeste navegassem, acreditava o Almirante, mais alto o navio se ergueria. Praticamente estapeando a testa por desalento diante da insensatez de Colombo, Las Casas comentou: "A partir daí, ele chegou à ideia, contrária a todo o conhecimento compartilhado por astrólogos e filósofos, de que a Terra não era redonda", ou seja, uma esfera perfeita. (Na época de Colombo, a maioria dos europeus já sabia que o planeta era redondo, como os matemáticos e geógrafos da Antiguidade haviam previsto.)

Colombo se referia a algo muito mais elaborado do que uma ligeira saliência ou distorção na esfericidade da Terra. "Cada vez que naveguei da Espanha para as Índias, descobri que, quando chegava a um ponto 100 léguas a oeste dos Açores, o céu, as estrelas, a temperatura do ar e das águas do mar mudavam abruptamente", registrou. "Era como se os mares se inclinassem para cima." *Inclinar-se para cima?* Essa observação o deixou perplexo, porque o Almirante "sempre havia lido que o mundo da terra e do mar é esférico", mas então, disse ele, "encontrei essas grandes irregularidades que levam às seguintes conclusões sobre o mundo: que não é redondo como o descrevem, mas em forma de pera, que é redonda em todos os pontos, exceto no caule, onde há uma longa saliência [...] como o mamilo de uma mulher". Esta característica proeminente levaria ao próprio paraíso, que se ergue sobre um pico aquático. "Não acredito que alguém consiga subir até o topo", advertiu o Almirante ao fim de sua fantástica conjectura.

Se o ouro, os escravos e as especiarias trazidos das viagens anteriores não tinham sido suficientes para calar os críticos de Colombo, talvez a nova visão o fizesse. "Não creio que o paraíso terrestre seja uma montanha íngreme", explicou ele, "com exceção do cume, a parte que descrevi como o caule da pera". O Almirante acreditava que "ninguém pode chegar ao cume", onde está a fonte da água, e chegou a tal conclusão por causa das torrentes de água doce que havia experimentado na costa da Venezuela. "Pois nunca li nem soube de tanta água doce penetrar tão longe no interior ou tão perto da água salgada. [...] E se não vem de lá, do paraíso, a maravilha é ainda maior, porque não acredito que se conheça um rio tão grande e profundo em qualquer outra parte do mundo."

Neste afloramento de ruminações inconscientes, a busca de Colombo pelo paraíso servia como metáfora da busca pelo ente feminino mais elementar, a mãe-Terra. O Almirante encontrou consolo no sonho de viver em um mundo onde a mágica ainda era possível, mesmo experimentando uma sensação inquietante de confrontar o desconhecido. Para Colombo, era reconfortante saber que existia uma promessa de paraíso, mesmo que estivesse além de seu alcance.

As propensões visionárias de Colombo permaneciam intactas, mais fortes e mais singulares que nunca. Outros exploradores se sentiam impulsionados pela crença de estarem cumprindo a vontade de Deus, mas a desconcertante ideia de uma entrada para o paraíso proposta por Colombo era inigualável. Foi fácil para estudiosos de Colombo, a começar por Bartolomeu de Las Casas, separar fato de loucura e ciência de ilusão, mas, na maneira de pensar do Almirante, esses opostos aparentemente irreconciliáveis permaneciam intimamente ligados. Mesmo àquela altura, oito anos depois da primeira viagem, o Almirante ainda acreditava estar às portas das Índias, bem como no limiar do paraíso. A experiência alimentou suas ilusões, em vez de desfazê-las. À medida que a viagem prosseguia, o Almirante se entregou a devaneios. Quando pensava sobre o mundo, Colombo já não via o oceano, nem as marcas de correntes e marés, nem restingas, recifes, baías ou outras estruturas geológicas, mas uma série de imagens pulsantes que poderiam ser mais bem descritas como visões que traziam informações codificadas sobre a natureza do cosmos. Para ele, a exploração passou a ser o processo para decifrar, da melhor maneira possível, esse código enviado por Deus.

"O mundo é pequeno", Colombo afirmaria depois, com base na própria experiência e em outros voos místicos. "Seis partes são secas e apenas um sétimo está coberto de água. A experiência já verificou isso", embora as viagens do Almirante tivessem demonstrado que, ao contrário, o mundo estava, em sua maior parte, coberto por oceanos. Para defender sua opinião, o Almirante argumentou o seguinte: "Eu sustento que o mundo não é tão grande como pensam os homens comuns." Colombo baseava esta opinião de especialista na concepção de que o mundo abrangia o paraíso, mas não o oceano Pacífico e as Américas. A pequena terra de Colombo tinha uma circunferência de cerca de 22.530 quilômetros, quando, na realidade, a circunferência terrestre no equador é de cerca de 40 mil quilômetros.

Agarrado a crenças insustentáveis, Colombo afirmava que graças ao processo de "navegação e exploração e descoberta" financiado pelos soberanos, ele sabia dizer que região da Terra havia visitado por meio da compleição dos povos que encontrou. Em Cabo Verde, acrescentou, "o povo é muito mais escuro" que em outros lugares, "e quanto mais ao sul se viaja, mais escura se torna a cor [da pele]", cujo tom mais negro é alcançado no ponto "em que a Estrela Polar, ao cair da noite, está 5 graus acima do horizonte".

Colombo explicou que, depois de passar pelos terríveis Doldrames e chegar à exuberante Trinidad, "encontrei a temperatura mais agradável e terras e árvores tão verdes e belas quanto os pomares de Valência em abril, e o povo de lá tem corpos bonitos e eles são mais brancos que os outros que pude ver nas Índias". Além disso, "têm grande engenhosidade, mostram mais inteligência e não são medrosos", qualidades que o Almirante atribuía à "temperatura moderada", resultante do fato de estar no "ponto mais alto do mundo", como explicara anteriormente. E, para corroborar o argumento, acrescentou: "Sobre nossas cabeças e as deles o sol está no signo de Virgem." Como outros homens de seu tempo e Ptolomeu, na Antiguidade, Colombo continuava sendo um estu-

302 *"Um enorme estrondo"*

dioso dedicado do movimento dos planetas e de seu efeito no comportamento e no destino dos seres humanos. O posicionamento do zodíaco era claramente um sinal positivo, e o Almirante, repleto de confiança, continuava a corrigir as concepções equivocadas de Aristóteles e de "outros sábios", graças aos dados absolutamente fantasiosos que havia acabado de coletar.

Na busca por um paraíso, Colombo chegou ao cabo a leste da ilha da Graça, na costa da Venezuela. Mais uma vez, uma pequena embarcação foi enviada à praia, onde os batedores encontraram fogueiras apagadas, uma habitação deserta, peixes deixados para secar e outros sinais de que os moradores haviam fugido dos invasores. Os espanhóis colheram cajá, uma fruta de casca firme que Las Casas comparou a "laranjas cujo interior parece figo". E também fizeram referência a "felinos selvagens". Havia pouco a relatar. A cada porto por que passavam, a visão de paraíso do Almirante se esvanecia, e as tarefas não cumpridas só faziam aumentar.

Na segunda-feira, 6 de agosto, a frota foi abordada por uma pequena canoa com quatro homens do povo guaiqueri, e a ocasião marca o provável primeiro contato com europeus. Os nativos vestiam tecidos brilhantes realçados por joias confeccionadas em ouro e liga de ouro, obtidas por meio do comércio com outros grupos indígenas. O metal brilhante era provavelmente *guanín*, uma liga que combinava ouro, prata e cobre em proporções variáveis. Colombo topara com o *guanín* algumas vezes nas viagens anteriores graças aos tainos, que lhe ofereceram a liga, e enviara uma amostra à Espanha para ser estudada, com resultados interessantes. Os espanhóis, é claro, preferem o ouro, mas a liga dos índios continha alta porcentagem de cobre, baixando o ponto de fusão, que era de mais mil graus centígrados para o ouro não adulterado, para 200 graus em ligas contendo de 14% a 40% de cobre. Por essa razão, o cobre era muito mais valioso para os índios do que o ouro.

Enquanto examinavam e trocavam joias, os parceiros comerciais bebiam *chicha*, um fermentado de milho. Levemente opaca e amarelada, com gosto de sidra de maçã, a poção tinha baixa gradação alcoólica, que causava leve embriaguez. Um dos pilotos espanhóis indicou aos índios que gostaria de acompanhá-los à praia, mas, assim que pisou na canoa, virou a embarcação, fazendo com que os nativos fugissem nadando, porém não rápido o suficiente para fugir do marinheiro, que os levou a bordo para apresentá-los ao Almirante. "Quando saíram daqui", contou Colombo, "presenteei-os com guizos e contas e açúcar, e mandei-os para a praia, onde travaram uma grande batalha. E depois que ficaram sabendo do bom tratamento, todos quiseram vir aos navios". Colombo recebeu graciosamente os índios, em busca de salvo-conduto, e recebeu tributos em pão, água e *chicha*. Depois que a bebida o deixou mais amistoso, o Almirante cordialmente entabulou conversa com os nativos, ambas as partes exibindo sorrisos e meneios de mútua incompreensão.

No dia seguinte, um número maior de índios acorreu aos navios, trazendo mais presentes, principalmente mais amostras daquela bebida espessa e agradável. Recebiam em troca, com grande alegria, guizos de latão. O metal continuava a exercer grande fascínio sobre os nativos, que não se furtavam em cheirar aqueles objetos brilhantes, como se tentassem descobrir nos objetos europeus propriedades que os próprios homens da Europa desconheciam. Os índios acreditavam ser possível sentir nos guizos o cheiro de cobre, se houvesse algum.

Os nativos ofereciam ao Almirante papagaios barulhentos e inquietos, bem como belos tecidos de cores brilhantes, mas Colombo preferia tomar posse não daqueles presentes, e sim dos próprios índios. No fim do dia, as quase presas haviam escapado. De manhã, porém, quando uma canoa com 12 nativos se aproximou, os espanhóis rapidamente os tomaram como reféns. Colombo escolheu os seis que mais lhe agradavam e libertou os outros "sem escrúpulos", relatou Las Casas, "como fizera várias vezes durante a primeira viagem". Tal comportamento era, para Las Casas, um pecado mortal, mas o Almirante, ocupado em trazer mais recursos ao império, não se abalava com as preocupações do frei.

Muitos dias depois, Colombo soube de um índio que carregava uma pepita de ouro do tamanho de uma maçã. Então o ouro existia, afinal. Foi então que homens enfeitados de ouro, que também usavam cordões e contas ornamentais, chegaram em canoas. As mulheres usavam braceletes de pérolas coloridas. Extasiado ao ver o ouro, Colombo abriu negociações para obter mais desses preciosos objetos e presenteá-

304 *"Um enorme estrondo"*

-los a Fernando e Isabel. De ótimo humor, o Almirante se viu em meio a um acampamento de índios estranhamente hospitaleiros e encantadores e, junto a seus homens, não se furtou a compartilhar das bebidas fermentadas vermelhas e brancas oferecidas pelos nativos. A única coisa que o incomodava era o tempo. "Tenho tanto frio que preciso vestir uma capa todas as manhãs, mesmo estando tão perto do equador."

Colombo zarpou à procura de pérolas, tentando seduzir aqueles que poderiam ajudar na busca. Como fonte segura, baseava-se na *Naturalis historia*, de Plínio, cientista, historiador e compilador romano, que o levou a acreditar que as pérolas eram geradas a partir de gotas de orvalho moldadas dentro das ostras quando as conchas estavam abertas. Ao observar o orvalho abundante, bem como ostras de tamanho considerável, ou pelo menos criaturas que acreditava ser ostras, Colombo esperava encontrar pérolas por toda parte, até mesmo nas ostras que via crescendo entre os galhos do mangue. No entanto, o Almirante estava enganado: os moluscos não eram ostras, e as pérolas eram difíceis de achar. Colombo continuava a ser sabotado pela esperança, quimera e cobiça.

Colombo correu o risco de levar a esquadra a um fim trágico quando entrou por águas perigosamente rasas: apenas 4 braças de profundidade, o equivalente a pouco mais de 7 metros. Os navios precisavam de pelo menos 3 braças de folga para passar em segurança. Felizmente, as violentas correntes — três, segundo o Almirante — que passavam pela Boca do Dragão os levaram para além dos baixios até chegar a águas mais profundas.

No dia seguinte, 13 de agosto, Colombo retomou o rumo oeste ao longo da costa norte de Pária, dando graças a Deus pela salvação e por conseguir se haver bem nas terras descobertas poucos dias após a chegada.

"Vossas Majestades ganharam vastas terras que são um outro mundo, em que a cristandade encontrará muita satisfação e nossa fé terá, com o tempo, grande crescimento." O termo "outro mundo" marcava uma mudança no modo de pensar do Almirante. Ele havia desistido da ideia de que estava explorando a antiga Índia de Marco Polo, em busca do Grande Khan, e, em vez disso, tinha topado com algo inteiramente novo e perturbador. "Passei a acreditar que este é um poderoso continente desconhecido até então." Era um verdadeiro descobrimento, algo totalmente inesperado. Esse fato, porém, não significava que Colombo percebera, automaticamente, que Hispaniola e as outras ilhas das "Índias" estavam muito distantes da Índia. Significava, sim, que o Almirante estava mais perplexo que nunca. Suas viagens de confirmação se tornaram viagens de dúvidas. Colombo estava preparado para confirmar mitos cultivados há tempos, não para demoli-los.

Após deixar a península de Pária, na Venezuela, Colombo avistou as ilhas de La Asunción (agora Tobago) e Concepción (agora Granada). Em 14 de agosto de 1498, o Almirante descobriu a ilha de Margarida, localizada no mar do Caribe, entre as latitudes 10°52'N e 11°11'N e longitudes 63°48'W e 64°23'W. Colombo batizou a esplêndida e montanhosa ilha, com cerca de 80 quilômetros de comprimento e 20 de diâmetro, em honra de Margarida da Áustria e também como um trocadilho com a palavra espanhola "margarita", que significa "pérola", em reconhecimento aos brilhantes objetos espalhados pela região.

Como a viagem rumo a oeste durou até meados de agosto, Colombo ouviu de terceiros relatos sobre as gemas, mas, como revelou Fernando, "o Almirante [...] não podia fazer um relato tão completo quanto gostaria, porque a contínua observação fez seus olhos sangrarem, e havia necessidade de anotar a maior parte das coisas que os marinheiros e pilotos lhe contavam".

Ainda naquele agosto, quando Colombo deu ordem para que a frota seguisse a norte e a oeste na direção de Santo Domingo, a tripulação avistou uma pequena caravela se aproximando, o primeiro navio que haviam encontrado desde a partida da Espanha. A embarcação que se aproximava deu um tiro de advertência, e a explosão reverberou por todo o oceano. Foi só quando a embarcação ficou lado a lado com a nau capitânia, velas orçadas, que Colombo percebeu que o capitão era seu irmão Bartolomeu, também a serviço da Coroa espanhola em Santo Domingo. Os dois irmãos uniram forças e seguiram para o porto de

"Um enorme estrondo"

Santo Domingo. Mais tarde, um terceiro irmão Colombo, Diogo, juntou-se a eles. O Almirante ansiava por contar aos monarcas sobre suas maravilhosas descobertas e sobre a rápida expansão do império espanhol que ele trouxera àquela região.

No último dia de agosto, o Almirante subiu o rio Ozama com o comboio, até chegar a Santo Domingo, onde esperava ser recebido por uma próspera colônia. Em vez disso, "quando cheguei de Pária, encontrei quase metade dos homens de Hispaniola em rebelião, e eles declararam guerra contra mim", lamentou Colombo. O líder dos revoltosos era Francisco Roldán, ou, como era conhecido, Roldán, o Rebelde, responsável por semear o caos durante a ausência do Almirante.

CAPÍTULO 9

A revolta de Roldán

Era só uma questão de tempo até que Francisco Roldán, ou alguém como ele, entrasse em cena para atormentar a Empresa das Índias de Colombo. A situação em Hispaniola era tão incerta e grave, as tentações tão sedutoras e numerosas, a visão de um império espanhol tão vaga e irreal e os homens que participaram das viagens escolhidos tão ao acaso, que a disciplina estava fadada a ruir durante as prolongadas ausências de Colombo, períodos em que a crueldade não era apenas possível, como não levava a nenhuma consequência.

Durante algum tempo, escreveu Fernando, Santo Domingo permaneceu "em paz". Os colonizadores esperavam que Colombo retornasse rapidamente da Espanha com suprimentos, armas e notícias de casa. "Mas depois que um ano se passou, com as provisões se esgotando e o sofrimento e as doenças aumentando, ficaram desorientados quanto à situação presente e desesperados quanto ao futuro." Designado alcaide (principal cargo de chefia) da colônia por Colombo, Roldán contou com a cooperação de espanhóis e índios ou, nas palavras de Fernando, "era obedecido como se fosse o Almirante em pessoa". Mas o posto elevado levou ao conflito com Bartolomeu Colombo, que, como governador, considerava a si próprio o juiz supremo. Com a prolongada ausência do Almirante e o crescimento da desconfiança de que ele jamais voltasse ao pequeno posto avançado do império, "Roldán começou a sonhar em fazer de si mesmo o mestre da ilha". O plano era extremamente desleal: o alcaide pretendia executar Bartolomeu e Diogo Colombo. Ao tirar os irmãos do caminho, Roldán governaria. E ele tinha um plano para trazer a Espanha para seu lado.

Quando Bartolomeu viajou a Xaraguá para sufocar uma rebelião indígena e extorquir impostos, a sorte parecia favorecer o plano de Roldán. Xaraguá, uma grande extensão de terras quase sempre planas cobertas por arbustos espessos e circundada por praias de areia fina e brilhante, ocupava um promontório que se estendia desde o sul da ilha. Seu aspecto sereno, porém, era enganador. Xaraguá se tornou sinônimo das forças rebeldes que a ocuparam, cujo comportamento era cruel, dissoluto e indolente. Para os que procuravam abrigo, oferecia vantagens estratégicas, pois ficava a 400 quilômetros de Santo Domingo e as velas dos navios que se aproximavam podiam ser vistas de muito longe. Las Casas elogiou os índios da região, que não "tinham rivais, em termos de fluência e polidez de idioma ou dialeto, entre os habitantes dos outros reinos" de Hispaniola. Eram "superiores em estatura e nos cuidados com o corpo. O rei tem por nome Behechio e tem uma irmã chamada Anacaona" — a "Flor Dourada" —, que tratava os rudes e predadores espanhóis com "civilidade, e ao livrá-los do perigo real e imediato de morte, prestou serviços aos reis de Castela". Cacique dos tainos, Anacaona era também mulher de Caonabó, e ambos tanto desafiaram Colombo quanto uniram forças a ele.

Bartolomeu Colombo deixou o irmão, Diogo, no comando, e Roldán como segundo na hierarquia. Este, em segredo, fomentava um motim. A atenção de Bartolomeu se voltou para uma caravela deixada na praia em La Isabela. Ele planejava usar a embarcação para escapar da ilha, se necessário.

Roldán e seus partidários insistiam em lançar a caravela ao mar assim que possível e, quando chegassem à Espanha, pretendiam denunciar "o tormento que estavam sofrendo". Diogo Colombo não estava disposto a tolerar mais daquilo. Faltavam equipamentos e suprimentos para a caravela. Desafiando seu superior, Roldán ordenou que deixassem o navio pronto para zarpar, dizendo a seus seguidores que os irmãos Colombo queriam impedir a missão, manter todos sob controle e evitar que a Espanha soubesse do regime cruel e corrupto de Colombo em Hispaniola. Roldán disseminou ressentimentos ao lembrar a falta de

COLOMBO 309

atenção que os três irmãos Colombo tinham para com os colonos, que trabalharam sob um calor sufocante, erguendo fortes contra a própria vontade e se expondo a riscos desnecessários. Colombo e os irmãos eram estrangeiros, Roldán relembrou aos espanhóis que o apoiavam, e, pior, eram estrangeiros que nunca lhes pagaram, mesmo sabendo que eles fizeram todos trabalharem como mulas. Agora, parecia que o Almirante jamais voltaria com os suprimentos e reforços prometidos.

Para remediar a situação, Roldán propôs a seus homens que dividissem "toda a riqueza da ilha" entre eles e, da mesma forma, "que tivessem permissão para usar os índios como bem entendessem, sem qualquer interferência", nas palavras de Fernando. Muitos espanhóis já haviam recorrido a índias para prazer ou companhia, apesar das restrições. Agora tudo era possível, mesmo que os homens tivessem que enfrentar os sintomas da sífilis por causa dos excessos.

Bartolomeu tentou conter a libertinagem, insistindo que os homens "mantivessem os três votos monásticos", como descritos por Fernando: obediência, estabilidade (manter os votos indefinidamente) e fidelidade à vida monástica, incluindo a renúncia à propriedade privada e a observação estrita do celibato. Roldán, por sua vez, manteve a promessa de uma comunidade repleta de mulheres e riquezas fáceis. As riquezas permaneceram ilusórias, mas, como relatou Las Casas, "cada um tinha a mulher que queria, tirada do marido ou do pai por vontade própria ou por meio da força, para usar como camareira, lavadeira e cozinheira, e quantos índios achasse necessário para atendê-lo". Roldán lembrou os homens das rações severas impostas por Colombo e os irmãos, as bárbaras chibatadas, as punições humilhantes e desumanas mesmo para a menor infração, fosse real ou apenas suspeita. Como alternativa a esse reino de tirania a que todos estiveram sujeitos, Roldán prometeu que, se aceitassem sua liderança, ele os protegeria de ataques. O discurso licencioso, combinado com a maneira resoluta de Roldán, se mostrou muito eficaz e atraiu a seu acampamento muitos — e, por fim, a maioria — dos espanhóis descontentes.

Quando Bartolomeu Colombo, "o Adiantado", retornou da missão de pacificação em Xaraguá, os seguidores de Roldán haviam tramado um plano para apunhalar o irmão do Almirante e enforcá-lo. Agindo

310 *A revolta de Roldán*

contra os sinais de conspiração, Bartolomeu rapidamente encarcerou um dos rebeldes, Barahona, e o condenou à morte, mas depois mudou de ideia. "Se Deus não tivesse inspirado o Adelantado a não cumprir a sentença de morte de Barahona", argumentou Fernando, "sem dúvida eles o teriam matado naquele momento". Em vez disso, Bartolomeu revelou toda a extensão da conspiração de Roldán, em que os rebeldes transformariam o forte Concepción em um bastião de onde poderiam lançar ataques contra Hispaniola sempre que quisessem.

Roldán conhecia bem o forte, pois Diogo Colombo já o havia enviado até lá para pacificar os índios das redondezas. Enquanto esteve a serviço, o rebelde fingiu seguir ordens. No entanto, o comandante do forte, Miguel Ballester, não foi enganado pelo fingimento e avisou o Adelantado sobre o motim em andamento. Ato contínuo, Bartolomeu se instalou no forte, acreditando que sua presença faria Roldán recuar, mas o imprevisível rebelde seguiu direto para Concepción e, como se tivesse todo o direito a fazer isso, insistiu em preparar a caravela para levá-lo, junto com seus homens, à relativa segurança de uma viagem à Espanha. Embora estivesse em situação melhor em seu reino no exílio, Roldán continuava a adotar estratégias de conflito, o que deixava seus superiores confusos.

Impossível, respondeu Bartolomeu ao ouvir a exigência. Nem Roldán nem seus seguidores seriam capazes de levar a caravela até a Espanha. Eles poderiam até zarpar, mas nada sabiam do mar, e com certeza pereceriam durante a tentativa de travessia. Bartolomeu falou como navegador experiente, "mas eles eram marinheiros de primeira viagem e não sabiam de nada", disse Fernando.

Bartolomeu ordenou ao rebelde que renunciasse ao mandato como alcaide, mas, previsivelmente, Roldán se negou, dizendo que só acataria a ordem se viesse do próprio rei Fernando. Declarou que não poderia "esperar justiça do Adelantado", ou seja, Bartolomeu, que tentaria encontrar uma maneira de feri-lo ou matá-lo. Enfurecido, o rebelde insistiu que era um "homem razoável" e, como prova disso, afirmou que adiaria a viagem com a caravela encalhada e aceitaria uma coexistência pacífica na ilha, em lugar escolhido por Bartolomeu. Roldán, porém, esperava concessões em troca da oferta. Quando soube que o Adelantado pretendia deixar como encarregado do lugar um índio que se convertera ao cristianismo e era leal a Colombo, o rebelde rejeitou a ideia, alegando que o assentamento não tinha suprimentos suficientes. Em vez disso, eles poderiam ocupar outro lugar, escolhido por Roldán.

O embate de vontades entre os dois adversários só terminou quando Roldán foi embora pisando duro.

Apesar das demandas raivosas por um refúgio seguro em Hispaniola, Roldán ainda ansiava pela caravela e pela promessa de fuga para a Espanha. Ele voltou a La Isabela para tomar posse do navio, mas, mesmo com 65 homens a postos — mais do que o suficiente para navegar —, não conseguiu zarpar. Em vez disso, comandou um saque ao arsenal da Coroa, para obter armas, e ao armazém, onde os homens pegaram alimentos, roupas e tudo o que quiseram. Enquanto estavam no armazém, Bartolomeu acompanhava a movimentação, incapaz de detê-los. Temendo pela própria vida, o Adelantado se refugiou dentro da fortaleza, levando alguns servos como guarda-costas, mas não antes de Roldán tentar convencê-lo a mudar de lado e se posicionar contra o Almirante. Isto, é claro, Bartolomeu não faria.

Ao saber que Bartolomeu havia despachado homens armados para proteger Diogo de outros abusos, Roldán reuniu a força rebelde e deixou La Isabela, bem como, naquele momento, o plano de regressar à Espanha. O grupo avançou rapidamente por entre a espessa vegetação tropical, matando gado para comer à medida que avançava, e pegando outros animais, conforme a necessidade, no longo caminho até Xaraguá, a província que Bartolomeu pacificara havia pouco. Os rebeldes tinham boas razões para escolher se estabelecer naquela região remota. "Era a parte mais agradável e fértil da ilha", explicou Fernando, "com os nativos mais civilizados e, principalmente, as mulheres mais belas e mais dóceis do país. Este último era o principal motivo para ir até lá". Com promessas tão sedutoras, Roldán, o Lúcifer da Empresa das Índias, oferecia aos homens tudo o que Colombo lhes negava: riqueza, mulheres, uma vida fácil e um senso de controle sobre o próprio destino. Não havia promessa de redenção, reconhecimento oficial ou títulos, apenas um limbo prazeroso.

312 *A revolta de Roldán*

* * *

No caminho para Xaraguá, os homens de Roldán planejaram um último esquema de assassinato. Eles invadiriam o vilarejo de Concepción e, se conseguissem encontrar Bartolomeu, o matariam. Se o Adelantado não estivesse, destruiriam tudo. Ao ficar sabendo da conspiração, Bartolomeu contra-atacou com uma estratégia de lavra própria, prometendo a seus homens "dois escravos para cada um", disse Fernando, em troca de apoio. Era uma manobra desesperada, mas Bartolomeu percebeu que mesmo aqueles que o apoiavam nominalmente ficaram tentados com a oferta de Roldán. Bartolomeu retomou o autocontrole e manteve a lealdade de seus seguidores. Se não conseguisse manter o poder pela lógica da argumentação, ele estava preparado para lutar.

O irmão de Colombo reuniu seus homens e partiu com arrogância e determinação para encarar as forças de Francisco Roldán, que, intimidado por aquela convincente demonstração de força, bateu em retirada para Xaraguá, fazendo propaganda anti-Colombo por onde passasse. Com alguma razão, Roldán afirmava que Bartolomeu era cruel e ganancioso ao lidar com índios e cristãos, cobrando tributos irreais, minando o moral e drenando os recursos de todos com quem tivesse contato. Mesmo se os índios pagassem todos os onerosos tributos, o malévolo Adelantado só fazia querer mais, apesar das objeções dos monarcas — um cenário improvável. Roldán, ao contrário, se autoproclamava o herói dos índios. Se os nativos não quisessem ou não conseguissem lutar por seus direitos, ele e seus homens abraçariam a causa indígena. As promessas injustificadas de Roldán persuadiram os índios a desafiar o sistema de tributação. Na verdade, Bartolomeu nada recebia das aldeias mais distantes, e tinha medo de cobrar das mais próximas e empurrar os índios cada vez mais para o lado de Roldán.

O rebelde encontrou um poderoso aliado no chefe Guarionex, que formou alianças clandestinas com outros caciques e jurou matar os invasores espanhóis. Os nativos estavam confiantes de que conseguiriam exterminar os estrangeiros que vieram em navios com uma série coordenada de rebeliões-surpresa. "Como o que têm para contar o tempo ou qualquer outra coisa são os dedos", explicou Fernando, "eles concordaram em lançar o ataque no primeiro dia de lua cheia".

Tudo estava pronto, até que um dos chefes decidiu atacar prematuramente, fosse para parecer um herói diante de seu povo ou, menos provável, porque era "um astrônomo muito ruim para saber com certeza o primeiro dia de lua cheia". O ataque foi um fracasso. Buscando segurança, o desonrado chefe foi correndo a Guarionex, que mandou executá-lo por negligência.

A sorte mudara de lado e abandonara Roldán, cujos homens esperavam que os índios cuidassem da matança. Frustrado o pacto com Guarionex, voltaram mais uma vez para Xaraguá, onde mantiveram a farsa de que eles, os rebeldes espanhóis, protegiam os índios das políticas coloniais predatórias de Colombo. "Na verdade, eles não passavam de meros ladrões", observou Fernando, embora a mesma coisa pudesse ser dita de muitos dos homens que serviam Cristóvão Colombo e exploraram e subestimaram os índios por quase oito anos, e por muitos outros ainda.

O passo em falso de Roldán ocorreu quando ele renovou a promessa de proteger os índios das cobranças de impostos de Bartolomeu para, em seguida, cobrar para si um tributo ainda maior. Ele insistiu que o cacique Manicaotex oferecesse "uma cabaça cheia de pó de ouro no valor de três marcas a cada três meses", nas palavras de Fernando. Para garantir que Manicaotex obedecesse, embora o fornecimento de pó de ouro já estivesse quase esgotado, Roldán fez o filho e o sobrinho do cacique de reféns. Com duplicidade característica, Roldán sustentou que seu gesto demonstrava amizade.

Confrontados com uma situação incontornável, Bartolomeu e seus aliados assistiam impotentes enquanto o apoio de seus aliados indígenas e espanhóis murchava sob o calor tropical. Parecia cada vez mais provável que os rebeldes espanhóis ou os desencantados índios, ou uma aliança profana entre ambos, acabassem com Bartolomeu e os legalistas e reclamassem a ilha de Hispaniola, trazendo um fim violento à experiência colombiana.

Em meio ao crescente desespero, os homens de Santo Domingo avistaram dois navios espanhóis no horizonte. Era a frota com suprimentos que chegava da Espanha, trazendo a comida, as armas, as provisões e os homens tão necessários para a sobrevivência nas Índias. Roldán e seus parceiros pretendiam saquear o carregamento assim que os navios chegassem a Santo Domingo, mas Bartolomeu tinha a vantagem da inteligência superior e de estar mais perto do porto. O irmão de Colombo colocou sentinelas ao longo dos caminhos que levavam à pequena cidade para deter os homens de Roldán, de forma que ele, Bartolomeu, e não os rebeldes, recebesse os navios de abastecimento para o conturbado reino. E assim aconteceu.

Mesmo assim, Bartolomeu tentou improvisar uma frágil paz temporária com os rebeldes para apresentar um front unificado aos recém-chegados. Ele despachou um dos capitães, Pedro Fernández Coronel, com fama de ser "um homem de valor e honra", de acordo com Fernando. A partir do momento em que confirmou que Cristóvão Colombo tinha chegado em segurança à Espanha, onde fora recebido com entusiasmo pelos soberanos, Coronel ganhou a confiança de Bartolomeu. O Adelantado encarregou o recém-chegado de transmitir a situação para os rebeldes de Roldán, mas, ao chegar, o *capitán* se viu cercado de bestas e flechas. O discurso que Coronel havia preparado não foi emitido. Em vez disso, o capitão falou em particular com alguns dos insurgentes, que não fizeram promessas e voltaram rapidamente para a fortaleza em Xaraguá, para esperar o retorno do Almirante a Hispaniola.

Os homens de Bartolomeu descobriram que Roldán e outros planejavam manchar a reputação de Colombo na Espanha por meio de cartas anônimas. Pietro Martire, em seu posto avançado na Itália, escreveu que "os rebeldes, queixando-se seriamente de ambos os irmãos [Colombo], chamou-os de injustos, ímpios, inimigos do sangue espanhol" — código para a origem genovesa — "e esbanjadores, porque tinham prazer em torturar por ninharia, enforcando, matando e massacrando de todas as maneiras". Os rebeldes, continuou Martire, "os retratavam como ambiciosos, arrogantes, invejosos, tiranos insuportáveis, e assim os abandonaram, pois eram apenas animais selvagens sedentos de sangue e inimigos dos soberanos". Os homens de Roldán alegavam que tinham visto Colombo e seus dois irmãos conspirando obsessivamente para assumir o controle das ilhas, e afirmavam que os irmãos Colombo "só permitiriam que seus próprios homens chegassem às minas de ouro ou coletassem [o metal]". Do ponto de vista dos soberanos, isso era exatamente o que Colombo deveria fazer.

Os rebeldes afirmaram que o Almirante começou a insultá-los com terríveis epítetos, "perversos e briguentos, cafetões, ladrões, estupradores, sequestradores, bandidos, homens privados de qualquer valor ou bom-senso, perjuros descerebrados, mentirosos com antecedentes criminais ou fugitivos que temiam ser condenados por conta de seus crimes". (As acusações os atingiam porque eram, em grande parte, verdadeiras.) Eles souberam que Colombo os tinha caracterizado como homens "originalmente trazidos para cavar e prestar serviços", embora "nem sequer saíam de casa". Em vez disso, "obrigam os pobres nativos a carregá-los por toda a ilha, como magistrados de alto escalão". Colombo contou como os rebeldes, "para não perder o hábito de derramar sangue e medir forças, desembainhavam as espadas e competiam para ver quem cortava cabeças de inocentes" — os índios — "com um só golpe. O homem que decapitasse um infeliz nativo mais rapidamente em um único golpe era declarado o mais forte e o mais digno de honra entre eles". Até mesmo os rebeldes percebiam que aquele comportamento desprezível destruiria sua reputação, se não em Hispaniola, pelo menos na Espanha.

Com Hispaniola consumida pelas tensões, vários navios da frota de Colombo apareceram na costa de Xaraguá, mas não eram as embarcações que Roldán esperava.

Os três navios de suprimentos fizeram uma rápida travessia após deixar as ilhas Canárias, em junho. Rápida demais, na verdade. Quando a esquadra chegou ao Caribe, os pilotos, contou Fernando, "foram levados tão a oeste que chegaram ao litoral de Xaraguá, onde estavam os rebeldes". Se tivessem chegado ao destino planejado, Santo Domingo, teriam gozado da proteção de Bartolomeu. Em vez disso, foram invadidos por homens de Roldán, que mentiram para os espanhóis, afirmando que o Adelantado havia lhes dado ordens para "garantir as provisões e pacificar o interior". Um dos capitães, Alonso Sánchez de Carvajal, percebeu o estratagema e tentou persuadir Roldán a dar fim à revolta e declarar lealdade a Bartolomeu, mas o sentimento entre os membros da tripulação, já influenciados pelos homens de Roldán e por suas promessas sedutoras, ficou do lado dos rebeldes e contra os legalistas.

Frustrado, Sánchez de Carvajal uniu forças com dois outros capitães para enviar um pequeno grupo de trabalhadores assalariados às minas próximas a Santo Domingo. O clima desfavorável e as correntes que levaram os navios a Xaraguá ainda predominavam, e poderia levar meses até que os navios chegassem a Santo Domingo, de modo que os trabalhadores, quarenta no total, planejaram seguir a pé, sob o comando de Juan Antonio Colombo. Pedro de Arana se encarregaria dos três navios e Sánchez de Carvajal retomaria as negociações com representantes de Roldán.

A situação degringolou quando a maioria dos trabalhadores desertou para se unir a Roldán, e Juan Antonio foi deixado com apenas seis ou sete homens. Furioso, este último confrontou Roldán, insistindo que os operários tinham vindo às Índias para trabalhar e não para passar os dias bebendo o vinho dos índios, e as noites com as índias. Se Roldán se recusasse a cooperar, ficaria óbvio para todos que ele tinha afrontado o Almirante e os soberanos. Habilidoso como sempre em encontrar desculpas, Roldán alegou ignorância e desamparo. Ele não podia dizer aos homens indisciplinados como se comportar. "O mosteiro", explicou o rebelde, "era governado por regras que [se obedecidas] permitiam a qualquer um usar o hábito".

Juan Antonio Colombo percebeu que tinha sido derrotado, e assim regressou aos navios com um punhado de homens leais para zarpar para Santo Domingo. Lutando contra ventos e tempo ruim, e com o suprimento de alimentos apodrecendo no calor, Sánchez de Carvajal bateu num banco de areia, que arrancou o leme e rompeu a quilha, deixando entrar tanta água que o navio mal conseguiu atracar. Depois de completar a difícil travessia desde o posto rebelde de Xaraguá, os três capitães ficaram felizes em ver o Almirante em pessoa, que havia completado a travessia a norte de Trinidad.

Mais navegador que guerreiro, Colombo estudou a lista das queixas contra os rebeldes compilada pelo irmão e percebeu que seria obrigado a punir os malfeitores. Antes, porém, montou um novo catálogo de acusações. Fernando contou que, de início, o pai "resolvera ser tão moderado quanto possível sobre o assunto, pois talvez fosse mais fácil reconquistar a obediência dos rebeldes". Para livrar a empresa dos revoltosos, o Almirante prometeu, em 22 de setembro, salvo-conduto para a Espanha e comida a quem quisesse.

A longa travessia de um mar desconhecido já não trazia consigo os horrores de antes, graças ao domínio que Colombo tinha dos ventos, das correntes, dos recifes e portos. O risco de desastre, embora nunca ausente, diminuía a cada viagem, até que cruzar o Atlântico da Espanha a Santo Domingo se tornou algo quase rotineiro.

A conquista ensejou um desafio ainda mais desconcertante: como administrar um império disperso e os vários grupos de interesse envolvidos, como espanhóis, índios e os irmãos Colombo, para falar apenas dos mais importantes? Havia ainda os fidalgos, os trabalhadores contratados e os ferozes caraíbas. A abordagem monolítica dos Reis Católicos — converter ou explorar, ou, se for o caso, converter *e* explorar — se mostrou inadequada à tarefa de manter um império, e tragicamente imprópria para os povos das "Índias" e da Espanha.

Dois dias depois, em 24 de setembro, Miguel Ballester informou que Roldán e outro rebelde, Adrián de Mújica (ou Moxica), iriam se encontrar, o que dava aos homens do Almirante uma oportunidade para capturar os líderes, se Colombo decidisse agir. Como antes, porém, ele nada fez.

Enquanto isso, Roldán e suas forças marcharam para Santo Domingo. Colombo delegou ao comandante Ballester a responsabilidade sobre Concepción. Ballester deveria entregar uma mensagem de reconciliação cuidadosamente redigida, em que o Almirante "lamentava" tudo o que Roldán tinha sofrido e expressava o desejo de "enterrar o passado, concedendo anistia geral e irrestrita", segundo Fernando. Roldán deveria ficar seguro de que poderia se encontrar com Colombo "sem medo de represálias", para que pudessem, em conjunto, determinar a melhor forma de levar adiante os planos dos soberanos. Colombo prometeu até mesmo conceder a Roldán um salvo-conduto, "na forma que ele desejasse".

318   *A revolta de Roldán*

Se a oferta de Colombo era de boa-fé, não se sabe ao certo. Ballester relatou ter transmitido a mensagem conciliadora do Almirante a
Roldán e Adrián de Mújica, "mas estavam irredutíveis e assumiram uma
atitude claramente desafiadora". Roldán falou grosso e insistiu que não
tinha interesse em negociações ou em encontrar um caminho para a
paz. Ele tinha o Almirante "na palma da mão", segundo suas próprias
palavras, e poderia "ajudá-lo ou destruí-lo, se quisesse". O rebelde não
aceitaria qualquer tipo de negociação até que Colombo e seus irmãos
libertassem os índios aprisionados na pacificação de Concepción, uma
exigência extremamente cínica, em vista dos abusos que os homens de
Roldán rotineiramente infligiam aos índios.

Roldán complicou ainda mais a situação ao insistir que só conver-
saria com Alonso Sánchez de Carvajal, a quem considerava um homem sensato. A declaração imediatamente levantou suspeitas em Colombo. De acordo com Fernando, o Almirante duvidava que Sánchez
de Carvajal fosse um traidor consumado, afinal, ele era um homem de
posição, um fidalgo, e, por isso, ponderado. Era mais provável que ele
buscasse ser um conciliador, não um agente duplo. Colombo consultou seus auxiliares sobre a melhor forma de agir, e decidiu que enviaria
Sánchez de Carvajal junto com Ballester para negociar com o evasivo
Roldán.

Roldán não aceitou se reunir com os dois, alegando que Colombo
não havia libertado os índios presos. Sánchez de Carvajal tomou a frente e acabou convencendo Roldán, acompanhado por vários de seus homens, a falar diretamente com Colombo. Os próprios rebeldes, porém,
interferiram na missão, a ponto de se posicionarem em torno de seu líder. Eles não queriam que Roldán fizesse acordos secretos com Colombo, e preferiram transmitir as "condições para a paz por escrito", disse
Fernando, que caracterizou os termos como "desmedidos e insolentes",
e sem dúvida Colombo os considerou da mesma forma. Mesmo as forças combinadas de Ballester e Sánchez de Carvajal foram incapazes de
convencer os rebeldes a negociar. Sem mais estratégias de acordo, a delegação legalista subitamente concordou com os amotinados. Ballester,
em particular, justificou a capitulação com base no moral cada vez menor dos homens de Colombo, que estavam a ponto de se juntar aos

ousados e determinados rebeldes. Embora Colombo confiasse em seus servos e ajudantes, até eles pareciam suscetíveis às lisonjas de Lúcifer.

Dia após dia, o número de rebeldes crescia e o de legalistas diminuía. Ao se preparar para a batalha contra os renegados, Colombo tinha apenas setenta homens a seu lado, e depois de eliminar aqueles que fingiram doença ou lesão para evitar o serviço, apenas quarenta homens, ou até menos, podiam ser considerados leais de fato.

Nesta posição vulnerável, o Almirante despachou Sánchez de Carvajal com uma mensagem surpreendente para Roldán: Colombo expressou confiança em seu digno antagonista e prometeu fazer um "relato favorável" de suas ações para Fernando e Isabel. Nada disto foi posto por escrito, explicou o Almirante, para proteger Roldán de "pessoas comuns", que poderiam ficar tentadas a prejudicá-lo. Assim, ele deveria conversar diretamente com o representante de Colombo, Ballester, "como se ele fosse o próprio Almirante", nas palavras do filho de Colombo.

Quase ao mesmo tempo, em 17 de outubro de 1498, Roldán e seus aliados fora da lei enviaram uma estranha carta de conciliação ao Almirante, afirmando que haviam "abandonado o Adelantado porque ele conspirara para assassiná-los". Os rebeldes imploravam a Colombo que interpretassem suas ações como "um serviço a ele" e sustentavam esta estranha lógica ao lembrar ao Almirante que haviam protegido a ele e suas posses quando poderiam ter recorrido à violência. Queriam apenas agir "de maneira honrada" e gozar da ideia de "liberdade de ação".

Depois dessa ambígua negociação com Roldán, Colombo despachou cinco navios para a Espanha. Os que estavam a bordo se lembram de uma travessia perigosa, cheia de "grandes provações" enfrentadas pelos seiscentos índios no comboio. Com eles seguiam duas cartas de Colombo para Fernando e Isabel, que contavam, em tom emotivo, sobre os rebeldes de Roldán, "os danos que causaram e continuavam a causar na ilha, saqueando e agindo violentamente, matando a esmo e sem razão, tomando as mulheres e filhas de outros homens e perpetrando muitas outras maldades". Las Casas estava convencido de que os problemas de Hispaniola haviam degenerado num estado de anarquia em que os espanhóis "viajavam de aldeia em aldeia e de um lugar para outro, comendo o que quisessem, capturando os índios que quisessem para serviço e tomando as índias que os agradassem". Em vez de caminhar, mandavam os índios carregá-los em redes. "Tinham caçadores que caçavam para eles, pescadores que pescavam para eles e tantos índios quanto quisessem como animais de carga para transportar peso por eles." Por todo o tempo, os índios reverenciavam e adoravam os espanhóis que os exploravam.

Colombo implorou aos soberanos que enviassem "homens religiosos e devotos" para substituir os pecadores. Ao mesmo tempo que denunciava o mau comportamento dos espanhóis, o Almirante elogiava a terra e suas possibilidades, "abundante em todas as coisas", escreveu, com cadência bíblica, "especialmente em páo e carne". Ninguém precisa passar fome, não com os inúmeros porcos e aves e animais silvestres semelhantes a coelhos tão fáceis de pegar que "um menino índio com um cão traz 15 ou vinte diariamente para seu mestre". Tudo de que precisavam eram vinho e roupas, itens facilmente trazidos da Espanha. O único problema era que a terra da abundância havia atraído "os maiores vagabundos do mundo".

A falta de dedicação dos espanhóis consternava Colombo. "Quando cheguei aqui, trouxe muita gente para a conquista destas terras", lembrou aos idealizados soberanos de seus pensamentos. "Todas essas pessoas me importunaram, dizendo que serviriam muito bem e melhor que todos", mas, na verdade, "era o contrário, pois só vieram para cá por acreditar que era possível recolher com pás o ouro e as especiarias que seriam encontrados, e que as especiarias já viriam amarradas em fardos à beira-mar, de forma que só seria preciso jogá-las nos navios. Sendo assim, estavam cegos de cobiça". (Como estava Colombo, embora ele se recusasse a admitir a própria falha.) "Contei tudo isso a eles em Sevilha. Porque muitos queriam vir, e percebi a razão, eu tinha que lhes contar isso e todas as tribulações que aqueles que colonizam terras distantes costumam sofrer." De início, poucos acreditaram nos alertas. "Quando chegaram aqui e viram que eu havia falado a verdade, e que sua cobiça não seria satisfeita, quiseram regressar imediatamente, sem sequer ver se era possível conquistar e dominar esta terra. E como não consenti, começaram a me odiar. E não têm razão." Eles também o odiavam porque ele não permitia que entrassem no falsamente convidativo interior da ilha, "porque os índios haviam matado muitos que viajavam espalhados assim, e teriam assassinado muitos mais se eu não tivesse evitado".

Como se colonos rebeldes não fossem problema suficiente, ainda era preciso lidar com clandestinos. Colombo estimou que um quarto de seus homens era de *polizones*. E havia outra dificuldade: as mulheres de Hispaniola "são tão belas que é uma maravilha", observou, "embora isso não se deva dizer". No entanto, todos reparavam nas mulheres da ilha, com suas peles castanho-avermelhadas e seu perfume doce, e que eram belas, férteis e mostravam um gosto pelo abandono sensual que superava as fantasias dos colonos. Para muitos europeus, as mulheres, mais que qualquer outro aspecto de Hispaniola, representavam o fascínio das Índias.

Colombo, como sempre, tentou avaliar os custos e defender a tese de que suas descobertas foram, para os monarcas, uma barganha histórica. "Que homem sábio diria que foi um desperdício de dinheiro?" Era um dos pontos de vista. Las Casas, ao contrário, observou com pesar que Colombo "teria feito grandes coisas e trazido benefícios inestimáveis a esta terra se tivesse percebido que esta gente não deve nada a ele ou a qualquer outro só porque foram descobertos". Em vez de seguir a cartilha do frei, o Almirante desenvolveu um sistema em que os índios faziam todo o trabalho para os espanhóis, corrompendo-os no processo. Mês após mês, Colombo concedeu propriedades aos colonos, muitas delas fazendas indígenas, e deu-lhes plantas e vinhas para cultivar, chegando a 10 mil exemplares por pessoa — as doações eram documentadas com certificados que indicavam o receptor e a quantidade de itens. O Almirante iniciou cooperativas agrícolas de colonizadores espanhóis, tendo como infeliz consequência o fato de que os europeus expulsaram os nativos que ocupavam a terra e os obrigaram a partir em busca de ouro para pagar tributo a seus novos mestres.

Assim que um espanhol bem-nascido se estabelecia como senhor de uma *estancia* ("Creio que em Sevilha chama-se de casa de campo ou fazenda ou propriedade", observou Las Casas), passava a tratar o cacique e os índios daquela região como servos. Se os nativos não lhe obedecessem rapidamente, para agradá-lo, disse Las Casas, ele os açoitava, cortava suas orelhas ou os matava. Ao mesmo tempo, tomava as mulhe-

322 *A revolta de Roldán*

res e as filhas dos caciques como concubinas. Os nativos mais corajosos, que tentavam fugir ou, segundo os espanhóis, se rebelar, eram caçados e mortos. Outros foram vendidos como escravos ou metidos em navios rumo à Espanha e a mais degradações numa terra distante.

"Que direito o Almirante tem de lhes conceder terras, fazendas ou propriedades dos infelizes indígenas?", perguntou Las Casas. Por direito divino e por ordem dos soberanos, responderia Colombo.

Entre os receptores do escandaloso butim de Colombo estava Francisco Roldán, que reclamou um assentamento chamado Ababruco, afirmando que a terra já lhe pertencia. Como antes, Colombo capitulou a Roldán, e em pouco tempo a propriedade, terra ancestral dos indígenas, passou às mãos do mestre espanhol, que obrigou os nativos a trabalhar enquanto vivia uma vida de indolência. O nome indígena foi descartado e a colônia recebeu o nome de Esperanza, embora Robo ("Roubo") tivesse sido mais adequado. Colombo "também lhe deu duas vacas, dois touros jovens, duas éguas e vinte porcas, todos vindos das provisões do rei, para que ele pudesse começar uma criação, porque Roldán lhe pediu", disse Las Casas. "Ele não ousaria negar-lhe qualquer coisa."

A falta de determinação de Colombo arranhou sua credibilidade e encorajou os instintos mais básicos dos europeus. "Os espanhóis aprenderam — mesmo os trabalhadores e aqueles que vieram para receber salários e trabalhar a terra e extrair o ouro das minas — a vadiar e andar com orgulho, alimentando-se às custas do suor dos índios e pegando à força três, quatro e dez para servi-los, por causa da gentileza dos indígenas, que não sabiam como ou não conseguiam resistir", escreveu Las Casas sobre o arranjo, conhecido por sistema de *repartimiento* ou *encomienda*. Para o frei, Colombo, Roldán e os outros rebeldes degradaram índios inocentes e, fazendo isso, cometeram um "sacrilégio e zombaram, de maneira imperdoável, da própria religião cristã". Furioso, Las Casas declarou os espanhóis culpados, e disse que "mereciam ser esquartejados não apenas uma vez, mas 14 vezes".

Dos cinco navios que zarparam num dia de outubro de 1498, dois levavam partidários de Roldán de volta para a Espanha. Os outros três foram reservados para Bartolomeu retornar à península de Pária e suas preciosas pérolas. Roldán permaneceu em Hispaniola, meditando sobre seu próximo movimento.

Enquanto isso, Colombo chegou ao ponto mais baixo de sua carreira como explorador. Ao retornar a Hispaniola, ele tinha sido, mais uma vez, derrotado pelo ardiloso e implacável Roldán. Parecia que Colombo havia descoberto um "outro mundo" só para perdê-lo para um larápio charlatão cujo maior objetivo era humilhar o Almirante do Mar Oceano. Las Casas imaginou que "a dor que ele sofria por causa da ira que despertaria no rei e na rainha era o que mais o atormentava!". Por conta de tantos reveses, os adversários de Colombo na corte conspirariam para fazer dele um pária, não por causa do cruel tratamento dedicado aos índios, mas porque os rebeldes espanhóis o haviam superado estrategicamente.

Em 26 de outubro, Roldán recebeu salvo-conduto de Colombo, e os adversários se reuniram. Depois de reafirmar suas exigências, o líder rebelde voltou a seus partidários sem um acordo. Ainda tentando a conciliação, Colombo mandou um de seus ajudantes de ordens, Diego de Salamanca, acompanhar Roldán e negociar um fim para o conflito. Em 6 de novembro, Roldán finalmente enviou seus termos para a assinatura de Colombo, afirmando que eram "o melhor que puderam conseguir de seus homens", registrou Fernando. "Se o Ilustre Lorde do Mar os aprovar, deve enviar sua concordância a Concepción."

Roldán exigiu uma resposta rápida de Colombo. Nas palavras de Fernando: "Depois de ver a carta e os artigos com as insolentes demandas, o Almirante não assinaria os documentos de maneira alguma, para que a justiça não fosse menosprezada se ele cedesse, trazendo desonra para si e para seus irmãos." Superando a frustração, o Almirante mandou pregar na porta do forte, em 11 de novembro, um comunicado oferecendo anistia aos homens de Roldán. Os rebeldes poderiam regressar em segurança à Espanha e "ao serviço dos Reis Católicos como se nada tivesse acontecido". Todos teriam salvo-conduto e os salários seriam pagos integralmente. A oferta seria válida por trinta dias. Se os rebeldes não aceitassem, Colombo prometia "agir contra eles conforme a lei". Mais uma vez, os rebeldes ridicularizaram Colombo e se gabaram de que, em pouco tempo, seria o Almirante que pediria indulto a eles.

Na realidade, Colombo pouco podia fazer com apenas um punhado de homens de confiança a seu lado. O Almirante contava com o poder de um império transoceânico, mas, como Roldán fez questão de lembrar, os rebeldes eram legítimos espanhóis, enquanto os irmãos Colombo eram genoveses, ou seja, estrangeiros.

Como provocação adicional, Roldán manteve refém o legalista Ballester, sem comida ou água. Sánchez de Carvajal foi ao resgate e Ballester foi libertado, e representantes dos dois lados — legalistas e rebeldes — se envolveram numa exaustiva discussão, da qual, milagrosamente, surgiu um entendimento por escrito: "O Acordo Feito com o Alcaide Francisco Roldán e seus Companheiros para Partida e Viagem para Castela".

De acordo com o documento, assinado por Roldán em 16 de novembro de 1498 e por Colombo em 21 de novembro, o Almirante daria aos rebeldes "dois bons navios", devidamente tripulados, para transportá-los de Xaraguá, "porque a maioria dos seguidores está lá, porque é o porto mais conveniente para armazenar e preparar as provisões", para a Espanha. Eles receberiam os salários, como Colombo havia oferecido, e o Almirante "escreveria para os Reis Católicos atestando seu serviço", por incrível que pareça. As outras concessões conseguidas pelos insurgentes foram ainda mais ultrajantes. Eles receberiam escravos "como compensação pelo sofrimento por que passaram na ilha", embora pudessem, se quisessem, levar "companheiras que estivessem grávidas ou tivessem dado à luz seus filhos" no lugar dos escravos. Poderiam até mesmo levar os filhos nascidos na ilha, que estariam livres no momento em que pisassem na Espanha.

Colombo também prometeu fornecer aos rebeldes alimentos suficientes para a viagem na forma de trigo ou mandioca, conceder salvo-condutos, devolver bens confiscados e organizar com os soberanos para que o os rebeldes fossem reembolsados pelas centenas de "porcos de engorda" grandes e pequenos deixados para trás na ilha que abandonavam. A única concessão que Colombo conseguiu arrancar de Roldán foi menor: ele e seus aliados concordaram em não "admitir em sua companhia qualquer outro cristão da ilha", embora os índios ainda pudessem se juntar a eles. Roldán prometeu zarpar para a Espanha em cinquenta dias.

"O Almirante sabia como aqueles homens eram cruéis", explicou Fernando, "mas não queria dar aos rebeldes qualquer desculpa para acusá-lo de não ter a intenção de dar-lhes passagem livre para casa, como prometido". O Almirante ordenou que os navios fossem preparados para a viagem de regresso à Espanha, e enviou o incansável Sánchez de Carvajal até Xaraguá para garantir que os rebeldes embarcassem e zarpassem, como planejado. Depois de deixar Santo Domingo nas mãos de seu irmão Diogo, Colombo se recolheu a La Isabela, aliviado com o fim dos tormentos infligidos pelos rebeldes de Roldán.

Colombo demonstrou enorme paciência nas negociações públicas com o alcaide, mas, em particular, espumava de ressentimento contra "aquele joão-ninguém ingrato, Roldán". Começando do zero, ele ganhara "tanto em tão pouco tempo que agora tinha mais de um milhão [de morabitinos]". Colombo fizera dele e dos outros rebeldes homens ricos e confiantes. "Estas pessoas me fazem sofrer", lamentou o Almirante.

Foi somente em janeiro de 1499 que os navios *Niña* e *Santa Cruz*, levando os rebeldes a bordo, zarparam. Sobreveio uma tempestade e a *Niña* buscou abrigo em outro lugar — "outro porto", foi tudo o que Fernando tinha a dizer —, para fazer reparos. Colombo enviou Pedro de Arana e Francisco de Garay, do grupo cada vez menor de homens de confiança do Almirante, para guiar a *Santa Cruz* até Xaraguá. Em março, a *Niña* finalmente se reuniu à outra embarcação.

Enquanto isso, os rebeldes de Roldán permaneceram em Xaraguá, desfrutando de sua vida fácil, com escravos, mulheres e crianças, em vez de enfrentar as dificuldades de restabelecer-se na Espanha. Roldán explicou a mudança na situação alegando que Colombo havia violado o acordo, atrasando os navios. Em resposta, o Almirante enviou um comunicado contundente a Roldán e Adrián de Mújica, lembrando-lhes suas promessas. Para reforçar a mensagem, Sánchez de Carvajal, ainda em Xaraguá, afirmou, diante de um tabelião, que Colombo tinha enviado dois navios, como prometido, e exigiu que Roldán respeitasse o acordo.

Em 25 de abril, os rebeldes ainda não tinham saído da ilha. Eles se divertiam alegando que o Almirante tinha deliberada e acintosamente atrasado os navios (mentira), que as caravelas não estavam aptas a com-

326 *A revolta de Roldán*

pletar a travessia até a Espanha (nada mais verdadeiro, devido aos gusanos) e estavam sem provisões em meio à abundância da ilha (verdade, mas fácil de resolver). Assim, decidiram romper o contrato e ficar em Xaraguá indefinidamente. De maneira paradoxal, Roldán e seus homens se fortaleciam com as calamidades. Quanto mais chamavam atenção para si mesmos e quanto mais ansiedade causavam em Colombo, mais importantes eles se tornavam.

O velho padrão que combinava atitude desafiadora seguida por gestos de conciliação continuou. Roldán enviou, através de Sánchez de Carvajal, o intermediário de sempre, uma mensagem dizendo que ele "ficaria feliz em se encontrar" com Colombo "para chegar a um acordo satisfatório", como contou Fernando. O Almirante só respondeu em 21 de maio de 1499, e depois, em 24 de junho, enviou uma resposta mais completa. É possível que Colombo esperasse que, com o atraso, as doenças, o tédio, as disputas internas ou a fome minassem o moral dos rebeldes, mas Roldán manteve o posto e a resistência. Em 3 de agosto, ele recebeu uma delegação de sete legalistas, enviados por Colombo para oferecer salvo-conduto e uma reunião de cúpula com o Almirante. O plano era que ambos se encontrassem no porto de Azua, a meio caminho entre Santo Domingo e Xaraguá.

Durante as negociações, o sócio de Roldán, Adrián de Mújica, se revoltou mais uma vez e foi finalmente preso. Uma breve audiência determinou que ele era culpado de traição, e Colombo ordenou que fosse enforcado. Mújica respondeu à condenação com vitupérios, em vez do esperado ato de confissão e penitência. Las Casas afirma que Colombo ordenou a seus partidários que o empurrassem para a morte dentro das muralhas de Concepción, a fortaleza onde o Almirante estava confinado, mas é bem provável que os homens tenham agido por conta própria. Colombo fugiu da questão, afirmando: "Nosso Senhor não permita que seu propósito maligno seja levado a efeito." Além disso, afirmou: "Decidi, em nome de minha consciência, não tocar em um fio de cabelo da cabeça de ninguém, e, devido à sua ingratidão, fui incapaz de salvá-lo, como pretendia fazer. Eu não teria feito menos com meu próprio irmão, se ele pretendesse me matar." Incomodado com o ocorrido — Mújica era bem-nascido e tinha muitos contatos, e sua morte não poderia ser ignorada —, Colombo explicou que Fernando de Guevara, rival de Roldán na disputa de favores de uma índia, assumiu a responsabilidade pela execução, "sem que eu tivesse ordenado".

No fim do mês, as duas caravelas de Colombo chegaram, como combinado, ao porto neutro de Azua, onde uma grande delegação rebelde as recebeu. Os líderes subiram confiantes a bordo da nau capitânia para ouvir as súplicas e as promessas de riqueza e honra do Almirante, e responderam com exigências irreais, apenas para constar que haviam argumentado. Queriam concessões de terras e outros títulos para os rebeldes que preferiram permanecer na ilha, e que Roldán reassumisse o posto de "alcaide perpétuo". Desesperado por dobrar a resistência, Colombo concordou com todas as demandas, e mais uma: anunciaria que o desentendimento fora causado pelo "falso testemunho de homens malévolos".

Os rebeldes fizeram uma última exigência: se o Almirante não honrasse todas as condições, eles poderiam usar "todos os meios", inclusive a força, para obrigá-lo a cumprir o prometido. Cansado dos rebeldes e de suas demandas, que drenaram seus recursos e sua credibilidade ano após ano, Colombo assinou. O Almirante conduziu o antagonista Roldán ao cargo de alcaide perpétuo, aprovou as exigências e assim conferiu legitimidade parcial a um rival perigoso.

Dias depois, Roldán exerceu sua renovada autoridade. Indicou um juiz, Pedro de Riquelme, para julgar criminosos, exceto "criminosos capitais", casos de que o alcaide cuidaria pessoalmente. Enquanto isso, Riquelme deu início à construção de um forte rebelde em Bonao, mas o trabalho foi interrompido em meio a várias disputas. Encorajado pelo pequeno triunfo, Colombo voltou a atenção para outros segmentos de seu império despedaçado. Com o desejo de voltar para a relativa segurança da Espanha após um período desmoralizante em Hispaniola, o Almirante deixou a cargo de um capitão e de uma companhia militar as formidáveis tarefas de "patrulhar e pacificar" a ilha (nas palavras de Fernando), recolher impostos dos índios e oprimir as revoltas provocadas pelos rebeldes.

Enfrentando tempestades ou recifes, Colombo exibia talento intuitivo para táticas e capacidade de aprender com a experiência. Seu comportamento em terra, porém, era bem diferente. Não importava quantas revoltas tivesse enfrentado em Hispaniola, ele nunca conseguiu se adaptar e adquirir as habilidades necessárias para ser um líder e nem mesmo para sobreviver em seu próprio império. O Almirante comandava os mares, dominava os ventos e cavalgava as marés, mas não conseguia compreender seus semelhantes. Colombo passara seus dias estudando ondas, não gente, e só conhecia as contracorrentes e aspirações do próprio coração. Naquele momento de perigo, ele parecia estagnado, incapaz de reconhecer que o ato de ceder às exigências dos rebeldes, em vez de minar suas energias, só os encorajava.

Então, sem aviso, quatro navios apareceram no horizonte.

Em 5 de setembro, a frota ancorou na região do atual Haiti, "no porto que os cristãos chamam 'Brasil' (e os índios, 'Yaquimo')", explicou Fernando, com uma tarefa simples: obter madeira para navios e fogueiras, e escravizar índios para realizar o trabalho. Foi a identidade do líder do grupo que alarmou Colombo: Alonso de Ojeda, o imprudente ajudante de ordens que cortara as orelhas de vários índios ao pacificar um assentamento em abril de 1494. E ele havia sido enviado pelos próprios patronos de Colombo.

A súbita aparição de Ojeda sinalizou o fim do monopólio de Colombo na Empresa das Índias e significava que os soberanos e o bispo Fonseca estavam agora incumbindo seus rivais das mesmas tarefas que o Almirante fora enviado para cumprir. "Alonso de Ojeda era bem-amado pelo bispo", explicou Las Casas, "e depois que o relato do Almirante chegou com a carta náutica, Alonso de Ojeda estava disposto a ir e descobrir mais terras pela rota em que o Almirante viajara, pois uma vez que se encontra o fio da meada, é fácil chegar até o novelo". A partir da carta de Colombo, o engenhoso Ojeda aprendeu o básico sobre a primeira viagem, que ilhas a frota tinha visitado e outras informações obtidas junto aos índios. Depois de jurar encontrar o continente que havia escapado ao Almirante, Ojeda conseguiu juntar quatro navios em Sevilha, "onde é reconhecido como um homem corajoso e valente", e obteve os meios para equipá-los.

Violando o acordo com Colombo, Fernando e Isabel deram suprimentos e instruções a Ojeda, nomeando-o capitão e ordenando-lhe que descobrisse e recuperasse ouro e pérolas, assim como o Almirante do Mar Oceano estava fazendo, e, da mesma forma, que pagasse a quinta parte ao rei e à rainha. E, como Colombo, Ojeda recebeu ordens para estabelecer relações em um espírito de paz e amizade com as pessoas que encontrasse. Como reforço para a empreitada, Ojeda convenceu o cartógrafo favorito de Colombo, Juan de la Cosa, a se juntar à expedição, bem como um respeitado piloto de Palos chamado Bartolomé Roldán. De acordo com Las Casas, os soberanos esperavam que Ojeda exercesse suas funções com menos conflitos que seu teimoso antecessor.

Em 1499, a frota de Ojeda zarpou para a península de Guajira, no extremo norte do continente sul-americano. Na lagoa de Sinamaica, localizada no atual estado de Zulia, na Venezuela, Ojeda encontrou índios que moravam em cabanas de palha — palafitas — acima da água que marulhava suavemente. Segundo a lenda, ele e seus homens decidiram chamar a região de Pequena Veneza, ou "Venezuela", depois de a avistarem, e o nome começou a aparecer em mapas no ano seguinte. Seguindo em direção ao sul, entraram no lago Maracaibo, de água salgada, e exploraram o território da atual Colômbia. No retorno à Espanha, os homens de Ojeda, deslumbrados com os ornamentos de ouro usados por tribos da região, fizeram correr relatos fantásticos sobre a riqueza que poderia ser encontrada no interior, numa cidade chamada El Dorado — histórias que atraíram uma expedição espanhola atrás da outra para a Venezuela e a Colômbia. O inalcançável El Dorado e suas incríveis riquezas permaneceram para sempre um mistério, e a região foi colonizada graças ao poder dessa ilusão.

Além de Ojeda e sua exploração da Venezuela, havia outros navegadores que desafiavam Colombo e superavam suas façanhas. Parecia haver novos mundos sem fim esperando para serem descobertos, conquistados e explorados. Em maio de 1499, Peralonso Niño, que estivera com Colombo na primeira viagem, montou sua própria expedição em busca das *margaritas* — pérolas — da Venezuela. Niño cruzou o Atlântico com razoável eficiência nas viagens de ida e volta, retornando à Espanha com uma fortuna real em pérolas. Acusado de enganar os soberanos na divisão do prêmio, foi preso e teve seus bens apreendidos, mas morreu antes que seu julgamento fosse concluído.

330 *A revolta de Roldán*

Vicente Yáñez Pinzón, que esteve com Colombo na primeira e na segunda viagens, chegou à fronteira norte do Brasil em 26 de janeiro de 1500. Pinzón desembarcou em um litoral magnífico e virgem, hoje conhecido como praia do Paraíso, no estado de Pernambuco. O explorador retornou à Espanha em 23 de junho de 1500, depois de perder muitos homens na viagem e trazer muitos escravos para substituí-los.

Pinzón foi seguido pelo navegador espanhol Diego de Lepe, em missão semelhante. Lepe também chegou ao Brasil, que estava além dos limites espanhóis de acordo com os termos do Tratado de Tordesilhas.

Quase ao mesmo tempo, Rodrigo de Bastidas, um bem-nascido tabelião de Sevilha, ainda na casa dos 20 anos, partiu com dois navios, *San Antón* e *Santa María de Gracia*. Bastidas estava acompanhado pelo cartógrafo de Colombo, Juan de la Cosa, e por Vasco Núñez de Balboa, que mais tarde foi celebrado como o primeiro europeu a vislumbrar o oceano Pacífico. Após passar ao longo do litoral da América do Sul e visitar a costa do Panamá, Bastidas foi forçado a seguir para o norte, até Hispaniola, a fim de consertar os navios da sua frota, danificados pelo gusano. Depois de naufragar no litoral de Xaraguá, o sevilhano foi acusado de fazer comércio com os índios sem permissão e foi enviado de volta à Espanha para ser julgado. Absolvido, Bastidas ficou conhecido como o "Nobre Conquistador", em reconhecimento ao respeito que dedicou aos índios, que, de qualquer maneira, estavam desaparecendo rapidamente.

Cada uma dessas expedições legitimava e, ao mesmo tempo, ameaçava as viagens de exploração de Colombo. Elas demonstravam que, afinal, não era tão difícil navegar rumo a oeste a partir da Espanha ou de Portugal, cruzando o Atlântico, e, graças à corrente do Golfo e aos ventos, aportar em algum lugar das Américas. Localizar uma ilha específica, nesta época de navegação primitiva, era quase impossível, como o próprio Almirante do Mar Oceano havia aprendido. Com todas as suas promessas e desafios, a empreitada gradualmente começava a deixá-lo para trás, como um irresistível tsunami gigante, que a tudo alcança.

Em sua viagem, Ojeda trouxe consigo um florentino de 45 anos chamado Américo Vespúcio, o mais enigmático explorador daquele tempo. Ao escrever ou inspirar uma carta sobre uma mítica "primeira viagem" de 1497, anterior à sua estreia de fato como explorador, Vespúcio garante a si mesmo uma reputação controvertida. Las Casas, por exemplo, considerava-o responsável por dar a impressão de que "Américo, sozinho, sem mais ninguém e antes de todos, havia feito a descoberta" — o continente que passou a ser conhecido, sem nenhum motivo razoável, como América. Como consequência da "enorme fraude" de Américo, como Las Casas observou acerbamente, "fica claro quanta injustiça se fez ao almirante Cristóvão Colombo". Tentando equilibrar a balança, o cronista observou, "seria mais adequado que o continente fosse chamado Colúmbia, de Colón, ou Colombo, em homenagem ao homem que o descobriu, ou Tierra Santa ou Tierra de Gracia, como ele próprio o batizou, e não América em homenagem a Américo". Mas não era para ser assim. O nome "América" ficou atrelado ao continente, a começar pelo enorme e complexo *Universalis cosmographia*, um mapa-múndi de parede concebido por Martin Waldseemüller e publicado em abril de 1507, mesmo ano em que o cartógrafo fez um planisfério em gomos, com seções aproximadamente triangulares, concebidas para envolver uma esfera. Esse é o primeiro mapa a exibir o nome "América". Para chegar à representação do mundo no auge da era das explorações, Waldseemüller e Matthias Ringmann, seu assistente, consultaram várias fontes, Colombo inclusive, mas decidiram dar primazia a Vespúcio. Quando ficou claro que o papel do florentino havia sido superestimado, Waldseemüller revisou o trabalho e deu a algumas partes do mapa o nome de Terra Incognita. Naquela altura, porém, cerca de mil cópias do original já tinham sido distribuídas, tarde demais para corrigir a impressão incorreta.

Embora tenha dado nome ao continente que Colombo visitara primeiro, as explorações de Américo Vespúcio não legaram as contribuições de seu predecessor ao esquecimento. Colombo deixou uma marca indelével nos acontecimentos de seu tempo, e era tão conhecido, se não admirado, que o nome "América" não evoca o legado de Vespúcio, mas os descobrimentos de Colombo.

Américo Vespúcio não começou a carreira no mar, mas nas finanças, trabalhando para Lorenzo de Médici e para o filho deste, Giovanni. No ano em que Colombo fez a primeira viagem, Vespúcio foi nomeado para o banco dos Médici em Sevilha. Por cultivar relações com portugueses e espanhóis, o florentino recebeu um convite do rei dom Manuel de Portugal para observar as viagens rumo à América do Sul entre 1499 e 1500. Uma delas, comandada por Pedro Álvares Cabral, cujo objetivo era cruzar o cabo da Boa Esperança e seguir para a Índia, chegou ao atual Brasil em 1500. De acordo com os novos termos do Tratado de Tordesilhas, Portugal tinha direito àquela terra. Assim, numa situação similar à que Colombo enfrentou com relação às ilhas que originalmente pensara ser as Índias, o rei português queria saber se a terra recém-descoberta, o Brasil, era uma ilha ou parte do mesmo continente que o Almirante havia visitado. Outra viagem seria necessária para conseguir a resposta.

Naquele momento, Vespúcio, apesar da idade avançada, lançou mão de suas importantes conexões e conseguiu tomar parte na frota de Ojeda, "mas não sei se como piloto ou como um homem treinado em navegação que dominava a cosmografia", confessou Las Casas. "E por mais que Américo tenha afirmado que foi o rei de Castela" — ou seja, Fernando — "que reuniu a frota, e que partiram em viagem de descoberta sob seu comando, isso não é verdade". Com efeito, um pequeno grupo de investidores "pediu insistentemente ao rei e à rainha que concedessem uma licença para sair em busca de descobrimentos e de comércio". Com a enorme vantagem da carta náutica que Colombo, seus pilotos e marinheiros penaram para delinear, Ojeda não tardou a se aproveitar da sede imperialista. Ele sabia das "Índias" e também das novíssimas descobertas de Colombo — Pária, Trinidad e a Boca do Dragão. Ojeda teve o cuidado de não desafiar a primazia de Colombo na chegada à região; o que o espanhol queria era estar entre os novos visitantes a tomar parte no butim. A imitação era o caminho mais curto para a riqueza.

Como um concorrente apoiado pela Coroa espanhola, Ojeda representava uma ameaça muito mais grave para a legitimidade de Colombo do que o calculista Francisco Roldán. Apostando que Colombo poderia ser atacado impunemente, Ojeda procurou causar-lhe "os maiores danos possíveis", como, por exemplo, espalhar um falso boato

COLOMBO 333

de que a rainha Isabel "estava à beira da morte e que assim o Almirante ficaria sem sua protetora". Naquele momento, Ojeda "podia atingir o Almirante da forma que melhor lhe aprouvesse".

Sentimentos traiçoeiros como esses foram calculados para inflamar Roldán, o velho adversário de Colombo. Entretanto, Roldán, depois de selar a paz com o Almirante, reuniu uma força de 26 homens para perseguir o inimigo em comum de ambos, Ojeda, que fixara residência em uma aldeia indígena em Hispaniola. Com fôlego redobrado, Roldán decidir caçar sua presa durante a noite, mas a notícia de sua missão chegou a Ojeda, que saiu para enfrentar o adversário.

Assumindo o papel de suplicante, Ojeda explicou, usando toda a polidez, que só se refugiara em Hispaniola porque estava sem suprimentos, e disse não ter a intenção de prejudicar ninguém. O espanhol distraiu um cético Roldán com o relato de suas viagens e afirmou ter explorado 6 léguas de costa desde Pária, sobrevivendo a uma furiosa batalha com os índios, que feriram vinte cristãos. Apesar das tribulações, Ojeda disse ter capturado "veados, coelhos, peles e patas de tigre", exibindo alguns exemplares a Roldán. Assim, readaptando seus planos originais, Ojeda afirmou que zarparia imediatamente para Santo Domingo, a fim de apresentar um relato completo de suas explorações a Colombo.

O caos ameaçava dominar outras partes do império insular. Colombo e o irmão circularam pela ilha durante a maior parte de 1499, evitando os perigos até o fim. "No dia seguinte ao Natal de 1499", escreveu Bartolomeu, "depois de todos terem me abandonado, fui atacado por índios e maus cristãos, e fui posto em situação tão extrema que, para fugir da morte, me lancei ao mar em uma pequena caravela". Vulnerável, Bartolomeu procurou a proteção de Deus. "Então o Senhor me ajudou, dizendo: 'Homem de pouca fé, não tenha medo, Eu estou contigo.' E Ele dispersou meus inimigos, e me mostrou como eu poderia cumprir meus votos."

O encontro entre Ojeda e Roldán ocorreu no fim de setembro de 1499, mas foi só em fevereiro de 1500 que o explorador içou velas e seguiu para Xaraguá, o antigo reduto de Roldán. Ao chegar, Ojeda fez todo o possível para suplantar Roldán, tentando convencer os antigos aliados do alcaide de que Fernando e Isabel o haviam nomeado supervisor de Colombo, "para que o Almirante não fizesse nada contra os interesses reais". Para tornar o discurso mais atraente, Ojeda afirmou que os reis ordenaram a Colombo que pagasse aqueles que haviam servido à Coroa, mas, teimosamente, o Almirante se recusara a cumprir a ordem, e ofereceu seus serviços "para levá-los a Santo Domingo e forçá-lo a pagar imediatamente. Depois disso, eles poderiam expulsar o Almirante da ilha, vivo ou morto".

O esquema de Ojeda ganhou o apoio de muitos ex-rebeldes. Nas sombras da noite, o explorador formou um grupo com os que se mostraram mais interessados, ou desesperados, em atacar. Fernando Colombo relatou que "houve mortos e feridos de ambos os lados". Os que sobreviveram à luta no lado de Ojeda concluíram que Roldán os havia traído e juraram lealdade ao primeiro. Iludidos pelo explorador e por sua estratégia particular de semear o caos, os insurgentes planejavam capturar Roldán, que soube da conspiração e "marchou com grande força para punir Ojeda e esmagar a revolta". Em risco de vida, Ojeda se refugiou a bordo de seus navios e negociou com Roldán, que recuou para o dele. Os dois travaram uma briga cômica sobre onde ancorar as embarcações, "cada um dos lados temendo cair nas mãos do outro".

Ojeda se recusou a deixar o navio em que estava. Roldán propôs-se a ir até lá conversar com o explorador, desde que Ojeda enviasse um barco para transportá-lo. Depois de embarcar, Roldán e seus homens atacaram os legalistas de Ojeda e assumiram o controle do barco, remando para a praia em segurança. Humilhado, Ojeda percebeu que, para negociar com Roldán, teria que fazer o melhor possível.

Quando os dois adversários finalmente se encontraram, Ojeda desculpou-se pelos excessos e jurou libertar vários homens de Roldán feitos reféns. Em troca dessas concessões, pediu um "barco e tripulação". Sem isso, "estaria à beira da ruína, pois não tinha outro pronto para uso", segundo o relato de Fernando. Consciente de sua condição de ex-rebelde, Roldán queria apenas livrar a ilha de Hispaniola e a si mesmo de Ojeda, sem lhe dar motivos para fazer reclamações aos soberanos quando voltasse à Espanha. Assim, concordou com o pedido, com a condição de que Ojeda e seus homens partissem em determinada data. E para garantir que Ojeda cumprisse a promessa, "manteve uma boa guarda em terra".

Líderes e usurpadores tinham trocado de lugar. Roldán se viu na posição antes ocupada por Colombo, tentando frustrar os planos de Ojeda, que assumiu o papel de rebelde antes desempenhado por Roldán. Nenhum dos dois, entretanto, saiu mais sábio do conflito, apenas mais cautelosos e astutos. O conflito tripartite era um sintoma da sensação de declínio que afligia a Empresa das Índias; ninguém mais fingia invocar ideais religiosos ou políticos.

Roldán e Colombo acreditavam ter se livrado de Ojeda e outros encrenqueiros. Porém, como observou Fernando, assim "como é difícil arrancar a erva daninha de forma que não volte a nascer, é difícil que gente mal-acostumada deixe de cometer as mesmas faltas, o que aconteceu depois que Ojeda zarpou". A última ameaça veio de um agitador chamado Fernando de Guevara, que se ressentia por Roldán ter impedido seu casamento com uma jovem filha de Anacaona, "a principal rainha de Xaraguá". Como o próprio Roldán havia se casado com uma índia, era muito provável que as relações com as mulheres de Hispaniola estivessem por trás do conflito. Quanto mais tempo os europeus permaneciam na ilha, mais leais se tornavam a seus corações, e menos à terra natal.

Guevara, que tramava suplantar Roldán "como lorde do desgoverno", nas palavras de Fernando, formou uma aliança com outro rebelde fortalecido, Adrián de Mújica. Em junho de 1500, ambos planejavam capturar ou matar o adversário. Ao saber da conspiração contra si, Roldán cercou os fora da lei, informou o Almirante e aguardou instruções.

Colombo, dessa vez, respondeu com firmeza. Os homens eram uma ameaça à segurança da ilha e, como tais, deveriam ser punidos "conforme as leis". Assim, Roldán, no papel de alcaide, julgou o grupo, deportou os outros conspiradores e manteve Guevara preso até 13 de junho, quando o rebelde foi levado ao Almirante, então no interior da ilha, para custódia.

Finalmente, a paz havia chegado ao reino de Colombo.

CAPÍTULO 10

"Mandem-me de volta a ferros"

Em 3 de fevereiro de 1500, Colombo retornou do interior para Santo Domingo, onde fez planos de zarpar para a Espanha e apresentar sua versão dos fatos aos soberanos. "Ao longo desses tumultos", observou Fernando, "muitos dos rebeldes, escrevendo de Hispaniola, e outros que retornaram para Castela continuamente transmitiram informações falsas aos Reis Católicos e ao conselho real para denegrir o Almirante e seus irmãos, alegando que eram os mais cruéis e os mais inaptos para governar". Por quê? "Porque eram estrangeiros e não tinham nenhuma experiência em lidar com pessoas de posição." Colombo era um estrangeiro e falava com sotaque, estava sempre cercado por um irmão ou outro e raramente se misturava, era místico, altivo, determinado e enigmático. No entanto, suas realizações reinavam sobre tudo. Todos na ilha trabalhavam à sombra de Colombo. Mesmo quando quase caiu em desgraça, ele continuou sendo o mais poderoso europeu nas Índias. Se os soberanos não resgatassem Hispaniola de sua influência, advertiam os críticos, "sobreviria a ruína total das Índias". Eles previam que o Almirante "formaria uma aliança com um príncipe estrangeiro, reclamando as Índias como sua possessão". Também recorreram a libelos mais óbvios — Colombo escondera da Espanha a riqueza total das Índias e planejava usar forças indígenas contra os soberanos —, com o objetivo de atrair os inimigos do Almirante em Castela.

Fernando relembrou que, quando visitou Granada, "mais de cinquenta destes homens sem-vergonha trouxeram vinho e, sentados no pátio de Alhambra" — a fortaleza moura posteriormente ocupada pelos soberanos — "diziam a altas vozes que Suas Majestades e o Almirante os haviam reduzido àquele estado lamentável porque lhes pagavam mal, e mil outras sem-vergonhices que repetiam". O ressentimento era tão grande, por mais ilusórias que fossem suas bases, que sempre que o rei Fernando saía cavalgando seu corcel, os homens o cercavam, bloqueando o caminho e gritando: "Pague! Pague!"

O filho de Colombo se encolhia de medo ao relembrar os encontros que tivera com a ralé na juventude. "Toda vez que meu irmão e eu, sendo pajens da Rainha, passávamos por onde estavam, eles levantavam o grito ao céu e nos perseguiam, cantando: "Vejam ali os filhos do Almirante dos Mosquitos, que descobriu terras de vaidade e engano, para o sepulcro e a miséria de fidalgos castelhanos."

Para minimizar os confrontos humilhantes com espanhóis irritados com Colombo, confidenciou Fernando, ele e o meio-irmão "cuidadosamente evitavam passar diante deles". Foi assim que os filhos do explorador mais influente e mais decisivo na transformação do império espanhol foram para o campo incógnitos, por medo de perder a vida.

Ciente de ter caído em desgraça diante dos soberanos, Colombo afirmou ter orado "muitas vezes" para que os reis enviassem "alguém que pudesse assumir a administração da justiça" e pediu que fizessem o pedido em seu nome, "pois a minha reputação é tal que, mesmo se eu construísse igrejas e hospitais, sempre diriam que sou mentiroso ou ladrão".

Fernando e Isabel ouviram as muitas reclamações sobre Colombo que chegaram à Espanha e agiram como líderes políticos: nomearam um procurador independente. A data era 21 de maio de 1499, e a escolha dos soberanos recaiu sobre um homem de credenciais impecáveis: Francisco de Bobadilla, cavaleiro da Ordem de Calatrava, braço militar da Ordem de Cister, uma venerável comunidade religiosa composta de monges e freiras. O histórico de Bobadilla ecoava os feitos religiosos da Reconquista, e suas novas funções exigiam ainda mais, fazendo dele "Governador das Ilhas e do Continente das Índias". Com esse cargo, Bobadilla tinha todo o direito de acreditar que seria ele, e não Colombo, o regente das Índias. Sua missão seria livrar Hispaniola da corrupção

338 *"Mandem-me de volta a ferros"*

forjada pelo Almirante. Ao chegar às Índias, Bobadilla deveria investigar Colombo — na Espanha, acreditava-se firmemente que o genovês seria considerado culpado — e, segundo contou Fernando, "se fosse o caso, mandá-lo de volta a Castela e assumir a ilha".

Ninguém, nem mesmo Colombo, acreditava que a administração de Hispaniola havia sido correta, mas ninguém além dele estava disposto a deixar a Espanha para assumir a tarefa. Cada viagem — e até então eram três — havia demonstrado que Colombo era um navegador brilhante, sagaz e determinado, capaz de aprender incrivelmente rápido com a experiência e os erros cometidos — com exceção da ilusão chinesa —, mas também que não tinha capacidade para ser o governador das terras que conquistara. Cada pedaço de terra havia mostrado o brilho e o destemor do Almirante, bem como sua incapacidade de liderar homens, resolver contendas ou inspirar lealdade.

No momento em que a frota de Bobadilla se aproximou de Santo Domingo em agosto de 1500, Colombo estava em Concepción, reprimindo a última revolta indígena. Bartolomeu, o Adelantado, encontrava-se em Xaraguá com Roldán, prendendo os aliados de Guevara, que tentara assassinar o amotinado. E Diogo Colombo permanecera na retaguarda em Santo Domingo, ordenando a execução de outros rebeldes. "O Almirante e o Adelantado", explicou Las Casas, "ansiosamente se puseram a prender aqueles que haviam se rebelado novamente. Os que foram capturados acabaram na forca, e ele trouxe um padre consigo para confessá-los, de forma a poder enforcá-los onde fossem encontrados". Naquela altura, "ele podia subjugar os índios e obrigá-los a pagar os impostos que Francisco Roldán deixara de cobrar durante a rebelião". Tudo foi feito com um único objetivo: enviar dinheiro a Fernando e Isabel para pagar as dívidas com os monarcas e calar os críticos. O principal plano de Colombo consistia em batizar todos os índios das principais cidades e aldeias de Hispaniola, para que pudessem "servir Suas Majestades como os vassalos de Castela", na opinião de Las Casas, que estimava que o esquema renderia 60 milhões de morabitinos por ano para a Espanha. Se os planos de Colombo se concretizassem, o ano de 1500 marcaria o ponto da virada da economia das Índias, quando o império começaria a enviar receitas a Castela. "Porém, enquanto ele preparava o tear, Deus cortou o fio da trama que ele planejava tecer." O instrumento foi Bobadilla.

Por volta das sete horas da manhã de domingo, 23 de agosto, os navios de Bobadilla — *La Gorda*, assim batizado em homenagem ao mestre Andrea Martín de la Gorda, e *Antigua* — apareceram na entrada do porto, mas foram forçados a bordejar de um lado para outro em vista do vento que soprava para o mar e durou até o final da manhã, quando mudou de direção e soprou para a terra, impulsionando as caravelas.

Diego enviou uma canoa com três cristãos e vários índios para receber os recém-chegados. Um deles foi Cristóbal Rodríguez, marinheiro conhecido como o primeiro visitante a dominar a língua indígena. Os outros dois cristãos eram Juan Arráez e Nicolás de Gaeta. Os índios, cujos nomes não foram registrados, remavam.

Quando a canoa se aproximou, Bobadilla, "que viajava na caravela *Gorda*, inclinou-se para fora e disse que havia sido enviado pelo rei e pela rainha como interventor, para investigar aqueles que estavam se rebelando na ilha". Andrea Martín de la Gorda exigiu notícias de Hispaniola e soube que "sete espanhóis tinham sido enforcados naquela semana". Outros cinco haviam sido encarcerados e aguardavam enforcamento. O fato de todas as vítimas serem da Espanha alarmou Bobadilla. Que tipo de rebelião havia ocorrido? Colombo deixou-a sair do controle? O investigador imediatamente perguntou pelo Almirante e seus dois irmãos, mas apenas Diogo estava por perto. Colombo estava em Xaraguá, ocupado com a preparação de mais execuções. "E com quem tenho o prazer de falar?", perguntou Cristóbal Rodríguez.

"Francisco de Bobadilla, o interventor."

A canoa voltou para o litoral e trouxe consigo grandes expectativas de que a chegada dos dois navios significasse dias melhores para a colônia que há tempos enfrentava problemas. Estariam trazendo suprimentos, mulheres, armas ou outros confortos de casa? Quando os colonos souberam que os navios traziam um "interventor", disse Las Casas, "os que se achavam culpados sentiram medo e tristeza. Os que se sentiam lesados pelo Almirante e seus irmãos não cabiam em si de contentamento, bem como os que estavam ali involuntariamente, sobretudo os que deveriam

340 *"Mandem-me de volta a ferros"*

receber salários do rei, mas não recebiam, e sofriam com a falta de comida, roupas e itens de primeira necessidade vindos de Castela".

Quando o vento cessou, as caravelas foram levadas ao porto pela maré. Logo, dois andaimes puderam ser vistos, "um deste lado do rio, que é a costa oeste, onde a cidade foi construída, e outro no lado oposto". Os corpos de dois cristãos, presos vários dias antes, pendiam da forca.

Em meio a essa cena macabra, "veio gente de e para os navios. Todos fizeram suas mesuras e reverências ao interventor Bobadilla. Fizeram perguntas e receberam respostas, mas sempre com alguma reserva até ver o que ia acontecer de fato".

No dia seguinte, 24 de agosto, Bobadilla desembarcou para assistir à missa no pequeno e mal-ajambrado assentamento que jurava ser a capital de um novo império global. O contraste entre as aspirações do império das Índias e sua triste realidade não poderia ser maior. Bobadilla andou por entre as frágeis estruturas de palha que abrigavam os europeus e os mínimos armazéns de suprimentos. A maioria dos negócios realizados na colônia ainda ocorria a bordo dos navios, em espaços pequenos e confinados, pois os homens ainda se sentiam mais seguros nos fétidos porões dos navios do que em terra, onde estavam expostos a índios raivosos e à mercê de cobras, moscas e mosquitos. Para um estranho, a colônia parecia mais um arremedo de cidade, improvisada e negligenciada, do que um posto avançado do cristianismo e do poderio da Espanha. Por outro lado, tudo o que dizia respeito aos índios — aldeias, cabanas, redes, tambores, fogueiras, graciosas canoas, pequenos *cemís* e, especialmente, as bem-cuidadas plantações de mandioca — parecia estar exatamente no lugar. Apenas os enormes navios europeus fundeados no porto ou em mar aberto sugeriam que aqueles homens brancos vindos de longe seriam capazes de trazer algo mais positivo que violência, estupro e uma busca obsessiva por ouro.

Quando a inspeção foi concluída, o investigador mandou o escriba real, que cruzara o oceano junto com ele, ler a carta em que Fernando e Isabel faziam um resumo das rebeliões de Roldán e outros e explicavam a razão para o envio de Bobadilla a Hispaniola: "Como vemos, porque era e é um mau exemplo, passível de advertência e punição, e porque cabe a nós, como rei e rainha e senhores, providenciar para que seja resolvido, ordenamos que vá a estas ilhas e a este continente das Índias e reúna informações usando todas as formas e meios necessários para descobrir da melhor e mais completa maneira [...] quem foram aqueles que se insurgiram contra o Almirante e nossa justiça e por que causa e razão, e que saques, malefícios e danos eles fizeram." Quando terminasse a investigação, Bobadilla deveria "deter aqueles que julgasse culpados e confiscar seus bens". As ordens eram claras e, pelo que se via, estavam à altura dos duros relatos sobre Hispaniola que chegaram a Fernando e Isabel. "Assim que forem presos, proceda contra eles e contra aqueles que foram negligentes com as maiores punições civis e criminais previstas em lei." Qualquer um que ousasse obstruir a investigação de Bobadilla seria multado em 10 mil morabitinos, uma soma que ninguém, exceto os nobres mais abastados, conseguiria pagar.

Pela manhã, Bobadilla ordenou que outra proclamação real fosse lida para lembrar a todos que o ouvissem que ele tinha apoio incondicional dos soberanos. Mas o ceticismo quanto à legitimidade do interventor permanecia. Já prevendo uma reação como essa, Bobadilla ordenou que um escriturário recitasse outra carta de Fernando e Isabel para o próprio Colombo, que continha uma série de instruções humilhantes para o vulnerável Almirante: "Vós sois obrigado por esta carta a, sem qualquer desculpa ou atraso, ceder e franquear [...] fortalezas, casas, navios, armas, munições, provisões, cavalos, gado e quaisquer outras de nossas posses nestas ilhas" para "o comandante", ou seja, Bobadilla. Se Colombo cumprisse as ordens, poderia manter a riqueza pessoal que tivesse adquirido, mas, caso se recusasse, estaria sujeito "à pena do nosso descontentamento", reforçada com sinistras ameaças sobre o destino "daqueles que desafiassem os Reis Católicos". Finalmente, Bobadilla exibiu um certificado real que o instruía a pagar os valores devidos aos soberanos, deixando bem claro que, embora Colombo não tivesse cumprido com as exigências, o interventor iria honrar as obrigações para começar de novo. Não havia dúvidas quanto ao sentido daquelas palavras: os reis haviam dado as costas a Colombo e colocado Bobadilla no comando.

O comendador adquiriu mais força ao reunir todos que estavam na folha de pagamento da Coroa e informar-lhes que, daquele momento em diante, serviriam a *ele*, e o primeiro objetivo era resgatar vários presos prestes a serem enforcados. Quando o documento que ordenava a libertação ficou pronto, o responsável pelo cárcere, Miguel Diaz, olhando do alto das ameias, reconheceu as assinaturas de Fernando e Isabel afixadas no papel. Bobadilla insistiu: os prisioneiros deviam ser libertados. Diaz, por sua vez, permanecia irredutível, queria examinar o impresso. O comendador rebateu que não havia tempo hábil para produzir uma cópia. Um atraso poderia levar ao enforcamento dos condenados. Se Diaz não cumprisse as ordens de imediato, o comendador faria todo o necessário para libertá-los, e se houvesse ferimentos ou mortes, ele seria considerado o responsável. Encurralado, Miguel Diaz insistiu que precisaria se consultar com o Almirante.

Percebendo que o diretor oficioso não abriria o jogo, Bobadilla marchou até a fortaleza com suas forças recém-reunidas e ordenou a Diaz que abrisse os portões e o deixasse entrar. O diretor se manteve irredutível. Posicionado sobre as ameias com a espada desembainhada, Diaz gritou que já tinha dado sua resposta. "Como a fortaleza tinha mais molho que carne", disse Las Casas, "pois havia sido construída para deter infelizes nus e sem armas, o comendador e seus homens avançaram contra a entrada principal e, com grande estrondo, quebraram a fechadura e o cadeado". Quando os homens de Bobadilla ergueram as escadas e se prepararam para invadir a fortaleza através das janelas, a porta principal se abriu. Bobadilla e suas forças passaram por soldados que não ofereceram qualquer resistência ao ataque e seguiram até a câmara onde os prisioneiros eram mantidos de pés atados em dolorosas algemas. Bobadilla os entregou, ainda algemados, ao condestável.

Enquanto isso, Colombo permanecia no interior, ocupado em sufocar a revolta. Bobadilla considerou a ausência um sinal de que o Almirante havia abdicado do cargo de governador de Hispaniola. E assim, concluiu Fernando, "prontamente passou a residir no palácio do Almirante e assumiu tudo o que encontrou lá como se fosse seu por legítima sucessão e herança".

Com relação a esse insulto, Colombo rosnou: "Tudo o que encontrou lá ele tomou para si; tudo muito bem, talvez ele precisasse mesmo daquilo; um pirata nunca tratou um comerciante assim." Os documentos pessoais do Almirante foram confiscados, e aqueles que o teriam ajudado a se defender na Espanha "foram cuidadosamente escondidos". Enquanto um interventor insano roubava propriedades particulares de Colombo, o próprio Almirante estava exposto ao perigo no interior e em Xaraguá, pacificando rebeliões. Mesmo que tenha superestimado o próprio heroísmo, Colombo tinha um argumento: Bobadilla usurpou o poder do Almirante no exato momento em que ele trazia alguma ordem a Hispaniola.

Para conquistar o punhado de espanhóis ainda leais a Colombo, Bobadilla anunciou que havia chegado "para pagar a todos, mesmo aqueles que não tinham prestado serviços corretamente até então". O Almirante olhava admirado enquanto aquele burocrata usurpava sua autoridade e o reduzia a um joão-ninguém. "Ele anunciou que me mandaria de volta a ferros, bem como meus irmãos; e que eu jamais retornaria", relembrou Colombo. "Tudo isso aconteceu no exato dia em que ele chegou", enquanto o Almirante estava no interior.

Investido de toda a autoridade, Bobadilla trouxe consigo cartas assinadas por Fernando e Isabel que lhe permitiam fazer o que quisesse em nome dos monarcas. "Para mim, ele não enviou qualquer carta ou mensagem, e jamais o fez até hoje", lamentou Colombo. Uma situação tão terrível "que nem em sonho eu conseguia imaginar", disse o Almirante. Depois de tudo o que fizera para a Coroa ao longo de três viagens, ser tratado desta maneira foi algo além da imaginação e da razão. Talvez Ojeda estivesse por trás daquilo, talvez ele tivesse feito um pacto com Bobadilla para desonrar Colombo. Enquanto isso, os Reis Católicos, que tanto lhe deviam, permaneciam mudos.

Colombo desabafou em uma carta para doña Juana de la Torre, que mantinha estreita amizade com a rainha e lhe servia tanto como canal quanto confidente. "Considere, Vossa Graça, o que alguém na minha posição deveria pensar!", exclamou o Almirante. "Honras e favores para aqueles que buscavam usurpar a autoridade de Suas Majestades e que tantos males e danos causaram. Humilhação para quem sustentou tudo, enfrentando muitos perigos." Colombo admitiu os erros na fundação da Empresa das Índias, embora "meus erros não tenham sido cometidos com a intenção de fazer o mal, e acredito que Suas Altezas vão me dar crédito quando eu fizer tal afirmação". O Almirante admitiu "ter cometidos erros inocentemente e agido por impulso", ao contrário do malévolo Bobadilla, que conspirara para enganar Colombo e os soberanos. "Defender a justiça e ampliar o domínio de Suas Majestades até hoje me levou às profundezas." Mas então, inadvertidamente condenando suas administrações, o Almirante contou que os espanhóis compravam e vendiam índias a preços escandalosamente altos, que dariam para comprar uma fazenda na Espanha, "e isso é muito comum, e existem agora muitos comerciantes que vão em busca de meninas; nove ou dez estão à venda agora, pois se pode conseguir um bom preço para mulheres de todas as idades". A situação se tornou tão terrível que "se Suas Altezas ordenassem que se fizesse um inquérito geral lá, digo que considerariam uma grande maravilha o fato de a ilha não ter sido engolida".

Enquanto Colombo sucumbia à paranoia, Bobadilla estabelecia seu regime. De início, o interventor suspendeu o desmoralizante sistema de tributação durante um período de vinte anos e convocou o Almirante a imediatamente comparecer diante dele, como exigido pelos Reis Católicos. Bobadilla estabeleceu a legitimidade de seu comando, transmitindo a Colombo uma já amarelecida ordem real, expedida pelos soberanos.

> *Dom Cristóvão Colombo, nosso Almirante do Mar Oceano*
>
> *Mandamos o Comendador Francisco de Bobadilla, portador desta, que vos fale de nossa parte algumas coisas. Rogamos a vós que lhe dê fé e confiança e obedeça ao que lhe for dito. Dado em Madri em 26 de maio de 1499.*
>
> > *Eu, o Rei. Eu, a Rainha.*

Colombo não tinha escolha senão regressar à Espanha de imediato para encontrar seus impacientes soberanos e seus invejosos rivais. Subitamente, chegavam ao fim as explorações, a busca por riqueza para a glória de Espanha, o assombro com a descoberta de terras e criaturas impossíveis de descrever em palavras, e toda aquela magnífica vastidão de reinos que nenhum europeu visitara antes dele. O comportamento de Colombo demonstra a percepção de que o castigo pelos excessos que ele havia permitido estava chegando, mas o Almirante não imaginava que poderia ser tão diligente e severo.

Era o início de outubro de 1500, cerca de oito anos depois que Colombo avistara as praias de areia branca e brilhante das Índias pela primeira vez e as reclamara em nome de Fernando e Isabel. O Almirante e seu irmão, Diogo, acorreram a Santo Domingo para confrontar Francisco de Bobadilla, que acorrentou os dois e os manteve sob vigilância a bordo de um dos navios. Para demonstrar a gravidade de suas ações, Bobadilla exigiu segredo de todos os que sabiam da prisão.

Em seguida, o interventor confiscou o ouro de Colombo, certamente com o objetivo de atormentar seu alvo. "Separei algumas amostras desse ouro, pepitas tão grandes quanto um ovo de ganso, um ovo de galinha, um ovo de franga, e de muitas formas." Agora, tudo pertencia a Bobadilla, que derreteu grande parte do butim. Uma grande corrente de ouro desapareceu. À medida que os dias passavam, o comendador vasculhou a casa de Colombo em busca de prata, joias e enfeites, apropriando-se de tudo para si mesmo. Gado, livros, escritos e objetos pessoais, todos acabaram nas mãos do interventor. Em suma, disse Colombo, Bobadilla "sempre mostrou energia em tudo o que, para ele, poderia me atingir". Parecia incrível, até risível, que aquele homem tivesse sido enviado para me "inquirir sobre minha conduta", sabendo que se mandasse de volta um "relatório muito prejudicial" iria "continuar no comando do governo". Se Bobadilla tivesse aparecido dois anos antes, "eu estaria livre de qualquer abuso escandaloso ou infâmia".

Com a esfera de influência prejudicada por rebeliões, Colombo se sentia impotente para resistir ao comendador. O padrão pelo qual havia sido julgado era injusto, insistiu o Almirante. Ele estava sendo tratado como administrador de "uma cidade ou duas sob um governo estabelecido, sem medo de perder tudo". Mas Hispaniola trazia desafios muito maiores, e completamente distintos. "Eu deveria ser julgado como um capitão que saiu da Espanha para as Índias para conquistar um povo bélico e numeroso, com costumes e crenças muito diferentes dos nossos, um povo que vive nas montanhas e terras altas e não tem residência fixa, e muito distante de nós." Por seus esforços, Colombo "trouxe para o domínio do rei e da rainha, os nossos Soberanos, um outro mundo, em que a Espanha, que era chamada de pobre, é agora a mais rica". Eram esses os argumentos do Almirante, sustentados por três perigosas viagens de exploração.

Ignorando os bem-fundamentados argumentos de Colombo em defesa própria, Bobadilla ordenou um "inquérito farsesco", ou assim pareceu a Fernando Colombo, que "colheu depoimentos de inimigos declarados, de rebeldes, favorecendo e incitando publicamente os que falassem mal [do Almirante]". Mesmo um homem cego, disse ele, reconheceria que os depoimentos haviam sido "ditados pelo preconceito e não pela verdade".

Muito depois, quando as paixões esfriaram, os soberanos acabaram concordando com a avaliação de Colombo, e "finalmente livraram o Almirante das acusações", e até "se arrependeram de ter encarregado aquele homem", Bobadilla, "da missão". Naquele momento, entretanto, como observou Fernando Colombo, o comendador estava mais interessado em "associar-se aos homens mais ricos e poderosos da ilha", e concedeu a si mesmo uma parte da remuneração recebida pelos índios que nomeara para trabalhar para os europeus. Revoltado, Fernando contou que Bobadilla havia leiloado os bens apreendidos, "garantindo que fossem comprados por alguns de seus companheiros por um terço do que valiam".

Colombo não era a vítima inocente que dizia ser. O Almirante afirmou ter suportado em silêncio os ataques do investigador, a ponto de aceitar as algemas e até mesmo a prisão, mas testemunhas afirmam que ele realmente reuniu uma milícia composta por colonizadores espanhóis e índios para resistir a Bobadilla. Se isso for verdade, Colombo alistou índios — pagãos — para lutar contra cristãos: uma ofensa grave à Espanha.

Enquanto isso, a investigação de Bobadilla continuava. Um padre testemunhou que Colombo proibira Roldán de batizar índios sem autorização expressa. Outro clérigo, que se apresentou como Mateo Valenciano, solicitara ao Almirante permissão para batizar uma "serva", mas o pedido foi negado. Pelo contrário, Colombo permitia que os espanhóis tomassem os índios como escravos que poderiam ser comprados e vendidos, mas não batizados. Circulavam histórias de que o Almirante vendia os meninos e meninas nativos mais bonitos como escravos, em vez de convertê-los ao cristianismo.

Rodrigo Manzorro, outra testemunha, afirmou ter ouvido padres reclamando por não poderem converter índios ao cristianismo a menos que tivessem autorização expressa de Colombo, que insistia que todos os nativos lhe pertenciam. A acusação foi repetida por seu antagonista, Ojeda, que, segundo se dizia, comandava conversões coletivas, uma prática que desagradava a Colombo, pois o Almirante insistia que cabia a ele, e apenas a ele, a decisão de converter índios ou vendê-los como escravos. Reza a lenda que, depois de capturar um cacique e seus trezentos seguidores, Colombo decidiu enviar o grupo a Castela, para serem oferecidos como escravos, e comprados e vendidos em leilões, mesmo estando todos sob a proteção de Roldán. A convicção de que os nativos lhe pertenciam levou Colombo a avisar aos colonos que todos os escravos deveriam ser designados para ele. Os índios já não eram mais almas a serem salvas, eram produtos humanos cujo valor seria determinado por Colombo.

Outra testemunha, Francisco de Sezé, afirmou que, durante os últimos seis anos e meio, o Almirante havia ordenado que 12 ou mais espanhóis fossem chicoteados em público, amarrados pelo pescoço e unidos pelos pés, porque tinham trocado ouro por "carne de porco e um pouco de vinho e pão" quando estavam morrendo de fome. Colombo infligiu-lhes castigo tão severo "porque tinham feito escambo e trocado ouro sem a permissão do Almirante".

Mais exemplos da crueldade de Colombo vieram à tona. Certa ocasião, ele ordenou que uma mulher fosse despida e colocada no lombo de um burro "completamente nua" para ser chicoteada, por ter alardeado uma falsa gravidez. Em outra, ordenou que a língua de uma mulher fosse cortada porque ela tinha "falado mal do Almirante e de seus irmãos". Ela dissera que o pai dos Colombo tinha sido tecelão — o que era verdade —, e que Bartolomeu e Diogo eram "mercenários", um insulto, talvez, mas dificilmente um crime.

348   *"Mandem-me de volta a ferros"*

Em La Isabela, um oficial prendeu uma mulher chamada Teresa de Vaeça e a torturou em segredo, junto com outro espanhol, Rodrigo Pérez, porque o governador tivera um caso com uma mulher casada ligada a Teresa, que, por isso, "merecia o castigo por lenocínio". Sem julgamento, a mulher recebeu cem chibatadas "nua e em pé" e teve a língua cortada como castigo por suas transgressões, fossem reais ou imaginárias, mas, na realidade — pelo contexto da acusação —, por ter se atrevido a desonrar um oficial da Espanha.

Colombo punia a homossexualidade com a mesma severidade. Ordenou que cortassem a garganta de Juan de Luxan por ser um "traidor" e "sodomita". O acusado contestou a primeira acusação, mas não a última.

Outro depoimento revelou que Colombo condenou espanhóis à forca por roubarem pão quando estavam com fome. O Almirante chegou a mandar cortar as orelhas e o nariz de um meliante, que também foi chicoteado, acorrentado e banido da ilha. Um camareiro teve as mãos pregadas em público bem em frente ao rio em que construíra uma armadilha e pegara um peixe.

Chicotadas para pequenas infrações ocorriam com frequência alarmante. Colombo ordenou que um malfeitor recebesse cem chibatadas — que poderiam ser fatais — por roubar ovelhas, e outro, por ter mentido sobre o incidente. Um sujeito azarado chamado Juan Moreno recebeu cem chibatadas por não reunir comida suficiente para a copa de Colombo. Ele recebeu a punição "em pé e nu" pelas mãos de um índio, que acusara Moreno de ser um "canalha".

Também havia enforcamentos, como Bobadilla havia notado, e muitos outros que o interventor não chegou a ver. Ao saber que dois espanhóis tinham vendido pão do estoque dos navios para cristãos famintos, Colombo dispensou a investigação e o julgamento e ordenou que ambos fossem enforcados. E assim aconteceu. Outros enforcamentos foram realizados às carreiras, sem julgamento ou tempo para o acusado confessar.

Muitos testemunharam contra a calamitosa gestão de Colombo em Hispaniola. Apesar da incrível abundância de frutas e outros alimentos na ilha, da generosidade dos índios em compartilhar a comida com os colonos e dos suprimentos regulares trazidos da Espanha por navios de abastecimento, cinquenta homens morreram de fome em La Isabela porque o Almirante negou-lhes provisões dos bem-fornidos estoques dos navios. Alimentos que começavam a se estragar eram jogados no mar, e qualquer um que tentasse negociar com o guardião dos suprimentos era espancado por incomodá-lo. Doentes e convalescentes descobriram que suas rações tinham sido reduzidas, apesar de toda a abundância daquela ilha tão fértil. Os relatos, vindos de tantas testemunhas, eram aterradores, indesculpáveis, e serviram para justificar o fato de o comendador ter tirado Colombo do comando.

Após a investigação, Bobadilla temia que Roldán, agora realinhado com o Almirante, tentasse libertar Colombo dos grilhões, mas o ataque nunca se concretizou. Em cativeiro, os dois irmãos Colombo "exibiam muito autocontrole", informou Fernando. Dessa forma, "ao chegar a Castela eles poderiam garantir a punição de Bobadilla mais facilmente". Se sobrevivessem à provação.

A situação se deteriorava a cada hora que passava. Quando Colombo foi levado ao navio, acreditava que estava prestes a ter a garganta cortada.

"Aonde você está me levando?", perguntou Colombo, desesperado, ao fidalgo Alonso de Vallejo, encarregado de transportar o Almirante da fortaleza até *La Gorda*.

"Senhor, Vossa Senhoria vai embarcar no navio."

Certo de que não seria poupado, Colombo perguntou: "Vallejo, é verdade?"

E o fidalgo respondeu: "Pela vida de Nossa Senhora, é verdade que o senhor será levado a bordo."

Colombo sentiu um alívio enorme ao perceber que não estava sendo levado para a morte, mas para o navio e a vida.

A partida da caravela *La Gorda* com os irmãos Colombo provocou cenas lamentáveis. Os habitantes do reino insular que o Almirante governara agora o insultavam em praça pública e escreviam mensagens ofensivas nas esquinas. No porto, os outrora leais servidores do trono espanhol tocavam cornetas em escárnio.

350   *"Mandem-me de volta a ferros"*

Bobadilla temia que Colombo encontrasse alguma maneira de escapar e ordenou ao comandante do navio, Andrea Martín de la Gorda, que mantivesse o prisioneiro firmemente agrilhoado durante toda a viagem até a Espanha, até o momento em que estivessem diante do bispo Fonseca, encarregado pelos soberanos de supervisionar a Empresa das Índias. Mesmo os inimigos de Colombo ficaram horrorizados com o tratamento. "Uma coisa absurda", acusou Las Casas, que fez uma comovente defesa do explorador que veementemente denunciara em outras ocasiões. "Embora arrogante, detestável e deplorável, ele era, no fim das contas, vice-rei e governador perpétuo dessa parte do mundo e, com todo o merecimento, Almirante do Mar Oceano. Ele conquistara esses títulos — escolhidos pelo singular privilégio de Deus — por resistir a muitas provações, perigos e trabalhos, e por revelar ao mundo este outro mundo que esteve escondido por muitos séculos." Por essa razão, Fernando e Isabel deviam a ele "gratidão perpétua. É indigno e mais que monstruoso que um homem em posição tão elevada seja tratado de forma tão vergonhosa e desumana". Graças à sua resistência e fé inquebrantável, Colombo conseguiu impressionar até mesmo seus críticos, mais ainda enquanto esteve acorrentado.

Ninguém estava disposto a pôr o Almirante do Mar Oceano a ferros, disse Las Casas, com exceção de um humilde cozinheiro, Espinosa, que colocou os grilhões "como se lhe servisse pratos com alimentos frescos e deliciosos". A punição ao Almirante significava passar várias semanas num porão escuro, abafado e oscilante, vulnerável às intempéries e ao comportamento imprevisível da tripulação, que ficaria tentada a descarregar a própria frustração nos dois prisioneiros.

As velas da *Gorda* se enfunaram diante do horizonte no início de outubro. O Almirante do Mar Oceano era então prisioneiro em sua própria embarcação, à espera de ser julgado pelos soberanos.

No mar, o comandante se ofereceu para soltar as correntes que prendiam os pulsos e os tornozelos de Colombo, mas Fernando contou que o pai "jamais aceitaria aquilo, dizendo apenas que havia sido acorrentado pela autoridade real e que só os reis poderiam ordenar a retirada [dos grilhões]". Colombo ficou mais forte com a humilhação, mostrando mais vigor na derrota que na vitória. O fato de estar acorrentado era o cenário ideal para expressar seu sentimento de martírio, e ele iria mantê-lo o maior tempo possível. Colombo conhecia a dinâmica da redenção e não se negou a desempenhar o papel, mesmo que se ressentisse dele. Segundo o filho, "ele estava decidido a manter as correntes como uma lembrança da recompensa que recebeu por seus muitos serviços". Colombo nunca esqueceu o calvário. "Sempre vejo no quarto dele aqueles ferros", revelou Fernando, "que ele exigiu que fossem enterrados junto com seus ossos".

Ao desembarcar em Cádiz, Colombo preferiu aparecer acorrentado para atrair a simpatia das multidões de curiosos que haviam se reunido para vê-lo e ficaram devidamente impressionadas com a visão do grande explorador humilhado. Mais tarde, quando as correntes foram finalmente retiradas, Colombo vestiria o hábito de um frade franciscano, mantendo as mangas curtas o suficiente para revelar as marcas das algemas nos pulsos como sinal de mortificação. O espetáculo que ele fez de si mesmo não era tão bizarro quanto pode parecer, não no país em que peregrinos de joelhos nus e ensanguentados desfilavam pelas ruas de Sevilha para observar o ritual da Páscoa. Colombo sabia bem como se portar em atos públicos de penitência, de forma a parecer piedoso e fiel.

Ainda algemado, o explorador chegou ao mosteiro de Santa María de las Cuevas, uma fortaleza de fé na ilha de La Cartuja, perto de Sevilha. Reza a lenda que, no século XIII, uma imagem da Virgem apareceu em uma *cueva* (caverna) que ficava sob o mosteiro.

Em 12 de dezembro, Fernando e Isabel ordenaram que Colombo fosse libertado dos grilhões, forneceram-lhe recursos e convidaram-no a comparecer ao tribunal localizado, naquele momento, em Granada.

Cinco dias depois, Cristóvão, Bartolomeu e Diogo Colombo foram cordialmente recebidos pelos Reis Católicos, que lhes fizeram saber que não haviam ordenado a prisão do Almirante, cuja responsabilidade era de Bobadilla, que havia extrapolado a própria autoridade. Durante toda aquela cena comovente, "a sereníssima Rainha foi a única que se esforçou para consolá-lo e assegurar-lhe a dor que sentia, pois, na verdade, foi sempre ela que o favoreceu e defendeu mais do que o Rei". Não era de se admirar que "o Almirante tenha depositado todas as suas esperanças" em Isabel.

352   *"Mandem-me de volta a ferros"*

As emoções de Colombo, represadas durantes meses, foram subitamente extravasadas. Ele se ajoelhou diante da rainha, soluçando. Por fim, os monarcas lhe disseram que se levantasse, e, com voz embargada, Colombo falou do "profundo amor e desejo de servi-los com a fidelidade de sempre". Ele jurou nunca ter feito nada para ofendê-los, ecoando a carta escrita anteriormente, em que declarava: "Juro [...] que fui mais diligente servindo a Vossas Majestades do que conquistando o paraíso."

Naquele ato de absolvição mútua, Colombo reconheceu que havia permitido os crimes descobertos pela investigação de Bobadilla, revelou a dor de ser algemado e humilhado publicamente, declarou amor eterno e lealdade aos reis, atribuindo os deslizes e abusos ao excesso de zelo e não à malícia e implorando por perdão, estabelecendo assim o cenário para a possibilidade de uma quarta viagem, por mais improvável que parecesse após os lapsos das três anteriores. Sua honra estava em jogo, assim como seus títulos, suas riquezas e seu papel na Empresa das Índias, e Colombo queria reconquistar tudo antes que fosse tarde demais.

Fernando e Isabel desfizeram o trabalho de Bobadilla e restauraram os direitos e privilégios do Almirante, pelo menos no papel, ao obrigar o interventor a abrir mão do que havia confiscado. "Ordenamos que sejam devolvidos todos os móveis que pertençam a ele e à sua casa, bem como as provisões de pão e vinho que o Comendador Bobadilla lhe tirou, ou seu justo valor, sem que nós recebamos qualquer parte dele", ditava um trecho do Decreto Real datado de 27 de setembro de 1501. O mesmo princípio foi aplicado às pepitas de ouro de Hispaniola (confiscadas por Bobadilla), ao gado, às despesas e aos rendimentos. Alonso Sánchez de Carvajal, o leal tesoureiro de Colombo, permaneceria no cargo, e seus livros e registros seriam devolvidos. Acima de tudo, a parcela do Almirante nas riquezas da ilha — um oitavo do total; em alguns casos, um décimo — permaneceria em suas mãos.

Fernando e Isabel reabilitaram Colombo, mas não a ponto de satisfazer o gosto e a vaidade do Almirante. Colombo havia compilado um *Livro de privilégios*, em que elencava todas as propriedades, títulos, direitos, prêmios e cargos a que acreditava fazer jus, mas suas queixas não foram reconhecidas. Os Reis Católicos estavam em posição difícil em vista dos enormes domínios descobertos por Colombo. Para neutralizar a ameaça que ele representava, Fernando e Isabel diminuíram a estatura do Almirante.

Em 3 de setembro de 1501, os soberanos declararam, por fim, que Colombo não poderia retornar em triunfo a Hispaniola. Para o lugar do Almirante, escolheram um homem mais jovem, Nicolau de Ovando, como futuro governador e juiz supremo. A indicação significava que Colombo não mais governava os domínios que descobrira. Para satisfazer a vaidade do explorador, os Reis Católicos permitiram-lhe que mantivesse títulos vazios como almirante e vice-rei, bem como os bens confiscados por Bobadilla. Por um lado, os soberanos mantiveram as honras de Colombo, por outro, o substituíram.

O Almirante mergulhou num período sombrio. Com a saúde se deteriorando, a visão falha e o corpo atormentado pela artrite reumatoide, o humor de Colombo se alternava entre ambições grandiosas, paranoia e intervalos de lucidez — por ter perdido o controle da corajosa empresa que iniciara e porque, em vez de se tornar o reputado herói que imaginara, era visto então como um canalha.

Apesar de tudo, a terceira viagem trouxe resultados importantes. Colombo mais uma vez demonstrara sua incomparável capacidade de navegação, cruzando o Atlântico com tanta eficiência que o feito, impensável antes da primeira viagem, estava se tornando comum. Ele conseguira sobreviver a um terrível tsunami e, finalmente, chegara ao continente, alcançando a Venezuela, o Orinoco e a ilha de Trinidad, uma região rica em pérolas.

Na prática, porém, Fernando e Isabel haviam mandado o Almirante do Mar Oceano para a aposentadoria. Parecia que seus dias no mar tinham chegado ao fim, e que o próximo porto de Colombo seria a sepultura.

Depois de cumprir sua missão, Francisco de Bobadilla, o inimigo de Colombo, zarpou rumo à Espanha com um comboio de trinta embarcações em junho de 1502. A bordo do navio do interventor estavam Francisco Roldán, o ex-rebelde, enviado de volta ao país natal, Guarionex, o feroz cacique que desafiara Colombo e em breve seria apresentado aos Reis Católicos como um troféu das Índias, e o capitão Antonio de Torres, leal aliado do Almirante. Nos porões, a embarcação transportava 200 mil castelhanos de ouro, o equivalente a 87 milhões de morabitinos (mais de 10 milhões de dólares em valores atuais), e uma pepita considerada a maior nas Índias, no valor de 3.600 pesos.

A pequena caravela *Aguja*, considerada a embarcação menos confiável da frota, transportava o ouro pertencente a Colombo, confiscado por Bobadilla, no valor de 4 mil pesos.

As condições eram proibitivas no dia da partida; o mar, *aceitoso y maloliente*, se encrespava desde o sudeste, onde os furacões costumam se formar. Um sistema de baixa pressão drenava toda a vitalidade do ar. Massas de cirros a altas altitudes adquiriam coloração avermelhada ao pôr do sol, mas as brisas ao nível do mar pouco faziam para refutar a sensação de inquietude. Os golfinhos que rasgavam a superfície do oceano contribuíam para o cenário de caos iminente.

Em 11 de julho, a frota tentava cruzar a passagem Mona, um estreito localizado entre Hispaniola e Porto Rico. Com extensos bancos de areia e marés muito altas, o estreito era difícil de navegar mesmo com tempo bom. Naquela ocasião, o vento nordeste ganhou impulso até atingir a força de um furacão, dispersando a frota ao longo da passagem. Não havia nada que alguém a bordo daqueles desafortunados navios pudesse fazer além de se render aos elementos e orar. As frágeis construções de madeira e palha da pequena Santo Domingo foram derrubadas pela força dos ventos. O furacão lançou os navios contra a terra, onde se despedaçaram. Algumas embarcações, completamente avariadas, seguiram claudicantes até Santo Domingo, em cujo porto afundaram. Vinte outros navios foram a pique em alto-mar, levando todos os tripulantes ao fundo. Mais de quinhentos homens entre colonos e caciques, criminosos e nobres, espanhóis e índios se afogaram.

Torres, o capitão, Guarionex, o índio, Roldán, o amotinado, e Bobadilla, o interventor, naufragaram junto com o navio repleto de ouro.

De toda a frota, apenas a frágil *Aguja*, que levava o tesouro de Colombo, sobreviveu ao furacão, em sinal de favor divino, se houve algum. Os inimigos do Almirante juravam que ele tinha conjurado a tormenta para subjugar seus adversários.

PARTE QUATRO

Recuperação

CAPÍTULO 11

El Alto Viaje

Na maturidade, Fernando, o filho de Colombo cuja mãe, Beatriz de Arana, não se casou com o Almirante, adquiriu riqueza e notoriedade na Espanha. Com o passar dos anos, ele demonstrou paciência e um temperamento estável — características alheias ao histriônico Colombo — e foi reconhecido como acadêmico e bibliófilo. Empenhando uma parte significativa da fortuna herdada do pai, sem dúvida dinheiro banhado em sangue, Fernando adquiriu uma biblioteca de 15 mil volumes, acervo extravagante pelos padrões da época. Colombo sempre gostara de livros e passou anos absorvendo conhecimentos arcanos. Bartolomeu, seu irmão, dividia tal paixão e negociava livros e mapas antes mesmo de ser chamado de Adelantado pelo Almirante. Em seus últimos trinta anos de vida, entre 1509 e 1539, a renomada biblioteca de Fernando Colombo atraiu eruditos de todo o continente, como Erasmo de Roterdã, o humanista e padre católico de origem holandesa.

Fernando era escrupuloso com a coleção. Cada item era escolhido a dedo e continha o preço de compra do volume e anotações pessoais. Sua decisão mais radical como colecionador talvez tenha sido a preferência pela recente imprensa em detrimento dos manuscritos maravilhosamente ilustrados. Comprou mais de mil exemplares dos chamados incunábulos (do latim: "o que serve de ornato a um berço"), livros dos primeiros anos da tecnologia de Gutenberg, anteriores a 1501. Na biblioteca havia livros e documentos que pertenceram a Colombo, com muitas anotações de pé de página, num amplo repositório do universo intelectual do Almi-

358   *El Alto Viaje*

rante. Antes de morrer, Fernando registrou em cada volume a declaração "Dom Fernando Colombo, filho de Dom Cristóvão Colombo, o Almirante que descobriu a Índia, deixa este livro para uso e benefício de todos". Hoje, boa parte da coleção (7 mil volumes) continua intacta como a Biblioteca Colombina, abrigada na Catedral de Sevilha.

Muito antes, com apenas 13 anos de idade, o estudioso Fernando fez a viagem de sua vida: navegou com seu pai, o Almirante, e um amálgama de ladrões, fidalgos, admiradores ambiciosos, assassinos e rebeldes, além de marinheiros, sacerdotes e pilotos. A tripulação explorou o Caribe, a América Central e a Jamaica, onde passaram um ano em uma praia desolada, no estilo de Robinson Crusoé.

Aquela foi uma jornada inesperada para todos — exceto para o Almirante —, e se mostrou a viagem mais ousada, imprudente e severa de todas. Foi ao mesmo tempo o auge e a ruína de tudo que ele se esforçara para conquistar em nome de Fernando e Isabel nos 12 anos anteriores. Cedendo ao fascínio de seu império aparentemente ilimitado, Colombo sentiu-se impelido a retornar, como se chamado às praias distantes pelas batidas de *mayohuacáns* e *magueys*. Lugar algum que constasse nos mapas, real ou imaginado, nem mesmo os domínios de Marco Polo, serviria ao intento. Colombo buscava o *otro mundo*, um breve vislumbre em meio à mistura de esplendor e terror que descobrira. Eterno exilado e peregrino, o Almirante não mais pertencia à Itália e a Portugal, nem mesmo à Espanha. Seu lugar era Hispaniola, ainda que ele tivesse sido banido de seu reino por seu substituto, Nicolau de Ovando.

Pelo olhar de Colombo, no entanto, essa era uma aberração temporária, e ele estava determinado a consertá-la.

Contando 51 anos de idade, Colombo se tornara um homem velho, quase cego, que sofria de artrite reumatoide e tinha ataques de "sezão", ou malária. Sua personalidade estava mais volátil e espiritualmente intensa do que nunca. Ele havia voltado à cartuxa de Santa María de las Cuevas, onde levou uma existência monástica na clausura.

Nas cartuxas, conventos da Ordem dos Cartuxos, os monges se alimentavam dentro de suas celas duas vezes por dia, ou, durante os períodos de jejum, apenas uma vez. As refeições eram passadas para dentro do aposento por uma pequena janela giratória, para que o ocupante não visse a pessoa que fazia a entrega. Qualquer outra necessidade, como páo, por exemplo, deveria ser solicitada por escrito. Não era permitido falar, nem mesmo em dias festivos.

Ao lado do monge cartuxo Gaspar Gorricio, Colombo organizou um trabalho chamado *Livro das Profecias*, uma mistura idiossincrática de textos bíblicos, exegeses e comentários compilados de antigos escritos em latim e espanhol. É difícil saber que parte do material tem a autoria do Almirante, pois quase tudo foi caligrafado pelo monge, com alguma contribuição de Fernando Colombo. O resultado, entretanto, pretendia refletir a interpretação espiritual do navegador sobre sua obra de vida e seu destino. Em suas palavras, o livro reunia "fontes, afirmações, opiniões e profecias sobre a retomada da Cidade Sagrada de Deus e do Monte Sião, além da descoberta e catequização das ilhas das Índias e de outros povos e nações", onde Colombo era o protagonista de inspiração divina. Ele aparece não como o explorador preocupado com ouro, pérolas e outras riquezas, tampouco com títulos e com os frutos do trabalho árduo dos índios, mas como um devoto servo de Deus. "O Senhor abriu minha mente para o fato de que era possível navegar daqui até as Índias", refletiu, "e Ele abriu minha vontade para o desejo de conquistar tal empreitada".

Colombo se retratava como um homem cuja visão foi desdenhada e ridicularizada por marinheiros, burocratas, cientistas e eruditos rivais. Apenas os Reis Católicos, para sua glória eterna, atenderam ao seu chamado. Corroborando sua mensagem com citações bíblicas, ele sustentava que havia chegado a hora de lançar uma nova Cruzada para retomar o Santo Sepulcro e estimular conversões ao cristianismo por todo o mundo. "Acredito haver motivos para crer que Nosso Senhor está apressando o andar das coisas", declarou o explorador, cujos cálculos apontavam haver apenas 150 anos até o fim do mundo.

O *Livro das Profecias* refletia as circunstâncias de Colombo naquele momento, servindo como uma *apologia pro vita sua* e anunciando aos seus críticos na corte e para a posteridade que tudo que ele fizera, toda a violência, todas as vidas perdidas, tudo fora executado conforme um plano maior. Mesmo em seu momento mais ascético, o Almirante cortejava a grandeza. Sentindo-se preparado, ansiava por uma empreitada que possivelmente não viveria para conquistar: a quarta viagem.

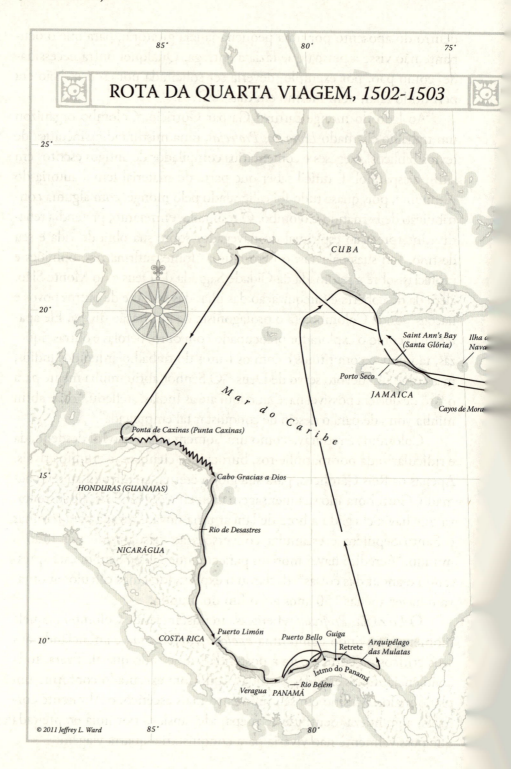

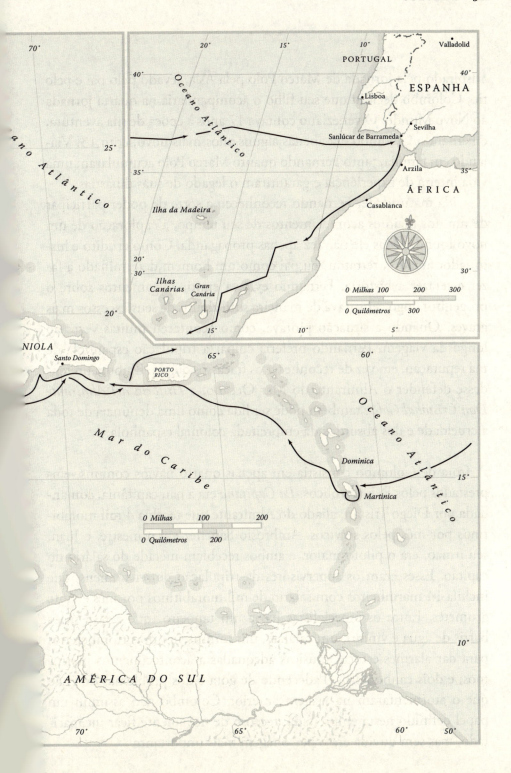

362 *El Alto Viaje*

* * *

Inspirado pela jornada de Marco Polo pela Ásia, levado pelo pai e pelo tio, Colombo decidiu que seu filho o acompanharia na quarta jornada ao Novo Mundo. O veneziano contava 17 anos à época de sua aventura, e Fernando Colombo era apenas alguns anos mais novo, com 13. Viajando em família, tanto Fernando quanto Marco Polo acumularam uma vida inteira de experiência e garantiram o legado de suas dinastias.

Na maturidade, Fernando reconheceu a sorte de poder participar de um dos maiores acontecimentos de seu tempo, a exploração de um novo mundo. Mas ele não fez apenas propaganda. Como erudito e historiador amador, retratou seu pai como um homem determinado a fazer e refazer a história. Fernando evitava emitir julgamentos sobre o progenitor, logo censurava de maneira sutil alguns de seus excessos mais graves. Quando a situação piorava, como aconteceu muitas vezes ao longo da viagem, Fernando preferia culpar a tripulação espanhola de má reputação, em vez de reconhecer os fracassos do pai. Embora pretendesse defender o Almirante do Mar Oceano, a *História del Almirante Don Cristóbal Colón* também pode ser lida como uma denúncia de toda a crueldade e dos absurdos da empreitada colonial espanhola.

A frota de Colombo consistia em apenas quatro navios comuns, emprestados pelos Reis Católicos. *La Capitana* era a nau capitânia, comandada por Diego Tristan, aliado do Almirante que recebia 4 mil morabitinos por mês pelos serviços. Ambrosio Sánchez era o mestre, e Juan, seu irmão, era o piloto maior, e ambos recebiam metade do salário do capitão. Esses eram os supervisores da tripulação de 34 homens, que incluía 14 marinheiros com salário de mil morabitinos por mês e vinte grumetes. Entre os especialistas havia um tanoeiro (que zelava pelos barris de água e vinho), um calafate, um carpinteiro, dois trombeteiros para dar alarmes e tocar músicas adequadas a acontecimentos marítimos, e dois canhoneiros. Padecendo de gota e dos problemas de visão que o atormentaram na viagem anterior, Colombo não assumiu um papel definido nesta empreitada, receoso de novamente ficar incapacitado, mas sem dúvida era o personagem mais importante.

A *Santiago de Palos*, apelidada de *Bermuda* pelo dono, Francisco Bermúdez, era um navio menor. Bartolomeu Colombo era o capitão de fato e não recebia pagamento por isso, enquanto o capitão oficial, Francisco Porras, recebia salário de 3.666 morabitinos mensais. Seu irmão, Diego Porras, ganhava um pouco menos como representante e inspetor da Coroa. Colombo não queria a presença dos irmãos Porras a bordo, mas foi convencido a aceitá-los pelo tesoureiro da Coroa, Alonso de Castela, que era amante da irmã da dupla. A tripulação da *Santiago* consistia em 11 marinheiros, um contramestre (encarregado da tripulação e do equipamento) e cerca de uma dúzia de camareiros, além de tanoeiro, calafate, carpinteiro e canhoneiro e de seis *escuderos* (fidalgos), voluntários motivados por uma combinação de ganância, cobiça e sede de aventuras.

Uma tripulação mais confiável estava a cargo da *Gallega*. Pedro de Terreros era o capitão, um empedernido aliado de Colombo que navegava pela quarta vez com o Almirante, recebendo 4 mil morabitinos por mês. O imediato era Juan Quintero, que ganhava metade do salário do capitão. Quintero fora contramestre da *Pinta* na primeira viagem e, como dono do navio, tinha tanto respaldo quanto o capitão. Marinheiros, um contramestre, camareiros e um *escudero* completavam o rol de trabalhadores.

A menor embarcação da tropa, a *Vizcaína*, ostentava um capitão de nome famoso: Bartolomeo Fieschi vinha de uma renomada família genovesa. Colombo estava tão determinado em manter a frota sob controle que comprou o navio do dono após zarpar. A *Vizcaína* levava muitos genoveses, um capelão e um pajem.

O que faltava à flotilha em tamanho e prestígio sobrava em ambição.

"Em 9 de maio de 1502", escreveu Fernando, "partimos do porto de Cádiz em direção a Santa Catalina", uma fortaleza na entrada do porto, "de onde zarpamos na quarta-feira, dia 11 do mês, para Arzila", cidade situada na costa atlântica norte do Marrocos, reconhecida pelos muros brancos que se erguem acima do mar. Em 1471, os portugueses tomaram a cidade do controle árabe.

Encorajado pelo rei Fernando, Colombo tentou reatar o desgastado relacionamento com os portugueses oferecendo apoio à cidade na luta para repelir os inimigos, mas, quando o Almirante chegou, "os mouros já tinham levantado o cerco", escreveu o filho do Almirante, para quem o espetáculo de travar contato com uma civilização após a outra parecia um sonho. "O Almirante enviou o Adelantado, dom Bartolomeu Colombo, e a mim, com os capitães dos navios, a terra, para visitar o capitão de Arzila, que havia sido ferido pelos mouros no assalto. Ele agradeceu muito ao Almirante pela visita e pelas ofertas de ajuda, e enviou a bordo certos fidalgos que tinha consigo, alguns dos quais eram parentes de dona Filipa Moniz, que foi mulher do Almirante em Portugal" e mãe do meio-irmão de Fernando, Diogo.

Depois dos devidos cumprimentos aos portugueses, a frota chegou à Gran Canária em 20 de maio, e se ocupou com o armazenamento de "água e madeira para a viagem" durante os quatro dias seguintes, de acordo com o costume de Colombo. Embora doente, o Almirante demonstrou mais uma vez sua maestria em navegação ao se valer dos ventos alísios para fazer a travessia. Na manhã de 15 de junho, "com bastante alteração do mar e do vento", eles chegaram à Martinica, no mar do Caribe, ao norte de Trinidad, depois de cruzar o Atlântico em apenas vinte dias, um intervalo de tempo que até um marinheiro de hoje em dia teria dificuldade em igualar. Se Colombo precisasse provar que não havia perdido seu talento de navegador e a capacidade de ler o clima, este feito seria a resposta.

Mesmo com toda a sua habilidade, Colombo jamais poderia ter esperado chegar precisamente àquele ponto minúsculo, com pouco mais de mil quilômetros quadrados de areia, vegetação rasteira e árvores de pequeno porte, situado a 14°40'0" N, 61°0'0" W. Como as travessias anteriores haviam demonstrado, navegando a oeste a partir das Canárias, com um empurrão dos alísios, acima da linha-d'água, e da corrente do Golfo, abaixo, Colombo estava destinado a chegar a algum lugar das Américas. Mas encontrar um porto ou ilha específica era extremamente improvável. Com exceção de uma tempestade, quase nada havia em mar aberto que afetasse o curso de um navio, mas no caso da navegação costeira a história era diferente, era acertar ou errar. Foi assim que, por acaso, Colombo descobriu a ilha diminuta.

Na chegada, os homens se dedicaram aos serviços necessários, armazenando água e comida e lavando as roupas fétidas que vestiam. No sábado, navegaram 10 léguas até a ilha de Dominica. "Até chegar lá eu não poderia desejar tempo melhor", comentou o Almirante, alguns meses e muitos desastres depois, "mas na noite da minha chegada houve uma grande tempestade e fui fustigado por tempo ruim desde então". Para um navegador principiante como Las Casas, o sofrimento de ser jogado para lá e para cá por causa das ondulações na vastidão do oceano era ainda maior, e isso era tudo que ele e seus colegas de navio podiam fazer durante a traumática travessia. "A tripulação estava esgotada, abalada, doente e possuída de tal amargor que preferiam morrer a viver, depois de ver como os quatro elementos podiam se unir para torturá-los cruelmente", reclamou, após sentir o gosto do perigo e do sofrimento que Colombo e os veteranos da tripulação enfrentaram durante anos no mar.

Superadas as tempestades, Colombo chegou a Porto Rico e, finalmente, a Santo Domingo, em Hispaniola. Destituído de sua antiga posição, o Almirante nem deveria estar lá após ter sido substituído por Nicolau de Ovando, novo governador e amplamente conhecido como detrator de Colombo. Como Fernando cuidadosamente explicou, o pai precisava urgentemente ancorar no porto seguro de Santo Domingo "para trocar um de seus navios por outro, porque era inseguro e mal tinha condições de navegar; não só era lento, mas também não conseguia içar velas sem levar a lateral para quase debaixo d'água". Não fosse a necessidade de substituir o navio, disse Fernando, Colombo teria seguido caminho para "reconhecer a terra de Pária e continuar pela costa até chegar ao estreito", e por fim seguir caminho até a Índia. (A descoberta do estreito, localizado vários milhares de quilômetros ao sul, teria que esperar até 1520, 18 anos mais tarde, quando Fernão de Magalhães, um navegador português a serviço da Espanha, lutando contra motins e rivais de uma forma que Colombo reconheceria, finalmente o alcançou.)

Em vez disso, explicou Fernando, Colombo seguiu direto para um confronto com Nicolau de Ovando, "o Comendador de Lares, governador da ilha, que fora enviado pelos Reis Católicos para realizar um inquérito sobre a administração de Bobadilla", assim como este fora enviado para investigar Colombo.

* * *

366 *El Alto Viaje*

Nicolau de Ovando, uma década mais jovem que Colombo, era filho de Extremadura. Essa província espanhola, localizada na fronteira com Portugal, foi um berço de conquistadores — Vasco Núñez de Balboa, Hernán Cortés, Francisco Pizarro, Gonzalo Pizarro, Juan Pizarro, Hernando Pizarro e Hernando de Soto —, soldados da fortuna, aventureiros, conquistadores e visionários tacanhos que sucederam Colombo. Todos eles traziam dentro de si a afinidade da região com os rigores da aventura e da exploração.

Graças às conexões políticas do pai, Ovando foi aceito na Ordem de Alcântara, composta por homens dedicados à luta contra os infiéis, que observavam rígidos votos monásticos. Depois de se destacar pela grande habilidade e pela lealdade inabalável, ele foi nomeado pelos Reis Católicos para suceder Colombo e reformar a calamidade administrativa deixada por Francisco de Bobadilla. Como governador, Ovando foi encarregado de executar tarefas ambiciosas: transferir os poderes de governo de Colombo para a Coroa espanhola, estabelecer a igreja, promover o desenvolvimento econômico, estender o domínio espanhol sobre todos os trabalhadores e cidades e converter os índios ao cristianismo, o que, na prática, significava ensiná-los a viver como espanhóis em Hispaniola. Embora as responsabilidades fossem claras, a maneira de levá-las a cabo não era. Muitos colonos levados a Hispaniola por Colombo permaneceram leais ao Almirante do Mar Oceano, enquanto outros criaram laços com mulheres e amantes índias. O clima opressivo, a propagação de doenças e a estranheza do ambiente desafiavam o novo governador. O legado de Ovando para fazer Hispaniola mais espanhola que a Espanha consistiu em construir prédios públicos em pedra, assim como um opulento palácio de pedra para si mesmo. Assim como seus antecessores, Colombo e Bobadilla, Ovando deixou-se levar pela ilusão de que passara a governar Hispaniola e todos os seus habitantes no momento em que pôs os pés na ilha, e baniu o Almirante do Mar Oceano.

Colombo melancolicamente resumiu a situação: "A Espanha ordenou que eu não tocasse ou desembarcasse lá." Mas em Santo Domingo ele desembarcou. Era quarta-feira, 29 de junho.

* * *

Colombo enviou um de seus capitães, Pedro de Terreros, até Ovando, o comendador, para apresentar os respeitos do Almirante e explicar que um de seus navios precisava ser substituído a fim de evitar que vidas fossem postas em risco. E para mostrar que a situação era ainda mais urgente, Colombo alertou para uma "grande tempestade" que se aproximava da região. Por esta razão, acima de todas, ele "gostaria de se abrigar no porto". Naquele momento, o atracadouro testemunhava os preparativos finais do comboio de Bobadilla com destino à Espanha. Como Colombo bem sabia, uma dessas embarcações, a frágil *Aguja*, transportava sua fortuna pessoal, por isso ele usou a tempestade não só como pretexto para voltar a Santo Domingo e supervisionar seus bens, mas também para dar um aviso necessário. Com base em sua experiência em avaliar o clima, Colombo aconselhou Ovando "a não permitir que a frota rumo à Espanha zarpasse nos oito dias seguintes, por causa do grande perigo".

Ovando teimosamente ignorou o conselho de Colombo, que, embora refletisse o interesse do Almirante, era prudente. Ele "não iria permitir que o Almirante entrasse no porto", disse Fernando, "e menos ainda iria retardar a frota que seguia para Castela", embora a lista de passageiros incluísse personagens importantes como Francisco de Bobadilla e Francisco Roldán, "e todos os outros rebeldes que causaram tanta dor ao Almirante". Se Ovando e os outros tivessem ouvido o conselho de Colombo, as coisas teriam sido bem diferentes. A frota teria chegado à Espanha alguns dias mais tarde do que o planejado. Em vez disso, houve uma calamidade.

Desafiando Colombo, Ovando ordenou que a frota partisse, apesar do aviso de tempestade. Fernando relembrou que quando os navios "chegaram ao limite leste de Hispaniola, a tempestade os atingiu com tanta fúria que a nau capitânia que levava Bobadilla e a maioria dos rebeldes afundou".

Colombo lembrou a calamidade com intensidade e dramaticidade bíblica: "A tempestade era terrível, e naquela noite minha frota foi despedaçada. Todos perderam a esperança e tinham certeza de que todos os outros se tinham afogado. Que mortal, até mesmo Jó, não teria morrido de desespero? Mesmo para a minha segurança, a de meu filho, meu irmão e meus amigos, eu estava proibido, com aquele tempo, de pisar em terras ou entrar em portos que conquistei para a Espanha com meu próprio sangue e suor." Enquanto isso, a "*Gallega* perdeu uma lateral e todos perderam grande parte das provisões". Apesar dos danos, observou um admirado Colombo, "o navio em que eu estava, embora incrivelmente jogado pela tempestade, foi salvo por Nosso Senhor e escapou completamente ileso". Em momentos como este, Colombo se sentia escolhido pelo Senhor, mas sua salvação não era tão misteriosa; ele sabiamente ancorara a sotavento da costa. Embora tenha sobrevivido à tempestade, a tripulação da frota experimentou ondas de "tristeza e pesar" por ter sido esnobada pelo imperial Ovando. E, se outro desastre surgisse no horizonte, "eles não poderiam esperar qualquer ajuda de terra". Apátridas e indesejados, estavam em vias de se tornarem bandidos e corsários.

"Com habilidade e bom-senso, ele conseguiu manter a frota junta até o dia seguinte", continuou Fernando, "quando, à medida que a tempestade aumentava de intensidade e a noite vinha com profunda escuridão, três navios foram arrancados da ancoragem e cada um foi para um lado, e embora todos corressem o mesmo perigo, cada um pensava que os outros tinham ido a pique. [...] Ainda maior era o perigo da caravela *Bermuda*, que desgarrou para o mar e teve o convés inundado — e assim é fácil entender por que o Almirante queria trocá-la por outra". Sem Bartolomeu, todos concordavam, o navio teria se perdido.

No dia seguinte, os navios sobreviventes da frota de Colombo se reuniram no porto de Azua. "Enquanto cada comandante relatava seu infortúnio, parecia que o Adelantado, marinheiro experiente que era, tinha resistido à grande tempestade indo para o mar, enquanto o Almirante tinha salvado o navio ao se manter perto da costa, como um sábio astrólogo que prevê de onde virá o perigo." Por acreditar que o Almirante comandava os planetas, o clima e a própria natureza, os inimigos de Colombo o "acusavam, dizendo que, por suas artes mágicas, ele tinha invocado a tempestade para se vingar de Bobadilla e dos outros inimigos" que estavam no navio. Na verdade, Colombo confiara em seu ins-

COLOMBO 369

tinto de sobrevivência e em sua arduamente conquistada experiência náutica para alertar contra o furacão.

Quando a tormenta passou, os homens, esgotados, foram pescar, "um dos prazeres oferecidos pelo mar em tempos de ócio". A presença de esplendor natural despertou-os de sua tristeza, assim como o súbito aparecimento de uma enorme jamanta que deslizava pela água com barbatanas graciosas que lembram as asas de um pássaro: uma maravilhosa fusão de movimento e beleza. Para o filho de Colombo, a raia parecia "tão grande quanto uma cama de tamanho médio".

A tripulação da *Vizcaína* se aproximou da criatura adormecida na superfície do oceano e golpeou-a com um arpão "para que não conseguisse escapar". Depois amarraram uma corda ao animal, que "puxou o barco através do porto tão rápido quanto uma flecha". Enquanto isso, os homens a bordo, "sem saber do que se passava, ficaram espantados ao ver o barco se movendo sem remos". A diversão acabou quando a raia morreu e "foi trazida a bordo com o mesmo equipamento de içamento utilizado para objetos pesados".

Mais tarde, os homens toparam com um peixe-boi. Fernando se aproximou cautelosamente. "Não é conhecido na Europa", afirmou. "É tão grande quanto um bezerro e parece com ele em sabor e cor, mas é mais gostoso e mais gordo." Em sua estranheza, a criatura bulbosa e brilhante ofereceu mais uma prova de que os homens haviam entrado num mundo de mistérios e perigos.

Em meados de julho de 1502, um sistema de tempestade sucedia ao outro por todo o mar do Caribe. Era a temporada de furacões. Depois de terminar os consertos dos navios da frota, se abastecer de suprimentos e descansar, Colombo e seus homens lutaram para chegar às águas mais seguras de Yaquimo, atual Haiti, para fugir da tempestade. Logo que partiram, em 14 de julho, "depararam com um mar tão calmo que ele foi incapaz de manter o curso, e as correntes o levaram a pequenas ilhas arenosas próximo à Jamaica". Fernando provavelmente se referia a Cayos de Morant, um conjunto de ilhotas de vegetação esparsa que emergem do coral, belas para os olhos mas perigosas de navegar. Co-

370 *El Alto Viaje*

lombo chamou-as de Poças porque "seus homens logo descobriram água suficiente para suas necessidades ao cavar poças na areia".

Durante uma tranquila rota para o sul, cruzando a costa de Honduras, Fernando alertou: "Cartógrafos fazem os mapas sem terem viajado por esta parte do mundo." E assim, continuou, "incorrem em um grave erro" quando mostram o cabo Gracias a Dios como se fosse uma terra diferente do cabo de Honduras, embora, na verdade, sejam o mesmo lugar.

Como Fernando percebeu, esta representação equivocada era um logro concebido para negar a seu pai os frutos da exploração. Dois cobiçosos exploradores, Juan Diaz de Solis e Vicente Yáñez Pinzón (que comandara um navio na primeira viagem do Almirante), seguiram em 1508 para a Nicarágua, que Colombo havia considerado um local muito promissor para exploração. Ao chegar às ilhas localizadas na costa de Honduras, que conheciam como Guanajas, Solis e Pinzón ignoraram o conselho dado por um dos pilotos, Pedro de Ledesma, que reconheceu os acidentes geográficos por já tê-los explorado com o Almirante. Em vez disso, deram o falso testemunho de que haviam chegado a outra ilha pela primeira vez.

A afirmação, sustentada por cartas náuticas fraudulentas, enganou a muitos, mas não a Fernando, que estava determinado a revelar a conspiração em seu relato sobre a vida do pai. Nas palavras dele, as cartas claramente "mostravam a ilha duas vezes" em locais distintos. Em curto prazo, nada havia que Colombo ou o filho pudessem fazer para corrigir o embuste ocorrido naquela região remota e malcompreendida.

Em Guanaja, Colombo enviou o leal Bartolomeu à praia com dois esquifes. Ali os homens "encontraram um povo que lembrava o das outras ilhas, mas com testas mais estreitas". Andando cuidadosamente por entre pinheiros "e pedaços de uma terra chamada *cálcide*, que os índios usam para fundir cobre" e que alguns dos homens, pensando que fosse ouro, guardaram nos bolsos, o grupo encontrou uma canoa tão longa quanto uma galé, com 2,5 metros de largura, escavada num único tronco gigante. Fernando escreveu que a canoa estava "carregada de mercadorias das partes ocidentais próximas à Nova Espanha", uma observação que normalmente é interpretada como um indício de que os homens de Colombo haviam se deparado com um artefato do império asteca, que então vivia seu apogeu sob o reinado de Ahuítzotl.

É mais provável, no entanto, que os europeus tenham travado contato com a avançada e complexa civilização maia. Na China, Marco Polo encontrara uma cultura mais avançada que a sua própria; naquele momento, Colombo estava diante de uma situação semelhante. Os maias eram uma sociedade antiga, hierárquica, profundamente espiritualizada e militarista, com matemática, astronomia, arquitetura e escrita altamente desenvolvidas. Eles mapeavam os movimentos dos corpos celestes em livros confeccionados em cascas de árvore. Nos períodos após o ano 1000, quando romanos e celtas lutavam para dominar uma fragmentada e atrasada Europa ocidental, a civilização maia florescia em aldeias e cidades. O sistema de escrita maia registrava os feitos dos líderes e suas conquistas políticas.

Por volta do ano 250, a civilização maia entrou em seu período clássico, caracterizado pela ascensão de dinastias cujas façanhas eram registradas em caracteres simbólicos ou glifos. A população e as cidades maias se expandiram rapidamente até por volta do ano 900, quando o império entrou em abrupto e misterioso declínio — que não ocorreu de uma só vez, nem em toda parte, mas não tardou a ganhar impulso até se tornar irreversível. O colapso da civilização maia trouxe a reboque guerra civil, esgotamento de recursos naturais, seca prolongada e outras calamidades. A população foi quase varrida da superfície da Terra. Durante o colapso, o número de habitantes na região foi reduzido em 99%, ou até mais. Onde antes viviam 11 milhões de maias, restavam agora apenas alguns milhares de edifícios em deterioração, muitos deles semienterrados pela topografia arenosa, cujas origens se perderam sob a névoa das lendas. Colombo e seus homens viram os resquícios de uma grande civilização. Comparados aos maias, os europeus vinham de um *Novo Mundo* para então encontrar o *Velho* entre o povo de Veragua.

Os diários de Colombo revelam que ele percebeu que tinha se deparado com uma civilização antiga e poderosa; mas, no fim das contas, os maias não conseguiram despertar o interesse do Almirante por uma simples razão: não eram chineses. Os únicos aspectos que de fato impressionaram Colombo foram o domínio que aquele povo mostrava ter da navegação, com suas embarcações longas e ágeis, semelhantes a canoas. Dado o talento marítimo dos maias, é justo perguntar por que essa avançada civilização não descobriu a Europa muito antes de Colombo chegar a seu litoral. A resposta passa pelos ventos alísios, que sopram constantemente para o sul e para o oeste, superando qualquer tentativa de navegar contra eles. Colombo se valeu muito da prevalência desses ventos, que, ao mesmo tempo, mantiveram os marinheiros maias próximos do litoral.

Os espanhóis observaram atentamente a embarcação maia. "No meio dela havia um toldo de folhas de palmeira, semelhante ao que trazem as gôndolas de Veneza, que dava proteção contra a chuva e as ondas. Debaixo do toldo ficavam as crianças, as mulheres, os móveis e as mercadorias. Os homens que guiavam a canoa, embora fossem 25, não tiveram ânimo para se defender dos barcos que os seguiam", disse Fernando. A recepção foi especialmente amistosa após as descortesias de Nicolau de Ovando e o desastre iminente que pairou sobre os europeus durante o furacão. Quando a nau capitânia chegou perto, Colombo deu "graças a Deus por revelar-lhe todas as coisas daquela terra, sem trabalho, nem risco aos seus". Repetidas vezes o Almirante encontrara, em suas viagens, índios fugitivos, aldeias desertas e, de tempos em tempos, panelas e espetos contendo pedaços de corpos humanos. Desta vez, ele finalmente encontrou a opulência por que tanto procurara.

Colombo mandou "tirar da canoa o que pareceu melhor e mais vistoso, como algumas mantas e camisetas de algodão sem mangas, bordadas e pintadas com diferentes cores e desenhos, e alguns tapa-sexos com o mesmo bordado e o mesmo tecido com que se cobriam as índias da canoa, como fazem as mouras de Granada; longas espadas de madeira, com um sulco em cada lado, e nestas havia fileiras de pederneiras amarradas com piche e cordas, que cortam como se fossem de aço; as machadinhas eram semelhantes às de pedra usadas pelos outros índios, salvo que eram de bom cobre". O butim tinha até cadinhos para derreter cobre.

Outro item, mencionado de passagem por Fernando, era, no mínimo, ainda mais valioso que os outros: a folha de cacau. Quando um punhado de sementes torradas de cacau usadas como moeda caiu no chão, observou Fernando, "todos os índios procuravam pegá-las, como se lhes houvesse caído um olho [...] enquanto sua avareza se antepunha ao medo e ao terror que sentiam ao se ver nas mãos de gente tão estranha e feroz como nós somos para eles".

Colombo e seus homens foram os primeiros europeus a contemplar o cacau, tradicionalmente usado em transações comerciais e como moeda nas Américas. Mil sementes de cacau eram suficientes para se comprar um escravo, por exemplo, mas, além do valor monetário, a fruta tinha um valor transcendente para os maias, que a chamavam de *ka'kau* e acreditavam que havia sido descoberta pelos deuses. A palavra espanhola *cacao* também deriva de outro termo maia, *chocol'ha*, ou do verbo *chokola'j*, que significava "beber chocolate juntos". O cacau era usado com vários objetivos espirituais e medicinais. Os grãos eram torrados e misturados com água e especiarias, depois a preparação era aquecida até que se chegasse a um chocolate muito quente. Para os maias, consumir aquela bebida era um privilégio reservado à realeza e aos mais ricos príncipes, xamás e artistas.

Tolhido pelo repúdio dos Reis Católicos à escravidão, Colombo não mais considerava seus distintos anfitriões como servos em potencial ou troféus a serem enviados à Espanha, e seu filho os considerava representantes de uma notável civilização, com muitos feitos. Impressionado, Colombo "deteve apenas um ancião chamado Yumbé, que parecia ser o de maior autoridade e prudência", que poderia revelar "os segredos da terra" e persuadir o povo a conversar com os visitantes a distância. Satisfeito, Fernando relatou que o ancião os serviu "pronta e fielmente". Prontamente demais, na verdade. Quanto mais itens Colombo exibia, de acordo com Las Casas, "mais rapidamente os índios concordavam que sabiam onde podiam ser encontrados apenas porque [...] dizer que sim lhes dava muito prazer, mesmo que nunca tivessem visto ou ouvido falar das coisas que lhes eram mostradas e pelas quais ele perguntava". Os índios chegaram a apresentar descrições fantásticas de "pessoas que tinham vivido naquelas terras da qual falavam [e que] tinham navios e bombardas, arcos e flechas, espadas e couraças" — armaduras — "e tudo o mais que os cristãos tinham". Deslumbrado com as descrições,

374　*El Alto Viaje*

Colombo imaginou-se ouvindo relatos sobre cavalos, tão comuns na região quanto unicórnios. À medida que os nativos falavam, o Almirante torceu a interpretação das gentis descrições dos índios a ponto de entender que ele e seus homens estavam "a apenas dez dias de viagem do Ganges", o maior e mais sagrado rio da Índia.

Ele imediatamente escreveu um relatório sobre suas descobertas para os Reis Católicos.

A razão para o mal-entendido, além da imaginação hiperativa e dos renitentes enganos geográficos de Colombo, era bastante simples. "Toda a conversa foi feita por sinais", descreveu Las Casas. "Ou os índios estavam deliberadamente caçoando dele, ou ele simplesmente não entendeu nada do que eles tentavam dizer, e só ouviu o que queria."

Assim sendo, o Almirante estava exultante. Ali estavam, afinal, "grandes riquezas, civilização e indústria" prometidas aos monarcas espanhóis. Colombo flertava com a ideia de regressar a Cuba, para ele ainda uma península e não uma ilha, mas a opulência da região o convencera de haver encontrado uma rota comercial para a Índia, então "decidiu continuar a busca por um estreito de terra firme que abrisse caminho para os mares do Sul e as Terras das Especiarias". Para o Almirante e sua forma rígida, embora mística, de pensar, essa impossibilidade geográfica parecia lógica e coerente com a interpretação que fazia da Bíblia, das *Viagens de Marco Polo* e dos autores da Antiguidade. Finalmente, tudo começava a se encaixar.

E assim ele seguiu navegando, disse o filho, "como alguém que tateia no escuro".

A julgar pelas palavras do filho, Colombo não mais se considerava na Ásia, mas acreditava ser possível encontrar uma passagem — pelo mar ou, surpreendentemente, por terra — que o levasse até lá. Talvez ecoando a retórica do Almirante, Fernando, num surto de grandiosidade, descreveu-a como a "porta por onde a Espanha domina tantos mares". Em busca dessa quimera, Colombo se aproximou do litoral de Honduras e "seguiu até uma ponta que chamou de Caxinas, a partir do nome de uma árvore que crescia ali e produzia frutas que lembravam azeitonas enrugadas com um centro esponjoso", mas, ao chegar, não encontrou "coisa digna de menção", exceto alguns índios vestidos, segundo Fernando, "como aqueles da canoa, com camisetas pintadas e panos diante das partes vergonhosas" — um tapa-sexo com abas na frente e atrás. Também "usam coletes de algodão com estofamento grosso, que bastam para defesa contra suas zagaias, e podem até resistir a alguns golpes de nossas espadas". A descrição insinua algum tipo de conflito, talvez combates corpo a corpo, entre os europeus e os índios. Fernando se absteve de criticar esses nativos, mas descreveu outros índios com mau presságio, caracterizando-os como "feios", "negros", sem roupas e "muito selvagens em todos os aspectos". O guia índio levado como cativo pela frota afirmou que comiam carne humana e peixe cru, e tinham furos nas orelhas grandes o bastante para colocar ovos de galinha.

Na manhã de domingo, 14 de agosto de 1502, Colombo concluiu que era seguro ir à praia com os capitães e grande parte da tripulação. Os europeus rezaram missa diante de uma plácida praia hondurenha, enquanto bandeiras espanholas tremulavam ao sabor da úmida brisa marinha. Conscientes ou não do fato, os participantes, entre eles o Almirante, tomaram parte na primeira missa celebrada no continente americano, ou, como insistia Colombo, na "Índia".

Três dias depois, o Almirante enviou o irmão e várias embarcações para celebrar outra missa em terra firme e "tomar posse da terra em nome dos Reis Católicos". Compareceram à cerimônia na praia, embora sem compreendê-la, "mais de uma centena de índios carregados de suprimentos; assim que os botes chegaram, apresentaram esses presentes ao Adelantado", que, observou Fernando, "mandou que lhes dessem guizos, contas e outras miudezas". Esses nativos assustaram o jovem filho do Almirante como nenhum outro grupo de nativos. Eles se comunicavam em línguas ininteligíveis e "traziam nos braços e nos corpos tatuagens de estilo mourisco, feitas com fogo, que lhes davam um aspecto estranho. Alguns exibiam leões pintados, outros, cervos, outros ainda, castelos com torres". Em homenagem às orelhas furadas dos nativos, Colombo batizou a região de Costa de la Oreja. Os rostos dos locais, cobertos com tiras de pano brancas e vermelhas, assombraram Fernando. "Eles verdadeiramente parecem diabos", insistiu.

376   *El Alto Viaje*

Bartolomeu tentou saber mais sobre os recursos da região, mas seu inexperiente intérprete, um nativo de Hispaniola, não conseguia entender a língua daquela gente. Pelo menos os índios apreciaram os presentes dos visitantes de terras longínquas e retribuíram a gentileza no dia seguinte, quando "mais de duzentos vieram ao mesmo lugar, trazendo vários tipos de comida: galinhas mais saborosas que as nossas, gansos, peixes tostados, favas vermelhas e brancas semelhantes a feijóes e outras coisas". Os presentes ecoavam a abundância da terra, em que leopardos, cervos e corços rondavam as colinas e as águas fervilhavam de peixes.

O Almirante conduziu a frota ao longo da costa hondurenha com enorme dificuldade, sendo obrigado a bordejar para barlavento. Fernando relatou que "foram necessários setenta dias de navegação para cobrir as 60 léguas entre a Ponta de Caxinas e aquele cabo, bordejando em direção ao mar e depois voltando a terra, ganhando muitas vezes com o vento e perdendo com frequência, segundo era abundante ou escasso nos rumos que tomava".

Colombo lembrou a passagem como uma longa prova de conhecimentos marítimos e sanidade. "Eu me vi indo contra o vento e a terrível corrente contrária. Contra eles lutei por sessenta dias, depois dos quais eu mal havia conseguido cobrir pouco mais de 70 léguas. Em todo esse tempo não entrei em qualquer porto, nem podia, pois a tempestade do céu não me deixava; chuva, tremendos trovões e relâmpagos continuavam sem parar, de modo que parecia o fim do mundo." Mais do que nunca, o Almirante acreditava estar atravessando um universo bíblico de pavor primordial, e tomou a provação no mar como algo pessoal: os elementos haviam se tornado inimigos mortais, determinados a ceifar as vidas de todos a bordo. O sofrimento de Colombo, de braços dados com sua piedade, legitimava as descobertas.

> Por 88 dias a tempestade assustadora não me deixou, a ponto de, enquanto estava no mar, eu não ter visto nem o sol nem as estrelas para servir de guia; meus navios estavam devastados, as velas, rotas, âncora, cordame e cabos, perdidos, assim como os botes e grande parte das provisões; os homens estavam muito doentes, todos con-

tritos, muitos jurando se devotar a uma vida religiosa, e ninguém deixou de fazer juramentos e prometer peregrinações. Muitas vezes eles chegaram a ponto de fazer confissões uns aos outros.

Houve outras tempestades, mas nenhuma durou tanto tempo e foi tão assustadora. Muitos homens que considerávamos corajosos perderam toda a esperança repetidas vezes.

Em meio à tormenta, passando por uma experiência de quase morte, Colombo estava mais preocupado com o destino de pelo menos um membro da frota:

A ansiedade por meu filho, que estava comigo, me apertava o coração, ainda mais porque era tão jovem, 13 anos, lutando há tanto tempo com tanta labuta. Nosso Senhor lhe deu a coragem que inspirou em outros, e ele trabalhou como se velejasse há cinquenta anos. Era ele quem me consolava. Fiquei doente e muitas vezes estive à beira da morte; da pequena cabine que mandei construir no convés eu guiava meu rumo. Meu irmão estava no pior navio, no mais perigoso. Minha ansiedade era ainda maior, porque eu o trouxera comigo contra sua vontade. Outra tristeza dilacerava o coração no meu peito, e era por meu filho Diogo, que deixei na Espanha, quase órfão.

Em 12 de setembro, a frota chegou a um cabo a que Colombo deu o nome de Gracias a Dios, por conta da gratidão que sentiu por sobreviver à tempestade. "Se a costa não tivesse bons ancoradouros, teríamos demorado muito mais para cruzar aquela distância, mas como era limpa e o mar tinha duas braças de profundidade", rememorou Fernando, calmamente, "era muito fácil ancorar à noite ou quando havia muito pouco vento". O tom sóbrio do jovem Colombo contrastava com a melodramática recapitulação que o pai fez dos eventos. O Almirante descreveu como se sentira esmurrado pela tempestade, enquanto o garoto por quem demonstrara tanta ansiedade relatava as circunstâncias à medida que aconteciam, de maneira mais ou menos realista. O pai estava sempre se lançando para a frente, para dentro da tempestade, enquanto o filho olhava para trás a fim de contemplá-la.

378 *El Alto Viaje*

Em 16 de setembro, nas palavras de Fernando, "o Almirante enviou os botes dos navios a um rio que parecia profundo e de boa entrada. Na saída, porém, com os ventos enfurecidos e o mar pesado, este se lançou contra a corrente na foz de tal maneira que um dos botes foi inundado e toda a tripulação pereceu". Colombo batizou o infeliz curso d'água em que dois homens perderam a vida de rio de Desastres, pois suas margens estavam cobertas por "varas tão grossas quanto as coxas de um homem".

Nove dias depois, os navios ancoraram provisoriamente em uma ilha chamada Quiribiri, antes de tomar o rumo de Cariay (provavelmente Puerto Limón), no litoral da Costa Rica, cuja vista causou uma impressão indelével no rapaz. Ali estavam "o melhor país e o melhor povo que havíamos encontrado até então, porque a terra era alta, com muitos rios e cheia de árvores elevadíssimas, e a ilha era muito verdejante, cheia de bosques de árvores imponentes e palmeiras", e um grande número de índios, "muitos com arcos e flechas, e outros com setas de palmeira negras como piche e duras como osso, cuja ponta estava armada com ossos e espinhas pontiagudas de peixes, e outros com *macanas* ou porretes". Com a habitual compostura, Fernando complementou: "Eles pareciam determinados a defender a terra."

Os homens de Colombo sinalizaram que vinham em paz e não queriam guerra, ao que os índios pularam na água e nadaram até os navios para "trocar armas, mantas de algodão e camisetas, e pingentes de *guanín* que traziam amarrados ao pescoço". Volúvel como sempre, o Almirante "não permitiu que se trocasse coisa alguma", preferindo demonstrar que ele e seus homens "não desejavam o que eles [os índios] tinham". Para deixar clara sua posição, Colombo ordenou que se distribuíssem presentes da Espanha. Quanto menos interesse os europeus mostravam no comércio, mais os índios exibiam seus pertences, e corajosamente convidaram os visitantes a desembarcar, fazendo sinais e "estendendo as mantas como bandeiras". Mas a tripulação, obedecendo ao Almirante, permaneceu a bordo, estragando a diversão. Os índios responderam amarrando todas as quinquilharias que tinham recebido em uma trouxa bem-feita, que deixaram no bote em terra para que os espanhóis descobrissem.

* * *

Sobre o dia 25 de setembro, passado em Cariay, o Almirante fez o seguinte relato: "Parei para consertar os navios e reabastecer os víveres e descansar as tripulações, que estavam muito doentes, e a mim mesmo, que estive, como disse, muitas vezes à beira da morte." Colombo, porém, não estava doente demais para ficar sabendo das "minas de ouro da região de Ciamba, pela qual procurava. Dois índios me levaram a Carabaru, onde o povo vive nu e traz um disco de ouro pendurado ao pescoço, que não aceitam vender nem trocar". Hipnotizado pelo ouro, como sempre, Colombo esqueceu o suplício no mar e perguntou aos índios sobre o ouro e as minas desse metal.

Os índios trataram os europeus com cautela. "Como acreditavam que não confiávamos neles, enviaram aos navios um índio velho, de venerável presença, com uma bandeira amarrada em uma vara, e duas meninas, uma de 8 anos e outra de 14", escreveu Fernando. Em resposta, Colombo enviou um esquife para recolher água em terra firme. Antes que os espanhóis regressassem ao navio, "os índios fizeram muitos gestos para que levassem as garotas". Segundo todos os relatos, Colombo tratou-as bem, ordenando que fossem vestidas e alimentadas, e então as mandou de volta à praia, onde correram para os braços do velho índio e mais de cinquenta outros nativos. Mais tarde, os índios devolveram todos os presentes dados pelos europeus, como guizos e outros adereços.

Pela manhã, Bartolomeu e um escriba foram à praia. Assim que botou os pés na areia, os índios o pegaram pelos braços e o sentaram na grama alta e sussurrante que fica a beira d'água, bem diante da vista dos navios. O Adelantado fez algumas perguntas e o amanuense estava pronto para registrar as respostas, mas "os índios ficaram tão horrorizados diante da visão da pena e do papel que a maioria deles fugiu. A razão é que temiam ser enfeitiçados com palavras ou sinais".

No entanto, disse Fernando, eram "eles [que] nos pareciam grandes feiticeiros, e com razão, pois quando se aproximavam dos cristãos lançavam no ar um certo pó. Também queimavam esse pó em incensários, que usavam para fazer com que a fumaça fosse na direção" dos europeus, não muito diferente do incenso com o qual os últimos esta-

380 *El Alto Viaje*

vam familiarizados. A relutância dos índios em aceitar presentes foi percebida por Fernando como uma "prova de que suspeitavam que nós fôssemos magos, pois, como se diz, o ladrão pensa que todos são como ele". De fato, houve uma faísca de reconhecimento mútuo entre índios e cristãos, que percebiam a sofisticação e a inteligência — bem como a estranheza — uns dos outros.

No domingo, 2 de outubro, os navios ainda estavam ancorados nos arredores de Puerto Limón quando Colombo enviou seu infatigável irmão mais uma vez à praia, desta vez para "saber mais sobre as moradias, os costumes e o meio de vida dos índios".

Bartolomeu e seu grupo se depararam com uma cripta impressionante, um "palácio de madeira" coberto de canas, com várias tumbas. Uma abrigava um único corpo, "seco e embalsamado", outra, dois corpos, "sem mau cheiro, envoltos em panos de algodão; sobre as sepulturas havia uma tabuleta em que estavam alguns animais esculpidos, e em outras a efígie de quem estava enterrado, adornada com muitas joias [...] e outras coisas que estimavam muito". Este monumento à mortalidade ilustrava tanto a brevidade de suas vidas temporais quanto a longevidade de seus horizontes espirituais.

Colombo, em atitude típica, pagou tributo à inteligência dos índios capturando vários deles "para saber os segredos da terra", nas palavras de Fernando. Dos sete presos, dois foram escolhidos como guias. "Os outros foram mandados para casa com presentes para que a terra não se alvoroçasse." Valendo-se da ajuda de um intérprete, como de hábito, o Almirante explicou que precisava da ajuda deles para navegar pela costa, e prometeu libertá-los ao final da jornada. Os nativos entenderam errado e concluíram, de maneira bastante compreensível, que Colombo os mantinha presos em busca de resgate. A insensatez persistiu até o dia seguinte, quando uma delegação de índios presenteou os europeus com "dois porcos-do-mato" — que tudo indica ter sido os feios e bravos queixadas — "pequenos, mas muito selvagens", em troca de seus semelhantes. Embora tenha se recusado a devolver os cativos, Colombo pagou pelos "porcos" e polidamente os mandou embora levando os mesmos presentes inúteis que haviam recusado antes.

COLOMBO 381

Os queixadas momentaneamente distraíram Colombo, que ficou fascinado pelo não menos bizarro macaco-aranha, do "tamanho de um pequeno galgo, mas com uma cauda mais longa e tão forte que, quando pega alguma coisa com ela, parece que foi amarrada com uma corda", na hábil descrição de Fernando. "Estes animais andam pelas árvores como esquilos, saltando de uma para outra e se agarrando aos galhos não só com as mãos, mas também com a cauda, com a qual muitas vezes ficam pendurados para brincar ou descansar." Sem saber como classificar aqueles animais ágeis e de membros longos, que então só existiam do Novo Mundo, Fernando os chamou de "gatos". As brincadeiras dos macacos-aranha deram origem a um esporte cruel, que Fernando nunca esqueceu.

> Certo besteiro trouxe de um bosque um desses gatos, que derrubou de uma árvore com uma besta, e, como mesmo em terra [o animal] era muito feroz para que se atrevesse a chegar perto, ele lhe cortou um braço com uma faca. Ao vê-lo assim ferido, um bom cachorro que tínhamos a bordo se assustou, mas mais assustado ainda ficou um dos porcos que os índios nos haviam trazido, que mal viu o gato começou a correr, mostrando grande medo. Isso nos causou grande surpresa, porque, antes disso, o porco investia contra todos e não deixava o cachorro quieto. Por causa disso, o Almirante mandou que pusessem juntos o porco e o gato, ao que o gato enrolou a cauda em volta do focinho do porco, e com o braço que sobrava o agarrou pelo pescoço para mordê-lo, e o porco grunhia de medo. Assim, concluímos que estes gatos devem caçar, como os lobos e os galgos da Espanha.

O balanço de outubro de 1502 passou como uma alucinação de viagem por causa do calor inclemente.

5 de outubro: A baía de Cerabaró "tem três ou quatro canais muito convenientes para sair e entrar com todo tipo de vento. Os navios navegam pelas ilhas, entre uma e outra, como se fossem ruas, com os galhos das árvores tocando o cordame". Vinte canoas se aproximaram, com índios "nus como nasceram", prontos para trocar ouro por guizos.

382 *El Alto Viaje*

7 de outubro: Colombo captura dois índios que se recusam a vender seus espelhos de ouro para os europeus. "Os índios estavam pintados de várias cores, branco, preto e vermelho, tanto no rosto como no corpo." Pedro de Ledesma, o piloto, experimenta uma recepção mais elaborada, de acordo com Las Casas: oitenta canoas, "todas com grande quantidade de ouro a bordo", se aproximaram da frota espanhola, mas "o Almirante se recusou a pegar qualquer quantidade".

Sabendo da obsessão do Almirante por ouro, Las Casas coçou a cabeça. Ou o encontro com oitenta canoas carregadas de ouro nunca ocorreu, ou o Almirante concluiu que a carga e a mensagem que traziam não eram legítimas.

Poucos dias depois, os espanhóis estavam em movimento novamente.

17 de outubro: O Almirante enviou botes a terra na lagoa Chiriqui, e logo uma centena de índios se lançou furiosamente contra eles, com água até a cintura, "brandindo varas, soprando chifres e batendo um tambor, espirrando água nos cristãos e cuspindo neles o suco de alguma erva que mastigavam". Quando os índios se acalmaram, os homens de Colombo conseguiram 16 espelhos de ouro puro, no valor de 150 ducados. E todos explodiram em júbilo.

Nos últimos dias de outubro, Colombo e seus homens encontraram "sinais de um edifício", com o que Fernando queria dizer uma construção de pedra e não de madeira, cana ou palha. Para os europeus, a presença de pedras indicava uma civilização avançada. Neste caso, vestígios dos maias. As realizações arquitetônicas da civilização maia eram ainda mais notáveis porque, ao contrário dos europeus, eles não usavam tração animal ou a força da água para ajudar na construção; tudo era feito à mão.

Fernando comparou a sólida construção a uma "grande massa de estuque", que "parecia ter sido feita de pedra e cal". E o Almirante ficou tão impressionado que "mandou que tirassem um pedaço como uma lembrança daquela antiguidade". Ao encontrar nos maias uma civilização digna deste nome, Colombo parecia estar à beira de estudos e en-

COLOMBO **383**

contros mais profundos, mas preferiu procurar os chineses descritos por Marco Polo, e por isso seguiu em frente.

Em 2 de novembro, a frota chegou a um ancoradouro batizado por Colombo de Puerto Bello, no Panamá, "porque é muito grande, muito belo e povoado, e tem ao redor muita terra cultivada", disse Fernando, elogiando o lugar em que os navios podiam ficar fundeados perto da praia e, ainda assim, sair rápida e facilmente. "A terra que circunda o porto é bem cultivada e cheia de casas localizadas a um tiro de pedra ou de besta umas das outras; parece uma pintura, a mais bela que se viu." Seduzida pela natureza, a frota permaneceu em Puerto Bello enquanto a chuva caía e o mau tempo pairava sobre os europeus.

Uma semana depois, a frota, encharcada, retomou o curso rumo ao leste, e do convés os europeus avistaram vários campos de milho. Os navios pararam para descansar em uma enseada e espalharam o terror entre os moradores, que nadaram freneticamente em busca de segurança. Fernando recordou que quando os homens, por diversão, tentaram alcançar um índio fugitivo e levá-lo a bordo, o nativo "mergulhava como uma ave aquática e emergia a um ou dois tiros de besta de distância. Foi muito divertido ver como os remadores de barco se desgastaram em vão para, no final, serem obrigados a voltar de mãos vazias".

Tomados pelo torpor causado pelo calor e pelas chuvas — a temperatura média ficava em torno dos 30 graus, e a noite não trazia muito refresco —, os homens perderam a noção do tempo. De repente, era dia 23 de novembro e eles estavam "consertando navios e remendando barris" — era quando os tanoeiros faziam seu trabalho — pouco antes de partir para uma terra chamada Guiga, próxima ao istmo do Panamá, embora os homens não fizessem ideia de que estavam numa faixa de terra que separava dois grandes oceanos.

A visão de centenas de índios com pingentes de ouro nas orelhas e no nariz, reunidos na praia, nada tinha de acolhedora. Era, pelo contrário, inquietante. No sábado, 26 de novembro, a frota estava no mar novamente, se espremendo num porto estreito que os homens chamaram de Retrete, que significa "closet" ou, mais provavelmente, "banheiro", "porque era tão pequeno que não cabiam mais de cinco ou seis navios", que precisavam passar por uma entrada com pouco mais de 20 metros de largura, "com rochas tão afiadas quanto pontas de diamantes nos dois lados". A distância entre os navios que manobravam era tão pequena que um homem conseguiria, sem esforço, pular do convés para a praia.

"Estivemos nesse porto nove dias, com tempo revolto", relembrou Fernando, com pesar. Como antes, os índios vieram fazer comércio, mas desta vez ficaram observando os marinheiros "saindo secretamente dos navios". No momento em que viram os intrusos, os índios voltaram para suas casas, porque os marinheiros, "gente dissoluta e avara, lhes faziam muitos ultrajes". Os nativos perderam a paciência "e houve algumas escaramuças entre os dois lados", até que os índios cercaram a frota confinada ao porto estreito. Em vão, "o Almirante tentou apaziguá-los com paciência e cortesia". Para dar uma lição aos nativos, ou, nas palavras de Fernando, "para que não tivessem tanta soberba e aprendessem a não desdenhar dos cristãos", Colombo mandou que a artilharia disparasse contra um grupo que estava no alto de uma colina. A bala de canhão caiu no meio deles, mostrando-lhes que "aquele trovão escondia um raio". Desta vez, a demonstração de força funcionou, e, "depois disso, eles não se atreviam sequer a nos olhar do alto dos montes".

Neste incidente, Las Casas viu a tragédia e a loucura da Empresa das Índias, pela qual culpava um homem: Colombo. "Se essas pessoas tivessem sido tratadas de forma amorosa e justa desde o momento em que foram descobertas, como dita a razão natural", explicou ele, "e principalmente se isso tivesse sido feito de maneira cristã, conseguiríamos obter desse povo todo o ouro e todas as riquezas de que eles desfrutavam com tanta profusão em troca de nossas bugigangas inúteis, e é claro que a paz e o amor poderiam ter reinado entre nós, de forma que sua conversão ao cristianismo teria sido fácil e certa". Mais uma vez, porém, o Almirante só fez piorar as coisas.

Enquanto isso, o porto fervilhava de "grandes lagartos ou crocodilos que saíam para dormir em terra e exalavam um odor tão suave que parece do melhor almíscar" — popularmente conhecido como um afrodisíaco — "do mundo". A visão era compreensivelmente inquietante, até mesmo assustadora. "São tão vorazes e cruéis que se encontrarem um homem dormindo em terra vão arrastá-lo até a água para comê-lo, mas são covardes e fogem quando atacados." Na noite seguinte, os monstros e seu odor retornaram, como faziam todas as noites.

Ameaçada por homens e feras, a frota de Colombo zarpou no dia 5 de dezembro em direção norte, refazendo a rota.

"Nunca se viu tempo tão instável", insistiu Fernando. "Assim que vinha bom vento para ir a Veragua, este era logo sucedido por outro contrário, que nos fazia voltar para Puerto Bello, e quando tínhamos mais esperança de entrar no porto, o vento tornava a mudar, às vezes com tantos trovões e relâmpagos que os homens não se atreviam a abrir os olhos e parecia que os navios estavam afundando e que o céu estava vindo abaixo." Às vezes, o rugido dos trovões persistia até o ponto em que "tínhamos certeza que algum navio da frota estava disparando tiros de pedido de socorro". As chuvas torrenciais ensoparam as velas e varreram os conveses. Terríveis tempestades eram comuns na região da costa da Nicarágua, e a vida de todos estava em risco. "Todos padeciam com muito trabalho e estavam desesperados, pois não conseguiam repousar nem meia hora e eram banhados continuamente pela água, ora indo para um lado, ora para outro, lutando com os elementos e temendo a todos." Havia muito a temer: "O fogo, por causa dos raios e dos relâmpagos, o ar, por sua fúria, a água, por causa das ondas, e a terra, por causa dos recifes e rochas de costas desconhecidas, que costumam se erguer contra os homens perto do porto onde esperavam encontrar descanso." Mas os marinheiros resistiram e, enquanto o filho tremia diante da fúria da natureza, Colombo tentava dar ordens e lutava para preservar a sanidade.

Como se não bastassem todos os terrores enfrentados pela frota, uma "tromba-d'água" — termo usado por Fernando para descrever um pequeno tornado — passou por entre dois navios em 13 de dezembro, abrindo uma vala mortal. Observando o funil do ondulante convés de seu navio, Fernando notou como "a água sobe até as nuvens em forma de uma coluna mais grossa que um tonel, retorcendo-se como um torvelinho". A única defesa era rezar: "Se os marinheiros não a tivessem dissolvido ao recitar o Evangelho segundo João, não resta dúvida de que teria afundado tudo que atingisse."

386 *El Alto Viaje*

Enquanto a tempestade soprava sem trégua, a *Vizcaína* desapareceu em meio à névoa, e muitos temeram que por todo o sempre, até ressurgir "depois de três dias muito escuros, período em que perdeu o batel e, depois de ancorar perto da terra, acabou tendo o cabo cortado". A embarcação estava a salvo, por enquanto.

O furacão tinha cedido, mas, nas entranhas do casco do navio, os gusanos lentamente o destruíam.

Até mesmo o tempo bom, que finalmente voltou "depois que a frota tinha sido semidestruída pela tempestade", trouxe uma nova ameaça. Um redemoinho de sombras abaixo da superfície encrespada do mar se aglutinou em um grande cardume de tubarões — provavelmente exemplares do tubarão bico-fino do Caribe (*Carcharhinus perezi*). Os *tiburones* cercaram os navios e aterrorizaram os supersticiosos marinheiros, que os consideravam abutres do mar, portadores de maus presságios.

Eles "agarram o braço ou a perna de uma pessoa com os dentes e a cortam como uma navalha, porque têm duas filas de dentes parecidos com serras", observou Fernando, com repulsa. Os marinheiros mataram tantos predadores quanto possível, mas "eles ainda nos seguiam se revolvendo na água". O filho de Colombo se referia ao que hoje é conhecido como comportamento combativo dos tubarões, exibido quando os animais se sentem ameaçados. Quando exibem este comportamento, os tubarões exageram os movimentos que fazem normalmente. O tubarão bico-fino, por exemplo, aponta as rígidas barbatanas para baixo, arqueia o dorso e chicoteia a cauda para os lados, nadando de maneira que lembra o número 8. Quando esses animais se comportam assim, estão prestes a atacar ou fugir.

Os tubarões eram tão vorazes, relembrou Fernando, que comiam carniça, e "para capturá-los bastava envolver um pedaço de pano vermelho no anzol". A ferocidade dos predadores do mar era pior do que o jovem imaginava. "Vi tirarem do ventre de um desses tubarões uma tartaruga, que depois viveu no navio." De outro, saiu uma cabeça de tubarão que os homens haviam jogado ao mar, "porque não era boa para comer, embora o resto do corpo fosse de carne apetitosa". Ainda assim, o tubarão a havia devorado. Embora os monstros marinhos tenham causado repulsa, "a todos lhes fizemos a honra de comê-los, [...]

pois havia passado mais de oito meses que estávamos no mar, durante os quais toda a carne e o peixe que trouxemos da Espanha tinham sido consumidos". O sangue, o lodo, a espuma, o cheiro, os navios se jogando e se inclinando ao sabor dos mares encrespados, tudo isso deixava um homem faminto e nauseado ao mesmo tempo. O pouco de comida que restava os levou a vomitar de nojo. "Com os calores e a umidade do mar, até o biscoito estava tão cheio de gusanos que — Deus me ajude! — vi muitos que esperavam a noite para comer o mingau, para não ver os gusanos; outros já estavam tão acostumados a comê-los que não se importavam em tirá-los, embora os vissem, porque, se fossem reparar nisso, perderiam o jantar."

A salvação veio em 17 de dezembro, quando a frota chegou a Puerto Gordo, no Panamá. "Neste porto, que lembrava um grande canal, descansamos por três dias."

Os homens, cambaleantes e enfraquecidos pelas provações, desembarcaram para observar outra maravilha. "Vimos que os locais moram nas copas das árvores, como pássaros; suas cabanas são construídas sobre armações de varas atravessadas de um galho a outro." Os homens não sabiam como explicar o fenômeno e concluíram que se devia ao "medo de grifos" — criaturas míticas com cabeça de águia e asas presas a um corpo de leão. Ou, talvez, a moradia em estruturas erguidas sobre as árvores tivesse uma explicação mais simples, como uma medida de precaução contra grupos rivais.

Em 20 de dezembro, a frota içara as velas novamente, mas, "mal saímos ao mar, os ventos e as tempestades voltaram a nos fustigar, de maneira que nos vimos obrigados a entrar em outro porto". Três dias depois, Colombo julgou que as condições eram suficientemente seguras para que a frota tentasse novamente, "mas o tempo, como quem espera um inimigo em alguma esquina para matá-lo, logo nos atacou". As rajadas levaram os navios indefesos de volta ao porto, onde buscaram refúgio em 12 de dezembro. Com a proximidade do Natal, os homens se ocupavam com os reparos na *Gallega* e em carregar milho, madeira e água, enquanto seus estômagos suplicavam por carne e vinho. Em 3 de janeiro de 1503, a frota se lançou ao mar mais uma vez, só para encontrar "tempo ruim e ventos contrários que ficavam piores conforme o Almirante mudava o rumo de sua rota".

O Almirante encarou as tempestades como algo pessoal: eram contendas com forças cósmicas em que ele era obrigado a lutar corpo a corpo com os elementos. Colombo não teria ficado surpreso se um anjo rancoroso emergisse em meio à massa de cúmulos-nimbos, engendrando trovões e relâmpagos, pronto para lutar com ele até o fundo do mar.

"Durante nove dias eu estive perdido, sem esperança de sobreviver", lembrou.

> Nunca se viu o mar tão revolto, tão feio ou tão fervilhante de espuma. O tempo não permitia que seguíssemos em frente, nem nos dava chance de fugir, nem permitia que nos refugiássemos sob algum promontório. Ali estava eu preso naqueles mares transformados em sangue, fervendo como um caldeirão numa imensa fogueira. Os céus nunca pareceram tão ameaçadores. Dia e noite ardiam como uma fornalha e os raios explodiam em relâmpagos tão fortes que a todo momento eu olhava para ver se meus mastros e velas tinham sido atingidos. Eles vinham com uma fúria tão aterrorizante que pensávamos que os navios seriam completamente destruídos. Todo esse tempo a água caía sem cessar do céu. Podia-se dizer que não chovia, pois parecia uma repetição do dilúvio. As tripulações estavam tão esgotadas que desejavam que a morte viesse para livrá-las de seu martírio. Os navios tinham perdido botes, âncoras e cordames duas vezes, e tiveram as velas arrancadas.

Em 6 de janeiro, a surrada frota veio descansar no Panamá atual, na foz de um rio que Colombo batizou de Belém. Depois de três dias de encontros ambíguos com índios e expedições infrutíferas em busca de ouro, as naus *La Capitana* e *Vizcaína* aproveitaram a maré cheia para seguir além da barra e subir o rio Belém. A vista dos estranhos navios reuniu multidões de índios que negociavam peixes com o mesmo vigor dos mercadores das docas de Gênova ou Sevilha. Fernando ficou boquiaberto ao saber que os peixes nadavam contra a correnteza para encontrar seu destino. Mendigando um pouco de ouro onde pudesse encontrá-lo, Colombo trocou guizos e colares de contas por amostras do precioso metal. No dia seguinte, os dois outros navios da frota cruzaram a barra e, com toda a força reunida, o Almirante se preparou para reclamar o ouro que acreditava estar escondido nas minas de Veragua.

"No terceiro dia após nossa chegada, o Adelantado levou os barcos ao longo da costa e subiu o rio até a aldeia do Quibian", escreveu Fernando, "que é o nome que os índios dão a seus reis". Por ficar sabendo dos visitantes com antecedência, o Quibian imediatamente desceu o rio com suas canoas para cumprimentá-los. O resultado foi, talvez, o contato inicial mais adequado de toda a viagem: "Eles se trataram com muita cortesia e amizade, dando um ao outro as coisas mais valiosas, e depois de terem conversado por um longo tempo, o Adelantado e o Quibian voltaram aos seus muito pacificamente." No dia seguinte, o diplomático cacique voltou para cumprimentar o Almirante em pessoa a bordo da nau capitânia, onde ambos conversaram por uma hora sem rivalidade ou rancor.

Então, na terça-feira, 24 de janeiro, houve nova tempestade. Momentos antes, os espanhóis se sentiam calmos e seguros, porém agora, com o dilúvio, o rio Belém inundara as margens. "Antes que pudéssemos nos preparar ou lançar os cabos a terra", escreveu Fernando, num fôlego só, "a fúria da água atingiu a *Capitana* com tanta força que rompeu uma das âncoras e a atirou com tanta força contra a *Gallega*, que estava à popa, que o golpe quebrou a contramezena", o pequeno quarto mastro de velas latinas. "Logo, abordando uma à outra, correram com tanta fúria daqui para lá que toda a armada esteve em risco de perecer." Se os navios afundassem, tudo estaria perdido, e Colombo e o filho afundariam com eles.

Por fim, os navios conseguiram se desembaraçar e desceram o rio até chegar ao mar. "Era tão cruel a tormenta [que caía sobre o mar] que a frota poderia ter sido feita em pedaços na desembocadura do rio." Não havia nada a fazer senão esperar e rezar. O resultado justificava a arriscada decisão de Colombo de não buscar refúgio no mar, onde o desastre estava à espreita.

Quando o céu clareou, vários dias depois, Colombo delegou a Bartolomeu a tarefa de "colonizar e conquistar a terra". A meio da viagem,

390   *El Alto Viaje*

o Almirante abriria mão da busca por um estreito que levasse à Índia para regressar à Espanha e aos Reis Católicos. A decisão brusca sugeria que Colombo estava mais doente do que qualquer um — até mesmo o filho — imaginava, e que desejava, acima de tudo, voltar para casa a fim de se recuperar, ou morrer tentando.

CAPÍTULO 12

Náufragos no paraíso

Em 6 de fevereiro, Bartolomeu liderava uma tripulação de 68 homens em barcos a remo desde a costa até a foz do rio Veragua, a oeste do rio Belém, e subia o curso d'água em direção à aldeia do Quibian, onde o grupo passou o dia em descanso, estudando a melhor maneira de cruzar a selva rumo às minas de ouro. O rei gentilmente mandou guias para mostrar o caminho, e, poucas horas após terem chegado, os europeus já estavam garimpando ouro, muitos deles pela primeira vez na vida. À noite, quando voltaram aos navios, estavam cansados, contentes e se sentiam ricos.

Os homens descobriram mais tarde que as promissoras minas de ouro não ficavam em Veragua, como pensavam, mas em Urirá, uma província que estava em guerra com os anfitriões dos exploradores. "O Quibian levara os cristãos até lá para irritar os inimigos" e, pior ainda, "na esperança de que os cristãos fossem para aquele país e deixassem o dele", disse Fernando. O grandioso e gentil rei era mais astuto do que os europeus imaginaram, e começou a conspirar contra eles.

Enquanto Colombo se preparava para regressar à Espanha, seu irmão, o Adelantado, empreendeu outra expedição em busca de ouro. Com exceção do golpe das minas, os europeus foram tratados como embaixadores e convidados de honra, e não como conquistadores temidos ou vilipendiados. Em 24 de fevereiro, os exploradores cobriram uma distância tão grande em direção ao interior que despertaram a preocupação

392 *Náufragos no paraíso*

de Bartolomeu. O grupo havia ficado tão longe dos navios que o Adelantado decidiu refazer a rota.

Ao longo do caminho, e quase como um adendo, pela maneira casual com que Fernando mencionou o fato, o Adelantado lançou as bases para um novo assentamento europeu, o primeiro na região. Divididos em oito grupos de dez, os homens "iniciaram a construção de casas nas margens do rio Belém, a cerca de um tiro da lombarda de foz, além de uma ravina que desce até o rio, ao pé da qual existe uma pequena colina", lembrou Fernando. Passo a passo, edifício a edifício, o império espanhol se estendeu para o interior da América Central (não que a região de Veragua fosse reconhecida como tal, naquele momento). Em pouco tempo, "dez ou 12 casas" surgiram na selva. As edificações não eram páreo para as sofisticadas construções dos maias, mas eram a prova de que os europeus que as ergueram estavam ali para ficar. "Além das casas, feitas em madeira e cobertas com folhas das palmeiras que crescem na praia, os exploradores construíram uma casa grande para ser usada como armazém e arsenal, na qual guardaram muitas peças de artilharia, pólvora e alimentos." No entanto, "as coisas para o sustento dos exploradores, como vinho, biscoito, azeite, vinagre e queijo, que ali não havia outra coisa para comer", foram armazenadas a bordo da *Gallega*, para segurança máxima. Colombo pretendia deixar o navio para uso do Adelantado.

Recuperando o fôlego, Fernando registrou às pressas suas impressões dos índios de Veragua, a forma curiosa como viravam as costas quando falavam uns com os outros, o hábito de mastigar ervas incessantemente ("concluímos que deve ser por causa dos dentes podres"), a forma como pescavam com anzóis "serrados de cascos de tartaruga" e depois embrulhavam os peixes em folhas para secar.

Depois de acumular várias impressões sobre os costumes indígenas, o jovem Fernando passou a ter uma perspectiva bem distinta do pai com relação a seus anfitriões. O Almirante avaliava as habilidades dos índios da forma mais utilitarista possível, em termos de valor tático, probabilidade de conversão ao cristianismo e utilidade. Fernando simplesmente se admirava com a graciosidade e o domínio do ambiente que os nativos exibiam, e, ao contrário do pai, nunca se esqueceu de que estava na terra deles, e não o contrário. Em suas descrições, os índios tinham a capacidade de desaparecer e se materializar novamente sem aviso, às vezes afáveis, ocasionalmente dissimulados, mas sempre envoltos em mistério. Para o jovem, os nativos eram índios, e não escravos em potencial ou gente que precisava de conversão. Eles já estavam prontos.

Em Veragua, a vida dos europeus estava nos cursos d'água, mas, como Fernando viria a descobrir, a morte também poderia estar. "O rio, que antes, pela subida das águas, nos pusera em grande perigo, agora nos impunha um risco ainda maior, por falta delas", observou ele, de maneira sombria. "Depois que cessaram as chuvas de janeiro [...] a foz do rio se encheu de areia, de modo que, quando entramos nele, tinha 4 braças de água, o que era muito pouco para [permitir a entrada]; quando quisemos sair, havia meia braça. Com isso, ficamos irremediavelmente presos." Rebocar os navios por sobre a areia até chegar ao mar estava fora de questão, e "mesmo que tivéssemos as máquinas para fazer isso, o mar nunca estava muito tranquilo, e, com a menor onda que chegasse à margem, os navios seriam feitos em pedaços, especialmente os nossos, que já pareciam favos de mel, todos corroídos pelos gusanos". Tudo o que os homens podiam fazer era rezar pela chuva, que, em quantidade suficiente, faria os navios flutuarem sobre o banco de areia até chegar a mar aberto.

Os europeus preferiam enfrentar os perigos do oceano aos da terra, onde o antigo aliado, o Quibian, "profundamente ofendido por termos feito um assentamento naquele rio", agora "planejava incendiar as casas e matar os cristãos". Em retaliação, os espanhóis levariam o Quibian e "todos os principais cidadãos locais" a Castela, e obrigariam aqueles que permanecessem a "aceitar a supremacia dos cristãos".

Por mais irreal que o plano de enganar o cacique pudesse parecer, os homens de Colombo contavam com os cavalos, os cachorros e, acima de tudo, com as armas de fogo para vencer. E assim estava montado o palco para mais um confronto entre os cristãos, com sua virtude, e os índios, em desvantagem.

Em 30 de março, o Adelantado seguiu com 74 homens até uma aldeia em Veragua para enfrentar o Quibian. De sua cabana nas encostas, o cacique avisou os espanhóis a distância. Ele não queria que sua família

394 *Náufragos no paraíso*

o visse com os estrangeiros, nem que eles violassem a santidade de sua casa. Para evitar que o cacique tentasse fugir, Bartolomeu chegou com um destacamento de apenas cinco homens. Que mal havia nisso? Os outros europeus, por sua vez, estavam escondidos na selva, aos pares e distantes uns dos outros, prontos para armar uma emboscada. "Chegando à distância de um tiro de mosquete da casa, deveriam cercá-la e não deixar ninguém escapar." Manter os índios em prisão domiciliar em sua própria aldeia era uma tarefa absurda, mas Bartolomeu prosseguiu com teimosia digna do irmão. Quando se aproximou da cabana, "o Quibian mandou dizer que o Adelantado não deveria entrar na casa, pois, embora estivesse ferido por uma flechada, ele mesmo iria sair para falar com [o europeu]. Ele fez isso para evitar que os cristãos vissem suas esposas, pois os índios são muito ciumentos. Então saiu e sentou-se na soleira da porta, dizendo que o Adelantado poderia se aproximar, e assim ele o fez, dizendo aos outros cristãos para atacar assim que agarrasse o Quibian pelo braço".

Com dezenas de homens à espreita, Bartolomeu fingiu preocupação com o braço ferido do cacique e depois o agarrou, segurando-o com firmeza até que a tropa de quatro espanhóis chegasse à cabana para levar o Quibian como refém. "Então o quinto homem disparou a arma e todos os cristãos saíram da tocaia e cercaram a casa." Lá dentro, encontraram cinquenta índios, que capturaram sem causar um único ferimento. Entre eles estavam as mulheres e os filhos do Quibian. A visão do chefe levado como prisioneiro paralisou os outros nativos, que, em vez de resistir, "ofereceram um valioso resgate por sua liberdade, dizendo que nos dariam um tesouro ainda maior, escondido em um bosque próximo". O Adelantado não acreditou em uma palavra e bruscamente ordenou que o Quibian, mulheres, filhos e seguidores ficassem presos nos navios até que outros índios pudessem realizar o resgate. ("Este foi um dos grandes feitos conseguidos naquele dia pelo comandante", comentou um sarcástico Las Casas.) Após a partida dos índios, Bartolomeu e seus homens ficaram para trás a fim de pacificar os aliados e familiares do Quibian.

O plano dos espanhóis começou a desmoronar quando os homens discutiam quem deveria levar as dezenas de índios cativos até os navios que esperavam na foz do rio. Por fim, disse Fernando, a responsabilidade recaiu sobre Juan Sánchez de Cádiz, o estimado piloto-chefe da frota. Ele se ofereceu para levar o cacique "de pés e mãos atados".

O Adelantado concordou, aconselhando o piloto a manter o Quibian preso o tempo todo. Se o cacique escapasse, Sánchez jurou "permitir que os pelos de sua barba fossem arrancados um a um". Com isso, seguiu rio abaixo com o Quibian em estreita vigilância. Ao se aproximar da foz, o cacique começou a reclamar que as amarras o estavam ferindo. Por pena, Sánchez afrouxou todas as cordas que prendiam o cativo, com exceção das mãos.

Observando cuidadosamente o captor, o Quibian escolheu um momento em que o piloto estava desatento e pulou na água. A corda que mantinha os dois homens juntos puxou Sánchez com tanta força que ele foi forçado a desamarrá-la para não ser arrastado para a morte pelo cacique fugitivo. "A essa altura já estava escuro, e os outros prisioneiros fizeram tanto barulho que os cristãos não conseguiam nem ouvir nem ver o cacique nadando para a terra, e ele desapareceu como uma pedra que caiu na água." O Quibian desaparecia dentro da noite, enquanto Sánchez se dava conta, para seu próprio desgosto, de que tinha violado o juramento. Se os pelos de sua barba foram realmente arrancados, nunca se soube.

Determinado e destemido, o Adelantado percorreu as colinas verdejantes em busca de índios fugidos. Até 1º de abril, ele ainda tinha dúvidas. A população tinha abandonado o campo, cabanas vazias estavam espalhadas sobre as colinas, como sentinelas silenciosas. Por fim, Bartolomeu reconheceu que seria difícil voltar para casa em segurança, se fosse atacado, mas conseguiu regressar aos navios que o esperavam sem perder vidas e apresentou a Colombo "cerca de trezentos ducados em espelhos e águias de ouro, serpentes de ouro que os índios usavam ao redor de pernas e braços e cordões de ouro que traziam sobre as cabeças, como se fossem coroas". Os homens separaram a quinta parte, devida aos soberanos, e "dividiram o resto entre os membros da expedição, presenteando o Adelantado com uma das coroas, como símbolo da vitória" — que, por fim, se mostraria inútil.

396   *Náufragos no paraíso*

Por enquanto, a sorte estava ao lado do Almirante. As chuvas tinham voltado, convocadas, segundo a crença dos homens, por suas fervorosas orações, e fez o rio encher até o ponto em que os navios conseguiram superar os bancos de areia e chegar ao oceano. Colombo aproveitou a oportunidade para começar a viagem de volta com três navios "que pudessem chegar o mais rápido possível ao assentamento", que consistia em apenas oito ou dez casas, um punhado de homens e inúmeros índios esperando para subjugá-los. O Almirante deu todas as indicações de que recorreria à dúbia estratégia adotada durante a primeira jornada para garantir a si mesmo uma segunda viagem: manter um pequeno contingente de homens vulneráveis, mal-equipados e de vacilante lealdade em meio à natureza selvagem, e que, no fim das contas, precisaria ser resgatado.

Embora Colombo tenha repetidamente mostrado seu magistral domínio do Atlântico, que garantia travessias rápidas e seguras, os navios pareciam estar, desde o início, em constante perigo, e os homens se viam obrigados a carregar e depois descarregar o lastro a fim de deixar as embarcações leves o suficiente para cruzar bancos de areia. Até mesmo Fernando, que confiava plenamente na arte da navegação do pai, começou a ter dúvidas. Quando "chegamos ao mar aberto", lembrou o jovem, "a uma légua da foz do rio, e estávamos prestes a partir, Deus inculcou na mente do Almirante que mandasse a nau capitânia a terra firme para renovar o suprimento de água [...] e por isso o barco foi perdido, embora muitos homens tenham sido salvos em terra e mar". No que seu pai estava pensando?

Após esse erro de julgamento, as coisas nunca mais seriam as mesmas.

"Quando o Quibian e os índios viram que as caravelas tinham zarpado", escreveu Fernando, "e que não conseguiríamos ajudar os homens que ficaram para trás, atacaram a cidade cristã no exato momento em que o bote se aproximava da costa. Os densos bosques permitiram que os índios chegassem a 15 metros das cabanas sem serem percebidos. Eles atacaram aos gritos, atirando dardos em cada cristão que viam". Atordoados, os homens de Colombo lutaram pela vida, liderados por Bartolomeu, que cada vez mais preenchia o vácuo de liderança deixado pelo irmão.

COLOMBO 397

Aproveitando uma oportunidade, o Adelantado, com coragem renovada, atacou os índios, que recuaram para a floresta que ficava na fronteira das moradias. Os dois lados lançaram dardos e lanças como se estivessem "em justas", comentou Fernando. Os espanhóis repeliram os índios "pelo fio da espada e graças a um cachorro que os perseguiu furiosamente". As baixas: "um cristão morto e sete feridos, um deles o Adelantado, que recebeu um dardo no peito". Bartolomeu, no entanto, conseguiria sobreviver.

Fernando, que esteve próximo dos acontecimentos, pareceu satisfeito com o resultado, mas Las Casas espumou de raiva com o que considerava mais um exemplo da barbárie espanhola: "Como sempre, foram os pobres índios, nus e indefesos, que levaram a pior, enquanto os espanhóis estão livres para massacrá-los com as suas espadas, deceparlhes as pernas e os braços, rasgar-lhes as barrigas, decapitá-los e, em seguida, mandar os cães persegui-los e despedaçá-los." Las Casas talvez sentisse uma ponta de satisfação em notar que os dardos indígenas logo fariam muitas vítimas espanholas que tentavam fugir dos guerreiros em canoas. Um dos sobreviventes, um tanoeiro de Sevilha chamado Juan de Noya, escapou nadando por baixo d'água até a margem do rio, para depois correr até a segurança na selva e, finalmente, chegar ao pequeno povoado europeu, onde alertou os outros sobre o ataque e as mortes. "Com essa notícia, nossos homens ficaram transidos de medo", disse Fernando. Os europeus estavam em número bem menor, muitos de seus companheiros estavam mortos e "o Almirante estava no mar, sem bote e impossibilitado de mandar ajuda".

Não havia outra escolha senão fugir do assentamento antes que eles próprios fossem mortos. "É o que teriam feito, também, de forma desordenada, como amotinados, se não fossem impedidos pelo fechamento de um rio por causa do tempo ruim." Eles não conseguiam chegar à caravela que lhes fora destinada, e "não podiam sequer mandar um bote para avisar o Almirante sobre o acontecido porque o mar quebrava violentamente sobre o banco de areia". Não havia saída, eram náufragos no paraíso. A "Índia" que Colombo buscara de maneira tão ferrenha e explorara de maneira tão minuciosa o havia aprisionado. Sem um navio capaz de enfrentar o mar ou perspectiva de resgate, estavam condenados

398 *Náufragos no paraíso*

a perecer em total anonimato. Desesperados, os homens se amotinaram, "lotando o navio com a intenção de abrir caminho até mar aberto, para logo descobrir que o caminho estava bloqueado por um banco de areia". O mar agitado impedia que enviassem um navio com uma mensagem para Colombo.

O Almirante também estava em perigo, ancorado em um litoral extremamente rochoso, sem bote e com a força dizimada pelos índios. Ainda pior, os espanhóis presos em terra experimentavam a angústia de ver os cadáveres de seus compatriotas flutuando rio abaixo, com os corpos perfurados. No céu tempestuoso acima de suas cabeças, corvos e abutres que "grasnavam e voavam de um lado para outro" pousaram para se fartar com os corpos, "como se estivessem possuídos".

Enquanto isso, escreveu Fernando, os homens seguiram em silêncio para um "grande espaço aberto na margem oriental do rio", onde construíram uma fortaleza improvisada, feita de barris e peças de artilharia. A estrutura cumpriu seu papel, e os índios, aterrorizados com as balas de canhão, mantiveram distância.

A tempestade cobrou um alto preço a Colombo, que enxergou nos ventos que sopravam furiosamente e nas ondulações nauseantes do mar um prenúncio do apocalipse, agravado pelo medo de que os índios tivessem matado os homens deixados para trás. Durante todo o tempo ele permaneceu confinado à cabine do capitão, pouco maior que um closet, fraco e doente demais para travar uma luta contra seus inimigos e os elementos.

Ao recontar o trauma vivido em nome de Fernando e Isabel, que só poderiam ter considerado o Almirante louco enquanto ouviam o relato, Colombo descreveu como a situação se deteriorava a cada relâmpago. "Meu irmão e o resto da tripulação estavam em um navio que permaneceu dentro [do banco de areia], enquanto eu estava sozinho do lado de fora, em mar bravio e com febre alta, deitado e tão deprimido que toda a esperança de recuperação fora embora."

Finalmente, o incrível ocorreu; a bordo da *Capitana*, Colombo ouviu uma voz divina, que fazia dele o destinatário de uma nova escritura:

Em tal estado de tormento, levantei-me e fui à parte mais alta do navio, pedindo socorro com voz assustada, gritando e, com grande intensidade, invocando aos quatro ventos o socorro dos capitães de guerra de Vossas Altezas, mas ninguém respondeu. Derrotado pelo cansaço, adormeci gemendo. Ouvi uma voz misericordiosa dizendo:

"Ó tolo, ó homem que acredita em vosso Deus e O serve, o Deus de todos, que muito fez por Moisés e Davi, Seus servos. Desde o nascimento Ele sempre cuidou de vós; quando Ele viu que vós estivestes na idade que Lhe pareceu certa, Ele fez com que vosso nome ecoasse maravilhosamente por todo o mundo. As Índias, esta parte do mundo que é tão rica, Ele vos deu; vós a dividistes como considerastes melhor, e Ele vos permitiu. A vós Ele deu as chaves para abrir a barreira do Mar Oceano, que estava fechada com as mais fortes correntes; vós sois obedecidos em tantos países e isto vos trouxe fama gloriosa perante todos os cristãos. [...]"

Como em um desmaio, eu ouvia tudo, mas não conseguia responder a palavras tão certas, e não podia fazer nada além de chorar por meus erros. Ele que estava falando comigo, quem quer que fosse, terminou assim:

"Não tema, tenha fé."

Não está claro se Colombo realmente atingiu a "parte mais alta" do navio. Seu filho, entre outros, mencionou que o Almirante não tinha condições de deixar a cabine. Talvez Colombo tenha escalado aquelas alturas em sua imaginação. Onde quer que estivesse, o Almirante acreditava ter ouvido a voz de Deus.

No relato de Colombo, sua fé foi recompensada nove dias depois, em 15 de abril, quando o tempo clareou o suficiente para reunir os sobreviventes do massacre e da tempestade para uma última viagem. Apesar de tudo, o Almirante continuava determinado a regressar à Espanha, e deu a seguinte justificativa: "Eu teria ficado com todos para guarnecer a colônia se houvesse maneira de informar Vossas Altezas." Após apresentar as desculpas aos distantes Reis Católicos, ele zarpou "na noite de Páscoa" — 16 de abril. Corroída por gusanos, sua frota não tinha mais condições de navegar. O Almirante abandonou a frágil *Gallega* em Belém e logo abandonaria a *Vizcaína*, pouco antes de a embarcação se partir em pedaços. "Isso deixou apenas duas, na mesma condição que as outras, sem botes ou provisões, para cruzar 11 mil quilômetros de mar e água doce e o que mais aparecesse, ou então morrer no caminho com meu filho, meu irmão e muitos homens", lamentou. Para aqueles que depois se atreveram a criticar suas decisões, Colombo respondeu: "Gostaria de tê-los visto nesta viagem!"

Depois da catarse em que Colombo ressurgiu com a fé intacta, a situação a bordo da *Bermuda* se deteriorou rapidamente. Encolhidos no porão fétido estavam as esposas, os filhos e os outros parentes do Quibian, o cacique que se libertara dos grilhões e escapara de seu guarda, Juan Sánchez. Os encarcerados também tinham decidido fugir.

Uma noite, os marinheiros que dormiam no convés se esqueceram de prender a escotilha com correntes. Lá embaixo, os índios empilharam as pedras que serviam de lastro ao navio. Equilibrando-se precariamente naquela instável pilha de pedregulhos, os nativos empurraram a parte de baixo da escotilha com os ombros, jogando longe os marinheiros que dormiam sobre ela. E assim, rapidamente, antes que os outros europeus a bordo pudessem reagir, vários líderes indígenas subiram ao convés e mergulharam para a liberdade. Quando acordaram e perceberam o que tinha acontecido, os marinheiros fecharam a escotilha, dessa vez com correntes, e viram que era melhor não dormir de novo enquanto estivessem em vigia.

Os índios abaixo do convés perderam toda a esperança de recuperar a liberdade. Preferiam se afogar ou sufocar a ficar longe de suas terras ancestrais. Em desespero, juntaram cordas e, um a um, se enforcaram nas vigas do convés, "dobrando os joelhos porque não havia espaço suficiente para se pendurar direito", disse Fernando. Quando foram descobertos, já era tarde demais para salvá-los.

Fernando admitiu, de maneira cruel, que "a morte deles não foi uma grande perda para nós da frota, mas agravou a situação dos homens em terra". Ele acreditava que, com os filhos feitos reféns, o Quibian continuaria na baía, mas agora que os nativos haviam se matado, os europeus em terra e mar estavam sujeitos a retaliações dos índios. O filho do Almirante lamentou não as mortes, mas esses "tormentos e infortúnios, com nossas vidas penduradas pelos cabos de ancoragem, e estamos completamente no escuro com relação ao estado de coisas em terra". Dada a forma como os insensíveis espanhóis tinham tratado os prisioneiros inocentes no navio, não seria surpresa se os índios em terra contra-atacassem, em autodefesa.

Enquanto o cerco continuava em terra, os espanhóis perceberam que os homens encurralados no forte improvisado precisavam de resgate para não serem mortos. Alguns marinheiros em boas condições físicas se ofereceram para seguir até o banco de areia no bote da caravela *Bermuda* — o último remanescente da frota. Colombo não teve escolha se não "aceitar a oferta", e assim os homens remaram até chegar a "um tiro de mosquete da terra; não era possível chegar mais perto por causa das ondas que quebravam na praia". Chegando lá, Pedro de Ledesma, o piloto de Sevilha, "saltou do bote e nadou do banco de areia até o assentamento". Ao chegar, ouviu os homens encurralados suplicando para sair daquela "situação desesperadora; eles imploraram ao Almirante que os levasse a bordo, porque deixá-los para trás seria condená-los à morte". Alguns ameaçaram um motim; estavam preparados para roubar uma canoa indígena e regressar aos navios dessa forma, se fosse necessário, preferindo "arriscar a vida a esperar a morte pelas mãos daqueles cruéis açougueiros, os índios".

Em vista da terrível situação relatada por Ledesma e os outros e da ameaça de motim, o Almirante amoleceu um pouco e decidiu acatar o pedido, mesmo que isso significasse "ficar na costa sem possibilidade de salvar aos homens ou a si mesmo se o tempo piorasse". Depois de oito dias "à mercê dos cabos da proa", com o que Fernando quis dizer que uma única âncora separava o navio do desastre, o tempo abriu e os europeus presos em terra começaram "a transportar a si mesmos e a seus equipamentos sobre os bancos de areia, usando o único bote e duas canoas amarradas juntas para que não virassem". A transferência custou dois dias de agonia, depois dos quais "nada permaneceu em terra, apenas o casco da *Gallega*, corroído pelos vermes".

402 *Náufragos no paraíso*

* * *

Eufóricos de tão aliviados, os sobreviventes zarparam em 16 de abril de 1503, rumo leste ao longo da costa. Uma disputa de navegação começou. Os pilotos, com base em rudimentares cartas náuticas, acreditavam que Hispaniola estava ao norte, enquanto os irmãos Colombo "sabiam que era necessário navegar um bom trecho pelo litoral antes de atravessar o mar que fica entre o continente e Hispaniola". A decisão gerou burburinhos revoltados entre os marinheiros, convencidos de que "o Almirante pretendia seguir diretamente para a Espanha com navios impróprios e poucas provisões".

A pequena frota seguiu seu curso até regressar a Puerto Bello, onde "tivemos de abandonar a *Vizcaína*, porque ela fazia muita água e porque o tabuado estava completamente tomado por gusanos". Refazendo a rota anterior, *La Capitana* e *Bermuda*, os navios restantes, passaram por Retrete e pelo arquipélago das Mulatas — 200 quilômetros a leste de Puerto Bello — e navegaram em direção a um promontório sarapintado que Colombo chamou de Marmóreo.

Impelido pelos ventos alísios e livre dos reveses por um momento, a diminuta frota de Colombo chegou ao cabo Tiburón, na Colômbia, em 1º de maio, e continuou rumo ao norte "com ventos e correntes de leste, porque procurávamos sempre navegar com o vento que tínhamos". Novamente os pilotos tentaram dizer a um volúvel Colombo "que já havíamos passado a leste das ilhas dos caraíbas, mas o Almirante temia não conseguir alcançar Hispaniola". Em 10 de maio, uma quarta-feira, avistaram pequenas ilhas cheias de tartarugas — "assim como o mar ao redor, que parecia cheio de pequenas pedras" — e deram a elas o nome Las Tortugas, hoje ilhas Cayman, que logo deixaram para trás.

Em 13 de maio, Colombo se aproximava de Cuba em estado de desespero. Fernando relatou o desastre: "Estávamos ancorados naquelas paragens, a 10 léguas de Cuba, com bastante fome e trabalhos, porque não tínhamos o que comer além de biscoito e um pouco de azeite e vinagre, fatigados de trabalhar dia e noite para tirar a água com três bombas, porque os navios estavam a ponto de ir a pique por causa dos muitos buracos feitos pelos gusanos. Estando ali, à noite, sobreveio uma grande tempestade em que a *Bermuda*, não podendo se manter com as âncoras, foi arremessada contra a nossa nave e teve rompida toda a proa" — a parte da frente do casco — "e ela própria [*Bermuda*] não saiu intacta, porque perdeu quase toda a popa, até perto do leme". Em meio ao vento e à chuva que castigavam os mastros, o velame e o cordame, enquanto os navios enfrentavam mares pesados, os homens conseguiram separar as duas embarcações antes que houvesse mais estragos.

A tempestade havia esticado os cabos das âncoras até o limite. Na parte da manhã, a tripulação descobriu que só um deles permanecia intacto. Se a tempestade durasse mais uma hora, estimaram os homens, o cabo teria se partido e o casco teria sido destruído pelas rochas. O navio, porém, conseguiu se agarrar àquele fio de esperança. "Quis Deus que nos livrássemos", escreveu um grato Fernando.

Durante a tempestade, Colombo parecia estar em domínio de suas faculdades mentais, mas uma carta escrita semanas depois confirmou os temores dos pilotos. Ele estava meio louco, meio cego, e ouvia vozes. Sua geografia de inspiração bíblica insistia que ele tinha "chegado à região de Mango, próxima a Catai". De alguma maneira, ele tinha que encontrar Hispaniola a partir daquele lugar ilusório.

O Almirante continuou lutando. Se conseguisse chegar a uma latitude mais ao norte, poderia se valer dos ventos alísios para chegar à Espanha em segurança, mas, como admitiu, "o mar revolto estava em vantagem, e eu tinha que voltar sem velas. Fundeei numa ilha onde perdi três âncoras de uma só vez e, à meia-noite, quando parecia que o mundo estava prestes a desaparecer, os cabos do outro navio se romperam e ele se voltou contra mim, de forma que era um milagre que não tivéssemos sido feitos em pedaços; foi a âncora e a maneira como ela resistiu que, graças a Deus, me salvaram".

Quando o tempo abriu um pouco, a frágil frota voltou a mar aberto, porém, lamentou Colombo, "com todo o cordame perdido, os navios mais corroídos de gusanos que um favo de mel e a tripulação muito assustada e deprimida, fui um pouco mais longe do que tinha ido antes". O mau tempo o obrigou a regressar a outro porto na ilha que tinha acabado de deixar para trás — é difícil dizer qual, porque

404 *Náufragos no paraíso*

Colombo pensava que estava se aproximando da China —, onde pade
ceu durante oito dias de agonia, para enfim chegar à Jamaica nos últi
mos dias de junho, "sempre com ventos contrários e com os navios na
piores condições possíveis". As embarcações faziam água tão rapida
mente que, mesmo com três bombas trabalhando, a tripulação não
conseguia impedir que o nível subisse; então os homens foram obriga
dos a usar panelas e tinas, sem sucesso. Os navios pareciam condena
dos ao desastre.

O sofrimento foi tão intenso e as perspectivas de sobreviver de un
dia para o outro, tão incertas, que, enquanto os navios tomavam o ca
minho em direção a Hispaniola, o Almirante confessou: "Desejei nunc
ter zarpado." As condições eram as mais adversas que ele jamais enfren
tara durante os anos no Caribe. "O outro navio, semissubmerso, apres
sou-se a encontrar um porto. Lutei contra o mar em meio à tempestade
Quando meu navio afundou, Nosso Senhor milagrosamente me troux
a terra." Colombo ergueu a pena para refletir: "Quem acreditaria no
que eu estou escrevendo?"

Parafraseando a célebre observação de Marco Polo, que afirmou
que as *Viagens* não contêm nem a metade de tudo o que lhe ocorrera
Colombo afirmou: "Nesta carta, relatei um centésimo do que aconte
ceu. Aqueles que estiveram com o Almirante são testemunhas." Mesmo
que a maior parte do tumulto tenha ocorrido na mente de Colombo, a
viagem foi, mesmo assim, devastadora.

Sob condições tão terríveis, o Almirante mudou de rota novamente. A
frota permaneceu na Jamaica naquele momento, porque, como Fernan
do explicou, "os ventos de leste e as fortes correntes para oeste nunc
permitiriam que chegássemos a Hispaniola — sobretudo com os navio
tão corroídos". A tripulação continuou a tirar a água com três bomba
de manhã, ao meio-dia e à noite, mas no solstício de verão no hemisfé
rio norte, em 23 de junho, "a água no nosso navio subiu tão alto qu
quase chegava ao convés". Os homens estavam presos a um destroç
flutuante, capaz de navegação rudimentar, apenas. Mas o instinto d
sobrevivência levou-os a enfrentar todas as adversidades quase incontor
náveis. "Com grande labuta continuamos nesse estado até o amanhece

quando chegamos a um ancoradouro na Jamaica chamado Puerto Bueno", na costa norte, mais tarde chamado de Porto Seco.

Do convés do precário navio, o amplo porto parecia uma bênção, mas não havia sinal de fonte de água fresca, nem de aldeia indígena onde reabastecer as provisões. Arriscando passar mais um dia a bordo, Colombo seguiu para leste até chegar a uma enseada que batizou de Santa Glória, hoje Saint Ann's Bay, uma sequência de baías rasas, cones aluviais e pântanos. Aproximando-se da praia, Colombo e seus homens avistaram várias árvores, como cedro, pau-rosa, ébano, mogno, palmeiras, coqueiros e um hibisco arbóreo (*Hibiscus elatus*) que cresce até 18 metros, cuja madeira contém tons azuis, verdes e amarelos e cujas flores mudam de cor, do amarelo para o laranja até chegar ao vermelho-escuro. Por entre as árvores, os homens avistaram vistosos papagaios, iridescentes beija-flores e cucos. Pequenos e gordos todeiros, cuja constituição física é semelhante à do martim-pescador, com asas verdes e pescoço vermelho, voavam nervosamente de galho em galho.

A tripulação apontou os barcos para a praia. "Como já não conseguíamos manter os navios flutuando, nós os encalhamos em terra da melhor maneira que pudemos, acomodando um junto ao outro, bordo com bordo, e [...] os pusemos tão fixos que não podiam ser movidos." Quando encalhados, os navios foram quase inundados na maré alta, mas estavam todos vivos e em segurança — por enquanto.

Imprestáveis no mar, as embarcações se tornaram fortalezas improvisadas. Nos castelos da popa e da proa, os homens, exaustos, consertaram as cabines às pressas, "com o intento de nos fazermos mais fortes se os índios quisessem nos causar algum dano, pois, naquele tempo, a ilha ainda não estava povoada, nem sujeita aos cristãos". Um sentimento de solidão e silêncio baixou sobre eles, sendo aliviado apenas pelo vento que soprava, o som abafado da arrebentação distante e os débeis cantos dos pássaros. Ilhados naquelas estruturas apodrecidas e a apenas um "tiro de besta da terra", Colombo, Fernando e os outros membros da tripulação enfrentaram outro teste de sobrevivência.

"Os índios daquele lugar, que eram bons e gentis, logo chegaram, em canoas, para nos vender suas coisas e provisões", relatou Fernando. Colombo designou dois homens para supervisionar o comércio de alimentos com os ávidos nativos. Para manter o controle de seu pequeno grupo de sobreviventes e evitar problemas, Colombo fez de tudo para que os homens ficassem a bordo dos navios encalhados e não fossem à floresta. Colombo sabia, por experiência própria, que, "como nosso povo é desrespeitoso por natureza, nenhuma punição ou ordem conseguiria impedi-los de correr até o interior e invadir as cabanas dos índios para roubar o que encontrassem e cometer atrocidades com mulheres e crianças, e daí começariam disputas e brigas que nos tornariam inimigos deles". O Almirante manteve os homens a bordo, obrigando-os a avisar se pretendessem ir à praia. Os índios ficaram tão gratos com o procedimento que ofereceram tudo de que os marinheiros precisavam "em troca de nossas coisas". Contas e rendas coloridas, chapéus vermelhos, guizos, tesouras e pequenos espelhos eram trocados por *hutias* (pequenos roedores) e substanciosos pães de mandioca para matar a fome dos marinheiros.

Atendidas as necessidades mais urgentes, Colombo e seus homens se reuniram repetidas vezes para discutir o regresso à Espanha. Era improvável que algum navio surgisse no horizonte para resgatar os náufragos, e eles não tinham meios para construir uma nova embarcação ou consertar os navios destruídos que os abrigavam. Uma jangada ou um barco improvisado não seria suficiente em vista do tempo, dos ventos e das correntes que precisariam enfrentar durante a viagem de volta. "Não tínhamos nem as ferramentas nem os artesãos necessários para a tarefa."

Colombo decidiu enviar mensageiros de volta a Hispaniola para pedir o envio urgente de um navio de resgate com provisões e munição. Os portadores teriam que enfrentar Nicolau de Ovando, o inimigo de Colombo, que sem dúvida ficaria muito feliz em saber que o Almirante do Mar Oceano estava preso na Jamaica, desesperado e impotente, mas os náufragos não tinham outra escolha senão pedir socorro. Não era possível fazer escambo com os índios para sempre.

Por ora, a baía os cercava e protegia. Os dias trouxeram brisas reconfortantes, mar calmo e vistas radiantes. As noites revelaram a imensidão dos céus enquanto os europeus se deixavam ficar no mar do infinito. Como todos os marinheiros, eles contemplavam as estrelas cintilantes e a face espectral da lua e traçaram a trajetória do meteoro que rasgou o céu noturno. Para além do porto, a luz da lua salpicava de brilho as ondulações do mar. O espetáculo celeste revelou a insignificância dos homens em um contexto maior; Deus lhes reservara aquele lugar e Colombo ordenou aos homens que seguissem para Hispaniola, agora mais distante do que nunca. Havia comida naquele momento, mas, caso os índios se distanciassem ou se tornassem hostis, os náufragos provavelmente enfrentariam a fome nas areias cristalinas de uma praia que não estava em qualquer mapa. Seus ossos talvez fossem descobertos cem anos depois, ou talvez nunca. E aquela expedição para lugar nenhum seria lembrada e celebrada por partidários e condenada por rivais, para logo ser esquecida. Por enquanto, somente sobrevivendo eles poderiam afastar o inevitável, e viver os anos que lhes restavam.

"Nenhum dos meus homens percebe o perigo de nossa situação", confidenciou Colombo a seu escrivão-chefe, Diego Méndez de Segura. "Somos muito poucos, estes índios selvagens são muitos, e não podemos ter certeza de que o humor deles não vá mudar. Um dia, quando estiverem em maus espíritos, eles podem vir aqui e nos incendiar nestes dois navios." Com seus telhados de palha, as estruturas pegariam fogo instantaneamente "e nos assariam vivos".

Colombo propôs o envio de "alguém" — Méndez sabia a quem o Almirante se referia — para fazer a arriscada travessia até Hispaniola numa canoa, comprar um navio, voltar à Jamaica e resgatar a todos. O dedicado Méndez imaginou-se cumprindo o heroico papel. Ele poderia se tornar o salvador de Colombo e da viagem. O escrivão tinha dúvidas e Colombo ouviu-as com paciência, e "me convenceu com firmeza de que eu era o homem certo para a viagem".

Méndez temia que os outros homens se ressentissem dele, porque "Vossa Senhoria confiou-me as mais honrosas responsabilidades", e por isso sugeriu a Colombo que reunisse os outros para ver se mais alguém aceitaria a missão, algo de que o escrivão duvidava. "Se ninguém se apresentar, o que irá acontecer, arriscarei minha vida mais uma vez em seu serviço", disse ele.

Quando Colombo explicou a missão para os outros, ninguém deu um passo à frente para oferecer seus serviços e sua vida, e muitos disseram que cruzar 40 léguas de mar aberto numa canoa, sob tempo muito ruim, era impossível. Em seguida, Méndez se ergueu: "Meu Senhor, tenho apenas uma vida, mas vou arriscá-la a serviço de Vossa Senhoria e para o bem de todos aqui presentes."

Colombo se aproximou dele, beijou-lhe ambas as faces e declarou: "Sei muito bem que ninguém aqui, além de você, teria coragem de aceitar esta missão." Pelo menos, foi assim que Méndez preferiu se lembrar do acontecido. É mais provável que Colombo tenha escolhido, naquele momento, 12 ou 14 homens para a missão de resgate. Eles devem ter ocupado duas canoas no total, uma sobre o comando de Diego Méndez, e outra sob o comando de Bartolomeo Fieschi, o compatriota genovês do Almirante.

Méndez começou a preparar a frágil embarcação que os levaria ao resgate ou ao desastre. Fixou quilhas falsas para dar mais estabilidade à canoa em mar aberto, cobriu o casco com piche e graxa e "pregou algumas placas na proa e na popa para impedir a entrada de água, o que poderia acontecer, devido ao baixo bordo livre" — a estreita parte do casco que ficava acima da linha-d'água. Além disso, a canoa foi equipada com um mastro simples e velas, além de provisões. Cada canoa levaria seis espanhóis, além de vários remadores indígenas. Eles deveriam cobrir uma distância de cerca de 200 quilômetros.

Depois de se despedir do Almirante e se lançar ao mar, Méndez chegou ao limite oriental da Jamaica. Demorando-se no cabo, esperando que o mar acalmasse antes de iniciar a travessia para Hispaniola, Méndez viu que os índios se reuniam "com a intenção de me matar e tomar minha canoa e o que ela levava". Os nativos ainda "jogaram a sorte pela minha vida", para decidir quem iria realizar a ação. Ele e seus homens silenciosamente retomaram as canoas, deixadas na praia a vários quilômetros de distância, içaram as velas e regressaram a Porto Seco, onde Colombo estava estacionado.

Aliviado por Méndez e seus homens terem escapado da morte, o Almirante mandou todos de volta ao cabo junto com setenta homens, comandados pelo Adelantado. O esquadrão esperou quatro dias por mar favorável. "Quando vi o mar cada vez mais calmo, com muita tristeza me afastei dos meus acompanhantes e eles de mim", rememorou Méndez.

Fernando se lembrou de como os índios se acomodaram facilmente nas canoas com cabaças de água e "comida nativa" enquanto os bravos espanhóis tomavam seus lugares, levando "espadas, escudos e alimentos". Os homens se lançaram ao mar com Bartolomeu escoltando-os para o leste da ilha a fim de repelir ataques indígenas, que não chegaram a se concretizar. O Adelantado esperou anoitecer enquanto as canoas se transformavam em manchas no horizonte. Quando desapareceram, o irmão de Colombo regressou com seus homens, "tentando convencer os índios que encontrou no caminho a ser amigos e comercializar conosco".

Os homens nas canoas remaram por cinco dias e quatro noites. Méndez lembrou que "nunca tirava a mão do remo e pilotava a canoa enquanto todos os meus companheiros remavam". O grupo remava para salvar as próprias vidas e as dos homens deixados para trás com Colombo. Nos últimos dois dias da maratona, com os suprimentos de comida e bebida esgotados, os homens não comeram nem beberam.

Ao chegar a Hispaniola, Méndez deveria seguir para Santo Domingo, a pequena capital, e pedir a ajuda de Ovando. Fieschi deveria retornar à Jamaica imediatamente "para nos poupar da preocupação e do medo de que tivessem perecido". Como Fernando bem sabia, "isso poderia acontecer facilmente com uma embarcação tão frágil se o mar ficasse bravio". De fato, eles haviam partido numa jornada extremamente difícil.

As duas canoas seguiram em direção leste ao longo do litoral, com os índios remando diligentemente, e encontraram "apenas pequenas ilhas ou rochas ao longo de toda a rota". A última etapa desde aquela ilha até Hispaniola, 8 léguas de mar aberto, mostrou ser a mais incerta. "Eles tiveram que esperar por uma calmaria perfeita antes de começar a atravessar aquela grande distância em uma embarcação tão frágil." Como se por vontade divina, o mar ficou liso.

Depois que a missão de resgate partiu, os homens deixados para trás adoeceram nas fortalezas improvisadas na Jamaica. Na ociosidade forçada, o moral deteriorou a um ritmo alarmante, e os homens, pouco leais a Colombo no início da viagem, reclamaram e conspiraram, tecendo

410 *Náufragos no paraíso*

teorias elaboradas sobre o enigmático e instável Almirante com o objetivo de provar que ele não tinha intenção de voltar a Hispaniola, onde estava proibido de atracar. Neste cenário, Méndez e Fieschi voltariam para a Espanha e garantiriam a prosperidade de Colombo junto aos soberanos. Para que a teoria fizesse sentido, eles se convenceram de que Colombo estava feliz por permanecer "no exílio" em uma esplêndida praia com os índios fazendo suas vontades até que, em casa, as questões fossem resolvidas a seu gosto.

Os dias vazios se passavam. Onde estava Fieschi? Ele já deveria ter retornado. E se tivesse morrido no mar? E se Méndez também tivesse perecido? E se *ambos* estivessem mortos? Dependendo dos índios para a sobrevivência, os náufragos esquecidos na Jamaica haviam perdido qualquer esperança de resgate.

Preso em um navio arruinado, um espelho de sua própria situação física e mental, o Almirante transmitia pouca confiança aos homens. Ele mal conseguia sair da cama, que dirá enfrentar as duras condições de uma viagem em canoa até Hispaniola. O corpo de Colombo estava alquebrado e sua mente, confusa, enquanto ele se preparava para a viagem final, para a qual não haveria regresso. Ele havia demonstrado que o mundo era um lugar mais rico e variado do que qualquer cristão jamais poderia suspeitar, mas agora enfrentava os limites da própria mortalidade.

Em julho, Colombo preparou uma epístola aos Reis Católicos transbordante de arrependimentos, autocomiseração e recriminação. "Não consigo me lembrar de Hispaniola, de Pária e das outras terras sem chorar", escreveu sobre suas malogradas aventuras. "Eu costumava acreditar que o exemplo delas poderia servir aos outros; pelo contrário, estão em estado deplorável. Embora não estejam morrendo, sua doença é incurável e prolongada. Deixe aqueles que os reduziram a este estado trazerem o remédio, se puderem ou souberem como. Todos são mestres em destruição", exceto ele, é claro. "Aqueles que deixaram as Índias fugindo do trabalho e falando das Índias e de mim, mais tarde voltaram com nomeações; o mesmo vai acontecer agora com Veragua." Colombo previra tudo, e tentara governar "em vosso nome real. Vós aceitastes isso", lembrou-lhes forçosamente, a longa distância, "concedendo-as com privilégios e por contrato, com selo e juramento; nomeastes-me vice-rei, almirante e governador-geral de tudo, e atribuístes-me um limite de 100 léguas desde as ilhas dos Açores e de Cabo Verde, com uma linha traçada de polo a polo, e me destes plenos poderes sobre tudo o que eu poderia descobrir".

Agora os reis, ou aqueles em torno deles, haviam-lhe tirado os poderes, apesar de suas realizações. "Sete anos atrás eu estava em sua corte real", disse o Almirante, num momento em que "todos os que ouviram falar desta empresa concordaram que era tolice". O Almirante lhes dera novas terras, novas riquezas e um novo mundo. Os monarcas, porém, o recompensaram dando fim a seu monopólio, criando um absurdo estado de coisas. "Agora, até alfaiates querem fazer descobertas", lamentou Colombo. "Alguém é levado a acreditar que fará roupas; recebe permissão e lucra com isso, prejudicando muito a minha honra e causando grandes danos à economia." Colombo acreditava que merecia ser tratado com mais respeito e generosidade do que um mercador. As terras que ele descobrira "são mais vastas e mais ricas que qualquer outra do mundo cristão", e ele tinha sido o único a colocá-las "sob vosso real e eminente domínio, e em condições de render enormes lucros". Na praia da Jamaica, Colombo reviveu o trauma de seu confinamento para benefício dos soberanos, para quem ele conseguira "enormes lucros" graças a navios que foram "vitoriosos e trouxeram a ótima notícia do ouro", enquanto ele, seu Almirante, "cheio de fé e alegria", foi súbita e inadvertidamente "preso e jogado em um navio com dois dos meus irmãos, trazidos a ferros, nus e maltratados" — aqui ele exagera o argumento, pois havia insistido em ficar preso pelas correntes quando seus captores preferiam tê-las removido — "sem ter sido intimado ou acusado pela lei".

E então o Almirante deu vazão ao rugido que lhe ocupava a mente:

> Quem poderia acreditar que um pobre estrangeiro seria capaz de se rebelar contra Vossas Majestades em tais circunstâncias, sem causa e sem ajuda de outro príncipe, sozinho no mundo, cercado por seus vassalos e súditos e tendo meus filhos em sua corte real? Vim para servir com a idade de 28 anos e agora não tenho um único fio de cabelo que não seja branco, e meu corpo está enfermo e alquebrado, tudo o que me pertencia foi levado e vendido — e também

412 *Náufragos no paraíso*

o que pertencia a meus irmãos, até mesmo suas roupas — sem que eu fosse ouvido ou recebido, para minha grande desonra. Um homem tem que confiar que essas coisas não foram feitas por vossa ordem real.

Eles poderiam se redimir, Colombo disse aos Reis Católicos, punindo "aqueles que fizeram isso e roubaram minhas pérolas" — uma referência flagrante ao traidor Alonso de Ojeda, que usurpara as áreas de pesca de pérolas que Colombo havia descoberto na costa da Venezuela. Se os soberanos quisessem corrigir o erro, "redundaria em maior virtude e fama exemplar" para eles. Recorrendo ao melodrama, ele confidenciou: "Estou desesperado."

Eu costumava chorar pelos outros; que agora o céu tenha misericórdia de mim e a terra chore por mim. Quanto às coisas temporais, não tenho sequer um centavo para dar à caridade; quanto à espiritualidade, fiquei preso aqui nas Índias [...] isolado neste tormento, doente, esperando a morte todos os dias e cercado por um milhão de selvagens — plenos de crueldade, nossos inimigos —, tão longe dos santos sacramentos e da Santa Igreja que ela esqueceria desta alma se fosse separada do corpo aqui. Quem tiver caridade, verdade e justiça que chore por mim. Não parti nesta viagem para conquistar honras e riquezas; isto é certo porque a esperança de conseguir isso já está morta. Vim por Vossas Majestades com intenção honesta e bom zelo, e não estou mentindo. Humildemente rogo a Vossas Majestades, se a Deus Lhe aprouver me libertar daqui, que permitam que eu vá a Roma e a outros lugares de peregrinação. Que a Santíssima Trindade preserve e estenda vossas vidas e elevados estados.

Escrito nas Índias, na ilha da Jamaica, em 7 de julho de 1503.

CAPÍTULO 13

29 de fevereiro de 1504

Colombo se remoía e tinha alucinações sobre o ocaso da carreira na privacidade de sua cabine. Os outros homens presos na Jamaica, tão isolados e desesperados quanto o Almirante, se torturavam imaginando os poucos escolhidos que haviam partido na canoa sendo recebidos pela realeza na Espanha, onde "gozariam do favor do bispo Juan de Fonseca e do Grande Tesoureiro de Castela", comentou Fernando.

Naquele momento de máxima vulnerabilidade, dois dos náufragos, os irmãos Francisco e Diego Porras, concluíram que não suportavam mais a fraqueza e a tirania de Colombo. Vidas estavam em risco e algo tinha de ser feito o mais rápido possível. Eram traidores influentes — um era o capitão da *Santiago*, o outro era inspetor da frota — e juntos convenceram 48 homens a subscrever os artigos do motim. A sublevação deveria começar na manhã de 2 de janeiro de 1504.

O capitão Francisco Porras entrou na cabine improvisada de Colombo e reclamou: "Por que você não está fazendo qualquer esforço para voltar a Castela? Quer que permaneçamos aqui até morrer?"

Com toda a calma, o Almirante disse que ninguém queria sair da ilha mais do que ele, mas era preciso um navio. Se Porras tivesse outro plano, deveria apresentá-lo aos outros capitães, para que o avaliassem. Colombo disse que se reuniria com eles sempre que preciso. A conversa sobre reuniões só conseguiu irritar Porras. Ou Colombo decidia deixar a ilha imediatamente, ou os outros o abandonariam. O capitão deu as costas ao Almirante, em sinal de profundo desrespeito, e gritou: "Vou para Castela. Quem está comigo?"

Os outros amotinados gritaram: "Estamos com você!"

Com isso, os rebeldes invadiram as cabanas improvisadas e as plataformas de mastro dos dois navios naufragados, gritando: "Morte a eles!" e "Para Castela! Para Castela!".

Alguns partidários de Colombo, com as vozes abafadas pelos homens enlouquecidos, perguntaram: "Capitão, o que faremos agora?"

Alquebrado pela artrite, Colombo mal podia ficar de pé. Fernando relatou que o pai "se levantou para ir mancando ao local do motim; mas três ou quatro de seus mais honrados homens se abraçaram a ele, para que os rebeldes não o matassem, e com grande dificuldade o devolveram à cama".

Com o Almirante momentaneamente a salvo, os legalistas acorreram ao Adelantado, que combatia os atacantes com uma lança. Os homens o aliviaram da arma e o trancaram na cabine com Colombo. Depois pediram a Porras que saísse, antes de causar um "assassinato que prejudicaria a todos e pelo qual ele certamente seria punido". Se Porras obedecesse, "ninguém tentaria impedi-lo de partir".

Concluídas as negociações, o motim perdeu parte da veemência. Colombo havia "esquadrinhado as ilhas à procura de canoas", para impedir que os índios as usassem. Porras e seus homens confiscaram as canoas e "embarcaram nelas com tanta alegria que era como se tivessem entrado em algum porto de Castela". Quando começaram a se afastar da praia, muitos outros, "que não tomaram parte no motim, mas ficaram [...] desesperados por pensar que estavam sendo abandonados ali pela maior parte do grupo, e os mais saudáveis, entraram com eles nas canoas" — para tristeza dos poucos homens leais que restavam e dos doentes, que não sem razão acreditavam estar "condenados a permanecer ali". A visão humilhante de quase todos os homens abandonando o Almirante que os tinha trazido para essa aventura permaneceu com Fernando, que tristemente anotou: "Se todos estivessem em boas condições de saúde, desconfio que vinte dessas pessoas teriam ficado com o Almirante." O moral mais baixo do que nunca, aqueles que ficaram para trás observavam o Almirante emergir cambaleante de sua cabine para confortar e tranquilizar seus homens da melhor forma possível. Na verdade, havia pouco consolo a oferecer enquanto Francisco Porras guiava as canoas carregadas de desertores para o mesmo local do litoral mais ocidental da Jamaica do qual Méndez e Fieschi tinham partido para sua missão de resgate.

Fernando traçou um perfil cruel dos desertores que se preparavam para zarpar rumo a Hispaniola: "Por onde passavam faziam mil injúrias aos índios, roubando-lhes os suprimentos e tudo o mais, dizendo-lhes que o Almirante os pagaria, e, se ele não pagasse, tinham licença para matá-lo ou fazer o que lhes parecesse mais conveniente." Para alimentar o desdém dos nativos, os renegados de Porras explicaram que todos os outros cristãos odiavam Colombo, e que o Almirante era responsável por "toda a miséria dos índios em Hispaniola", e que, se não o matassem, ele "lhes infligiria o mesmo sofrimento".

Partindo do litoral jamaicano, os rebeldes fizeram progresso incerto em direção a Hispaniola. Depois de atravessar 4 léguas, "começou um vento contrário", e os homens temeram que o mar agitado afundasse a sobrecarregada embarcação. Em pouco tempo, a água estava acima das amuradas, e eles foram obrigados a jogar tudo ao mar, com exceção de armas e comida, para conseguir regressar ao lugar de onde haviam partido. Quando o vento ganhou força, aterrorizando quem estava a bordo, os renegados decidiram que o único recurso era matar os índios e atirá-los ao mar, como se fossem um excesso de carga. Iniciado o massacre, os índios sobreviventes pularam no mar e nadaram para longe das canoas, mas a fadiga os derrotou. Em desespero, voltaram às embarcações, segurando-se nas amuradas em um abraço mortal, até que os amotinados lhes cortassem as mãos.

Fernando foi ácido ao comentar sobre aquela atitude "cristã": "Mataram 18 assim, poupando apenas os poucos necessários para remar a canoa; foi essa a paga para os índios que ouviram suas falsas promessas e pedidos de ajuda."

Os renegados voltaram à pantanosa praia da Jamaica, onde iniciaram uma discussão sobre o que fazer depois. Alguns homens pretendiam fugir para Cuba, imaginando "que as correntes e os ventos de leste" os levariam ao destino. Uma vez em Cuba, acreditavam que poderiam

416 *29 de fevereiro de 1504*

"atravessar para Hispaniola sem esforço", sem perceber que muitos quilômetros separavam as duas ilhas. (Fernando reconheceu que Cuba era uma ilha, mesmo sabendo que o pai se agarrava à crença de que era um promontório que se estendia a oeste do continente da "Índia".) Outros renegados pretendiam voltar à relativa segurança dos navios encalhados que tinham acabado de abandonar. Eles poderiam selar a paz com o Almirante ou tentar confiscar-lhe as armas. Um terceiro grupo defendia que esperassem o tempo melhorar e tentassem chegar a Hispaniola novamente, e foi essa a opinião que prevaleceu.

Os rebeldes, desesperados, passaram mais de um mês numa aldeia jamaicana que Fernando chamou de Aomaquique, sustentados pelos índios, esperando por ventos favoráveis. Quando consideraram que as condições eram ideais, partiram outra vez, e novamente fracassaram, e continuaram tentando para continuar sendo derrotados pelos ventos contrários. Completamente desiludidos, se arrastaram até o porto onde estavam os navios e o resto da tripulação e passaram a viver da terra, e, quando podiam, roubavam comida dos índios. A que ponto chegara a gloriosa viagem: eram agora um bando de ladrões e rapineiros, incapazes de salvar a própria pele ou as próprias almas.

No comando das ruínas dos navios encalhados, Colombo, embora debilitado, zelava pelos homens que lhe eram leais, ao mesmo tempo que cuidava para que os índios fossem tratados com todo o respeito nas transações comerciais. Os legalistas doentes, que eram muitos, recobraram a força, e os índios continuaram a servir até que o sistema entrou em colapso por conta da discrepância de expectativas. Os índios "são gente indolente, que não vai cultivar grandes campos", escreveu Fernando em um trecho que revela sua crueldade, "e consumimos mais em um dia do que eles em vinte".

Pior, à medida que adquiriam bens dos europeus por escambo, os índios "começaram a ser influenciados pelos argumentos dos amotinados". Assim, passaram a trazer cada vez menos provisões para os visitantes. Na passagem de janeiro para fevereiro de 1504, a situação se deteriorou rapidamente. Os legalistas enfrentavam um dilema: se abandonassem as improvisadas moradias para atacar os índios e conseguir mais mandioca, frutas e água, pois suas vidas dependiam desses víveres, estariam "deixando o Almirante em grande risco nos navios". Então, se deram conta de que os nativos, por deixar os exploradores gradualmente à míngua, "acreditavam que estávamos à mercê deles".

Com toda a honestidade, Fernando confessou, "não sabíamos o que fazer".

Ao longo de muitos anos de exploração, do Mediterrâneo ao Atlântico, Colombo revelara sua genialidade no que dizia respeito à sobrevivência, fosse como náufrago na costa de Portugal, fosse pedindo o patrocínio dos Reis Católicos, enfrentando amotinados ou tentando reconquistar o legado tomado por rivais. Agora, sem navios à disposição, com os índios pouco a pouco matando de fome seus homens, reduzidos a alguns gatos-pingados, e com a saúde deteriorada a ponto de mal conseguir ficar em pé, o Almirante enfrentava o maior desafio de todos. Para conseguir superá-lo, Colombo divisou um ardil supremo, em que se tornaria o bruxo que muitos outros temiam que ele fosse. Dizia-se que o Almirante do Mar Oceano podia controlar as marés e até o clima; agora, em nome da sobrevivência, ele planejava demonstrar que controlava o próprio céu.

A vantagem oculta de Colombo sempre fora o sofisticado conhecimento da navegação. Recorrendo a seu repositório de livros e cartas náuticas, ele estudou o *Almanach Perpetuum*, compilado em 1496 pelo astrônomo e matemático Rabbi Abraham Zacuto, um judeu sefardi que servira dom João II após ser obrigado a deixar a Espanha para fugir da Inquisição. Os capitães portugueses costumavam consultar essa obra, cujas centenas de páginas com tabelas astronômicas previam fenômenos celestiais com precisão. Colombo também pode ter consultado as *Ephemerides Astronomicae* (1474), de Regiomontanus, que trazia uma conveniente tabela com os eclipses lunares que ocorreriam entre 1475 e 1540. No passado, o Almirante se valera dessas referências para calcular latitude e longitude, com resultados ora bons ora ruins, e agora recorria a elas novamente para salvar a própria vida.

418 *29 de fevereiro de 1504*

De acordo com Regiomontanus, um auspicioso evento ocorreria em 29 de fevereiro de 1504: um eclipse lunar. Neste estranho espetáculo celestial, a lua passa pelo umbral — ou sombra interior — da Terra, assumindo tons alaranjados cada vez mais profundos, até chegar à cor vermelho-sangue, antes de voltar ao normal. A visão foi suficiente para espalhar maus pressentimentos em marinheiros supersticiosos e, assim esperava Colombo, em índios crédulos.

Regiomontanus mencionava as datas dos eclipses e apresentava diagramas sobre o escurecimento da lua, hora a hora. Os períodos do fenômeno, no entanto, diferiam ao longo do globo, e Colombo não conseguiria determinar com segurança a hora local na Jamaica. (Os cálculos do astrônomo se aplicavam a Nuremberg, na Alemanha.) Além disso, o Almirante não tinha como saber se a previsão de Regiomontanus para 29 de fevereiro de 1504 era muito precisa. Ele não tinha escolha senão tentar a sorte, de acordo com as melhores estimativas. Se acertasse, Colombo mostraria um poder sobrenatural que influenciaria profundamente o comportamento dos índios. Se errasse, ele e seus homens provavelmente sucumbiriam à fome ou seriam abatidos pelos nativos.

Ato contínuo, o Almirante convidou os caciques da região para uma festa. Segundo Fernando, Colombo "lhes disse pelo intérprete que éramos cristãos e acreditávamos em Deus, que [...] cuida dos bons e castiga os maus, e puniu os rebeldes, não deixando que atravessassem para Hispaniola, enquanto Diego Méndez e Fieschi haviam conseguido, e que haviam padecido castigos e perigos que eram notórios na ilha, como bem sabiam os índios". Colombo avisou os nativos que "Deus estava irritado com eles por causa do pouco cuidado que tinham em nos trazer alimentos em troca de nossa paga, e tinha resolvido enviar-lhes muita fome e a peste".

Ao ouvir as palavras do velho Almirante, a plateia explodiu em gargalhadas, de início hesitantes, depois do mais puro escárnio. Colombo disse aos incrédulos: "Deus enviaria do céu um claro sinal da punição que estavam prestes a sofrer. Portanto, que dessem, naquela noite, grande atenção ao nascer da lua. Ela surgirá cheia de ira, inflamada, denotando o castigo que Deus faria cair sobre eles." Ele parou, descansou e observou "como os índios foram embora, alguns com medo e outros zombando das ameaças".

O eclipse começou, como previsto. A sombra da Terra se expandiu e escureceu até cobrir a lua inteira, transformando-a num desbotado disco vermelho suspenso no céu noturno. A maioria dos eclipses lunares são perfeitamente visíveis a olho nu, e, com base no relato de Fernando, o fenômeno de 29 de fevereiro foi especialmente dramático.

Sob a influência da mágica transformação lunar, o imenso poder de sugestão de Colombo assumiu o controle. Ele apareceu para interpretar, se não controlar, os céus. "Os índios ficaram tão assustados que, com grande uivo e lamento, vieram correndo de todas as direções para os navios, carregados com provisões, rezando ao Almirante para pedir a Deus que não lançasse Sua ira sobre eles e prometendo que diligentemente atenderiam todas as necessidades [dos europeus] no futuro."

Aproveitando-se ao máximo da ocasião, Colombo anunciou à multidão que gostaria de conversar com Deus e desapareceu nas profundezas de sua cabine semidestruída, um velho mago no auge de seus poderes. Na completa escuridão, os índios choraram e soluçaram sobre a malévola lua escarlate que dominava o céu sobre suas cabeças. Sozinho na cabine, Colombo consultou uma ampulheta para calcular o tempo que restava ao eclipse lunar. "Quando percebeu que a fase crescente da sombra havia terminado e que em breve a lua voltaria a brilhar, o Almirante deixou a cabine, dizendo que apelara a Deus e rezara por todos e prometera a Ele, em nome deles [índios], que daquele momento em diante eles seriam bons e tratariam bem os cristãos" — e aqui vem a parte crucial —, "trazendo-lhes todas as provisões necessárias".

Usando a força que lhe restava, Colombo disse aos índios boquiabertos que Deus os havia perdoado e, "em sinal desse perdão, em breve veriam que a raiva tinha passado e a lua se acenderia". Os nativos não precisavam mais ser persuadidos e, unidos pelo terror e pelo alívio, prestaram homenagens ao Almirante e ofereceram orações a Deus, que os havia poupado. "Daquele momento em diante", enfatizou Fernando, "tiveram grande cuidado em fornecer-nos tudo de que precisávamos, louvando ao Deus cristão". Ficara evidente para o jovem, bem como para os outros europeus abandonados, que os índios temiam eclipses e, ao mesmo tempo, "não sabiam qual era sua causa". Não ocorreu aos nativos que "alguém poderia saber na Terra o que acontecia no céu". O

420 *29 de fevereiro de 1504*

fato de ter praticado uma grande ilusão em nome de Deus nunca incomodou Colombo, seu filho ou qualquer outro. Eles estavam a salvo, e era isso que importava. Deus os perdoaria.

Fazia oito meses que Fieschi e Méndez haviam partido para Santo Domingo na missão de resgate. A essa altura, eles já deveriam ter regressado ou enviado mensagens sobre seu paradeiro, mas nada havia — nem canoa, nem índio, nem sobrevivente espanhol, e nenhum navio no horizonte para mostrar-lhes o destino dos dois. Surgiram rumores de que os homens tinham se afogado ou sido abatidos pelos índios, ou, nas palavras de Fernando, de que haviam "perecido durante o caminho, de doença ou por causa das dificuldades". Eles sabiam que "desde a ponta mais próxima à Jamaica até a cidade de Santo Domingo, em Hispaniola, havia mais de 100 léguas de montanhas asperíssimas por terra e de difícil navegação por mar, por causa das muitas correntes e ventos contrários". Os índios cochichavam sobre um navio fantasmagórico naufragado "na costa da Jamaica", mas a veracidade do relato permanece um mistério.

No entanto, outro motim eclodiu, desta vez liderado por uma figura improvável, o boticário Vernal. A sublevação cresceu sem controle até o final de março de 1504, quando uma vela despontou no horizonte. O navio, uma pequena caravela, fora enviado por Nicolau de Ovando e ancorou perto dos destroços da flotilha de Colombo.

"O capitão, Diego de Escobar, veio a bordo e informou que o Comendador de Lares e governador de Hispaniola enviava seus cumprimentos e lamentava não ter um navio grande o suficiente para resgatar todos os homens do Almirante." Ele esperava enviar outro em breve, e, como prova de boa vontade, o capitão Escobar deu a Colombo um "barril de vinho e um pedaço de toucinho", luxos muito bem-vindos naquele posto isolado, antes de regressar ao navio, levantando âncora e vela naquela noite "sem levar cartas de ninguém".

A aparência da caravela, para não falar dos presentes em comida e vinho, surpreendeu tanto os marinheiros que os amotinados imediatamente "encobriram o plano que estavam tramando", embora a diligência com que o capitão Escobar partira tenha inspirado novas teorias da conspiração. Os homens especularam que Nicolau de Ovando não tinha intenção de resgatar Colombo, o rival a quem desprezava e preferia ver morto naquelas obscuras paragens jamaicanas. Para Fernando, Ovando "temia o regresso do Almirante a Castela" e acreditava que os soberanos iriam "reconduzir o Almirante a seu posto e alijá-lo [Ovando] do governo". Por esta razão, teorizou Fernando, Ovando mandara a pequena caravela não para ajudar, mas "para espionar o Almirante e relatar de que maneira ele poderia ser totalmente destruído".

Outro rumor, mencionado por Las Casas, dizia que Colombo planejava uma "rebelião contra o rei e a rainha com a intenção de entregar as Índias aos genoveses ou a algum outro país que não Castela". Mesmo Las Casas rejeitou a afirmação como "falsa e inventada e espalhada por seus inimigos como uma calúnia perversa", mas o cronista não se furtou a discuti-la, especialmente porque a teoria ganhou corpo suficiente para chegar aos Reis Católicos. Sem saber se haveria resgate ou se suas palavras algum dia chegariam a Fernando e Isabel, Colombo demoliu a teoria em apaixonada autodefesa: "Quem poderia acreditar que um pobre estrangeiro seria capaz de se rebelar contra Vossas Majestades em tais circunstâncias, sem causa e sem ajuda de outro príncipe, sozinho no mundo, cercado por seus vassalos e súditos?"

Mesmo que esses argumentos convencessem os Reis Católicos, Colombo ainda teria de aplacar o rival Ovando, a quem tentou pressionar e bajular em igual medida. "Quando saí de Castela, o fiz para grande alegria de Suas Majestades, que também me fizeram promessas maravilhosas e, em particular, me garantiram que restaurariam todos os meus bens e me concederiam ainda mais honras. Essas promessas fizeram tanto empenhando a palavra como por escrito." Depois de dar as notícias a Ovando, Colombo mudou a linha de argumentação. "Peço-lhe, meu senhor, que não tenha dúvidas a este respeito: acredite que vou obedecer a vossas ordens e instruções em cada particular." Como se não bastasse, Colombo ouviu de Escobar "como cuidastes correta e incansavelmente dos meus negócios, e reconheço isso, meu senhor, com o coração agradecido". Mentindo com toda a maestria, Colombo suspirou, "desde que nos encontramos e vos conheci, sempre percebi, meu senhor, no fundo do meu coração, que vós faríeis todo o possível por mim, quaisquer que fossem as circunstâncias". Ele sabia que Ovando "arriscaria qualquer coisa, até mesmo a própria vida, para me salvar".

Mesmo que essas palavras conseguissem acalmar Ovando a ponto de poupar Colombo da morte em uma praia distante, o Almirante ainda teria de enfrentar os temores de seus próprios homens e convencê-los de que havia ordenado que a caravela partisse sem eles não como parte de um plano maligno para colocar a todos em risco, mas porque o navio era pequeno demais para transportá-los. Ou iriam todos, ou ninguém.

A caravela de Ovando trouxe outro item de grande interesse: uma carta de Méndez, cuja narrativa começa um dia depois da saída da Jamaica, quando ele e Fieschi cruzaram o mar com tempo bom, "insistindo com os índios para que remassem o mais rápido possível com as varas que usavam como remos". Para aplacar o calor, os índios se jogavam na água e depois retomavam suas posições. "Ao cair do sol, não havia mais sinal de terra." À noite, metade dos índios continuou remando enquanto os espanhóis a bordo mantinham guarda. Ao amanhecer, estavam todos exaustos. Até mesmo o capitão remou durante um turno, e, com o amanhecer do segundo dia, a viagem continuou sem interrupção, com "nada além de água e céu" em torno deles. À medida que o dia avançou, os índios, sedentos por causa do esforço físico, esgotaram o suprimento de água da canoa. Ao meio-dia, o sol castigava a todos. O único alívio para a sede debilitante vinha gota a gota dos "pequenos barris de água" do capitão. O filete servia apenas para "sustentá-los até a que a noite aliviasse o calor".

As canoas sulcaram mares pesados, com os mastros diminutos e os finos remos mal visíveis acima da linha-d'água, enquanto os ocupantes, ensopados e exaustos, esperavam alcançar a pequena ilha de Navassa, a cerca de 8 léguas de distância. Mesmo se valendo dos remadores mais determinados, as canoas não conseguiam cruzar mais do que 10 léguas contra a corrente a cada 24 horas.

O esforço inesgotável pôs os remadores em risco de desidratação, uma doença comum no Caribe, mesmo na água. Um índio morreu na segunda noite, e outros, prostrados de exaustão, se deitavam no fundo das canoas, enquanto outros ainda tentavam remar, mas lutavam para conseguir mover os braços. Com remadas cada vez mais fracas eles seguiram o caminho, enxugando a água salgada dos lábios ressecados. Quando a noite caiu pela segunda vez, os homens ainda não tinham chegado a terra firme.

Quando a lua surgiu no céu, informava a carta de Méndez, eles avistaram os 5 quilômetros quadrados de área dos penhascos brancos de Navassa, brilhando por sobre a espuma das ondas. A brancura vinha do chão de coral e calcário que surgia acima da cobertura de grama da ilha desabitada. Eles ainda estavam 160 quilômetros ao sul da baía de Guantánamo, em Cuba. Mesmo assim, Méndez apontou para Navassa "com alegria" e, cuidadosamente, distribuiu água para os remadores. Ao amanhecer, estavam na ilha.

O grupo descobriu apenas "rocha nua, meia légua ao redor". Nenhum índio os recebeu com água, alimentos ou orientações. Depois de rapidamente agradecer ao Senhor pela sobrevivência, eles perceberam que Navassa quase não tinha árvores e, pior, parecia não ter a água potável de que eles desesperadamente precisavam. Em busca de córregos, o grupo foi de um penhasco íngreme a outro, escalando ou se arrastando, conforme a necessidade, e recolheu preciosos filetes de água em cabaças. Por fim, encontraram o suficiente para aplacar a sede, mas, apesar das advertências para não beberem demais, alguns dos índios engoliram a água rapidamente, e logo alguns ficaram gravemente doentes e outros morreram.

O resto do dia passou em relativa tranquilidade, com os homens brincando e "comendo o marisco que encontraram na praia e cozinharam, pois Méndez trouxera sílex e aço para fazer fogo". O grupo não podia se demorar, no entanto; o tempo poderia virar a qualquer momento. Naquela noite, seguiram para o cabo de São Miguel, o ponto mais próximo de Hispaniola, viajando durante toda a noite para chegar ao amanhecer do quarto dia após a saída da Jamaica. O grupo chegou exausto, mais uma vez, e passou dois dias se recuperando antes de enfrentar os próximos desafios.

Fieschi queria voltar e avisar Colombo, como combinado, que os homens tinham chegado a Hispaniola em segurança, mas seus companheiros de viagem, europeus e índios, estavam "exaustos e doentes por causa do esforço e por beber água do mar", e se recusaram a acompanhá-lo, "pois [os cristãos] se sentiam como se tivessem sido tirados por Deus do ventre de uma baleia, os três dias e noites correspondendo aos do profeta Jonas".

424 *29 de fevereiro de 1504*

Méndez, porém, tinha outras intenções. Embora sofresse com a "febre quartã", termo arcaico para malária, ele levou os homens por terra "entre caminhos difíceis e montanhas escarpadas" até a província ocidental de Xaraguá, antigo refúgio de Roldán e seus rebeldes, onde Nicolau de Ovando se encarregava de sufocar outra rebelião indígena. O frio governador fingiu alegria quando os emissários de Colombo apareceram do nada e, mantendo a orientação anticolombiana, demorou a conceder aos exaustos viajantes a permissão para caminhar as 70 léguas que faltavam para chegar a Santo Domingo.

Durante os sete meses em que estiveram detidos em Xaraguá, Méndez testemunhou a crueldade do governador. "Ele queimou ou enforcou 84 caciques", incluindo Anacaona, "a maior chefe da ilha, a quem todos os outros obedeciam e serviam". Ela também era conhecida como escritora de *areítos*, poemas narrativos, e era considerada simpática aos espanhóis. Em uma festa em homenagem a Anacaona organizada por oito caciques, e para a qual foi convidado, Ovando ateou fogo à capela, prendeu a cacique e os outros líderes indígenas e executou todos. A maior parte do grupo foi morta a tiros, mas Anacaona foi enforcada aos 39 anos de idade. Seu marido, Caonabó, fora capturado por Alonso de Ojeda e morrera no mar a caminho da Espanha. Até mesmo os espanhóis estavam horrorizados com a brutalidade de Ovando contra índios amistosos, mas havia pouco que pudessem fazer quanto a isso.

Quando o governador finalmente deu por encerrada a pacificação de Xaraguá, o incansável Méndez obteve permissão para seguir a pé até a capital, mas a autorização não se estendia ao Almirante. Ao chegar lá, Méndez usou os "fundos e recursos" de Colombo para comprar e equipar uma caravela. "Nenhuma chegava há mais de um ano", lembrou, "mas graças a Deus três chegaram durante a minha estadia, uma das quais comprei e carreguei com provisões: pão, vinho, carne, porcos, ovelhas, frutas", tudo disponível, embora não gratuito, naquele posto remoto do império espanhol.

O líder da missão de resgate supervisionou o carregamento de provisões na caravela e a despachou para a Jamaica no fim de maio de 1504, de forma que o Almirante "pudesse vir nela para Santo Domingo e, daqui, regressar a Castela". Méndez seguira na frente com dois navios, "para apresentar ao Rei e à Rainha um relatório do que havia acontecido na viagem". Havia muito que contar.

Na mesma época, na Espanha, a rainha Isabel ficou gravemente doente em Medina del Campo, uma cidade conhecida pelo comércio, situada a pouco mais de 30 quilômetros de Valladolid. "Os médicos não tinham qualquer esperança de recuperação", escreveu um desesperado Pietro Martire. "A doença se espalhou pelas veias e, pouco a pouco, a hidropisia ficou aparente. A febre nunca a abandonou e a consumia cada vez mais. Dia e noite ela tinha uma sede insaciável, enquanto a visão da comida bastava para lhe dar náuseas. O tumor mortal cresceu rapidamente entre a pele e a carne."

Enquanto perdia as forças e lançava os pensamentos para a eternidade, a rainha reduziu drasticamente os assuntos oficiais que exigiam sua atenção.

Quanto a Colombo e "todos os seus companheiros", depois de passar um ano inteiro abandonados num paraíso luxuriante, obscuro e turbulento na Jamaica, "estavam exultantes com a chegada do navio". Quando Méndez e Colombo retomaram a amizade na Espanha e relembraram o resgate, "Sua Senhoria me disse que nunca na vida tivera um dia de maior alegria, pois nunca esperara sobreviver à Jamaica".

Naquele momento, entretanto, Colombo ainda tinha que controlar os ânimos dos amotinados liderados pelos irmãos Porras, que não tinham qualquer apreço pelo heroísmo de Méndez. Para convencê-los, enviou dois representantes — que Fernando descreveu como "gente respeitável" — que tinham a simpatia de ambas as partes. Os homens levaram um presente aos rebeldes, o delicioso toucinho que Ovando enviara a Colombo. O próprio capitão Porras conferenciou longamente com os enviados, temendo que "trouxessem uma oferta de anistia geral que seus homens poderiam ser persuadidos a aceitar". Nada, nem mesmo Porras, conseguiria evitar que eles soubessem da chegada da caravela e da promessa de um seguro regresso à Espanha, e, por fim, da clemência oferecida pelo Almirante.

426   *29 de fevereiro de 1504*

Os amotinados fizeram uma contraproposta: se tivessem um navio próprio, iriam embora. Caso contrário, poderiam pensar em ir embora se houvesse a garantia de que metade do espaço da pequena caravela enviada por Ovando seria deles. Os amotinados também queriam ter acesso aos estoques de Colombo, porque já haviam perdido o deles. Impacientes, os emissários de Colombo explicaram que as demandas eram "irracionais e inaceitáveis", ao que os homens de Porras declararam que, se não recebessem de bom grado o que exigiam, teriam que tomar à força. Com isso, viraram as costas para os enviados e à promessa de uma solução pacífica, e voltaram-se para os outros rebeldes, condenando Colombo por ser um "homem cruel e vingativo" e dizendo que não temessem, pois tinham amigos na corte que estariam ao lado deles contra o Almirante. (Fernando Colombo refletiu sobre a recente rebelião de Roldán: "E veja como se saíram bem, sendo tão afortunados, com certeza o mesmo acontecerá a eles" — ou seja, aos seguidores de Porras.)

Porras formulou um argumento para derrotar a poderosa presença da caravela e o retorno de Méndez. Não acreditem em seus olhos, disse a seus homens. O navio não é real. Era apenas, como Fernando lembrou, um "fantasma fabricado por necromancia, porque o Almirante sabia muito dessa arte", uma imagem que evoca o enorme temor que Colombo causou aos índios ao fingir conjurar um ameaçador eclipse lunar. "Claramente, uma caravela de verdade não teria ido embora tão rapidamente, com tão pouca negociação entre a tripulação e os homens do Almirante." Se fosse de verdade, "o Almirante e seu irmão teriam embarcado nela".

O comportamento de Colombo nos últimos 11 meses levava a este tipo de especulação. Confinado à sua cabine, resmungando ordens, levando os índios a acreditar que controlava os céus, o Almirante adquiriu a aura de homem possuído, se não por poderes sobrenaturais, ao menos pelo dom da profecia e da revelação. A Espanha o considerava o descobridor de novas terras, mas ele acreditava ser um instrumento de revelação divina. Outros acabaram aceitando que ele estava fazendo história, mas Colombo queria ver seus feitos estampados na Sagrada Escritura, brilhando com fogo e, se necessário, banhados de sangue. Outros exploradores, especialmente os que tentavam tomar seu lugar, teriam reconhecimento fugaz, enquanto suas realizações seriam como monumentos, ou assim ele acreditava. O Almirante escrevia a história por onde passava, como se tempo e lugar fossem dois aspectos da mesma entidade que ele perseguira durante 12 anos, guiado por Marco Polo, inspirado pela Bíblia e impelido pela cobiça por ouro.

Se não totalmente convincente, a rudimentar explicação de Porras levou os amotinados a duvidar do que viam claramente. Dessa forma, o capitão aumentou a determinação dos rebeldes e preparou-os para sitiar todos os navios, confiscar o que traziam e até mesmo levar o Almirante prisioneiro. Estimulados, os homens ocuparam uma aldeia indígena chamada Maima, próxima aos navios ancorados, a fim de preparar um ataque. Como ocorrera em situações semelhantes, Colombo enviou seu irmão Bartolomeu "para chamá-los à razão com palavras suaves", porém escudado por cinquenta legalistas armados prontos para repelir qualquer ataque, se houvesse algum. Em 17 de maio, o Adelantado posicionou-se no topo de uma colina localizada a "um tiro de besta" da aldeia e enviou os dois homens que haviam negociado sem sucesso com Porras para tentar novamente. Os amotinados sequer aceitaram falar com os representantes. Seis rebeldes conspiraram para assassinar o irmão do Almirante, acreditando que, uma vez que o Adelantado estivesse fora do caminho, os outros legalistas se renderiam.

Em formação de batalha, gritaram: "Mata! Mata!", enquanto atacaram o Adelantado e sua companhia. Cinco dos seis assassinos frustrados caíram diante dos legalistas.

O Adelantado respondeu com um ataque feroz, que matou pelo menos dois homens: Juan Sánchez, que jamais deixou de ser o homem que permitira a fuga do Quibian, e Juan Barba, que fora o primeiro a desembainhar a espada. Outros ficaram feridos, e, acima de tudo, Francisco Porras foi capturado. Segundo Fernando, os outros amotinados "largaram as espadas e fugiram a não mais poder". Bartolomeu partiu atrás deles, até que seus homens contiveram o desejo de vingança, murmurando que "era bom castigá-los, mas não com tanta severidade".

Se os homens de Colombo matassem todos os inimigos, os muitos índios que observavam o conflito poderiam decidir que havia chegado o momento de capturar os legalistas. Bartolomeu cedeu e escoltou Porras e os outros prisioneiros até os navios encalhados, onde Colombo os recebeu agradecido, com orações e dando "graças a Deus por esta grande vitória". Os legalistas, embora vitoriosos, não escaparam ilesos. Um dos servos de Colombo morreu e o Adelantado foi ferido na mão, mas se recuperou.

No calor da batalha, o piloto Pedro de Ledesma juntou-se aos rebeldes e, sem que ninguém percebesse, caiu de um penhasco, onde ficou escondido até o anoitecer. Os índios que o descobriram tentavam entender como Ledesma conseguira sobreviver às afiadas espadas dos europeus. Os nativos reabriram as feridas do espanhol com "pequenas varas", examinaram um "corte na cabeça tão profundo que era possível ver os miolos" e perceberam outros ferimentos que quase lhe deceparam o ombro, cortaram-lhe a coxa até o osso e fatiaram a sola de um de seus pés desde o "calcanhar até os dedos, de forma que lembrava um chinelo". Sempre que os índios se aproximavam, ele gritava, "cuidado, eu consigo me levantar!", e os nativos fugiam como se o piloto fosse um fantasma.

Por fim, os espanhóis conseguiram resgatar Ledesma, transportando-o para uma "cabana de teto de palha próxima, em que bastaria a umidade e os mosquitos para dar cabo dele". O cirurgião do navio passou oito dias cuidando das feridas ("tão terríveis que seria um desafio à imaginação humana inventar algo mais horrível ou mais grave", como Las Casas as descreveu), até que, contra todas as expectativas, o piloto se recuperou. "Eu o encontrei depois do acontecido em Sevilha, forte e saudável, como se nada tivesse acontecido", disse Las Casas. Porém, não muito tempo depois, completou o cronista, "fiquei sabendo que ele tinha sido morto com um punhal". Em todo caso, a derrota minou todo o moral dos amotinados.

Na segunda-feira, 20 de maio, o grupo de rebeldes, arrasado pela derrota, enviou emissários a Colombo para oferecer uma compensação pelos danos causados e pedir clemência. Todos confessaram a insubordinação e a desumanidade por escrito, imploraram o perdão do Almirante e demonstraram arrependimento. Juraram renovada lealdade "sobre o crucifixo e o missal", e, se quebrassem a palavra, nenhum padre, nenhum tipo de cristão ouvir-lhes-ia a confissão, e considerar-se-ia que haviam renunciado aos "santíssimos sacramentos da Igreja", o que significava que, por sua maldade, não poderiam ser enterrados em solo consagrado, sendo descartados "em terra de ninguém, como se faz com os hereges".

Colombo leu os apelos e confissões com satisfação e alívio. Os renegados receberam anistia total, com exceção de Porras, que foi mantido como prisioneiro, porque "poderia causar novos distúrbios".

Logo, se impôs a questão de onde alojar os ex-amotinados. Com o pouco espaço disponível nos destroços dos navios que abrigavam os legalistas, e o aumento das tensões entre estes e os rebeldes, Colombo mandou os últimos para um acampamento em terra, onde deveriam esperar pelos navios que os levariam à Espanha. Eles podiam "circular pela ilha, quando [o Almirante] ordenasse, fazendo escambo com os bens que tivessem, até a chegada dos navios", de acordo com Las Casas. "E sabe Deus que males este grupo infligiu aos índios e que ultrajes cometeram."

Os dias se passaram, e com eles o aniversário da chegada dos homens. Esquecido o recente juramento de lealdade a Ovando, Colombo espumava de raiva por conta dos atrasos que era forçado a enfrentar, "certo de que eram deliberados e causados pela esperança [de Ovando] de que o Almirante morresse ali". Mas ele não havia morrido, estava bem vivo e sedento por vingança.

Dias depois, Diego Méndez ancorou na baía. Após a luta pela sobrevivência e as batalhas entre si, os homens que um dia estiveram presos e sem esperança de retorno estavam mais aliviados que entusiasmados por embarcar na caravela que os levaria embora. "Neste navio embarcamos todos, amigos e inimigos", lembrou Fernando, laconicamente. Era 28 de junho de 1504.

Ventos e correntes permaneceram contrários ao longo da travessia entre a Jamaica e Santo Domingo, onde só desembarcariam em 13 de agosto. Quando chegaram à ilha Beata, na costa de Hispaniola, os homens encontraram correntes que impediram o progresso do navio. Como sempre fazia em tempos de ociosidade forçada, Colombo desabafou. Em carta a Ovando, o Almirante descreveu as ações tomadas para acabar com o motim, destacando as malfeitorias dos irmãos Porras. Colombo novamente jurou lealdade ao governador e concluiu a carta com sua inconfundível e enigmática assinatura:

430 *29 de fevereiro de 1504*

que, na linguagem particular do Almirante, significava "Colombo, porta-dor de Cristo". O Almirante adotou essa assinatura como imprimátur especial. Seus herdeiros — pediu — também deveriam "assinar com a assinatura que agora uso, que é um X com um S sobre ele e um M com um A romano sobre ele, em seguida um S e depois um Y grego com um S sobre ele, preservando as relações entre linhas e pontos". Apesar das instruções bastante específicas, o pleno significado da assinatura, produto da fértil imaginação espiritual de Colombo, ainda não foi totalmente decodificado, mas provavelmente inclui referências tanto bíblicas quanto marítimas. Na forma, alguns veem o mastro de um navio, outros uma cruz, e um terceiro grupo enxerga referências herméticas a invocações e hinos.

Ao chegar a Santo Domingo, Colombo ficou muito surpreso ao ser recebido com "grande honra e hospitalidade" (disse Las Casas) por seu anfitrião Nicolau de Ovando. Depois de um ano vivendo nas sombras da obscuridade, Colombo reapareceu sob o sol com grande pompa. A inesperada boa vontade de Ovando se mostraria ainda mais abrangente quando o governador acolheu o Almirante em sua residência recém-construída, "com ordens para que fosse tratado com toda a consideração".

O teatro de hospitalidade escondia então os persistentes conflitos entre o atual e o antigo governador de Hispaniola. Colombo não tardou a se sentir ofendido por causa de pequenas ações que se furtou a revelar, mas que "foram consideradas insultos e afrontas à sua dignidade", de acordo com Las Casas. Fernando descreve a hipocrisia de Ovando como "o beijo do escorpião". O veneno escondido no beijo era o fato de que Ovando havia libertado Francisco Porras, reconhecido como o "líder do motim", na presença do próprio Colombo, um gesto concebido para humilhar o predecessor. "Ele se propôs a punir aqueles que pegaram em armas para defender o Almirante." Mais tarde, um contrariado Colombo murmurou para o filho Diogo, sobre os irmãos Porras: "Eles fizeram muito mal, com crueldade jamais vista. Se o Rei e a Rainha não os punirem, não sei quem mais ousaria tirá-los de serviço." Com o motim perdoado e esquecido, os irmãos Porras receberam os pagamentos retroativos e reconquistaram seus cargos e títulos.

Com o mesmo ensejo, Ovando excluiu o Almirante do Mar Oceano de todas as negociações oficiais com Fernando e Isabel. Com isso, Colombo percebeu ser menos hóspede que prisioneiro, desonrado e ameaçado por Ovando, que se recusou a reconhecer a posição do Almirante como "capitão geral" da frota. Credenciais, declarou Ovando, não me dizem respeito. É difícil imaginar Colombo, um homem de enorme vaidade, reduzido à condição de vassalo na capital do império que ele mesmo descobrira e sujeito às humilhações de Ovando, mas não havia escolha. Cabia a Fernando expressar indignação em nome do pai.

Um mês depois, em 12 de setembro, Colombo, Fernando e seus servos zarparam para a Espanha em uma caravela fretada, acompanhada por outro navio. O resto da tripulação, que também enfrentou um ano angustiante na praia jamaicana, ficou para trás na ilha de Hispaniola. Sobre esses homens, muitos deles ex-amotinados, Las Casas comentou, de passagem: "Mais tarde, alguns deles seguiram para Porto Rico a fim de colonizar a ilha — ou, para ser mais preciso, destruí-la."

O tempo estava terrível. A 2 léguas da praia, o mastro principal de um dos navios da pequena frota de Colombo se partiu "bem na altura do convés", provavelmente por causa dos ventos fortes. Colombo ordenou que o navio avariado retornasse a Santo Domingo e retomou a viagem a Castela na outra embarcação. No entanto, "depois de navegar com tempo bom quase um terço da rota", relatou Fernando, "enfrentamos uma tempestade terrível que nos colocou em grande perigo". Era 19 de outubro. No dia seguinte, o mastro principal "se partiu em quatro", causando outra emergência.

Fernando atribuiu a sobrevivência de todos ao "valor do Adelantado e à engenhosidade do Almirante, que não conseguia se levantar da cama por causa da gota". No entanto, os dois irmãos "construíram um mastro improvisado usando uma verga latina" — uma longarina triangular — "que prendemos firmemente na metade do mastro quebrado com cordas e madeiras retiradas dos castelos de popa e de proa, os quais

432   *29 de fevereiro de 1504*

desmontamos". O navio permaneceria em condições de navegar, desde que o tempo não causasse mais problemas.

Entretanto, outra tempestade caiu, rompendo o mastro.

Depois de outros reparos, o navio conseguiu cruzar as últimas 700 léguas até o porto de Sanlúcar de Barrameda, no sul da Espanha, que Colombo vira pela última vez dois anos antes. Fraco e vulnerável, ele tinha sobrevivido, e, enquanto vivesse, a promessa de um império colombiano — sancionado pelos Reis Católicos, é claro — também permaneceria viva. Apesar do tranquilo esplendor de Porto Seco, na Jamaica, o tempo vivido na região fora desmoralizante, e só fez piorar as feridas físicas e espirituais do Almirante. O ano na praia estivera longe de ser um idílio, e Colombo não havia conseguido chegar a um bom termo, nem consigo mesmo, nem com as "Índias". O período fora no máximo um refúgio.

Muitos dos 140 homens que lá estiveram com Colombo não viveram para ver o fim da viagem. Vários desertaram em Hispaniola. Trinta sucumbiram à doença, ou se afogaram, ou pereceram em batalhas com os índios ou com amotinados. Colombo, enfrentando doenças, amotinados, índios hostis e suas próprias ilusões, estava entre os sobreviventes, bem como o filho e o irmão.

Apesar da extensiva exploração do litoral dos atuais Panamá e Costa Rica, Colombo jamais percebeu em qual parte do mundo estivera, embora tenha se dado conta de que encontrara uma região que só fazia se expandir à medida que ele a explorava. Era um lugar sem fronteiras claras, que os escritores da Antiguidade mal conseguiram entender ou descrever, ao qual nem mesmo a Bíblia fazia a menor referência e que ao mesmo tempo escondia e revelava riquezas incalculáveis. Colombo viria a reclamar parte dessa riqueza como sua, embora tenha passado todo o tempo em que esteve na Espanha não em palácios ou bordéis, mas em mosteiros austeros ou cruzando, em lombo de burro, caminhos tortuosos que atravessavam montanhas íngremes, impulsionado pelos demônios gêmeos da vaidade e do dever.

Para seu filho leal, as realizações do Almirante nada tinham de óbvias ou predestinadas. Uma aura de caos sempre pairou sobre a vida

COLOMBO 433

e as aventuras do Almirante, contra a qual ele tentava impor sua vontade. Ao recontar os acontecimentos, Fernando sempre mostrou o pai como um homem vulnerável — aos caprichos de monarcas, aos impulsos dos índios, ao poder de marés e tempestades e aos humores dos homens impressionáveis que o serviam. Colombo aparecia como um refém da sorte no jogo arriscado da expansão europeia. Repetidas vezes, as façanhas do Almirante poderiam ter desfechos diferentes, não fosse sua visão singular — ou, pelo menos, era isso que Fernando pretendia fazer seus leitores acreditarem. A aventura impulsionou a imaginação e o intelecto do filho de Colombo pelo resto de seus dias.

Ao irmão de Colombo, Bartolomeu, a viagem dera a oportunidade de praticar atos de heroísmo, pelo menos aos olhos dos espanhóis. Se não fosse pela vigilância do Adelantado, Colombo e seu grupo de legalistas não teriam durado um ano na praia. No entanto, os atos mais heroicos não couberam aos irmãos do Almirante, mas ao modesto Diego Méndez, que sobrevivera a uma perigosa viagem em um barco aberto e suportara um ano no reino de Nicolau de Ovando até conseguir levar a caravela à Jamaica e resgatar Colombo e os outros.

Apesar de todas as dificuldades e frustrações, Colombo manteve um carinho especial pela jornada que batizou de El Alto Viaje, talvez porque ela, como nenhuma outra, tenha lhe dado a oportunidade de mostrar todas as suas habilidades de navegação e realizar façanhas que deixariam exploradores menos talentosos de queixo caído. Ou talvez porque as dificuldades da viagem, com seus reveses, privações e fugas quase impossíveis, o tenham levado para mais perto de Deus, de Fernando, seu filho, e da sensação de estar cumprindo uma missão.

Era 7 de novembro de 1504. Colombo planejava voltar a Sevilha para recobrar a saúde e, então, viajar novamente, desta vez para fazer as pazes com a rainha que havia patrocinado suas viagens por uma dúzia de anos. Como aconteceu com muitas de suas expectativas, esta não seria cumprida.

A rainha Isabel, ainda em Medina del Campo, continuava seu declínio. Poucas semanas antes, em 4 de outubro, assinara seu testamento, no qual exortava o marido e a filha a conquistar a África — que alguns

434 *29 de fevereiro de 1504*

consideravam pertencer ao império espanhol — e terminar a Cruzada. Havia outros pedidos: ela queria ser enterrada em um hábito de São Francisco e nomeou a filha, Joana, sua "herdeira universal". Com relação ao rei Fernando, Isabel era grata pelos esforços do marido, deixando para ele metade da renda que o império descoberto por Colombo em nome dos dois — as Índias — gerasse para a Espanha.

Além disso, um codicilo do testamento sustentava que "nossa principal intenção era [...] procurar induzir e trazer os povos delas [as Índias] e lhes converter à nossa santa fé católica, e enviar às ditas ilhas e terra firme prelados, religiosos e clérigos e outras pessoas doutas e temerosas de Deus para instruir os vizinhos e moradores delas na fé católica".

Naquele momento, Isabel já tinha dado a bênção para uma nova missão às Índias, liderada não por Colombo ou um de seus irmãos, mas por Juan de la Cosa, o cartógrafo. Mais tarde, a rainha nomeou Alonso de Ojeda, considerado por Colombo um caçador em seus domínios, governador da baía de Urabá, situada entre a Colômbia e o Panamá atuais. Embora a missão, apoiada por um amálgama de convertidos e nobres, tenha demorado a acontecer, sua mera existência foi suficiente para alarmar o Almirante, que se queixou: "Os nobres do reino agora afiaram os dentes como se fossem javalis, na expectativa de uma grande mudança no estado de coisas."

Embora, em sua imaginação febril, Colombo já esboçasse outra viagem, estava claro que as forças que lhe restavam não seriam suficientes para enfrentar as demandas da vida no mar. Como um navio corroído por gusanos, o Almirante estava debilitado demais para suportar outra tempestade.

Em 26 de novembro, 19 dias depois de Colombo ter chegado a Sanlúcar de Barrameda, Isabel I, rainha de Castela e Leão, morreu em Medina del Campo. Tinha 53 anos de idade. Com ela se foram as esperanças do Almirante de obter apoio para outra viagem. Apesar de toda a brutalidade ocorrida durante seu reinado, Isabel fora uma líder poderosa, mantendo a nobreza sob controle e emprestando uma aparência de ordem para Castela. Refletindo a opinião corrente à época, Pietro Martire descreveu-a como "um modelo de virtude, refúgio de coisas boas, flagelo do mal". Isabel, no entanto, será para sempre lembrada como patrocinadora da Inquisição e das viagens de Cristóvão Colombo.

"A morte causou muita dor ao Almirante", escreveu Fernando, "pois ela sempre o ajudara e favorecera, enquanto o Rei sempre se mostrou um tanto seco e insensível a seus projetos". Fernando não foi o único observador a perceber a disparidade entre a forma como os dois monarcas tratavam Colombo. "O Rei Católico", Las Casas observou, "não sei por que nem com qual motivo, não só jamais mostrou qualquer sinal material de gratidão, mas também, ao mesmo tempo que elogiava o que ele [o Almirante] dizia, fazia de tudo para garantir que o caminho [dele] para o avanço fosse bloqueado". O cronista balançou a cabeça, admirado, e repentinamente saiu em defesa do homem a quem condenara ao longo de tantos volumes. "Nunca consegui compreender ao fundo essa antipatia", admitiu Las Casas, "a menos que o rei tenha dado mais atenção ao que afirmavam os falsos testemunhos apresentados contra o Almirante por aqueles da corte que o invejavam". A campanha velada contra Colombo permanecia inabalável.

É doloroso contemplar a entrada de Colombo na última rodada de negociações com o rei Fernando. Como Nicolau de Ovando, o monarca reconhecia as realizações e os serviços prestados à Coroa pelo explorador, mas não prometia nada para o futuro. Recusando-se a aceitar a realidade, Colombo insistia em suplicar ao rei não só a confirmação de seus títulos, mas também o patrocínio real para viagens futuras, embora o Almirante mal fosse capaz de viajar por terra, quanto mais pelo Mar Oceano. Colombo viveu tempo suficiente para ver que seu breve apogeu ficara para trás. Agora ele barganhava com o rei e com a própria morte em busca de mais tempo, dinheiro e glória. Colombo teve força suficiente para planejar uma visita à itinerante corte espanhola, acreditando que o rei estaria em Valladolid. Ele se propôs a viajar no ornamentado palanquim antes usado para transportar o cadáver de um cardeal que seria sepultado na Catedral de Sevilha, mas deixou o plano de lado e preferiu viajar, como tantas vezes fizera, em lombo de mula.

Depois de muitos atrasos, Colombo finalmente partiu, acompanhado de Bartolomeu, em maio de 1505. Era imperativo tentar, pela última vez, persuadir o soberano a limpar o nome do Almirante e restaurar seus privilégios, seu patrimônio e sua honra. Colombo delineou claramente suas intenções na carta que escreveu ao rei no mês seguinte: "O governo e a posição que eu tinha eram o ápice da minha honra" — o conceito se tornara uma obsessão para ele — "e me foram injustamente tirados; com toda a humildade, suplico a Vossa Majestade que dê ordens para que meu filho tome posse do governo que uma vez tive".

Quando ambos se encontraram, o rei "o recebeu de maneira cortês e declarou que restauraria todos os seus direitos e privilégios, mas sua vontade real era tirá-los todos", observou Fernando Colombo, e o teria feito "se não impedisse a vergonha, que [...] tem grande poder sobre as almas nobres". Naquele momento em que as Índias, descobertas por Colombo, estavam começando a cumprir o que prometiam, "o Rei Católico negou ao Almirante a grande parte que lhe cabia nelas, em virtude do acordado com a Coroa".

No momento do acordo original, Colombo prometera encontrar um equivalente marítimo para a rota comercial de Marco Polo e estabelecer relações comerciais com o Grande Khan em benefício de Espanha. O domínio sobre as terras que ele pudesse descobrir no caminho e a sua riqueza foram concedidos a Colombo quase como algo secundário, um subproduto da viagem de descoberta comercial. O Almirante deu uma dimensão totalmente diferente à Empresa das Índias, vendo a si próprio como o artífice de uma missão inspirada e até mesmo guiada por Deus. Graças ao patrocínio recebido, Colombo acreditou ser o destinatário de uma grande e permanente honra, que se estenderia para além das leis e das memórias dos mortais.

Quando perceberam que Colombo não seria capaz de cumprir o que prometera de início e se deram conta da imensa extensão de tudo o que havia sido descoberto, os Reis Católicos mudaram os termos do contrato para garantir que o Almirante permanecesse em seu devido lugar, como servo, não como rival. Do ponto de vista dos monarcas, eles tinham o direito de tratar Colombo como desejassem. Segundo a perspectiva do Almirante, porém, os monarcas haviam inexplicavelmente rompido o contrato. Assim, o Almirante se reuniu com o rei Fernando para tentar persuadi-lo a manter a posição e os títulos que outrora lhe foram concedidos. "Eu vos servirei por todos os dias que restarem de minha vida, embora sejam poucos", afirmou Colombo. E, de acordo com Las Casas, o Almirante jurou que, no futuro, seu serviço "se mostraria cem vezes mais ilustre do que já fiz por Vossa Majestade até hoje".

Tais promessas reabriram as negociações entre o rei Fernando e o aviltado Colombo, cujo filho percebeu que o monarca "tentava recuperar o controle absoluto" sobre as Índias "e dispor como lhe aprouvesse sobre os ofícios que cabiam ao Almirante". Reconhecendo que Colombo ainda tinha alguma força de vida dentro de si e algum direito sobre suas descobertas nas Índias, o rei ofereceu um novo acordo e pediu o nome de um árbitro para resolver a questão. Colombo, mordendo a isca, apresentou o nome de seu amigo Diego Deza, um ex-frade franciscano que era então arcebispo de Sevilha e sucessor de Tomás de Torquemada como Grande Inquisidor para toda a Espanha, a quem o próprio papa repreenderia depois por excesso de zelo. O arcebispo afirmou que Colombo tinha direito ao governo, mas legou a resolução do assunto a advogados. Em linguagem excepcionalmente forte, Las Casas escreveu: "O rei passou a prevaricar sobre esta questão e por isso o Almirante lhe apresentou nova petição, lembrando Sua Majestade do serviço que lhe prestara, da injusta prisão que sofrera e da maneira injustificada com que fora despojado de sua dignidade, de seu posto e das honras que Suas Majestades lhe haviam concedido."

Algum tempo depois, em Sevilha, Colombo, persistente como sempre, disse ao rei que "não pretendia ir a juízo ou defender seu caso perante os juízes. Simplesmente queria que Sua Majestade [...] lhe concedesse o que achava justo". O Almirante explicou que estava "cansado até os ossos e só queria ir a algum lugar por conta própria e descansar". As reuniões infrutíferas esgotaram a paciência e as forças de Colombo. Cada vez mais fraco, ele escreveu uma petição formal, em que concluía: "Acredito que é a dor causada pela demora em lidar com o meu negócio a responsável por estar tão aleijado como estou."

Colombo gastava o tempo ocioso se preocupando com a perda dos lucros obtidos nas Índias, explicando que os índios "eram e são a verdadeira riqueza da ilha". Eles cultivavam os alimentos, faziam o pão e garimpavam o ouro de que todos os "cristãos" dependiam, e o Almirante ficou desgostoso ao saber que "seis em cada sete índios morreram como resultado direto do tratamento desumano que lhes dispensaram: alguns foram cortados em pedaços pela espada, outros espancados até a morte, e outros sucumbiram por conta dos abusos, da fome e das péssimas condições sob as quais tinham sido forçados a viver". Essa expressão de arrependimento não o levou a fazer o mea-culpa, como seria de se esperar. Ao contrário, a terrível situação fez com que grandes lucros se perdessem — lucros pertencentes à Espanha, e também a ele.

Colombo também deu uma desculpa nada convincente para o envio de navios repletos de escravos à Espanha. Era uma medida puramente temporária, explicou então. Ele pretendia que os nativos se convertessem à fé sagrada e aprendessem habilidades e costumes espanhóis para depois regressar a Hispaniola, onde poderiam ensinar aos seus o que tinham aprendido.

Os debates e petições continuaram, sem trégua. Por fim, o próprio Colombo percebeu que não tinha mais opções, nem sorte, nem tempo. Sua persistência não o levaria a lugar algum. De seu leito de doente, o Almirante escreveu ao arcebispo de Sevilha que, como o rei parecia determinado a não honrar "as promessas que fez junto com a Rainha (que Deus a tenha), tanto empenhando a palavra quanto por escrito, sinto que, para um simples camponês como eu, continuar a batalha seria como bater a cabeça contra uma parede de tijolos".

A morte da rainha Isabel reverberou por toda a Espanha e o império em expansão, causando instabilidade política e trazendo até mesmo a ameaça de uma guerra civil. Joana, filha de Fernando e Isabel, se casara com Filipe, o Belo. Mentalmente instável, ela ficou conhecida como "Joana, a Louca". Apoiado pela nobreza, seu marido, Filipe, foi coroado rei de Castela, substituindo o sogro. Por um tempo, parecia que Joana estava destinada a governar, apesar da enfermidade, com o entendimento de que Fernando seria o regente permanente. Para transformar esse plano em realidade, Fernando cunhou moedas com a inscrição "Fernando e Joana, Rei e Rainha de Castela, Leão e Aragão", sendo o controle da moeda o caminho mais rápido para controlar o governo. Ao mesmo tempo, Filipe tentou formar uma aliança com a mulher para afastar o sogro.

No outono de 1505, o fracasso da colheita, que levou o preço do trigo a níveis exorbitantes, aumentou a sensação de caos que afligia a Espanha.

A crise se aprofundou quando Fernando iniciou os preparativos para se casar com Germana de Foix, de apenas 18 anos de idade, contra os 54 do maduro rei, e, algo ainda mais inquietante, sobrinha do rei da França, havia muito persona non grata nos círculos diplomáticos espanhóis. Dada a idade de Germana, a perspectiva de herdeiros subitamente reapareceu, e a velha ordem de Fernando e Isabel, dos reinos de Aragão e Castela e da estabilidade e grandeza que ambos haviam representado parecia se apagar das crônicas do passado.

Em 22 de março de 1506, Fernando se casou com sua jovem noiva, preparando o terreno para a guerra civil. Filipe e Joana fizeram todos os esforços para reafirmar sua autoridade. Então, um dia, em setembro, Filipe teve um esgotamento enquanto jogava uma partida de pelota, mas pareceu se recuperar. Poucos dias depois, em 25 de setembro, teve outro esgotamento, caiu doente e, ao cair da noite, estava morto. Suspeitou-se que a causa da morte fosse envenenamento, e que o rei Fernando era o culpado, mas nada foi provado. A morte causou vários motins e afetou profundamente a frágil Joana, a Louca, agora com 20 e tantos anos, que parou de falar e comer. Fernando e Germana, sua recém-desposada rainha, conquistaram, por fim, o apoio — ou pelos menos não despertaram a hostilidade — das principais autoridades da Igreja. E assim ele permaneceu como regente.

Neste contexto tumultuado, Colombo tentou fazer com que seus direitos, como ele os enxergava, fossem definitivamente restaurados e confirmados.

O rei Fernando deixou Valladolid para convocar Colombo, que, segundo explicou seu filho, estava "muito afetado pela gota e pela dor de se ver caído de seu estado, e também por outros males". O velho navegador, distante do favor real, se não caído em desgraça, ainda se importava com o rei a ponto de mostrar preocupação. Ambos tinham uma longa história em comum, que começara com o patrocínio de Isabel à primeira viagem e continuara com os dois filhos do Almirante servindo como pajens na corte real.

Colombo levou anos para conquistar prestígio na corte. Com toda a ambição e o desejo de se impor à Espanha e aos regentes do país, havia algo profundamente místico no Almirante, algo que ia muito além da piedade e do misticismo convencionais, algo que o impelia e atormentava, em vez de confortá-lo. A fé de Colombo jamais lhe trouxe paz. Ele foi muito além dos limites de sua resistência, e naquele momento lhe sobrava pouca energia.

O Almirante estava fraco demais para se levantar da cama e saudar o rei; por isso, em seu lugar, enviou Bartolomeu, que levava uma carta em que Colombo, "em circunstâncias adversas e angustiantes", desculpava-se por não conseguir se encontrar com o Rei Católico.

Fernando pretendia salvar a reputação do pai das conspirações armadas contra ele, mas seu relato revelou um velho marinheiro em rápido declínio, apoiado mais em sua reputação e seus títulos do que na capacidade de enfrentar os labores relacionados ao descobrimento, enquanto punha desnecessariamente em risco as vidas daqueles que o serviam. Colombo fomentara crises a fim de demonstrar a capacidade de superá-las ou para mostrar seu martírio ao mundo. Fosse em nome dos descobrimentos, da vontade divina ou dos soberanos, ele inventou confrontos, insistiu em não compreender seus pilotos ou os índios, bajulando-os graças à força de sua personalidade, fazendo com que dissessem o que ele queria ouvir. Foi apenas em meio a crises, como quando esteve encalhado numa praia ou à mercê de uma tempestade gigantesca, que Colombo conseguiu se concentrar nas tarefas necessárias para sua sobrevivência; caso contrário, se entregava a fantasias grandiosas e de maneira meio consciente, meio inconsciente, procurava ocasiões em que pudesse se colocar em perigo para tentar o demônio e depois suplicar a Deus, em altos brados, que o salvasse do desastre. De sua imaginação fértil nasceram grandes problemas, bem como os grandes descobrimentos pelos quais se tornou conhecido.

Embora as viagens de Colombo tenham levado a descobertas monumentais, ele pouco se regozijou com elas. O Almirante continuou convencido de que a China estava logo além do horizonte, de que era possível chegar ao paraíso a partir do oceano e de que tinha alcançado os arredores da "Índia". Sua moral permaneceu absolutamente a mesma. Pode-se dizer que, ao longo das quatro viagens, Colombo tudo descobriu, mas nada aprendeu. Seus preconceitos poderiam ter sido postos à prova enquanto ele aprendia pouco a pouco com a experiência, mas permaneceram intactos, um monumento de fé e vontade num mundo que ele ajudara a mudar.

O mundo, na verdade, já se movia para além dele, levando suas descobertas a um novo âmbito, em que o "outro mundo" ficou conhecido como Novo Mundo. Colombo recebeu o crédito pela descoberta de um continente que jamais reconheceu e que foi batizado em homenagem a outro explorador — Américo Vespúcio. Os descobrimentos tomaram caminhos caprichosos e complicados, e o crédito por tais feitos foi dado, muitas vezes, de maneira arbitrária.

Colombo padeceu os males da enfermidade em suas humildes acomodações em Valladolid, mas, ao contrário do que reza a lenda, não estava isolado ou empobrecido. Seus filhos Fernando e Diogo estavam presentes, assim como vários de seus companheiros de viagens recentes, como o heroico Diego Méndez. Todos sabiam que o Almirante estava morrendo.

Os males que afligiram Colombo no fim da vida têm sido objeto de muita especulação. Os sintomas relatados por ele, e que outros confirmaram, são consistentes com os da artrite, um mal doloroso e incapacitante que o Almirante chamou de "gota", e os da malária, doença causada por um parasita transmitido pelo mosquito *Anopheles* e caracterizada pela anemia, as febres altas e os calafrios que o afligiam. Dores de cabeça, náuseas, vômitos e diarreia são sintomas comuns, e se Colombo realmente sofria de malária, o que é provável, amiúde deve ter se sentido muito mal. Depois de analisar os sintomas, médicos modernos diagnosticaram uma forma de artrite reativa antes conhecida como síndrome de Reiter. Causada por infecção, esta doença pode causar inflamação grave nos olhos (como conjuntivite) e inchaço doloroso das articulações, sintomas que atormentaram o Almirante durante anos. Se Colombo tinha artrite reativa, também deve ter sofrido com inflamações do trato geniturinário e gastrointestinal. Muitas dessas doenças iam e vinham ao longo do tempo, mas não há dúvida de que o Almirante sofreu muito com os efeitos combinados de todas.

442 *29 de fevereiro de 1504*

* * *

Depois de um inverno passado em constante declínio, Colombo ditou seu testamento em 19 de maio. O documento nomeava Diogo o executor do pai e trazia cláusulas relativas à mãe de Fernando, Beatriz de Arana, que "pesa muito em minha consciência". O Almirante, porém, se recusou a dar mais detalhes: "A razão para isso eu não estou autorizado a explicar."

Em 20 de maio de 1506, Colombo morreu em Valladolid, "tendo recebido com muita devoção todos os sacramentos da Igreja e dizendo estas últimas palavras: *in manus tuas, Domine, commenda spiritum meum*. Deus, em Sua alta misericórdia e bondade, com certeza o recebeu em Sua glória. *Ad quem nos cum eo perducat*. Amém".

Ele tinha 54 anos de idade.

Las Casas comentou: "E assim um homem que por seus próprios esforços descobriu um outro mundo, maior do que o que conhecíamos antes e muito mais abençoado, partiu desta vida em estado de angústia, amargura e pobreza, sem ter, como ele mesmo disse, nem um teto que pudesse chamar de seu, onde pudesse se abrigar da chuva e descansar de suas labutas. Ele morreu despossuído e despojado da posição e das honras que conquistou por seus esforços incansáveis e heroicos e arriscando a vida repetidas vezes."

O modesto cortejo fúnebre de Colombo seguiu seu caminho desde Valladolid até um mosteiro franciscano, onde seu corpo foi enterrado numa cripta. Aquele não seria o lugar de seu descanso final; pelo contrário, apenas marcou o início de uma saga duramente contestada e com intermináveis desdobramentos envolvendo os restos mortais e o legado do Almirante do Mar Oceano.

Em 1509, três anos após sua morte, os restos de Colombo foram removidos para a Capela de Santa Ana, no Mosteiro de Santa María de las Cuevas, perto de Sevilha, onde ele passara em retiro e reflexão os anos entre a terceira e a quarta viagens. Seu filho Diogo, que se tornou o segundo Almirante, morreu em 1526 e também foi enterrado em Las Cuevas. Uma década depois, em 1536, o terceiro Almirante, Luís Colombo, transferiu os restos mortais de Cristóvão e Diogo, juntamente com os de Bartolomeu e de Filipa Moniz, para a Catedral de Santa María La Menor, em Santo Domingo, na ilha de Hispaniola.

Vários anos depois, Luís Colombo, que desistira das responsabilidades administrativas de sua família em troca de um título — duque de Veragua — e de uma renda vitalícia, foi condenado por bigamia e punido com dez anos de serviço militar na África do Norte. Mesmo confinado a postos remotos, Luís Colombo, que tinha um longo histórico de envolvimentos com mulheres, subornou os guardas, encontrou uma amante e se casou com ela, apesar de suas três esposas anteriores ainda estarem vivas. Luís foi exilado de novo, desta vez em Orã, uma grande cidade portuária da Argélia, onde morreu aos 50 anos de idade, em 1572. Ele foi enterrado no que se tornara o mausoléu da família Colombo, na Catedral de Santo Domingo.

Em 1697, a Espanha cedeu parte de Hispaniola, hoje o Haiti, à França, e, mais tarde, o resto da ilha. Para evitar que seguissem para a França, os restos mortais da família Colombo foram enviados para Havana, Cuba, em 1795, onde foram enterrados em outra catedral, aparentemente para sempre. Mas este não era o fim, ainda. Em 1877, um sacerdote da catedral de Santo Domingo descobriu um caixão de chumbo cheio de ossos, em que várias legendas identificavam o "Descobridor da América, Primeiro Almirante", e contendo também uma bala de chumbo. Um ano depois, novas escavações encontraram outra placa, que dizia: "Último dos restos mortais do Primeiro Almirante, Sire Cristóvão Colombo, descobridor". Não foi possível estabelecer quem havia colocado as placas ali, nem o significado da bala.

Posteriormente, ficou provado que os restos em Havana eram realmente de Diogo Colombo, filho do Almirante, e que o próprio Colombo permanecia sepultado na catedral de Santo Domingo. Em 1879, um relatório elaborado pela Real Academia Espanhola de História listou nada menos que cinco sepulturas de Colombo. Após a Guerra Hispano-Americana, em 1898, a Espanha transportou para Cádiz e, depois, rio Guadalquivir acima, um caixão de chumbo com o que pareciam ser os restos de Colombo. Em 19 de janeiro de 1899, o caixão de chumbo foi enterrado na Catedral de Sevilha, a terceira a acolher o explorador.

Como fizera na vida, o Almirante do Mar Oceano simultaneamente une e divide três países e dois continentes.

Hoje, a Espanha considera Sevilha o lugar de descanso final dos ossos de Colombo. A República Dominicana insiste que o Primeiro Almirante e Luís Colombo, seu neto errante, estão enterrados em Santo Domingo, e que Sevilha tem apenas os restos mortais de Diogo. Os testes de DNA foram inconclusivos, e, assim, a controvérsia não deve ser resolvida tão cedo. Por fim, ninguém sabe ao certo o que fazer com a bala de chumbo encontrada com os ossos de Cristóvão Colombo. As exumações e os repetidos sepultamentos de seus restos mortais evocam a alma inquieta de um viajante sem lugar de descanso final, destinado a assombrar as costas que explorou em vida.

EPÍLOGO

Dia de Colombo

A drástica desvalorização de Colombo parece ser um fenômeno recente, mas se originou na época de suas viagens. O interventor espanhol Francisco de Bobadilla o mandou para casa a ferros. O rei Fernando desdenhou dele. A enorme antipatia do bispo Fonseca por Colombo era notória. Américo Vespúcio alimentou a impressão de que fora ele, e não Colombo, quem descobrira um novo mundo, e emprestou seu nome ao continente. Alonso de Ojeda, ex-tenente do Almirante, reclamou para si territórios visitados primeiro por Colombo. Nicolau de Ovando, que sucedeu o genovês como governador de Hispaniola, colocou a vida de Colombo em risco e zombou dele. Os irmãos Porras, Francisco Roldán e outros que navegaram com o Almirante comandaram motins que sofreram pouca ou nenhuma retaliação.

Os danos mais duradouros à reputação de Colombo vieram da pena de Bartolomeu de Las Casas, que chegou a Hispaniola com o novo governador, Nicolau de Ovando, em 1502, como senhor de escravos. Las Casas foi o primeiro padre a ser ordenado nas Américas, em 1510, e costumava ser chamado de "Apóstolo dos Índios". Em seu influente lamento, *Brevíssima relação da destruição das Índias*, escrito em 1542, ele detalha a tortura e as práticas genocidas dos colonos espanhóis que seguiram Colombo.

Las Casas defendia as vítimas, quase extintas, do ultraje — "as pessoas mais simples do mundo", escreveu sobre os tainos, "muito sofridas, mansas e submissas, [...] sem maldades ou hipocrisias, obedientís-

446   *Dia de Colombo*

simas e fidelíssimas" —, em resumo, o tipo de súditos que a Coroa espanhola desejava. No entanto, em vez de cuidar desse povo gentil e inteligente, "temos como certo que nossos compatriotas, por sua crueldade e nefandas obras, despovoaram e assolaram uma área que abrangia mais de dez reinos maiores que toda a península Ibérica". Eles massacraram os filhos dos nativos, "às vezes matando uma mãe e seu bebê com um único golpe da espada". Os espanhóis eram ainda mais brutais com os líderes indígenas, a quem amarravam a uma "grelha feita de varas sobre forcados presos no chão e depois os punham sobre fogo baixo, para que pouco a pouco, gritando de agonia e desespero, suas vidas se esvaíssem".

Tudo isso Las Casas testemunhou. Ele estimou que, "em quarenta anos, as tiranias e obras infernais dos cristãos [ceifaram], injusta e tiranicamente, mais de 12 milhões de almas, entre homens, mulheres e crianças". Na verdade, Las Casas acreditava em um total de 15 milhões de mortes causadas por torturas e massacres perpetrados pelos cristãos, que também estabeleceram "a mais dura, horrível e brutal escravidão em que homens jamais foram postos". Os números de Las Casas são há muito objeto de debates, mas mesmo as estimativas mais conservadoras são pavorosas: dos 250 mil índios submetidos ao jugo espanhol, apenas 40 mil sobreviveram mais que 15 anos. Em poucas décadas, restaram apenas algumas centenas de nativos. Muitos morreram de doenças infecciosas causadas pela exposição aos germes trazidos pelos europeus ou seus animais, contra os quais os habitantes do Novo Mundo não tinham anticorpos.

E a razão para esta tragédia? Nas palavras do frei, "ganância pura e simples".

A acusação de Las Casas encontrou um público receptivo no nascente rival da Espanha, a Inglaterra, onde criou raízes como a "Lenda Negra" espanhola. Durante os séculos seguintes, o país e os exploradores que navegaram sob sua bandeira foram condenados por toda parte como assassinos e ladrões que habitualmente recorriam à crueldade e chegavam às raias da desumanidade. A sombra da Lenda Negra pairava sobre Colombo, como pairava sobre outros exploradores da Espanha. Sem querer, o relato de Las Casas serviu como uma chamada às armas

COLOMBO 447

para que os rivais dos espanhóis — protestantes, em sua maioria — salvassem o Novo Mundo de novos horrores. Os índios sobreviventes tornaram-se peões de uma luta geopolítica que jamais conseguiriam compreender. A própria religião não era um guia confiável no que dizia respeito às ações dos exploradores e à construção de impérios. Las Casas e os pios governantes da Espanha acreditavam que Deus estava a seu lado, assim como a Inglaterra.

Em 1510, oito anos após desembarcar em Hispaniola, Las Casas se tornou um missionário dos tainos de Cuba. Durante algum tempo ele explorou o trabalho dos índios, depois renunciou a essa prática, e, em 1514, declarou ser contra a Empresa das Índias espanhola, embora continuasse a encorajar a conversão dos nativos ao cristianismo. Em seus últimos anos de vida, Las Casas formulou a doutrina da autodeterminação, que afirmava que todo o poder emana do povo, que delega poder aos governantes para servir aos interesses do povo, e que todas as ações significativas do governo devem ser submetidas à aprovação popular. "Nenhum Estado, rei ou imperador pode alienar territórios ou mudar o sistema político sem a expressa aprovação de seus habitantes", disse ele. Las Casas faleceu em 17 de julho de 1566, aos 92 anos de idade.

Nem todos eram hostis a Colombo ou indiferentes aos sofrimentos e feitos do Almirante. Seu leal amigo Diego Méndez sempre considerou a desesperada missão de resgate na canoa modificada que atravessou mar aberto até chegar a Hispaniola a maior aventura de sua vida. Em seu testamento, com data de 19 de junho de 1536, Méndez orientava os testamenteiros a erguer uma tumba de pedra — "a melhor que houver" — em memória da travessia. No meio da pedra, ordenou, "coloque-se uma canoa, que é um tronco de árvore escavado em que os índios navegavam, pois em uma eu naveguei 300 léguas, e sobre ela se esculpam apenas as letras que formam a palavra CANOA".

Hoje, Colombo, o explorador, está em toda parte. Esculturas, monumentos e memoriais de Colombo abundam em praças públicas de Gênova, Barcelona, Madri, Cidade do México, Sevilha e em várias cidades do Caribe e das Américas. Vistas da rua, as estátuas assumem facetas

448 *Dia de Colombo*

heroicas, grotescas e até assustadoras, como uma gárgula que retrata a conquista. Rios, grandes cidades, pequenas cidades, ruas, avenidas e a nação da Colômbia foram batizados em honra ao Almirante.

Nos Estados Unidos, especialmente, o exemplo e as viagens de Colombo foram a resposta para a perene necessidade de autodefinição e identidade. A partir do século XVIII, o nome do Almirante foi dado à capital dos estados da Carolina do Sul e de Ohio e ao poderoso rio Colúmbia, situado no Noroeste Pacífico. Por meio de uma lei promulgada pelo congresso americano em 1871, a região da capital norte-americana, Washington, foi batizada Distrito de Colúmbia. A cidade de Nova York tem a Universidade Columbia, a rotatória conhecida como Columbus Circle e a avenida Columbus.

A estátua de mármore de Colombo que se ergue sobre Columbus Circle, esculpida por Gaetano Russo em 1892, fica no topo de uma coluna de granito de 22 metros. Na base de mármore do monumento, lê-se:

A

CRISTÓVÃO COLOMBO

Dos italianos residentes na América.

Antes, zombado,
Durante a viagem, ameaçado,
Depois dela, acorrentado,
Tão generoso quanto oprimido,
Ao Mundo ele deu um Mundo. *

Colombo permanece como um espelho que revela e amplia não só a desumanidade e a ganância, mas também a piedade, a curiosidade e a exuberância do Velho Mundo. As viagens do Almirante revelaram duras

---

* No original, To CHRISTOPHER COLUMBUS/ The Italians Resident in America, Scoffed at Before/ During the Voyage, Menaced,/ After It, Chained,/ As Generous As Oppressed,/ To the World He Gave a World.

verdades sobre os limites da compreensão humana, mas é muito tarde para desfazer as consequências das explorações, cujo fio rubro está hoje profundamente enredado na construção da história da Europa e do mundo.

Apesar de todo o desdém de que Colombo tem sido alvo, as quatro viagens do Almirante são uma das maiores aventuras da história. Embora ele não tenha sido o primeiro explorador a avistar ou desembarcar nos longínquos litorais das Américas, foi dele a descoberta que lançou as raízes da realidade do Novo Mundo no imaginário — e nos esquemas políticos — do Velho. Colombo mudou para sempre a ideia do que um império europeu poderia ser. Ele teve a visão — e, por vezes, a ilusão — de imaginar e convencer a outros e a si mesmo de que havia encontrado algo imenso, importante e perene.

Apesar de todos os feitos e malfeitos, as viagens de Colombo foram apenas o início de um processo cujas consequências — políticas, culturais e científicas — permanecem até hoje. Prenhe de complexidade e de poderosas contradições, o exemplo do Almirante é cada vez mais relevante para compreender a era contenciosa em que vivemos.

☙ AGRADECIMENTOS ❧

Durante os anos em que pesquisei as viagens de Colombo, o comentário que ouvi com mais frequência foi: "Quer dizer que ele fez *quatro* viagens? O que aconteceu nas outras? Aonde ele foi? As outras viagens foram importantes?" Respondi que, para mim, as outras viagens foram sumamente importantes, e eram, pelo menos, tão relevantes quanto a primeira, que, em contexto, preparou o terreno para as posteriores, cada vez mais aventureiras e trágicas. Muitas pessoas ajudaram a transformar esta ideia em realidade.

Minha agente literária, Suzanne Gluck, da William Morris Endeavor, mais uma vez mostrou por que é a melhor. Sua desenvoltura me guiou ao longo dos meus estudos colombianos. Gostaria de agradecer à competência e ao apoio de Sarah Ceglarski, Caroline D'Onofrio, Elizabeth Tingue e Eric Zohn, também da WME.

Em Wendy Wolf, diretora editorial de não ficção da Viking Penguin, encontrei a editora ideal para este livro. A partir do momento em que começamos a discutir as viagens de Colombo, parecíamos retomar uma conversa que já acontecia havia muito tempo. Estendo meus agradecimentos a Susan Petersen Kennedy, Paul Slovak, Carolyn Coleburn, Hal Fessenden, Sharon Gonzalez, Carla Bolte, Sonya Cheuse e Margaret Riggs, da Viking Penguin de Nova York, e ao cartógrafo Jeff Ward.

Em Nova York e Gênova, Itália, Anna Basoli foi uma incansável pesquisadora e assistente de tradução. Também devo agradecer ao dr. Alfonso Assini, coordenador geral do Arquivo de Estado de Gênova. Na mesma cidade, os recursos da Società Ligure di Storia Patria foram muito úteis.

Alfred Crosby, professor emérito da Universidade do Texas, generosamente forneceu mais detalhes sobre o influente "Intercâmbio Colombiano", de sua autoria. A professora Kathleen Deagan, coautora de *Columbus's Outpost among the Tainos*, orientou minha pesquisa sobre o Caribe. Carter Emmart, diretor de observação astronômica do Rose Center para a Terra e o Espaço, ligado ao Museu Americano de História Natural, trouxe uma perspectiva científico-filosófica às explorações de Colombo. Larry Fox discorreu sobre questões de navegação com base em sua grande experiência como navegador, enquanto Daniella Gitlin traduziu e comentou o livro *Colón y Su Secreto* (1976). Ash Green, que editou meu livro sobre as viagens de Marco Polo, interveio no momento certo para me encorajar a escrever sobre Colombo. Toby Greenberg, meu pesquisador iconográfico, localizou inúmeras imagens relacionadas a Colombo. Heather Halstead, diretora-executiva da organização Reach the World, compartilhou seu entusiasmo pela travessia do Atlântico pós-Colombo. Gail Jacobs literalmente salvou minha vida e sempre lhe serei grato. Payne Johnson compartilhou suas ideias e observações sobre as últimas viagens de Colombo. Sempre pude contar com a inspiração e a camaradagem de Edmund Morris e Sylvia Morris. Vincent Pica, comandante de frota da Guarda Costeira Auxiliar dos Estados Unidos, agregou conhecimentos sobre navegação a este livro. David Hurst Thomas, curador do Departamento de Antropologia do Museu Americano de História Natural, me avisou sobre as fontes relacionadas a Colombo disponíveis na instituição. Também gostaria de agradecer as contribuições de Chip Fisher e Susan Fisher, Cesar Polinia, Nicole Robson, Jeannette Watson Sanger, Matthew Schaeffer, Olga Valdes Skidmore, Joseph Thanhauser III e, é claro, Henry. Meu muito obrigado a Daniel Dolgin e Loraine Dolgin-Gardner pela consultoria em viagens. Dan, uma das pessoas mais prestativas do planeta, também leu o manuscrito com atenção, e o livro só teve a ganhar com suas observações.

O impressionante talento editorial de minha filha Sara influenciou muito o manuscrito final. E meu filho Nicholas, que compete em provas de navegação, esclareceu alguns dos desafios enfrentados pelas frotas de Colombo.

452 *Agradecimentos*

O bibliotecário-chefe da New York Society Library, Mark Bartlett, esteve sempre disponível para responder a consultas com a habitual desenvoltura. Daniel M. Rossner, meu colega curador, destacou o artigo provocador de V.S. Naipaul sobre Colombo e Robinson Crusoé, e Sara Elliott Holliday trouxe à luz material relativo a Bartolomeu de Las Casas.

Além disso, consultei os tesouros da Sociedade Hispânica da América, localizada em Upper Manhattan, e a Biblioteca LuEsther T. Mertz, no Jardim Botânico de Nova York, onde Jane Dorfman, bibliotecária de referência, encontrou itens relativos ao Intercâmbio Colombiano, bem como a coleção de artefatos tainos do Museo del Barrio de Nova York. Na Universidade Columbia, a coleção de obras sobre Colombo da Biblioteca Butler se tornou um recurso essencial. Meus agradecimentos aos bibliotecários de referência da instituição por me mostrarem a direção certa. Também preciso agradecer ao programa MFA de especialização em pesquisa da Universidade Columbia e a Patricia O'Toole por designar Aaron Cutler para me auxiliar nas pesquisas deste livro.

Agradeço também a meu amigo James B. Garvin, cientista-chefe do Centro de Voos Espaciais Goddard, da Nasa, localizado em Greenbelt, Maryland, cujos conhecimentos foram fundamentais para reconstituir a rota da travessia do Atlântico feita por Colombo e para o capítulo sobre o Intercâmbio Colombiano.

O Arquivo da Universidade Harvard, em Cambridge, Massachusetts, graciosamente me concedeu acesso à coleção completa sobre Colombo de Samuel Eliot Morison, autor de *Admiral of the Ocean Sea* (1942). Na Biblioteca John Carter Brown, da Universidade Brown, agradeço ao auxílio do diretor Edward L. Widmer e de Ken Ward em obter o máximo dos recursos desta coleção excepcional. Richard Ring, ex-funcionário da John Carter Brown e atual curador-chefe e bibliotecário da Biblioteca Watkinson do Trinity College, situado em Hartford, Connecticut, contribuiu muito para minha pesquisa com seu pensamento ágil.

Na Biblioteca do Congresso, em Washington, D.C., tenho uma dívida de gratidão com Thomas Mann, bibliotecário de referência, Everette Larson, da Divisão Hispânica, e John Hébert, chefe da Divisão de

Geografia e Mapas, pelas ideias e orientações sobre o complexo registro histórico das viagens de Colombo. Ali, em maio de 2009, participei do simpósio "Exploring Waldseemüller's World" [Explorando o mundo de Waldseemüller], em que os palestrantes Owen Gingerich e Nicolás Wey Gómez analisaram cuidadosamente esta representação cartográfica seminal do Novo Mundo. Qualquer pessoa que queira voltar no tempo até 1507 só precisa ficar na frente deste mapa gigante, exposto na instituição.

Foi um deleite voltar a fazer pesquisas no Arquivo Geral das Índias, em Sevilha. Atualmente, exemplares de sua coleção, tais como fac-símiles digitais e imagens relacionadas a Colombo, estão disponíveis on-line em <http://pares.mcu.es>. Gostaria de agradecer a Pilar Lazáro e equipe pela ajuda em minhas dúvidas. Também gostaria de agradecer à Biblioteca Columbina, situada na Catedral de Sevilha <www.institucioncolumbina.org>. Ali, milhares de exemplares das bibliotecas de Cristóvão Colombo e de seu filho Fernando ainda podem ser examinados. Entrar nessa biblioteca é como perscrutar a mente de Colombo.

Em Palos de la Frontera, na Espanha, visitei o Mosteiro La Rábida, onde Colombo planejou a primeira viagem. O local foi em grande parte preservado ou restaurado para manter a aparência da época do explorador. Em Madri, a coleção do Museu Naval foi útil como sempre durante minhas visitas anteriores, com destaque para a celebrada carta náutica de Juan de la Cosa, feita em couro de boi.

No Rio de Janeiro, fiz pesquisas no Real Gabinete Português de Leitura, cuja variada tradição erudita enfatiza as conexões portuguesas de Colombo, com destaque para a obra *Colombo português*, escrita por Barreto Mascarenhas em 1977. Sou extremamente grato a Jacqueline Philomeno pelo calor de sua amizade e a amplitude de sua compreensão.

Minha pesquisa na República Dominicana, outrora sede do império de Colombo, me levou a La Isabela (Puerto Plata), local onde ficavam o forte e a casa de Colombo. Em Santo Domingo, as coleções do Museu das Casas Reais, do Museu Alcázar de Colón e do Museu do Homem Dominicano, que guarda numerosos exemplares de artefatos tainos, iluminaram vários aspectos das viagens de Colombo. Mayra Castillo, Tiffany Singh e Alejandro Tolentino fizeram com que eu me

454 *Agradecimentos*

sentisse acolhido e bem-orientado com relação à minha pesquisa. Agradeço também a acolhida dos funcionários do Hostal Nicolau de Ovando, antiga residência do sucessor de Colombo em Santo Domingo, onde fiquei hospedado. No que diz respeito à República Dominicana, estou em débito com Marcela Manubens, vice-presidente sênior da Phillips-Van Heusen Corporation para a Responsabilidade Social Mundial, e Juan Carlos Contreras, gerente regional da PVH. Gostaria de fazer um agradecimento especial a Frank Moya Pons, historiador dominicano que pôs à minha disposição várias obras sobre Colombo.

NOTAS SOBRE AS FONTES

A literatura sempre crescente sobre Colombo engloba diversas línguas e tradições históricas. Para dar uma ideia de tamanho, a *Bibliografia colombiana, 1793-1990*, de Simonetta Conti, que abarca livros e artigos em inúmeras línguas, tem mais de setecentas páginas, mas mesmo este enorme compêndio termina antes da derrama de documentos e traduções inspirados no quincentenário de Colombo, em 1992. Como a minha própria narrativa demonstra, o legado e a reputação de Colombo foram, desde sempre, muito controversos. Ao longo da trajetória do explorador, glória e desonra sempre estiveram cabeça a cabeça, e a corrida continua até hoje.

Felizmente, Colombo, Fernando, seu filho, vários ministros espanhóis, marinheiros e historiadores deixaram relatos de suas ações — em geral volumosos e apaixonados, contra ou a favor do Almirante do Mar Oceano, e, em certos casos, contra *e* a favor. Estes registros em primeira mão, com testemunhos geralmente contraditórios, tornam possível entender as viagens de Colombo em suas várias dimensões. O *Repertorium Columbianum*, que abrange mais de 5 mil páginas de material original publicado em trinta volumes supervisionados por Geoffrey Symcox, da Universidade da Califórnia, e começou a ser compilado no final da década de 1980, deu enorme contribuição ao tema, assim como os vários volumes da *Nuova Raccolta Colombiana*, publicada em italiano e inglês pelo Istituto Poligrafico e Zecca dello Stato, Libreria dello Stato, de Roma, nos anos próximos ao quincentenário da primeira viagem, em 1992.

Entre os melhores trabalhos norte-americanos sobre o assunto, *Admiral of the Ocean Sea* (1942), de Samuel Eliot Morison, continua a ser a maior base de dados marítimos relacionados a Colombo. Morison teve o cuidado de comparar as rotas de Colombo às viagens que ele mesmo fez por mar e por ar, que muitas vezes transcendem o assunto estudado. A perspectiva aristocrática do autor e o pensamento corrente na época da Segunda Guerra Mundial se refletem nas visões sobre os povos e as culturas que Colombo e tripulação encontraram no Novo Mundo. Ao tentar reconstituir a jornada do Almirante com uma frota moderna, Morison ocasionalmente se valeu de dados errôneos, e por isso muitas das terras que o autor avistou ficavam a muitos quilômetros de distância da provável rota original. (Pode-se dizer que, muitas vezes, Morison procurou pelo Almirante nos lugares errados.) Para mais informações sobre esse assunto, consulte W. H. Hobbs, "The Track of the Columbus Caravels in 1492".

O abrangente e bem-documentado *Life and Voyages of Christopher Columbus* (1828), de Washington Irving, fornece a cor e o contexto ausentes do estudo de Morison, mais técnico, e mesmo este se baseia largamente no trabalho de Irving. Mais recentemente, *Columbus* (1991), a sucinta biografia de Felipe Fernández-Armesto, apresenta uma crítica acerba ao personagem, e a obra de John Noble Wilford, *The Mysterious History of Columbus* (1991), contém comentários provocadores sobre assuntos relacionados às viagens do Almirante. Por fim, *The Worlds of Christopher Columbus* (1992), de William D. Phillips Jr. e Carla Rahn Phillips, traz uma nova abordagem sobre a vida e a época de Colombo. Outras biografias relevantes do Almirante costumam seguir os passos de Morison, como, por exemplo, o trabalho de Paolo Emilio Taviani, *Cristoforo Columbo* (Istituto Geografico de Agostini, 1974, 2 v.). Uma exceção é o criterioso *Christophe Columbe*, de Henry Harisse, que exibe um olhar positivo sobre Colombo, algo digno de nota para os padrões atuais. Estou em dívida com todos esses historiadores por suas abordagens enérgicas e rigorosas sobre o formidável personagem que é Cristóvão Colombo.

Na maioria dos casos, apontei a fonte das citações no próprio texto, indicando se era o próprio Colombo, seu filho, Fernando, Bartolomeu de Las Casas ou comentaristas, como Pietro Martire.

Prólogo

De todas as perguntas ainda sem resposta que cercam as viagens de Colombo, a localização da primeira vista de terra é uma das mais persistentes e reveladoras dos motivos do Almirante. Havia uma grande motivação para que Colombo anunciasse uma descoberta importante e a reivindicasse para a Espanha (e para a riqueza e os títulos que dela resultariam), então seria do interesse do Almirante fornecer informações precisas sobre o que ele havia encontrado e onde. Havia também, no entanto, razões para que ele ocultasse o local exato. Ainda preso à ilusão chinesa, Colombo acreditava estar próximo da Ásia. Além disso, o Almirante não queria dar esta informação de suma importância de bandeja para os rivais, inclusive os que estavam na corte espanhola. Colombo se viu diante de uma escolha de Sofia: revelar a localização ou demonstrar imprecisão geográfica. Qualquer um capaz de obrigar os membros da tripulação, fossem homens ou meninos, a jurar que Cuba pertencia ao continente, em vez de admitir que era uma ilha, como fez Colombo, seria capaz de ocultar a própria rota. Somem-se a isso quinhentos anos de erosão e as chances de marcar o lugar da primeira vista de terra se tornam ínfimas. Ainda assim, hipóteses não faltam.

A revista *National Geographic* publicou, em novembro de 1986, nos Estados Unidos, reportagem de Joseph Judge que mostrava o resultado de cinco anos de meticulosas pesquisas científicas sobre o local do primeiro desembarque de Colombo. "Nada menos que nove ilhas foram sugeridas, defendidas e atacadas", escreveu Judge. "Cat, Watling, Concepcíon, Cayo Samaná, ilhas Francesas, Mayaguana, Caicos do Leste, Grande Turca e Egg, no noroeste das Bahamas." Cada uma das candidatas tinha um patrono renomado. Cayo Samaná, por exemplo, foi apontada por Gustavus V. Fox, secretário-assistente da marinha do presidente Lincoln, em 1862. A própria *National Geographic* endossou a escolha em 1894, e o caso foi dado por encerrado até 1942, quando Samuel Eliot Morison inequivocamente falou em favor da ilha de Watling, hoje conhecida como San Salvador, situada 104 quilômetros a oeste de Samaná. Entretanto, outra opinião dissonante surgiu na mesma edição de novembro de 1986 da revista. Luis Marden argumentou, após um exame exaustivo das provas e das técnicas de navegação disponíveis no tempo de Colombo, que Morison e os outros foram enganados pela unidade mais básica de medição, a légua náutica, que ele considerava ser o equivalente a 2,82 milhas náuticas. Logo, Cayo Samaná estava a cerca de 16 quilômetros de distância do local correto. Marden concluiu: "Não podemos dizer que estabelecemos com absoluta certeza o ponto exato em que Colombo avistou terra. As correntes podem variar e existem outros fatores desconhecidos." Ainda assim, a desabitada ilha de Samaná permanece como a escolha do dr. James B. Garvin, cientista-chefe do Centro de Voos Espaciais Goddard, da Nasa, com base na análise cuidadosa de dados relacionados à trajetória de Colombo fornecidos por satélite.

Todas estas escolhas partem de um pressuposto comum: Colombo pretendia indicar a verdadeira localização de seu primeiro desembarque. Com base nisso, tanto Morison quanto Judge insistiram que a resposta deveria estar próxima ao lugar descrito no diário de bordo de Colombo. É possível, porém, que tal abordagem seja falha. A descrição de Colombo foi curiosamente genérica, como se ele não estivesse prestando atenção ou tentasse deliberadamente ser vago. E as erosões que mudaram as características de recifes, baixios, portos e praias, que certamente ocorreram durante todo esse tempo? E se Colombo tivesse camuflado a localização exata para proteger a descoberta, como se fosse um tesouro enterrado para que ninguém mais o encontrasse? O Almirante não teria escrúpulos em manipular dados de forma a atingir seus propósitos, e que ocasião seria mais propícia para despistar seus competidores senão a primeira vista de terra? Ou será que Colombo foi sincero, mas estava em meio a um episódio de autoengano? É preciso ter em mente que este é o mesmo Colombo que, em viagem posterior, acreditou que os mares se erguiam até chegar às portas do paraíso. Ele escreveu sobre tal fenômeno com a mesma convicção com que relatou todas as outras descobertas. Quem conseguiria dizer quando Colombo estava iludido ou quando estava são? Por causa de todas essas perguntas, parece bastante improvável que o local do primeiro desembarque venha algum dia a ser determinado com exatidão.

Para mais interpretações sobre a errática história do primeiro desembarque, consulte *The Mysterious History of Columbus*, de John Noble Wilford, a partir da página 129.

COLOMBO 459

1. Trinta e três dias

Luis de Torres nunca foi, como algumas vezes se afirmou, dono de uma enorme propriedade no Novo Mundo.

O tabaco é mencionado em *Journals and Other Documents on the Life and Voyages of Christopher Columbus*, p. 91, n. 2. Fernández de Oviedo fala sobre abacaxis na página 99 de *Oviedo on Columbus*.

A viagem seguinte, iniciada por volta de 16 de dezembro, aconteceu assim, com base no diário de Colombo:

Depois de entrar corajosamente "em um braço de mar" e alcançar a terra a bordo de um batel, ele observou a aldeia de belas moradias ao mesmo tempo que aterrorizava os moradores. Um deles olhou para os europeus e suas armas, outro sentiu o cheiro incomum daqueles homens, e "todos fugiram". O explorador concluiu que "este povo deve ter sido perseguido, porque todos têm muito medo". Perseguidos por quem? Colombo não disse, mas seu palpite estava certo. Assim que ele e sua tripulação se aproximaram, "sinais de fogo" iluminaram postos de observação por toda parte, mais para alertar do que para avisar da chegada dos europeus naquela terra estranha. "Este povo deve ter sido perseguido, porque todos têm muito medo." Inebriado pela areia, pelo mar e pelo ar perfumado, Colombo batizou a região de vale do Paraíso, e chamou o rio de Guadalquivir, em homenagem ao principal curso d'água de Sevilha.

No domingo, 16 de dezembro, à meia-noite, veio uma "leve brisa de terra", trazendo com ela a boa sorte do explorador. Ele "navegou de bolina cochada ao longo da costa de Hispaniola". Às três da manhã, "ventou" quando ele se aproximava do "meio do golfo" — difícil dizer qual, com Colombo escondendo a rota para preservar seus segredos — e a frota encontrou uma embarcação pequena e isolada: uma canoa levando um índio. Colombo se perguntou como o "índio conseguia se manter sobre a água com um vento tão forte" e se apressou a capturá-lo e levá-lo "a bordo da nau". O explorador recorreu ao procedimento padrão para lidar com hóspedes relutantes, dando contas de vidro, guizos e anéis de latão ao nativo, que transportou por 16 milhas "junto ao mar". Depois de desembarcar em outra aldeia feita de casas novas, o índio se transformou no embaixador da boa vontade do explorador, dizendo aos nativos que o grande chefe e seus homens — o Almirante e os cristãos, como os europeus enxergavam a si próprios — eram "boas pessoas" e confirmando os boatos que já haviam chegado aos ouvidos dos habitantes.

Da floresta densa saíram quinhentos índios e, por fim, o chefe. Impressionado e satisfeito, o Almirante descreveu a visão extraordinária que tinha diante de si: "Um a um, vieram à nau sem trazer coisa alguma consigo, embora alguns trouxessem gráos de ouro finíssimo nas orelhas e no nariz, os quais logo nos davam de boa vontade." Colombo retribuiu a generosidade e, diante do fascínio do ouro, ordenou que fossem tratados honradamente, porque "são o melhor povo do mundo, e o mais gentil". Durante estes rituais respeitosos, o rei, de 21 anos, permanecia a salvo na praia, e conquistou a boa vontade do Almirante ao encorajar os seus a passar informações sobre a localização do ouro. Eles até fizeram Colombo se lembrar de sua pátria adotada. "Este rei e todos os outros andavam nus como suas mães os pariram, e também as mulheres, sem qualquer vergonha; e são os mais belos homens e mulheres encontrados até então: tão brancos que, se andassem vestidos e se protegessem do sol e do ar, seriam quase tão brancos quanto na Espanha." A gratificante possibilidade de encontrar ouro levou Colombo a fazer generosos elogios à ilha, e ele chegou a afirmar que, em toda Castela, "não há terra que se possa comparar a ela em beleza e benesses". As próprias árvores eram excepcionais, na opinião do Almirante, "tão viçosas que as folhas deixavam de ser verdes e eram de um verde enegrecido". Ali, concluiu Colombo, "tudo que um homem pudesse querer" seria encontrado.

Naquela noite, o jovem rei se aventurou a bordo da nau capitânia e lançou dúvidas sobre a história do rei Fernando e da rainha Isabel e sobre a missão de Colombo. Através de intérpretes, o navegador e os seus oficiais ouviram que o rei acreditava que os três navios tinham descido do céu, bem como os "reis de Castela", que "não eram deste mundo".

Colombo interpretou as palavras ingênuas do chefe com vergonhoso oportunismo. "Acreditais que esta ilha e todas as outras são tão vossas quanto Castela", escreveu aos soberanos espanhóis. "Aqui não falta nada, exceto um assentamento, e basta mandar-lhes [os habitantes] fazer o que [Vossas Majestades] quiserem." Feita esta avaliação,

Colombo, naturalmente, deu o próximo passo: "Eu, com os homens que trago, que não são muitos, poderia invadir todas essas ilhas sem oposição; pois já vi apenas três destes marinheiros desembarcarem onde havia uma multidão desses índios e todos fugirem, sem que lhes quisessem fazer mal." Melhor ainda, "eles não têm armas, e são completamente indefesos [...] de modo que mil [deles] não seriam capazes de enfrentar três [de Castela], e assim estão prontos para receber ordens e ser obrigados a trabalhar, semear e fazer tudo o mais que for necessário, e podemos fazê-los construir cidades, ensiná-los a andar vestidos e [viver de acordo com] nossos costumes". Em outras palavras, a nudez, a inocência e a gentileza dos índios poderiam ser usadas contra eles, e o "melhor povo do mundo" forneceria escravos ideais para Castela, ou era disso que Colombo queria convencer os Reis Católicos. Se não era possível trazer ouro e abrir uma rota direta por mar até as Índias para Fernando e Isabel, pelo menos o Almirante poderia dar-lhes um império.

2. Nativo de Gênova

Para a avaliação de um morador de La Superba, "Gênova, a Soberba", ver Emilio Pandiani, *Vita privata genovese nel Rinascimento* (1915) e *Vita della Repubblica di Genova nell'Etá di Cristoforo Columbo* (1952).

A citação de Piccolomini foi extraída de Gaetano Ferro, *Liguria and Genoa at the Time of Columbus* (1992), p. 197 (v. 3, *Nuova Raccolta Colombiana*).

Paolo Emilio Taviani discute a genealogia da mãe de Colombo em *Cristoforo Colombo: Genius of the Sea* (1990). Ver também Genoa, Commissione Colombiana, *Christopher Columbus: Documents and Proofs of His Genoese Origin* (1932), e Silvio A. Bedini, *The Christopher Columbus Encyclopedia* (1992), v. 1, p. 283.

Detalhes sobre a peste podem ser encontrados em Pandiani, *Vita della Repubblica di Genova* (1952).

As descrições do porto, da cidade e do comércio de Gênova foram extraídas de *Vita della Repubblica di Genova*. Outro texto de Pandiani, *Vita privata genovese nel Rinascimento*, descreve o comércio e a navega-

462 *Notas sobre as fontes*

ção genoveses. Os relatos de escravidão em Gênova inculcados na consciência de Colombo vêm de outra obra do autor, *Vita privata genovese nel Rinascimento*, pp. 205-213.

Um dos primeiros a entoar louvores para Gênova foi Francesco Petrarca, ou apenas Petrarca, estudioso italiano e viajante do século XIV (às vezes chamado de "primeiro turista"). Em *Itinerarium ad Sepulcrum Domini* ("Viagem ao Santo Sepulcro"), um guia de viagem escrito para um amigo em 1350, Petrarca disse: "Vamos a Gênova. Aqui você vai ver, erguida sobre uma montanha rochosa, uma cidade imperial de muros orgulhosos e homens soberbos, cuja aparência a anuncia como Senhora do Mar."

Existem numerosos trabalhos sobre a Inquisição. Um exemplo de resumo útil é *The Persecution of the Jews and Muslims of Portugal* (2007), de François Soyer, p. 140 ss. A obra *1492* (2009), de Felipe Fernández-Armesto, contém uma lúcida avaliação do personagem em contexto mundial, a partir da p. 99.

Uma análise das provas do casamento Perestrello-Colombo pode ser encontrada em "Christopher Columbus' Portuguese Family", de Rebecca Catz, um artigo apresentado no XIII Simpósio de Tradições Portuguesas, realizado na Universidade da Califórnia em 21 de abril de 1990, e no livro *Christopher Columbus and the Portuguese* (1993), páginas 15-16, da mesma autora. Ver também *Las Casas on Columbus*, p. 30-47. Para saber mais sobre a controvérsia em torno da morte de Filipa, veja a obra antiga, porém confiável, de Justin Winsor, *Christopher Columbus* (1892), pp. 154-155.

A afirmação de Colombo de que viu Fernando e Isabel entrando em Alhambra pode ser encontrada em Wilford, *The Mysterious History of Columbus*, pp. 25-26. Por fim, em *Journals and Other Documents on the Life and Voyages of Christopher Columbus*, Morison discute os Reis Católicos itinerantes na página 299.

3. Naufrágio

Para navegadores, os recifes de coral são uma ameaça mortífera; para oceanógrafos ou naturalistas, porém, são uma das maravilhas das profundezas: ecossistemas frágeis e variados de corais duros feitos de esqueletos que secretam carbonato de cálcio, principal componente de pérolas, cascas de ovo e conchas. No entanto, um recife de coral é muito mais que uma pilha de conchas. Esponjas, vermes e bivalves, entre outras criaturas marinhas, se agarram ao carbonato de cálcio, reduzindo os esqueletos de coral a sedimentos que preenchem as lacunas no recife. Por fim, algas e outros microrganismos mantêm o recife no lugar. Perto do fim da viagem a bordo do *Beagle*, um brigue de pesquisa naval, Charles Darwin ficou fascinado pelos recifes durante sua passagem pelo oceano Índico, em 1836. Depois de muitos estudos, Darwin apresentou, no ano seguinte, uma teoria sobre a formação de corais, em que identificou três principais tipos: recifes, barreira de corais e atóis. Os recifes costumam ficar na borda continental e na orla costeira de ilhas, especialmente no Caribe. Longe da costa podem ser encontradas barreiras de corais, que são formadas quando o fundo do oceano se afunda e os recifes são levados para longe da borda continental.

As barreiras de coral são prevalentes no Indo-Pacífico e também no Caribe. A Grande Barreira de Corais da Austrália, que se estende por mais de 1.900 quilômetros, é a maior de todas. Por fim, se o recife está abaixo da superfície do oceano e circunda uma laguna, ele é considerado um atol.

Na viagem de volta à Espanha, Colombo erroneamente considerou a aparição do sargaço como um sinal de que estava se aproximando de terra. Assim, o Almirante começou a sondar as profundezas do Atlântico e acabou descobrindo que ainda estava longe da costa, um erro que não havia cometido na viagem de ida.

Para saber mais sobre o incrível mar de Sargaço e sobre algas marinhas, consulte Stan Ulanski, *The Gulf Stream* (2008), pp. 78-81, um relato popular e confiável.

4. *"Povo vindo do céu"*

Para saber mais sobre o Tratado de Alcáçovas, consulte Morison, *Admiral of the Ocean Sea*, pp. 40 e 344.

O regresso acidental a Portugal e não à Espanha continua a ser uma das mais controvertidas questões acadêmicas relacionadas a Colombo. Partidários de sua suposta origem portuguesa consideram o fato como um exemplo da preferência do Almirante pelo país. Outros comentaristas sugerem que o retorno à península Ibérica indicou que, inconscientemente, Colombo sempre tivera, em seu coração, o desejo de retornar a Portugal, ou que o Almirante buscava, em segredo, favorecer os planos de dom João II em detrimento de seus patronos Fernando e Isabel, ou que, durante todo o tempo, havia atuado como agente secreto em nome da Coroa portuguesa. É fato que Colombo ainda nutria alguma simpatia por Portugal após todos os anos que vivera no país, mas, na realidade, dom João II considerou a possibilidade de assassinar o genovês para evitar seu retorno à Espanha, e o Almirante sempre lamentou o fato de ter chegado à costa portuguesa após uma tempestade. Com melhor clima, Colombo teria seguido diretamente para a Espanha em detrimento de um desvio perigoso e perturbador.

Se, por algum milagre, Colombo tivesse conseguido atravessar o oceano Pacífico e chegar à China, nenhum Grande Khan o receberia, como acontecera com Marco Polo. Em vez disso, o Almirante teria sido repelido pela renascida dinastia Ming, cujos burocratas haviam banido o comércio marítimo, levando a nação ao completo isolamento. Como sabemos disso? Foi exatamente o que aconteceu com Rafael Perestrello, primo de Colombo (por parte da mulher), que navegou, sob bandeira portuguesa, até a costa chinesa em 1513. Perestrello foi o primeiro europeu a cumprir a façanha e conseguiu fazer comércio em Guangzhou. Porém, quando uma embaixada portuguesa chegou à corte chinesa com o intuito de iniciar relações formais com o país, Zhengde, o imperador Ming, mandou todos para a prisão, dando fim a qualquer possibilidade de comércio.

A "Carta aos Reis Católicos" de Colombo também tem uma história intrigante e conturbada. O documento original, uma carta de quatro páginas em escrita gótica, impressa sem título, foi publicado provavelmente em Barcelona, em abril de 1493, com base no manuscrito original de Colombo, com data de 15 de fevereiro do mesmo ano. O Almirante o chamou de "Carta de Colombo a Santangel", embora esta fosse destinada aos Reis Católicos. É possível que as convenções da corte real exigissem que um intermediário, como o ministro das Finanças do rei Fernando, Luís de Santangel, anunciasse ou transmitisse o documento aos soberanos, que assim não o receberiam diretamente.

A tradução de Leandro de Cosco para o latim, concluída provavelmente no final de abril do mesmo ano, deu nova estatura ao documento e teve nove edições no período de um ano. Uma cópia pode ser encontrada na Biblioteca Pública de Nova York, embora as imagens que o documento traz levem a conclusões equivocadas. Uma delas mostra uma suposta figura de Colombo desembarcando de uma grande galé com remos. Essa, como as outras, é uma mera reprodução de livros impressos antes na Suíça. De qualquer maneira, a "Carta aos Reis Católicos" de Colombo é o primeiro documento americano significativo.

5. Rio de sangue

O financiamento da segunda viagem é descrito em *Christopher Columbus: Accounts and Letters*, v. 6, parte 2, *Nuova Raccolta Colombiana*.

Os comentários de Las Casas sobre a viagem são mencionados em Hugh Thomas, *Rivers of Gold* (2003), p. 304.

Para uma discussão aprofundada sobre Fernández de Oviedo, Las Casas e Martire, entre outros historiadores espanhóis que escreveram sobre Colombo, ver *Oviedo on Columbus*, v. 9, *Repertorium Columbianum* (2000), pp. 9-27. Detalhes da biografia de Fernández de Oviedo foram retirados de *Oviedo*, pp. ix-xvii.

Os descobridores (1983), de Daniel Boorstin, apresenta uma visão concisa da era dos descobrimentos e das transformações decorrentes desse período, nas páginas 248-259.

A descrição que Coma fez da turbulenta partida de Cádiz pode ser encontrada na "Carta de Syllacio ao duque de Milão em 13 de dezembro de 1494", citada em Morison, *Journals and Other Documents on the*

466 *Notas sobre as fontes*

Life and Voyages of Christopher Columbus, pp. 229-230. A descrição da "caçadora" aparece na página 231.

Os animais levados nos navios são descritos em *Christopher Columbus: Accounts and Letters*, v. 6, *Nuova Raccolta Colombiana*, p. 17.

Fernández-Armesto trata de festividades em *Columbus*, p. 53.

O relato sobre doña Beatriz de Peraza pode ser encontrado em *Admiral of the Ocean Sea* , de Morison, p. 399.

O conto do frade e dos canibais aparece em *Admiral of the Ocean Sea*, p. 405. Em geral, os dados apresentados por Colombo e por outros participantes das viagens é mais confiável do que os esforços subsequentes para reinterpretar as vivências dos exploradores. Para uma discussão acadêmica sobre o assunto, ver Myers, "Island Carib Cannibalism".

Acredita-se que Pietro Martire baseou sua descrição dos *areítos* nas observações de Santiago Cañizares, que os observou in loco. As informações sobre a música e os instrumentos dos tainos foram extraídas de Lynne Guitar, "New Notes about Taíno Music and Its Influence on Contemporary Dominican Life". Pietro Martire também é conhecido como Pietro Martire d'Anghiera.

A carta de Martire ao cardeal Ascanio Sforza está em *The Discovery of the New World in the Writings of Peter Martyr of Anghiera*, v. 2, *Nuova Raccolta Colombiana* (1992), p. 229.

Os comentários de Guillermo Coma foram extraídos de Morison, *Journals and Other Documents on the Life and Voyages of Christopher Columbus*, p. 236.

Fernández de Oviedo trata das maçãs envenenadas na página 91 do livro *Natural History of the West Indies*, de Fernández de Oviedo y Valdés.

O termo "bucaneiro" deriva da palavra francesa para prateleira, *boucan*, usada para assar carne, uma das antigas ocupações desses "flibusteiros", outra palavra de origem pirata, relacionada a saques e butins.

As observações de Colombo sobre a cidade de La Isabela estão em Kathleen Deagan e José María Cruxent, *Columbus's Outpost among the Taínos* (2002), pp. 48-50, 54.

6. Rebelião

A lista de suprimentos exigidos pode ser encontrada em Deagan e Cruxent, *Columbus's Outpost among the Taínos*, p. 137.

O reino de Castela de Fernando e Isabel foi apenas o império a reclamar mais recentemente a sempre contestada cidade de Cádiz, que, segundo se acredita, foi fundada como centro de comércio pelos fenícios, que a chamavam de Gadir, "cidade murada". Os mouros tomaram a cidade em 711 e a mantiveram sob seu controle até 1262, quando Afonso X de Castela a conquistou. Sob o governo espanhol, a cidade assumiu o nome Cádiz. Com o advento das explorações europeias, Cádiz atraiu marinheiros de todo o continente, especialmente de Gênova. Uma estimativa afirma que cerca de metade dos habitantes da cidade eram genoveses, que buscavam oportunidades e estavam às vésperas de saudar um dos seus.

O conselho de Colombo aos soberanos é citado em *Christopher Columbus: Accounts and Letters*, v. 6, parte 1, *Nuova Raccolta Colombiana*, pp. 13-39.

As cartas de Fernando e Isabel a partir de 13 de abril são citadas em Morison, *Admiral of the Ocean Sea*, p. 436.

Fernández de Oviedo trata da mineração de ouro nas pp. 106-109 do livro *Natural History of the West Indies* (1959).

A descrição que Las Casas fez de Ojeda pode ser encontrada em Morison, *Admiral of the Ocean Sea*, pp. 432-453.

Na p. 36 de *Columbus's Outpost among the Taínos*, de Deagan e Cruxent, os autores dizem que os índios, além de *hutias*, comiam "iguanas, pássaros, cobras, larvas de besouros gigantes e insetos. Esta versatilidade não era bem-vista pelos espanhóis", que ficavam enojados.

A vívida e fascinante descrição que Andrés Bernáldez fez dos índios da Jamaica é reproduzida em Morison, *Admiral of the Ocean Sea*, pp. 474-476.

As observações de Colombo sobre a segunda viagem vêm de *Christopher Columbus: Accounts and Letters*, v. 6, parte 1, *Nuova Raccolta Colombiana*, e foram escritas em 26 de fevereiro de 1495, pp. 267-325, *passim*.

468 *Notas sobre as fontes*

7. Entre os tainos

A história de Michele de Cuneo sobre La Bella Saonese é citada em Morison, *Admiral of the Ocean Sea*, p. 478. Outras observações de Cuneo podem ser encontradas nas páginas 482-488 do mesmo livro.

Colombo escreveu sobre a conversão dos índios ao cristianismo em *Christopher Columbus: Accounts and Letters*, v. 6, parte 1, *Nuova Raccolta Colombiana*, pp. 340-341, e suas ideias sobre a educação dos índios estão na página 355.

As opiniões de Las Casas sobre galgos e índios estão em *Christopher Columbus: Accounts and Letters*, v. 6, parte 2, *Nuova Raccolta Colombiana*, pp. 113, 152. A visão do cronista sobre a deterioração das relações entre Colombo e os índios está em *Admiral of the Ocean Sea*, p. 492.

Além de Pietro Martire, o próprio Colombo se referiu à enorme quantidade de mortes de índios em uma carta a Fernando e Isabel com data de 15 de outubro de 1495, encontrada em *Christopher Columbus: Accounts and Letters*, v. 6, parte 1, *Nuova Raccolta Colombiana*, p. 337. Ali o Almirante diz que a fome matou dois terços dos 50 mil habitantes da região, "e ainda não acabou, e não sabemos quando esperar o fim". Para mais estatísticas sobre a dizimação da população indígena, ver *Admiral of the Ocean Sea*, p. 493.

The Dominican Republic (1998), de Frank Moya Pons, analisa a estrutura política dos índios, pp. 22-23.

Aguado é citado em Deagan e Cruxent, *Columbus's Outpost among the Taínos*, pp. 63-64, com base em Las Casas.

Ramon Pané e suas pesquisas sobre os índios foram profundamente analisadas por Antonio M. Stevens-Arroyo em *Cave of the Jagua* [sic] (2006), pp. 41-83.

A anedota sobre os homens sem cabeça em La Isabela aparece em *Columbus's Outpost among the Taínos*, na página 72, citando Las Casas. Fiz pequenas correções na tradução para o inglês em nome da sintaxe.

Interlúdio: O Intercâmbio Colombiano

O ponto inicial para levar em consideração o Intercâmbio Colombiano é o trabalho de Alfred Crosby, *The Columbian Exchange: Biological and*

Cultural Consequences of 1492 (1972; republicado em 2003). Entre os vários estudos relacionados a este importante assunto, podemos citar os seguintes: Woodrow W. Borah e Sherburne F. Cook, *The Aboriginal Population of Central Mexico on the Eve of the Spanish Conquest* (1963); Noble David Cook, *Born to Die* e *The Native Population of the Americas in 1492* (1992), este último editado por William M. Denevan; Bernal Díaz del Castillo, *Historia verdadera de la conquista de la Nueva España* (1956); William H. McNeill, *Plagues and Peoples* (1976); Elinor G. K. Melville, *A Plague of Sheep* (1994); Redcliffe N. Salaman, *The History and Social Influence of the Potato* (1993); e Russel Thornton, *American Indian Holocaust and Survival* (1987).

A lista a seguir sugere a extensão do Intercâmbio Colombiano, mostrando como o Velho e o Novo Mundo foram afetados:

	VELHO MUNDO PARA o NOVO MUNDO	NOVO MUNDO PARA o VELHO MUNDO
Doenças	Varíola	Sífilis?
	Sarampo	
	Catapora	
	Malária	
	Febre amarela	
	Gripe	
	Resfriado	
Animais	Cavalo	Peru
	Gado	Lhama
	Porco	Alpaca
	Carneiro	Porquinho-da-índia
	Cabra	
	Galinha	
Plantas	Arroz	Milho
	Trigo	Batata
	Cevada	Feijão
	Aveia	Tabaco
	Café	Amendoim
	Cana-de-açúcar	Abóbora-pescoço

Banana	Pimenta
Melão	Tomate
Azeitona	Abóbora-moranga
Dente-de-leão	Abacaxi
Margarida	Cacau (chocolate)
Trevo	Chicle (goma de mascar)
Erva-de-santiago	Mamão
Grama azul	Mandioca
	Goiaba
	Abacate

8. "Um grande estrondo"

As candentes reclamações de Colombo contra seus detratores na corte e contra o calor que enfrentou na terceira viagem podem ser encontradas em *Christopher Columbus: Accounts and Letters of the Second, Third, and Fourth Voyages*, v. 6, parte 1, *Nuova Raccolta Colombiana*, pp. 66-67.

Para saber mais sobre as ideias extravagantes de Colombo com relação a locais bíblicos, ver Delno C. West, *Christopher Columbus, Lost Biblical Sites, and the Last Crusade*.

A Boca do Dragão é mencionada em *Las Casas on Columbus*, p. 46. As referências ao paraíso na terra e às características dos povos que o Almirante encontrou, por sua vez, estão em *Christopher Columbus: Accounts and Letters of the Second, Third, and Fourth Voyages*, v. 6, parte 1, *Nuova Raccolta Colombiana*, p. 87 ss.

A observação de Colombo de que "o mundo é pequeno" aparece na *Lettera Rarissima*, citada em *Nuova Raccolta*, v. 6, parte 1. Colombo escreveu a carta na Jamaica, em julho de 1503.

Para saber mais sobre Colombo, os índios guaiqueris e a *chicha*, ver a obra de Morison e Obregón, *The Caribbean as Columbus Saw It* (1964), a partir da página 160. Este trabalho contém fotografias das paisagens como Colombo deve tê-las visto, mas quinhentos anos de erosão e outras mudanças modificaram o ambiente tanto em terra quanto no mar. Ainda assim, este documento continua a ser uma visão evocativa dos portos e ancoradouros colombianos.

9. A revolta de Roldán

Para os relatos completos de Fernando Colombo sobre as idas e vindas de ambos os lados, ver Fernando Colombo, *The Life of the Admiral Christopher Columbus by His Son Ferdinand* (1959) e *The History of the Life and Deeds of the Admiral Don Christopher Columbus, Attributed to His Son Fernando Colón* (2004). Las Casas apresenta uma análise mais incisiva em *Las Casas on Columbus: The Third Voyage*, v. 11, *Repertorium Columbianum* (1999). Las Casas lamentou que Roldán jamais tenha sido levado à justiça na Espanha — a linhagem do rebelde trabalhou a seu favor, enquanto Colombo lutava contra ele.

10. "Mandem-me de volta a ferros"

A carta a doña Joana aparece em Cecil Jane, *The Four Voyages of Columbus* (1988), v. 2, p. 54.

Cartas de Bobadilla lidas em voz alta: *Las Casas on Columbus: The Third Voyage*, pp. 24-128. Aqui, como em várias outras obras, Las Casas mostra seu temperamento de historiador ao se abster de propagar opiniões pessoais aos quatro ventos ou se perder em doutas digressões em prol de relatar os fatos que estavam à mão.

O cenário da Inquisição de Bobadilla foi extraído do estudo corretivo de Consuelo Varela, *La Caída de Cristobál Colón, el Juicio de Bobadilla* (2006).

Em *Las Casas on Columbus: The Third Voyage*, na p. 136, Las Casas escreveu que Vallejo era "um bom amigo". A carta em que Colombo admite que ele foi diligente e diz "eu juro" aparece no mesmo trabalho, na p. 43.

O Decreto Real que restaurava as posses de Colombo está contido em Morison, *Journals and Other Documents on the Life and Voyages of Christopher Columbus*, pp. 300-302.

11. El Alto Viaje

The Mysterious History of Columbus, de John Noble Wilford, traz uma análise extremamente interessante sobre o místico *Livro de profecias*, nas páginas 217 e 223.

472 *Notas sobre as fontes*

A abrangente biblioteca de Fernando enfatiza o lado acadêmico e estudioso da família Colombo. Embora seja considerado essencialmente um homem de ação, dada a sua formação de marinheiro, a educação que o Almirante recebeu no mar foi bastante ampla, e ao longo da vida ele sempre esteve disposto a assimilar (e, quando possível, adotar) novas informações e novos conhecimentos. Bartolomeu foi, é claro, comerciante de mapas e livros, e Fernando, historiador e bibliófilo.

Fernando Colombo nunca se casou.

12. *Náufragos no paraíso*

A pungente descrição que Colombo fez da ascensão de seu navio e do momento em que ouviu a voz de Deus aparecem em *Christopher Columbus: Accounts and Letters of the Second, Third, and Fourth Voyages*, v. 6, parte 1, *Nuova Raccolta Colombiana*, p. 143 ss. A carta, como um todo, é um extraordinário e profundo lamento que seria fácil de ignorar não fosse tão melodramático e comovente.

O relato de Diego Méndez sobre a quarta viagem, sob o título "Account by Diego Méndez of Certain Incidents on Christopher Columbus's Last Voyage", pode ser encontrado em J. M. Cohen, *The Four Voyages of Christopher Columbus* (1969), pp. 305-317.

13. *29 de fevereiro de 1504*

A primeira travessia de Las Casas é citada em David Boyle, *Toward the Setting Sun* (2008), p. 264.

Os detalhes sobre a morte de Isabel podem ser encontrados no abalizado estudo de Hugh Thomas, *Rivers of Gold*, p. 236. Thomas parece muito menos incomodado com as falhas humanitárias de Colombo que outros historiadores contemporâneos, e trata de um amplo lapso de tempo na era dos descobrimentos em um relato vigoroso.

A reconhecida piedade de Isabel permaneceu mesmo após sua morte. Formou-se um movimento em prol da canonização da rainha com base na defesa da proteção aos pobres e aos índios do Caribe, apesar de seu fervoroso apoio à Inquisição e à expulsão dos judeus da Espanha em 1492, ano da primeira viagem de Colombo. Foi apenas em 1974, porém, que o papa Paulo VI indicou Isabel para beatificação, a terceira de quatro etapas do processo de canonização. A beatificação indica que a Igreja Católica reconhece que a rainha ascendeu aos céus e pode interceder em favor de fiéis que orem para ela. Isabel deixou o marido Fernando II, que viveu por mais oito anos, até 1512.

Para uma avaliação dos numerosos problemas de saúde de Colombo, ver Wilford, *The Mysterious History of Columbus*, p. 240 ss. Os detalhes sobre o funeral do Almirante podem ser encontrados no artigo "Burial Places of Columbus", em Silvio Bedini, *The Christopher Columbus Encyclopedia*, v. 1, pp. 77-80.

Epílogo: Dia de Colombo

A inauguração da fonte em homenagem a Colombo [Columbus Fountain] na Union Station, em Washington, para citar um exemplo de destaque entre tantos, causou uma tremenda onda de reconhecimento público. A Columbus Fountain foi concebida por Lorado Taft, escultor americano que se tornou orador e educador popular e respeitado. O público da cerimônia de inauguração, em 8 de junho de 1912, patrocinada pelos Cavaleiros de Colombo — a maior organização de homens católicos do mundo, fundada em 1882 —, alcançou a marca de 150 mil pessoas. (A ordem dos Cavaleiros de Colombo não é militar ou soberana, como os Cavaleiros de Malta, preferindo dedicar-se à caridade.) Durante o evento, o general Robert K. Evans, chefe de assuntos militares, assumiu a função de organizador, liderando 15 mil tropas, 50 mil representantes da ordem, a cavalo, participantes em trajes ditos de cavaleiros, além de vários automóveis, enquanto o presidente americano William Howard Taft assistia das tribunas. Outro evento de grande público foi a missa celebrada pelo cardeal James Gibbons, à qual compareceram cerca de 10 mil pessoas.

CRÉDITOS DAS ILUSTRAÇÕES

Caderno 1

Página

1 *Acima:* The Art Archive / Biblioteca Nacional de Madri / Gianni Dagli Orti. *Abaixo:* Erich Lessing / Art Resource, NY, EUA.

2 *Acima:* Erich Lessing / Art Resource, NY, EUA. *Abaixo:* Museu de Marinha, Lisboa, Portugal / The Bridgeman Art Library.

3 *Acima:* Biblioteca Colombina, Sevilha. *Abaixo:* Scala / Art Resource, NY, EUA.

4 *Acima:* Erich Lessing / Art Resource, NY, EUA. *Abaixo:* The Art Archive / Arquivo Geral das Índias, Sevilha / Gianni Dagli Orti.

5 © Bettmann / Corbis.

6 *Acima:* The Granger Collection, Nova York. *Abaixo:* Cortesia da Biblioteca John Carter Brown da Universidade Brown.

7 *Acima:* Cortesia da Biblioteca John Carter Brown da Universidade Brown. *Abaixo:* akg-images.

8 *Acima:* IAM / akg-images. *Abaixo:* Cortesia da Biblioteca John Carter Brown da Universidade Brown.

9 *Acima:* The Art Archive / Museo de la Torre del Oro, Sevilha / Gianni Dagli Orti. *Abaixo:* Coleção Granger, Nova York.

10 *Acima:* Coleção Granger, Nova York. *Abaixo:* akg-images.

11 *Acima:* Centro de Estudios de Historia de México.

12 *Acima:* akg-images. *Abaixo:* Image Select / Art Resource, NY, EUA.

COLOMBO 475

13   *Acima:* Museu Galileu, Florença — Foto: Franca Principe. *Abaixo:* HM 177 Gonzalo Fernández de Oviedo y Valdes, Historia General y Natural de las Indias, 1539-1548, Biblioteca Huntington, San Marino, Califórnia, EUA.

14   *Acima:* HM 177 Gonzalo Fernández de Oviedo y Valdes, Historia General y Natural de las Indias, 1539-1548, Biblioteca Huntington, San Marino, Califórnia, EUA. *Centro:* akg-images. *Abaixo:* Coleção particular / The Bridgeman Art Library.

15   *Acima e abaixo:* Bibliothèque Nationale, Paris, França / Archives Charmet / The Bridgeman Art Library.

16   akg-images.

Caderno 2

1   Coleção Granger, Nova York.

2   Coleção Granger, Nova York.

3   Coleção Granger, Nova York.

4-5   The Art Archive / Museo Navale Pegli / Gianni Dagli Orti.

6-7   Art Resource, NY, EUA.

8-9   Biblioteca e Galeria de Arte Huntington, San Marino, Califórnia, EUA / Photo © AISA / The Bridgeman Art Library.

10-11   akg-images.

12-13   Cortesia da Biblioteca John Carter Brown da Universidade Brown.

14-15   Cortesia da Biblioteca John Carter Brown da Universidade Brown.

16   *Acima:* Cortesia da Biblioteca John Carter Brown da Universidade Brown. *Abaixo:* bpk, Berlim / Staats- und Stadtbibliothek, Augsburg, Alemanha / Knud Petersen / Art Resource, NY, EUA.

Caderno 3

1   *Acima:* akg-images. *Centro:* Cortesia da Biblioteca John Carter Brown da Universidade Brown. *Abaixo:* Coleção Granger, Nova York.

476 *Créditos das ilustrações*

2 Scala / Art Resource, NY, EUA.

3 *Acima e Centro:* akg-images. *Abaixo:* Cortesia da Biblioteca John Carter Brown da Universidade Brown.

4 *Acima e Abaixo:* Cortesia da Biblioteca John Carter Brown da Universidade Brown.

5 *Acima e Abaixo:* Cortesia da Biblioteca John Carter Brown da Universidade Brown.

6 *Acima e Abaixo:* bpk, Berlim / Staats- und Stadtbibliothek, Augsburg, Alemanha / Knud Petersen / Art Resource, NY, EUA.

7 *Acima:* akg-images. *Abaixo:* Cortesia da Biblioteca John Carter Brown da Universidade Brown.

8-9 Biblioteca do Congresso, Divisão de Geografia e Mapas.

10 *Acima:* Coleção Granger, Nova York. *Abaixo:* akg-images.

11 *Acima:* Biblioteca Colombina, Sevilha, Espanha / The Bridgeman Art Library. *Abaixo:* Cortesia da Biblioteca John Carter Brown da Universidade Brown.

12 *Acima:* akg-images. *Abaixo:* The Art Archive / Arquivo Geral das Índias, Sevilha / Gianni Dagli Orti.

13 Musée des Beaux-Arts Andre Malraux, Le Havre, França / Giraudon / The Bridgeman Art Library.

14 Cortesia da Biblioteca John Carter Brown da Universidade Brown.

15 Erich Lessing / Art Resource, NY, EUA.

16 Erich Lessing / Art Resource, NY, EUA.

BIBLIOGRAFIA SELECIONADA

Livros

Abulafia, David. *The Discovery of Mankind: Atlantic Encounters in the Age of Columbus.* New Haven: Yale University Press, 2008.

Airaldi, Gabriella et al. *Cristoforo Colombo nella Genova del suo tempo.* Turim: Edizioni RAI, 1985.

Baker, J. A. *Complete History of the Inquisition in Portugal, Spain, Italy, the East and West-Indies.* Westminster: O. Payne, 1736.

Bedini, Silvio A. (org.). *The Christopher Columbus Encyclopedia.* 2 v. Nova York: Simon & Schuster, 1992.

Benzoni, Girolamo. *History of the New World.* Editado e traduzido para o inglês por W. H. Smith. Londres: Hakluyt Society, 1857. (Publicado originalmente em 1565.)

Berggren, J. L. *Ptolemy's Geography: An Annotated Translation of the Theoretical Chapters.* Princeton: Princeton University Press, 2000.

Bergreen, Laurence. *Over the Edge of the World: Magellan's Terrifying Circumnavigation of the Globe.* Nova York: William Morrow, 2003. [*Além do fim do mundo: a aterradora circunavegação de Fernão de Magalhães.* Tradução de Ana Luiza Dantas Borges. Rio de Janeiro: Objetiva, 2004.]

_____. *Marco Polo: From Venice to Xanadu.* Nova York: Alfred A. Knopf, 2007. [*Marco Polo: de Veneza a Xanadu.* Tradução de Cristina Cavalcanti. Rio de Janeiro: Objetiva, 2009.]

Birmingham, Stephen. *The Grandees: America's Sephardic Elite.* Nova York: Harper & Row, 1971.

The Book of Privileges Issued to Christopher Columbus by King Fernando and Queen Isabel, 1492-1502, v. 2, *Repertorium Columbianum.* Editado e traduzido para o inglês por Helen Nader. Berkeley: University of California Press, 1996.

Boorstin, Daniel J. *The Discoverers.* Nova York: Random House, 1983. [*Os descobridores.* Rio de Janeiro: Civilização Brasileira, 1989.]

Borah, Woodrow W.; Cook, Sherburne F. *The Aboriginal Population of Central Mexico on the Eve of the Spanish Conquest.* Berkeley: University of California Press, 1963.

Boyle, David. *Toward the Setting Sun: Columbus, Cabot, Vespucci, and the Race for America.* Nova York: Walker, 2008.

478 *Bibliografia selecionada*

Bradford, Ernle. *Christopher Columbus.* Nova York: Viking, 1973.

Braudel, Fernand. *The Structures of Everyday Life: The Limits of the Possible.* Londres: Collins, 1981. [*As estruturas do cotidiano.* Tradução de Telma Costa. São Paulo: Martins Fontes, 1981.]

Brinton, Daniel G. *The Maya Chronicles.* Nova York: AMS Press, 1969. (Impressão original: 1882.)

Brook, Timothy. *The Confusions of Pleasure: Commerce and Culture in Ming China.* Berkeley: University of California Press, 1998.

Brown, Lloyd A. *The Story of Maps.* Nova York: Dover, 1977. (Publicado originalmente em 1949.)

Catz, Rebecca. *Christopher Columbus and the Portuguese, 1476-1498.* Westport: Greenwood, 1993.

Cesarini, Secondo Francesco. "Nomi ricorrenti di banchieri (alcuni legati al papato) nella preparazione dell'impresa Colombiana." In: *Atti e Memorie, Nuova Serie*, v. 34-35. Savona, Società Savonese di Storia Patria, 1998-1999.

Christopher Columbus: Accounts and Letters of the Second, Third, and Fourth Voyages, v. 6, parte 1, *Nuova Raccolta Colombiana.* Tradução para o inglês de Luciano F. Farina e Mark A. Beckwith. Roma: Istituto Poligrafico e Zecca dello Stato, 1994.

Christopher Columbus: Accounts and Letters of the Second, Third, and Fourth Voyages, v. 6, parte 2, *Nuova Raccolta Colombiana.* Editado por Paolo Emilio Taviani, Consuelo Varela, Juan Gil e Marina Conti. Tradução para o inglês de Luciano F. Farina e Mark A. Beckwith. Roma: Istituto Poligrafico e Zecca dello Stato, 1994.

Christopher Columbus and His Family: The Genoese and Ligurian Documents, v. 4, *Repertorium Columbianum.* Editado por John Dotson. Turnhout, Bélgica: Brepols, 1998.

Christopher Columbus: The Journal, Account of the First Voyage and Discovery of the Indies, v. 1, parte 1, *Nuova Raccolta Colombiana.* Editado por Paolo Emilio Taviani e Consuelo Varela. Tradução para o inglês de Marc A. Beckwith e Luciano Farina. Roma: Istituto Poligrafico e Zecca dello Stato, 1992.

Christopher Columbus: The Journal, Account of the First Voyage and Discovery of the Indies, v. 1, parte 2, *Nuova Raccolta Colombiana.* Editado por Paolo Emilio Taviani e Consuelo Varela. Tradução para o inglês de Marc A. Beckwith e Luciano Farina. Roma: Istituto Poligrafico e Zecca dello Stato, 1992.

Christopher Columbus's Discoveries in the Testimonials of Diego Álvarez Chanca and Andrés Bernáldez, v. 5, *Nuova Raccolta Colombiana.* Tradução para o inglês de Giocchino Triolo e Luciano F. Farina. Roma: Istituto Poligrafico e Zecca dello Stato, 1992.

Clough, Cecil H.; Hair, P. E. H. *The European Outthrust and Encounter: The First Phase c. 1400-c. 1700.* Liverpool: Liverpool University Press, 1994.

Cohen, J. M. (org. e trad.). *The Four Voyages of Christopher Columbus.* Londres: Penguin, 1969.

Colón, Cristóbal. *Textos y documentos completos: relaciones de viajes, cartas y memorials, edición, prólogo y notas de Consuelo Varela.* Madri: Alianza, 1982.

Colón, Fernando. *The History of the Life and Deeds of the Admiral Don Christopher Columbus, Attributed to His Son Fernando Colón.* Editado por Ilaria Caraci Luzzana. Tradução para o inglês de Geoffrey Symcox e Blair Sullivan. Turnhout, Bélgica: Brepols, 2004.

_____. *The Life of the Admiral Christopher Columbus by His Son Ferdinand*. Tradução para o inglês de Benjamin Keen. New Brunswick: Rutgers University Press, 1959.

Colombus, Christopher. *Columbus Discovers America A.D. 1492*. Cartas de Cristóvão Colombo e Fernando Colombo. Historical booklets, 104, s.d., Columbia University Libraries.

Colombus, Ferndinand. *Historie Concerning the Life and Deeds of the Admiral Don Christopher Columbus*, vol. 4, parte 1, *Nuova Raccolta Colombiana*. Editado por Paolo Emilio Taviani e Ilaria Luzzana Caraci. Tradução para o inglês de Luciano F. Farina. Roma: Istituto Poligrafico e Zecca dello Stato, 1998.

_____. *Historie Concerning the Life and Deeds of the Admiral Don Christopher Columbus*, v. 4, parte 2, *Nuova Raccolta Colombiana*. Editado por Paolo Emilio Taviani e Ilaria Luzzana Caraci. Tradução para o inglês de Luciano F. Farina. Roma: Istituto Poligrafico e Zecca dello Stato, 1998.

Conti, Simonetta. *Bibliografia colombiana, 1793-1990*. Gênova: Cassa di Risparmio di Genova e Imperia, 1990.

Cook, Noble David. *Born to Die: Disease and New World Conquest, 1492-1650*. Cambridge: Cambridge University Press, 1998.

Crane, Nicholas. *Mercator: The Man Who Mapped the Planet*. Londres: Weidenfeld & Nicolson, 2002.

Crayton, Michael; Saunders, Gail. *Islanders in the Stream: A History of the Bahamian People*, v. 1. Athens: University of Georgia Press, 1992.

Crosby, Alfred W., Jr. *The Columbian Exchange: Biological and Cultural Consequences of 1492*. Westport: Greenwood, 1972.

Crow, John A. *Spain: The Root and the Flower*. Nova York: Harper & Row, 1975.

Darwin, Charles. *The Voyage of the Beagle*. Washington, DC: National Geographic Society, 2004. [*O diário do Beagle*. Tradução de Caetano Waldrigues Galindo. Curitiba: Ed. UFPR, 2008.]

Davidson, Miles H. *Columbus Then and Now: A Life Reexamined*. Norman: University of Oklahoma Press, 1997.

Deagan, Kathleen; Cruxent, José María. *Columbus's Outpost among the Taínos: Spain and America at La Isabela, 1493-1498*. New Haven: Yale University Press, 2002.

De Madariaga, Salvador. *Christopher Columbus: Being the Life of the Very Magnificent Lord Don Cristóbal Colón*. Nova York: Macmillan, 1940.

De Negri, Teofilo Ossian. *Storia di Genova*. Milão: Aldo Martello Editore, 1968.

Denevan, William M. (org.). *The Native Population of the Americas in 1492*. 2. ed. Madison: University of Wisconsin Press, 1992.

De Vorsey, Louis, Jr. *In the Wake of Columbus: Islands and Controversy*. Editado por John Parker. Detroit: Wayne State University Press, 1985.

Diamond, Jared. *Collapse: How Societies Choose to Fail or Succeed*. Nova York: Viking Penguin, 2005. [*Colapso: como as sociedades escolhem o fracasso ou o sucesso*. Tradução de Alexandre Raposo. Rio de Janeiro: Record, 2005.]

480 *Bibliografia selecionada*

Díaz del Castillo, Bernal. *Historia verdadera de la conquista de la Nueva España.* Tradução para o inglês de A. P. Maudslay (*The Discovery and Conquest of Mexico, 1517-1521*). Nova York: Farrar, Straus, and Cudahy, 1956.

Didiez Burgos, Ramón J. *Guanahani y Mayaguain, las primeras isletas descubiertas en el Nuevo Mundo: análisis del diario de Colón.* Santo Domingo: Editora Cultural Dominicana, 1974.

The Discovery of the New World in the Writings of Pietro Martire of Anghiera, v. 2, *Nuova Raccolta Colombiana.* Editado por Ernesto Lunardi et al. Tradução para o inglês de Felix Azzola e Luciano F. Farina. Roma: Istituto Poligrafico e Zecca dello Stato, 1992.

Dor-Ner, Zvi. *Columbus and the Age of Discovery.* Nova York: William Morrow, 1991.

Drew, David. *The Lost Chronicles of the Maya Kings.* Berkeley: University of California Press; 1999.

Dugard, Martin. *The Last Voyage of Columbus.* Nova York: Little, Brown, 2005. [*A última viagem de Colombo.* Rio de Janeiro: Record, 2007.]

Ebbesmeyer, Curtis; Scigliano, Eric. *Flotsametrics and the Floating World.* Nova York: HarperCollins, 2009.

Epstein, Steven A. *Genoa and the Genoese, 958-1528.* Chapel Hill: University of North Carolina Press, 1996.

Fernández-Armesto, Felipe. *Amerigo: The Man Who Gave His Name to America.* Nova York: Random House, 2007. [*Américo: o homem que deu seu nome ao continente.* Tradução de Luciano Vieira. São Paulo: Companhia das Letras, 2011.]

_____. *Columbus.* Oxford: Oxford University Press, 1991.

_____. *1492: The Year the World Began.* Nova York: HarperCollins, 2009.

_____ (org.). *The Times Atlas of World Exploration: 3,000 Years of Exploring, Explorers, and Mapmaking.* Nova York: HarperCollins, 1991.

Fernández de Oviedo y Valdés, Gonzalo. *Natural History of the West Indies.* Traduzido e editado por Sterling A. Stoudemire. Chapel Hill: University of North Carolina Press, 1959.

Ferro, Gaetano. *Liguria and Genoa at the Time of Columbus,* v. 3, *Nuova Raccolta Colombiana.* Tradução para o inglês de Anne Goodrich Heck. Roma: Istituto Poligrafico e Zecca dello Stato, 1992.

Fiske, John. *The Discovery of America: With Some Account of Ancient America and the Spanish Conquest.* 2 v. Boston: Houghton Mifflin, 1896.

Freud, Sigmund. *Totem and Taboo: Some Points of Agreement between the Mental Lives of Savages and Neurotics.* Tradução para o inglês de James Strachey. Nova York: W. W. Norton, 1950. [*Totem e tabu.* Tradução de Paulo César de Souza. São Paulo: Penguin/Companhia das Letras, 2013.]

Frimmer, Steven. *Neverland: Fabled Places and Fabulous Voyages of History and Legend.* Nova York: Viking, 1976.

Frye, John. *Los Otros: Columbus and the Three Who Made His Enterprise of the Indies Succeed.* Lewistown: E. Mellan, 1992.

Fuson, Robert H. (trad.). *The Log of Christopher Columbus.* Camden: International Marine Publishing, 1987.

COLOMBO 481

Gardiner, Robert (org.). *Cogs, Caravels and Galleons: The Sailing Ship, 1000-1650*. Annapolis: Naval Institute Press, 1994.

Gênova, Commissione Colombiana. *Cristoforo Colombo, documenti & prove della sua appartenenza a Genova*. Bérgamo: Officine Dell' Istituto Italiano D'Arti Grafiche, 1931.

_____. *Christopher Columbus: Documents and Proofs of His Genoese Origin*. Edição bilíngue inglês-alemão. Bérgamo: Officine Dell' Istituto Italiano D'Arti Grafiche, 1932.

Gerace, Donald T. (org.). *Columbus and His World: Proceedings First San Salvador Conference*. Fort Lauderdale: Station, 1987.

Gerber, Jane S. *The Jews of Spain*. Nova York: Free Press, 1992.

Gil, Juan. *Columbiana: Estudios sobre Cristóbal Cólon, 1984-2006*. Santo Domingo: Academia Dominicana de la Historia, 2007.

Gould, Alicia Bache. *Nueva lista documentada de los tripulantes de Colón en 1492*. Madri: Academia de la Historia, 1984.

Granzotto, Gianni. *Christopher Columbus: The Dream and the Obsession*. Garden City, NY: Doubleday, 1985. [*Cristóvão Colombo*. Tradução de Luiz Mário Gazzaneo. São Paulo: José Olympio, 1985.]

Guillen y Tato, Julio. *La parla marinera en el diario del primer viaje de Cristóbal Colón*. Madri: Instituto Histórico de Marina, 1951.

Haliczer, Stephen. "The Expulsion of the Jews as Social Process." In: Lazar, Moshe; Haliczer, Stephen (orgs.). *The Jews of Spain and the Expulsion of 1492*. Lancaster: Labyrinthos, 1997.

Haring, Clarence Henry. *Trade and Navigation Between Spain and the Indies in the Time of the Hapsburgs*. Cambridge: Harvard University Press, 1918.

Harrisse, Henry. *Christophe Columbe: Son origine, sa vie, ses voyages, sa famille & ses descendents*. 2 v. Paris: E. Leroux, 1884-5.

_____. *Christopher Columbus and the Bank of St. George (Ufficio di San Giorgio in Genoa): Two Letters Addressed to Samuel L. M. Barlow, Esquire, by Henry Harrisse*. Nova York, 1888. (Edição particular.)

Heers, Jacques. *Christophe Colomb*. Paris: Hachette, 1981.

Henige, David. *Historical Evidence and Argument*. Madison: University of Wisconsin Press, 2005.

Hitchings, Henry. *The Secret Life of Words: How English Became English*. Londres: John Murray, 2008.

Houben, H. H. *Christopher Columbus: The Tragedy of a Discoverer*. Tradução para o inglês de John Linton. Nova York: E. P. Dutton, 1936.

Houston, Stephen D. *The First Writing: Script Invention as History and Process*. Cambridge: Cambridge University Press, 2004.

Houston, Stephen D. et al. "Maya Systems." In: Carrasco, David (org.). *The Oxford Encyclopedia of Mesoamerican Cultures*. Oxford: Oxford University Press, 2006.

Howgego, Raymond John. *Encyclopedia of Exploration, 1800 to 1850*. Sydney: Hordern House, 2004.

Irving, Washington. *The Life and Voyages of Christopher Columbus*. Nova York: University Society Publishers, 1828.

482 *Bibliografia selecionada*

Italian Reports on America, 1493-1522: Accounts by Contemporary Observers, v. 10, *Repertorium Columbianum*. Editado por Geoffrey Symcox. Tradução para o inglês de Theodore Cachey Jr. e John C. McLucas. Turnhout, Bélgica: Brepols, 2002.

Italian Reports on America, 1493-1522: Letters, Dispatches, and Papal Bulls, v. 12, *Repertorium Columbianum*. Editado por Geoffrey Symcox e Luciano Formisano. Tradução para o inglês de Peter D. Diehl. Turnhout, Bélgica: Brepols, 2001.

Jane, Cecil (org. e trad.). *The Four Voyages of Columbus*. Nova York: Dover, 1988.

Keay, John. *The Spice Route: A History.* Londres: John Murray, 2005.

Kuhn, Thomas S. *The Structure of Scientific Revolutions*. 3. ed. Chicago: University of Chicago Press, 1996. [*A estrutura das revoluções científicas*. Tradução de Beatriz Vianna Boeira e Nelson Boeira. São Paulo: Perspectiva, 2011.]

Landström, Björn. *Columbus: The Story of Don Cristóbal Colón, Admiral of the Ocean, and His Four Voyages Westward to the Indies, According to Contemporary Sources*. Recontada e ilustrada por Björn Landström. Tradução para o inglês de Michael Phillips e Hugh W. Stubbs. Nova York: Macmillan, 1967.

Larner, John. *Marco Polo and the Discovery of the World*. New Haven: Yale University Press, 1999.

Las Casas, Bartolomé de. *A Short Account of the Destruction of the Indies*. Editado e traduzido para o inglês por Nigel Griffin. Londres: Penguin, 1992, rev. 2004. [*Brevíssima relação da destruição das Índias*. Tradução de Júlio Henriques. Lisboa: Antígona, 1990.]

Las Casas on Columbus: Background and the Second and Fourth Voyages, v. 7, *Repertorium Columbianum*. Editado e traduzido para o inglês por Nigel Griffin. Turnhout, Bélgica: Brepols, 1999.

Las Casas on Columbus: The Third Voyage, v. 11, *Repertorium Columbianum*. Editado por Geoffrey Symcox. Turnhout, Bélgica: Brepols, 2001.

Lea, Henry Charles. *A History of the Inquisition of Spain*, v. 3. Nova York: AMS Press, 1988. (Publicado originalmente em 1906-1907.)

_____. *Torture*. Filadélfia: University of Philadelphia Press, 1973. (Publicado originalmente em 1866.)

León Guerrero, Montserrat. *Los compañeros de Don Cristóbal Colón en su segundo viaje a las Indias*. Valladolid: Instituto Interuniversitario de Estudios de Iberoamérica y Portugal, 1998.

Lester, Toby. *The Fourth Part of the World: The Race to the Ends of the Earth, and the Epic Story of the Map That Gave America Its Name*. Nova York: Free Press, 2009. [*A quarta parte do mundo*. Tradução de Carlos Leite da Silva. Rio de Janeiro: Objetiva, 2012.]

Lewis, Monty; Lewis, Sara. *Explorer Chartbook: Far Bahamas*. 4. ed. Ocean City: Lewis Offshore, 2008.

Library of Congress. *Hispanic and Portuguese Collections: An Illustrated Guide*. Washington: Library of Congress, 1996.

Limborch, Philippus van. *The History of the Inquisition*. Tradução para o inglês de Samuel Chandler. 2 v. Londres: J. Gray, 1731.

Liss, Peggy K. *Isabel the Queen: Life and Times*. Ed. rev. Filadélfia: University of Pennsylvania Press, 2004.

COLOMBO 483

Lockhart, James (org. e trad.). *We People Here: Nahuatl Accounts of the Conquest of Mexico*. Berkeley: University of California Press, 1993.

Lowney, Chris. *A Vanished World: Muslims, Christians, and Jews in Medieval Spain*. Nova York: Oxford University Press, 2006.

Machiavelli, Niccolò. *The Prince*. Editado e traduzido para o inglês por Paul Sonnino. Atlantic Highlands, NJ: Humanities Press, 1996. [*O príncipe*. Tradução de Luiz A. de Araújo. São Paulo: Penguin/Companhia, 2010.]

McNeill, William H. *Plagues and Peoples*. Garden City: Anchor, 1976.

Mandeville, John. *The Travels of Sir John Mandeville*. Tradução para o inglês de C.W.R.D. Moseley. Londres: Penguin, 1983.

Mann, Charles C. *1491: New Revelations of the Americas before Columbus*. Nova York: Alfred A. Knopf, 2006. [*1491: Novas revelações das Américas antes de Colombo*. Tradução de Renato Aguiar. Rio de Janeiro: Objetiva, 2007.]

Manzano Manzano, Juan. *Colón y su secreto: el predescubrimiento*. Madri: Cultura Hispánica, 1989.

Marchant, John et al. *A Review of the Bloody Tribunal; Or the Horrid Cruelties of the Inquisition*. Perth: G. Johnston, 1770.

Markham, Clements R. (org. e trad.). *The Letters of Amerigo Vespucci and Other Documents Illustrative of His Career*. Londres: Hakluyt Society, 1894.

Martínez-Hidalgo, José María. *Columbus' Ships*. Editado por Howard I. Chapelle. Barre: Barre Publishers, 1966.

Mascarenhas, Barreto. *"Colombo" português: provas documentais*. 2 v. Lisboa: Nova Arraniada, 1977.

Maxwell, Judith M.; Hill, Robert H. *Kaqchiqel Chronicles: The Definitive Edition*. Austin: University of Texas Press, 2006.

Melville, Elinor G. K. *A Plague of Sheep: Environmental Consequences of the Conquest of Mexico*. Cambridge: Cambridge University Press, 1994.

Michener, James. *Caribbean*. Nova York: Random House, 1989. [*Caribe*. Rio de Janeiro: Record, 1996.]

Milani, Virgil I. *The Written Language of Christopher Columbus*. Buffalo: State University of New York at Buffalo, 1973.

Milhou, Alain. *Colón y su mentalidad mesiánica en el ambiente franciscanista español*. Valladolid: Casa-Museo de Colón, Seminario Americanista de la Universidad de Valladolid, 1983.

Mocatta, Frederic David. *The Jews of Spain and Portugal and the Inquisition*. Nova York: Cooper Square Publishers, 1973.

Morgan, Edmund S. *American Heroes: Profiles of Men and Women Who Shaped Early America*. Nova York: W. W. Norton, 2009.

Morison, Samuel Eliot. *Admiral of the Ocean Sea: A Life of Christopher Columbus*. 2 v. Boston: Little, Brown, 1942. [*Cristóvão Colombo — Almirante do Mar Oceano*. Lisboa: Editorial Notícias, 1993.]

_____. *Christopher Columbus, Mariner*. Nova York: Meridian, 1983.

_____. *The European Discovery of America: The Southern Voyages, 1492-1616*. Nova York: Oxford University Press, 1974.

484 *Bibliografia selecionada*

_____. *The Second Voyage of Christopher Columbus from Cadiz to Hispaniola and the Discovery of the Lesser Antilles.* Oxford: Oxford University Press, 1939.

_____ (org. e trad.). *Journals and Other Documents on the Life and Voyages of Christopher Columbus.* Nova York: Heritage, 1963.

Morison, Samuel Eliot; Obregón, Mauricio. *The Caribbean as Columbus Saw It.* Boston: Atlantic Monthly Press, 1964.

Moya Pons, Frank. *Después de Colón: Trabajo, sociedad y política en la economía del oro.* Madri: Alianza Editorial, 1987.

_____. *The Dominican Republic: A National History.* Princeton: Markus Wiener, 1998.

_____. *Los Restos de Colón — Bibliografía.* Santo Domingo: Academia Dominicana de la Historia, 2006.

Munro, John H. *Textiles, Towns and Trade: Essays in the Economic History of Late-Medieval England and the Low Countries.* Brookfield: Variorum, 1994.

Naipaul, V. S. "Columbus and Crusoe." In: *The Writer and the World.* Nova York: Vintage, 2003.

Navarrete, Martín Fernández de. *Colección de los viages y descubrimientos, que hicieron por mar los Españoles desde fines del siglo XV, con varios documentos inéditos concernientes a la historia de la marina castellana y de los establecimientos españoles en Indias.* 2. ed. 5 v. Madri: de Ordean de S.M. en la Imprenta Nacional, 1837-1880.

Nunn, George E. *The Columbus and Magellan Concepts of South American Geography.* Glenside: 1932. (Edição particular.)

_____. *The Geographical Conceptions of Columbus: A Critical Consideration of Four Problems.* Nova York: American Geographical Society, 1924.

Ober, Frederick A. *Amerigo Vespucci.* Nova York: Harper & Brothers, 1907.

Obregón, Mauricio. *From Argonauts to Astronauts: An Unconventional History of Discovery.* Nova York: Harper & Row, 1980.

Oviedo on Columbus, v. 9, *Repertorium Columbianum.* Editado por Jesús Carillo. Tradução para o inglês de Diane Avalle-Arce. Turnhout, Bélgica: Brepols, 2000.

Pandiani, Emilio. *Vita privata genovese nel Rinascimento.* Gênova: Tipografia Nazionale di Luigi Sambolino, 1915.

_____. *Vita della Repubblica di Genova nell'Etá di Cristoforo Columbo.* Gênova: Pubblicazione del Civico Istituto Colombiano, Comitato Cittadino per le Celebrazioni Colombiane, 1952.

Parr, Charles McKew. *So Noble a Captain.* Nova York: Thomas Y. Crowell, 1953.

Parry, J. H. *The Discovery of the Sea.* Berkeley: University of California Press, 1981.

Pérez-Mallaína, Pablo E. *Spain's Men of the Sea.* Tradução para o inglês de Carla Rahn Phillips. Baltimore: Johns Hopkins University Press, 1998.

Phillips, William D., Jr.; Phillips, Carla Rahn. *The Worlds of Christopher Columbus.* Cambridge: Cambridge University Press, 1992.

Pike, Ruth. *Enterprise and Adventure: The Genoese in Seville and the Opening of the New World.* Ithaca: Cornell University Press, 1966.

_____. *Linajudos and Conversos in Seville.* Nova York: Peter Lang, 2000.

COLOMBO 485

Polo, Marco. *Marco Polo: The Description of the World*. Tradução para o inglês por A. C. Moule e Paul Pelliot. 2 v. Nova York: MAS Press, 1976. [*O livro das maravilhas — A descrição do mundo*. Tradução de Elói Braga Jr. Porto Alegre: L&PM, 1985.]

_____. *The Travels of Marco Polo, the Venetian*. Tradução para o inglês por W. Marsden. Revisto por T. Wright e Peter Harris. Nova York: Alfred A. Knopf, 2008. [*As viagens de Marco Polo*. Adaptação de Carlos Heitor Cony e Lenira Alcuire. Rio de Janeiro: Ediouro-Sinergia, 2005.]

Provost, Foster. *Columbus: An Annotated Guide to the Scholarship on His Life and Writings, 1750-1988*. Detroit: Omnigraphics, 1991. (Publicado para a John Carter Brown Library.)

_____. *Columbus Dictionary*. Detroit: Omnigraphics, 1991. (Publicado para a John Carter Brown Library.)

Ptak, Roderich. *China, the Portuguese, and the Nanyang: Oceans and Routes, Regions and Trades (c. 1000-1600)*. Aldershot/Burlington: Ashgate/Variorum, 2004.

Quétel, Claude. *History of Syphilis*. Tradução para o inglês de Judith Braddock e Brian Pike. Baltimore: Johns Hopkins University Press, 1990.

"The Recovery of Ptolemy's *Geography* in Renaissance Italy and Its impact in Spain and Portugal in the Period of the Discoveries." In: Randles, W. G. L. *Geography, Cartography and Nautical Science in the Renaissance: The Impact of the Great Discoveries*. Aldershot/Burlington: Ashgate/Variorum, 2000.

Rosengarten, Frederic, Jr. *The Book of Spices*. Ed. rev. Nova York: Pyramid, 1973.

Roth, Norman. *Conversos, Inquisition, and the Expulsion of the Jews from Spain*. Madison: University of Wisconsin Press, 1995.

Rouse, Irving. *The Tainos: Rise and Decline of the People Who Greeted Columbus*. New Haven: Yale University Press, 1992.

Rumeu de Armas, Antonio (org.). *El Libro Copiador de Cristóbal Colón*. 2 v. Madri: Real Academia de la Historia, 1989.

_____. *Hernando Colón, historiador de descubrimiento de América*. Madri: Instituto de Cultura Hispánica, 1973.

Salaman, Redcliffe N. *The History and Social Influence of the Potato*. Cambridge: Cambridge University Press, 1993.

Sale, Kirkpatrick. *The conquest of Paradise: Christopher Columbus and the Columbian Legacy*. Nova York: Alfred A. Knopf, 1990. [*A conquista do paraíso: Cristóvão Colombo e seu legado*. Rio de Janeiro: Zahar, 1992.]

Sauer, Carol Ortwin. *The Early Spanish Main*. Berkeley: University of California Press, 1966.

Smith, Bradley. *Columbus in the New World*. Garden City: Doubleday, 1962.

Smith, Roger Craig. "Vanguard of Empire: 15th and 16th-Century Iberian Ship Technology in the Age of Discovery." Tese de doutorado. Texas: A&M University, 1989.

_____. *Vanguard of Empire: Ships of Exploration in the Age of Columbus*. Nova York: Oxford University Press, 1993.

Soyer, François. *The Persecution of the Jews and Muslims of Portugal: King Manuel I and the End of Religious Tolerance (1496-7)*. Leiden, Boston: Brill, 2007.

486 *Bibliografia selecionada*

Stevens-Arroyo, Antonio M. *Cave of the Jagua* [*sic*]: *The Mythological World of the Tainos.* Scranton: University of Scranton Press, 2006.

Taviani, Paolo Emilio. *Christopher Columbus: The Grand Design.* Tradução para o inglês de William Weaver. Londres: Orbis, 1985.

_____. *Columbus: The Great Adventure.* Tradução para o inglês de Luciano F. Farina e Marc A. Beckwith. Nova York: Orion, 1991.

_____. "Il ruolo di Genova e Liguria nella formazione culturale di Colombo." In: *Cristoforo Colombo e l'Apertura degli Spazi.* Roma: Istituto Poligrafico e Zecca dello Stato, 1992.

Testimonies from the Columbian Lawsuits, v. 8, *Repertorium Columbianum.* Editado e traduzido para o inglês por William D. Phillips, Jr. Turnhout, Bélgica: Brepols, 2000.

Thacher, John Boyd. *Christopher Columbus: His Life, His Works, His Remains, As Revealed by Original Printed and Manuscript Records, Together with an Essay on Pietro Martire of Anghiera and Bartolomé de Las Casas, the First Historians of America.* 3 v. Nova York/Londres: G. P. Putnam's Sons, 1903-1904.

Thomas, David Hurst (org.). *Columbian Consequences*, v. 1, *Archaeological and Historical Perspectives on the Spanish Borderlands West.* Washington: Smithsonian Institution Press, 1989.

_____. *Columbian Consequences*, v. 2, *Archaeological and Historical Perspectives on the Spanish Borderlands East.* Washington: Smithsonian Institution Press, 1990.

_____. *Columbian Consequences*, v. 3, *The Spanish Borderlands in Pan-American Perspective.* Washington: Smithsonian Institution Press, 1991.

Thomas, Hugh. *Rivers of Gold: The Rise of the Spanish Empire, from Columbus to Magellan.* Nova York: Random House, 2003.

Thornton, Russel. *American Indian Holocaust and Survival: A Population History Since 1492.* Norman: University of Oklahoma Press, 1987.

Torre y del Cerro, José de la. *Beatriz Enríquez de Harana y Cristóbal Colón: estudio y documentos.* Madri: Compañía Iberoamericana de Publicaciones, 1933.

Ulanski, Stan. *The Gulf Stream: Tiny Plankton, Giant Bluefin, and the Amazing Story of the Powerful River in the Atlantic.* Chapel Hill: University of North Carolina Press, 2008.

Varela, Consuelo. *La caída de Cristobál Colón, el juicio de Bobadilla.* Madri: Marcial Pons, Ediciones de Historia, 2006.

Viola, Herman J.; Margolis, Carolyn. *Seeds of Change: A Quincentennial Commemoration.* Washington: Smithsonian Institution Press, 1991.

Wassermann, Jakob. *Christopher Columbus: Don Quixote of the Seas.* Tradução para o inglês de Eric Sutton. Londres: M. Secker, 1930.

Wey Gómez, Nicolás. *The Tropics of Empire: Why Columbus Sailed South to the Indies.* Cambridge: MIT Press, 2008.

Wiesenthal, Simon. *Sails of Hope: The Secret Missiono f Christopher Columbus.* Tradução para o inglês de Richard e Clara Winston. Nova York: Macmillan, 1973. [*A missão secreta de Cristóvão Colombo: velas da esperança.* Rio de Janeiro: Civilização Brasileira, 1975.]

Wilford, John Noble. *The Mapmakers.* Nova York: Alfred A. Knopf, 2000.

_____. *The Mysterious History of Columbus*. Nova York: Alfred A. Knopf, 1991.

Winsor, Justin. *Christopher Columbus and How He Received and Imparted the Spirit of Discovery*. Boston: Houghton Mifflin, 1892.

_____ (org.). *Narrative and Critical History of America*, v. 2. Boston: Houghton Mifflin, 1886.

Zamora, Margarita. *Reading Columbus*. Berkeley: University of California Press, 1993.

Zhang, Tianze. *Sino-Portuguese Trade from 1514 to 1644: A Synthesis of Portuguese and Chinese Sources*. Leyden: Late E. J. Brill, 1934.

Periódicos

Cook, Noble David. "Sickness, Starvation, and Death in Early Hispaniola." *Journal of Interdisciplinary History*, v. 32, n. 3 (inverno de 2002), pp. 349-86.

Deagan, Kathleen A. "La Isabela: Europe's First Foothold in the New World." *National Geographic*, v. 181, n. 1, pp. 40-53.

Grennes, Thomas. "The Columbian Exchange and the Reversal of Fortune." *Cato Journal*, v. 27, n. 1 (inverno de 2007).

Guitar, Lynn. "New Notes about Taíno Music and Its Influence on Contemporary Dominican Life." *Issues in Caribbean Amerindian Studies*, v. 7, n. 1 (dez. 2006-dez. 2007), p. 394.

Hobbs, William Herbert. "The Track of the Columbus Caravels in 1492." *Hispanic American Historical Review*, v. 30, n. 1 (fev. 1950), pp. 63-73.

Judge, Joseph; Stanfield, James L. "Where Columbus Found the New World." *National Geographic*, v. 170, n. 5 (nov. 1986), pp. 566-99.

Keegan, William F. "Beachhead in the Bahamas: Columbus Encounters a New World." *Archeology*, jan./fev. 1992, pp. 44-50.

Keith, Donald H.; Carell, Toni L.; Lakey, Denise C. "The Search for Columbus' Caravel *Gallega* and the Site of Santa María de Belén." *Journal of Field Archeology*, v. 17, n. 2 (verão de 1990), pp. 123-40.

Kingsbury, John M. "Christopher Columbus as a Botanist." *Arnoldia*, v. 2, n. 52 (primavera de 1992), pp. 11-28.

Lyon, Eugene. "15th-Century Manuscript Yields First Look at *Niña*." *National Geographic*, v. 170, n. 5 (nov. 1986).

_____. "Search for Columbus." *National Geographic*, v. 181, n. 1 (jan. 1992), pp. 2-39.

_____. "The *Niña*, the *Santa Cruz*, and Other Caravels as Described in the *Libro de Armadas* and Other Spanish Records." *American Neptune*, v. 53 (1993), pp. 239-46.

Marden, Luis. "Tracking Columbus across the Atlantic." *National Geographic*, v. 170, n. 5 (nov. 1986).

Myers, Robert A. "Island Carib Cannibalism." *New West Indian Guide* (Leiden), v. 58, n. 3-4 (1984), pp. 147-84.

Parodi, Giuseppe. "L'Arte dei Macherolii." *Atti della Società Ligure di Storia Patria* (Genova), *Miscellanea Storica*, v. 53 (1926).

488 *Bibliografia selecionada*

Rumeu de Armas, Antonio. "Cristobál Colón y doña Beatriz de Bobadilla en las antevisperas del descubrimiento." *El Museo Canario* (Las Palmas de Gran Canaria), v. 75-76, n. 21 (1960).

_____. "Los amoríos de doña Beatriz de Bobadilla." *Anuario de Estudios Atlánticos*, n. 31 (1985), pp. 413-55.

Taylor, Paul S. "Spanish Seamen in the New World during the Colonial Period." *Hispanic American Historical Review*, v. 5 (1922).

Torodash, Martin. "Columbus Historiography Since 1939." *Hispanic American Historical Review*, v. 46, n. 4 (nov. 1966), pp. 409-28.

Varela, Consuelo. "Proof That Columbus Was Born in 1451: A New Document." *American Historical Review*, v. 12, n. 2 (jan. 1907), pp. 270-79.

Vignaud, Henry. "Columbus a Spaniard and a Jew." *American Historical Review*, v. 18, n. 3 (abr. 1913), pp. 505-12.

West, Delno C. "Christopher Columbus, Lost Biblical Sites, and the Last Crusade." *Catholic Historical Review*, v. 78, n. 4 (out. 1992), pp. v-vi, 519, 541.

Wilford, John Noble. "What Doomed the Maya? Maybe Warfare Run Amok." *New York Times*, 10 de mar. de 2009.

ÍNDICE

Ababruco, 322
abacaxi, 64
Açores, 66, 80, 81, 82, 87, 89, 128-29, 139,
   141-42, 153, 266-67
      Santa María, 135-36, 139-43
Acul, baía de, 104, 106
Afonso V, rei, 80, 83, 98, 286
África, 66, 77, 80-81, 83, 97, 100, 152, 161, 162,
   218, 433
      Guiné, 46, 55, 83, 96, 144, 146
      Tratado de Alcáçovas e a, 146
agricultura, 63, 256-57, 275, 276, 321
Aguado, Juan de, 256-57
Aguja, caravela, 354, 367
Ahuítzotl, 371
Aichi, ilha, 166
Alcáçovas, Tratado de, 146
álcool, 276, 297, 302-3
Alexandre VI, papa, 153, 160, 161
algodão, 172, 209, 243, 253, 284
Alhambra, 100, 337
alimentos, 320, 348-49, 376
   abacaxi, 64
   cajá, 302
   chocolate (cacau), 274, 276, 372-73
   cultivo de, 256-57, 275, 276, 321
   frutas, 63-64, 131, 166-67, 276, 289, 348
   inhame, 27, 112, 209, 262
   Intercâmbio Colombiano e, 274-76
   mancenilha, 177
   mandioca, 63, 175-76, 209, 219, 223, 234, 254,
      257, 265, 266, 274, 276, 324, 340, 406
   milho, 171, 274, 276, 297, 302, 383, 387
   tomate, 274
Almanach Perpetuum (Zacuto), 417
Alonso, Rodrigo, 286-87
Alta Vela, ilha, 237
América, batismo da, 330-31, 445
América Central, 215, 358, 392

América do Sul, 215, 289, 290, 330, 332
Amona, ilha, 239-40
Anacaona, 212, 255, 308, 335, 424
animais, 268, 293, 320, 380, 381, 386
   aves, 183, 194, 208, 237, 405
   borboletas, 229, 232, 237
   cães, 249, 393
   cavalos, 159, 191, 204, 274, 275, 374, 393
   hutias (roedores extintos), 219, 406
   iguanas, 215-16
   Intercâmbio Colombiano e, 273-76
   jamantas, 369
   macacos, 284, 293, 381
   papagaios, 27, 64, 105, 108, 120, 168, 194,
      208, 210, 227, 265, 279, 293, 303, 405
   peixes-boi, 119, 175, 369
   queixadas, 380-81
   tubarões, 128, 386
   venenosos, 177, 179, 188
Antigua, ilha, 165, 169
Antigua, navio, 339
Aomaquique, aldeia, 416
Aragão, 98
Arana, Beatriz de, 357, 442
Arana, Diego de, 110, 117, 250
Arana, Pedro de, 316, 325
Aristóteles, 302
Arráez, Juan, 339
aruaques, 55
árvores, 35-36, 45, 52-53, 131, 166-67, 252, 268,
   374, 405
   índios que viviam em, 387
Arzila, 363-64
Ásia, 22, 41, 59, 62, 80-81, 88, 91, 96, 374
   China *ver* China
   Japão (Cipango), 29, 40, 50, 96, 108
astecas, 371
astrolábios, 128
Asunción, La (atual Tobago), 305

490 *Índice*

Atlântico, oceano, 273-74
aves, 183, 194, 208, 237, 405
   fragatas, 126, 182
   papagaios, 27, 29, 64, 105, 108, 120, 168, 194,
     208, 210, 227, 265, 279, 293, 303, 405
Azua, 326, 327, 368

Bahamas, 27-35, 40, 55
   ilha Longa, 33, 34
   San Salvador, 27, 29, 130
Balandras, canal de, 224
Balboa, Vasco Núñez de, 330, 366
Ballester, Miguel, 310, 317-19, 324
Baracoa, 53
Barahona, 310
Barba, Juan, 427
Barlavento, ilhas de, 165
Barros, João de, 93
Bastidas, Rodrigo de, 330
Beata, ilha, 198, 238, 429
Bechalla, caravela, 78
Behaim, Martin, 40
Behechio, 212, 248, 251, 255, 308
Belém, rio, 388-89, 391-92, 400
Belesio, Pietro, 68
Bella Saonese, La, 238
Bermuda (Santiago de Palos), caravela, 363, 368,
   400, 401, 402, 403
Bermuda, 123, 245
Bermúdez, Francisco, 363
Bernáldez, Andrés, 84, 99, 217, 221, 223-26, 235,
   246, 281
Biblioteca Colombina, 358
Boa Esperança, cabo da, 65, 83, 144, 332
Boa Vista, 286-87
Bobadilla, Beatriz de, 162-63
Bobadilla, Francisco de, 337-46, 348, 349-50,
   351-52, 353-54, 365, 366-67, 368, 445
Boca del Dragón (Boca do Dragão), canal, 293, 294,
   304, 332, 470
Bohío, ilha, 52
Bonao, forte, 327
borboletas, 229, 232, 237
borracha, 173
Borremeo, Giovanni, 217
Brasil, 161, 290, 330, 332
Brasil (Yaquimo), 328
Breviesca, Jimeno, 285
Brevíssima relação da destruição das Índias (Las
   Casas), 445
Buil, padre (Boyle), 154, 214, 245, 256
Burgos, 268, 284

Cabo Verde, ilhas de, 66, 94, 146, 152, 153, 161,
   286, 287, 301, 411
Cabral, Pedro Álvares, 332
cacau, 274, 276, 372-73
cacique, termo, 108
Cádiz, baía de, 59, 126-27, 161, 195, 198, 200,
   208, 217, 238, 241, 246, 351, 363, 443
cães, 249, 393
cajá, 302
Calderón, Diego, 159-60
Canárias, ilhas, 20, 28, 44, 66, 73, 123, 129, 130,
   135, 142, 146, 148, 162, 196, 245, 286, 315, 364
canela, 43-44, 134, 252, 269
canibais, 52-53, 61, 62, 102, 166, 168, 177, 181,
   191, 192, 200, 203, 208, 232, 239, 255, 270,
   288, 297
Cão, Diogo, 83
Caonabó, 185, 186, 188-89, 201, 211, 212, 248,
   250-52, 255, 259, 264, 266, 279, 284, 308, 424
Cap-Haïtien, 189
Capitana, La, nau, 362, 388, 389, 398, 402
Carabaru, 379
caraíbas, 58, 61, 112, 117, 120-21, 124, 134, 152,
   166, 170-71, 176-79, 182, 184, 208-9, 212, 239,
   244, 255-56, 267, 279, 289, 317, 402
Cariay, 378, 379
Caribe, 61, 63, 96, 159, 217-18
Carlos VII, rei, 71
Carlos VIII, rei, 240
Cartuja, La, 351
Cascais, 143
Casenove, Guillaume de, 78
Castanheira, João da, 140
Castela, 97-98, 105, 112, 114, 115, 135, 139, 141
Castela, Alonso de, 363
cavalos, 159, 191, 204, 274, 275, 374, 393
Caxinas, 374
Caxinas, ponta de, 376
Cayman, ilhas, 402
Cayo Moa Grande, 52
Cayo Piedras, 225
Cayos de Morant, 369
Cazones, golfo de, 225
cemís, 174-75, 258, 260, 340
Cerabaró, baía de, 381
Chanca, Diego Álvarez, 63, 160, 163, 167, 170,
   171, 176, 182-5, 187, 188, 189-90, 193, 197,
   203, 209-10, 274, 276
Charis, ilha, 165
chicha, bebida fermentada, 302, 303, 420
China, 21-23, 50, 53, 80-81, 84, 113, 117, 130,
   145, 148, 151, 211, 371, 404, 440

COLOMBO 491

mestre Paulo e a, 90-92
Quinsai (Hangzhou), 39-40, 42, 90-91, 96
Chiriqui, lagoa, 382
chocolate, 274, 276, 372-73
Ciamba, 379
Cibao, 108, 197, 198, 204, 205-7, 208, 243, 247, 251, 256, 263
ciguaios, 255-56
Cipango (Japão), 29, 40, 50, 96, 108
cobre, 122, 203, 212, 252-53, 263, 280, 302, 303, 370, 372
Cochinos, baía de (baía dos Porcos), 225
cohoba, alucinógeno, 175, 260
Colina, embarcação, 158
Colômbia, 329, 402, 448
Colombo, Bartolomeu (irmão), 69, 84, 86, 95, 96, 240-41, 314, 322, 333, 338, 351, 357, 435, 440, 443
em Santo Domingo, 272, 305-6, 307-16
Las Casas sobre, 240-42
na quarta viagem, 363-64, 368, 370, 376, 379, 380, 389-90, 391-400, 409, 427-28, 431, 433
na segunda viagem, 216, 240-42, 249, 256, 262, 264
Roldán e, 307-14, 315-16
Colombo, Bianchinetta (irmã), 69
Colombo, Cristóvão:
ambiente familiar de, 67-69
aparência física de, 85
assinatura de, 429-30
casamento de ver Perestrello, Filipa Moniz
como aprendiz de marinheiro, 77-80, 134, 209
como genovês, 67-68, 92-93, 94
como governador, 337-38, 342, 353, 410-11
como português, 92
como vice-rei das terras descobertas, 148, 154, 350, 353, 410-11
concessão de títulos, prêmios e privilégios a, 21, 92-93, 154, 154-55, 280, 281, 350, 352-53, 410-11, 435-38
desvalorização de, 445-47
direito e privilégios reconcedidos a, 352
educação e estudos de, 69, 92, 357-58
em mosteiro, 351, 358-59, 442
funeral de, 442
habilidades de navegação de, 46-48, 56-57, 128-29, 152, 224-26, 239, 267, 268, 298-99, 316-17, 337, 353, 363-64, 396, 416, 432-33
hábito franciscano usado por, 271, 281, 284, 351
infância de, 67, 71, 72
inocentado de acusações, 282
interesse na exploração, 88-92

investigação de, 337-52
línguas faladas por, 69
Livro das Profecias de, 359
Livro de privilégios de, 352
mãe de, 69
misticismo, fantasias e irracionalidade de, 22, 23, 38-39, 238-39, 298-302, 439-440
monumentos a, 447-48
morte de, 442
nascimento de, 67, 69, 71
nome dado a locais nos Estados Unidos, 448
nome de, 68
piedade de, 85, 230-31, 281, 284, 376, 440
prisão de, 344, 345-52, 445
problemas de saúde de, 196-97, 204, 211, 239-40, 247, 257, 268, 307, 326, 353, 410, 414, 417, 432-33, 441
queixas sobre, 256-58, 336-37, 341
restos de, 442-44
testamento, 433-34, 442
Colombo, Cristóvão, viagens de, 447-49
batismo de lugares nas, 59, 106, 119, 130, 165, 166, 169-70, 221, 223, 227, 238, 290, 305
busca de patrocínio para as, 92-97, 99-101
calendário canônico seguido nas, 126
contagem dos dias nas, 125-26
e as dificuldades para se construir um império, 211, 317
ideias iniciais para as, 92-94
intercâmbio de plantas e animais durante as, 273-76
manutenção de registros nas, 16-20, 36-39, 131-32, 151
preconceitos de Colombo e as, 440-41
primeira ver primeira viagem
quarta ver quarta viagem
segunda ver segunda viagem
terceira ver terceira viagem
Colombo, Diogo (filho), 87, 241, 284, 377, 430, 441, 442-44
Colombo, Diogo (irmão), 69, 204, 214, 245, 263, 306, 308, 310, 325, 338, 339, 345, 351
Colombo, Domenico (pai), 67-69, 72, 78, 161
Colombo, Fernando (filho), 23-24, 37, 82, 85, 86, 153, 159, 167, 176, 186-90, 193, 196, 198, 205, 207, 219, 220-23, 228-29, 231, 238-41, 247, 249-52, 263, 265, 266, 268, 284, 305, 307-13, 315-19, 328, 334, 335, 336-37, 346, 349-51, 357-58, 359, 362, 433, 435, 436, 441, 442
biblioteca de, 357-58
como acadêmico, 357-58, 362
índios como vistos por, 373-74, 392-93

492 *Índice*

na quarta viagem, 23-24, 358-65, 367, 368-86,
388-89, 391-403, 404-5, 409, 413-20, 425-34
Colombo, Giovanni Pelegrino (irmão), 69
Colombo, Juan Antonio, 316
Colombo, Luís (neto), 442-44
Columbus Circle, 448
Coma, Guillermo, 161, 164, 170, 185, 190, 195,
208, 209
comércio, 70-71, 92-93
com os índios, 27, 40, 54, 102, 104, 106-7, 121,
378, 382-84, 388-39, 405-6, 416-17
Gênova e o, 69-71, 72, 73, 76-77
Concepción (hoje Granada), 305, 310, 312, 317,
318, 323, 326, 338
Conil, 126
conquistadores, 366
Constantinopla, 71, 239
continentes:
deriva continental, 273
evolução distinta dos, 273
existência e localização dos, 40, 92, 96, 217-18
Coronel, Pedro Fernández, 214, 271, 314
Corral, Andrés de, 295
Correa, Pedro, 88
Correo, El, 286
Cortés, Hernán, 366
Cosa, Giovanni, 72
Cosa, Juan de la, 50, 109, 160, 169, 218, 329, 330,
434, 453
Costa de la Oreja, 375
Costa Rica, 378, 432
cristianismo, 42, 68, 433-34
escravidão e, 74-75
índios e, 22, 28, 43-47, 54, 55, 61, 105, 133,
153, 154, 191, 195, 231, 238, 243, 261-63,
270, 296, 339, 347, 366, 384, 392, 437-38
judeus e, 42, 100-1
muçulmanos e, 99-100
Crosby, Alfred, 274-76
Cruz, cabo, 223, 224, 234
Cuba, 40-41, 42, 45-47, 52-53, 55, 59, 130-31, 148,
214-21, 222-25, 228-31, 374, 402, 415-16, 423, 443
cabo Cruz, 223-24, 234
como ilha ou parte de um continente, 41, 59,
130, 148, 217-19, 225, 228, 281, 415-16
mapa de, 181
Punta Fraile, 59
Cuneo, Michele de, 163, 178, 179-80, 182, 210,
238, 242, 244-46, 256

Da Recco, Nicoloso, 66
De Soto, Hernando, 366

Desastres, rio de, 378
Deza, Diego, 437
Di Cazana, Luca, 88
Dias, Bartolomeu, 65, 69, 83, 97, 115, 144, 218
Dias, Vicente, 88
Diaz, Miguel, 342
Díaz de Pisa, Bernal, 207
Díaz de Solís, Juan, 370
Diogo, dom, 204, 214
Diogo, Infante, duque de Viseu, 81-82
doenças, 61, 275-76, 366, 446
sífilis, 21, 147, 197-98, 275-76, 309
Doldrames, 287, 296, 301
Dominica, 165-66, 288, 364

eclipses lunares, 238-39, 417-19, 426
El Correo, caravela, 286
El Dorado, 117, 329
El Golfo de Buen Tiempo, 223
encomienda, sistema de, 322
Enríquez, Juana, 97
Ephemerides Astronomicae (Regiomontanus), 417
Epifania do Senhor, 196
Erasmo de Roterdã, 357
Erin, ponta de, 289
Escobedo, Rodrigo, 117
escravos:
cacau e, 372-73
em Gênova, 70-71, 74-75, 111, 244
em Portugal, 83, 244
índios como, 21, 28, 61, 111, 173, 244-47, 296,
322, 328, 347, 393, 438, 446
índios e seus, 253-54
Espanha, 97-101
exploração e colonização, 328-30, 333, 365, 366
expulsão dos judeus da, 17, 100-1
Inquisição na, 98-9, 101, 417, 435, 437
terras recém-descobertas e a, 153
tratados entre Portugal e, 146, 161, 243, 269,
286, 287, 330, 332
unificação da, 98
especiarias, 41, 44, 45, 58, 71, 75, 114, 131, 173,
200, 208, 243, 252, 280, 320, 373
canela, 43-44, 134, 252, 269
pimenta-malagueta, 122-23
pimentas, 44, 71, 123, 252
Esperanza, 322
Extremadura, 137, 167, 366

Farol, cabo del, 237
Fernández de Oviedo, Gonzalo, 177, 180-81, 198,
251, 253, 255

COLOMBO **493**

Fernando II de Aragão, 22, 23, 96, 97-101, 162-63, 238, 251, 279-81, 358, 359, 390, 434, 438-39
  apelo de Colombo por patrocínio, 95-97, 99-101
  atitude em relação a Colombo, 435, 445
  Bartolomeu Colombo e, 241
  Bobadilla e, 163
  Caonabó e, 264, 266, 279
  "Carta aos Reis Católicos" de Colombo para, 129-35, 148
  casamento e reinado conjunto de, 97-98, 279
  Colombo nomeado vice-rei por, 148, 154, 350, 353, 410-11
  direitos e privilégios reconcedidos a Colombo por, 352
  e o desembarque de Colombo em Santa María, 141-42
  e queixas contra Colombo, 336-38
  e tratados com Portugal, 146, 161, 243, 269, 286
  escravos e, 246
  Fernando II de Bragança e, 81-82
  filho de, 241, 268, 284
  Germana de Foix desposada por, 439
  investigação de Colombo ordenada por, 238-52
  negociações finais de Colombo com, 435-40
  Ojeda e, 328-29, 332-35
  ouro e, 158, 200, 280, 328-29
  pedido de mais informações a Colombo, 242
  planos de colonização do Novo Mundo e, 152
  primeira viagem de Colombo e, 15, 16-17, 21, 44-45, 51, 55-56, 62, 100-1, 105, 111, 113, 138, 144-45, 151-52
  quarta viagem de Colombo e, 352, 363-64, 373-74, 398-99, 409-12, 421, 430-31
  rivais de Colombo nomeados por, 328-29, 332-33
  Roldán e, 310, 319, 332-35
  segunda viagem de Colombo e, 115, 154, 155-56, 166, 167, 169, 180, 193, 203, 205, 231-32, 242, 264, 266, 269
  suicídio em massa dos índios e, 254
  terceira viagem de Colombo e, 284, 295, 296-97, 303-4, 319-20, 336
Fernando II de Bragança, 81-82
Ferrer, Jaime, 286
Festa da Anunciação, 103
fidalgos, 108, 159, 205, 210, 214, 221, 317, 318, 337, 358, 363, 364
Fieschi, Bartolomeo, 363, 408-10, 415, 418, 420, 422, 423
Filipe, o Belo, 438-39

Flechas, golfo das, 256
  mapa, 157, 181
flechas envenenadas, 177, 181, 182, 223, 238, 255, 265, 268
Flores, ilha das, 129
Florida, La, 160
Fonseca, Juan Rodriguez de, 155, 246, 285, 328, 350, 413, 445
Fontanarossa, Giacomo, 69
Fontanarossa, Susanna, 69
Fortaleza, 206
fragatas, 126, 182
França, 51, 78, 99, 443
Francisco, São, 271, 281, 284, 434
Fregoso, Pietro, 71-72
frutas, 63, 131, 166-67, 276, 348
  abacaxi, 64
  cajá, 302
  mancenilha, 177

Gaeta, Nicolás de, 339
Galera, cabo de la, 289
galgos, 249-50, 381
Galícia, 267
Gallega, embarcação, 158, 363, 368, 387, 389, 392, 400, 401
Ganges, rio, 217, 374
Garay, Francisco de, 325
Gênova, 66-80
  brigas políticas em, 66-67, 71-73, 78
  casamentos em, 73-74
  comércio marítimo de, 70-71, 73, 76-77
  Departamento da Virtude em, 73-74
  escravidão em, 70, 74-75, 111, 244
  expansão e transformação de, 73-74
  expatriados de, 84, 92
  guildas em, 68-69, 76
  leis em, 73-74
  mercadores em, 75-76
  navios de, 77
  prostituição em, 73-74
  Quios e, 77-78, 134, 285
  vestuário em, 73-74
  viagens exploratórias de, 66
Geografia (Ptolomeu), 92, 99
Germana de Foix, 439
Gibara, porto de, 42
Girardi, Lorenzo, 90
Giro Subtropical do Atlântico Norte, 123
giros, 123
globo *ver* Terra
Golfo, corrente do, 124, 273, 330, 364

494   *Índice*

Golfo de Buen Tiempo, El, 223
golfo de Pária, 290
    mapa de, 292
Gomera, La, 152, 162-65
Gonçalves, Antão, 83
Gorbalán, Ginés de, 197
Gorda, Andrea Martín de la, 339, 350
Gorda, La, caravela, 339, 349-50
Gorricio, Gaspar, 359
Graça, ilha da, 293, 294, 302
Gracia, rio de, 119
Gracias a Dios, cabo, 370, 377
Gran Canária, 162-63, 364
Granada, 17, 100, 305, 336, 351
Guacanagarí, 106, 110, 111-12, 115, 117, 184,
    185-92, 208, 212, 219, 224, 247-48, 249, 270
Guacanayabo, golfo de, 224
    mapa de, 156
Guadalquivir, rio, 194, 219, 293, 443
Guadalupe, 165, 265-67
Guaicavanu, 261
guaiqueri, povo indígena, 302
Guajira, península de, 329
guajuru, 289
Guanaja (Honduras), 390
guanín, 235, 302, 378
Guantánamo, baía de, 423
Guarionex, 212, 216, 248, 253, 261-62, 312-13,
    353, 354
Guatiguaná, 245-48
Guayacoa, 212
Guevara, Fernando de, 327, 335, 338
Guiga, 383
Guiné, 55, 83, 96, 144, 146
Gutiérrez, Pedro, 110, 117

Haiti, 59, 115, 328, 369
    baía de Acul, 104, 106
    baía de Mustique, 65
    Cap-Haïtien, 189
    cedido à França, 443
Hangzhou (Quinsai), 39-40, 42, 90-91, 96
Henrique, o Navegador, 79, 80, 81, 86-87, 286
Henrique VII, rei da Inglaterra, 95, 240
Henrique VIII, rei da Inglaterra, 95
Hierro, 286
Higuanamá, 248
Higuey, 212
Hispaniola, 59, 61, 103, 106, 117, 119-20, 131-32,
    147, 171, 183, 200, 231, 237-39, 280, 298, 305,
    323, 327-28, 330, 358, 402-4, 406-10, 415-16,
    418, 423, 429, 431, 432

administração de, 214, 336-38, 343, 348, 366
Cibao, 108, 197, 198, 204, 205-7, 208, 243,
    247, 251, 256, 263
governo de Colombo em, 337-38, 342
Haiti *ver* Haiti
mapa de, 181
Monte Cristi, 184, 193, 219
mulheres de, 321, 335
Ovando nomeado governador de, 353, 358, 365,
    366, 367, 445
planos para colonização, 152, 159
rebelião de Roldán em, 306, 307-19, 322-28,
    340-41
República Dominicana, 184, 193, 208, 256
Santo Domingo *ver* Santo Domingo
territórios indígenas em, 212-13
História del Almirante Don Cristóbal Colón
    (Fernando Colombo), 362
Homens, ilha dos, 122
Honduras, 370, 374
hutias, 219, 406

Ibérica, península, 16, 71, 79, 99, 124, 152, 161, 446
Icacos, ponta de, 289, 290
iguanas, 215-16
Índia, 33, 38, 66, 81, 82, 84, 99, 129, 131, 148,
    151, 217-18, 225, 238-39, 270, 271, 298-99,
    305, 374, 375, 390, 397, 441
Índia, caravela, 264
índios:
    agricultura dos, 276, 321
    alianças entre tribos, 255-56
    assentamentos dos, 104-5, 340
    canibalismo entre, 52-53, 61, 62, 102, 166, 168,
        177, 181, 191, 192, 200, 203, 208, 232, 239,
        255, 270, 288, 297
    caraíbas, 58, 61, 112, 117, 134, 152, 166,
        170-71, 176-79, 182, 184, 208-9, 212, 244,
        255-56, 267, 289, 317
    casas dos, 171-73, 187, 296-97, 340
    comércio com, 27, 40, 54, 102, 104, 106-7,
        121, 378, 382-84, 388-39, 405-6, 416-17
    como escravos, 21, 28, 61, 111, 173, 244-47,
        296, 322, 328, 347, 393, 438, 446
    crenças e práticas religiosas dos, 173-76, 258-63
    cristianismo e, 22, 28, 43-47, 54, 55, 61, 105,
        133, 153, 154, 191, 195, 231, 238, 243,
        261-63, 270, 296, 339, 347, 366, 384, 392,
        437-38
    destruição dos, 446
    deterioração das relações entre espanhóis e, 259
    dieta dos, 179, 209-10

COLOMBO 495

dizimação da população entre os, 255, 445-47
doenças e, 275-76, 446
escravidão entre, 253-54
estilo de vida dos, 178-79, 232-33
gravidez e criação dos filhos, 180, 208
Intercâmbio Colombiano e, 274-76
jogos dos, 172-73
mulheres, 309, 316, 320, 321, 335, 344, 366
música dos, 173-76
opinião de Fernando Colombo sobre os, 372-74,
    392-93
ouro dos, 29, 32, 36, 46-47, 62, 102, 106-8,
    112-13, 115-16, 189-90, 197, 204-7, 268-69,
    281, 284, 291, 296, 297, 302, 303, 329, 379,
    381-84, 395
primeira viagem de Colombo e, 27-37, 40-47,
    54-59, 61-65, 102-8, 110-18, 120-23, 132-35,
    148
primeiro contato de Colombo com os, 27-29
prisioneiros enviados à Espanha, 248
propriedades concedidas aos colonizadores, 321
quarta viagem de Colombo e, 372-84, 387,
    388-89, 391-401, 405-10, 414, 415-22, 423,
    426, 427-28, 432-33
rebeliões de, 211-13, 216, 246-48
territórios dos, 212
Roldán e, 309-10, 311-13, 322, 323, 338,
    346-47
segunda viagem de Colombo e, 154-55, 168-81,
    184-88, 191-92, 200-1, 203, 211-13, 215-16,
    221-24, 227, 228-29, 234-38, 243-66
sexualidade dos, 179-81
sistema tributário obrigatório para os, 252-53,
    262, 263, 312, 313, 344
suicídio em massa entre, 254, 263, 270, 281
tainos, 27-36, 54, 61-63, 120-22, 166, 173,
    174, 179, 192, 203, 215, 234-72, 289, 297,
    302, 308, 445-47
técnicas de pescaria dos, 221, 392
terceira viagem de Colombo e, 290-93, 295-97,
    301-3, 319-20
tortura de, 445-47
trabalhos feitos para, 320, 321-22
transportados para a Espanha, 122, 127, 145,
    203, 209, 267, 319-20, 322, 437-38
Inglaterra, 446-47
inhame, 27, 112, 209, 262
Inquisição, 98-99, 101, 155, 417, 435
Intercâmbio Colombiano, 273-76
Irlanda, 80, 88
Isabel I de Castela, 22, 23, 96, 97-101, 162-63, 238,
    251, 279-81, 358, 359, 390

apelo de Colombo por patrocínio, 95-97, 99-101
atitude em relação a Colombo, 435, 445
Bartolomeu Colombo e, 241
Bobadilla e, 163
Caonabó e, 264, 266, 279
"Carta aos Reis Católicos" de Colombo para,
    129-35, 148
casamento e reinado conjunto de, 97-98, 279
Colombo nomeado vice-rei por, 148, 154, 350,
    353, 410-11
direitos e privilégios reconcedidos a Colombo
    por, 352
e o desembarque de Colombo em Santa María,
    141-42
e queixas contra Colombo, 336-38
e tratados com Portugal, 146, 161, 243, 269, 286
escravos e, 246
Fernando II de Bragança e, 81-82
filho de, 241, 268, 284
investigação de Colombo ordenada por, 238-52
morte de, 434-35, 438
negociações finais de Colombo com, 435-40
Ojeda e, 328-29, 332-35
ouro e, 158, 200, 280, 328-29
pedido de mais informações a Colombo, 242
planos de colonização do Novo Mundo e, 152
primeira viagem de Colombo e, 15, 16-17, 21,
    44-45, 51, 55-56, 62, 100-1, 105, 111, 113,
    138, 144-45, 151-52
quarta viagem de Colombo e, 352, 363-64,
    373-74, 398-99, 409-12, 421, 430-31
rivais de Colombo nomeados por, 328-29,
    332-33
Roldán e, 310, 319, 332-35
segunda viagem de Colombo e, 115, 154,
    155-56, 166, 167, 169, 180, 193, 203, 205,
    231-32, 242, 264, 266, 269
suicídio em massa dos índios e, 254
terceira viagem de Colombo e, 284, 295,
    296-97, 303-4, 319-20, 336
testamento escrito por, 433-34
Islândia, 81, 88

Jamaica, 24, 118, 215, 220-23, 231, 234-37, 358,
    369, 404-11, 413-16, 418, 420-21, 422, 423-25,
    429, 431, 433
    Montanhas Azuis, 237
    Porto Seco, 405, 408, 432
jamantas, 369
Japão (Cipango), 29, 40, 50, 96, 108
Jardim da Rainha, 221, 226
Jerusalém, 99, 114

496 *Índice*

Joana de Castela, 434, 438-39
João, príncipe das Astúrias, 241, 268
João II, dom, 80, 81-83, 89, 97, 115, 160-61, 284, 417
    Colombo e, 82, 93-94, 96-97, 99, 144-46
    e tratados com a Espanha, 146, 160-61
    morte de, 269
judeus, 17, 42, 80, 86, 98-101, 155

Kublai Khan, 21

La Asunción (atual Tobago), 305
La Isabela, 195-98, 204, 205, 207-8, 210, 214, 229, 239-40, 241-44, 246, 248, 249-51, 256, 257, 264, 308, 311, 325, 348-49, 453
    fracasso de, 271-72
    massacre em, 212-13
La Navidad, 113-16, 117, 119, 121, 151-52, 168, 170, 171, 250
    homens deixados para trás em, 114-15, 133-34, 147, 151, 165-66, 168, 182-91, 196, 199, 249-50
Laberinto de las Doce Leguas, 224-25
Lagos, 79
Las Casas, Bartolomeu de, 37, 67-68, 86-89, 93, 95, 104, 120, 146, 159-60, 196, 205, 207-8, 210-13, 229-30, 240-41, 242, 243, 247, 249, 250, 251, 253, 255, 271, 287, 290, 292, 294, 299, 300, 302-3, 308, 309, 321-23, 326, 328-29, 331, 332, 338-39, 342, 350, 365, 373-74, 382, 384, 394, 397, 421, 428-29, 430-31, 435, 437, 442, 445-47
Las Casas, Pedro de, 159
Ledesma, Pedro de, 370, 382, 428
Lenda Negra, 446
lentisco, 35, 64, 78, 134, 209, 298
Leonor de Viseu, 82
Lepe, Diego de, 330
Ligúria, 66-67, 77, 78
Lindo, cabo, 59
Lisboa, 71, 79, 81, 92
    Colombo em, 79-80, 83-84, 97, 143-46
Livro de privilégios (Colombo), 352
Livro de profecias (Colombo), 359
Lombardo Cove, 104
Longa, ilha, Bahamas, 33-34
lua, eclipses da, 238-39, 417-19, 426
Luxan, Juan de, 214, 348

macacos, 284, 293, 381
Macorix, 261
Madeira, ilha da, 82, 84, 86, 87, 89, 129, 152, 246
madeira, 52

Madri, 71
Magalhães, Fernão de, 365
Maguá, 212
maia, civilização, 371-73, 382, 392
Maima, 427
Málaga, 100
Malásia, península da (Quersoneso Áureo), 214-15, 217
Malocello, Lanzarotto, 66
mancenilha, 177
Mandeville, John, 43, 217, 224
mandioca, 63, 175-76, 209, 219, 223, 234, 254, 257, 265, 266, 274, 276, 324, 340, 406
Manicaotex, 313
Manuel, dom, 332
Manzorro, Rodrigo, 347
mapa-múndi de 1500, 160
Maquiavel, Nicolau, 81
mar do Caribe, 165, 305, 364, 369
Maracaibo, lago de, 329
Marco Polo, 21, 39, 43, 81, 91, 92, 96, 108, 117, 122, 129, 132, 135, 147, 158, 217, 231, 291, 305, 358, 362, 371, 374, 383, 404, 427, 436
Margarida, arquiduquesa, 268, 284
Margarida, ilha, 294, 305
Margarit, Pedro, 245, 247-48
Marie Galante, 166, 264
Marien, 212
Marieni, 185, 186, 188-89
Marmóreo, 402
Marrocos, 363
Martinica, 364
Martire, Pietro, 172, 174, 175, 177-78, 191-92, 205, 206, 216, 217, 227-29, 231, 232, 240, 247, 250-51, 254, 264, 269, 270, 272, 314, 425, 434
Matinino, ilha, 122, 125
Maviatué, 261
Médici, Giovanni de, 331-32
Médici, Lorenzo de, 331-32
Medina del Campo, 425, 433, 434
Medina-Sidonia, duque de, 155
Méndez de Segura, Diego, 407-10, 415, 418, 420, 422-26, 429, 433, 441, 447
Milão, 72
milho, 171, 274, 276, 297, 302, 383, 387
Moniz, Filipa *ver* Perestrello, Filipa Moniz
Moniz, Gil Ayres, 86
Monte Cristi, 184, 193, 219
Montego Bay, 223
Montserrat, 169, 176
Moreno, Juan, 348
mosquitos, 179, 275, 340, 441

COLOMBO 497

Mosteiro das Virtudes, 145
mouros, 17, 217, 253, 363-64
muçulmanos, 16-17, 83, 98-100
Mújica, Adrián de, 317-18, 325, 326, 335
Mulatas, arquipélago das, 402
Mulheres, ilha das, 122
Muñoz, Fernán, 163
música, 173-76
Mustique, baía de, 65

Naturalis Historia (Plínio), 304
Navassa, ilha, 422-23
navegação, 330
    astrolábios na, 128
    maestria de Colombo na, 46-48, 56-57, 128-29,
       152, 224-26, 239, 267, 268, 298-99, 316-17,
       337, 353, 363-64, 396, 416, 432-33
    quadrantes, 47, 128, 224, 299
navegação estimada, 48, 124, 128-29, 226, 267-68
navios, 77, 78
Nevis, ilha, 165
Nicarágua, 370, 385
Nice, 70, 77
Nicolau V, papa, 83
Niña, embarcação, 17, 27, 49-50, 52, 59, 109, 112,
    113, 325
    como *Santa Clara* na segunda viagem, 158, 225,
       240, 264
    na viagem de regresso à Espanha, 117-24,
       127-29, 135, 137-46, 147
    vista de terra e, 15-16
Niño, Peralonso, 135, 329
Noli, António de, 66, 286
Nossa Senhora da Anunciação, 103
Nossa Senhora do Silêncio, 137
Nossa Senhora dos Anjos, 140
Noya, Juan de, 397
Nuestra Señora de las Nieves, 170

Odemira, 268
Ojeda, Alonso de, 171, 197, 203, 204, 211-13,
    250-51, 328-29, 330, 332-35, 343, 347, 412,
    424, 434, 445
Ordem de Alcântara, 366
Orinoco, rio, 390, 353
Ortelius, Abraham, 273
ouro, 57, 91, 96, 100, 146, 172, 173, 186, 188-89,
    203, 205, 208, 256-57, 268-69, 281, 284, 284,
    320, 321, 322, 340, 347, 354, 370, 383, 384,
    388-89, 391
    busca de Colombo por, 23, 29, 32, 33, 39-41,
       46-47, 51-52, 58, 62, 64-65, 102-3, 106-7,

    115, 118-19, 120-21, 122, 152, 185, 186,
       187, 204-5, 219-20, 222-24, 232, 251,
       252-54, 296, 303, 359, 379, 381-82, 427
    confisco de, por Bobadilla, 345, 354
    estátua de, prometida a Colombo, 117, 118,
       120, 132
    Fernando e Isabel e, 158, 200, 280, 328-29
    guanín, 235, 302, 378
    ligas, 281, 302
    minas de, 41, 52, 103, 108, 131, 133, 189, 194,
       197, 201, 204, 206, 208, 243, 244, 247, 252,
       256, 263, 280, 315, 316, 322, 379, 389, 391
    Pinzón e, 48, 50, 118
    posse de, pelos índios, 29, 32, 36, 46-47, 62,
       102, 106-8, 112-13, 115-16, 189-90, 197,
       204-7, 268-69, 281, 284, 291, 296, 297, 302,
       303, 329, 379, 381-84, 395
    relatos de Colombo sobre, 131, 133, 134, 207-8
    sistema de tributação, 252-53, 254, 262, 263,
       312, 313, 345
    transportado para a Espanha, 200, 205, 281
Ovando, Nicolau de, 353, 358, 365, 366-68, 372,
    406, 409, 420-22, 424-26, 429-31, 433, 435, 445
Ozama, rio, 194, 195, 272, 306

Pacífico, oceano, 92, 96, 301, 330
Palos, 113
Panamá, istmo do, 383
Pandiani, Emilio, 76
Pané, Ramon, 259-63, 270
Pangeia, 273
papagaios, 27, 64, 105, 108, 120, 168, 194, 208,
    210, 227, 265, 279, 293, 303, 405
paraíso, entrada para o, 299-302
Paraíso, praia do, 330
Pária, península de, 295, 305, 322, 332-33, 365, 410
passagem Mona, estreito, 354
Paulo, mestre, 90-92
peixes-boi, 119, 175, 369
Pequenas Antilhas, 165, 246
Peraza, Hernán de, 163
Perestrello, Bartolomeu, 84, 86-87
Perestrello, Filipa Moniz (mulher de Colombo),
    84-86, 87, 364, 443
    morte de, 94
Pérez, Alonso, 288
Pérez, Hernán, 295
Pérez, Rodrigo, 348
Pérez de Luna, Fernán, 218
Pernambuco, 330
pérolas, 296, 297, 303, 304, 305, 323, 329, 353,
    359, 412

498   Índice

pimenta-malagueta, 122-23
pimentas, 44, 71, 123, 252
Pina, Rui da, 146
Pingue, canal de, 224
Pinta, 17, 27, 42-43, 48-49, 58, 113, 115-18, 363
   na viagem de regresso à Espanha, 124, 127, 136, 137, 147
   vista de terra e, 15, 20
Pinzón, Arias Pérez, 51
Pinzón, Francisco Martín, 51, 159, 165
Pinzón, Martín Alonso, 27, 39, 43, 48-52, 115, 116, 118, 124, 127, 129, 136, 147, 159, 165
Pinzón, Vicente Yáñez, 27, 39, 49-51, 118, 159, 165, 330, 370
Pio II, papa, 67
Pizarro, Francisco, 366
Pizarro, Gonzalo, 366
Pizarro, Hernando, 366
Pizarro, Juan, 366
plantas, 63-64, 131, 252, 268
   abacaxi, 64
   agricultura e, 256-57, 275, 276, 321
   algodão, 172, 209, 243, 253, 284
   árvores, 35-36, 45, 52-53, 131, 166-67, 252, 268, 374, 387, 405
   borracha, 173
   cacau, 274, 276, 372-73
   cajá, 302
   canela, 43-44, 134, 252, 269
   frutas, 63-64, 131, 166-67, 276, 289, 348
   inhame, 27, 112, 209, 262
   Intercâmbio Colombiano e, 274-76
   lentisco, 35, 64, 78, 134, 209, 298
   mancenilha, 177
   mandioca, 63, 175-76, 209, 219, 223, 234, 254, 257, 265, 266, 274, 276, 324, 340, 406
   milho, 171, 274, 276, 297, 302, 383, 387
   pimenta-malagueta, 122-23
   pimentas, 44, 71, 123, 252
   tabaco, 34, 44, 274
Plínio, 304
Ponce de León, Juan, 160
Porras, Diego, 363, 425, 429, 430-31, 445
Porras, Francisco, 363, 413-15, 425-26, 427-28, 429, 430-31, 445
Porto Rico, 120, 160, 170, 183, 191, 354, 365, 431
Porto Santo, 86-87
Porto Seco, 405, 408, 432
Portugal, 66, 80-83, 114
   comércio de escravos de, 83, 244
   exploração e colonização, 80-83, 152, 330
   terras recém-descobertas e, 153

tratados entre Espanha e, 146, 161, 243, 269, 286, 287, 330, 332
Prece de Colombo (Whitman), 7
Preste João, 228, 231
primeira viagem (1492-1493), 22, 102-24, 159, 263
   carta de Colombo sobre a, 129-35, 147-48
   chegada às ilhas, 27-65
   cruzes erguidas, 45, 62
   estabelecimento de La Navidad, 113-16, 117, 119, 121, 151-52, 168, 170, 171
   Fernando e Isabel e, 15, 16-17, 21, 44-45, 51, 55-56, 62, 100-1, 105, 111, 113, 138, 144-45, 151-52
   homens deixados para trás em La Navidad, 114-15, 133-34, 147, 151, 165-66, 168, 182-91, 196, 199, 249-50
   índios e a, 27-37, 40-47, 54-59, 61-65, 102-8, 110-18, 120-23, 132-35, 148
   índios transportados para a Espanha, 122, 145, 203
   mapas da, 18-19, 30-31
   naufrágio da *Santa María*, 109-13, 116, 184
   Niña, 15-16, 17, 27, 49-50, 52, 59, 109, 112, 113, 117-24, 127-29, 135, 137-46, 147, 325
   Pinta, 15, 17, 20, 27, 42-43, 48-49, 58, 113, 115-18, 124, 127, 136, 137, 147, 363
   primeiro contato com os índios, 27-29
   regresso à Espanha, 115-24, 125-48
   saída da Espanha, 17-20
   Santa María, 15, 17, 34, 50, 114, 133, 160
   sucesso da, 151, 211
   vista da terra da, 15-16, 20-21
Ptolomeu, 92, 96, 99, 301
Puerto Bello, 383, 385, 402
Puerto Bueno
Puerto de la Concepción, 65
Puerto de la Mar de Santo Tomás, 106
Puerto de San Nicolas, 60
Puerto Gordo, 387
Puerto Grande, 219
Puerto Limón, 378, 380
Puerto Plata, 264
Puerto Santo, 59
Punta de la Aguja, 295
Punta de Serafín, 226
Punta del Arenal, 293
Punta Fraile, 59

quadrantes, 47, 128, 224, 299
quarta viagem (1502-1504), 22, 23-24, 352, 358-90, 391-412, 413-34
   amotinados, 413-17, 420, 425-32
   assentamento construído, 392, 397, 401

COLOMBO 499

Bartolomeu Colombo na, 363-64, 368, 370,
376, 379, 380, 389-90, 391-400, 409, 427-28,
431, 433
batalhas com índios, 396-400, 432
civilização maia e a, 371-73, 382, 392
cripta encontrada, 380
doenças entre a tripulação, 379
eclipse lunar observado, 417-19, 426
Fernando Colombo na, 23-24, 358-65, 367,
368-86, 388-89, 391-403, 404-5, 409,
413-20, 425-34
Fernando e Isabel e, 352, 363-64, 373-74,
398-99, 409-12, 421, 430-31
Gallega, 158, 363, 368, 387, 389, 392, 400, 401
índios e a, 372-84, 387, 388-89, 391-401,
405-10, 414, 415-22, 423, 426, 427-28,
432-33
La Capitana, 362, 388, 389, 398, 402
mapas da, 18-19, 360-61
missa celebrada, 375
missão de resgate, 407-10, 415, 420-27, 428,
433, 447
navios da, 362-63
Ovando e, 420-22, 424-26, 429-31, 433
partida da Espanha, 363
Quibian e, 389, 391, 393-95, 396, 400, 427
regresso à Espanha, 400, 402, 403, 406, 431-32
Santiago de Palos (*Bermuda*), 363, 368, 400, 401,
402-3, 413
suicídio de índios, 400-1
tempestades, 367-39, 376-77, 385-90, 398-99,
403-4, 431-32
tripulação na, 362-63
tubarões encontrados, 386
Vizcaína, 363, 369, 386, 388, 400, 402
queixadas, 380-81
Quersoneso Áureo (península da Malásia), 214-15,
217
Quinsai (Hangzhou), 39-40, 42, 90-91, 96
Quintero, Juan, 363
Quios, ilha, 77, 78, 134, 285
Quiribiri, ilha, 378

Rancho Viejo, canal de, 224
ratos, 183, 230, 275
Regiomontanus, 417-18
repartimiento, sistema de, *322*
República Dominicana, 184, 193, 208, 256, 444
Retrete, porto, 383, 402
Ringmann, Matthias, 331
Rio de Oro, 119
Riquelme, Pedro de, 327

Rocha de Sintra, 143
Rodríguez, Cristóbal, 339
Roldán, Bartolomé, 128, 329
Roldán, Francisco, 306, 307-19, 322-27, 332-35,
338, 340, 346, 347, 348, 353, 354, 367, 424,
426, 445
Ruiz, Sancho, 135
Rum Cay, ilha, 32
Russo, Gaetano, 448

Sagres, 79
Saint Ann's Bay, 221, 405
Salamanca, Diego de, 323
San Antón, navio, 330
San Juan, 240
San Martín, 169
San Salvador, ilha de, 27
Sánchez, Ambrosio, 362
Sánchez de Cádiz, Juan, 395, 400, 427
Sánchez de Carvajal, Alonso, 159, 214, 315-16,
318, 319, 324, 325, 326, 352
Sanlúcar de Barrameda, 432, 434
Santa Catalina, 363
Santa Clara, 158, 225, 240, 264
Santa Cruz do Sul, 224
Santa Cruz, 325
Santa Glória, 221, 223, 405
Santa María, ilha, 135, 139-43
Santa María (*Marigalante*):
na segunda viagem, 158, 160
na terceira viagem, 286
Santa María (primeira viagem), 17, 34, 114, 133, 160
naufrágio, 109-13, 116, 184
vista de terra e, 15, 50
Santa María de Gracia, navio, 330
Santa María de Guadalupe, 137, 167
Santa María de la Antigua, 169, 176
Santa María de la Cinta, 143
Santa María de la Concepción, 32, 130
Santa María de las Cuevas, 351, 358, 442
Santa María de Montserrat, 169
Santa María la Redonda, 176
Santa Marta, 227
Santangel, Luís de, 129
santelmo, fogo de, 164-65
Santiago de Palos (*Bermuda*), 363, 368, 400, 401,
402, 403
Santo Domingo, 272, 305-6, 307-8, 313-14,
315-17, 325-26, 333-34, 336, 338, 345, 365-66,
367, 409, 420, 424, 429-31
furacão em, 354
Santo Tomás, forte, 206, 211

500 *Índice*

São Bartolomeu, ilha, 165
São Cristóvão, ilha, 165
São Miguel, cabo de, 423
São Miguel, ilha, 139, 141-42
São Tiago, ilha, 287
São Vicente, cabo de, 79, 88, 245, 267
sargaço, 123-24, 267
Sargaço, mar de, 123-24
segunda viagem (1493-1496), 22-23, 151-99,
   200-33, 234-72
   aflições da tripulação, 229-31
   agricultura e a, 256-57
   animais levados na, 159, 162, 165, 191, 204,
     274-76
   assentamento chamado Fortaleza, 206
   assentamento em La Isabela, 195-97, 198, 204,
     205, 207, 208, 210, 212-14, 229, 348-49
   Bartolomeu Colombo na, 216, 240-42, 249,
     256, 262, 264
   capitães e a, 159
   Colina, 158
   comércio de escravos e, 244-46
   construção do forte de Santo Tomás, 206, 211
   divisão da expedição, 208
   doença entre participantes da expedição, 200-1,
     210-11
   e as dificuldades para se construir um império,
     211
   eclipse lunar durante a, 238-39
   encontro de Colombo com chefe indígena,
     231-33
   esforço físico necessário, 210, 308-9
   Fernando e Isabel e a, 115, 154, 155-56, 166,
     167, 169, 180, 193, 203, 205, 231-32, 242,
     264, 266, 269
   fortaleza La Navidad e, 113-16, 117, 119, 121,
     151-52, 168, 170, 171, 250
   Gallega, 158
   grupo de homens temporariamente perdidos,
     171, 176
   homens deixados para trás, 270
   índios e a, 154-55, 168-81, 184-88, 191-92,
     200-1, 203, 211-13, 215-16, 221-24, 227,
     228-29, 234-38, 243-66
   mapas da, 18-19, 156-57
   massacre em La Isabela, 212-13
   navios da, 158-59, 229-30
   ordens formais para a, 154
   pagamento para os participantes da, 203-4
   partida da Espanha, 161-62, 164
   planos de Colombo para a, 151-53
   rebeliões indígenas, 211-13, 216, 246-48

reclamações sobre Colombo chegam à Espanha,
   256-58
regresso à Espanha, 217, 257, 263-70, 278, 314
rodízio de soldados-marinheiros, 198
Santa María (*Marigalante*), 158, 160
sistema tributário obrigatório para os índios,
   252-53, 262, 263, 312, 313, 344
suicídio em massa dos índios, 254, 263, 270, 281
suprimentos da Espanha, 201-3, 204, 241, 256-57
visão de homens vestidos de túnica, 228, 231
vista de terra, 164-67
Sezé, Francisco de, 347
Sforza, Ascanio, 172, 269
Sforza, Francesco, 72
sífilis, 21, 147, 197-98, 275-76, 309
Sinamaica, lagoa de, 329
Soria, Juan de, 155
Sota-Vento, ilhas de, 165
Strozzi, Giambattista, 208

tabaco, 34, 44, 274
tainos, 27-36, 54, 61-63, 120-22, 166, 173, 174, 179,
   192, 203, 215, 234-72, 289, 297, 302, 308, 445-47
   primeiro contato de Colombo com os, 27-29
terceira viagem (1498-1500), 23, 284-306, 307-35,
   336-44
   apoio financeiro para a, 285
   clandestinos e, 321
   Colombo aprisionado e levado à Espanha,
     343-52, 445
   crença de Colombo na descoberta da entrada
     para o paraíso, 299-302
   criminosos na, 285
   El Correo, 286
   Fernando e Isabel e a, 284, 295, 296-97, 303-4,
     319-20, 336
   índios e a, 290-93, 295-97, 301-3, 319-20
   investigação da administração de Colombo,
     337-52
   La Vaqueños, 286, 294
   mapas da, 18-19, 282-83
   mulheres na, 285
   navios da, 286
   Ojeda e participantes da, 328-29
   pagamento para os participantes da, 284-85
   partida da Espanha, 286
   planos para, 271, 284
   preguiça e falta de dedicação dos participantes,
     320, 322
   primeiros navios enviados na, 271
   rebelião de Roldán na, 306, 307-19, 322-28,
     340-41

COLOMBO 501

resultados da, 353
Santa María, 286
tsunami, 294-95, 353
Terra:
deriva continental na, 273
em forma de pera, 299-300
esfericidade da, 96, 127, 299
existência e localização dos continentes na, 40, 92, 96, 217-18
tamanho da, 40, 66, 84, 92, 161, 217-18, 300-1
Terreros, Pedro de, 295, 363, 367
Testigos, ilhas, 294
Thule, 79
Tiburón, cabo, 402
tiburones, 386
Tobago, 305
tomate, 274
Tordesilhas, Tratado de, 161, 243, 269, 286, 287, 330, 332
tornado, 385
Torquemada, Tomás de, 437
Torre, Juana de la, 343
Torres, Antonio de, 158, 198, 200-1, 208, 245-46, 248, 263, 354
Torres, Luis de, 42-43, 54, 117
Tortuga, ilha, 65, 102-3, 219
Tortugas, Las (hoje ilhas Cayman), 402
Toscanelli, Paolo dal Pozzo, 84, 95-96
Touloukaera, 166
Tratado de Alcáçovas, 146
Tratado de Tordesilhas, 161, 243, 269, 286, 287, 330, 332
Triana, Rodrigo de, 20, 21
Trinidad, 288-90, 293, 294, 301, 316, 332, 353, 364
mapa de, 292
Tristán, Diego, 362
tsunamis, 294-95, 353
tubarões, 128, 386
tubérculos, 62-63

Universalis cosmographia, 331
Urabá, 434
Urirá, 391

Vaeça, Teresa de, 348
Valenciano, Mateo, 346
Valladolid, 97, 241, 279, 284, 425, 435, 439, 441, 442
Vallejo, Alonso de, 349
Vaneque, 51
Vaqueños, La, 286, 294
Vega Real, 193, 212, 247
Velasco, Pedro de, 88
Venezuela, 289-90, 300, 302, 329, 353, 412
península de Pária, 295, 305, 322, 332-33, 365, 410
ventos, 47-48, 128, 129, 316, 317, 364, 372
Veragua, 371, 385, 393, 410
Veragua, rio, 391-92
Vespúcio, Américo, 160, 330-32, 341, 445
Viagens de Marco Polo, As (Rustichello da Pisa e Marco Polo), 21, 237, 291, 374
viagens exploratórias de Colombo *ver* Colombo, Cristóvão, viagens de
Virgens, ilhas, 165, 183
Visconti, Caterina, 84
Vivaldi, Ugolino, 66
Vivaldi, Vadino, 66
Vizcaína, 363, 369, 386, 388, 400, 402

Waldseemüller, Martin, 331
Whitman, Walt, 7

Xaraguá, 212, 308, 309, 311, 312-16, 324-26, 330, 333, 335, 338, 339, 343, 424
Xerez, Rodrigo de, 42, 43

Yaquimo, 328, 369
Yumbé, 373

Zacuto, Abraham, 417
Zapata, península de, 226
Zedo, Fermín, 281

Conheça mais sobre nossos livros e autores no site
www.objetiva.com.br
Disque-Objetiva: (21) 2233-1388

Impressão e Acabamento: